耒陽年鉴
2018

中共耒阳市委　耒阳市人民政府　主办

中共耒阳市委党史地方志办公室　承编

图书在版编目(CIP)数据

耒阳年鉴.2018/中共耒阳市委党史地方志办公室编.—北京:方志出版社,2019.1
ISBN 978-7-5144-3681-5

Ⅰ.①耒… Ⅱ.①中… Ⅲ.①耒阳—2018—年鉴
Ⅳ.①Z526.44

中国版本图书馆 CIP 数据核字(2019)第 037143 号

耒阳年鉴(2018)

编　　者:中共耒阳市委党史地方志办公室
责任编辑:顾洁

出 版 人:冀祥德
出 版 者:方志出版社
　　地址　北京市朝阳区潘家园东里9号(国家方志馆4层)
　　邮编　100021
　　网址　http://www.fzph.org
发　　行:方志出版社发行中心
　　电话(010)67110500
经　　销:各地新华书店
印　　刷:衡阳顺地印务有限公司

开　　本:889×1194　1/16
印　　张:20.5
字　　数:720千字
版　　次:2018年12月第1版　2018年12月第1次印刷
印　　数:0001~1000册

ISBN 978-7-5144-3681-5　定价:200.00元

《耒阳年鉴(2018)》编委会

《耒阳年鉴》编辑部

主　　编　谢俊清

副 主 编　廖红清　罗满红　何丽娟

编　　辑　王小兰　梁海燕　罗晓军　伍颖俊　李琼花

摄　　影　梁春根　罗显斌　李振波

中共耒阳市委党史地方志办公室

主　　任　谢俊清

副 主 任　廖红清　罗满红　李纯锋

纪检组长　何丽娟

主任科员　邓育芬　梁春根　文小刚

工会主席　谢慧媛

工作人员　雷　阳　曹启文　王小兰　聂剑涛　张解云　罗　艳

梁海燕　欧阳强　罗晓军　伍慧媛　刘　峰　曹国花

王素娟　廖政齐　万仙凤　伍颖俊　蒋　艳　李琼花

谢罗余　曾佑城　李　蓓　邓文冠　陈家涛　李　慧

蒋松林

编辑说明

一、《耒阳年鉴(2018)》以马克思列宁主义、毛泽东思想、邓小平理论、“三个代表”重要思想、科学发展观、习近平新时代中国特色社会主义思想为指导,坚持辩证唯物主义和历史唯物主义的立场、观点和方法,围绕“小康耒阳”建设,全面、系统地记载2017年耒阳市政治、经济、文化和社会发展的基本情况及特点,突出经济建设及改革开放的新情况、新特点,为广大读者了解和研究耒阳提供基本地情信息资料。

二、《耒阳年鉴(2018)》是中共耒阳市委、市人民政府主办,由中共耒阳市委党史地方志办公室承编的地方信息资料性文献。1991年创刊,每年编辑一卷,《耒阳年鉴(2018)》为第27卷。

三、《耒阳年鉴(2018)》为中篇结构,由部类、分目、条目三级组成。全书设30个部类、210个分目、1135个条目,共680千字。

四、《耒阳年鉴(2018)》收录内容以2017年为主,个别内容有上溯或下延;所有稿件由全市各机关、单位拟定,并经各级领导审核,《耒阳年鉴》编辑部统一整理编辑;统计数据主要源于市统计局,统计局没有的行业数据,均由各部门提供;农田土地面积沿用公顷、亩等计量单位。

五、刊载的领导名录,耒阳市属的,收录2017年12月31日市委组织部门提供的在册副科级以上的领导人员;中央、省、衡阳市及部队驻耒单位,一般收录副职以上领导人员,均由各单位提供。

六、《耒阳年鉴(2018)》彩色版面刊载2017年耒阳市发生的重大事件、重大活动、重要会议等。由于图片收集面广,为了统一,每幅图片后均不署名,主要拍摄者署名于书前。

目　　录

特　　载

大　事　记

概　　况

中 共 党 务

政　　权

政　　务

政 治 协 商

纪检·监察

社 会 团 体

法　　治

军　　事

综合经济管理

农业·水利·气象

工　　业

国 内 贸 易

财政·税务

金　　融

城镇建设

城市管理

园区建设

国家级景区开发·林业

交通·旅游·邮电

教　　育

文化事业

卫生和计划生育

社 会 生 活

乡镇街道办事处

人　　物

榜上有名

文件选辑

耒阳市行政区划图

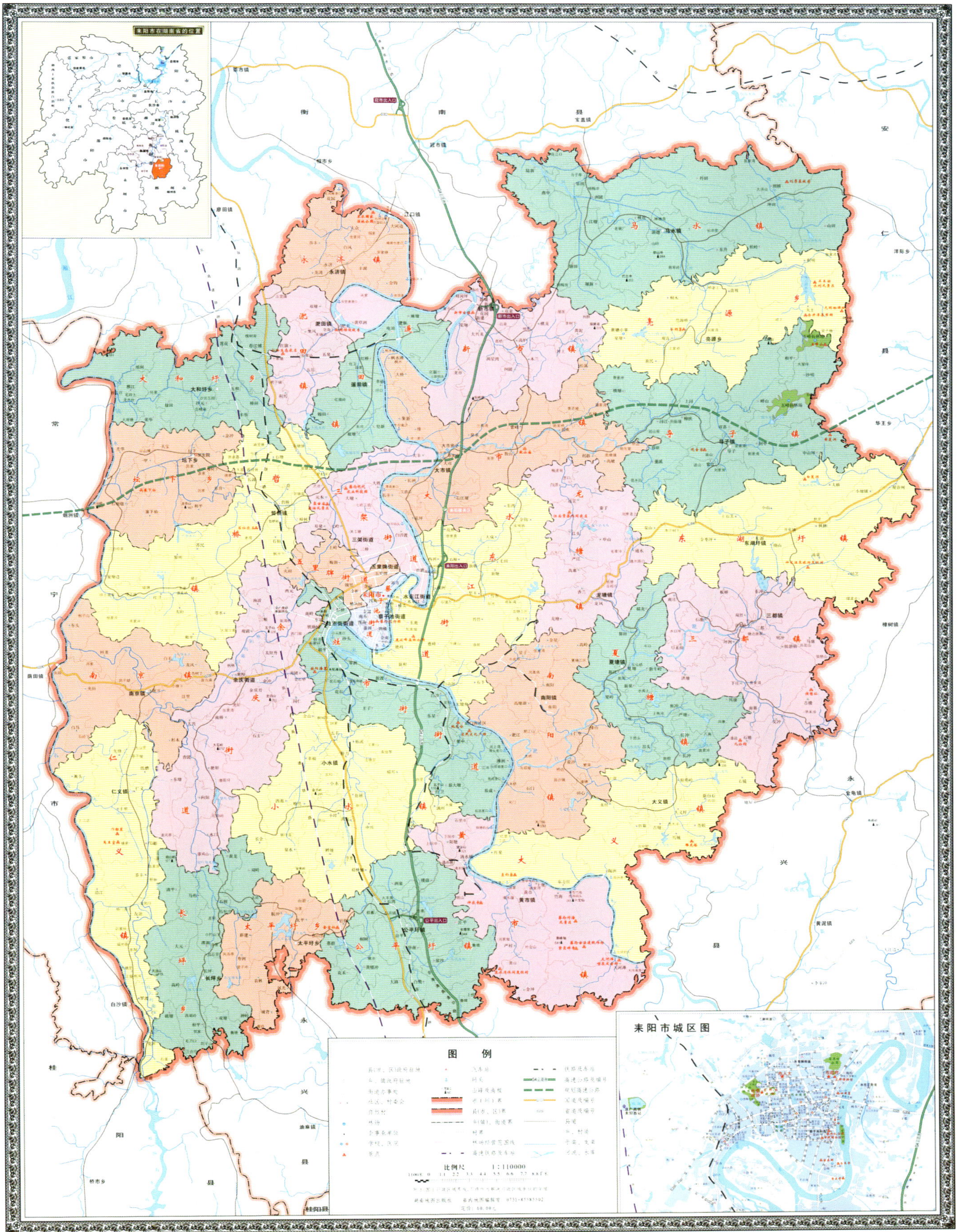

耒阳市人民政府编制　湖南省民政厅监制

湖南地图出版社编制出版　二〇一六年十二月

要事掠影

2018年1月9日，耒阳市召开政协十届三次会议

2018年1月10日，耒阳市召开人大十七届三次会议

①
②
③

① 2018年1月8日，耒阳市召开市委经济工作会议

② 2018年1月17日，耒阳市领导为市监察委员会挂牌揭幕

③ 2018年1月17日，耒阳市召开纪委监委干部大会

2018年3月26日，召开耒阳市脱贫攻坚会议

2018年4月8日，耒阳市举行产业扶贫启动仪式

2018年4月2日，耒阳市举行清明公祭

5月9日，耒阳市举行第一批党性教育基地集中授牌仪式，为耒阳市党史陈列馆（培兰斋）、烈士陵园、谢维俊故居3个基地授牌

2018年5月25日，中央环保组督查耒阳市饮用水水源保护区整治工作

2018年7月25日，衡阳市委常委、耒阳市委书记罗琼慰问驻耒部队

2018年6月1日，召开全市干部作风建设"大讨论、大整顿"活动动员大会

2018年6月28日，耒阳市举行庆祝建党97周年大会

2018年7月31日，召开中国共产党耒阳市第十二届委员第六次全会

8月24日晚，耒阳市举行全民健身中心体育馆开馆仪式暨NBL男篮对抗赛。省、市领导为开馆开启启动球

9月7日晚，湖南省第十三届运动会青少年组篮球赛在耒阳市全民健身中心开幕

2018年9月10日，耒阳市庆祝第34个教师节暨表彰大会召开

2018年9月30日，耒阳市举行烈士纪念日祭奠活动

① ② ③

① 2018年10月11日，衡阳市抓党建促脱贫攻坚现场推进会在耒阳市召开

② 2018年10月17日，“衡阳正青春”纪念改革开放40周年——耒阳市经济社会发展成就新闻发布会在衡阳市召开

③ 2018年11月12日，耒阳市欧阳海特色小镇暨国家水利公园项目举行合作框架协议签字仪式

①	②
③	
	④

①2018年11月16日，耒阳市召开学习贯彻中国妇女十二大精神宣讲会

②2018年11月23日，省人大常委委员、副秘书长、机关党组成员龙朝阳率调研组赴耒就人大系统党建工作进行调研

③2018年12月24日，耒阳市十七届人大常委会第十九次会议召开，任命吴旭东为市人民政府副市长，并决定其为代理市长

④2018年12月27日，耒阳市炎鑫有色金属有限公司、中南大学合作协议签订暨湖南省环境保护有色金属危险废物处置工程技术中心产业化基地揭牌仪式举行

纪念湘南起义90周年

“朱德从湘南到井冈山—纪念湘南起义90周年”学术座谈会

王均伟

姚建平

李　蓉

夏远生

丁建同

朱之江

董志铭

赵万须

殷　华

曾庆亮

丁卫华

王跃山

唐云涛

参加座谈会的专家学者

王均伟　中央党史和文献研究院第二编研部主任、研究员
姚建平　原中央文献研究室机关党委副书记，朱德思想生平研究会顾问、巡视员
李　荣　原中央党史研究室巡视员、研究员
夏远生　湖南省委党史研究室巡视员、研究员
丁建同　河北省委党史研究室调研员、编审
朱之江　国防大学政治学院军政训练系主任、教授
董志铭　国防大学军队建设与军队政治工作教研部教授
赵万须　军事科学院战略研究所研究员
殷　华　天津现代职业技术学院国防科技学院院长
曾庆亮　西华师范大学教授
丁卫华　南开大学和富研究中心研究员
王跃山　大连舰艇学院副教授、海军大校
唐云涛　衡阳市委党校教育长

衡阳市委常委、耒阳市委书记罗琼在座谈会上致辞

耒阳市委常委、市委办主任李云在座谈会上发言

2018年4月16日，召开“朱德从湘南到井冈山—纪念湘南起义90周年”学术座谈会

座谈会后，专家学者们参观湘南起义旧址群耒阳县苏维埃旧址——培兰斋

专家学者们参观蔡伦纪念园、纸博物馆

专家学者们参观谢维俊故居

诗歌朗诵大赛

文体广新局
市文化馆
协会

①

2018年耒阳市纪念“湘南起

不忘初心 牢记使
2018年耒阳市纪念“湘南起义”90周年诗歌朗诵
主办单位：中共耒阳市委 耒阳市人民政府
承办单位：中共耒阳市委宣传部
协办单位：耒阳市史志办 耒阳市新闻办 耒阳市文体广新局
耒阳市广播电视台 耒阳市文联 耒阳市文化馆

②

③

④

⑤

①耒阳市委副书记邱小兵致辞

②③ 2018年4月16日晚在耒阳市文体会展中心举行纪念“湘南起义”90周年诗歌朗诵大赛

④《兰花情》

⑤《关于耒阳的赞歌·瞻仰烈士纪念碑》

《关于耒阳的赞歌·在英烈墙前阅读壮举》

《耒阳兰》

《耒阳，一座浸满红色记忆的古城》

《培兰斋》

《七律·缅怀烈士李天柱将军》

《湘南起义，党史上永隽的红色印记》

《湘南起义的耒阳书生们》

《湘南起义・耒阳之歌》

《血染的花朵》

《英雄碑颂》

《中国兰》

红色遗址

梁家祠堂

谢维俊故居

伍若兰故居

培兰斋

耒阳市中医医院

耒阳市中医医院建于1962年，坐落于大桥路241号，是一所集医疗、保健、康复、预防、教学、科研于一体的二级甲等综合性中医院。近年来相继投入逾亿资金用于基础设施建设，先后建成的门诊医疗综合大楼和住院综合大楼，建筑面积3.6万平方米，开放病床800张，2018年门诊量20万人次，住院1.47万人次，医院总收入达1.69亿元。医院技术力量雄厚，现有职工693人，正高职称6人，其中二级主任医师1人、三级主任医师2人、四级主任医师3人，副高职称46人，中级职称154人。

医院科室齐全，设施设备先进。住院部设有血液透析室、急诊科等19个临床住院科室，成立了治未病中心，开通了4332201、4313120急救绿色通道，设立了120急救站。病区配有中央空调、中心供氧、负压吸引、无线传呼、有线电视、计算机信息管理、悬吊式输液等先进完善的服务功能设施。拥有美国GE核磁共振、螺旋四排日立CT、德国狼牌胆道镜、全自动生化仪、全自动数字摄影系统DR、Bipap无创呼吸机、多参数心电监护仪等大型先进医疗设备，改善了群众看病就医条件。

坚持技术创新，做强特色专科。以提高医疗服务质量为重心，注重人才培养和学科建设，形成院有专科、科有专病、病有专医、医有专药的良好格局。近年来，医院开展了侧脑室穿刺引流术、有创及无创辅助呼吸、关节置换术、颅肿瘤切除术等新技术，给广大患者带来福音，同时也填补了耒阳医学领域部分同类技术的空白。中医文化和特色专科建设蓬勃发展，现有针灸推拿科、重点中药房、糖尿病3个国家级专科，感染科、急诊科、治未病中心、外科、骨伤科、心病科6个省级重点中医专科，肛肠科、中风专科2个市级重点专科。骨伤科为老牌专科，在运用中医传统手法治疗、中药内服、外敷治疗的基础上，不断引进新技术、新疗法，先后研发了“黄氏跌打酊”、“肩周炎膏”、“风湿骨痛药酒”等系列自制药品临床疗效显著。

坚持人才兴院，科研成果丰硕。医院积极开展中医中药科研，“超微粒中药降糖Ⅰ号治疗糖尿病的临床与实验研究”等多项科研项目荣获衡阳市、湖南省科技进步奖及湖南省中医药科技奖，有的获得国家发明专利。2017年由谷井文牵头组织的“超微谷方益元治疗阳萎的临床研究”科研项目被申报为省重点研发计划项目、2018年湖南省中医药管理局重点科研项目及湖南省专长绝技项目。谷井文获得国家发明专利6项。

坚持服务至上，斩获众多荣誉。医院始终坚持病人至上、质量至上、服务至上的办院宗旨，不断加强职业道德和医德医风建设，强化医疗质量、开展医院管理年活动、创先争优活动、“星级服务、人文关怀”优质服务活动等，医疗服务水平得到显著提高。2002年至2015年连续10余年蝉联衡阳市卫计局年终综合目标管理考核第一名；充分发挥中医“龙头”单位作用，先后荣获全国明明白白消费十佳放心医院、全国医疗质量服务放心示范医院、全国最佳百姓放心示范医院、全国中医医院优质护理服务先进病房，湖南省文明标兵单位、文明单位、文明卫生单位，湖南省医院管理年活动先进集体、优质护理服务示范单位等殊荣。院长谷井文享受国务院政府特殊津贴，先后荣获国家、省级、衡阳市级荣誉二十余项，继评为“建国60周年共和国功模人物”、全国先进工作者、全国优秀院长、全国中医医院优秀院长后，2018年又被评为全国基层名老中医药专家。

——全国先进单位

全国基层名老中医药专家——谷井文

院长谷井文获得全国先进个人

谷井文，男，60岁，研究生，中共党员，二级主任医师，教授，现任耒阳市中医医院院长、党总支书记。世中联亚健康常务理事、中华中医药学会治未病分会常务委员，中华中医药学会医院管理、糖尿病分会委员，省中医药和中西医结合学会理事，省中医药和中西医结合学会男科、性与泌尿生殖、肝病、亚健康、脾胃病、治未病等6个专业委员会副主任委员，省肾病专业委员会常务委员、省健康服务协会中医药健康管理分会第一届理事会常务理事、省药膳食疗研究会膏方副会长。

擅长领域：男性性功能不全病（阳痿早泄、不孕不育、前列腺炎等），妇科疾病，肝硬化、糖尿病、高血脂、高尿酸、高血压、中风病、失眠症、脾胃病、癫痫病，更年期综合症以及少儿腹泻等疑难杂症，同时，在运用中西医结合治疗现代顽症——癌症方面具有较高造诣，在业界拥有较高的医疗威望。

医技过硬：先后在国家省级刊物上发表论文30余篇，主持省级科研课题6项，获湖南省科技进步三等奖一次、湖南省中医药科技二等奖二次、三等奖一次，获科技进步学术成果奖11项，获国家发明专利6项。现牵头的科研项目"谷方益元"系列方药已申请湖南省名中医专长绝技项目，已注册国家商标和获国家发明专利。

殊荣众多：2005年、2007年先后被湖南省人民政府记二等功、一等功各一次，2011年评为湖南省2006-2010年度中医药工作先进个人，2012年12月评为全国卫生系统先进工作者，2014年5月享受首届省政府特殊津贴，2015年1月享受国务院政府特殊津贴，2015年4月评为全国先进工作者，2017年2月评为衡阳市名医，2018年1月评为全国基层名老中医药专家，2018年6月通过湖南省事业单位专业技术二级岗位评审。

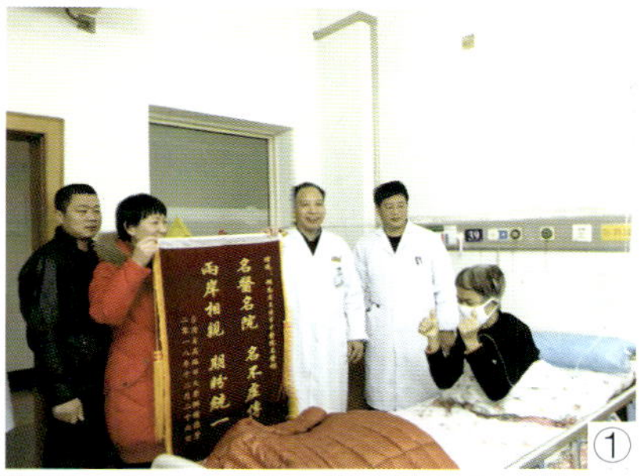

①台胞病愈送锦旗感谢中医院名医馆谷井文（右二）及医护人员

②组织医护人员下乡义诊

③引进先进设备——美国GE核磁共振

④宽敞舒适的病房

⑤医院自主研发的中药自制药品

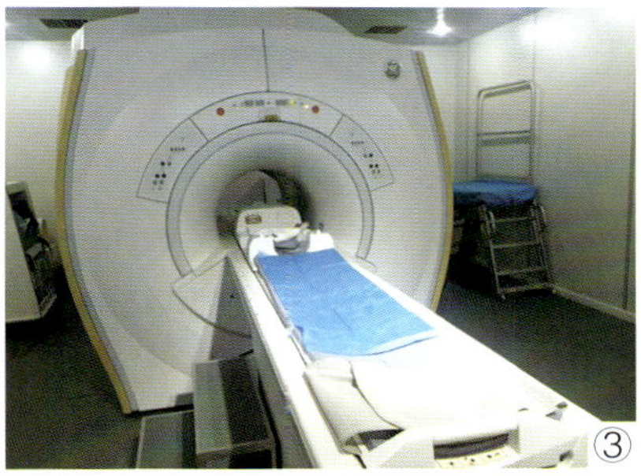
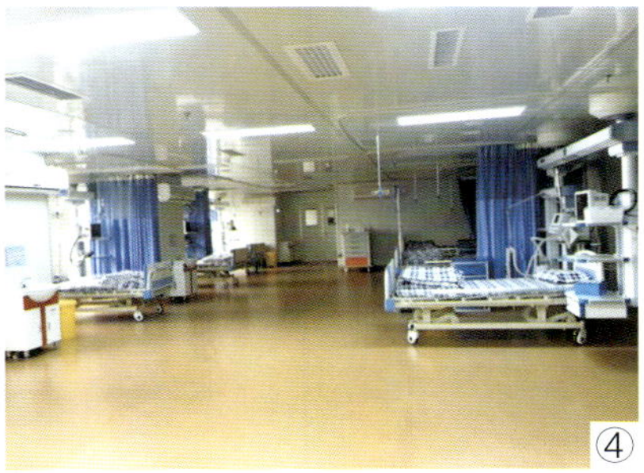
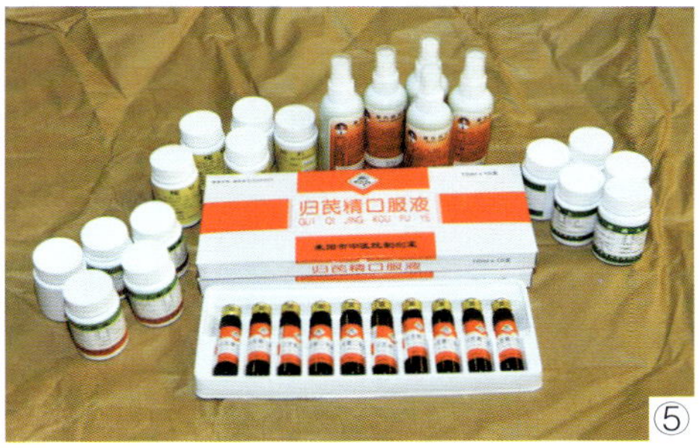

大城耒阳 大有作为

永秀国际度假中心总规划图

耒阳市城镇建设置业有限公司成立于2014年，注册资金2000万元，是一家实力雄厚的耒阳本土集团企业，是耒阳市房地产协会副会长单位。

公司坚持“以人为本、持续发展”的企业使命，坚持“与城市同步发展、与客户同步发展”的发展主线，坚持“经济效益、品牌效益、社会效益三效合一”的经营理念，核心业务包括房地产开发、文化旅游开发、城市基础设施建设和房地产项目代理。近年来，在巩固核心业务优势的基础上，公司积极拓展业务版图，进军商业地产、装饰工程、文化传媒等行业。

集团旗下拥有多个优秀子公司，在各行业均处于领先地位，包括耒阳市永秀文化旅游开发有限公司、耒阳市新生活装饰有限公司、耒阳市萬户侯房地产营销策划有限公司、耒阳市城镇物业管理有限公司、耒阳市看见耒阳文化传媒有限公司、耒阳市强国置业有限公司。

公司项目和业务遍布耒阳，并向周边各大城市辐射，先后开发建筑总面积超40万平米，目前开发建设的有常德市桃花源旅游区滨江路、耒阳市月畔湾住宅小区、耒阳市开发苑和7号公馆住宅小区、耒阳市仁义商贸城等一批重点项目；拟开发的有耒阳市水岸新城住宅小区、耒阳市马阜岭住宅小区（暂名)、耒阳市永秀国际度假中心等一批大型项目；代理销售招商的有耒阳金山城、耒阳供销大厦、郴州桂阳聚龙时代广场等知名项目。

其中，由耒阳市永秀文化旅游开发有限公司开发的永秀国际度假中心，是在耒阳市文化旅游产业发展规划大框架内，依托南京镇石塘水库的天然资源优势而打造的一个滨水休闲旅游项目。项目规划占地2000余亩，预计总投资2亿元，将巧妙利用石塘水库的水域资源和周边荒山进行规划设计，打造一个以四季花海、沙滩泳池、水上乐园、主题婚庆、特色民宿五大业态为核心，衡阳地区前所未有、独一无二的综合性旅游休闲度假中心。项目敢为人先，将不惜重金塑造水上乐园、四季花海、音乐喷泉、水幕电影、沿湖浪漫沙滩、主题婚庆广场等体验场景，确保项目良好的观赏性、互动性和游客体验，定会成为衡阳休闲度假的首选地。

新的版图已经筑就，新的征程已经开启，耒阳市城镇建设置业有限公司的事业方兴未艾，我们竭诚希望与社会各界携手并进、共谋发展，为耒阳发展做出更大的贡献，让耒阳变得更加美好。

花山区效果图

——耒阳市城镇建设集团公司

沙滩、商业街效果图

入口效果图

花山区鸟瞰效果图

婚庆酒店效果图

沙滩、商业街效果图

美丽乡村

永济荷塘

淝田镇集凤村

龙塘镇江头茶场

大市花海

东湖圩黑山羊养殖基地

亮源乡元明坳梯田

特　　载

突出转型升级　开展六大行动
奋力推动耒阳经济社会发展行稳致远
——在市委经济工作会议上的讲话

中共衡阳市委常委、耒阳市委书记　罗　琼

（2018年1月8日）

一、客观总结成绩，坚实迈出新时代发展新步伐

去年以来，全市上下坚持以习近平新时代中国特色社会主义思想为指引，认真贯彻落实上级各项决策部署，经济社会保持稳中有进、稳中向好、稳中趋优发展态势。一是做优了财政质量。全年完成GDP452.1亿元，同比增长5.1%（预计数，下同）；完成固定资产投资411.52亿元，增长15.2%；完成财政收入22.17亿元，其中税收收入15.32亿元，增加1.62亿元，全年税占比69.09%，同比增长18.66%，地方收入税占比53.16%，同比增长18.26%，税收质量进一步提高。二是推动了产业发展。共向上争取项目175个，项目资金25.5亿元；引进产业项目125个，到位内外资金30.6亿元。三次产业结构比调整为17.04∶36.03∶46.93，产业结构更趋合理。农业基础不断夯实，被评为省粮食生产标兵县，“耒阳红薯粉皮”获国家工商总局地理标志证明商标，土地确权颁证第二轮公示基本完成。工业规模持续壮大，新增规模企业19家，新达微二期等一大批工业项目建成投产，园区各项建设正逐步推进。三产动力不断增强，金融工作有序开展，房产市场供销两旺，商贸物流提质增效，旅游发展不断突破。三是加大了城乡治理。《耒阳市城市总体规划（2016—2030）》批准通过，城市环境综合整治“百日攻坚”行动扎实推进，城市道路、城区公园改造提质有序推进，垃圾处理、立体停车场等惠民项目加紧建设，城市管理力度不断加大，控违拆违成效明显，市民满意度不断提升。9个乡镇和52个村庄的特色小镇规划全部完成，哲桥、小水、黄市、新市特色小镇建设全面铺开并初见成效，灶市街零洲社区被评为“全国综合减灾示范社区”，亮源乡成功创建为文明示范乡镇。四是做实了改革文章。坚持以供给侧结构性改革为主线，有条不紊全面推进各项改革，9大类24项重点改革项目已完成18项。特别是综合行政执法、农房抵押贷款两项国字号改革试点创造“耒阳经验”，并被评为衡阳市“十佳改革创新项目”。五是提升了民生水平。为民办实事项目全面完成，财政民生支出占一般公共预算支出比重达到73.36%。城乡居民收入增速高于经济增速。新增城镇就业超额完成年度目标。武广教育城及农村寄宿制学校建设顺利推进。中央环保督察发现问题基本整改到位。脱贫攻坚有序推进，贫困发生率由原来的5%下降至1.93%，寿洲村等17个贫困村成功摘帽出列，12169名预脱贫对象基本实现“一超过、两不愁、三保障”和饮水安全，顺利完成年度脱贫目标。六是确保了社会稳定。整治“职业犯罪”经验在全国现场会上推介，并成功摘除“传统‘盗抢骗’犯罪重点地区”帽子。信访工作实现重点地区和敏感节点“五个不发生”目标。安全生产形势稳定向好。七是抓严了党的建设。坚持党委总揽全局、协调各方，领导核心作用进一步发挥。全力支持人大、政府、政协依法履行职责。切实抓好迎接学习宣传贯彻党的十九大各项工作，扎实推进“两学一做”学习教育常态化制度化。圆满完成村（社区）“两委”换届任务。积极推进纪委派驻机构改革和三轮巡察工作，以霹雳手段抓好从严治党，今年所查案件是耒阳市有史以来立案最多、大要案查处最多、审理最多的

一年。

“看似寻常却崎岖,成如容易却艰辛”,经过去年一年的艰苦努力,我们办成了不少大事,取得了来之不易的成绩。这些成绩是在经济形势复杂多变、经济下行压力较大的背景下取得的,是在环境治理、脱贫攻坚、淘汰煤矿落后产能多项重大任务同步推进的背景下取得的。成绩的取得,是以习近平同志为核心的党中央坚强领导的结果,是全市人民齐心协力、共同奋斗的结果,是广大党员干部特别是基层干部奋发努力、扎实工作的结果,是市四大家班子尽职尽力、团结务实的结果。在此,我代表市委、市政府,向全市广大干部群众,向关心和支持耒阳发展的社会各界人士,表示衷心的感谢和崇高的敬意!

在肯定成绩的同时,也要清醒看到发展中存在的困难和问题,主要表现在:实体经济、产业发展成效还不够明显,财政收支压力还十分突出,金融、政府隐性债务、房地产、安全生产等各类风险还客观存在,项目不大、项目不优、进展不快问题仍然突出,办事效率不高、投资环境不优、推进改革不实的状况仍未根本改变,尤其是部分干部不作为、慢作为的现象还一定程度上存在,等等。对这些问题,我们不能回避,必须保持清醒认识,采取有效措施加以解决。

二、树立发展信心,全面开启新时代发展新征程

人活着总是要有一点精神的。一个地方发展好不好,首先要看我们的干部精神状态怎么样。从党的十八大报告提出道路自信、理论自信、制度自信的三个“自信”,到党的十九大报告提出道路自信、理论自信、制度自信、文化自信的四个“自信”,我们党以永不懈怠的精神状态和一往无前的奋斗姿态,迎难而上,开拓进取,解决了许多长期想解决而没有解决的难题,办成了许多过去想办而没有办成的大事,取得了改革开放和社会主义现代化建设的历史性成就。正是有了坚如磐石的理想信念,有了为人民谋幸福、为民族谋复兴的初心和使命,有了足够的自信与决心,才能推动党和国家事业发生历史性变革。

我到耒阳工作时间不是很长,从一个局外旁观者到实践参与者,感受最深刻的就是在我们的干部当中,士气显得不是那么很足,尤其是对于推进转型发展,显得信心不足。有的同志,看到这几年耒阳经济没过去那么高增长了,干什么都提不起精神,有种论调说耒阳退出综合排名多少名了,大有唱衰耒阳的心理。这些论调,尽管只是在少数干部中存在,但就像是笼罩在天空中的雾霾,对地方的政治生态和队伍士气造成的影响是很大的。

今年经济工作要想有一个良好的开局,首先必须树信心、提士气。而树信心、提士气,关键要建立在我们对宏观形势与客观实践的正确认识上,最根本还是要把握转型发展的机遇。

一要在积极抢抓发展机遇中坚定信心。总的来看,当前“时”与“势”都于我有利,耒阳已进入发展最大机遇期。要抢抓发展向好的机遇。当前,宏观经济长期向好的趋势没有变,全省经济发展稳的基础在巩固、进的动能在增强,衡阳通过大力实施工业原地倍增计划和工业“3311”发展战略工程,今后几年将保持一个较好的发展态势。我们耒阳经过近些年的煤矿阵痛和转型升级,产业结构逐步优化,城市、园区等发展基础更加牢固,区位、交通、资源、人文等发展优势更为凸显,特别是通过圆满完成市乡村三级换届和大力推进全面从严治党,全市上下抓发展的氛围更浓、干劲更足,我们完全有信心有能力开启耒阳新时代发展新征程。要抢抓政策叠加的机遇。党的十九大提出,要全面实施乡村振兴、区域协调发展等重大战略,继续保持积极的财政政策和稳健的货币政策,继续加大对能源、生态环保、“三农”以及实体经济的支持力度,继续扩大对产业升级、社会民生、精准扶贫等领域精准投放;党中央、国务院及省委、省政府相继在创新驱动发展战略、促进外资增长、促进实体经济发展、激发民间投资等方面出台了有关政策文件和可操作性措施,这都将为我们县域经济发展提供强大支撑。要抢抓产业升级的机遇。中央提出推动高质量的发展,省委将2018年确定为“产业项目建设年”,衡阳深入推进工业“3311”战略工程,必将牵引一批产业项目布局我市,再加上淘汰煤矿落后产能工作的推进,必将倒逼我们加快产业转型升级,这给我们发展实体经济、加快产业升级带来重大机遇。

二要在科学确定发展目标中激发信心。按照中央、省委、衡阳市委经济工作会议精神,我市2018年工作的指导思想是:全面贯彻党的十九大精神,以习近平新时代中国特色社会主义思想为指导,加强党对经济工作的领导,坚持稳中求进工作总基调,坚持新发展理念,紧扣社会主要矛盾变化,按照高质量发展的要求,统筹推进“五位一体”总体布局,协调推进“四个全面”战略布局,坚持以供给侧结构性改革为主线,深入实施创新引领开放崛起战略,大力实施“3131”工程计划,全力组织开展好防范风险、脱贫攻坚、污染治理、园区增效、城乡提质、旅游升温六大行动,统筹做好稳增长、促改革、调结构、惠民生、防风险各项工作,促进经济社会持续健康发展,推动“四个耒阳”建设取得新的更大的成效。

确定经济社会发展的主要预期目标是:GDP增长8%~8.5%,一般公共预算收入增长3%~5%,全社会固定资产投资总额增长14%左右,全社会消费品零售总额增长10%左右,规模工业增加值增长8.5%左右,城乡居民人均可支配收入增长8.5%左右,全面完成上级下达的节能减排、安全

生产等约束性指标任务。

确定经济增长预期目标为8%～8.5%左右，主要是市委根据中央、省委、衡阳市委经济工作会议要求，综合考虑我市的有利条件和不利因素，反复权衡决定的，是适度的，必要的，也是可能的。无论是保持衡阳“领头羊”的地位，还是实现“四个耒阳”的目标，我市都要确保一定的发展质量、发展效益、发展速度。必须清醒认识到：发展不足、发展不优仍然是我们最大的市情，加快发展、加快转型仍然是我们最大的任务，这个基本市情和根本任务，相当长一段时期都不会改变。耒阳正处在开放发展的黄金期、各种政策机遇的叠加期、加快转型升级的关键期，要牢牢坚持以经济建设为中心，始终扭住发展这个第一要务不放松，把加快发展作为解决一切问题的关键，最大可能地克服困难，最大限度地发挥优势，顺势而为，乘势而上，确保经济发展稳中求进、稳中向好。我们强调不唯GDP，不是不要GDP，更不是不要发展，而是要让发展更有质量，更有效益，更可持续，更多地惠及民生幸福。核心是要调整发展思路，转变发展方式，不能再走粗放式的，以污染环境为代价，以廉价生产要素的投入来换取发展的老路；也不能走以牺牲人民群众利益为代价，单纯追求GDP增长的歪路；更不能走只顾眼前，不顾长远，搞形式主义，做表面功夫的邪路，而是要走转型发展、科学发展之路，走出一条统筹发展、创新发展、绿色发展、人本发展之路。只要是有质量、有效益的发展；只要是实实在在、没有水分、让老百姓得实惠的发展；只要是健康可持续而没有后遗症的发展，这样的发展越快越好。

抓好今年经济工作，必须把握以下几点原则：1. 要提高政治站位。2018年是贯彻党的十九大精神的开局之年，是改革开放40周年，是决战脱贫攻坚、决胜同步小康、实施“十三五”规划承上启下的关键一年。我们要提高政治站位，把讲政治落实到经济发展的方方面面，把政治站位提高到贯彻党的十九大精神和习近平新时代中国特色社会主义思想上来。2. 要坚持稳中求进。这是治国理政的重要原则，是做好经济工作的方法论。要把握稳中求进的辩证关系和实践要求，既反对消极应付、不思进取，又反对冲动蛮干、急于求成，把该稳的稳住，把该进的进好，不断巩固“稳”的基础，持续增强“进”的动能。3. 要推动高质量发展。这是党的十九大确定的发展思路。要贯彻新发展理念，坚持以质量效益为中心，以抓改革为重点推动动力变革、以优服务为重点推动效率变革、以促创新为重点推动质量变革，加快形成推动高质量发展的指标体系、政策体系、绩效评价、政绩考核，创建和完善制度环境，加快实现向高质量发展的根本转变。4. 要大力发展产业。经济发展的根基在实体、在产业。要坚持以园区为载体，以产业链为抓手，以优化环境为基础，以项目落地为关键，以引才聚才为支撑，着力培育、发展、壮大、做优产业。5. 要突出抓重点、补短板、强弱项。这是推动发展的基本方法。发展中的不平衡不充分就是工作中要突出的重点、要补上的短板、要加强的弱项。紧紧围绕产业发展、脱贫攻坚、污染治理、投资环境改善等短板和弱项，集中力量攻坚克难，把重点落实、把短板拉长、把弱项变强。

三、聚焦工作重点，奋力谱写新时代发展新篇章

实现今年经济发展各项预期目标，需要全市上下坚定不移聚焦发展第一要务，千方百计稳增长，雷厉风行抓落实，形成推动发展的强大合力，确保完成全年目标任务。

（一）大力推进产业项目建设

抓产业项目建设，就是要严格落实省委省政府“产业项目建设年”要求，大力实施“3131”工程计划，即：扶持打造电子信息、有色冶金、油茶三大产业；年度引进10个投资过亿元的产业项目；培育30个纳税过千万元的重点企业；打造一个创新开放、产城融合、产业链完整的现代化产业园区。“3131”工程计划是我市振兴实体经济和推进产业发展的核心计划，市委、市政府以及各相关部门要对应成立工作领导小组，加快研究制定详细的实施方案，真正以产业项目振兴推动我市经济发展转型升级。要围绕“3131”工程计划推动产业转型升级。坚持把新型工业化作为发展主战略，提质升级传统制造业，加快培育壮大新兴产业，重点培育化工、有色冶金、机械制造、皮具箱包等初具规模、有相对比较优势的产业；要以农业供给侧结构性改革为主线，积极发展现代农业，重点围绕油茶、水果等产业，培育和打造一批农业产业化龙头企业，特别是要突出油茶战略地位，用好用活衡阳市“油茶九条意见”，采取有效措施扶持油茶种植、加工和销售，真正打响耒阳油茶产业这张绿色名片；要依托我市特有的文化旅游资源优势，培育一批文旅骨干企业，建设一批文旅产业项目，推动文旅产业的集聚发展。要围绕“3131”工程计划加大招商引资力度。全面落实创新引领开放崛起战略，充分发挥我市区位和海关设站优势，紧盯国家十三五重点投资政策走势和社会资金流向，对接湖南省实施“产业项目建设年”活动和“五个100”产业项目计划以及衡阳市振兴实体经济“3311”工程计划，千方百计招大引强，重点要加紧对接福兴环保科技冰铜、水泥窑协同处置危险废物项目、建滔集团电子信息产业园、焱鑫有色与中国节能环保集团合作，争取尽快落地。要围绕“3131”工程计划推进产业项目建设。要强化项目建设责任，以责任落实推动各单位在工作力量、政策支持、资源配置等方面向产业项目建设倾斜；要解决项目建设问题，重点解决好项目建设土地、拆迁、资金、招工等问题，确保项目早落地、早投产、早见效；要优化项目建设环境，全面开展对接“北上广”优化大环境行动，着力改善硬环境、持

续整治软环境,今年重点要对行政执法环境、工程建设环境、政务服务环境、招投标环境、法治环境、庸政懒政等七个方面进行全面整治,全力营造公平宽松的经济发展环境。同时,要健全完善有利于产业发展的目标体系、支持政策、考核办法、奖惩机制,形成推进产业项目发展的有效机制和政策环境。

(二)切实抓好六大行动

今年经济工作的主战场,就是组织推进六大行动。全市各级各部门要紧密结合实际,找准工作方向,制定周密计划,细化工作安排,创新工作举措,高效推进"六大行动"深入开展。

一要组织开展好防范风险行动。强化问题导向、底线思维,加强对重点行业、重点领域、重点区域的风险防范化解。这几年,我市政府债务急剧扩张,存在一定风险。要进一步摸清我市政府债务特别是隐性债务底数,明确责任、精准发力,强化对政府性债务的管理,厘清平台公司的职能定位,推动平台公司市场化转型。要优化重组债务结构,用长债置换短债,用低成本债置换高成本债,以此严格控制增量、逐步消化存量。健全社会矛盾排查预警、重大决策社会稳定风险评估、矛盾多元化解机制,严厉打击非法集资、高息揽储等违法违规金融活动,坚决遏制金融市场高杠杆投机炒作,禁止领导干部和国家公职人员参与涉矿涉砂涉房地产等非法入股、地下经营等活动。加大对小额贷款公司、融资性担保机构及民间融资主体的监管力度,坚决杜绝抽逃资本金、非法集资等非法金融行为。全面落实"一单四制",继续开展"落实企业安全生产主体责任年"活动,切实加大安全隐患排查整改力度,确保全市安全生产形势持续稳定。

二要组织开展好脱贫攻坚行动。坚持把脱贫攻坚作为首要民生工程来抓,对照明年"实现21241名未脱贫对象全部脱贫(除兜底户外)、17个未摘帽贫困村全部出列"目标任务,聚焦再聚焦、精准再精准,真正把责任压紧压实,用心用情用力推进。要向17个还未摘帽贫困村聚焦发力,以解决突出制约问题为重点、以重大扶贫工程和到村到户帮扶为抓手,确保我市所有贫困村按期全部出列。脱贫攻坚既要抓当前,也要谋长远,还要可持续,既不降低标准,也不吊高胃口,要实事求是、尽力而为。要瞄准导致群众返贫的重点因素,扭住产业脱贫这个关键,大力发展特色农产品种植业、精准加工业,积极发展乡村文化旅游;开辟农村公路养护、乡村卫生保洁等公益性岗位,拓展困难群众就业渠道;把扶贫和扶志、扶智结合起来,增强内生脱贫动力,对已脱贫对象开展"回头看、回头查、回头帮",实行攻坚期内脱贫不脱政策,确保可持续稳固脱贫。各级各部门要合理确定脱贫摘帽时间,坚持成熟一个摘一个,既防止层层加码、搞短期突击,又防止拖延观望、无所作为。要进一步落实"四个切实、五个一批、六个精准"和"三走访三签字"要求,强化主体责任,加强考核监督,开展好扶贫领域腐败问题和作风专项治理,对弄虚作假、搞数字脱贫以及贪占挪用扶贫资金的要严肃查处,切实提高群众获得感和满意度。

三要组织开展好污染治理行动。生态环境问题根子在粗放型增长方式。全市各级领导干部要端正发展理念,绝不能有保护、袒护、维护破坏生态环境的行为,绝不能嘴上高唱绿水青山、背地里大搞"黑色增长"。要对照工作要求,制定作战计划,确定具体战役,一个战役接着一个战役打,确保2020年我市生态环境总体改善。要以湘江保护和治理第二个"三年行动计划"为统领,持续实施大气、水、土壤污染防治行动计划,今年重点要加大城区大气污染治理力度,完成水东江高速公路联络线片区煤坪搬迁,确保城区空气质量持续向好;要切实抓好产煤乡镇煤尘、煤气、煤灰的治理,全面完成城市污水处理的全覆盖以及黑臭水体治理任务,切实抓好农村的环境整治、垃圾清理、污水治理;加快推进耕地污染、治理修复,坚决打击非法采、洗选钨、锰等破坏土地植被等行为,坚决打击森林火灾肇事者,突出抓好荒山造林和河道绿化,力争全年绿化造林6万亩。要切实用好中央环保督察和我市"春雷行动"成果,推动解决一批人民群众反映强烈的突出环境问题。要继续实施能源、水、建设用地总量和强度"双控",大力发展绿色环保产业,坚决调整产业结构,从源头上减少和控制污染。

四要组织开展好园区增效行动。产业园区是实体经济发展的载体,全市各级各部门一定要把产业园区建设发展作为事关全局的重点工作来抓,针对存在问题,拿出实在举措,推动产业园区提质增效。今年重点要解决四个方面的问题,一要解决园区定位的问题。园区建设和发展,一定要遵循集约化、特色化、人性化的原则,推动政策、资金、要素资源向园区集中,促进优势产业、优势企业向园区集聚。特别是循环产业园作为特色园区,要以打造"全国城市矿产基地"为目标,今年重点要加紧与省发改委的对接,争取"有色金属综合回收利用省级专业园区"早日批复到位。二要解决园区配套的问题。要在基础配套、产业配套、服务配套上三方发力,基础配套方面,今年,哲桥工业新城核心区域和循环产业园2个PPP项目要加紧启动建设,园区道路交通、地下管网、绿化亮化、网络等配套设施要尽快完善;产业配套上,要瞄准有基础、有潜力的优势产业链,做好建链、补链、强链文章,降低企业物流成本,提升企业聚集度,从根本上解决好企业引得进、留得住、发展得好的问题;服务配套上,要提升园区交通、住房、培训、教育、医疗等服务功能,让企业招得到工、留得住人、扎得下根。三要解决园区瓶颈的问题。园区瓶颈很多,今年要把重点放在土地上。现在,有些项目一来,园区就说没有土地了,实际上我们有些土地一直在"睡大觉",一些僵尸企业占着土地却不出效益，今年，要按照中央、省里要求，把处置僵尸企业作为重要抓手，全面清理、督办、整改招商引资的违约失信问题，加大对闲置土地清理以及违法占地行为的处置力度。四要解决工作推动的问题。目前，我市园区有不少好项目，因为各种原因，进度较慢。今年，要以硬措施来推进项目建设，按照立项一批、开工一批、建成一批、投产一批的思路，推动一批项目做强做大。

五要组织开展好城乡提质行动。坚持以城带乡、城乡并进，统筹推进城乡提质提效。要实施“四城同创”。瞄准创建全国卫生城市、省级文明城市、省级园林城市、省级交通管理模范城市目标，进一步优化城市布局，全面落实城市新规，在不断完善老城功能的基础上，科学规划和推进武广新城、开发区工业新区、铜锣洲等片区建设，加强耒水两岸、金沙洲、鹿岐峰、高铁站周边等城市重要节点的设计和留白工作，优化城市空间与布局。进一步做美城市风貌，通过完善一批城市设施、提质一批城市市场、改造一批背街小巷，推动市容市貌全面提升。进一步规范城市秩序，持续推进城市环境综合大治理，大力开展城市“三规范”（规范行人、非机动车和机动车走、行、停行为）行动，以大整治、大规范，推动城市环境卫生和交通秩序的大改进。进一步精细城市管理，切实加强城市综合管理执法，全面推行城市管理市场化、考核常态化、管理标准化，不断提升城市管理的法治化、智能化和精细化水平。要加快乡村振兴。坚持农业农村优先发展，把实施乡村振兴战略作为新时代“三农”工作的重要抓手。要突出质量兴农，加强农业标准化生产和质量建设，加快构建现代农业产业体系、生产体系、经营体系；抓紧完成土地承包确权登记工作，严格落实农村土地承包经营权延期30年政策，加快完善农村土地“三权分置”格局，促进农村适度规模经营，培养壮大新型农业经营主体。要突出示范带动，全面加快村庄规划编制，突出抓好美丽乡村示范村建设；全面落实特色小镇建设奖补政策，支持各乡镇按照镇区规划加快土地开发，重点支持一批特色小镇建设。要突出基础建设，加快农村基础设施、公共服务等配套建设，加大农村危房改造、农村电网改造升级工作力度，积极推进农村“厕所革命”，全力抓好“三农”工作队伍建设，健全自治、法治、德治相结合的乡村治理体系，坚定不移维护农村和谐稳定。要畅通城乡路网。加速构建综合立体化的交通网络，连接外界各面，要积极争取并尽快启动耒云快线、茶常高速耒阳段、耒水航道升级等项目建设；城乡之间，要加快推进G107绕城改线，加快完成余长公路建设，加快提质改造G107富民路口至灶市红眼塘道路以及乡镇互通公路；中心城区，要实施东西南北大连通，东面要加快推进城北东路与G4高速出口连接，西面要加快启动城北西路接武园路立交桥建设，南面要实现西湖大道与鹿岐峰大桥相对接，北面要全面拉通沿江北路至联络线，进一步畅通城市进出口通道，缓解城市交通压力。

六要组织开展好旅游升温行动。全面落实旅游升温战略决策，积极创建“湖南省全域旅游示范县”，推动旅游产业升温增效。要抓好项目，建设精品景点。重点抓好蔡伦竹海旅游风景区建设，舞活旅游龙头；抓紧建好耒水国家湿地公园和五公仙国家石漠公园两大国字号旅游景点，提升旅游品质；加快建设和完善旅游服务中心、蔡伦纪念园等一批旅游基础设施建设，增强旅游供给能力。要整合资源，打造品牌线路。实施古镇、古街、古村、古民居、古文化、古县衙串连升级，用好“千年古县”招牌；做足蔡伦纪念园、纸博物馆、古法造纸等纸文章，打响世界纸都品牌；改造提质谢维俊故居、培兰斋、梁家祠堂等湘南起义战斗群遗址，推进红色旅游教育基地建设，争取纳入湖南及国家红色旅游经典线路，彰显红色旅游效应；依托耒水九曲连环，抓好沿线的黄市蔡伦竹海、城区鸭婆洲与金沙洲、永济湿地公园与鸟岛的建设，放大绿色资源优势。要创新营销，推动全域旅游。深入推进“互联网+旅游”，促进线上推广与线下管理及一二三产业融合发展；高标准承办“中国·耒阳乡村生态旅游暨油茶产业发展高峰论坛”，积极推介乡村旅游资源；主动融入大湘南旅游圈，加强与郴州、南岳等地合作，实现共享营销、互利共赢。

（三）深化以供给侧结构性改革为主线的各项改革

以改革开放40周年为契机，全面推动改革开放向纵深发展。

要深化供给侧结构性改革。以“三去一降一补”为重点，着力在“破”“立”“降”上下功夫，把供给侧结构性改革推向深入，不断提高供给质量和效益。坚定不移去产能，重点抓好淘汰煤矿落后产能工作，严格按照上级要求，积极稳妥推进煤矿关闭退出、升级改造工作，加快推进煤矿机械化、正规化开采。有的放矢去库存，加快建立多主体供应、多渠道保障、租购并举的住房制度。稳妥推进去杠杆，坚持增量控制和存量化解相结合，强化企业资本负债率和资本金约束。持续深入降成本，从减税、减费、减证入手，大幅降低企业制度性成本、税费成本和要素成本。精准施策补短板，把补短板和扩大优质供给相结合，精准有效改善供给结构，增强发展后劲。

要全面推进各领域改革。坚决落实中央、省、衡阳市决策部署的各项改革任务，结合耒阳发展实际推进一批改革。要切实抓好上级部署的改革。持之以恒抓紧抓实监察体制改革、公车改革、群团组织改革、城市管理市场化改革、医药卫生体制改革等专项改革，确保改革有序推进。深入推进农房抵押权贷款、综合行政执法两大“国字号”改革试点，进一步巩固扩大试点效应。要跟踪落实已定的改革任务。切实抓好园区管理体制机制改革的落实落地,推动开发区建立一级财政、"三定方案"尽快到位。要回应乡镇呼声、强力推进乡镇简政放权、扩权强镇改革,分批、分步扩大乡镇管理权限,逐步解决制约乡镇经济社会发展的体制性障碍。要积极探索自主式、有益性改革。充分借鉴"最多跑一次"改革成功经验,加快推进行政审批制度改革,加快推行"不见面"审批等服务模式,切实解决揽权不下放、接权不落实、用权不合规、公开不及时、监管不尽责、服务不到位等突出问题。要进一步规范平台公司的管理,厘清政府和平台公司的责任边界,建立规范的举债融资机制。要探索建立财政投资项目代建制,大胆推动政府投资项目面向市场选择代建主体,使代建项目摆脱行政主导,从而构建市场化的代理关系和治理结构。要借鉴外地成功经验,找准我市工作切入点和突破点,尽快出台征地拆迁办法和激励政策,有效破解征地拆迁难题。

(四)着力改善社会民生

全面推进以人民为中心的发展,增加保障和改善民生的服务供给,不断满足人民日益增长的美好生活需要。坚持教育优先发展。以教育两项督导评估为抓手,全面提升城乡两级学校基础条件;全面落实人大1号议案,加快推进武广教育城和农村寄宿制学校建设,有效解决城区学位紧、农村师资弱等问题,下大力气解决中小学生课外负担重、婴幼儿照护和儿童早期教育服务等突出问题;要高度重视、积极支持职业教育工作,推动职业教育事业快速健康发展。健全社会保障体系。切实抓好高校毕业生为重点的青年就业和农村转移劳动力、城镇困难人员、退役军人就业,注重解决好性别歧视、身份歧视问题,提高就业质量和居民收入水平;以"公平、可持续"为目标,完善城乡居民基本养老保险、基本医疗保险、城乡最低生活保障制度。重视解决农民工工资拖欠问题,确保辛苦劳动的农民工们拿到汗水钱。着力发展社会事业。推进健康耒阳建设,全面提升城乡基层医疗卫生服务水平,促进人口均衡发展,加强重特大疾病医疗保险和救助,深入推进公立医院改革,鼓励社会资金进入养老、医疗等领域,破解"看病难、看病贵"问题;切实保障食品药品安全,确保人民群众吃上放心食品,用上放心药;全力保障城乡水电供应,切实解决频繁停电、停水带给企业、群众的生产干扰、生活困扰。深入推进平安创建。全面推进依法治市,推进科学立法、严格执法、公正司法、全民守法。加强和改进新形势下的群众工作和信访工作,积极实行网上受理信访制度,及时就地解决群众合理诉求。加快"雪亮工程"建设,全面推行网格化管理,进一步推进市、乡(街道)、村(居)三级综治中心建设,落实社会治安综合治理措施,保持对各类违法犯罪行为的高压态势,深入推进"平安行动""畅安行动""禁毒风暴""扫黑除恶"等专项行动,突出打击"黄赌毒黑拐骗""职业犯罪",全力维护社会大局稳定,不断提升人民群众的安全感。这里需要特别强调的是,改善民生必须与经济发展和财力状况相适应,根据经济发展和财力状况逐步提高人民生活水平。政府主要是保基本、兜底线,不能包打天下,不能提不切实际的口号,不要做过多过高的承诺,多搞"雪中送炭",少搞"锦上添花"。美好生活要靠劳动来创造,要引导和鼓励广大群众通过勤劳致富改善生活,使改善民生既是党和政府工作的方向,也是老百姓自身奋斗的目标。

四、加强党的领导,从严落实新时代发展新要求

坚持党的领导是做好经济工作的根本原则。要把党的领导贯穿经济建设各领域、全过程,为推动高质量发展提供坚强保证。

(一)党的领导要更加坚强。全市各级各部门要始终保持战略定力,全面正确有效地贯彻执行中央、省委、衡阳市委关于经济工作的总体要求和重大部署,定期分析经济形势,明确工作重点和政策举措,把党对经济工作的领导落到实处。党要有力量,关键是各个层级的战斗堡垒要强。为此,我们一要舞好"指挥棒"。市委是执政兴国的"一线指挥部",要充分发挥市委统揽全局、协调各方的领导核心作用,坚定不移把方向、统筹兼顾管大局、科学民主作决策、全力以赴保落实。二要唱好"大合唱"。人大、政府、政协要始终坚持党的领导,形成市委统揽全局、人大依法监督、政府依法行政、政协积极参政议政的良好局面。各党委(党组)都要切实围绕中心、服务大局,找准定位、积极履职,形成"九牛爬坡,个个出力"的生动局面。三要建好"桥头堡"。要以"支部建设年"为抓手,大力建强基层组织,让每一个基层组织都成为"旗帜",让每一名党员都立成"标杆"。全面压实党建责任,着力构建"一把手不松手、班子成员齐上手、各级各层有抓手"的党建责任落实格局。进一步强化基层阵地保障、经费保障、待遇保障,全面推进基层党支部"五化"达标创建,进一步抓好农村综合服务平台和社区办公服务用房建设,巩固乡镇"六小一中心"建设成果,不断完善乡镇职能。

(二)从严治党要更加深入。办好中国的事情关键在党,关键在党要管党、从严治党。要增强党性修养。我们的第一身份是党员,第一职责是为党工作。要继续深化和巩固"两学一做"学习教育成果,扎实开展"不忘初心、牢记使命"主题教育,切实增强政治意识、大局意识、核心意识、看齐意识,坚定道路自信、理论自信、制度自信、文化自信,坚决与以习近平同志为核心的党中央保持高度一致。特别是要把讲政治落实到经济发展的方方面面,坚决反对经济工作中的分散主义、自由主义、本位主义、山头主义、地方保护主义。要严守纪律规矩。认真贯彻好、落实好《中国共产党党章》《中国

共产党廉洁自律准则》《中国共产党纪律处分条例》《中国共产党问责条例》和中央“八项规定”等系列规定和要求。当前,要重点学习、宣传、贯彻中央《关于新形势下党内政治生活的若干准则》《中国共产党党内监督条例》,切实增强党内生活的政治性、时代性、原则性、战斗性,全面落实各项监督责任。要大力正风肃纪。紧盯“四风”问题的新动向、新变异,坚决防止反弹回潮。继续深入开展“纠四风、治陋习”“雁过拔毛”式腐败问题专项整治行动,推动正风肃纪向基层延伸。加大纪律审查力度,有腐必反、有贪必肃,始终保持高压态势。坚持“惩前毖后、治病救人”的方针,正确运用监督执纪“四种形态”,既对违法违纪违规行为严厉惩处,又经常性对干部“修枝剪杈”,以达到治“病树”、拔“烂树”、护“森林”的目的。

(三)发展视野要更加开阔。当前,我们有些同志想政治地位的时候,想到耒阳是个市,但是一想到工作层面、想到开放崛起战略的时候,一下就退回到县了;想到项目、资金、待遇,就想到自己是市,可一想到工作、想到质量、想到高标准,就又退回到县了。同志们,省委提出“创新引领、开放崛起”战略,不只是对长株潭的要求,也不只是对浏阳、宁乡、醴陵的要求,是对全省所有县市区的要求。开放崛起,不是说非要跑到国际上去找世界500强来,而是要求我们要有大局观念,要把耒阳放在国际国内两个市场的发展格局中去思考和谋划工作。比如,我们的油茶,难道我们就准备在湖南省内卖吗?耒阳过去的煤炭有40%也是卖到全国各地,未来要重回全省“第一方阵”,还是要有全局思维,要创新,要开放,不能老是盯着自己的一亩三分田,老是想着躺在过去的功劳簿上。要多数一数,我们现在有多少国家级的牌子?要多想一想,我们还能在哪些方面争取国家层面的政策和项目支持?要多比一比,我们还能在哪些工作上能够争取一流水平和一流业绩?

(四)工作推进要更加务实。习近平总书记反复强调,要崇尚实干、狠抓落实。尤其对于县一级来说,在我们党的组织结构和国家政权结构中,处在承上启下的关键环节,是发展经济、保障民生、维护稳定、促进国家长治久安的重要基础。如果不沉下心来抓落实,再好的目标,再好的蓝图,也只是镜中花、水中月。今年6月我到耒阳上任,给大家的承诺,就是四个坚决落实,来了以后,我最关注关心的就是怎么把上级的要求不折不扣地落实到耒阳,怎么把党代会的部署不折不扣落实到工作,怎么更多地发现那些干实事、抓落实的好干部。应该说,从总体看,耒阳干部的能力素质是过得硬的。比如市委去年成立党的领导等五个工作领导小组,尽管时间不长,但工作非常得力,特别是城市环境整治工作领导小组,整治时间很短,整治效果却十分明显。还比如在去年组织开展的献计献策活动中,一大批干部积极建言献策,充分说明了耒阳干部心系发展、期盼改善的迫切心情。当然,也有个别干部,在办实事、抓落实上还存在问题。比如,有的光说不干,搞表面工程;有的办事拖沓,领导说一说动一动,不说就不动;有的虎头蛇尾,开工剪彩跑得勤,遇到难题跑得快,光想着自己干两年拍屁股走人,根本没有长远打算;有的有利的事情争着干,麻烦的事情拼命推,干事情就像和尚撞钟,缺乏积极性主动性;还有的同志,自己不想干事,也不会干事,看着别人干事还眼红,对别人的工作品头论足,缺乏干事的胸襟和能力;还有个别职能部门的中层干部和经办人,还是老一套的工作作风,养尊处优、利益寻租、能卡就卡、能拖就拖、能推就推,一项手续甚至让一个单位一把手跑几十次。所以,我们讲崇尚实干、狠抓落实,就是要赶快行动起来。要围绕今天会议布置的工作,特别是要围绕六大行动,迅速成立和高效运转六大行动指挥系统,按照2020年决胜全面小康的速度要求,制定6个三年行动计划,切实加强调度推进。要进一步健全工作落实责任机制和推进机制,确保每项工作有人管、有人抓、有人督,每个任务有目标、有时限、有验收,使决策有跟进措施,部署有实际行动,安排有及时反馈,让求实务实落实成为一种风尚。

(五)攻坚克难要更加用力。革命年代,我们耒阳出了这么多烈士、将军,新时代,我们更要在经济、政治、文化、社会、生态、党建等各个领域勇当排头兵,要拿出一流的勇气和决心,用一流的努力和担当,去创造一流的业绩。当前,工作中问题多、矛盾多、难度大,这是领导干部遇到的共同问题。辩证的看,“难”是发展不可回避的必然课题,“解难”是干部工作的天然责任。干事创业,关键看干事,关键看攻坚,关键看克难。一要鼓励想干事。干部的天职是干事,干部的价值在创业。干部不能为、不想为、不愿为,本质上是思想“贫血”、精神“缺钙”,表现出的是身体“缺氧”、行动“乏力”。干部,干是当头的。鼓励想干事,就要通过政治、精神、物质等多种方式,改变干部“多干多出事、少干少出事、不干不出事”的不良思想,让党员干部心情舒畅、精神振奋,从而一心为公、敢于担当。二要引导会干事。针对干部的知识空白、经验盲区、能力弱项,开展精准化的理论培训、政策培训、科技培训、管理培训、法规培训,增加兴奋点、消除困惑点。要大力弘扬“马上就办、真抓实干”的作风,引导干部在“落细”“落小”“落实”上下工夫。“落细”,就是深入细致、精益求精;“落小”,就是要大处着眼、小处着手,一项一项具体抓,积小胜为大胜;“落实”,就是要抓铁有痕、踏石留印,不达目的不罢休,稳扎稳打向前走。三要支持敢干事。坚持“三个区分开来”,旗帜鲜明为负责者负责,为担当者担当。对那些勇担当、有本事、坚持原则、不怕得罪人、个性鲜明的干部,在其遇到挫折时坚决帮一把、失落失意时坚决拉一把、受到污蔑时坚决挺一把。要进一步完善容错纠错机制,既为想干事、能干事、干成事的干部吃下“定心丸”、戴上“护身符”,又毫不留情地扯下“为官不为”者的“遮羞布”。四要激励干成事。坚持“20字好干部标准”“重品行、重实绩、重基层、重口碑”的选人用人导向,把那些想干事、会干事、敢干事、干成事的优秀干部选出来,用起来。坚决调整能力不足、动力不足、担当不足的干部,坚决惩处不干事、乱干事的干部,努力形成“能者上、庸者下、劣者汰”的良性竞争局面。

耒阳市人大常委会工作报告

——在耒阳市第十七届人民代表大会第三次会议上

耒阳市人大常委会主任　黎家能

（2018年1月11日）

2017年，市人大常委会在中共耒阳市委的坚强领导下，深入贯彻党的十八大、十九大精神和习近平新时代中国特色社会主义思想，认真落实市委人大工作会议精神，围绕全市大局，依法履职行权，人大工作有了新发展、呈现新局面。

一、围绕大局，服务发展，依法抓好审议决定

人大常委会坚持把支持经济社会发展作为第一要务，认真履行宪法和法律赋予的重大事项决定权，围绕经济社会建设中的重点、热点问题，依法审议，依法决定。一是密切关注财经运行。先后召开4次人大常委会会议，听取和审议预算草案、预算执行、预算调整、财政决算等工作，支持市政府加强税收征管，堵塞收入漏洞，确保应收尽收；要求市政府克服财政困难，及时足额保障民生资金、发放公职人员工资福利，让广大干部群众共享发展成果；督促市政府挤干财政水份，做实财政收入，提升财政实力。市政府及其财政部门从我市实际出发，积极向上争取，使本年度全市预算收入预期目标得以允许从年初预算29.06亿元调整到22.15亿元，调减6.91亿元，在做实财政收入上取得了历史性突破。二是重点审议工业经济。聚焦工业经济发展"短板"，专题听取和审议工业经济发展情况汇报，要求市政府把发展实体经济、培植新的税源作为我市经济建设的主要战场和首要任务，在园区建设、招商引资、优化环境、强化保障、煤矿复产等方面综合施策，推动市域经济持续健康发展。三是着力助推项目建设。先后召开5次人大常委会会议，对创新创业园、大市循环经济产业园、棚户区改造等24个事关我市发展和民生改善的重大项目进行专题审议，作出决议决定12个，积极推动项目建设。首次要求市政府编制《年度市级政府投（融）资项目计划》，报送人大常委会初步审查，并作为《年度国民经济和社会发展计划报告》的内容，提交市十七届人大二次会议审议批准，有效规范了重大项目的决策审批程序，提升了年度项目实施计划的科学性、严肃性和可行性。组织人大常委会组成人员对城农投项目开发情况开展视察，要求市政府进一步加强项目建设监管，抓好武广新城综合开发；对政府性投资重点项目建设情况开展专题调研，提出了有针对性的意见和建议，为全市重点项目决策提供了有益参考。

二、创新方式，注重实效，全面加强人大监督

人大常委会坚持以创新思维引领工作突破，大力推进理念创新、机制创新、方式创新，让人大监督工作取得了新成效。一是完善机制，监督工作更加规范。结合法律要求、上级精神和本地实际，进一步修改完善了人大常委会议事规则和人事任免、司法监督、专项工作评议、规范性文件备案审查、财政性投资建设项目等监督办法，为规范监督工作、强化监督职能奠定了基础。二是注重创新，监督工作有效深化。积极探索三项创新，致力打造监督工作亮点。其一，探索开展政府工作报告落实情况监督工作。市十七届人大二次会议召开后，在市政府制定《政府工作报告任务分解表》的基础上，人大常委会相应制定了《监督责任分解表》，并分成7个监督小组，由人大常委会领导带队，对报告落实情况进行跟踪监督，先后于7月和11月进行了两轮专题调研。年末，人大常委会会议听取了市政府工作报告落实情况专题汇报，并首次进行满意度测评，在充分肯定政府工作的同时，也指出了存在的问题，通过对政府工作报告年度落实情况进行监督，较好地促进了政府强化责任，积极作为，兑现承诺。其二，探索开展评议意见整改落实情况督办工作。紧盯代表和群众密切关注的热点问题，对疾病预防控制工作、森林保护工作和人社局、食药工质监管局的代表建议办理工作，开展专项工作评议。评议做到选题慎重、调查深入、评议客观、测评公正，并进一步改进方式，增强刚性，加大对评议意见的督办力度，首次召开专题会议听取和审议被评议单位的整改情况报告，做到了既重视评议，更注重跟踪整改，提高了评议效果。其三，探索开展执法监督员委派工作。建立执法监督委派机制，创新推进司法监督工作，首次从市人大代表中选聘20名执法监督员，组成4个执法监督小组，统一委派至市法院、检察院、公安局、司法局，对司法工作进行常态化监督，督促司法机关依法执法、公正司法。三是着眼民生，监督工作扎实推进。坚持以关注民生、维护民利、保障民权为己任，先后对事关人民长远利益的城乡规划、环境保护、住房公积金、

律师执业权利保障、医疗卫生体制改革等5项工作听取专项工作报告,对事关人民切身利益的平安城市建设、“菜篮子”工程建设、大中型水库移民后期扶持、城乡学校规划布局等4项工作开展视察、调研,提出了富有针对性和建设性的意见和建议,有力促进了民生改善和社会事业发展;积极配合省、衡阳市人大对扶贫攻坚、禁毒、油茶产业等16项工作开展视察、调研和执法检查,为上级人大掌握情况、审议工作提供了第一手资料;上下联动,深入开展“农产品质量安全行”“三湘农民健康行”“民族团结进步行动”等专项监督活动,较好地推动了相关工作;组织开展“旁听法院庭审”活动,积极促进司法公正;加强规范性文件备案审查,全年共备案审查规范性文件20件,从源头上推动“一府两院”依法行政、依法执法;认真搞好人大信访工作,先后接待来访群众194人次,督办诉案53起,并首次听取和审议市政府信访工作情况报告,支持和促使市政府进一步加强信访工作,这一做法得到了省人大常委会的高度肯定和宣传推介。

三、立足公正,规范程序,扎实搞好人事任免

人大常委会坚持把党管干部和依法任免、组织考察和倾听民意相结合,认真抓好人事任免工作。一是完善任免制度。进一步完善了《人大常委会人事任免办法》,力求从制度上确保人事任免依法、规范。年内,共任免国家机关工作人员53名,任命市人民法院人民陪审员106名,从组织上保证了我市国家机关的正常运转。二是抓实任前考察。任命前,对拟任人选进行严格考察,通过走访座谈、问卷调查、民主测评等方式,广泛征求群众意见,充分听取群众心声,做到以民意评价干部,以民意衡量干部,确保人事任命更加民主。三是加强任后监督。坚持把任前表态与年终报告履职情况相结合,把监督人与监督事相结合,继续实施“一府两院”被选举和任命人员向人大常委会报告年度履职情况制度,充分掌握其履行岗位职责、完成工作任务、践行任前承诺等情况,促使被选举和任命人员积极履行职责,严格依法办事。

四、突出主体,丰富内涵,深入做好代表工作

人大常委会充分尊重代表主体地位,不断加强和改进代表工作,积极主动为代表履职行权提供服务和保障。一是切实强化履职保障。加强代表培训,6月份,组织新一届市级人大代表集中培训,切实提高了代表的履职能力;注重日常联系,进一步健全落实“双联”工作机制,加强人大常委会组成人员与代表、代表与群众的沟通联系,广泛听取和收集代表的意见建议;保障代表权益,坚持邀请代表列席人大常委会会议,参加人大常委会视察调研活动,全年共邀请代表列席会议110人次,参加视察调研90人次,保障了代表的合法权益,激发了代表的履职热情;建立履职档案,进一步完善代表网格化管理平台,对全市1873名国、省、衡阳市、耒阳市和乡镇五级人大代表的网格化平台信息进行了更新、补充,对每名代表履职情况建立档案,实现了对代表履职情况的实时跟踪管理,增强了代表的履职责任感。二是精心组织代表活动。开展“三学三争”,广大代表和人大工作者积极主动学系列讲话,争当坚定信念的表率;学党章党规,争当遵规守纪的表率;学宪法法律,争当为民履职的表率。参与脱贫攻坚,五级代表和人大工作者积极投身“人大代表为民履职脱贫攻坚‘五个一’行动”,共结对帮扶贫困户1917户,建立代表扶贫基地21个,筹集扶贫资金和物质400多万元,有效助力了全市脱贫攻坚工作。积极为民服务,6月下旬,各代表工作站广泛组织驻站代表开展“为民服务日”活动,为基层群众发送慰问金和生活医药用品共计45万余元,为群众解决实际困难139件,彰显了人大代表为民服务的社会责任。抓实代表调研,6至7月份,组织驻耒国、省、衡阳市人大代表开展调研,形成高质量调研报告51件,通过省、衡阳市人大交办省市有关部门,有力促进了我市有关问题的解决;全市31个代表工作站分别组织驻站代表开展调研,共形成调研报告103件,其中23件作为代表建议交相关单位办理,有力推动了民生实事的落实。三是强力督办议案建议。对大会议案,进行专题审议,召开1次人大常委会会议、3次主任会议,专题听取和审议市政府关于“教育城”和“两馆一中心”建设情况的报告,要求市政府加大办理力度,加快建设进度;组织专题视察,7月和10月,两次组织人大常委会组成人员和部分提议代表,对“教育城”建设情况进行专题视察,督促市政府加快建设。当前,“教育城”和“两馆一中心”项目建设正在积极推进。对代表建议,加强跟踪督办,7月和11月,由人大常委会领导带队,组成7个小组,对166件代表建议办理工作开展两轮跟踪督办,督促各承办单位抓好办理落实;加强重点督办,将30件影响较为广泛、群众普遍关切的代表建议列为“重点督办建议”,采取分管领导牵头、对口委室跟踪、人大代表参与的督办方式,加大督办力度,促进问题解决,并首次将代表建议办理工作列为专项工作评议议题,对承办数量较多的市人社局和市食药工质监管局的代表建议办理工作开展专项评议,进行重点督促,以点带面推动全市代表建议办理工作。通过扎实督办,代表建议办理工作不断加强,面商率和答复率均达100%,领衔代表对办理工作的满意率和对办理结果的满意率分别达到80%和55%。四是全面启动代表述职。为进一步加强选民对代表的监督,促进和激励代表依法履职,首次在全市组织开展市、乡两级人大代表向选民报告履职情况工作。11月16日,在仁义镇召开了市人大代表履职情况报告试点工作现场会,11月至12月,代表报告履职情况工作在各乡镇、街道全面铺开,顺利推进,反响良好。

五、强基固本，务实进取，不断提升工作水平

人大常委会紧跟新形势，适应新要求，坚持在传承弘扬中提高，在开拓创新中前进，不断加强自身建设，提升工作水平。一是加强规范管理。注重制度化管理，进一步健全了机关管理制度，在内务管理上始终坚持规范有序；注重阳光化管理，始终遵循民主集中制原则，在议事决策上始终坚持民主公开；注重法治化管理，首次聘请三位律师担任人大常委会法律顾问，在履职行权上始终坚持依法依规。二是加强队伍建设。把加强人大干部队伍建设作为搞好人大工作的基础，不断加强思想政治建设，扎实推动"两学一做"学习教育常态化、制度化，深入开展"机关党旗红，建设'四个耒阳'在行动"主题实践活动，组织干部职工每周集中学习十九大精神和习近平新时代中国特色社会主义思想，干部队伍政治定力更加强化，工作作风更加务实；不断加强能力素质建设，定期组织干部职工集中学习法律法规和人大业务知识，干部队伍的法治素养和业务素质不断提升；不断加强勤政廉政建设，大兴爱岗敬业、廉洁奉公之风，人大机关的勤廉传统得到传承和弘扬。三是加强宣传交流。注重对外宣传，借助各类媒体，改进《耒阳民生》，编好《人大公报》，做好人大网站，开通人大微信公众号，重点对人民代表大会会议、人大常委会会议以及各类监督活动和代表工作，加强宣传报道，加大公开力度，自觉接受人大代表和人民群众的监督；注重对外交流，主动加强与各地人大的联系和交流，年内前往望城、汨罗等地人大考察学习，接待衡南、祁东、南岳、山西垣曲和贵州贵定等地人大到我市学习交流，不断提高了耒阳人大的知名度和影响力。四是加强联系指导。扎实推行人大常委会领导分片联系制度，坚持乡镇（街道）人大主席（主任）列席人大常委会会议制度，督促和指导乡镇人大落实上级要求，依法在年内召开两次人大例会；支持和督促乡镇人大在闭会期间依法履职行权，永济、夏塘等乡镇人大组织代表对基层站所工作开展专项工作评议，取得了良好效果；组织乡镇（街道）人大主席（主任）赴全国人大北京培训基地学习培训，增强基层人大工作者业务能力，推动市乡人大上下联动、相互促进，不断提升了我市人大工作整体水平。

各位代表，过去的一年，人大常委会做了大量的工作，取得了一定的成效，这是市委坚强领导的结果，是市十七届人大常委会领导班子及组成人员共同努力的结果，是市政府、市政协和法、检两院大力支持配合的结果，也是全体代表和全市人民积极参与、监督支持的结果。在此，我谨代表人大常委会，向全体人大代表和广大人大工作者，向所有关心支持人大工作的各位领导和各界人士，表示衷心的感谢！

在肯定成绩的同时，我们也清醒地认识到，人大常委会的工作离宪法和法律赋予的职责，离党和人民的要求还存在一定差距。主要表现为：监督工作实效还有待进一步增强，代表建议督办力度还有待进一步加大，人大代表作用还有待进一步发挥，等等。对这些问题，人大常委会将在今后的工作中认真研究，积极改进。

各位代表，2018年，是贯彻落实党的十九大精神的开局之年，是决胜全面建成小康社会、实施"十三五"规划的关键一年，做好今年的人大工作，意义十分重大。市人大常委会要高举习近平新时代中国特色社会主义思想伟大旗帜，全面贯彻落实党的十九大精神，在中共耒阳市委的坚强领导下，以宪法和法律为准绳，围绕全市改革发展稳定大局，依法履行监督、重大事项决定、人事任免"三项职权"，为我市决胜全面建成小康社会、加快建设"四个耒阳"而努力奋斗。具体要做好五个方面的工作：

一、提高政治站位，把准工作方向。党的十九大报告指出："党政军民学，东西南北中，党是领导一切的。"人大常委会要坚持党的领导，提高政治站位，把准工作方向。一要坚决维护市委核心地位。要进一步强化"四个意识"，坚持做到与市委保持高度一致，坚决维护市委总揽全局、协调各方的领导核心地位。二要依法落实市委决策部署。要紧紧围绕市委的决策部署，认真履行人大的法定职权，善于把市委关于经济发展、民生改善、社会稳定等事关我市改革发展稳定大局的主张意图，通过法定程序转化为全市人民的共同意愿；要坚持党管干部和人大依法任免有机统一，确保市委推荐的人选通过人大及其常委会的选举和任命。三要积极争取市委有力支持。要坚持重要工作、重要活动、重大事项及时主动向市委请示汇报，争取市委对人大工作的重视和支持，有效解决人大工作中存在的困难和问题。

二、注重精准发力，提高监督实效。"精准监督"是新时代对人大监督工作的新要求。人大常委会要按照"不求多，但求精"的原则，重点围绕城乡规划年度计划与实施、环境保护、综合行政执法、道路交通管理、民事行政检察、教育投入、精准扶贫、农业综合开发等事关民生利益、公平正义和社会全局的工作，精准谋划，务实推进，力求实效。一是对财政预算和执行情况的监督，要依法到位。要从严监督财政预算和执行，督促市政府进一步做实财政收入；要加强督查审计报告中反映问题的整改落实情况，确保我市财政运行规范有序。二是对全市经济发展工作的监督，要常抓不懈。要跟踪监督2018年国民经济和社会发展计划编制和执行，重点督促市政府把财源建设摆在第一位，加强园区建设，狠抓招商引资，发展实体经济。三是对人大选举和任命人员履职的监督，要改进方式。要在去年书面报告年度履职情况的基础上，进一步改进任后监督方式，确定部分人员向人大常委会会议口头报告年度履职情况，并实行满意度测评，会后还要

将测评结果向市委报告、向社会公布,不断增强干部履职的责任。

三、立足工作实际,依法议决事项。讨论决定重大事项,是宪法和法律赋予人大及其常委会的一项重要职权。人大常委会要坚持以人民为中心的发展思想,依法行使好重大事项决定权。一要出台办法,界定范围。要按照中办发〔2017〕10号《关于健全人大讨论决定重大事项制度、各级政府重大决策出台前向本级人大报告的实施意见》和上级人大的要求,结合我市实际情况,依法出台相关办法,切实界定重大事项范围,确保议决重大事项有章可循、有规可依。二要调研论证,科学决定。决定重大事项之前,要深入开展调研,广泛听取意见,充分进行论证,确保人大及其常委会议决重大事项的科学性。三要加强跟踪,督促落实。要建立健全重大事项决议决定督促落实机制,加大跟踪督办力度,确保人大及其常委会作出的各项决议决定得到有效执行。

四、着眼夯实基础,加强代表工作。人大代表是人大工作的主体和基础。人大常委会要多措并举,多点发力,抓实抓好代表工作。一要切实加大代表议案建议督办力度。要健全完善领导带头督办、专委工委跟踪督办、代表参与督办机制,改进开展代表建议办理专项工作评议的方式,由人大常委会会议投票确定代表建议承办单位,组织提议代表面对面评议,并进行现场满意度测评,促使代表建议得到更好办理。二要切实发挥代表参与脱贫攻坚优势。要持续深入开展人大代表为民履职脱贫攻坚"五个一"行动,动员全市国、省、衡阳市、耒阳市和乡镇人大代表,充分发挥自身优势,因地制宜实施帮扶,重点抓好人大代表扶贫工作基地建设,确保代表参与脱贫攻坚工作更有活力、更有成效。三要切实抓好代表向选民报告履职工作。要在去年启动开展人大代表向选民报告履职情况的基础上,认真总结经验,健全完善机制,切实制定方案,督促指导各乡镇、街道继续抓好这项工作,促使人大代表更加积极履行职责、服务群众。

五、坚持与时俱进,严抓自身建设。当今,我国已进入社会主义发展新时代。人大常委会要与时俱进,从严从实,不断加强自身建设。一要进一步严抓政治建设。要推进"两学一做"学习教育常态化、制度化,深入开展"不忘初心、牢记使命"主题教育,重点学习、深刻领会、贯彻落实好十九大精神,将十九大精神转化为指导人大工作的思想武器和推动人大工作的强大动力。二要进一步严抓作风建设。要把作风建设与制度建设相结合,不断加强作风建设,坚持求真务实,严防"四风"反弹;要把作风建设与调查研究相结合,充分发挥人大各专委、人大常委会各办委的工作优势和作用,大兴调查研究之风,广泛掌握社情民意;要把作风建设与联络沟通相结合,深入基层,深入群众,密切人大常委会组成人员与代表、代表与群众的联系,加强对乡镇、街道人大工作的联系和指导。三要进一步严抓廉政建设。要始终把党风廉政建设摆在突出位置,健全规章制度,强化内部监管,落实主体责任,筑牢廉政防线,致力打造为民、务实、清廉、高效的人大机关。

政府工作报告

——在耒阳市第十七届人民代表大会第三次会议上

耒阳市人民政府市长　李向阳

（2018 年 1 月 10 日）

一、2017 年工作回顾

2017 年，面临宏观经济下行、融资政策收紧、煤炭产业政策性紧缩等严峻考验，新一届政府在市委的坚强领导下，在市人大、市政协的监督支持下，团结带领全市人民，攻坚克难、砥砺前行、开拓进取，较好地完成了全年各项目标任务。

——实现了稳中求进的总目标。全年完成 GDP452.1 亿元，同比增长 5.1%（预计数，下同）；完成财政总收入 22.17 亿元，其中税收收入 15.32 亿元，增加 1.62 亿元，增长 11.84%，税占比由 2016 年的 50.43%提高到 69.09%，进一步做优了财政收入质量；完成全社会固定资产投资总额 411.52 亿元，增长 15.2%；三次产业结构比由 16.1∶37.6∶46.3 调整为 17.04∶36.03∶46.93；城乡居民人均可支配收入分别达 31858.48 元、13770.79 元，增长 8.2%、7.5%。

——引进了一批助推发展的好项目。共向上争取各类项目 175 个，总资金 25.5 亿元，其中保障性住房及配套设施专项资金达 3.48 亿元，占衡阳市总量的三分之一，名列全省前茅。8 个 PPP 项目纳入省示范项目库，居全省前列，其中智慧城市综合开发项目之大市循环产业园开发建设 PPP 项目投资达 11.68 亿元。共引进产业项目 125 个，实际到位内外资金 30.6 亿元。

——取得了环境保护战的阶段性成果。实施环境保护“春雷行动”，全力配合中央环境保护督察工作，认真完成环保督察问题整改任务，继续推进水体、大气、土壤污染防治和农村环境综合整治，划定了生态保护红线和城乡饮用水源保护范围，严厉打击了环境违法行为，圆满完成年内减排任务，人民群众对生态环境的满意度进一步提高。

——营造了干事创业的好氛围。深入推进放管服改革，全面推行企业“三证合一”“五证合一”“一照一码”、个体工商户“两证合一”登记制度，启用电子营业执照，充分激发了“双创”活力，各类市场主体达 34460 户。创造性开展工作，想方设法破解难题，集中上马了武广教育城、全民健身中心等一批重大项目。综合行政执法、农房抵押贷款两项国字号改革试点创造了“耒阳经验”，被评为衡阳市“十佳改革创新项目”，在中央、省级媒体报道推介，有力地促进和规范了经济社会发展。

一年来，我们主要做了以下工作：

（一）扩大有效投资，发展基础不断夯实

重点项目建设来势较好。策划包装项目 305 个，深度开发项目 115 个，储备 PPP 项目 68 个，重大项目库常年保持在 1000 个以上。实施重点项目 164 个，其中衡阳市重点项目开工率 100%，完成投资 84.1 亿元，占年度目标任务的 130.8%。项目建设瓶颈逐步化解，土地利用总体规划调整通过省政府审查验收，获批项目用地 40 宗 3749 亩。开发区融资 18.2 亿元，争取奖补扶持资金 2264 万元，引进了鑫科佳等 4 个总部经济项目。循环产业园积极对接金贵银业集团、深圳华蓉资产管理公司，产业发展基金筹备工作进展顺利。城农投融资 20.18 亿元，可拉动投资 40 亿元以上。棚改投融资 10.77 亿元。交通水利投合同融资 8 亿元，注资 0.6 亿元控股神农国油公司，进一步做实了公司资产。

园区设施不断完善。富民西路全线竣工验收，工业大道二期提质改造完工，东二路提质改造以及新城三路、耒水大道建设前期工作抓紧实施。哲桥污水处理厂完成前期工作，中小企业园二期约 4 万平方米公租房建成使用，创新创业园二期 8.3 万平方米标准厂房主体工程基本完成。循环产业园污水处理厂全面建成，自来水厂、变电站建设有序推进。

（二）聚焦产业升级，经济结构持续优化

工业支撑力不断提升。工业总量盘子进一步扩大，净增规模企业 19 家，其中开发区 15 家。产业培育成效明显，循环产业园冶金亿元产业、开发区箱包皮具亿元产业初现雏形，焱鑫有色被列入省重点上市后备企业，金凯碳酸锂电池加紧安装生产线，展望皮具、康意箱包、迪欧罗皮具等 10 余家箱包皮具企业入驻创新创业园。新达微二期、汇升生物二期、太平风能发电一期、宏拓光伏发电等项目建成投产，耒耕机械重组为耒耕三森，富鑫机械承债式收购进展顺利。第三轮矿产资源总体规划编制通过省政府审查验收。强化科技支撑，金悦科技、亚湘电子等 8 家企业通过高新技术企业认定，创新创业园认定为省级科技企业孵化园，企业与高校院所产学研合作力度加大，签订技术协议 5 个，其中焱鑫有色与中南大学深度合作，建成全省第一家民营省级博士后科研流动站，汇升生物与江南大学达成技术创新联盟，建成我市第一家省级工程研究中心。

农业生产力不断加强。粮食总播面积134.63万亩,被评为省粮食生产标兵县。优质稻、油菜、蔬菜、红薯、油茶、烤烟、楠竹等基地加快建设,创建了3个万亩高档优质稻标准化核心示范片、3个百亩红薯高产核心示范片、1个万亩优质烤烟种植示范片,油茶面积达115万亩,年产茶油9000吨以上。农产品加工企业达710家,其中规模以上龙头企业逾30家,省级以上龙头企业3家,休闲农庄达100余家,新发展农民专业合作社124个。神农国油加工旗舰厂正式投产,蔡伦现代农业科技园荣获"全国农村创业新园区"称号。"耒阳红薯粉皮"获国家工商总局地理标志证明商标,耒兴红薯产品、荣创黄花菜等通过了无公害、绿色、有机产品认证。探索多种种植新模式,整乡制创建12.8万亩"一季稻+油菜""烤烟+晚稻"绿色高产高效基地,全省绿色高产高效创建现场会在我市召开。农业基础不断完善,测土配方施肥手机系统获省科技进步二等奖,高标准农田建设稳步推进,划定永久基本农田79.8万亩,完成19处骨干山塘除险加固。完成全国第三次农业普查,基本完成农村土地确权登记颁证二轮公示。

三产贡献力不断显现。商贸物流提质增效,实现全社会消费品零售总额114.07亿元,增长10.7%,亿丰商贸城一期、江东生鲜冷链物流一期建成运营,中农联农特产品电商物流园建设进展顺利。房地产供销两旺,全年销售商品房近97万平方米,税费达4.5亿元,引进碧桂园等知名房企,商品房开发品质进一步提高。旅游业效益显现,全年接待游客871.4万人次,增长21.6%,实现旅游综合收入65.2亿元,增长6.6%。蔡伦竹海基础设施项目、上堡晶矿矿山博物馆项目有序推进,景区民宿经济发展迅速。启动了谢维俊故居3A创建。金融行业稳健发展,各项存款余额388.69亿元、贷款余额157.57亿元,分别增长12.68%、25.33%,存贷比为40.54%。引进长沙银行、太平人寿保险。金融服务"三农"成效显著,共发放"五权"抵押贷款6.73亿元、农房抵押贷款1.6亿元。

(三)建设美丽家园,人居环境有效改善

城市建管持续发力。建立健全规划议事机制,健全专家委员会机构,设立了规划专家"智库",《耒阳市城市总体规划(2016—2030)》通过省政府批准。进一步完善了配套基础设施,强力推进城北东路、民主路提质改造及沿江北路风光带建设,鹿岐峰大桥建设进入扫尾阶段,垃圾焚烧发电厂、东麓垃圾填埋场封场项目全面启动,灶市垃圾中转站、黑臭水体整治项目加快建设,金山市场、蔡伦中路市场提质改造抓紧推进,城市垃圾无害化处理率达100%,污水处理率达93.2%,城区供水普及率达75.2%。城市环境综合整治"百日攻坚"行动取得阶段性成果,干部群众全民参与,文明联创深入开展,顺利推进了背街小巷"四化"工程、夜宵市场建设,规范和加强了垃圾清扫清运,全方位整治交通秩序,街面见警率进一步提高,交通拥堵现象有效缓解,大力度开展马路市场、违章占道、户外广告、建筑工地、"两违"建筑等乱象整治,市容市貌大幅改善。

镇村建设有序推进。全面完成村居"两委"同步换届选举工作。完成了9个乡镇总体规划和52个村庄规划。出台《关于加快特色小镇建设的实施方案》,小水、哲桥、黄市、新市特色小镇建设均有一定进展。全面启动农网改造升级三年行动计划,两网融合稳步推进。加快完善农村道路建设,农村公路提质、公路危桥改造、道路大中修及隐患治理等工程抓紧实施,红光大桥建设有序推进,余长公路完成施工前期工作。

生态环境有效改善。完成造林面积13.65万亩,全市活立木总蓄积量达189.68万立方米,森林覆盖率达47.23%,植树造林经验在全省造林绿化工作会上推介。五公仙石漠公园成功获批国家级石漠公园。电厂超低排放改造、燃煤锅炉淘汰改造、南方水泥厂窑尾和包装系统烟气处理改造等项目加快推进。投放新能源公交车457辆,成功申报绿色公交试点县市。深入开展湘江流域综合治理第二个"三年行动计划",推进城区饮用水水源保护区规范化整治、养殖禁养区划定、畜禽养殖污染防治等工作,完成了遥田区域历史遗留重金属污染综合治理。全面推进河长制,建立了市乡村三级河长体系,全市所有河流、湖泊(含水库)纳入河长制管理体系,确定耒水作为"一河一策"试点河流,完成了2016年淝田河生态清洁小流域建设项目。

(四)践行为民宗旨,人民生活切实改善

精准扶贫再创佳绩。精准识别贫困对象16270户、47300人,本级财政共投入资金12970万元,寿洲村等17个贫困村成功摘帽出列,12169名贫困对象实现脱贫。易地扶贫搬迁投入1.1亿元,586户安置房全面竣工入住,1555户危房改造全面完成。投入产业发展资金8647万元,扶持贫困对象8976户。发放扶贫小额信贷7891万元。资助贫困学生2600万元,劳动力技能培训2013人,完成贫困劳动力转移就业904人。完成34个贫困村94处饮水安全工程建设,解决3.73万人饮水困难问题。34个贫困村卫生室建设、道路交通改造进展顺利。

民生保障更加有力。全年民生支出34.23亿元,占财政总支出的73.36%。就业状况持续改善,城镇登记失业率控制在4.5%以内,应届纯农户家庭未就业高校毕业生和零就业家庭实现100%动态清零。城乡居民社会保障体系建设实现全覆盖,参保总人数达213.38万人次。加快地质灾害综合防治体系和矿山地质环境治理项目建设,争取上级专项资金1.32亿元。成功争取全省第三批大中型水库特困移民避险解困试点县。农村低保和社会兜底保障标准再次提高，农村低保标准与国家扶贫标准实现"两线合一"，发放民政社会保障救助资金3.15亿元。创新实施"一元民生保险"，为全市所有户籍人口购买了一份民生保险。城区中心敬老院二期工程建设正加紧实施。灶市街零洲社区被评为全国综合减灾示范社区。上门为行动不便的重度残疾人办证668个，8000余名残疾人实现精准康复。深入推进法律援助工作，困难群众法律援助实现应援尽援。

各项事业健康发展。省教育工作"两项督导评估"及全国义务教育发展基本均衡县市评估认定迎检工作全面启动，武广教育城项目完成三通一平，进入主体建设阶段；购买城区义务教育阶段学位1600个，城区大班额有效化解；创建义务教育标准化教学点42个，农村教育基础不断夯实。人民医院综合大楼、南阳卫生院整体搬迁工程、黄市卫生院门诊综合大楼建设顺利推进，6个乡镇卫生院创建为全国"群众满意乡镇卫生院"；重大疾病防控、职业病防治、爱国卫生和健康促进工作深入开展；积极开展生育关怀活动，国家计生协"生育关怀携手行——计生家庭致富项目"培训交流会在我市召开，完成孕产妇产前免费检查7724例，农村适龄妇女"两癌"筛查10000例，计生工作继续保持全省先进行列。两馆一中心、全民健身中心、农村综合服务平台建设进展顺利，"村村响"正式开播，深入开展"欢乐潇湘·激情耒阳·文明大舞台"等大型活动，群众精神生活更加丰富多彩。我市被授予"中华诗词之乡"，聂洲完小被授予"全国诗教先进单位"。余庆水口村、仁义罗渡村、黄市大河滩村被列为第五批省级历史文化名村。匡兵、温琦华夫妇被评为全国道德模范。我市成功入选100个"千年古县"名录，全面完成第二次全国地名普查工作。

社会大局和谐稳定。安全生产形势稳定向好，扎实开展"落实企业安全生产主体责任年"、安全生产大检查等专项行动，实施重大事故隐患治理"一单四制"[1]，煤矿、非煤矿山、交通、消防等领域安全管控有力，全年发生生产安全事故1起，实现了安全事故"零伤亡"，创历史最好水平。社会治理体系更加完善，全年发案率下降12.53%，破案率上升6.6%，综治民调在衡阳市排名第二，保持了湖南省平安市称号。始终保持反恐防暴禁毒高压态势，成功破获公安部督办的"146"特大毒品目标案。坚持重拳整治"职业犯罪"，打击经验在全国现场会上推介，成功摘除"传统'盗抢骗'犯罪重点地区"帽子。法制宣传、人民调解、社区矫正工作取得新进展。健全市级领导定期接访制度，扎实开展"信访积案清零"和"信访问题源头治理"专项行动，信访总量、越级上访量双下降。

（五）注重创新发展，发展活力有效激发

开放水平日渐提升。全面推进贸易促进工作，积极组织参加各项重大国际经贸洽谈活动，帮助本地企业走出去、引进来，全年组织参加国内外博览会、展览会6次，参加展示的农副产品达200多种。全年完成外贸进出口总额12610万元，其中出口额12080万元，进口额531万元。

改革步伐日益加快。继续对接省直管县相关配套改革。拓展供给侧结构性改革广度和深度，全面清理规范涉企收费，出台《关于降低企业成本减轻企业负担的实施意见》，共取消、降标、停征涉企收费项目54个，落实淘汰煤矿落后产能政策，完成关闭任务7个，淘汰落后产能42万吨，"三去一降一补"目标初步实现。首批公车改革基本完成。财政投资评审改革顺利推进，出台《耒阳市政府投资建设项目工程变更管理办法（试行）》，政府采购、预算管理进一步加强。医改工作有序推进，医改范围扩大至肾脏病医院、精神病医院、红卫医院、白沙坪医院等11家市直医院。不动产统一登记改革基本完成，颁发不动产权证书6815本、不动产权证明11230份。殡葬改革深入推进，殡仪馆改扩建加紧实施，文明殡葬理念有所加强。

发展环境日趋优化。清理行政审批，取消行政审批31项。推进行业协会商会与行政机关脱钩工作，31家行业协会商会全面完成"五分离、五规范"[2]。有序推进"三供一业"[3]分离工作。进一步规范了报建项目"一费制"管理。严厉打击"官痞""地痞"，强力打击阻工扰工、强揽工程、强占市场等违法行为，严查严办各种侵占群众利益、加重企业负担、损害经济发展环境的问题，共查办案件41起，立案14起，刑事拘留5人，行政拘留20人，训诫150多人次。

（六）加强自身建设，行政效能不断提升

推进依法行政。全面推行行政执法三项制度改革试点，从法制建设层面探索综合行政执法、不动产登记、委托乡镇政府行使部分行政执法权等改革工作。严格执行《湖南省规范性文件管理办法》，公告规范性文件51件，全面清理2017年1月1日前制定的规范性文件，确认136件继续有效、67件失效、2件废止。加强行政复议和应诉能力建设，有效防范化解了社会矛盾。健全了政府合同管理、政府法律顾问制度，共审查法律事项198件、合同33件。

主动接受监督。以公开为原则、不公开为例外，启动"互联网+监督"工作。全年公开政府信息9118条、部门"三公"经费预算121家、权力清单2976项、责任清单1080项、负面清单312项。自觉接受人大及其常委会的法律监督和工作监督、政协的民主监督以及社会各界的舆论监督，充分吸纳各民主党派、工商联和无党派人士意见建议，办理人大代表议案1件、建议166件，办理政协委员提案85件、建议案1件，办理答复率达100%、满意率达90%以上。

切实转变作风。进一步加强网上政务服务，共受理办件数46万件，办结率达100%。启动了"三集中、三到位"[4]工作,有效破解了“名进实不进、人进权不进”的“双轨运行、体外循环”问题,确保了与群众密切相关的审批事项在政务服务中心“一站式”办结。扎实推进“两学一做”学习教育常态化制度化。着力解决人民群众反映最强烈的突出问题,查处发生在群众身边的贪腐案件40余起,不敢腐的目标初步实现,不能腐的笼子越扎越牢,不想腐的堤坝正在构筑。

此外,审计、老干、编制、统计、人防、国防、民兵预备役、邮政、史志、档案、水文、采煤沉陷治理、农机、气象、盐业、石油、通信保障、民族宗教、外事侨务、对台、工会、工商联、妇联、共青团、科协、红十字会等工作均取得新进步。

同时,必须清醒看到,我们的工作还存在许多不足,也面临不少困难和挑战。主要是:财政收支矛盾异常突出。刚性支出增速明显高于可用财力增速,保工资、保运转、保民生的任务仍十分艰巨。产业基础非常薄弱。传统支柱产业煤炭、电力严重萎缩,新的替代性支柱产业尚未完全形成,工业园区基础设施仍然滞后,实体经济面临诸多困难,植优补短工作任重道远。民生领域短板不少。涉及人民群众切身利益的教育、就业、医疗、住房等方面仍面临不少难题,与人民群众日益增长的美好生活需要还有很大差距。治理能力亟待提升。社会矛盾和问题交织叠加,依法行政能力有待加强,治理方式方法有待创新。政府自身建设有待加强。部分公职人员对新时代、新要求不适应,不愿为、不负责任、不敢担当、懒政怠政现象不同程度存在。对此,我们将认真查找原因,针对性解决问题,全力确保经济社会平稳健康发展。

二、2018年工作安排

今年是贯彻党的十九大精神的开局之年,是改革开放40周年,是决战脱贫攻坚、决胜同步小康、实施“十三五”规划承上启下的关键之年,我们要把握新时代的定位,担当新时代的使命,领会主要矛盾变化的新要求,坚定信心,抢抓机遇,奋发有为,扎实做好政府各项工作。

按照市委经济工作会议精神,今年政府工作的指导思想是:全面贯彻党的十九大精神,以习近平新时代中国特色社会主义思想为指导,认真贯彻中央、省委和衡阳市委决策部署,坚持稳中求进工作总基调,坚持新发展理念,紧扣社会主要矛盾变化,按照高质量发展的要求,统筹推进“五位一体”总体布局,协调推进“四个全面”战略布局,坚持以供给侧结构性改革为主线,深入实施创新引领开放崛起战略,大力实施“3131”工程计划(5),认真落实好防范风险、脱贫攻坚、污染治理、园区增效、城乡提质、旅游升温六大行动,统筹做好稳增长、促改革、调结构、惠民生、防风险各项工作,为加快“四个耒阳”建设、决胜全面建成小康社会、夺取新时代中国特色社会主义伟大胜利作出新的更大贡献!

市委经济工作会议明确指出,发展不足、发展不优仍然是我们最大的市情,加快发展、加力转型仍然是我们最大的任务,这个基本市情和根本任务在相当长的一段时期都不会改变。为此,综合考虑我市当前面临的有利条件和不利因素,按照“确保发展质量、发展效益、发展速度”的要求,确定今年经济社会发展主要预期目标是:GDP增长8%~8.5%,一般公共预算收入增长3%~5%,全社会固定资产投资总额增长14%左右,全社会消费品零售总额增长10%左右,规模工业增加值增长8.5%左右,城乡居民人均可支配收入增长8.5%左右,全面完成上级下达的节能减排、安全生产等约束性指标任务。

围绕上述目标,2018年重点抓好以下十个方面的工作:

(一)着力稳增长促转型,扎实推进产业项目建设年活动

严格落实省委省政府“产业项目建设年”活动精神,全面对接省“五个100”产业项目计划(6)、衡阳市振兴实体经济“3311”工程计划(7),大力实施“3131”工程计划,振兴实体经济,推动经济发展转型升级。

做实工业经济。进一步打好减税、降费、降低要素成本等“组合拳”,推动财政资金、土地资源、环境容量等要素向工业经济集中,力争年内新增规模工业企业15家以上,培植产值过10亿元产业2个以上。抓好高新技术企业申报工作,新增高新技术企业6家以上。推进焱鑫有色二期、新达微三期、伞柄厂、新生力电子机械、耒耕三森、客来宝全生物降解膜、新五丰饲料加工厂等项目加快建设,促进金凯碳酸锂电池、红印铅酸蓄电池尽快投产,加快福兴科技冰铜、水泥窑协同处置危险废弃物项目、建滔集团电子信息产业园落地建设,提升黄市汉白玉精深加工产业。推进潜江至韶关天然气输气管道耒阳段项目建设。重视发展煤炭产业,推动煤炭企业正规化安全生产。

做强农业经济。稳固粮食生产奖励大县地位。提升油茶战略地位,全面落实衡阳市“油茶九条”(8),发展3万亩油茶基地,推进油茶精深加工,扶持神农国油等龙头企业发展壮大,加快油茶博览园建设,努力将“耒阳油茶”打造成全国知名品牌。重点围绕油茶、水果(脐橙)、茶叶等产业,加强农产品的包装提升和市场推介,推动农业生产、加工、销售一条龙发展,力争培育1~2个省级以上名牌农产品。构建新型农业经营体系,用好农村土地确权登记颁证成果,推动农村土地规范流转,积极培育家庭农场、农民合作社、农业产业化龙头企业等新型经营主体。完善水利灌溉体系,做好欧阳海灌区渠系改造,抓好省级奖补五小工程、水利冬修项目建设,实施2018年度中央水利发展资金农田水利项目县建设,完成20座小型水库除险加固任务。全面完成南阳高标准农田建设,启动南京象江河流域和仁义诗礼垌高标准农田建设。

做优商贸物流。以打造湘南商贸次中心为目标,推进中农联农特产品电商物流园、亿丰商贸城建设,加快汽车产业园项目落地建设,努力培育壮大一批辐射范围广、产业关联

度高、带动能力强的专业市场。加快金山市场二期、灶市农副产品市场、蔡伦市场和5个农村市场[9]的提质改造，做好蔡子池市场的开业及后续相关工作。加大品牌店、特色店、专卖店的招商力度，吸引高端消费回流。大力发展电子商务，加快开发区电商孵化园建设。启动智能仓储物流配套，整合搬迁城区物流企业，推进哲桥现代物流园建设，做大做强物流业。

（二）始终强化底线思维，认真落实防范风险行动

防范金融风险。强化金融风险监测和防控措施，加大对小贷、民间中介等金融机构的全流程监管，加强对担保公司、融资平台公司的调控和监管，严密防控互联网金融、民间融资等金融风险，严厉打击非法融资集资，做到早预警、早发现、早处置，杜绝区域性金融风险，维护金融稳定。加强政府性债务管理，全面摸清政府性债务特别是隐性债务底数，逐步消化债务存量，优化重组债务结构，用长债置换短债，用低成本债置换高成本债。严控举债增量和规模，进一步规范实施PPP、政府购买服务、政府投资基金等项目。创新投融资模式，深化投融资体制改革，推动投融资平台向市场主体转变，加强平台公司投融资的绩效考核，逐步建立科学的偿债机制。完善财政投入和管理方式，提高投融资效益。健全风险评估处置机制，制定政府性债务应急处置预案，确保不发生系统性风险。健全社保基金预算管理和风险预警制度，确保社保基金安全运行。

防范社会矛盾风险。深入推进平安耒阳建设，抓好“雪亮工程”建设，加快公安业务技术用房、司法业务用房扫尾建设，建立“数字耒阳”平安城市治安监控指挥平台，实现实时调控和联网应用。全面推进依法治市，继续保持对“职业犯罪”“黄赌毒黑拐骗”等违法犯罪的高压态势，加强社区矫正和法律援助，维护社会公平正义，确保社会大局稳定。加快市乡村三级综治中心建设，全面推行网格化服务管理、综治信息化和实名制，完善社区治理体系，继续深入开展“三联三促”、关爱特殊人群活动，不断提升人民群众满意度。进一步畅通规范群众诉求表达渠道，全面加强信访积案化解，强化涉访违法行为处置，切实规范信访秩序。加强食品药品监管，确保食品药品安全。抓实安全生产工作，牢固树立安全生产红线意识，全面落实企业安全生产主体责任，持续开展安全生产大检查，抓好煤矿、非煤矿山、烟花爆竹、危险化学品、消防、建筑施工、道路交通、校车等重点行业重点领域打非治违，加大安全隐患排查治理力度，坚决防范和遏制生产安全事故。

（三）坚持小康路上不落一人，认真落实脱贫攻坚行动

落实“五个一批”“六个精准”要求，实现21241名未脱贫对象全部脱贫（兜底户除外）、17个未摘帽贫困村全部出列，贫困村居民人均可支配收入增长10%以上。

激发内生动力。突出主体作用，充分调动贫困户脱贫致富的积极性和主动性，认真做好扶贫与扶志、扶智、扶技、扶艺结合文章，提升贫困群众自主发展能力。依托“阳光工程”“雨露计划”，实施“一户一技能”工程，年内培训贫困劳动力5000人次。利用农村公路养护、乡村卫生保洁等公益性岗位，拓展困难群众就业渠道，努力形成多元扶贫与自我脱贫的良性互动。

抓好产业扶贫。引导龙头企业、合作社和致富带头人与贫困村、贫困户建立利益联结机制，实现从输血式扶贫到造血式扶贫的根本转变，增强贫困群众可持续增收能力。重点发展油茶、水果、药材、光伏发电等扶贫产业，积极发展乡村文化旅游，引导60%以上的贫困人口实现产业脱贫。

强化政策帮扶。持续关注和稳固已脱贫的群众，做到攻坚期内脱贫不脱政策，确保真脱贫、不返贫。重点关爱低保户、特困人员、残疾人以及因病因灾返贫户等弱势群体。扎实推进易地扶贫搬迁和农村“四类对象”危房改造，完成2116人易地扶贫搬迁、2000户危房改造。保障扶贫资金投入，统筹整合涉农项目资金，基本完成贫困村公路桥梁、水利等基础设施。做好兜底扶贫动态管理，确保符合政策规定的贫困人口全部纳入低保范围。

（四）高度重视生态建设，认真落实污染治理行动

严守生态保护红线，持续推进大气、水体、土壤污染防治行动，完成第二次污染源普查工作，强化项目环评，全力抓好三大工程，全面改善生态环境，打造绿色生态耒阳。

抓好蓝天工程。持续深化大气污染防治，全面淘汰城区10蒸吨及以下燃煤锅炉。加大建筑工地、城区扬尘、餐饮油烟、汽车尾气和油气回收治理力度，完成水东江高速公路联络线片区煤坪搬迁。开展机动车环保检测，强化秸秆禁烧和综合利用，确保零火点。继续推进工程减排、结构减排、管理减排，确保实现年度主要污染物总量减排目标，城区空气优良天数达300天以上。

抓好绿地工程。以建设省级森林城市为目标，突出抓好荒山造林和通道绿化，力争全年绿化造林6万亩，森林覆盖率达48%以上。推进土壤污染场地和耕地污染治理修复，坚决打击非法开采洗选钨、锰等破坏土地植被行为，加大对重金属污染历史遗留地区的治理力度。

抓好清水工程。以湘江保护和治理“三年行动计划”为统领，以保护水资源、防治水污染、改善水环境、修复水生态为主要任务，切实加强执法监管，扎实有效推进河长制工作，进一步提升耒水、春陵江水质，坚决完成“湘江流域综合治理”目标考核任务。加强饮用水源保护，确保饮用水质100%达标。落实“农村双改”[10]政策，抓好禽畜粪污资源化利用项目建设，全力推进农村污水治理，重点推进沿河乡镇污水处理厂建设。

(五)立足打造经济增长极,认真落实园区增效行动

提高效益,理顺机制。要把开发区打造成为全市经济增长主引擎。循环产业园要整体并入开发区,争创有色金属综合回收利用省级专业园区。进一步完善和提升园区控制性详规,科学布局产业,加快推进产城融合。加快园区体制改革,完成园区一级财政设立工作,落实好行政审批管理体制改革,赋予园区更大自主权。支持园区自主改革,探索实施人事薪酬制、投融资建设、招商引资等内部机制改革,切实增强自身发展能力。

加快建设,加大招商。抓紧启动哲桥工业新城核心区域和循环产业园2个PPP项目建设,力争年内建成哲桥污水处理厂,加快推动循环产业园变电站、自来水厂建设,启动耒水大道、新城三路东段建设,抓好创新创业园二期标准厂房建设和招商。完善配套服务,启动园区学校、公寓楼等配套设施建设。加强用地、资金等要素储备,提升项目落地效率。抓好土地一级储备开发,加快闲置土地清理,力争在开发区成片储备工业熟地2000亩以上、在循环产业园成片储备工业熟地1500亩以上;加大僵尸企业清理力度,采取资产重组、产权转让、关闭破产等方式,对未履行入驻合同义务、常年停产亏损的企业进行深度清理,腾笼换鸟;加大投融资力度,设立开发区中小微企业信贷风险补偿基金、循环经济产业发展基金,开发区力争融资15亿元,循环产业园力争融资5亿元。进一步扩大招商引资,开发区力争引进项目20个以上,其中过亿元项目2个以上,新开工和投产项目15个以上;循环产业园力争引进项目8个以上,其中过亿元项目1个以上,新开工和投产项目4个以上。

(六)坚持统筹均衡发展,认真落实城乡提质行动

继续提升城市建设。进一步健全规划体系。按"一核三片"布局,结合各区域功能和特色,加快编制灶市片区、水东江片区、城南片区、城北片区等老城片区控规,完善深化武广新城各项控规,全面启动综合交通、给排水、电力、通讯等各项专项规划,加强控规成果报批,实现控规全覆盖。进一步完善基础设施。畅通道路交通,向上争取启动耒云快线建设,加快107国道绕城改线、竹哲公路建设,建成鹿岐峰大桥,加快城北东路连通高速出口路段建设,推进沿江北路建设,启动城北西路接武园路立交桥、群英北路、德旺路跨耒水大桥建设,进一步敞开新老城区出入口,构建大循环的交通网络。加快武广新城路网建设,加快五一西路、振兴南路、107国道富民路口至灶市红眼塘路段等道路提质改造,完成人行天桥项目建设,大力推进停车引导系统、立体停车场等设施建设,缓解城市交通压力。推进武广耒阳西站片区综合开发、鹿岐峰片区安居工程及配套基础设施2个PPP示范项目,加快铜锣洲片区建设,打造城市新亮点。进一步提升城管水平。加大"城市双修""两供两治"[11]项目建设力度,启动第二自来水厂综合提质改造PPP示范项目,加快推进背街小巷提质改造、黑臭水体整治、城市防洪堤建设,加大管线下地建设力度,抓好灶市老水泥厂、二中学府路等城区内涝点改造。加强园林绿化管护,做好青麓、樟隍岭、南岭仙公园建设基础工作。加快市政绿色照明改造工程建设。抓好15027工程和马阜岭人防宣传教育基地建设。巩固和升华城市环境"百日攻坚"行动成果,及时整治各类违规违章行为,严控"两违"建筑。完成环卫市场化改革,全面推行城管标准化,理顺城管机制,落实建管责任,推进垃圾焚烧发电厂项目,启动城乡污水、垃圾一体化处理PPP项目,扎实做好城市垃圾无害化处理工作,垃圾处理率稳定在100%。加强社会公德、职业道德、家庭美德、个人品德建设,全方位实行"门前三包",推进和谐文明社区创建,力争创建1~2个省级和谐社区。大力推进殡葬改革,完成殡仪馆改扩建,加快水东江和哲桥公墓建设,大力倡导文明殡葬习俗,全面规范城区丧事活动。

积极实施乡村振兴战略。大力推进小城镇建设。完成长坪、太平、亮源、马水4个乡镇总体规划,实现乡镇规划全覆盖。落实小城镇建设奖补政策,加大特色小镇建设力度,争取上级棚改政策,着力改善小城镇风貌,继续重点推进小水、新市、黄市、哲桥4个小城镇建设。大力发展镇域经济和村集体经济,充分发挥财政杠杆作用,支持镇村引进新项目、发展新企业、培育新产业、培植新财源,建设"一乡(镇)一品"特色产业。大力推进美丽乡村建设。按照四类村庄规划编制要求,全面完成余下260个村庄规划编制工作,实现村庄规划全覆盖。严格村民建房规划管理,抓好美丽乡村示范片示范村建设,加大农村危房、房屋风貌改造力度,推进农村电网改造升级。继续改善农村道路交通,抓好农村公路提质改造、生命安全防护工程、农村公路危桥改造、渡口码头改造等项目建设,完成余长公路60%的路面工程,建成红光大桥。推进农村饮水安全巩固提升PPP示范项目落地实施,农村自来水普及率提高3%以上,水质达标率提高5%以上。抓紧实施小水河、浔江河(敖河)等中小河流治理工程,启动耒水泗门洲、淝田岸坡整治工程,打造水利风光。深入推进农村环境卫生整治,启动农村环卫市场化改革,推行城乡环卫一体化,以旅游区和农村为重点,积极推进"厕所革命",普及无害化卫生厕所。

(七)树立全域旅游理念,认真落实旅游升温行动

大力推进旅游产业发展,努力创建湖南省全域旅游示范县。

加强宣传推介,让客"想来"。引进知名的旅游专业公司,全方位策划耒阳旅游文化整体形象,广泛宣传我市积淀深厚的文化底蕴和丰富的旅游资源,高端推介"千年古县、蔡伦故里、革命老区"旅游品牌。高标准承办中国·耒阳乡村

生态旅游暨油茶产业发展高峰论坛，积极推介乡村旅游资源。创新旅游营销，深入推进“互联网+旅游”，促进线上推广与线下管理及一二三产业整合发展。加强与周边地区旅游合作运营，整合旅游资源，积极对接融入南岳、郴州等湘南旅游圈，扩大知名度。

加强建设配套，把客“留下”。抓精品景点建设，加快蔡伦竹海风景区（二期）PPP项目落地建设，抓好蔡伦纪念园提质改造、耒水国家湿地公园、五公仙国家石漠公园等重点旅游项目建设，推进谢维俊故居AAA创建工作，提质改造培兰斋、梁家祠堂等湘南起义战斗群遗址。抓品牌线路整合，串连古镇、古街、古村、古民居、古文化、古县衙等景点，策划“千年古县”招牌线路；做好蔡伦纪念园、纸博物馆、古法造纸等纸文章，打造“蔡伦故里”纸都线路；优化谢维俊故居、培兰斋、梁家祠堂等红色旅游资源，争取纳入湖南省国家红色旅游经典线路；依托耒水九曲连环，放大沿河蔡伦竹海、耒水湿地公园、鸭婆洲、金沙洲等绿色资源优势，开发耒水“沿河游”线路。抓配套服务，结合特色小镇建设发展乡村旅游，积极引进专业公司做好东湖汤泉资源提升利用文章，大力发展特色民宿、休闲农庄，支持大市花海、旭莲生态旅游观光、亲亲庄园等项目建设。完善标识标牌、酒店住宿等旅游服务设施，大力发展竹制品、古纸等旅游产品，提高旅游服务水平，增强旅游供给能力。

（八）注重理顺体制机制，全面深化改革开放

深化供给侧结构性改革。继续抓好省直管县体制改革的各项对接工作。坚持去产能，完成上级要求的淘汰煤炭产业落后产能任务。坚持房子是用来住的、不是用来炒的定位，加快构建用地多元供给体系和租购并举的住房体系，加大房地产开发建设监管力度，促进房地产市场健康发展。深化金融体制改革，加快完善社会信用体系，加大对银行服务实体经济的考核力度，继续加强金融服务“三农”工作。大力发展股权融资、私募基金、企业债券等直接融资，争取发行土地储备专项债券。继续深化国有资产管理体制改革，加强和规范国有资产管理，实现国有资产保值增值，防止国有资产流失。深化农村农业供给侧结构性改革，加快农村集体产权制度改革，继续推进供销社综合改革，健全农业社会化服务体系。

推进关键领域改革。深化商事制度改革，完善涉企信息归集，继续推进放管服改革，全面推行企业全流程电子化登记。继续深化医药卫生体制改革，抓好医联体建设，做好家庭医生签约服务工作，提升基本公共卫生服务均衡化水平，基本实现医药、医疗、医保“三医联动”。继续推进扩权强镇工作，探索乡镇财政体制改革，加大税收分成，鼓励乡镇发展镇域经济，落实乡镇对“七所八站”的管理权，推动土地、规划、人社、卫计、民政等审批业务逐步下放，提升乡镇自身发展能力。继续推进综合行政执法改革，强化执法监督机制，提升执法水平，努力创建全国改革品牌。增强统计服务经济功能，做好第四次经济普查工作。

加大创新创业力度。完善人才保障政策，激发和保护企业家精神，吸引和鼓励更多高端人才来我市创业就业；积极支持职业教育工作，进一步加大就业培训力度，大力推行校企合作，开展“订单式”人才培训，着力打造耒阳电工、焊工品牌。弘扬劳模精神和工匠精神，营造劳动光荣的社会风尚和精益求精的敬业风气。实施质量强市战略，重点抓好产品、工程、环境服务等质量的监管工作。放宽服务业准入限制，清理废除妨碍统一市场和公平竞争的各种规定，支持民营企业发展，激发各类市场主体活力。尽快建成新政务中心，按照“应进全进、充分授权、既受又理”的原则，推进行政审批事项集中到政务中心办理。加快推进“互联网+政务服务”工作，逐步建成“一网一线一库两厅两平台”（11122）一体化政务服务体系，探索“跑一次”的服务改革，为“双创”提供一流的政务环境。

提升对外开放水平。鼓励企业扩大出口，对本市外贸出口企业启动贴息支持和专项奖励。进一步加强与经济发达地区的交流合作，鼓励企业及社会经济组织开展多向、多边交流活动及境内外贸易会展活动。加快开放型经济发展，重点在战略性新兴产业、自主创新、基础设施、民生保障等方面谋划储备一批牵动性强、综合效益高的重大项目，力争动态储备重大项目1000个、策划包装200个、深度开发100个，争取上级预算内项目和各类专项资金25亿元以上，招商引资到位资金40亿元以上。积极争取完善海关工作站服务体系，力争增设与海关工作站配套的“商检”工作站及保税仓储。

（九）坚持以人民为中心，努力增进民生福祉

优先发展教育事业。加大投入，切实改善办学条件，确保优质通过省教育工作“两项督导评估”和全国义务教育发展基本均衡县市评估认定。着力破解城区大班额问题，认真抓好城区增校扩容，加快武广教育城建设，确保实验高中、纸都实验学校秋季交付使用，加快推进实验小学天玺湾分校、第一实验幼儿园建设，实施实验中学铁路园分校、实验中学五里牌分校、水东江中学扩容改造，科学购买城区义务教育阶段学位。推进城乡教育一体化发展，提升农村教育发展水平，抓好农村标准化寄宿制学校建设，加快农村中心幼儿园建设，全面消除农村“三无”学校和新增存量D级校舍危房，全面完成农村学校“四改三化”[12]项目，实施“三通两平台”[13]建设，努力实现城乡学校装备标准化、教育技术信息化、校园文化特色化。加强教师队伍建设，建立教师补充、培养、激励长效机制，按需补充教师，全面提升教师整体素质，提高教师特别是农村教师待遇，让教师成为人人羡慕的职

业。切实加强民办教育管理,规范民办学校办学行为。

传承弘扬优秀文化。发掘弘扬农耕文化、造纸文化、红色文化等优秀传统文化,争创全国文化先进(县)市。继续抓好文化遗产保护与传承工作,申报“敖山庙会”“坛下铜锣”“公祭大禹”等一批国家级、省级非遗项目。完善公共文化服务体系,深入实施文化惠民工程,继续举办杜陵书院大讲坛,组织开展“欢乐潇湘 · 激情耒阳”等系列群众文化活动,巩固“村村响”“户户通”成果,加快农村有线电视网络建设,加强农村公益电影放映工作,提质改造五一影剧院,建好两馆一中心。科学规划基层文化服务中心建设布局,逐步推进村(社区)文化设施建设,加强历史文化村镇和古村落保护,提质仁义罗渡村、余庆水口村、黄市大河滩村等省级历史文化名村,创建一批文化强镇(乡)、文化示范村(社区)。大力发展文化产业,推进文化创意产业,加快龙塘格楠教育文化产业园项目建设。

提升全民健康水平。深入推进健康耒阳建设,基本完成人民医院综合大楼主体工程,启动武广新城三级甲等综合医院建设前期工作,支持妇幼保健院、三人民医院创建“二甲”医院,提质乡镇卫生院、社区卫生服务中心和村卫生室,进一步加强医疗卫生服务体系建设,基本做到小病不出乡、大病不出市。加大医护人员培训和引进,注重全科医生培养,加强医德医风医术建设,提升医疗卫生服务水平及群众满意度。深入开展爱国卫生运动,做好重大疾病防控、职业病防治和健康促进工作。发展医疗保健康复养老产业。继续落实好全面两孩政策,提升优生优育服务水平,促进人口均衡发展。广泛开展全民健身运动,抓好全民健身中心体育馆、一中场馆建设,高标准承办省十三运会篮球赛事。

健全社会保障体系。落实好积极的就业政策,加快建设耒阳劳动力数据库,优先帮助困难群体实现就业,失业率控制在4.5%以内。持续加强劳动检查执法,防范拖欠农民工工资现象。抓好社会保险服务工作,加大五险参保费用征缴力度,严格落实各项保障政策,确保城乡居民全覆盖。高度重视征地拆迁安置工作,严格执行赔偿标准,加大安置房集中建设力度,落实好失地农民养老保险政策,保障农民合法权益。关爱特困人员、低保户、空巢老人、留守儿童、残疾人等特殊群体,进一步做好困难群众基本生活保障工作,推进实施“基本医疗+大病保险+医疗救助”模式。大力提升养老服务水平,加快城区中心敬老院公建民营步伐,圆满完成上级下达的新增养老床位建设任务。完成残疾人康复中心建设。认真做好新一轮全省“双拥模范城”创建工作。强化住房保障,加大保障性住房建设,抓好沿江北路、滨湖小区等14个城市棚户区改造项目建设,棚改融资8亿元以上,向上争资2.5亿元。

此外,继续加强国防、民兵预备役、老干、史志、档案、水文、移民、农机、采煤沉陷治理、邮政、通信保障、工会、工商联、妇联、共青团、气象、盐业、石油、民族宗教、外事侨务、对台、科协、红十字会等工作,推动各项事业全面发展。

(十)加强自身建设,不断提升服务本领

新时代开启新征程,政府一班人将不忘初心,牢记使命,坚持不懈加强自身建设,全面提升施政水平和服务能力,努力打造更具执行力、更具公信力、更具亲和力的人民满意政府。

以更大的责任推进为民理政。坚持把人民对美好生活的向往作为政府工作的奋斗目标,问政于民、问需于民、问计于民,力争政府工作有新气象新作为。敢于动真碰硬,铁腕从严治乱,严肃查处发生在群众身边的突出问题。顺应人民群众新期待,在幼有所育、学有所教、劳有所得、病有所医、老有所养、住有所居、弱有所扶上有新作为、新突破,确保人民群众生活有新提高、环境有新改善、日子有新变化!

以更高的标准推进依法行政。坚持把依法行政作为政府工作的第一准则,坚定不移走中国特色社会主义法治道路,牢固树立法治理念,全面运用法治思维、法治方式推进各项工作,确保行政决策和行政执行科学、合法、高效。主动接受人大及其常委会法律监督、政协民主监督,进一步提高人大代表议案、建议和政协委员提案办理质量。深入推进政务公开、政府信息公开,深化机构和行政体制改革,梳理规范政府职权,深入推进行政执法三项制度改革,大力营造公平、公正的法治环境!

以更实的作风推进高效施政。坚持把务实担当作为政府工作的第一要求,坚决克服不想为的思想惰性,坚决补齐不能为的能力短板,坚决消除不敢为的畏难情绪,攻坚克难落到实处,担当作为走在前列。大力倡导开拓创新作风,拿出敢想、敢试、敢闯、敢为的锐气,提高战胜困难、赶超发展的能力,适应新形势新常态,应对新任务新挑战。强化效能建设,简化办事程序,降低工作内耗,提升行政效益。加强督查督办,聚焦关键部门,盯住关键岗位,用足杀手锏,向慵懒散漫问责,向推诿扯皮开刀,坚决打通“中梗阻”!

以更严的要求推进廉洁从政。坚持把廉洁建设作为政府工作的第一底线,坚持反腐高压态势,做到反腐工作无禁区、全覆盖、零容忍,强化不敢腐的震慑,扎牢不能腐的笼子,增强不想腐的自觉。加强审计监督,切实抓好招投标、政府采购、投融资、政府投资性项目建设等重点领域、关键环节的监管。持之以恒“纠四风、治陋习”,继续整治“雁过拔毛式”腐败,严格控制“三公”经费。坚持廉洁从政,不折不扣落实党风廉洁建设主体责任,认真履行“一岗双责”,巩固“两学一做”学习教育成果,努力营造风清气正、干事创业、朝气蓬勃的政治生态!

【名词解释】

(1)"一单四制"制度：对每项重大事故隐患治理任务实行交办制、台账制、销号制、通报制管理。

(2)"五分离、五规范"：行业协会商会与行政机关之间在机构、职能、资产财务、人员管理、党建外事方面实行分离，在综合监管、行政委托和职责分工、财产、用人、管理方面规范关系。

(3)"三供一业"：将国企家属区的供水、供电、供热和物业管理从国企剥离，转由社会单位实施管理。

(4)"三集中、三到位"：部门许可职能向一个科室集中、审批科室向政务大厅集中、审批事项网上办理集中，做到事项进驻大厅到位、审批授权窗口到位、电子监察到位。

(5)"3131"工程计划：扶持打造电子信息、有色冶金、油茶三大产业；年度引进 10 个投资过亿元的产业项目；培育 30 个纳税过千万元的重点企业；打造一个创新开放、产城融合、产业链完整的现代化产业园区。

(6)"五个 100"产业项目计划：我省将着力抓好 100 个重大产业建设项目、100 个科技创新项目、100 个重大产品的创新，引进 100 个 500 强企业、100 个科技创新人才。

(7)"3311"工程计划：衡阳市重点建设水口山有色金属产业园、白沙绿岛军民融合产业示范园和松木经开区 3 个千亿产业园区，培育 30 个以上上市企业，打造一个创新高地即衡山科学城、一个开放高地即衡阳综保区。

(8)"油茶九条"：衡阳市出台的《关于做大做强衡阳市油茶产业发展的九条意见》，明确从资金投入、科技创新、平台建设、产业扶贫、宣传推介等方面推动油茶产业快速、健康、高效发展。

(9)5 个农村市场：公平圩镇市场、马水镇市场、大和圩乡雅江市场、哲桥镇市场、永济镇市场。

(10)"农村双改"：农村房屋改造和农村人居环境改善。

(11)"城市双修""两供两治"："城市双修"即生态修复、城市修补。"两供"即供水、供气，"两治"即污水和生活垃圾治理。

(12)"四改三化"：改食堂、改寝室、改旱厕、改澡堂和净化、亮化、绿化。

(13)"三通两平台"：宽带网络校校通、优质资源班班通、网络学习空间人人通，建设教育资源公共服务平台、教育管理公共服务平台。

表 1　**2018 年十大民生实事表**

类别	序号	工作任务	责任单位	联系领导
乡村振兴	1	农村自来水普及率提高 3%以上，解决 3.2 万人饮水困难问题	水利局	黄扬波
	2	完成 280 公里农村公路建设和改造、36 座危桥改造，完成余长公路 60%路面工程，建成红光大桥	交旅局	姜　凯
宜居城市	3	建成鹿岐峰大桥，加快城北东路连通高速出口路段建设； 完成背街小巷改造 30 条、停车场 15 个	城镇办、住建局 城农投、交通投棚改投	曾三成
		加快金山市场二期、灶市农副产品市场、蔡伦市场提质改造	市场服务中心	熊鹰
	4	启动城乡污水、垃圾一体化 PPP 项目	住建局、城管局	曾三成
脱贫攻坚	5	21241 名未脱贫对象全部脱贫（兜底户除外），17 个未摘帽贫困村全部出列； 完成农村"四类对象"危房改造 2000 户； 完成易地扶贫搬迁 2116 人	扶贫办 住建局 发改局	黄扬波 曾三成 姜　凯
环境治理	6	确保城区空气优良天数达 300 天以上； 完成水东江高速公路联络线片区煤坪搬迁； 加快推进黑臭水体整治； 加大河道水质整治，加强饮用水源保护，确保饮用水质 100%达标	环保局、水利局 水东江、规划局	黄扬波 曾三成 陈　宁
教育事业	7	确保优质通过省教育工作"两项督导评估"和全国义务教育发展基本均衡县市评估认定；建成武广实验高中、纸都实验学校、第一实验幼儿园、农村中心幼儿园等学校	教育局	郭兴中
文体事业	8	建成两馆一中心、全民健身中心体育馆	文体广新局 城农投	郭兴中

续表

类别	序号	工作任务	责任单位	联系领导
社会保障	9	安居工程:抓好沿江北路、滨湖小区等14个城市棚户区改造项目建设,安置房集中建设1950套	房产局 棚改投等平台公司	管林立 曾三成
	10	失地农民养老保险按政策足额到位	人社局	管林立

中国人民政治协商会议
耒阳市第十届委员会常务委员会工作报告
——在政协耒阳市第十届委员会第三次会议上

耒阳市政协主席　张东辉

（2018 年 1 月 9 日）

二〇一七年工作回顾

2017 年是我市大改革、大发展、大变化的一年，也是十届政协稳健开局、蓬勃向上、富有成效的一年。在中共耒阳市委的坚强领导下，市政协常委会深入贯彻落实党的十八届六中全会和十九大精神，团结和带领广大政协委员，以助推经济转型和服务改善民生为全年工作主线，切实履行政治协商、民主监督、参政议政职能，推进工作创新，加强自身建设，人民政协事业实现了新发展、开创了新局面。全年工作呈现了三个显著特征：

一是市委对政协工作的领导更加有力。中共耒阳市委高度重视并大力支持政协工作，召开了市委政协工作会议，认真总结近年来政协工作取得的经验，研究部署新形势下的政协工作，为推动政协事业发展营造了良好氛围；市委常委会年初研究确定政协全年工作安排，出台了《民主评议工作实施办法》《民主评议提案办理工作实施办法》《统一委派民主监督员工作实施办法》等文件，为做好政协工作提供了有力支持；市委罗琼书记对推进农村义务教育发展建议案、政协云推广使用等工作作出重要批示，为政协履职创新指引了正确方向。市委政府主要领导多次参加政协各类调研视察、协商议政活动，并就采纳落实政协建言方面，进一步明确部门责任，使政协的履职效能和价值得到了更充分的体现。

二是推进协商监督的理念更加明确。一年来，市政协常委会深入学习中共中央办公厅印发的《关于加强和改进人民政协民主监督工作的意见》，深刻认识到人民政协作为民主监督、专门协商机构的重大使命，作为协商平台的性质定位，更加坚定了加强和改进民主监督、探索创新协商民主实践的政治自信。我们首次召开了专题议政性常委会议，开展了“政协委员走进纪委”活动，政协民主监督首次延伸到党委部门工作，多形式开展了协商式监督活动，开展了提案办理工作专项评议。这些都是创新政协履职方式、拓宽政协履职渠道的有益探索。

三是履行协商议政的成效更加凸出。坚持求精求准求实的原则，紧紧围绕市委政府中心工作，切实发挥调研视察的基础性作用，加强调研视察与协商议政衔接，以调研促进协商质量提高、以协商促进调研成果转化，进一步形成宽领域、多层次、常态化的协商议政格局。全年召开 1 次全体会议、7 次常委会议、16 次主席会议、3 次专题协商会议，开展 5 项视察调研，共向市委、人大、政府、“两院”及各职能部门提交意见建议 300 余条，优化农村义务教育学校布局、加强乡村教师队伍建设、落实教育系统绩效考核奖励经费、定期公示桶装水水质检测结果等一批协商成果进入决策视野和工作改进之中。

一年来，市政协常委会围绕中心、服务大局，认真履职尽责，主要做了以下五个方面工作。

一、着力凝聚思想共识

在学习引导中增进共识。市政协始终坚持把学习摆在突出位置，坚持党组会议、主席会议、常委会议、专委会议学习制度，认真组织学习党的十八届六中全会、十九大以及习近平总书记系列重要讲话精神，深入领会党中央治国理政新理念新思想新战略，牢牢把握人民政协事业正确的前进方向。传达学习了国、省、衡阳市“两会”和省委、衡阳市委政协工作会议精神，不折不扣把中央、省市对政协工作的新要求内化于心、外化于行。通过多形式多层次的学习，进一步增强了“四个意识”，更加坚定中国特色社会主义道路自信、理论自信、制度自信、文化自信。

在对照笃行中扩大共识。贯彻落实《关于新形势下党内政治生活若干准则》《中国共产党党内监督条例》等文件精神，持续深入推进作风建设，扎实开展“两学一做”常态化制度化学习，认真开展专题研讨、讲党课等系列活动，广大政协委员讲政治、守纪律、知敬畏、明底线，形成了学讲话、抓落实、促工作的良好氛围。号召委员们学习廖俊波、陈艳辉同志先进事迹，积极参与“喜迎党的十九大 · 献计耒阳新发展”活动，自觉向先进看齐，忠诚履职尽责，扎实开展调研视察、民主监督、扶贫济困等系列履职活动，使政协“维护核心、围绕中心、凝聚人心”的履职共识得到了不断巩固。

二、紧扣中心资政建言

全会协商突出全局。十届政协二次会议上,委员们参政议政热情高涨,紧紧围绕"一府两院"、财政、计划报告及全市经济社会发展中的重要问题,坦诚发表意见建议,进行全面协商。市委政府领导全程参加讨论,与委员现场互动、深度交流,在科技教育、工青妇、文艺医卫等小组讨论会上,各界别委员提前调研、踊跃建言,得到了与会领导的充分肯定。

主席会议协商紧扣重点。按照"三在前、三在先"的协商原则,以主席会议为平台,先后与财政、国土、煤炭等部门就财政预算、城镇基准地价调整、淘汰煤矿落后产能等25项重点工作开展了协商讨论,提出的合理建议被市政府及相关部门采纳。

专题协商注重实效。围绕群众深切关注的"桶装水质量安全监管""城乡居民医保工作"与"教师公租房和学校国土办证"等热点难点问题开展3次专题协商,邀请政府领导、委员代表、专业人士共同参加,与市食药监、综合行政执法、教育、发改、财政、国土、人社等10多个职能部门面对面协商。开展桶装水质量安全监管专题协商,督促相关部门加大了监督检查和巡查整治力度,将无证经营生产企业全部关闭取缔到位,定期公示桶装水水质检测结果,切实提高了安全监管效能。协商城乡居民医保工作时,组织3个调研小组深入人社、卫计、保险公司、医院、乡镇开展走访调研,并赴桂阳学习先进经验,对我市改进基金征缴方式、加强基金监管很有启发,群众反映强烈的征缴基数高、报销比例偏低等问题,我们通过向上级政协提交提案、社情民意等形式予以反映,切实发挥了人民政协履职为民的重要作用。

议政性常委会探索创新。围绕农村义务教育发展课题开展重点调研,组成7个调研小组分赴全市21个乡镇121所学校,发放调查问卷500余份,全面听取乡村干部、校长、老师及家长代表的意见建议。为促进调研成果落实,创新性开展专题议政性常委会,进一步扩大协商面,会上播放调研专题纪录片,与会领导、部门代表及委员直观感受我市农村教育的现状及家长、老师、学生的心声,委员们的建言献策和18条高质量的建议案,得到市委、人大、政府领导的高度肯定。

调研视察助推发展。着眼于助推经济转型、加快"四个耒阳"建设,市政协常委会围绕安全生产、旅游发展两个课题开展调研。安全生产调研从非煤矿山、消防、城市道路、在建工程、煤矿生产等五大领域,对我市安全生产情况开展深入全面的调研,共走访100余个企事业单位,发放调查问卷300余份,并赴涟源、攸县等兄弟县市考察学习,形成了高质量的调研报告,其中关于"明确政策导向,建立淘汰煤矿落后产能的实施办法"的建议,得到政府采纳并组织实施。旅游调研摸清了我市旅游资源存量及开发现状,从保护现有资源、打造旅游品牌、发展全域旅游等方面提出了建议。我们还组织开展了平安耒阳创建、农业产业化龙头企业发展两项视察活动,为维护我市平安环境,促进社会和谐稳定,进一步扶持壮大农业龙头企业,加快推进我市农业产业化发展,提出了很多有针对性的对策建议。同时,我们积极配合省、衡阳市政协开展了非公经济发展法治环境、国土资源、学前教育保障能力建设等调研活动。

三、聚焦民生强化监督

畅通社情民意反映渠道。积极发挥社情民意工作在政协服务民生中的重要作用,通过建立稳定的信息员队伍,完善激励机制,社情民意信息工作实现了新突破,被衡阳市政协评为社情民意信息工作先进单位。一年来,共收到社情民意信息80多条,整理报送市委政府社情民意专报13期,其中《多措并举破解我市企业用工难题》等2篇信息得到市委政府主要领导的批示,反映的其他具体问题都通过转送至相关部门,得以妥善解决。报送省、衡阳市政协社情民意信息30余条,《手游"三化"亟待引起重视》等11篇信息被衡阳市政协采用,《关于侧重从户籍地招考特岗教师的建议》等6篇信息被省政协采用,其中《关于改善现行燃油补贴方法的建议》是衡阳地区唯一一篇得到省领导批示的信息。

开展提案办理民主评议。十届政协一、二次会议期间,共收到提案319件,经审查、整理、合并,共立案85件,交办85件。本次提案坚持"严把审查关、强把督办关"的原则,确保提案内容合法合规、质量上台阶。同时我们又将政协民主评议提案办理和提案督办监督联合推进,由主席会议成员带队,分六个组对27个承办单位进行走访督办;通过采取"看、听、访、议、评"的方式,从组织领导、制度建设、办理程序、工作绩效等四个方面20项内容,对城管局和文体广新局的提案办理工作实施了民主评议,以点带面,以评促改,形成监督合力,全面提高提案办理质量。两个被评议单位精心组织,认真实施,加大办理力度,提升工作效能,赢得了委员认可,为提案办理工作树立了标杆。同时,我们注重发挥驻耒衡阳市政协委员在推动我市发展中的积极作用,通过向上提交提案,反映社情民意,积极争取上级部门对我市农村义务教育、五公仙石漠公园、大市循环经济产业园等工作的重视与支持。

统一委派民主监督员。十届政协共组建5个民主监督小组,实行一年一派,我们创新了受派单位产生方式,通过常委会票决的形式,确定本届五年的25个派驻单位,2017年派驻到法院、检察院、财政局、发改局、教育局五个单位。配精配强了监督员力量,由政协机关五个专委会主任带队,以委办为依托、以委员为主体,建立了联系、例会、反馈、考评等四项制度,切实提升民主监督员工作组织化程度,各监督小组工作有序开展。如驻检察院监督小组就充分发挥检察职能、优化我市营商环境进行了督查调研，开出了年度第一份监督建议书。检察院高度重视，立即整改，并将整改办结情况及时反馈给监督小组。驻法院监督小组围绕“执行难”问题开展调研视察，为提升司法公信力努力鼓与呼。驻发改局监督小组就“保障性住房小区外配套项目”这一民生实事的实施情况，创新开展了协商式民主监督活动，进一步丰富了监督工作形式。

四、发挥独特履职优势

广泛联谊树立形象。坚持团结和民主两大主题，充分发挥人民政协大团结大联合的特点和优势，切实加强与各民主党派、工商联、各人民团体及各界代表人士的联系，协助党委政府做好凝心聚力工作，巩固和发展我市最广泛的爱国统一战线。加强与各级政协和社会各界的联谊交流，先后接待各地政协和兄弟单位调研考察300余人次，其中省政协李微微主席和衡阳市政协廖炎秋主席来耒调研时，对我们维护核心围绕中心履职、助力精准扶贫和政协云平台推广应用等工作给予高度肯定。先后组织委员深入市内外调研、考察和交流280余人次，进一步开阔工作视野，学习了先进经验。

倾情助力脱贫攻坚。发挥政协联系广泛、凝聚力量的优势，积极响应省政协号召，广泛动员和组织委员们参与“三个一”扶贫行动，对全市311名委员实行网格化分配管理，帮扶378户贫困户，确保界别、委员、贫困户三方无缝对接。广大委员充分发挥自身优势，为贫困户解决困难、找准项目、增加收入提供帮助。如医卫、文艺界别委员组织开展扶贫义演、义诊义检、健康咨询等活动，工商联界别委员积极开展扶贫助学活动，共捐资10.2万元，资助30名贫困学生就学。长坪乡政协联工委发挥委员示范带动作用，在贫困村双岭村组建了电商平台，并运用“分贷统还、分红共享”方式，建设生猪养殖场，帮助贫困户发家致富。余庆街道政协联工委筹资7万余元开展“善行余庆”爱心捐款助力精准扶贫。政协机关组织干部职工开展了“凝心聚力献爱心、精准扶贫奔小康”专项捐赠活动，并通过多方争取、拨付扶贫资金等多渠道筹资65万元，帮助石塘村改善生产生活条件，解决饮水安全问题，大力实施产业扶贫。

加强宣传展现特色。坚持以政协网站、《政协之声》及手机报、耒阳新闻网等媒体为主要宣传窗口，同时积极发挥政协云、湘声报、《文史博览》等省级媒体及刊物的作用，宣传履职成效，展示委员风采。在政协云平台省级版面发表农村义务教育议政性常委会等5篇信息，及时更新补充政协云耒阳版面资讯、社情民意、委员扶贫等信息；在湘声报发表一篇理论文章，并刊发报道长坪乡双岭村电商扶贫典型经验等6篇履职信息，市委政协工作会议期间，湘声报对十届政协履职创新及成效进行了专版报道。耒阳市政协网全年更新信息百余篇，在衡阳市政协网发表90余篇信息，被衡阳市政协评为门户网站信息采编先进单位，其中“为了美好的明天——农村义务教育专题纪录片”被评为“政协好新闻”二等奖。

五、提升服务保障能力

开展培训增强队伍素质。邀请省政协新闻信息中心主任王文君同志作社情民意信息员专题培训，组织了骨干信息员交流座谈会、政协云使用业务知识培训，组织乡镇政协联工委主任与部分机关委员赴厦门大学开展履职能力业务培训。同时充分利用上级单位组织的培训机会，派遣部分同志赴北京、北戴河等地接受培训。全年参加各类培训的人员共计200余人次，通过多形式开展履职能力提升培训，切实增强了委员队伍素质。

搭建工作室夯实平台基础。将界别工作与委员工作室结合开展，鼓励以界别为单位，按照“六个有”标准创建委员工作室，促使界别工作更具组织性和特色性。如，中共界别委员深入大和圩乡调研合乡并村后村级运转经费、村干部工资保障水平及村级集体经济发展情况，特邀界别新市片区邀请耒阳市戏曲协会、新市镇明德实验小学等单位到新市敬老院开展慰问义演活动，东湖圩镇政协联工委组织技术种烟培训，等等。

加强保障提升活动水平。严格按照《关于进一步加强和改进界别工作的意见》要求，根据各界别年初上报的工作目标和活动计划，以“政协领导+委办+界别”三级联动的组织模式，指导、协调、督促全市各界别扎实开展活动。市政协办公室优先为委员开展界别活动提供保障，按照每名委员300元的标准补助活动经费，推动界别活动经常性、常态化开展。经统计，全年各界别共计开展各类活动40余次，服务群众2000余人次，捐赠财物40余万元。进一步加强政协机关作风建设和干部队伍建设，建立每月集中学习日制度，积极做好服务委员、服务履职、服务老干的各项工作，营造了向上、有为、团结、包容的良好氛围。

各位委员、同志们，过去一年我们所取得的成绩，是中共耒阳市委坚强领导的结果，是市人大、市政府和社会各界大力支持的结果，是全市政协组织、各参加单位和广大委员共同奋斗的结果，也是政协历届老领导、老同志和老委员关心指导的结果。在此，我代表市政协常委会，向大家表示最衷心的感谢并致以最崇高的敬意！

各位委员、同志们，在肯定成绩的同时，我们也清醒地认识到工作中还存在需要进一步加强和改进的地方，比如，围绕协商议题开展调查研究还不够深入，协商过程中的交流互动还不够充分，民主监督的相关机制还不够健全，团结联谊工作的范围还不够广泛，等等。对此，我们将在今后的工作中，不断深入研究，切实加以改进，同时也真诚希望广大委员对常委会工作多提意见建议，共同把各项工作做得更好。

二〇一八年工作任务

2018年是贯彻落实党的十九大精神的开局之年，是改革开放40周年，也是决胜全面建成小康社会、打赢脱贫攻坚战的关键一年。今年市政协工作的指导思想是：全面贯彻党的十九大精神，以习近平新时代中国特色社会主义思想为指导，在中共耒阳市委的坚强领导下，坚持团结和民主两大主题，按照“议大事、抓重点、办实事、求实效”的原则，紧紧围绕全市改革发展稳定大局，积极履行政治协商、民主监督、参政议政职能，为加快推进“四个耒阳”建设，决胜全面建成小康社会贡献智慧和力量。

新的一年，市政协将突出抓好以下四个方面的工作：

一、落实协商民主新要求，进一步提高协商议政能力

要深刻理解和把握党的十九大关于“人民政协是具有中国特色的制度安排，是社会主义协商民主的重要渠道和专门协商机构”的政治定位，充分发挥政协优势，推动协商民主广泛、多层、制度化发展。要精选协商课题。围绕党委政府事关全局的重要决策以及政治、经济、文化和社会生活中的重要问题开展协商，是政协协商民主的主要内容。今年，我们聚焦全市金融工作开展专题协商，就理顺金融管理体制、有序推进金融创新、加强监管严防重大金融风险等方面提出意见和建议。继续针对重点提案开展提案办理协商，围绕“三重一大”事项开展政治协商，为促进我市科学发展，及时准确地向市委政府建言献策。要丰富协商形式。十九大报告中指出，要充分发挥协商民主重要作用，完善协商议政的内容和形式，统筹推进政党协商、政协协商、基层协商及社会组织协商。我们要适应新形势新要求，多形式开展协商议政活动，创新运用政协云进行履职，通过微建议、微协商、微监督等方式对接党委政府微建设、微服务，更好地解决群众的微需求、微困难，为政协委员搭建履职新平台，为协商民主发展探索新路子，为社会各界参与协商议政提供新渠道。开展精准扶贫基层民主协商对话，大力推进民主协商工作的多层化、精准化发展，推动民主协商向基层延伸。要注重协商实效。要深入调查研究，密切与党政有关部门的沟通联系，推动问题解决落实；要健全成果报送、意见采纳、情况反馈机制，推动更多协商成果转化运用。今年，我们将继续对“推进农村义务教育建议案”的办理情况进行督促，以钉钉子的精神实行跟踪问效，促进工作改进与落实。

二、围绕中心工作新目标，进一步提高务实干事能力

政协常委会致力于助推经济转型和服务改善民生两个方面积极履职，将教育和经济转型作为本届政协的履职重点。今年我们将围绕城区义务教育和油茶产业发展两大课题开展重点调研，围绕园区平台建设开展省市县三级委员视察，为统筹城乡教育发展、推进园区建设、培植财源项目、加快经济转型建好言、献好策。组织委员视察环保工作，了解工作现状，提出改进意见，着力促进我市生态文明建设与环保事业发展。全市政协组织和政协委员要继续按照“围绕中心、服务大局、发挥优势、共谋大事”的要求，充分发挥自身的特点和优势，广泛深入调研。要整合资源，以委员为主体、吸收有关专家学者参加，形成专业结构优化、研究能力互补的调研队伍。要实事求是，选好样本“解剖麻雀”，深度调研，认真分析，把问题找准、把原因理清、把建议提实，使政协的履职活动成为市委政府广集民智、科学民主决策的重要环节。

三、顺应人民群众新期待，进一步提高民主监督能力

人民政协的民主监督是我国社会主义监督体系的重要组成部分，是社会主义协商民主的重要实现形式，在助推党政工作和改善民生问题上具有独特优势。要坚持以人民为中心。党的十九大报告明确指出，人民是历史的创造者，是决定党和国家前途命运的根本力量，必须把人民对美好生活的向往作为奋斗目标，依靠人民创造历史伟业。我们要按照中国特色社会主义进入新时代对人民政协工作提出的新要求，坚持把“以人民为中心”融入到政协工作的全部过程，民主监督也要重点关注民生，真诚倾听群众呼声，真实反映群众意愿，真情关心群众疾苦，切实做到人民政协为人民。要坚持以问题为导向。政协民主监督必须突出重点、有的放矢。要聚焦市委政府中心工作，着力对重大方针政策的贯彻落实情况及群众关切的热点焦点问题开展监督，强化问题导向，抓住主要矛盾，找准存在的困难、短板和薄弱环节，紧扣关键内容，精准聚力发力，努力从大局上、根本上、长远上提出务实建议。今年要继续开展委派民主监督员工作，根据十届一次常委会票决结果，向公安、人社、民政、国土资源、卫计等五个单位委派民主监督员。各监督小组要切实深入基层、深入实际、深入群众，真实反映基层情况和群众诉求，积极助推党政工作大局和民生福祉改善。

四、适应常规工作新常态，进一步提高开拓创新能力

要按照解放思想、求真务实、探索创新的要求，加强和改进各项常规工作，致力于提高政协履职成效。要创新开展团结联合工作。“天地之气，莫大于和。”要充分发挥人民政协联系面广、包容性强的优势，加强与各民主党派、工商联、无党派人士的团结合作，探索开展党派协商、团体协商，聚合发展之力，激发人和之气，成就奋发之势。要强化联动履职，积极争取省、衡阳市政协的指导和支持，围绕“助力脱贫攻坚，全面建成小康社会”“助推新发展，建设新湖南”等课题，积

极开展履职活动,强化三级政协联动,发挥好政协系统整体作用,实现工作上的互动、资源上的共享和力量上的融合。要创新开展提案工作。要把提案工作同调研视察、专题协商、反映社情民意等活动有机结合起来,拓宽提案来源渠道。要在总结提案工作经验的基础上,不断创新提案工作理念、工作方式和工作机制。继续实施民主评议提案办理工作,选择2个事关经济发展或群众关注度高的民生问题的提案承办单位进行民主评议,促进承办部门进一步加强提案办理工作,提高办理质量。要创新开展信息工作。建立健全社情民意信息的跟踪和反馈机制,对于一些重要的社情民意信息,要跟踪了解批示办理情况,及时向信息反映者反馈有关领导批示及相关部门处理意见。要进一步充实调整信息员队伍,邀请衡阳市政协专门人员与信息员沟通交流、点评座谈,进一步提高信息质量。大力推广使用政协云,优化委员履职板块,扩大政协活动参与面,增强委员使用政协云的获得感和自觉性。要创新开展界别活动。由界别组成是人民政协组织的显著特色。要建立健全发挥界别作用的工作机制,从组织领导、参与形式、活动内容、保障服务等方面逐步加以规范,努力使界别工作更加经常、规范、有效。各界别要根据委员专长和界别优势,组织开展多样、有效的活动,继续组织委员深入开展"三个一"扶贫行动和"三联三助"活动,广泛调动政协委员参与精准扶贫、爱心助学、社会公益等活动的积极性,切实发挥委员在脱贫攻坚工作中的作用。要创新加强自身建设。充分发挥委员主体作用,强化委员履职管理考核,继续完善委员工作室建设,今年我们将以请进来、走出去相结合的方式,邀请专家到政协系统宣讲授课,组织政协常委赴全国政协培训基地学习培训,进一步提升政协委员履职能力和水平。充分发挥专委会职能作用,密切与各部门单位、各界别、乡镇办事处联工委的联络交流、沟通协作。加强政协机关建设,不断提高政协机关的统筹协调、执行落实和服务保障能力。

始终坚持党的领导
确保政协事业沿着正确方向前进

中国共产党是中国特色社会主义事业的领导核心,也是爱国统一战线的领导核心,这是历史的选择、人民的选择。坚持和维护中国共产党对人民政协的领导,既是人民政协始终不渝的原则,也是做好政协工作的根本保证。只有毫不动摇坚持党的领导,人民政协事业才能打牢根基、行稳致远。

党的领导是人民政协事业发展的根本遵循。十九大报告中将"坚持党对一切工作的领导"摆在"十四个坚持"的首位,充分体现了党的领导的极端重要性。作为中国共产党领导的多党合作和政治协商的重要机构,人民政协坚持党的领导是题中应有之义。68年来,中国共产党领导人民政协在建立新中国、建设新中国、探索改革路、实现中国梦的伟大实践中,走过了辉煌历程,建立了历史功勋。十八大以来的5年,党以巨大的政治勇气和强烈的责任担当,提出一系列新理念新思想新战略,出台一系列重大方针政策,推出一系列重大举措,推动党和国家事业发生历史性变革。历史早有公论,眼前更有明证,人民政协事业要沿着正确方向发展,就必须毫不动摇坚持中国共产党的领导,自觉维护党中央权威和集中统一领导,始终在政治立场、政治方向、政治原则、政治道路上同以习近平同志为核心的党中央保持高度一致。

牢牢把握坚持党的领导的丰富内涵。坚持党的领导,内涵深刻,指向鲜明。我们务必紧密联系政协工作实际,做到深刻领悟、笃定坚守。坚持党的领导,首要是坚持思想引领,用马克思主义中国化最新成果武装头脑、指导实践。党的十九大报告深刻阐述了新时代中国特色社会主义新思想新内涵,是全党全国人民为实现中华民族伟大复兴而奋斗的行动指南。全市政协组织和政协委员要深入学习贯彻落实党的十九大精神和习近平总书记系列重要讲话精神,深入开展好"不忘初心、牢记使命"主题教育,切实增强学习贯彻的自觉性和责任感,深刻领会精神实质,掌握核心要义,确保学深悟透,真正把思想行动统一到党的十九大精神上来。坚持党的领导,关键要履行政协使命,要准确把握人民政协的性质定位,坚持团结民主两大主题,自觉依照宪法法律和政协章程履职尽责,政协党组要发挥把方向、管大局、保落实的领导核心作用,不断把人民政协事业推向前进。

确保党的集中领导落到实处。"要在中央,事在四方"。要坚决贯彻执行党的路线方针政策和决策部署,积极推进党政重大决策部署的落实,努力把党的指导思想和主张转化成为各界人士的思想政治共识。全市政协组织和政协委员要始终与市委保持同频共振,坚决把市委各项决策部署不折不扣落到实处,坚持市委有部署,政协就紧紧跟进;市委有要求,政协就坚决执行;市委交付具体任务,政协就全力以赴,在主动融入市委工作全局、紧扣市委工作重点、牢牢把握发展第一要务中,展现政协作为、彰显政协价值。市委经济工作会议已经明确了2018年全市工作方向和重点,广大委员要围绕防范风险、脱贫攻坚、污染治理、园区增效、城乡提质、旅游升温六大行动,精心选择我市深化供给侧结构性改革、实施乡村振兴战略、改善社会民生、大力实施"3131"工程计划等事关全市发展大局的重大课题,有计划、有组织的开展调研视察活动,综合运用提案、社情民意、委员建言、调研报告等形式建言献策,立足本职作贡献,竭尽全力促发展,以工作实绩为政协增光添彩。

【名词解释】1."三在前、三在先":政治协商的重要原则,即重大决策要协商在党委决策之前、人大通过之前,政府实施之前;对经济和社会发展中长期规划要先协商后决策,对重要的人事安排和关系人民群众切身利益的重大问题要先协商后决定,对重要的地方规范性文件要先协商后通过。

2.“四个耒阳”:市十二次党代会提出的建设实力耒阳、美丽耒阳、活力耒阳、幸福耒阳的发展目标。

3.“六个有”标准:政协耒阳市委员会《关于进一步加强和改进界别工作的意见》中要求,各界别要按照有固定场地、有统一标识、有办公设施、有工作队伍、有工作制度、有工作记录“六个有”的标准,创建界别委员工作室,把工作室既建设成为政协组织深入基层深入群众的重要平台和载体,也作为界别工作的场所。

4.“三个一”扶贫行动:省政协按照中央、省委关于扶贫开发的决策部署和精准扶贫的工作要求,倡导全省各级政协委员共同参与的一项扶贫行动。即:资助一名贫困家庭在校学生完成学业、结对一个贫困家庭增加收入充实家业、帮助贫困家庭一名成员解决就业。

5.“三联三助”活动:衡阳市政协号召开展的以“联学校、联企业、联农村,助残、助贫、助弱”为主题的扶贫帮困活动。

6.“3131”工程计划:市委经济工作会议提出的大力实施“3131”工程计划,即扶持打造电子信息、有色冶金、油茶三大产业;年度引进10个投资过亿元的产业项目;培育30个纳税过千万元的重点企业;打造一个创新开放、产城融合、产业链完整的现代化产业园区。

大　事　记

1月

20日，耒阳市巡察工作领导小组办公室挂牌成立。衡阳市市委常委、纪委书记包昌林参加揭牌并指出，开展市县巡察工作，是压实“两个责任”、强化党内监督、密切党群干群关系的创新之举，是加强基层党风廉政建设，厚植党的执政根基的有效途径，对推进全面从严治党向基层延伸有着重要意义。

24日，中国供销·湘南农特产品电商物流园项目举行开工奠基仪式。电商物流园位于107国道东侧、富民大道东段南侧，总投资15亿元，占地面积500亩，总建筑面积48万平方米。其具备农产品交易、会展、电子商务、电子结算、净菜加工、包装配送、冷链物流、质量检测、信息发布、教育培训、创业孵化、金融服务等多项功能。

2月

16日，耒阳市人民政府与伟创力天能源科技（北京）有限公司签订了分布式光伏发电投资框架合作协议，与湖南美蓓达科技有限公司签订了P4、P2级高档、精密轴承生产项目，耒阳市委副书记、市长李向阳与两个企业共同签订投资合同。其中环保节能城市工程项目总投资约12.5亿元，“伟创力天·美丽乡村”惠民光伏发电工程项目总投资约1.2亿元，P4、P2级高档、精密轴承生产项目总投资约人民币3亿元。

中旬，由团中央学校部、全国学联秘书处、中国青年报社共同举办的2016年度全国“最美中学生”“最美中职生”寻访活动落幕，耒阳师范学校学生曾慧娟获全国“最美中职生”称号，成为衡阳市唯一获此殊荣的中职生。

24日上午，全市村（社区）“两委”换届选举工作动员会召开。市委副书记、市长李向阳主持会议。会议学习传达省、衡阳市关于村（社区）“两委”换届选举工作有关精神，安排部署耒阳市村（社区）“两委”换届选举工作。市委书记彭玉明出席会议，要求全市上下要统一思想、提升能力、强化组织、确保村（社区）“两委”换届选举工作有序推进、圆满完成。

24日，由市委宣传部主办，市新媒体中心运营的“耒阳宣传”微信公众号上线。

3月

1日，耒阳市人民政府实行《关于降低企业成本减轻企业负担的实施意见》。文件列出21个减负项目，从降低企业人员成本，降低企业税费负担等方面入手，切实为企业减负。

13日，耒阳市第一批农村综合服务平台建成使用启动仪式在灶市街道办事处新渡村综合服务中心举行。耒阳市第一批农村综合服务平台包括农村综合服务平台项目共22个，项目总投资1650万元，已全部建成。

22日，中国铝业总经理助理、中铝国际董事长、党委书记贺志辉，中铝国际长沙院党委书记、执行董事廖江南一行到耒阳市进行考察，并与耒阳市签订战略合作框架协议。

4月

月初，耒阳市不动产登记实现“停旧发新”“全域”发证，共受理不动产登记业务3189宗，颁发不动产权证书2845本，在衡阳市率先颁发水域滩涂养殖权、林权和农村住房与宅基地合一的不动产证书和抵押证明。

6日至7日，耒阳市救助管理站联合市公安部门为全市27名长期滞留流浪乞讨人员进行DNA数据采集，经对比分析录入全国走失人口信息库、全国打拐DNA数据库进行检索匹配，帮助其早日找到亲人。

7日，以“体验科学魅力，放飞创新梦想”为主题的中国流动科技馆湖南衡阳耒阳站巡展在市中等职业技术学院启动，为期两个月。巡展内容包括展示区、互动区、科普影视区、科普大篷车5个主题展区，50件互动展品与科学表演、科学实验及科普影视相结合，为市民提供了参与科学实践的场所。

10日，耒阳市人民政府与中国五冶集团有限公司在上海正式签订合作框架协议，合作范围包括耒水国家湿地公园、蔡伦竹海、神农农耕文化公园、特色小镇、美丽乡村等已纳入和将纳入政府PPP项目库的PPP项目。

11日，市文化馆原创民歌剧《竹

娘》和荒诞花鼓音乐剧《刘海爷爷进社区》参加中央电视台戏曲与音乐频道《一鸣惊人》栏目演出,夺得“团体银奖”。

18日,耒阳市举行部分重点项目集中开工仪式,市委书记彭玉明宣布项目开工。集中开工的20个重点项目涉及到工业、基础设施、社会民生等多个领域,总投资达57亿元。

20—21日,全国公安机关“三打击一整治”专项行动部署会在广东茂名召开,市委书记彭玉明在会上介绍“四类犯罪”重点整治工作经验,得到公安部高度肯定。

21日,中国计生协“生育关怀携手行——计生困难家庭发展致富”项目培训班暨经验交流会在耒阳市召开,来自新疆、黑龙江等9个省自治区项目点负责人,湖南省卫计委、计生协会等相关处室负责人以及14个地市州计生协负责人来耒参会。

24日,由中宣部、中央综治办、公安部等八部门联合举办的第十三届全国见义勇为英雄模范表彰大会在北京人民大会堂召开。耒阳籍在校大学生曹承全荣获“全国见义勇为模范”荣誉称号。

24日,市委书记彭玉明率团参加湖南省人民政府在深圳、中国香港举办的“2017年湖南(香港)投资贸易洽谈周”招商活动。在该活动的衡阳投资环境推介会暨重大项目签约仪式上,耒阳市共签订利用内外资合同7个,合同利用内外资金60.3亿元。其中参加省团签约的2个项目是美蓓达p4、p2高档、精密轴承项目和中冶天工智慧城市、城市地下综合管廊建设项目;参加衡阳市团签约的5个项目是伟创力天分布式光伏发电、世界荷花种植基地、浚林服饰生产、康意皮具生产、塑料管道研发生产项目。

5月

8日,耒阳市农村广播“村村响”正式开播,开播范围覆盖全市321个行政村、57个居委会。每天7：30—8：00及17：30—18：00时段播放新闻与专栏等节目,切实做到文化惠民,文化乐民。

11日,衡阳市委书记、市人大常委会主任周农先后来到耒阳仁义镇衡头村、余庆街道办事处水口村、新市镇长冲里煤矿和河坪村,调研环境保护、精准扶贫、安全生产、村支两委换届等重点工作。衡阳市委常委、市委秘书长张贺文,耒阳市市委书记彭玉明参加调研。

16日,耒阳市举办首期农村电子商务精准扶贫服务站站长培训班。34个贫困乡113名贫困人员、电商从业人员、村干部参加培训。

16—17日,由衡阳市总工会、衡阳市农业委员会、衡阳市人力资源和社会保障局、衡阳市茶业协会共同举办的衡阳市“传承传统技艺·培育衡州工匠”竞赛活动启动仪式暨衡阳市制茶技能大赛在衡阳市万恒茶文化广场举行。大赛按照茶叶加工工《国家职业标准——茶叶加工工》的理论知识和技能要求进行,分为茶叶理论知识考试、茶叶制作和评审两个环节进行比赛。各县市区的30位选手经过角逐,耒阳选手在比赛中成绩突出,彭凯夺得冠军、谭燕夺得亚军、曾春古获第六名,三人将代表衡阳市参加湖南省首届手工制茶技能大赛。

31日,耒阳市“健康扶贫”家庭医生签约服务在大和圩乡正式启动。

6月

5日,由市委宣传部主办,市环保局承办,市新媒体中心、市民间艺术家协会协办的“大美耒阳·绿色家园”2017年生态文学征文大赛揭晓。散文《我是一只白鹭》荣获金奖;散文《在竹海深呼吸》、诗歌《耒阳书》荣获银奖;散文《漫溢耒水的绿》《耒水漂流夜》《天空又见故乡蓝》《情系野鹅塘》,诗歌《耒阳,清秀的诗意与铭刻的风华》荣获铜奖;《家住西湖游园》等23篇获优秀奖;《耒水漂流夜》获“读者最喜爱作品”一等奖。此次大赛共收到来自北京、上海、黑龙江、宁夏、云南、福建、广东等29个省、自治区、直辖市,480余名作者共500余篇作品。

7日,农业部公布2017年全国农村创业创新园区(基地)目录,耒阳市蔡伦现代农业科技园被列入“全国农村创业创新园区(基地)”。

9日,耒阳市黄市镇大河滩村被省文化厅列为第一批湖南省经典文化村镇。

14日下午,中华诗词学会授牌耒阳市“中华诗词之乡”。

15日下午,位于长坪乡的耒阳太平风电场升压站主变压器冲击受电试验圆满完成,标志着衡阳市境内装机容量最大的风电场开始投产。

17日,《耒阳记忆》写作计划启动,拟从《千年古县》《正在消失的传统村落》《正在消失的传统手艺》《耒阳民俗大全》《耒阳历代诗文选》《蔡伦文化》《杜甫文化》《农耕文化》《古耒水口岸》《耒阳新、旧八景》等角度切入,形成耒阳文化系列出版物,全面提升耒阳文化强市的软实力,打造“千年古县”历史文化名片。

19日下午,耒阳市召开全市领导干部大会,宣布省委和衡阳市委关于耒阳市委主要领导职务调整变动的决定,罗琼任中共耒阳市委委员、常委、书记,免去彭玉明的耒阳市委书记、常委、委员职务。

20日,耒阳市人民政府与西安通用航空公司签署机场合作建设与运营框架协议。

30日,由市文联组织申报,耒阳本土书法家谢海龙申报的书法、篆刻创作《续书谱》项目获得国家艺术基金2017年度十万元的项目资助资金。耒阳市国家艺术基金申报实现零的突破。

7 月

26 日，耒阳市人民政府免费为全市 35 艘渡船配备安全设备，发放灭火器 140 个，救生衣 440 件和救生圈 40 个。

8 月

8 日，市委书记罗琼在市人民来访接待中心接待视频接访室，接待来访群众，接访情况录像同频同音高清传输到衡阳全市信访视频接访系统，标志着衡阳市视频接访系统正式开通运行，这是全省首次启动视频接访。

14 日，省委副书记、省长许达哲到耒阳市汽车站检查道路交通安全工作。

21 日，耒阳市 2017 年非公经济人士、异地商会捐资助学捐助仪式举行，筹集助学资金 105.52 万元，资助 410 名学生，其中大一新生 106 名，建档立卡贫困高中生 304 名。深圳耒阳商会、东莞耒阳商会分别募集善款 239466 元和 243306 元，深圳耒阳商会会长周伟、东莞耒阳商会会长李主智个人分别捐款 10 万元。

23 日，联合国地名专家组中国分部、民政部及中国地名研究所联合公布全国 100 个“千年古县”名单，湖南 3 个县市入选：浏阳市、耒阳市、汝城县。

9 月

6 日上午，广州 8 家老乡企业组团回耒创业。耒阳市人民政府、市经济开发区管委会与广州德霸照明、顺探机械等 8 家企业集体签约。

22 日，由市委宣传部主办、市文联和市新媒体中心承办的“月畔湾”杯第二届“千年古县大美耒阳”全民摄影大赛举行颁奖仪式，42 幅作品分获一、二、三等奖及优秀奖，廖华程作品《大城崛起》荣获一等奖。

26 日，耒阳市举行 2017 年第二批 11 个重点项目集中开工仪式。集中开工的项目有新生力、哲桥污水处理厂、昭隆五金塑胶、康意箱包科技、展望皮具厂、湖南浚林服饰、武广教育城、残疾人康复中心、东江和桥头棚户区改造、臭水整治（东麓垃圾填埋封场）、公平大道提质改造项目等，总投资 26.6 亿元。

27 日，全市纪委派驻机构全覆盖工作会议召开，对 14 个市纪委派驻纪检组进行集体授牌，标志着市纪委向市一级党和国家机关派驻纪检机构正式挂牌运行。

29 日，耒阳市首个农村垃圾收集转运系统一体化试运营项目在小水镇启动。此项目由耒阳市人民政府与长沙中联重科环境产业有限公司合作，涉及 4 个镇 53 个村（居委会），投资 465 万元，新建村级垃圾收集点 400 个，并配备垃圾相关人员设置及智慧系统。

10 月

11 日，耒阳市人民政府与中国中车集团公司中车环境科技有限公司成功签约饮水及环境治理合作项目。

12 日，耒阳市大湘南电商孵化园通过科技部、省科技厅考核，获评“国家级星创天地”。大湘南电子商务孵化园“星创天地”众创空间，为众多大学生、返乡农民工、职业农民、科技特派员等创新创业人才搭建公益综合服务型“双创基地”，重点以“互联网+”农业科技成果推广、转化服务于耒阳特色农业、种养殖业与乡村旅游业，促进全市一、二、三产业融合发展。

24 日，市十七届人大常委会召开第九次会议，任命郭兴中为耒阳市人民政府副市长，姜凯为耒阳市人民政府副市长（挂职两年）。

31 日，市法学会成立暨第一次会员代表大会召开，市委常委、政法委书记李兴武当选为会长。

11 月

6 日，耒阳市沐溪贸易有限公司在湖南企业登记网成功注册，成为耒阳市企事业登记全程电子化第一家。

8 日，耒阳市召开南阳高标准农田暨贫困村水利基础设施建设动员会，7.85 万亩高标准农田建设和贫困村水利基础设施项目正式启动。

9 日，中央文明办公布耒阳匡兵、温琦华夫妇当选第六届全国道德模范。

15 日，省政协主席李微微一行到耒阳，调研助力精准扶贫、助推新湖南建设工作开展情况。

17 日，耒阳市文化馆艺术团表演的舞蹈《蔡伦汉歌》获全省群众文艺汇演一等奖。

28 日，耒阳市首个博士后科研流动站协作研发中心在大市工业循环园炎鑫有色金属公司挂牌成立。

28 日，耒阳市生活垃圾焚烧发电项目开工奠基仪式在大市循环经济产业园举行。该项目是湖南省“两供两治”重点工程项目，也是耒阳市重点民生工程。

29 日，耒阳市纪念湘南起义九十周年诗歌大赛评选揭晓。《湘南起义耒阳之歌》等 13 首诗歌分别获得一二三等奖及优秀奖。

30 日，经过全面调研评估，国务院治理电信网络新型违法犯罪工作部际联席会议办公室发出通报确认，决定对耒阳市等 5 个挂牌的传统“盗抢骗”犯罪重点地区因打击整治成效显著以摘牌。

12 月

1 日，湖南省申报的 8 家国家石漠公园试点单位全部通过国家林业局评审，其中耒阳五公仙国家石漠公园以其独特的岩溶地貌和高起点、高标准的规划,全票通过评审。五公仙国家石漠公园是继耒水国家湿地公园后,耒阳市又一个申报成功的国家级试点公园。

2日,文化部党组书记、部长雒树刚到耒阳,考察文化工作和文物保护工作。耒阳市是全国文物保护工作先进县(市),蔡伦纪念园、培兰斋列为国家重点文物保护单位,蔡伦古法造纸术为国家级非物质文化遗产保护项目。

16日,潜江—韶关输气管道建设耒阳段开工仪式在新市镇高炉村举行。潜江—韶关输气管道工程是新气管道国家核准批复的第一段管道工程,项目合同工期18个月,途径耒阳市6个乡镇办事处、近60公里,设有3座阀室。该项目的建设对缓解耒阳市天然气供需矛盾、优化能源消费结构、推动低碳经济发展、提高全市供气安全及环保具有重要意义。

18日,耒阳市喜获2017年度“全省粮食生产标兵县”荣誉称号。

19日,“竹海冰糖橙采摘节”圆满闭幕,节会为期4天,盛况空前,消费者对竹海冰糖橙的优良品质赞不绝口。节会期间,大河滩村接待游客近2000人,销售冰糖橙15万公斤。

概　况

地理位置·面积·历史沿革

【地理位置】 耒阳位于湖南省东南部,衡阳盆地南端,五岭山脉北面,东北邻安仁县,东南及南面连永兴县,西南角接桂阳县,西滨舂陵水与常宁市隔河相望,北界衡南县。地处北纬26°08′~26°43′,东经112°38′~113°13′。

【面积·区划】 耒阳市南北长62公里,东西宽58公里,成不规则菱形。面积2656平方公里,合26.56万公顷,约占全省面积1.26%。2016年,全市城市面积49.65平方公里,其中,建成区面积44.8平方公里,城市绿地面积1469公顷,城市道路长度296公里。辖1个省级正处级经济开发区、24个乡镇、6个街道办事处、377个行政村(居委会)。

【历史沿革】 耒阳建置较早,在夏商属荆州,战国时属楚。秦始皇二十六年(前221)置耒县,因耒水而命名,隶长沙郡。西汉高祖五年(前202),以其治位耒水之阳,更名耒阳县,隶属桂阳郡。

王莽新朝天凤元年(14),改耒阳县为南平亭,隶南平郡(桂阳郡改)。

东汉建武年间(25—56),废南平亭,复耒阳为县,隶桂阳郡,属荆州刺史部。

东汉献帝建安一三年(208),刘豫洲据荆州,取桂阳,耒隶之。蜀汉(222)隶桂阳郡,属荆州刺史。章武二年(222)八月荆襄属吴,耒阳仍隶桂阳郡。吴孙亮(252—258)析县地为新宁、新平、梨阳、耒阳四县,耒阳属桂阳郡。

西晋(265—316)耒阳仍隶桂阳郡,初属湘州,复属荆州。改梨阳县为利阳县,仍属湘东郡。东晋孝武帝太元二十年(395),撤利阳并入耒阳,隶桂阳郡,属江洲。

南北朝时,南朝宋、齐至梁天正元年(420—551),耒阳县隶桂阳郡,属湘州。梁元帝时(552—554),迁耒阳县治于列敖山口,改隶湘东郡,上属湘洲。陈朝未变。

隋文帝开皇九年(589)平陈,耒阳县更名为洣阴县,以其治位于耒阳水之阴也(水之东为阴),置衡洲,县属之。

唐武德四年(621),复名耒阳县,治所迁回汉晋故治,隶衡州。唐贞观元年(627)起,上属江南道。昭宋乾宁三年(896)马殷据潭州,称楚五,衡州俱系统属,耒属焉,历梁、唐、晋、汉,凡五十六年,皆马殷地。南唐保大九年(951)李纛时,刘仁瞻取岳州,命边镐自袁州取长沙而楚夭,十年(952)武平节度使周行逢取潭州,子保叔嗣衡洲刺史,而耒阳属南唐,名仍旧。

宋朝,改名为来阳县,隶衡州衡阳郡,属荆湖南路安抚司。

元世祖至元十九年(1282),因耒阳民众繁富,升为州,直隶湖广行省湖南道宣尉司。

明洪武三年(1370)三月,耒阳因遭兵灾,人口骤减,复降为县,隶衡州府,属湖广政使司。

清代仍为耒阳县,隶衡州府,属衡永郴桂道(初为衡永郴道)。

民国3年(1914),改衡永郴桂道为衡阳道,耒阳隶衡阳道,属湖南省。民国11年(1922),废道存省,耒阳县隶湖南省。民国26年(1937)12月,湖南省分置9个行政督察区。耒阳县隶湖南省第五行政督察区。民国29年(1940)4月,将全省改划为十个行政督察区,耒阳县隶湖南省第二行政督察区。民国33年(1949)7月3日,日军侵占耒阳城,县政府迁上堡街(今属黄市镇),后迁严塘铺(今属大义乡)。次年8月15日,日本宣布无条件投降,9月15日境内日军缴械,耒阳光复,县政府迁回县城。

1949年10月7日,耒阳解放,12月成立县人民政府,隶衡阳专区。1952年11月,衡阳、郴县、零陵三专署合并成立湘南行署,耒阳隶湘南行政区。1954年7月,撤销湘南行署,改设衡阳、郴县两个专署,耒阳隶郴县专区(1960年改名为郴州专区,1979年更名为郴州地区)。1983年7月1日,改隶衡阳市。

1986年11月11日,经国务院批准,撤销耒阳县,设立耒阳市,行政区域与原耒阳县相同。

人口·民族

【人口】 耒阳2017年年末常住人口总户数34.23万户,总人口115.24万人。其中,男性60.24万人,女性为55万人;农村人口56.42万人,城镇人口58.82万人;城镇化率达51.04%。全年出生人口1.86万人,出生率为12.5‰;死亡率为6.5‰;人口自然增长率6‰;出生人口性别比为107。

【民族】 耒阳辖区有汉族、苗族、侗族、蒙古族、壮族、土家族、朝鲜族、回族、满族、瑶族、彝族、藏族、布依族、维吾尔族、纳西族、白族、佤族、仫佬族、高山族、畲族、哈瓦族、塔吉克族、塔塔尔族、独龙族等族,以汉族居多,汉族人口占全市总人口的99.99%,其他少数民族仅占全市人口的0.01%。

气　候

【气候特征】 耒阳境内为低山丘陵地带,属亚热带季风湿润气候,既具有阳光丰富的大陆性季风气候特点,又有雨量充沛、空气湿润的海洋性气候特征。2017年总体气候特征是:气温略高,雨量略少,光照略多。年度年平均气温19.0℃,极端最高气温39.1℃,极端最低气温0.0℃;年总降水量1498.5毫米,雨日151天;全年日照1527.8小时,年最多风向为NWN(北西北),无霜期日数306天。

【气象灾害】 2017年气候较好,耒阳气温异常偏高,降水偏多,日照正常。全年无重特大气象灾害发生,主要灾害为"连阴雨""暴雨洪涝""高温热害""秋旱"等灾害性天气。在农作物生长期内出现一些不利天气,但强度不大,影响有限。全年无大灾,年景较好。

连阴雨:3月12日—22日日降雨量≥0.1毫米连续11天,且无日照,达到中度连阴雨标准。3月共有雨日27天,长时间的雨水天气给人们的出行带来不便;持续低温阴雨寡照天气已造成耒阳市油菜授粉受阻,春耕春播较历年推迟4~5天。10月12—20日出现了日降水量≥0.1毫米连续9天的阴雨天气,且过程日平均日照时数为0.0小时,达到了轻度连阴雨标准,对晚稻成熟和收晒有不利影响。

暴雨洪涝:6月下旬降水量228.8毫米,达到轻度洪涝标准。其中25—28日耒阳市出现持续强降水,过程降水量大,根据民政局统计,致使全市共有12300人受灾,倒塌房屋12间,转移人口173人,直接经济总损失523.1万元。农作物受灾3637.67公顷,其中水稻受灾1417.67公顷,蔬菜受灾面积2143.33公顷,成灾面积444.67公顷,绝收面积23.33公顷,其他经济作物受灾76.67公顷,合计经济损失964万元。电力实施受损5.8万元,水利设施直接经济损失105万元。其中28日出现暴雨一次,出现城市内涝重,小型山体滑坡及水库渗透,所幸未造成人员伤亡,对农作物生长造成不利影响。

高温热害:7月出现≥35℃的高温天气有16天,其中21—30日连续10天日最高气温≥35℃,达到轻度高温热害。8月月内出现两次轻度高温热害,1—9日出现连续9天、18—23日出现连续6天≥35℃高温。9月23—27日出现连续5天≥35℃高温,达到轻度高温热害,持续高温导致部分一季稻催熟减产,并给人民生产生活带来不便。

干旱:8月28日—10月14日48天降水量12.9毫米,出现了一次连旱,达到了一般"秋旱"标准,对工农业生产有一定影响。

其他:4月4日下午17时13分耒阳市气象局在小水镇实施人工增雨作业,共发射火箭弹2枚,作业区域出现微量降水,有效缓解了当地森林火情。

11月10—22日开始出现了连续13天的阴雨寡照天气,无日照,给人们生活带来不便,同时对冬种作物的生长和各类工程建设不利。

国民经济和社会发展

【综述】 初步核算,2017年全市实现地区生产总值(GDP)473.15亿元,按可比价格计算,增长8.1%。其中,一产业实现增加值71亿元,增长3.7%;二产业实现增加值163.21亿元,增长3.2%,三产业实现增加值238.94亿元,增长13.3%。一、二、三产业对全市经济增长贡献率分别为7.1%、14.8%、79.1%,分别拉动全市GDP增长0.6、1.2、6.3个百分点。按平均常住人口计算,人均地区生产总值40708元,增长11.9%。三次产业结构比调整为15∶34.5∶50.5。

全市新增城镇就业8624人,失业人员再就业4644人,就业困难人员1199人,农村劳动力转移就业7600人,城镇登记失业率控制在3.38%。

【农业】 全市完成农林牧渔业增加值73.1亿元,增长3.8%,其中农业增加值38.7亿元,增长0.9%;林业增加值6.5亿元,增长11.1%;牧业增加值22亿元,增长5.1%;渔业增加值3.8亿元,增长5.1%;农林牧渔服务业增加值2.1亿元,增长12%。全市农作物总播种面积159.78千公顷,增长1.0%;全年粮食总产量51.2万吨,增长0.4%,其中稻谷产量46.2万吨,下降2.1%;蔬菜产量57.3万吨,增长4.4%。出栏肉猪142.49万头,增长1.7%;全年出售和自宰的肉用牛3.89万头,增长3.5%;全年出售和自宰用羊4.47万头，增长3.7%；水产品产量3.4万吨，增长3%。

全市新增农民专业合作社140个，全市共有合作社756个，其中国家级专业合作示范组织3个，省级专业合作示范组织11个。农民专业合作社成员10220人。新增家庭农场104家，全市共有家庭农场538家。耒阳市土地流转面积为79.11万亩，其中耕地流转面积为30.76万亩。

全市完成19处病险骨干塘除险加固建设任务，对22处重点隐患工程进行应急处险，完成87处供水工程，解决饮水困难人口3.42万人，农村自来水普及率达到75.51%。加强小型农田水利建设，年末农业机械总动力93.9万千瓦，增长3.7%。

【工业和建筑业】 全市工业增加值为159.36亿元，增长3.2%。其中规模工业增加值增长3.2%；规下工业增加值增长2.9%。出口交货值为0.8亿元，下降32.1%。在规模工业中，园区规模工业增加值为18.95亿元，下降8.8%；规模工业实现产销率99.7%，增长0.07个百分点。新产品产值6.9亿元，增长15.6%。规模工业实现主营业务收入141.98亿元，下降23.6%；实现利润总额7.7亿元，下降37.2%。吸纳从业人员3.2万人。

全市资质建筑企业18个，建筑业总产值87.3亿元，增长56.7%；建筑业增加值3.8亿元，增长5.1%。房屋建筑施工面积207.1万平方米，增长36.4%；房屋建筑竣工面积49.4万平方米，下降7.9%。

【固定资产投资】 全市固定资产投资完成411.93亿元，增长15.2%。其中，城镇固定资产投资401.95亿元，增长15.9%。房地产投资完成9.98亿元（在库资质企业），下降7.5%。商品房销售面积39.33万平方米，下降3.1%。工业固定资产投资152.2亿元，增长7%。工业投资占固定资产投资的比重为36.9%，下降2.9个百分点。

【国内贸易和物价】 全市社会消费品零售总额140.85亿元，增长10.6%。其中，限额以上企业商品零售额10.4亿元，增长6.7%。居民消费价格总水平上涨1.3%，商品零售价格指数上涨1.9%。分类别看，全年食品价格上涨0.2%；中西药品及医疗保健用品价格上涨0.3%；建筑材料及五金电料价格上涨0.9%；金银珠宝下降0.5%；日用品上涨0.1%；烟酒类、体育娱乐用品；交通、通信用品价格基本保持稳定。

【对外经济和旅游】 全市引进产业项目135个，实际到位内外资金38.8亿元。全市实现国内旅游总收入64.4亿元，增长12.7%；接待游客789万人次，增长10.1%。

【交通和邮电】 全市机动车保有量9.4万台，其中汽车5.9万台，摩托车3.5万台。全年交通运输、仓储和邮政业完成增加值35.35亿元，增长1.0%。全年邮政业务总量1.2亿元，增长17.3%，电信业务总量4.63亿元，增长21.5%。年末固定电话用户9.5万户，移动电话用户103万户，互联网宽带用户数12.3万户。

【财政、金融和保险】 全市财政总收入22.17亿元，下降18.4%；其中，一般预算收入14.27亿元，下降29.3%。税收收入为15.32亿元，占总收入的69%。一般预算支出58.1亿元，下降8.7%。年末，耒阳市金融机构外币各项存款余额为394.46亿元，增长14.4%。其中，居民储蓄存款余额为285.83亿元，增长10.4%；全市金融机构各项贷款余额为159.89亿元，增长27.2%。年末耒阳市存贷比为40.5%。全市保险保费收入6.3亿元，增长20.8%；全年各项赔付支出2亿元。

【教育和科学技术】 全市完成农村标准化教学点建设42所，启动新建项目21个，改建项目135个，新改建校舍16.4万平方米，消除危房0.8万平方米。全市有各类基础教育学校（园）691所，其中，幼儿园287所，义务教育学校393所，高中学校9所，特殊学校2所。在校学生人数25.01万人，其中普通中学在校学生7.9万人，普通小学在校学生11.8万人，在园幼儿5.2万人，特殊学校在校学生202人。教育质量稳步提升，高考二本以上上线2505人；高二学业水平正考一次性合格率79.46%。

全市有53家高新技术企业，实现高新技术产品增加值14.6亿元，增长1.0%，占全市GDP比重为3.1%。2017年共申请专利926件，其中发明专利申请351件，专利授权321件（发明专利授权22件）。

【文化、卫生和体育】 全市有非物质文化遗产项目资源44个，文化馆1个，非遗展示中心1个，公共图书馆4个，博物纪念馆3个，乡镇街道文化站266个，农家书屋622个。人均拥有公共文化体育设施面积2.91平方米。开展全民健身项目30项次，全民健身运动参加人数达500万人次。全年发展社会体育指导员272人，年末拥有各级社会体育指导员580人，全市拥有公共体育场地7个，其中体育馆1座，运动场1个，游泳池2个，各种训练房3个。

全市拥有广播电台1座，广播人口覆盖率99.9%。电视台1座，有线电视用户6.6万户，放映农村公益电影7452场次。

全市拥有各类卫生机构736个，其

中医院26个(二级医院3个、一级医院20个、专科医院18个)、卫生院(分院)44个、疾控中心1个、社区卫生服务中心5个、村卫生室656个,专业公共服务机构4个。有卫生技术人员5280人,其中执业医师1500人,执业助理医师703人,注册护士2356人,其他专业技术人员721人。医院、卫生院实有床位5311张。

【城市建设、环境和安全生产】 全市自来水用水户数达9.8万户;供水总量达1817.8万吨;供天然气总量228.96万立方米;城市污水处理量达2693.9万吨。城市绿化覆盖面积1698公顷,绿化覆盖率39.5%,城市垃圾无害化处理率100%。优良以上空气质量达标率79.1%;Ⅲ类或优于Ⅲ类地表水质达标率100%;

全市发生各类生产安全事故1起,无伤亡人员,直接经济损失0.43万元。事故起数下降92.8%,直接经济损失下降99.8%。其中,消防火灾共发生事故1起,无人员伤亡;工矿商贸、道路交通、水上交通、农业机械、卫生、特种设备等行业未发生生产安全事故。

【人口、人民生活和社会保障】 全市年末常住人口总户数34.23万户,总人口115.24万人。其中,男性60.24万人,女性为55万人;农村人口56.42万人,城镇人口58.82万人;城镇化率达51.04%。全年出生人口1.86万人,出生率12.5‰;死亡率6.5‰;人口自然增长率6‰;出生人口性别比为107。

全市人均城乡居民可支配收入25020元,其中城镇居民人均可支配收入31946元,增长8.5%;农村居民人均可支配收入18841元,增长7.9%。居民家庭消费总支出155361元。

全市参加机关事业单位养老保险的人数为2.52万人(含离退休人员0.97万人),企业单位参加养老保险人数4.57万人(含离退休人员2.24万人)。城乡居民养老保险参保人数达到70.68万人(不含发放人数),发放人数19.31万人,参加城镇职工医疗保险参保人数7.9561万人,城乡居民基本医疗保险人数102万人。城镇居民最低生活保障月均保障人数7531人,农村居民最低生活保障月均保障人数22056人。

耒阳市属机关单位驻耒单位党政领导名录

中共耒阳市第十二届委员会

衡阳市委常委 书记	罗琼	
副书记 市政府 党组书记 市长	李向阳	
副书记 党校 (行政学校) 第一校长	邱小兵	
常委 组织部部长 总工会主席(兼)	刘华文	
常委 政府党组 副书记 副市长	管林立	
常委 市委办主任 深改办主任(兼)	李云	
常委 政府党组成员 副市长 (挂职两年)	卿晓英	
常委 宣传部部长	刘洋	
常委 纪委书记 市监察委员会 主任	谢培	
常委 人武部政委	易文和	
常委 政法委书记	李兴武	
常委 统战部部长 政协党组 副书记(兼)	黄含茂	
原人大常委会 主任	熊国华	
市委干部 (副处级)	陈小平	
原副县级干部	蒋从群	资新根
委员	王翔	邓朝晖
	龙成将	刘卫华
	刘廷斌	阳华生
	李纬	李连飞
	李春生	谷文仕
	张东辉	陆冬生
	陈宁	阳华耕
	周金星	郭兴中
	黄小平	梁志雄
	梁贱芽	蒋清平
	曾伟	曾三成
	曾群利	谢淑洪
	谢慧荣	雷振湘
	黎家能	
候补委员	阳小平	谭平阳
	梁淑荣	谢志成
	邓雅	刘春梅
	彭耀	邓立英

耒阳市第十七届人大常委会

主任 党组书记	黎家能	
副主任 党组副书记	曾阳生	
党组成员 副主任	曹晓江	资雷
副主任(兼) 工商联(总商会) 主席	刘菊香	

副主任 党组成员 徐进先

党组成员 办公室主任 刘功勋

市原正县级干部 曹晓斌

人大常委 邓雅 邓小凤 龙戎良 刘强 李玮 李松林 肖翠云 陈林香 胡文 钟科雪 贺四才 资道君 谢勇 谢东平 谢志成 刘江 杨小胡

常委 办公室副主任 主任科员 李辉

办公室副主任 张文莉

市纪委驻市人大机关纪检组长 徐望志

研究室主任 邓王华

预算工委主任 刘文芬

副主任 李小斌

农工委主任 王爱民

副主任 董三军 李主来

教工委主任 许萝娟

副主任 何安成 郑从艺

内司委主任 毛轩

副主任 刘保云

城工委主任 唐冰辉

副主任 徐志锋 李湘

联工委主任 李志成

副主任 陈平 欧阳彦

财政经济委员会主任 曹秋华

副主任 雷群彬

规范性文件备案审查室主任 王桃古

法制委员会主任 匡小平

法制委员会副主任 法制工委主任 孙延斌

法制委员会副主任委员 何春华

法制工委副主任 邓阳华

办公室副主任 信访室主任 蒋寿康

信访室副主任 刘志晖 陈亚芬

原农工委主任（正科实职） 贺眉声

办公室主任科员 鲁锋

耒阳市人民政府

市委副书记 市政府党组书记 市长 李向阳

政府党组副书记 副市长 管林立

市委常委 政府党组成员 副市长（挂职两年） 卿晓英

副市长 黄扬波

政府党组成员 副市长 公安局党组书记 局长（兼） 邓朝晖

政府党组成员 副市长 王翔 曾三成 陈宁 熊鹰(挂职两年) 姜凯(挂职两年) 郭兴中

政府党组成员 原市政府副市长 江方敏

原正县级干部 贺明清

原副调研员 资虹

政府党组成员 开发区党工委书记 雷德芽

政府党组成员 市经济开发区主任 党工委副书记 谷文仕

政府党组成员 市经济开发区调研员 市红十字会会长（兼） 廖善章

原市委党校校长 匡传东

原副县级干部 孙琳 刘峥嵘

原衡阳市工商局副调研员 文建平

享受副处级三项待遇 谭立光 龙海飞 张国兴 刘乘风 李育国 梁瑞诗 刘志军 王光亮 谷林 王录成 杨长林 李俊 曹晓道 李金来

政协耒阳市第九届委员会

党组书记 主席 张东辉

常委 统战部部长 政协党组副书记（兼） 黄含茂

党组副书记 副主席 曾祥礼

副主席（兼） 刘英

副主席（兼） 商务和粮食局局长 伍检告

副主席（兼） 市人民法院正科级审判员 高爱民

原市政协主席 李学玲

党组成员 罗志宏

办公室

政协党组成员 秘书长 主任 梁志雄

副主任 主任科员 兰平 李选霏

市纪委驻市政协机关纪检组组长 谷文彬

机关工会主席 刘艺民

机关支部副支书 文清

提案和委员联络工作委员会

政协常委 主任 刘谭

副主任 主任科员 黄杏莉

研究室

政协常委 主任 李玉凤

副主任 傅灿

教科文卫体委

政协常委主任　李志超

副主任　罗永华

人口资源和法制委员会

政协常委主任　刘功华

副主任　陆小勇

文史委员会

政协常委主任　曾祥国

副主任　杨慧明

财政经济委员会

政协常委主任　邓承连

副主任　谭成芽

常委　邓小红　冯蕊(释法扬)　匡丽东　伍维华　刘炜　刘瑾　刘少云　刘兴华　刘显新　刘剑飞　孙平修　李林　李云英　李芳英　李建翔　肖涛　肖清红　吴丽华　吴金桔　谷文华　谷建元　宋玲　张俭　陈丹峰　陈丽华　陈丽珍　陈宏国　陈秋生　周斐　周小凤　周金星　姜亚东　唐君华　黄艳红　梁冬生　彭新　曾启愚　曾群利　谢磊　廖满国　谭延　谭运成　谭诗华

经济开发区

政府党组成员开发区党工委书记　雷德芽

政府党组成员党工委副书记市经济开发区主任　谷文仕

副主任(正团)党工委副书记　李康成

副主任党工委委员　陈烈全

纪工委书记党工委委员　黄湘乃

副主任党工委委员市园区企业党工委书记(兼)　文昌金

开发区调研员政府党组成员红十字会会长(兼)　廖善章

机关党委书记　李敏毅

机关工会主席　罗育辉

纪工委监察室主任　李伟

经济开发总公司

总经理　肖满员

副总经理　邹雪湖　徐君晖　贺明(聘用)　贺海军(聘用)

总工程师　刘功国

工会主席　刘美兰

办公室主任　李文兵

副主任　雷周园　黄忠辉

保卫科科长　刘卫华

产业发展局局长　李主云

招商局局长　江小英

规划分局局长　刘桂华

财政分局局长　李江江

副局长　刘国文　刘奇志

国土资源分局局长　刘跃光

副局长　钟林斌

社会工作局局长　曹东辉

中共耒阳市纪律检查委员会

市委常委纪委书记市监察委员会主任提名人选　谢培

纪委副书记市监察委员会副主任提名人选　郑康强　谢小龙

纪委常委巡察办主任市监察委员会委员提名人选　谢庭武

纪委常委市监察委员会委员提名人选　刘婕　吕剑

纪委常委　罗军　徐乐飞

市监察委员会委员提名人选　刘少菲

办公室主任　曾利华

委员纪委组织部部长正科级纪检监察员　李国林

纪委宣传部部长(试用期一年)　黎鹏

党风政风监督室(市政府纠正不正之风)主任　刘国胜

案件监督管理室主任　陈磊

信访室主任　刘军

第一纪检监察室主任(试用期一年)　刘锋

第二纪检监察室主任　王连成

第五纪检监察室(试用期一年)主任　蒋国锋

机关总支专职副书记(试用期一年)　雷秀明

委员纪委市财务监察所所长　陈军连

正科级纪检监察员(正科实职)　梁锦鹏

巡察办副主任　邓承华

优化经济环境办公室主任　李森

副主任　曾诚　肖满元　曾国源

人武部

市委常委人武部政委　易文和

副部长(正团)　黄家明

政工科长　王艺竹

后勤科长　张明生

中共耒阳市委办公室

市委常委、市委办主任、深改办主任（兼）	李　云
常务副主任、组织部副部长、非公有制经济和社会组织党工委书记（兼）	周　斐
市委办主任科员（正科实职）	王湘国
副主任	李四毛
市委办主任科员（正科实职）	陈华生　罗冯燕　资满义
市委办副主任	罗湘池　刘　旭
市纪委驻市委办纪检组长	贺云强
督查室副主任	何健平
政研室副主任	李新成
机要局局长	蒋满成
副局长	王亦平　罗智文(试用期一年)
保密局局长	黎勇军(试用期一年)
副局长	刘八明　邓小忠
深改办常务副主任	龙成良
副主任	李　锋
应急办主任	王　芳
副主任	蒋从军　李志宏(试用期一年)
纪检组长	王书强(试用期一年)
接待处处长	段　毅
副处长	肖正光　段颖姣
警卫处处长（高配）	陈宏国
副处长（高配）	伍建明
市纪委驻市委办纪检组副组长	曹恒标

竹海办

党工委书记、主任	罗茵芾
委员、副主任	曾晓峰
委员、纪工委书记	谢茵婕
副主任	李　科(试用期一年)

信访局

局长、党组书记、政府办副主任（兼）、市委群众工作部部长	曹慕云
副局长、党组成员、市委群众工作部副部长	谢廷玉　蔡　亮

史志办

主任、党组书记	郑久芳
副主任、党组副书记	廖红清
副主任、党组成员	罗满红
纪检组长、党组成员	何丽娟
副主任、党组成员	李纯锋

档案局

局长、党组书记	梁春林
副局长、党组成员	陆运生　李佐泉

组织部

市委常委、组织部长、总工会主席（兼）	刘华文
常务副部长	秦玉林
副部长（兼）、人社局局长、党组书记	钟文光
副部长（兼）、老干局局长	曾晓秋
副部长、非公有制经济和社会组织工作委员会书记（兼）、市委办常务副主任	周　斐
副部长、正科级组织员	曹爱明
组织部党员教育中心主任	张碧英
市直工委书记	郑菊生
基层办主任	胡连红
市纪委驻市委组织部纪检组组长	黄康成
党代表联络室主任、组织部办公室主任	伍　泉
副科级干部、干部组副组长、人才组组长	曾生良
副科级组织员、举报中心主任	李　琦
副科级组织员、干监组副组长	郑子勇
基层办副主任、干部组组长	刘　仁
基层办副主任、干监组组长	李　欣
市直工委副书记	李玉敏　李　琛(试用期一年)
党员教育中心副主任	梁华微　龙伟伟(试用期一年)

编办

主任	徐冬开
副主任	熊君荣　何志峰　李思娴
法人登记局局长	刘礼英

老干局

局长、组织部副部长（兼）	曾晓秋
副局长	蒋文辉　曹韶古
老干部活动中心主任	彭小梅
关工委秘书长（高配副科）	罗　倪

党校

校长	蒋清平
主任科员（正科实职）	谭　健
副校长、市委巡察组组长	谭秋成
主任科员（正科实职）	蔡德义
工会主席、校务委员	陈四清
学员管理科科长	梁瑞菊
教务科科长	刘忠文
总务科科长（试用期一年）	张小军
教研科科长	罗香梅
办公室主任	曹芳芳

党校原校长 唐秋成

人社局

局长、党组书记、组织部副部长(兼) 钟文光

党组副书记、副局长(正科实职) 郑德实

副局长 刘国成

副局长、党组成员 曹圣飞 尹韬

总会计师、党组成员 张泽春

工会主席、党组成员 周作文

机关事业单位社保所所长、支书 李孚堂

机关事业单位社保所原支书 李军

就业服务中心主任、支书 梁亦武

人力资源服务中心主任 刘洪建

人力资源服务中心支书 伍昭云

劳动保险局局长、支书 黄晓红

职工医疗保险基金管理服务中心主任、支书 陈日彬

城乡居民医疗保险管理服务中心主任、支书 邓丽

城乡居民社会养老保险中心主任 梁志坚

城乡居民社会养老保险中心支书 龙卫

人事考试中心主任 欧阳波

社会保险基金征收中心主任(试用期一年) 欧阳生斌

总工会

市委常委、组织部长、总工会主席(兼) 刘华文

党组书记 谢志成

副主席、党组成员 谭建来

团市委

书记 邓雅

副书记 匡丽东 谷春霖

妇联

主席、党组书记 李纬

副主席、党组成员 朱广

科协

主席、党组书记 欧阳毅

副主席、党组成员 罗文 张维

科协纪检组长 邹鸿生

宣传部

市委常委、宣传部长 刘洋

常务副部长 谢东平

副部长 谢俊清

副部长兼新闻发言人 贺杰

市纪委驻市委宣传部纪检组组长、正科级纪检监察员 曾春元

工会主席 伍洁琼

副主任 陈伟 匡华古

新闻办主任 谭才余

新闻办副主任 李爱成 李为民

网络宣传管理办公室主任 刘和平

文联

主席、党组书记 周少鸣

党组副书记、副主席(正科实职) 肖希求

副主席、党组成员 蒋能清

文体广电新闻出版局

局长、党组书记 李乙平

文化市场综合执法大队大队长(正科实职) 谭家伟

副局长、党组成员 谢志宝 李顺昌 刘曙光 段恒 钟菲菲 徐拥政

全民健身服务中心主任 曹金古

文物局局长 廖翠花

广播电视台

台长、党组书记 王和云

党组副书记、副台长(正科实职) 谷希成

副台长、党组成员 曹柳

副台长 阳正平

副台长、党组成员 陈平放

纪检组长、党组成员 欧阳坚

卫生和计划生育局

局长、党委书记 曾群利

副局长、党委副书记 罗煜平

副局长、党委委员、计生协会常务副会长 刘炎凤

副局长、党委委员 刘志成 伍永亮 朱付洪 张为能 段人红 曹晓建 曾晓成 陈安东

工会主席、党委委员 吴健民

副局长、党委委员 甘昭国

党委委员 段春保

党委委员(兼)、人民医院党委书记 贺国雄

计生协会副会长 陈海波

计生协会秘书长 邓小红

卫生专业技术人才培训中心主任 谢文辉

原合管办支书 邓文品

红十字会政府党组成员、开发区调研员、会长(兼) 廖善章

常务副会长 李林玉

副会长 方育川

人民医院院长、党委副书记 黄小都

党委书记、卫生和计划生育局党委委员(兼) 贺国雄

副院长 党委委员　廖小阳　钟林波
　　　　　　　　 唐小力
工会主席 党委委员　谌峰云

第三人民医院

院长　李小保
支书　段甘霖

中医院

院长　谷井文
副院长　易成生　陈平常
　　　　资姣蓉　何荣华
工会主席　陈康清

疾控中心

主任　肖龙成
副主任　罗立乃　郭勇

妇幼保健院

支部书记　林昌兰
副院长 副支书　谌幼姣
副院长　刘素娟　罗红
　　　　范莉
纪检组长　粟姣
副院长　伍斌
精神病医院支书　陈新华
教育局局长 党委书记　阳华耕
副局长（正科实职） 党委副书记　曹寿昌
副局长　张仁芳
副局长 党委委员　罗宝泉
市纪委驻市教育局纪检组组长 党委委员　陈善春
党委委员　蔡德金
党委委员 主任督学　李小卫
教育局主任科员（正科实职）　朱文锦
教育局副主任督学　谷经农　宋露峰
　　　　　　　　　熊国荣
教育局招考办主任　陈少波

教师进修学校

校长 支书　曾华
副校长　伍艺凭　刘友生

中等职业技术学校

校长　李松林
副校长　刘新华　梁承树
　　　　章拥军
副校长 纪检组长　胡运根
副校长　谢振柄
副支书　邓林
工会主席　蒋卫国

一中

校长 总支部书记　曹飞跃
副校长　梁乾生　郭成根
　　　　李作球
总支部副书记　徐正武
工会主席　刘春生

二中

校长 总支部书记　邓玉明
副校长　伍小青　谭贱东
　　　　陆小林　蒋成林
总支副书记　蒋劲松
工会主席　李鑫

三中

校长　谭啸尘
支部书记　谢银银

四中

校长　罗小飞

五中

校长　雷群吉
支部书记　王勋平

六中

校长　罗平古
支部书记　刘洪发

七中

校长　王建录

八中

校长　李志文
支部书记　郑丘碧

九中

校长　陈宝才

十中

校长　谢夫才
支部书记　谢高炉

十一中

校长　李康新
支部书记　李集成

蔡子池中学

校长　孙毅

鹿峰学校

校长　刘贤林

政法委

市委常委 政法委书记　李兴武
常务副书记　谢勇
副书记(副团)　李建翔
副书记　黄以国
副书记　徐望函
市纪委驻市委政法委纪检组组长　匡康顺
维稳办主任（试用期一年）　王宜泽
维稳办副主任　李明　李朴炎
综治办主任　张维禄
综治办副主任　肖奎　钟亚子
副主任　贺鹏
禁毒社会化工作办主任　邹永宁
副主任　谢云军
国安办主任　李连文
副主任　文小华
流动人口出租屋管理办主任　梁军
市纪委驻政法委纪检副组长　阳标平

法院

院长 党组书记　刘卫华
副院长 党组副书记　邓晓明
副院长 党组成员　史葵光　罗延平
　　　　　　　　 许志明　曾海峰
专职审委会委员　周铁兵　陈秋生
　　　　　　　　邓卫东
办公室主任　谢晶华
办公室教导员　王文良

政工室主任　黄忠斌
司法警察大队大队长　李向阳
执行局局长　雷春英
执行局教导员　谢海林
监察室主任　梁瑞顺
立案信访局局长　张为志
小水法庭庭长　张志方
新市法庭庭长　钟　琦
余庆法庭庭长　崔琼水
马水法庭庭长　刘国程

检察院

党组书记 检察长　雷振湘
副检察长　廖俊德
副检察长 党组成员　谢永红　李　禧　蒋秋文
副检察长 党组成员 主任科员　刘子云
党组副书记(副团)　梁承德
党组成员 政工室主任　邓焰辉
工会主席　程中华
检察委员会专职委员　龙晔雅　资文胜
渎侦局局长　雷卫东
渎侦教导员　曾建华
司法警察大队大队长　李雪平
司法警察大队教导员　钟建鸣

公安局

市政府副市长 党组成员 公安局党组书记 局长(兼)　邓朝晖
政委(高配副处级) 党组副书记　曾善后
副处级侦察员(副团) 副局长 党组成员　张仁芳
副局长 党组副书记　雷超煌
副局长 党组成员　谢高球　蒋云峰　潘枝平　谷满成　雷仕林
党组副书记　雷学武
党组成员 市纪委驻市公安局纪检组组长 副处级干部(副团)　徐造成

指挥中心(办公室)

主任　雷喜强
教导员　段人荣

国安大队

大队长　张　桥
教导员　周朝桂

刑侦大队

大队长　蒋利荣
教导员　李　标

治安大队

大队长　刘金成
教导员　李文立

政工室

主任 主任科员　曹恒丰
教导员　刘洪林
市纪委驻市公安局纪检组副组长　李选平

法制大队

大队长　周明辉
教导员　陈春希

警务保障室

主任　雷群仁
教导员　赵建国

禁毒大队

大队长　梁小青
教导员　陈景标

人口与出入境管理大队

大队长　蒋小标
教导员　伍云芝

治安巡逻大队

大队长　黄永华
教导员　陶　现

爆炸危险物品监管大队

大队长　谢阶兵
教导员　谢朝福

公安局网络安全保卫大队

大队长　郑小军
教导员　谷晓荣

看守所

所长　雷满仁
教导员　邓小斌

拘留所

所长　王晓斌
教导员　陈如瑞
艾滋病违法犯罪人员收治中心警务室主任　肖建顺

森林公安局

局长　李万群
教导员　刘　涌

煤炭规费值勤室

主任　谷凌云
教导员　贺洪武

强制隔离戒毒所

所长　刘霁红
教导员　刘洪成

白沙分局

局长　谢扬虎
政委　刘明生
副局长　邝良华　刘梅开　梁瑞亮

白沙分局刑侦大队

大队长　陈云菊
教导员　谢正浩

白沙分局治安大队

大队长　周孚江
教导员　谭代生

白沙分局警令室

主任　谷彩云
教导员　陶立明

白沙分局红卫派出所

所长　谭　颖
教导员　黄建洋

白沙分局白山坪派出所

所长　梁　屹
教导员　黄　钢

白沙分局珠矶滩派出所

所长　伍小兵
教导员张志华

白沙分局南阳派出所

所长　邓承胜

白沙分局白沙派出所

所　　长　刘功能

蔡子池派出所

所长（试用期一年）　谭禄昌

副所长　周荣林

五里牌派出所

所　　长　周小志

教导员　谭小健

副所长　蒋荣平　李　松　罗飞鹏

灶市派出所

所　　长　雷桂保

教导员　蒋元清

水东江派出所

所　　长　曾湖生

教导员　贺振斌

三顺派出所

所　　长　宋　伟

教导员　陈伟连

三架派出所

所长（试用期一年）　李佑古

教导员（试用期一年）　曾华山

副所长　王　亮　黄　浩　王国峰

马水派出所

所　　长　罗　聪

教导员　何　敬

洲陂派出所

所　　长　匡志升

亮源派出所

所　　长　陈小兵

新市派出所

所　　长　谢新平

教导员　阳志国

大市派出所

所　　长　蒋四明

教导员　蒋从武

遥田派出所

所　　长　梁　衡

教导员　章军胜

机场派出所

所　　长　梁先民

哲桥派出所

所　　长　谭锦

教导员　梁小兵

坛下派出所

所　　长　罗小峰

大和圩派出所

所　　长　李小红

永济派出所

所　　长　刘文锋

东湖中心派出所

所　　长　秦春生

教导员　王菊华

三都派出所

所　　长　谭武艺

教导员　李年成

上架派出所

所　　长　段志文

导子派出所

所　　长　李　锋

夏塘派出所

所　　长　彭友权

大义派出所

所　　长　徐小荣

竹市派出所

所　　长　李拥军

教导员　黄　坚

龙塘派出所

所　　长　谷文连

教导员　陈新球

南阳派出所

所　　长　谢本田

教导员　吴昭先

小水派出所

所　　长　罗素荣

教导员　梁　姗

泗门洲派出所

所　　长　陈远飞

太平圩派出所

所　　长　李洪升

公平圩派出所

所　　长　肖　林

教导员　黄柏平

黄市派出所

所　　长　王亦伟

教导员　廖书禄

仁义派出所

所　　长　邓亮明

教导员　刘小勇

大坝派出所

所　　长　杨　威

教导员　王学文

沙明派出所

所　　长　邓斌球

长坪派出所

所　　长　何小飞

南京派出所

所　　长　陈明扬

教导员　郑新兰

磨形派出所

所　　长　彭荣煌

余庆派出所

所　　长　李　兵

教导员　陈珑文

交警大队

大队长　周智海

教导员　周　晖

副大队长　蒋鹏程　李　衡

司法局

局长　党组书记　肖熙仁

副局长　党组成员　邓瑞平　陈志民

工会主席　党组成员　黄利国

党组成员　政工室主任　陶　波

依法治市办专职副主任　伍利荣

公证处主任　李小武

社区矫正工作局局长　邓　云

统战部

市委常委　统战部长　政协党组副书记（兼）　黄含茂

常务副部长　贺四才

副部长　工商联党组书记（兼）　非公有制经济和社会组织工作委员会委员　副书记（兼）　廖满国

副部长 谷文华

市纪委驻市委统战部纪检组组长 罗钊

台办

主任 谭诗华

副主任 黄芳

侨联

主席 党组书记 邓小凤

工商联

人大常委会副主任(兼) 工商联主席 刘菊香

工商联党组书记(兼) 统战部副部长 非公有制经济和社会组织工作委员会副书记(兼) 廖满国

副主席 党组成员 秘书长(兼) 谢文超

副主席 党组成员 伍绍良

宗教事务管理局

局长 李林

政府办公室

政府党组成员 政府办主任 党组书记 李春生

副主任 党组副书记 刘少云

副主任 党组成员 谷仍桂

副主任(正科实职) 党组成员 李小芽

副主任 党组成员 城镇工作办主任(兼) 张小勇

信访局局长 党组书记 副主任(兼) 市委群众工作部部长 曹慕云

副主任(正科实职) 党组成员 张建军

副主任 党组成员 谷任红 肖朝松

党组成员 市纪委驻市政府办纪检组组长 陈开法

工会主席 党组成员 刘琼林

主任科员(正科实职) 资威如

副主任 王清元 刘连乃

党组成员 副主任(挂职两年) 凌飞

外事侨务办公室主任 伍全胜

总值班室主任 徐桂元

法制办

主任 伍琦伟

副主任 李媛

工会主席 段平知

电子政务管理办

主任 党组书记 徐玉成

副主任 党组成员 张为图 齐高飞

督察室

主任 张海峰

副主任 梁小林 孙稳定

采煤沉陷办

主任 党组书记 刘又春

副主任 党组成员 谷祥文 刘臻

纪检组长 党组成员 曹冬古

党组成员 唐冬成

政务服务中心

主任 党组书记 市委巡察组组长 邓惠远

副主任 党组成员 李淑玉 谭志云

重点办

主任 李建军

副主任 杨幼平 谷军

金融办

主任 罗国利

副主任 李建梅

城镇工作办

副主任 陈列荣 陈平原 陈寿明

公共资源交易中心

主任 蒋志红

副主任 段三成 陈斌

纪检组长 徐星慧

国有资产管理中心

主任 刘刚

副主任 陈启元 文小玲(试用期一年)

民政局

局长 党组书记 非公有制经济和社会组织工作委员会副书记(兼) 尹坤庚

党组副书记 副局长(正科实职) 邹潇潇

副局长 党组成员 段延利 李梅芳 李主民

党组成员 刘灵辉

老年人服务中心主任 吴晴

民间组织服务中心主任 蒋湘

城乡社会救助服务中心主任 廖仁中

慈善总会办公室主任 朱斌

社会组织综合党委副书记(专职) 曹海军

国土资源局

局长 党组书记 曹洲文

副局长 党组成员 贺中友 贺丁球 周跃飞 黎宗平

党组成员 市纪委驻国土资源局纪检组组长 曹拾开

党组副书记 孔铁

党组成员 李志成

总会计师 党组成员 龙勇

总工程师 雷群

执法监察局局长 矿产管理大队支书 周文涛

土地储备中心主任 李康辉

土地开发整理中心主任 李馨

土地矿产交易中心主任　谢廷明

土地收益金资源补偿费征收办公室主任　朱朝生

地质环境监测站站长　刘　星

蔡子池分局局长　邓先方

灶市街分局局长　蒋卫成

水东江分局局长　阳爱群

三顺分局局长　尹小辉

环保局

局长　党组书记　李清河

副局长　党组成员　谭　奕

党组成员　副局长（副团）　谢甫斌

党组成员　副局长　谢德科

主任科员（正科实职）　刘社古

环境监察大队大队长　郑　晖

支书　梁卫国

环境监测站站长　袁冬华

人防办

主任　党组书记　彭校安

党组副书记　副主任（正科实职）　梁志杰

副主任　党组成员　曾柳枝　文晓斌

工会主席　雷志芳

矿产品税费征收管理局

局长　党组书记　周绍武

副局长　党组成员　徐作环　符甲生　罗育清　谢永忠　陆国辉

工会主席　党组成员　黄从强

烤烟办

主任　肖秀文

副主任　黄成生

纪检组长　朱小兵

工会主席　刘文田

安监局

局长　党组书记　市委巡察组组长　邓洪元

党组副书记　副局长（正科实职）　陶方球

副局长　梁冬生

副局长　党组成员　陈景明

总工程师　党组成员　付国平

市场和质量监督管理局

局长　党组书记　非公有制经济和社会组织工作委员会副书记（兼）　徐　坚

副局长　党组副书记　何　平　胡小根

副局长（副团）　党组成员　谢晓斌

工会主席　党组成员　曹启平

党组成员　食品安全委员会办公室专职副主任　邓艾国

副局长　党组成员　吴统华　胡　芳　钟建芳　段　韬　陈平龙　梁湘成　肖国军　陈平荣　梁　坚　张成凤　罗夕军

党组成员　陈冬元　梁　萍

城市和农村建设投资有限公司

董事长　党组书记　周后卫

总经理　党组成员　李胜云

副总经理　党组成员　唐显荣　黄常沙

纪检组长　党组成员　袁宪华

副总经理　周艳利

副总经理（试用期一年）　党组成员　谢贱芳

总工程师（试用期一年）　梁瑞勇

总会计师（试用期一年）　廖　栋

残疾人联合会

理事长（副团）　党组书记　杨松青

副理事长　党组成员　梁中海　资小爱

党组成员　刘　丹

工会主席　党组成员　谢媛媛

综合行政执法局

局长　党组书记　聂　晶

政委（试用期一年）　党组副书记　唐少云

副局长　党组副书记　城管大队大队长　张慧洲

副局长　党组成员　罗湘平

副局长（副团）　党组成员　谢辉煌

城市建设综合行政执法大队大队长　李康文

市场监管综合行政执法大队大队长　李主国

农林水利综合行政执法大队大队长　杨好飞

交通旅游综合行政执法大队大队长　李主辉

资源环境综合行政执法大队大队长　谢　玮

安全生产综合行政执法大队大队长　王　超

公共卫生综合行政执法大队大队长　张目尔

机动巡逻大队大队长　王伟斌

机动巡逻大队教导员　肖恒军

综合行政执法调度指挥中心主任（投诉举报受理中心）　李永进

耒阳市经济开发区综合执法分局局长 周晓辉

农业局

局长 党委书记 周金星

副局长 党委副书记 陈小虎

副局长 党委委员 徐少飞

党委委员 市委农村工作办公室副主任 谢孟秋

副局长 党委委员 王秋芽 资琼

党委委员 市纪委驻市农业局纪检组组长 黄含清

副局长 党委委员 黄宜成 李雨晴

总农艺师 党委委员 张东轩

副局长 党委委员 谭新炎

原种场场长 郑宏周

蔬菜办主任 张修人

种子服务中心主任 谷松林

能源办主任 段新满

牲畜定点屠宰办主任 李少生

农村扶贫工作办公室

主任 曾伟

副主任 刘功璀 贺洪治

林业局

局长 党委书记 刘凡

党委副书记 副局长（正科实职） 刘跃华

副局长 党委委员 蒋传生 蒋小水

工会主席 党委委员 周浩根

总工程师 党委委员 刘三林

林业产权交易中心主任 刘智丰

耒水国家湿地公园管理局

局长 党组书记 何孝任

副局长 伍义平

纪检组长 党组成员 刘衎

副局长 周小凤

五峰仙国有林场

场长 梁华生

副场长 李主辉 彭春梅

纪检组长 李辉

总工程师 段世林

水利局

局长 党委书记 贺斌

党委副书记 副局长（正科实职） 邓晓军

副局长 党委委员 张小军 周立新

总工程师 党委委员 黄长松

水政监察大队大队长 刘秋平

水政监察大队原支书 胡志琼

水土保持站站长 谢红春

农村饮水安全办公室主任 贺洪慈

主持防汛办工作 刘俊良

防汛办原支书 王白呈

欧阳海灌区耒阳中心管理所

所长 党组书记 段诗扬

副所长 党组成员 谢国安 徐记生 匡辉

工会主席 党组成员 资峰

移民局

局长 党组书记 陈文胜

副局长 党组成员 罗友成 伍闻懿 刘南方

工会主席 党组成员 周年生

畜牧水产局

局长 党组书记 欧阳建

副局长 党组成员 刘劲松 贺矿才

总畜牧师 党组成员 周秋平

农机局

副局长 党组成员 刘功平 谭安生 谢呈成 王小勇

总工程师 党组成员 龙城德

工会主席 党组成员 罗志威

农业综合开发办

主任 党组书记 李选武

副主任 党组成员 肖锋 朱俊生 蒋爱平

纪检组长 党组成员 周从华

工会主席 党组成员 王集军

农村经营服务中心

主任 党组书记 陈平海

副主任 党组成员 肖小平 黄爱国 曹文元

纪检组长 党组成员 谭小斌

商务和粮食局

局长 政协副主席（兼） 伍检告

党委书记 谭平阳

党委副书记 副局长（正科实职） 贺佐利

副局长 党委委员 谢高洋

党委委员 李育勇

工会主席 党委委员 王志鹏

副局长 党委委员 钟群 西刘筠 李连清 王落成 王丽梅 梁秋生

投资促进事务中心主任 蒋春和

粮食服务中心主任 陆旭阳

财政局

局长 党组书记 李连飞

主任科员（正科实职） 陆世杰

党组副书记 副局长 王九平

副局长
党组成员　罗湘江

工会主席
党组成员　许孔飞

党组成员
非税收入中心主任　彭忠华

党组成员
乡镇财政中心主任　王集兵

主任科员
（正科实职）　雷友生

总会计师
党组成员　曹冬宏

国投公司
总经理　李义峰

农村综合
改革办公室主任　李孝平

投资评审中心主任　阳旭日

国库集中支付中心主任　李小红

市场服务中心

主任
党组书记　陈清华

党组副书记
副主任
（正科实职）　梁江波

副主任
党组成员　许岳军　张小真　李华贞　李学良

纪检组长
党组成员　李中古

总工程师
党组成员　曹汉英

党组副书记　贺智民

贸促会

会长　廖　鹏

副会长　罗四维

秘书长　刘带龙

企业改制服务中心

主任
党委书记　刘功才

党委副书记
副主任
（正科实职）　严少杰

副主任
党委委员　王　鑫　陈雪峰　谭树亮

纪委书记
党委委员　谷建平

审计局

局长
党组书记　谭红平

党组副书记
副局长
（正科实职）　罗晓青

副局长　曹　云

副局长
党组成员　屈世超　黎晓明　郑亚玲

总审计师
党组成员　胡小玉

主任科员
（正科实职）　陈功荣

经济责任审计工作领导小组办公室专职副主任　李石桃

领导干部经济责任审计中心支书　雷志平

固定资产投资审计中心主任　李晨曲

供销社

理事会主任
党委书记　陈先华

监事会主任
党委委员　彭幼元

理事会副主任
党委委员　徐晓宏　唐剑平

纪委书记
党委委员　蒋外臣

监事会副主任
党委委员　刘友成

经济科技和信息化局

局长
党委书记　梁贱芽

副局长
党委副书记　王　泊

副局长
党委委员　匡经航　李瑞成

副局长　龙东祥

副局长
党委委员　周海平　谢小明

党委委员
地震局局长　文小平

工业开发办主任　刘功成

煤炭局

局长
（试用期一年）
党组书记　曹文国

党组副书记
副局长
（正科实职）　邓正斌

副局长　王小东

总工程师　姚洪武

交通运输和旅游局

局长
党委书记　罗锡钢

党委副书记
副局长
（正科实职）　梁仕英

党委委员
副局长
（副团）　匡金银

副局长
党委委员　朱明雄　胡克宁　谢云华　罗小山

工会主席
党委委员　袁晓晖

副局长
党委委员　黄　栋

总工程师
党委委员　周　伟

党委委员
市纪委驻市交通运输和旅游局纪检组组长　伍海琦

党委委员（兼）
交通运输管理所所长支书　李　峰

交通工程质量与安全监督所所长
（正科实职）　李建军

城区客运管理处主任　卢善亮

城区客运管理处支书　倪运衡

主任科员
（正科实职）　张新生

公路管理局

局长
党组书记　曹爱祖

党组副书记
副局长
（正科实职）　曹斌彬

副局长
党组成员　贺元忠

副局长
纪检组长
党组成员　严　俊

副局长　肖梦然

国省干线公路建设开发有限公司

总经理
（聘用）　陈寿谆

副总经理
（聘用）　郑高峰　伍建斌

发展和改革局

局长、党委书记、市委巡察组组长　黄小平
党委副书记、副局长(正科实职)　曾启凡
副局长(副团)、党委委员　胡　林
副局长、党委委员　陈文法　罗云生　王满成　邓友生　黄新焰　刘春古
工会主席、党委委员　唐芝英
党委委员　谷　鹏
招投标办主任　周兴元
资源枯竭城市经济转型办公室主任　刘竟成
资源枯竭城市经济转型办公室副主任(试用期一年)　蔡　晔

统计局

局长、党组书记　谢东平
副局长、党组成员　刘　毅　李龙付　刘　云
总统计师、党组成员　伍军凤
社会经济调查中心主任　蒋芳花

城调队

队长　梁晓红

住房和城乡建设局

副局长、党委副书记　蒋　成
副局长、党委委员　王生德
副局长　郑方杰
副局长、党委委员　罗国和
总工程师　梁瑞才
党委委员　张　宏　贺头才
党委委员、市纪委驻市住建局纪检组组长　庞四平
综合执法大队原支书(副科实职)　罗初芽

房产局

局长、党组书记　谷　峰
党组副书记、副局长(正科实职)　李晓茅
副局长、党组成员　伍劲松　周海成
工会主席、组成员　罗志军
拆迁办主任　王忠明
支书　刘小军
房产交易中心主任　李金林
支书　郑玉东

城乡规划局

局长、党组书记　徐　璞
党组副书记、副局长(正科实职)　谭靖民
副局长、党组成员　资实文
副局长、总工程师　吴丽华
工会主席、党组成员　肖　霞

城管局

局长、党委书记　郭　伟
党委副书记、副局长(正科实职)　阳小平
副局长、党委委员　谢群生　伍　震
园林绿化所所长、支书　蒋秋生
环卫处主任、支书　欧阳静
市政管理处主任　周友国

大市循环经济产业园

管委会主任　谭爱民
副主任　曹　斌
开发建设有限公司副总经理(聘用)　谢序光　王碧峰　罗建军　李必成

交通水利建设投资有限公司

总经理　刘洪全
副总经理(聘用)　刘冬生
副总经理　雷　鹏　刘仁付(试用期一年)　王淑好(聘用)
总工程师(聘用)　毛祖明

韶能集团耒阳电力实业有限公司

党委书记、董事长　谷碧成

棚户区改造投资有限公司

董事长　李康军
总经理(试用期一年)　段华伟
副总经理(试用期一年)　蔡志坚　章伯武
副总经理(聘用)　王镜植　蒋小康
工会主席(试用期一年)　肖　欧

人民银行耒阳市支行

行长　屈晓斌

工商银行耒阳市支行

行长　邓　培

农业银行耒阳市支行

行长　陈文仕

建设银行耒阳市支行

行长　李海军

中国银行耒阳市支行

行长　陈太社

农业发展银行耒阳市支行

行长　李先峰

邮政储蓄银行耒阳市支行

行长　蒋小华

农商银行

董事长　蒋生文

人民保险公司耒阳市支公司

经理　刘云玲

中华保险耒阳市支公司

经理　陆　彬

人寿保险公司耒阳市支公司

经理　资　勇

平安保险公司耒阳市支公司

经理　肖用清

城市调查队

队长　梁晓红(女)

国家税务局

局长　杨　刚

地方税务局

局　　长　李金吉

邮政局

局　　长　刘　瑛

电力局

局　　长　艾　伟

电信局

局　　长　徐韦国

移动公司

经　　理　李永新

联通公司

经　　理　黄　权

铁通公司

经　　理　刘金国

盐业公司

经　　理　李晓衡

石化公司

经　　理　方　峥

烟草局

局　　长　王国平

新华书店

经　　理　刘明华

气象局

局　　长　龙亚平

中共党务

综　述

【概况】 2017年，中共耒阳市委下设31个基层党委、378个党总支部、2179个基层党组织，共有党员44751名，市委工作机构有：办公室、组织部、宣传部、统一战线部、政法委、机构编制委员会办公室。

【经济工作】 增长稳健，质量优化。全年完成GDP452.1亿元，同比增长5.1%；完成财政收入22.17亿元，其中税收收入15.32亿元，增加1.62亿元；税占比69.09%，同比增长18.66个百分点；地方税占比53.16%，同比增长18.26个百分点，税收质量进一步提高。

植优补短，全面提质。打造农业特色化，突出油茶战略地位。采取有效措施扶持油茶种植、加工和销售，打响耒阳油茶产业这张绿色名片。2017年，耒阳市被评为省粮食生产标兵县（市），“耒阳红薯粉皮”获国家工商总局地理标志证明商标，耒兴红薯、荣创黄花菜等产品通过无公害、绿色、有机产品认证。形成工业规模化，着眼耒阳转型发展，引进新型工业企业。实施项目带动战略，重点培育化工、有色冶金、机械制造、皮具箱包等初具规模、有相对比较优势的产业，全年共完成策划包装项目305个，深度开发项目115个；向上争取项目175个，项目资金25.5亿元，保障性住房配套争资在全省各县市区名列前茅；引进产业项目125个，到位内外资金30.6亿元。着力引导三产市场化。重点围绕创建“湖南省全域旅游示范县”目标，结合乡村振兴战略，全面实施“旅游升温”三年行动计划，成立旅游经济和美丽乡村建设工作领导小组，先后启动蔡伦竹海风景区（二期）、耒水国家湿地公园PPP项目等旅游项目建设，五公仙石漠公园获批为国家级石漠公园。三产动力不断增强，三次产业结构比调整为17.04∶36.03∶46.93，三产结构更加优化。

强化改革，激发活力。9大类24项重点改革项目基本完成，各项改革工作稳步推进。组建正科级机构巡察办，14家市纪委派驻纪检组揭牌成立，实现对63家市级机关派驻全覆盖。以供给侧结构性改革为主线，抓好“三去一降一补”重点任务，制定下发《降低企业成本减轻企业负担实施意见》，全面清理规范涉企收费，共取消、降标、停征涉企收费项目54个。推进“放管服”改革，推进企业“三证合一”“五证合一”“一照一码”及个体工商户“两证合一”登记制度改革，全市市场主体达34460户。推进农民住房抵押权贷款试点改革。全年，累计发放农房抵押贷款460笔，金额1.35亿元，为耒阳市农业生产、农民增收、农村发展增添动力；推进综合行政执法体制改革试点工作，实现“分散执法”向“综合执法”转变，建立“九龙管水”到“一龙治水”的工作机制，打造可推广、可复制的“耒阳模式”。农房抵押权贷款试点改革、综合行政执法改革被评为“衡阳市十佳改革创新项目”。

【社会事业发展】 开展防范风险行动，防范政府债务风险，制订方案，强化管理，稳步化解，推动平台公司市场化转型。开展安全生产“打非治违”、安全生产大检查、重大事故隐患“一单四制”等专项整治行动，抓好安全领域专项整治，切实加强对市场、煤矿等重点行业、重点区域突击检查和安全监管，对发现的问题责令相关部门限期整改，并要求各级各部门要切实落实好安全生产责任。2017年，全市仅发生1起生产安全事故，同比下降92.8%，创同期历史最低位。深入开展脱贫攻坚行动。全方位压实扶贫责任，明确市、乡、村三级书记为脱贫攻坚第一责任人，市级领导联乡联村，对所联乡镇、贫困村脱贫攻坚负总责，后盾单位一把手为派出工作队指导员，乡镇办事处主要负责人对辖区脱贫攻坚工作负总责。出台脱贫攻坚问责办法，构建严密责任体系，强化问责力度。年内，共问责29人，其中免职2人。建立联席会议机制，每月定期召开专题调度会，及时研究解决脱贫攻坚难点问题，推进扶贫项目和各项扶贫政策落到实处。紧紧围绕提高“三率一度”和“两不愁、三保障”，狠抓精准识别，加大财政投入，突出抓好产业扶贫、易地搬迁扶贫、金融扶贫、健康扶贫、兜底扶贫、基础扶贫等十大扶贫举措落地，做到扶真贫、真扶贫，贫困发生率由原来的5%下降至1.90%。

2017年实现脱贫3827户11521人，17个贫困村成功摘帽出列，顺利完成年度脱贫目标。深入开展污染防治行动。形成“横向到边，纵向到底”的环境监管网格管理责任体系。全面推进河长制，完善“河长”网络，建立市、乡、村三级河长体系。严格执行环评审批制度和项目“三同时”验收制度，严把项目准入关，切实做好排污权管理与交易，提前完成上级排污权有偿使用和交易工作考核目标。引进“环保管家”，将耒阳市环境治理工作交给第三方专业公司整体治理，提升环境污染治理水平，推进环境治理行业的市场化。坚持公共财政支出向民生事业倾斜，全市民生支出占财政总支出达70%以上。坚持教育优先发展，启动建设农村标准化教学点42所，全面铺开学校“四改三化”工作，全力落实人大1号议案，武广教育城项目建设顺利推进；深入实施“技工人才培养”计划，强化就业服务，带动城乡就业人数5930人，城镇新增就业8624人，失业人员再就业4644人，就业困难人员再就业1199人，农村劳动力转移就业7600人。深入推进困难群众基本生活保障工作，再次提高农村保障标准，实现农村低保标准与国家扶贫标准“两线合一”。有序推进医改工作，本级财政每年预算安排1800万元用于医改事业，在原有医改的基础上，又把11所市直医院纳入改革范围。切实做好抗洪救灾工作，成功抗击6月25日至7月2日特大洪灾，全力抢险，最大程度减少灾害损失，保护人民群众生命财产安全。维护社会大局稳定，推进“十百千万”平安创建工程，开展打击“盗骗抢”、社会治安重点整治、“禁毒风暴”“三打击一整治”、缉枪治爆等专项行动，从严打击“职业犯罪”，保持“打黑除恶”的高压态势，成功摘除“全国地域性职业犯罪重点整治地区”帽子。严格落实信访工作责任，坚持对信访积案集中交办，逐案明确包案领导、责任单位和办理要求。落实包掌握情况、包解决问题、包教育转化、包稳控接返的“四包”责任。2017年，特护期和敏感节点实现“五个不发生”目标，全年信访量同比下降11.6%。开展城市环境综合整治“百日攻坚”行动，通过一月一总结，一月一通报，不断加大城市管理力度，城市环境不断优化，市民满意度不断提升。出台《关于加快特色小镇建设的实施方案》及扩权强镇等规范性文件，完成9个乡镇总体规划和52个村庄规划，哲桥、小水、黄市、新市特色小镇建设全面铺开并初见成效，亮源乡成功创建为省级文明示范乡镇，新市镇大兴龙村被确定为省级美丽乡村示范村，农村环境综合整治扎实推进，重点打造了永济镇百里渡村、淝田镇白米山村、导子镇畔冲村等一批村庄绿化示范村。

【党务工作】 深入开展党的十九大精神宣传贯彻活动，组织市乡村三级宣传宣讲，举办全市党的十九大精神专题辅导会、集中报告会、知识抢答赛等大型活动3次，举办学习贯彻党的十九大精神理论骨干培训班1次，组织开展“党的十九大精神”学习宣讲活动200余次，在全市上下迅速掀起学习宣传贯彻党的十九大精神热潮，推动党的十九大精神进企业、进农村、进机关、进校园、进社区、进网络。深入开展“小康路上党旗红、脱贫攻坚见行动”实践活动，充分发挥基层党组织和广大党员在脱贫攻坚中的战斗堡垒和先锋模范作用，动员广大干部群众积极为脱贫攻坚出点子、想办法，带领贫困户脱贫致富。市委常委会全年共研究干部11批次，讨论决定干部任免286人次，提拔重用60人。通过干部调配完成了消超任务，推动完成市纪委派驻机构改革和纪检监察体制改革，加强和改进优秀年轻干部培养选拔工作，树立良好的用人导向，确保干部顺心、组织满意。扎实推进村(社区)“两委”换届工作，圆满完成换届任务。全面启动基层党建示范点创建工作，确定各领域基层党建示范点创建单位44个。先后启动55个农村综合服务平台建设项目，基本实现了村级活动场所建设“清零”目标。强化基层党组织经费保障，全市村均运转经费基本达到16.5万元每年，村(社区)党组织书记基本报酬提高到了1800元每月。开展党代表“三联一帮”活动，将全市371名市党代表分为51个小组，进驻51个村(社区)开展联系帮扶活动。出台《关于领导干部干预和插手重大事项留痕备案的若干规定(试行)》等文件，将对党员干部的监督管理向八小时之外延伸。大力开展“纠四风、治陋习”专项整治、“雁过拔毛”式腐败问题专项整治，开展三轮巡察，有效遏制腐败蔓延势头，形成反腐败斗争压倒性态势。

市委重要文件

1·10　中共耒阳市委关于对市教育局落实新增重大财源项目建设工作不力实行责任追究的通报

1·11　中共耒阳市委关于进一步做好统一战线工作的意见

1·19　中共耒阳市委耒阳市人民政府关于加快工业经济发展的意见

1·19　中共耒阳市委耒阳市人民政府关于进一步深化经济开发区体制机制改革的意见

1·22　中共耒阳市委耒阳市人民政府关于表彰2016年度跑项争资工作突出贡献单位、优质服务单位和先进个人的决定

2·6　中共耒阳市委耒阳市人民政府关于表彰2016年度落实党风廉政建设责任制先进单位及先进个人的决定

2·13　中共耒阳市委耒阳市人民政府关于表彰投资促进工作先进单位

及中介人的决定

2·20　中共耒阳市委耒阳市人民政府关于表彰2016年度全市社会治安综合治理先进个人的决定

3·10　中共耒阳市委耒阳市人民政府关于表彰2016年度社会主义新农村建设工作先进单位、先进示范村(居)和先进个人的决定

3·13　中共耒阳市委耒阳市人民政府关于表彰2016年度脱贫攻坚工作先进单位和先进个人的决定

3·17　中共耒阳市委关于提名蔡鹃鹃等同志为政协第十届耒阳市委员会委员的通知

3·17　中共耒阳市委关于转发《耒阳市人大常委会2017年工作要点》的通知

3·17　中共耒阳市委关于转发《耒阳市人大常委会监督2017年〈市人民政府工作报告〉落实情况的实施方案》的通知

3·21　中共耒阳市委关于转发《耒阳市政协2017年工作要点》的通知

3·21　中共耒阳市委关于转发《政协耒阳市第十届委员会常务委员会民主评议工作实施办法》《政协耒阳市委员会民主评议提案办理工作实施办法》《政协耒阳市第十届委员会统一委派民主监督员工作实施办法》的通知

4·13　中共耒阳市委关于印发《耒阳市违规进编转编人员处理工作方案》的通知

4·13　中共耒阳市委关于耒阳市违规进编转编人员处理工作“七严禁”的通知

4·21　中共耒阳市委耒阳市人民政府关于印发《耒阳市违规进编转编人员处理包干责任制工作方案》的通知

5·5　中共耒阳市委耒阳市人民政府关于表彰“四类犯罪”整治工作先进单位的决定

6·30　中共耒阳市委耒阳市人民政府关于深化供销合作社综合改革的实施意见

7·20　中共耒阳市委关于印发《中共耒阳市委常委会议事规则》的通知

7·24　中共耒阳市委关于授权市委巡察组正副组长的通知

8·11　中共耒阳市委关于印发《耒阳市正科实职领导干部报告个人有关事项试点工作实施方案》的通知

8·30　中共耒阳市委关于免予谭平阳同志党纪处分的决定

9·12　中共耒阳市委耒阳市人民政府关于表彰2016年度目标管理绩效考核工作优秀单位的决定

10·13　中共耒阳市委耒阳市人民政府关于表彰全市打击外流侵财性犯罪工作先进单位和先进个人的决定

10·13　中共耒阳市委关于停止执行彭玉明等六名同志的党代表职务的决定

10·23　中共耒阳市委关于成立耒阳市委网络安全和信息化领导小组的通知

10·26　中共耒阳市委印发《耒阳市2017年缉枪治爆专项行动工作方案》的通知

10·31　中共耒阳市委关于认真学习宣传贯彻党的十九大精神的通知

11·13　中共耒阳市委转发《中共衡阳市委关于认真学习宣传贯彻党的十九大精神的通知》的通知

11·20　中共耒阳市委关于成立深化监察体制改革试点工作小组的通知

11·23　中共耒阳市委关于印发《第十二届市委书记、副书记、常委工作分工》的通知

11·24　中共耒阳市委耒阳市人民政府关于深入推进义务教育均衡发展的实施意见

11·24　中共耒阳市委关于开展向匡兵、温琦华同志学习活动的决定

12·12　中共耒阳市委关于印发《耒阳市深化国家监察体制改革试点工作实施细则》的通知

12·21　中共耒阳市委关于印发《中共耒阳市委全会工作规则(试行)》的通知

12·29　中共耒阳市委耒阳市人民政府转发《市委宣传部、市司法局关于在全市公民中深入开展法治宣传教育的第七个五年规划》的通知

12·30　中共耒阳市委耒阳市人民政府关于耒阳市贯彻落实《中国2030规划纲要》实施意见

市委办公室

【概况】　市委办公室是负责市委机关日常工作的办事机构,其工作主要是为市委服务、为基层服务、为群众服务,其主要职能是:综合协调、上传下达、调查研究、信息综合、办文办会、督促检查,为市委决策当参谋。2017年,市委办辖政策研究室、督查室、机要局、保密局、应急办五个正科级机构,内设综合调研组、信息组、秘书组、后勤组、人事政工组、机关物业管理组等组室;市委办系统归口单位有党史地方志办公室、档案局、市委市政府接待处、市委市政府警卫处,与市政府办共管单位有信访局,市改革办与市委办一个机构、两块牌子。

【综合调研】　办公室修订完善《市委常委会议事规则》《“三重一大”事项实施细则》等规章制度,进一步明确市委工作流程,确保议事决策依法依规、民主集中,切实做到议而决、决而行、行而实。围绕民生福祉改善、干部队伍管理、产业发展等事关耒阳大局的课题深入开展调研,撰写《耒阳市乡镇办事处干部心理状况的调查与思考》《关于耒阳市房地产市场发展情况的调研报告》《关于耒阳市建材行业生产经营

及税收征管情况的调查与思考》《调整城区教育布局刻不容缓》等10余篇高质量调研报告,《耒阳留守儿童、空巢老人、失独家庭的调研与思考》获2017年衡阳市"调查研究月"优秀调研成果一等奖。全年出色完成各类工作报告、领导讲话、汇报材料等300余篇,撰写各类署名文章20余篇,其中《深植法治观念　夯实执政根基》等文章被省、衡阳市重要刊物、杂志刊发。坚持工作日每天至少上报1篇信息材料,全年共上报各类信息380余篇,共有20余篇信息,被省、衡阳市党委信息部门采用。特别是在党的十九大、建军90周年、全国"两会"等重点时段、关键节点,该办第一时间向省委、衡阳市委报送,并及时跟进报送事件进展情况。

【督查工作】 狠抓督查重点,着重抓好党的十九大、市委经济工作会议、市委第十二届全会、市人代会等通过的重要决策部署,将其作为全年督查工作的中心和重点,及时分解任务目标,严格明确责任,定期督导反馈进度,进行追踪问效,以确保整体工作协调推进顺利、确保市委决策贯彻落实到位。年内,先后会同有关部门对村(社区)"两委"换届选举、脱贫攻坚突出问题、清理"吃空饷"等20多项工作进行督查,推动决策部署的全面落实到位。全年共办理"书记督办函"20余件、书记批示件140余件、市委领导交办件10余件,坚持做到交必办、办必果,件件向领导有反馈,事事对当事人有回音,办结率达100%。创新督查方法,树立"大督查"观念,把督查工作作为一项系统工程来抓,不断创新思路,总结经验,改进方法.坚持督查与平台相结合,打造耒阳市督查平台系统,实现工作交办、计划填报、催办督办、监督检查、计划落实、工作汇报等信息化,对执行不力、效能低下行为予以监察问责,通过督查系统交办工作任务1277项,已办结工作928项。完善督查机制,下发《耒阳市党政重点工作督促检查问责办法》,完善目标任务分解、定期汇报、公开通报、督查考核奖励、督查归口管理等制度,规范督查工作流程,使督查工作走向程序化、规范化、制度化;建立领导亲自抓督查的机制,制定印发《市级领导干部联系重点项目安排表》,进一步明确市级领导包抓重点项目的任务职责,坚持定期汇报制度和定期检查通报,健全领导干部全员抓落实的责任机制。对衡阳市交办的重点推进项目,将项目落实到相关部门,每个项目都明确1至2名责任领导,会同有关单位全程跟踪,定期通报项目进展情况,全力抓好协调服务和督促推进,确保各个交办项目按期或提前完成。

【机要保密工作】 规范工作制度,帮助和指导全市重点涉密单位制定和完善保密责任人工作制度,进一步规范密电立户单位办报程序。严格岗位职责,实行24小时机要值班制度,全年共传输办理密电266份,办理明电350份,无一失误和差错,确保密码安全和通信畅通。

【办文办会】 严格执行"全封闭"办文,严格按照改版后的公文格式,规范文稿签发程序,严把拟文关、审核关、印刷关,实现"无差错"办文,严控发文数量,全年审核或处理的各类文件348个。

【协调工作】 市委办班子在抓好办公室分管工作的基础上,按照市委总体工作部署,每名班子成员联系1~2名市委常委,协助市委领导主动做好与人大办、政府办、政协办以及各部门乡镇间协调工作,加强沟通联络,使各方面关系更加和谐,工作步调协调统一,市委总揽全局、协调各方的政治领导核心作用得到充分彰显。按照"内与外""上与下""大与小""急与缓"的要求,紧密围绕市委中心工作,及时了解煤矿集中整治、招商引资、重点项目调度、脱贫攻坚等重点工作动态,为市委工作决策提供超前服务。

【小康工作】 对小康指标牵头单位、责任主体,坚持实行月分析、季调度、年考评,年内召开专题调度会10余次,对硬性指标、考核任务进行追踪督查,各相工作有条不紊推进。

【改革工作】 对接上级相关文件的要求,研究出台《中共耒阳市委全面深化改革领导小组2017年工作要点及责任分工》。年内,有9大类24项重点改革项目,已完成18项,其中,农民住房抵押权贷款试点改革、综合行政执法体制改革试点工作被评为衡阳市"双十佳"荣誉称号。

【值班安保】 严格实行24小时昼夜值班制,值班工作做到规范、优质、高效,对接听的每个电话、收到的每个文件,做到迅速反应、细心对待、谨慎处置;及时准确下发会议、活动通知,落实领导有关指示、交办事项,妥善处理重大紧急情况。2017年,共接待公务活动、部门咨询、群众来访200余人次,接听答复落实各类来电3000余个,下发各类会议、活动、工作通知1500余个,参与工作调度60余次,尤其是在十九大期间及重大节假日期间,值班未出现任何差错,确保全市大局稳定、社会和谐、各项工作有序运转。

【后勤保障和接待】 坚持"节支、平衡、守纪"原则,创优机关管理。修订完善《机关卫生管理制度》《机关园林管理制度》《机关消防安全管理制度》《机关车辆存放管理制度》等制度,坚持用制度管人、管事,确保办公室工作万无一失。规范停车秩序,联系交警部门在市委大楼前设置交通指示牌及停车标志,对市委前门道路两侧实行车位划分管理,解决“逢会堵车”的难题。严格遵守中央八项规定和新的实施细则,严格执行《接待工作规章制度》《接待工作新规实施细则》《耒阳市党政机关国内公务接待管理实施细则》,严禁利用公款大吃大喝或安排与公务无关的宴请,所有的接待任务纳入台账管理,所有开支都要列明去向;坚持热情待客、勤俭节约、细致周到的原则,接待水平进一步提高。创优办公环境,按照高标准、高要求、规范化的目标,对机关大楼实行物业管理,设立专门保洁组,对市委机关大楼及周边的环境卫生,实行卫生保洁全天候服务;联系综合执法局、公安、园林等部门协同整治广场乱摆摊设点等乱象。

【党建学习】 始终坚持把学习宣传贯彻习近平总书记系列重要讲话作为重大政治任务,用党的创新理论武装头脑、指导实践、推动工作。制定2017年理论学习计划,配发《十九大报告辅导读本》《读有所得》等理论学习读物,多次组织专题学习、心得体会交流、集中讨论。按照市委部署,牵头在全市组织开展《喜迎党的十九大·献计耒阳新发展》活动,收到各类有效建言稿600多条。按照规定动作不走样、自选动作创特色的思路,将支部“主题党日”“三会一课”纪实管理、党员积分考核、党支部书记“双述双评”四项长效机制作为推进“两学一做”学习教育常态化制度化的重要抓手,把学习教育融入日常、抓在经常。深入开展“小康路上党旗红、脱贫攻坚见行动”主题实践活动,引导各级党员干部紧紧围绕“一村一规划、一户一项目、一单位一基地、一支部一活动、一党员一行动”的目标和任务,深入脱贫攻坚一线、真情服务贫困群众。

组织工作

【概况】 耒阳市委组织部内设办公室(研究室、机关工会)、干部组(人才组、干部档案室)、组织组、干部监督组(举报中心)、党代表联络室(副科级)等10个组室,辖市直机关工委、市委基层办、市委非公有制经济组织和社会组织党工委和党员(远程)教育中心等4个正科级机构,共有干部35人(含兼职)。

【村(社区)“两委”换届选举工作】 坚持把党的领导贯穿村(社区)“两委”换届全过程,严格按照衡阳市委提出的“三个确保”要求,推进换届选举工作,320个行政村和55个社区完成换届选举任务,相关做法和经验先后被《衡阳日报》、衡阳电视台等媒体宣传推介。

【“两学一做”学习教育】 坚持以上率下。市委常委会制定出台《市委常委班子落实“两学一做”学习教育常态化制度化的十项措施》,全体常委班子成员坚持学在先、做在前,带头参与活动,为基层党组织及党员干部树立标杆、作出示范。2017年底,全市共创建各类产业发展基地262个,落实贫困户帮扶项目7965个。

【干部人事工作】 按照“消化存量、严控增量、分步实施、限期整改”的总体要求,密集动员推进,统筹安排部署,层层压实责任,采取多种措施集中消化大批超配干部。23个有消超任务的单位共消化超配干部54名,完成耒阳市2014年上报超配的269名科级领导职务的“消超”任务。抓好纪检派驻改革干部调配工作。对部分市直单位干部人事进行调配,通过免去纪检组长(纪委书记)职务保留党组成员(党委委员)职务、提拔为主任科员、平级改任非领导职务、单位内部轮岗任职、免职后作纪检组副组长安排等方式共调整异动47人,全市14个派驻纪检组如期挂牌成立,市纪委派驻机构改革顺利完成。深入开展“两项调研”。按照市委部署,开展优秀年轻干部调研和乡科级领导班子思想政治建设调研。通过“两项调研”,为下一步加强年轻干部培养选拔和班子队伍建设提供参考。强力推进干部交流。根据干部交流任职相关规定和工作需要,对全市科级领导干部统筹实行交流任职。切实做好干部挂职工作。对衡阳市委下派耒阳市的5名挂职干部和省委下派的1名挂职干部,全部安排到岗,同时选派3名优秀乡镇年轻干部到衡阳市直机关挂职。抓好干部档案管理工作,在召开全市干部人事档案审核集中整改工作部署会暨业务培训会和出台《耒阳市干部人事档案审核集中整改工作实施方案》的基础上,采取分批次的方式,做好档案专项审核整改迎检工作。稳妥推进监察体制改革试点工作。自全国监察体制改革试点工作动员部署电视电话会议召开以来,按照市委统一部署,组织部根据职责分工抓好各项任务落实,完成人事调配和涉改人员档案专项审核等工作,促进监察体制改革试点工作顺利推进。

【干部监督管理工作】 坚持多管齐下,在真管真严、敢管敢严、长管长严上下大功夫。推进省委巡视整改工作。2017年底,省委巡视第九组交办的17个问题中有13个已整改到位,省委组织部选人用人专项检查组交办的31个问题中有28个已整改到位。违规进编转编人员处理工作。多次召开耒阳市委常委会等会议进行专题研究,成立以市委书记为政委、市长为组长的耒阳市违规进编转编人员处理工作领导小组,先后出台《耒阳市违规进编转编人员处理工作方案》《耒阳市违规进编转编人员处理包干责任制工作方案》《耒阳市违规进编转编人员第一批处理工作方案》等文件,分三批召开动员会和处理交办会。234名违规进编转编人员(第一批15人、第二批85

人、第三批135人)的销编、解除人事关系、停发工资等手续全部办理完毕。抓好正科实职领导干部报告个人有关事项试点工作。不断加强和改进领导干部个人有关事项报告工作,制定下发《耒阳市科级领导干部报告个人有关事项实施方案》,要求正科实职领导干部和拟提拔重用为正科实职的领导干部报告个人有关事项。年底,全市325名正科实职领导干部已全部填报《领导干部个人有关事项报告表》,进一步加强对领导干部"8项家事"和"6项家产"管理监督。公职人员定期健康检查工作。制订出台《耒阳市机关事业单位公职人员定期健康检查工作实施方案》,对健康检查的范围和对象、健康检查的项目和标准、健康检查的承检单位、干部定期健康体检和报告制度、公职人员健康检查经费保障等内容进行定点分类,确保全市公职人员定期健康检查工作规范有序开展。注重强化理论武装,加强政治理论培训,按照省委、衡阳市委的调训要求,向上级各类培训班送培402人次,保证省委、衡阳市委组织部调训人员的全员参训。首次大规模组织全市159名领导干部分2期赴浙江大学学习。推动干部在线学习教育,耒阳市的在线学习参学人数、参学率、年度通过率均居衡阳市各县市区前列。在衡阳地区各县市区中,率先完成对2327名(含14名享受副处级非领导职务"三项待遇"人员)科级领导干部学习贯彻党的十九大精神集中轮训工作。全面完成2016年度135个机关事业单位25675名干部的考核工作。执行公务员职务与职级并行制度,全年共分4批次对50个单位上报的72名科级领导干部职级晋升条件进行审核审批。做好"三龄一历"认定工作,全年共完成226人的"三龄一历"认定工作。注重强化经济责任审计,年内共安排领导干部经济责任审计项目32个,领导干部经济责任审计对象38人。实施领导干部家访制度,出台《关于在全市推行领导干部家访制度的实施方案》。进一步健全提醒、函询、诫勉工作机制,全年书面函询5人次,提醒谈话1人次。

【基层党建重点工作】 抓党建促脱贫攻坚工作。对34个省级贫困村和贫困人口100人以上的面上村全部明确帮扶单位,组织动员全市股级以上干部与17074户贫困户结成帮扶对子,实现驻村扶贫和结对帮扶全覆盖。制定下发《耒阳市驻村帮扶工作队管理实施细则》《关于明确驻村扶贫工作队等相关保障措施的通知》等文件,以严格管理传导压力,以待遇保障激发动力,驻村工作队员的自觉性、主动性得到进一步增强。深入开展结对帮扶"六个一"活动,引导各级党员干部深入基层访贫问苦,为贫困户排忧解难,进一步巩固和拓展全市集中大走访大帮扶活动的成果。做好党员信息采集工作。先后组织2次党员信息采集业务培训,编印相关业务辅导资料,讲解信息采集内容,明确信息采集要求,演示信息录入方法。同时,组建专人专班,集中时间精力,加强对各基层党委信息采集工作的督查指导,针对督查发现的问题,及时予以纠正,有效传导工作压力、确保工作进度,全市党组织和党员信息采集工作基本完成。加强基层保障工作。分3期对全市378名新任村(社区)党组织书记进行集中轮训,进一步提高村(社区)党组织书记管党治党、引领发展、服务群众和维护稳定等方面的实际能力。在此基础上,每个乡镇(街道)下拨1万元作为新任村(社区)"两委"干部和党员冬春训专项工作经费,督促各乡镇(街道)切实抓好其他"两委"班子成员的培训工作。按照衡阳市委组织部关于村干部工资提标的要求,对村级运转经费重新进行测算,并追加拨付缺额部分,年内,全市村均运转经费达到16.5万元/年,村(社区)党组织书记基本报酬提高到1800元/月。拨付170万元用于34个省定贫困村村部建设,拨付67.56万元用于378个村(社区)和185个"两新"支部建设。按照"控制总量、优化结构、提高质量、发挥作用"的总要求,探索差额比选、三级联审、村党组织书记近亲属备案等制度,把全面从严治党要求贯穿发展党员工作全过程。统一编印《耒阳市发展党员工作材料填写范本》,各基层党组织发展党员的材料规范、程序严谨。

【党建工作】 按照机关党建工作标准化建设要求,督促大部分机关党组织落实标准化阵地。制定一套标准化制度,建立一套标准化机关党务公开栏,统一发放一套标准化工作记录本,创建市人社局、市卫计局、市教育局、市安监局四个党建工作示范点。全面启动基层党建示范点创建工作。根据衡阳市委组织部的统一部署,研究制定了全市基层党建示范点创建方案,共确定各领域基层党建示范点创建单位44个,并给26个工作经费困难的村(社区)示范点每个拨付5000元启动资金,确保了创建工作的顺利推进。开展"两新"组织党建工作大组建行动,共新组建"两新"党组织98个,其中1至10月份组建3个,11月份以来的专项行动共组建95个,"两新"组织党组织覆盖率达到85%;此外,按照法定程序,共撤销破产、空壳"两新"党组织74个,提高"两新"党组织的凝聚力。

【党代表联络工作】 共下派8个督查指导组,对全市24个乡镇的党代会年会进行督查指导,进一步推动乡镇党代会年会制的落实。引导党代表联系帮扶贫困户,要求每名党代表至少联系帮扶一户贫困户。深入开展党代表"三联一帮"活动,将耒阳市371名市党代表分为51个小组,进驻51个村

(社区)开展联系帮扶活动,为党代表发挥作用搭建平台。开展党代表教育培训,组织衡阳和耒阳两级165名新任党代表到耒阳市委党校学习。

【党员(远程)教育工作】 推广"一网一云"学用工作。通过深入宣传发动,逐级组织培训,专项督促检查,全面抓好"红星云"的订阅和学用工作。年底,全市共有22718名党员订阅该公众号,订阅率达52.55%,"红星云"手机移动平台累计学习336.81万人次,学习积分共计295.44万分。提升远教站点工作。对全市远教设备老化、损坏等站点进行全面维修,对合并村设备进行集中调配,对没有投影设备的100个村级远教站点进行安装,基本实现耒阳市远教站点多媒体设备的全面覆盖。同时,下发《关于加强农村党员干部远程教育站点设备更新、维护、管理和学用工作的意见》,要求每年从村级转移支付中列支1500元作为站点运行维护经费,经费根据党员教育工作考核情况单独下拨。

【自身建设】 注重组工干部实践锻炼,加大在实战中培养锻炼组工干部的力度,选派组工干部担任"两新"组织党组织"第一书记";安排机关干部参加"精准扶贫""百日攻坚""三联一帮"等全市性中心活动,搭建组工干部成长的锻炼平台。利用《耒阳组织工作》《耒阳手机报党建专刊》《耒阳党建网》三个平台,为全市党员干部学习上级文件精神、交流工作经验畅通服务渠道。

宣传工作

【概况】 耒阳市委宣传部内设办公室、党教理教组、宣传文艺组,辖文明办、新闻办、网信办、文产办,共有工作人员23人,归口管理单位有市文化体育广播新闻出版局、市广播电视台、市文联、市社科联,代管单位有新华书店耒阳分公司。

【理论武装】 做好市委中心组理论学习服务,修改制定《中共耒阳市委理论学习中心组学习实施办法》,围绕"党的十九大精神""全面从严治党""供给侧结构性改革""脱贫攻坚"和"人口计生和安全生产"等专题,组织市委中心组集中学习活动10次,参学率97%;加强科局级党委(党组)中心组理论学习指导,指导全市各科局级党委(党组)中心组开展专题学习340余场,参学干部10万余人,参学率98%以上。全面铺开理论宣传。围绕"十九大精神""十八届六中全会精神""习近平总书记系列重要讲话""治国理政新理念新思想新战略"等主题,组织市委理论宣讲团成员深入机关、社区(村组)、学校、企业开展专题宣讲活动300余场,参学干部群众10万余人。开展理论研究。围绕市委市政府的重大决策和举措,规划部署"深化供给侧结构性改革,推动耒阳新发展""全市党委中心组理论学习的现状与对策"等调研课题,组织开展"社会主义有点潮"主题征文和十九大精神专题研讨活动。增强意识形态管理。落实意识形态工作责任制,制定下发党委(党组)意识形态工作责任制实施方案,组建成立意识形态领域情况分析研判小组,与各乡镇街道办事处和市直机关各单位签订2017年意识形态工作责任状,切实推进意识形态工作落小落细落实。

【新闻舆论】 外宣突出特色树品牌。围绕市委、市政府重点项目、重点工作、重大活动,精心策划外宣主题活动,在中央电视台、湖南日报、湖南卫视、衡阳日报、衡阳晚报、衡阳电视台等上级主流媒体相继推出《农村资产"活"起来,农民劲头足了》《"还账"小城镇》《耒阳吹响今年项目集结号》《武警勇救溺水儿童》《300公里爱心接力,湖南中毒女童成功获救》《罗老汉的"脱贫三部曲"》等一批颇具耒阳特色的外宣稿件。全年在中央级媒体上稿67(篇)条,在省级媒体上稿368篇(条),在衡阳市级以上各级媒体上稿810余篇(条)。内宣策划主题聚力量。2017年,耒阳广播电视台、耒阳新闻网、耒阳手机报、《今日耒阳》报、红网时刻新闻客户端耒阳频道、耒阳宣传微信公众号等媒体,对接市委市政府各项重大工作部署,聚焦百姓生活、关注民生热点,重点推出"全面贯彻落实十九大精神""脱贫攻坚""生态耒阳""耒阳人物""党员风采""新闻观察""耒阳党建"等专版专栏,策划"环保督查""创业之星""文明耒阳随手拍""耒阳故事""换届选举"等专题宣传,重点推出"喜迎十九大,建设新耒阳""贯彻十九大,建设新耒阳"系列报道,累计刊发各类新闻稿件7000余条,组织开展"千年古县·大美耒阳"全民摄影大赛和"大美耒阳·绿色家园"征文活动。网宣强化引导扬正气。做好《中华人民共和国网络安全法》学习宣传工作,组建成立50人的核心网评员队伍,实行网络舆情24小时值班制,做好"全国两会""金砖五国峰会""十九大"等特护期的舆情管控工作。全年共删除、处理不实虚假网帖230余条,解决落实各类民生诉求180余件,编辑、报送《耒阳舆情信息》7期、《舆情专报》77期。

【文明创建】 抓好社会主义核心价值观学习宣传教育。围绕"三个倡导",设置大型宣传标语30多面、文化墙29700多米、宣传栏356个、活动展板1000多块,印发"告别不文明行为、争当文明市民""文明礼让斑马线"等市民宣传教育资料3万份,各文明单位利用宣传橱窗、楼宇电视、LED电子屏播发公益广告100条以上。开展以"学习十九大、宣传十九大"为主题的公益宣传活动。围绕“十九大精神”学习宣传,组织动员全市各单位利用横幅、户外广告牌、灯箱广告、电子显示屏、墙报、板报、宣传栏等载体对十九大精神进行广泛宣传,其中在进城入口处、城区主干道、中心商业街区、广场公园和乡镇圩场等社会宣传重点区域树立大型宣传广告牌100余块。做好道德模范帮扶推介工作。向上推介身边好人好事,谭小龙、温琦华分别于1月、4月推荐为“中国好人榜”好人,刘洋美、温琦华、谭小龙等获评衡阳市第四届“身边雷锋·衡阳好人”道德模范。11月,耒阳市推送的匡兵、温琦华夫妇,因事迹突出被评为第六届全国“见义勇为道德模范”,受到习近平总书记的亲切接见。推进文明创建实践活动。组织召开2017年耒阳市文明创建推进会,对获评2016年度的湖南省、衡阳市级的文明单位、文明乡镇、文明社区的8家单位进行授牌表彰;市纪委、市委宣传部、市华融湘江银行等6个单位获评衡阳市2017年度文明单位,南京镇、夏塘镇获评为衡阳市2017年度文明乡镇,金星小学获评衡阳市2017年度文明校园,匡兵等8个家庭获评衡阳市2017年度文明家庭。推进志愿服务活动常态化,组织开展“‘3·5’学雷锋活动日”等学雷锋志愿服务活动100余次,新增注册志愿服务者2000多人。高考期间,组织开展“2017爱心送考·平安同行”活动,共有200余辆爱心车辆参与活动,免费接送考生1000余人次。提升未成年人思想道德建设水平。组织开展“清明网上祭英烈”“学习雷锋·做美德少年”“重阳敬老走访”“向国旗敬礼”“童心向党”等主题实践活动,做好17所乡村少年宫规范运行工作,实施校园周边环境洁净工程,组织开展校园周边文化市场“护蕾”等执法专项行动。

【**宣传文艺**】 挖掘和创作一大批具有本土风情、反映耒阳人民生活的精彩节目。其中,《阳光路上精准扶贫》(音乐快板)参演湖南省“精准扶贫耒阳专场”文艺汇演,《竹娘》《刘海爷爷进社区》(小歌剧)走进中央电视台演播大厅,在中央电视台戏剧频道《一鸣惊人》栏目梦想微剧场第二场比赛中斩获银奖,《蔡侯纸·耒水情》荣获“衡阳记忆·兰台颂歌——档案与文明同行大型文艺会演”二等奖。举办中华诗词之乡授牌仪式,耒阳市被授予“中华诗词之乡”,聂洲完小被授予“全国诗教先进单位”。11月,耒阳市成功入选联合国地名专家组中国分部、国家民政部以及中国地名研究所联合公布的全国100个“千年古县”名录,耒阳市书法家谢海龙荣获第六届中国书法兰亭奖。开展以“欢乐潇湘·激情耒阳”为主题群众文化活动,先后举办“学习十九大·迈向新时代”网络书法展、2017年“欢乐潇湘·激情耒阳”群众文艺大赛、廉政文艺作品创作大赛、《蔡纸翰墨》精品书画展、“珍惜生命,远离毒品”全民禁毒专题文艺演出、湖南省“精准扶贫耒阳专场”文艺晚会、市直机关男子篮球赛、全民读书月启动仪式等各类大型文体活动30余场,组织相关单位、艺术团体深入基层开展“三下乡”“送戏下乡”等活动20余次。11月,由市文化馆精心创作编排的男子群舞《蔡纸汉歌》荣获2017年全省欢乐潇湘群众文艺会演决赛金奖。推进文体惠民工程。全民健身中心、“两馆一中心”(图书馆、文化馆、青少年活动中心)项目工程建设均按计划有序推进,农村广播村村响已正式开播。寻求产业发展。加强与中国乐教中心武汉大学古琴文化研究所合作力度,组织开展音乐素质教育和传统文化教育,发展壮大“竹乐”文化产业,争创湖南省第一家“乐教之城”,并将耒阳建设成为“竹器之都”。

(刘颖)

统战工作

【**概况**】 中共耒阳市委统一战线工作部,是市委主管统一战线工作的工作部门,主要职能职责是了解情况、掌握政策、协调关系、安排人士、增进共识、加强团结等。中共耒阳市委统战部内设耒阳市党外知识分子工作办公室(副科级)、办公室、干部组、经济联络组,归口管理工商联(总商会)、台办、侨联、民宗局等4个正科级行政单位,有干部11人。

【**统战工作**】 2017年,耒阳市委常委会和统战工作领导小组多次召开专题会议研究统战工作,为统战工作定政策、发文件、增经费、加人手、解难题,首次把统战工作纳入全市绩效管理考核体系,权值为2.5%;增设耒阳市党外知识分子工作办公室;增设工商联党组书记、台办副主任等领导职数,切实增强统战工作力量。

【**学习教育**】 围绕迎接十九大,学习、宣传、贯彻十九大精神,抓氛围营造,比工作贡献,求学习实效。通过系统单位党员干部集中学、党外代表人士研讨学、印发资料帮助学等多种形式,广泛学习宣传十九大精神,切实把统一战线的思想和行动统一到十九大精神上来。统战干部“两学一做”学习教育常态化制度化,党外人士“两学一助”(学系列讲话、学优良传统、助力新湖南)学习教育持续深入,举办统战知识进社区、“喜迎十九大·助力精准扶贫”知识抢答赛、党外人士赴革命老区桂东县暑期谈心、民盟读书沙龙等主题活动,凝聚广泛的政治共识。

【**助推发展**】 推进同心创建活动,争取湖南陆轩然农业发展有限公司成功纳入“万企联村、共同发展”活动省级示范项目。组建成立南宁、中山、北京耒阳商会,11个异地耒阳商会成为在外耒阳人共谋发展、共同进步的大本营;把异地耒阳商会作为招商引资的重要平台,全市共引进产业项目125个,实际到位内外资金约为30.6亿元。组织37家工商联会员企业和5家异地商会参与“万企帮万村”精准扶贫工作,与48个贫困村结对帮扶,实施帮扶项目98个,受帮扶贫困人口4748人;引导非公经济人士和异地耒阳商会开展光彩事业,为120户建档立卡贫困家庭及敬老院送去春节物资及慰问金26万元;向419名家庭特别困难、成绩特别优秀的学生捐资105.52万元;向55名建档立卡贫困大学新生发放“泛海助学行动”助学金27.5万元。

【台侨民宗】 抓好台侨民宗领域统战工作,促进社会和谐。加大台资企业跟踪服务力度,帮助台资企业处理有关员工薪酬、投资合作、企业周边环境等内外部矛盾纠纷10余起;坚持“一线工作法”,加强与侨界人士联谊交友,争取“亲情中华·海外华裔青少年夏令营活动”走进耒阳,推介蔡伦造纸、神农创耒文化和蔡伦竹海旅游风景区,提升耒阳在海外的知名度和美誉度。开展民族团结进步工作,把灶市街道办事处沙头居委会创建为民族团结进步示范社区;成立全市民族宗教工作领导小组,建立健全民族宗教工作市、乡、村三级网络,落实乡、村两级宗教工作责任制,依法加强宗教事务管理,坚决抵御境外宗教渗透,促进宗教领域的和谐稳定。

机构编制工作

【概况】 中共耒阳市委机构编制委员会办公室(简称耒阳市编办)内设5个职能组:综合组、机构组、编制组、监督检查组、审改组。其中:主任1名,副主任3名。下属事业单位1个:耒阳市事业单位登记管理局(副科级),耒阳市事业单位登记管理局(参照公务员管理单位)定全额事业编制5名,其中局长1名。

【机构编制管理】 实名制数据库建设。落实实名制数据库专人专管制度,如期完成省、衡阳市数据库系统更换工作。进一步完善个人编制信息管理,实行动态调整,及时更新数据。2017年底,核查修改3000多条关键信息以及完善300多项单位机构领导职数信息。坚持在机构编制部门核定的编制限额内审核各单位招录、调任、选调各类工作人员。与2016年底相比,市财政供养人员净减少259人。其中,党政群机关减少117人,政法机关减少22人,事业单位减少120人。为落实“编岗相符、人编相宜”要求,下发《关于开展编制清理整治活动的通知》,集中清理市机关事业单位在编人员编制身份与任职岗位匹配不一致的情况。

【改革突破】 2017年,耒阳市先后承接上级下放职权3项,合并职权18项,取消行政职权18项。结合综合执法改革、省直管县赋权以及相关法律法规的废、改情况,及时进行动态调整,截至年底,调整耒阳市行政职权共有3366项,并在政府网站予以公布,提升行政审批效率,缩短审批流程。8月28日下发《关于全面梳理和公开公共服务事项目录及办事指南的通知》,全面清理汇总,初步形成公共服务事项目录。重点领域和关键性改革。综合执法改革方面:自2016年10月14日耒阳市综合行政执法局成立以来,整合24个职能部门执法职责,实行1+9+6的执法队伍全覆盖模式,及时划转执法人员编制,出台三定方案并根据改革需要优化调整设置。为更好理顺职能部门和执法局的职责关系,耒阳市先行先试,出台《耒阳市综合行政执法协作管理规定(试行)》,加强业务主管部门日常监管与综合执法局之间联动,形成相互支撑、合力攻坚的改革新局面。建立健全案件审理和管理制度,加大执法人员培训力度。城市发展“两违”建筑、城市管理等历史遗留问题,得到改善。事业单位分类改革方面:推动事业单位结构不断优化,切实解决机构臃肿和服务滞后的矛盾,2017年市直撤并“僵尸”事业单位15个,提升公共服务供给质量。其他体制改革方面:将全市63个涉改部门的纪检监察室以及核定的领导职数核销,设立14个市纪委派驻纪检组和4个巡察组,调剂满足编制需求,实现党对党风廉政建设和反腐败工作的统一领导;将市公证处的行政管理体制转为事业管理体制,原使用的政法专项编制予以核销收回,实现自主地开展公证服务工作;配合做好省以下环保监测执法垂直管理和审计以及司法体制改革的前期机构编制上报工作,暂时冻结机构编制需求;协助推进群团机关组织机构、干部队伍、管理模式和工作方式的改革创新。事业单位登记管理水平再上台阶。全面启动机关、事业单位以及群众团体统一社会信用代码工作。全年共核准登记发证单位为714个,变更185个事项,注销22个单位,年审率100%;换发到期证书297套,统一社会信用代码赋码42个。完成中文域名注册和党政机关事业单位网站审核挂标工作,完成809个党政机关事业单位中文域名注册,完成率100%,挂标15个。

【保障改善民生】 扶贫办调整为市政府直接管理的正科级机构,在全市范围内选调工作人员,不断充实扶贫力度,成立油茶管理办公室,为副科级的单位设置,明确专人专管;成立安康监管医院,实行非盈利的封闭式管理体制;成立紫金府实验小学、武广高铁实验高中、纸都实验学校,满足普及阶段教育需求。全年,通过单位呈报、核查底子,完善市人民医院、市中医院、市公路局、市欧阳海灌区中心管理所、市优化办、贸促会、市新闻办等20多个机构事项。

【队伍建设】 狠抓"三费"管理。及时开展清理党员和国家公职人员经商办企业专项治理,无一例违法违纪现象发生。领导班子带头开展"两学一做"教育实践活动,制定相应的工作规划,所有班子成员都结合分管联系工作向社会作出公开承诺,接受广大干部群众监督。开展党员干部结对帮扶活动,迅速建立"一对一"帮扶计划,全年共争取落实扶贫资金10万余元,组织扶贫户积极参加专业技术培训,培养致富能手,引导贫困户逐步改善生活,实现"两不愁、三保障"的目标。

老干部工作

【概况】 2017年,全市有离休干部66人,其中行政11人,事业28人,企业27人;按享受待遇分,有副厅级(单项)4人,县处级19人,科级及一般43人。另有易地安置到耒阳的离休干部5人,由老干局管理的担任实职副处级以上的退休干部63人。全市有离退休干部党员4018人,离退休干部党组织89个。市委老干部局负责全市离休干部和担任实职副处级以上退休干部的管理和服务工作;同时,还负责全市离退休干部党员党建工作,并进行指导督查。老干局内设办公室、综合调研组、生活待遇组、组织宣传组,下辖市老干部活动中心,并增设离退休干部党工委办公室。是年,全局有工作人员32人。

【落实老干部待遇】 政治待遇方面:成立离退休干部工委,并将离退休干部党建纳入到组织工作目标管理考核,与组织工作同部署、同考核、同表彰。出台《关于在全市离退休干部党支部中推行"六有"工作法的实施方案》,全市各乡镇(街道)及市直各单位严格按照有班子、有制度、有保障、有活动、有作用、有考核的"六有"要求,规范离退休干部党组织制度化。协调市财政每年预算安排10万元离退休干部党建工作专项经费,机关、事业单位按离退休干部党员实有人数每人每年500元的标准落实。协调市委组织部按照80%的比例将离退休干部党组织收缴党费下拨,用于离退休干部党员学习活动开支。各单位按每月600~800元的标准包干给予党组织负责人工作补贴,确保离退休干部党建工作正常运转。生活待遇方面:在全市范围内开展"五个一"亲情结对服务活动,即"对老干部建立一本亲情台账,一周一条信息问候,一月一个电话关怀,一季一次上门走访,一年一次生日祝福"。"七一"、老人节和春节期间,对老干部进行走访,市委组织部拨出专款,对15名建国前入党老党员和困难党员进行慰问。全市各单位也采取上门走访、召开座谈会或茶话会等方式,对离退休干部党员进行慰问。市财政每年安排特困老干部补助20万元建立困难帮扶机制,对有特殊困难的老干部给予特别的关心和照顾。

【组织老干部开展活动】 投资3000余万元建设的老干部活动中心和老年大学。老年大学设置课程14门,班级27个,入学人数1200余人。校外挂靠管理的协会团体注册登记学员3万多人。健全"五学"制度,推进"两学一做"学习教育常态化制度化。建立完善月学、送学、讲学、考学、评学等"五学"制度,即每月25日为老干部政治学习日;对年老体弱、卧床不起的老干部,每月开展一次上门送学活动;邀请市内外专家,定期给老干部作时事辅导讲座;定期对各单位老干支部的党组织书记、组织委员进行时事政治和业务知识考试;每年评选表彰一批老干部"学习标兵"。严肃党内生活,增强党性观念。认真抓好以"三会一课"为基本内容的制度建设,全面推行支部主题党日、党费收缴管理、民主评议党员等制度。充分利用耒阳市红色文化资源,打造培兰斋、烈士陵园、谢维俊故居等一批党员教育基地。在老干部活动中心挂牌成立老干部党校,并开设"红色记忆"大讲堂、时政讲堂,定期不定期邀请专家、学者讲座。开通"纸都老干"微信公众号,为衡阳市唯一一家县级老干部工作微信,设立工作动态、典型风采、党建工作、老干风采等栏目,多角度全方位宣传耒阳老干部工作。其中,建军90周年刊发的"抗战老兵故事"等系列文章被全市多家媒体转载。

【发挥老干部作用】 全面推行积分化运行,出台《耒阳市离退休干部党员积分管理实施方案》,主要考核离退休党员学习活动、传承家风、发挥作用、保持党员本色、群众反映以及奖励加分等情况。充分挖掘耒阳市蔡伦、农耕、红色、三国、杜甫和罗含等文史资源,动员"五老"人员和志愿者深入开展党史国史教育,受教育青少年达10万余人。动员广大老党员及社会爱心人士开展金秋助贫活动,捐资15万多元。组织老干部调研小组调研"年轻干部成长"课题。在全市离退休干部党支部中组织开展"做全面从严治党的坚定支持者和模范践行者"专题讨论活动。组织离退休干部参加"喜迎十九大,放歌新衡阳"合唱比赛,获二等奖和最佳网络人气奖。耒阳市老干局还组织开展"抗战老兵故事"巡回报告会,增强广大青少年对党史国史的了解。开展"正能量之星"评比。结合"点赞新变化、助力新湖南、喜迎十九大"活动,在全市离退休人员中开展"正能量之星"评比活动。2017年共评选出“学习之星”“奉献之星”“关爱之星”“家风之星”“健康之星”30名。

【自身建设】 开展“两学一做”学习教育活动和贯彻党章同学习习近平系列重要讲话精神紧密结合起来,与学习党的十八届五中、六中全会精神及党的十九大会议精神紧密结合起来。认真执行“三会一课”、组织生活、理论学习、支部主题党日等制度并建立长效机制,进一步增强共产党员责任感和使命感。严格按照市精准扶贫工作有关要求,组织全体干部职工深入市公平圩镇黄糯冲村及公平村开展结对帮扶“六个一”活动,党员干部实行一对一结对帮扶、走访慰问贫困户,详细了解帮扶对象的基本情况、困难和诉求,制定帮扶措施,落实扶贫资金和发放物资共计8万余元。年内,召开“两学一做”民主生活会、组织生活会各一次,对班子及党员进行述职评议,改进和规范党员个人行为,养成良好的作风习惯。加强业务能力建设,树好老干部门形象。全年组织老干部工作者培训50多人次,学习党的方针政策和老干部工作政策法规,学习各种新知识新技能。

(陈严)

史志工作

【概况】 耒阳市委党史地方志办公室(简称市委史志办)负责党史、地方志的征集、研究、宣传和编修工作,为市委正科级参照公务员管理的公益类事业单位。下设综合组、档案管理室、联络宣传组、党史编辑组、方志编辑组、年鉴编辑组和党史陈列馆、方志馆、谢维俊烈士故居管理处等9个股室。2017年9月,谢维俊烈士故居管理处升格为副科级事业单位。全办有在编在岗人数33人。

【党史第二卷编辑】 正式启动党史第二卷编辑工作,制订编写工作计划,下发党史第二卷征稿文件,组织召开相关工作培训会,把党史第二卷内容分解专题任务到人。

【出版《耒阳红色人物》】 利用丰富的党史资源,创办“耒潮”特辑系列丛书,2017年编辑出版《耒阳红色人物》。作为一本乡土党史教材,收录耒阳36位著名党史人物的传记,该书共20万字,挖掘红色耒阳人文资源。

【方志工作】 根据省志委部署工作,编撰《耒阳市乡镇简志》,涵盖2015年机构改革前耒阳市36个乡镇、街道办事处。按照《衡阳市乡镇简志·耒阳市卷》评审会收集的专家意见,组织多轮资料补充、核校、修改、完善,数易其稿,终成40万字的定稿,11月份经衡阳市志办验收合格。

【年鉴工作】 按照“一年一鉴、推陈出新”的要求,《耒阳年鉴》(2017)增加市庆专辑、罗含文化研究专辑、优秀企业选介等内容。全书设32个部类、236个分目和296个条目,共80万字。年内,进一步强化编辑和副主编年鉴业务知识的学习,采取以老带新和自学的方式进行传帮带,提升编纂水平。9月份,派出2位同志参加省志委地方志业务知识培训,主任郑久芳应邀参加省志委志鉴业务知识培训活动并授课。

【筹备湘南起义纪念活动】 筹备湘南起义九十周年纪念活动,积极向上级部门做好汇报,并加强与周边地区联系。撰写《湘南起义中的耒阳》等文章,制定《耒阳市纪念湘南起义90周年纪念活动暨红色旅游项目策划方案》《耒阳市纪念湘南起义90周年活动实施方案》。

【革命遗址保护】 根据2016年对耒阳市各乡镇进行革命遗址实地考察的现状,撰写耒阳市革命遗址保护专题调查报告。党史联络组组长谢秋生在党史联络组会议上进行汇报,引起与会领导的高度重视,向市委、人大和政协等部门提出建言建议,并就加强全市革命遗址的修缮保护利用提出具体的发展思路。培兰斋等三处遗址被列为首批提质改造保护单位。

【会议承办】 11月14日,衡阳市“建红色阵地、讲红色故事、传红色基因”党史宣教联络现场会在耒阳神州明珠大酒店召开,省委党史研究巡视员夏远生,衡阳市委常委、市委秘书长张贺文等人员近100人参加会议。会上,耒阳市委、雁峰区委党史联络组、衡南县委党史研究室分别作经验交流发言。张贺文要求,要修好红色家谱,建好红色场馆,用好红色平台,讲好红色故事,以更广阔的视野抓好党史“三红”宣教工作。会后,与会领导参观谢维俊烈士故居管理处、集凤村、培兰斋、蔡伦纪念园、纸博物馆等。

【史志工作暨党史联络工作会议】 年底,组织召开耒阳市2017年度史志工作暨党史联络工作会议。耒阳市领导李云、郭兴中、李俊等出席会议,党史联络组成员、市委办、财政局相关负责人及史志办有关人员参加会议。党史联络组部分老领导在会上建言献策,围绕党史资料编研,宣教工作开展,革命遗址保护,红色资源开发利用,国家政策的把握等方面提出许多宝贵的意见和建议,为党史工作和全市的发展提供决策参考。

【上报修建伍中豪纪念设施】 按照市委要求撰写修建伍中豪纪念设施相关报告文件,聘请专家对伍中豪纪念设施进行图纸设计,并配合市委宣传部多次到湖南省委、衡阳市委相关单位上报情况。

【精准扶贫】 按照市委统一部署，耒阳市委史志办扶贫工作队队员多次深入扶贫工作点三都镇板桥村开展“六个一”活动，通过精准识别后，建档立卡贫困户41户，单位参与帮扶14人。2017年度脱贫18户，单位职工捐款8100元，专项帮扶资金8万余元，其中包括帮扶资金3万元，走访、慰问金2万余元，宣传、板报1万余元，其他物质等2万余元。

【廉政文化建设】 利用谢维俊烈士故居管理处、党史陈列馆等革命遗址开展党风廉政教育活动，弘扬廉政文化，配合市纪委开展党风廉政建设各项工作，指派专人负责市纪委交办的廉政文化系列丛书——《耒阳廉政人物》的撰写。年底，资料稿件按期上交纪委。12月21日，耒阳市谢维俊故居纪念馆和党史陈列馆荣获衡阳市廉政文化单位，被衡阳市纪委点名表彰。

【谢维俊烈士故居管理处】 2017年，谢维俊烈士故居管理处按“AAA”红色文化旅游景区规划，完成油路铺设、旅游厕所建设，外部环境得到改善。为适应工作需要，向市编办申请机构更名和升格，经衡阳市编办批准、耒阳市委编办批复同意将谢维俊烈士纪念馆更名为谢维俊烈士故居管理处，并升格为副科级全额拨款事业单位。谢维俊烈士故居管理处是省级文物保护单位、衡阳市耒阳市爱国主义教育基地和廉政教育基地，也是弘扬革命传统文化及社会主义精神文明建设的重要窗口单位。2017年被评为衡阳市廉政文化单位，被省发改委列为近现代湖湘名人故居综合文旅项目。

【党史陈列馆】 耒阳市党史陈列馆位于群英中路，占地面积2900平方米，建筑面积830平方米，陈列面积160平方米。2017年，为加强管理维护，按照旅游景点要求规范日常管理，购置消防设施设备，安装监控设施，上报修缮保护方案及有关报告，参加相关培训。做好接待服务工作，对前来参观学习交流的团体、个人做好讲解工作，年参观学习逾3万人次。

【史志宣讲】 在“两学一做”开展期间，为配合各单位的活动开展；搭建党课宣讲平台，先后在全市举办十多次党史故事以及党课宣讲活动。与市委及相关部门合作，在《今日耒阳》《衡阳日报》等刊物开辟党史专栏，为中央、省市等新闻媒体提供便利，撰写文稿。贯彻落实史志书籍“五进”（机关、企业、社区、学校、军营）活动，为市党校、机关企事业单位、学校、医院、扶贫点捐赠党史和地方志书籍，提高史志工作覆盖面。利用史志耒阳微信平台，发布史志文章200余篇。制作党史宣传教育电视片《红色耒阳秋光劲》，全片时长13分钟。

（曹启文）

市委党校

【概况】 中共耒阳市委党校内设办公室、教务科、教研科、学生管理科、总务科5个科室。在编在岗人员37人，其中，专职教师27人，工勤人员10人。校园总占地面积1.53公顷，建筑面积5029平方米。固定资产总值达5875万元，拥有多功能厅2个，其中，可容纳64人的多功能厅1个，144人的多功能厅1个；图书室1个，面积68平方米，藏书1000余册；学员宿舍32间，床位50个；学员食堂1栋，面积500平方米。

【教学工作】 2017年，共开设科干班2期68人，中青班1期45人，十八届六中全会精神集中培训班2期330人，党政领导干部创新管理培训班2期177人，学习贯彻十九大精神培训班2期2327人，“创新引领开放崛起”战略专题培训班2期320人，短期培训班10期1332人，共计培训人数4599人次。

【教研工作】 2017年，耒阳市委党校围绕全市中心工作，组织开展全局性、决策性调研；围绕全市重点工作，认真组织开展超前性、政策性调研；围绕全市领导关心、群众关注的热点难点问题，认真组织开展探索性、对策性调研，形成调研报告，为市委政府决策提供参考。2017年，3个省级立项课题顺利结项；在省级以上刊物发表文章7篇；16篇文章获得衡阳市、耒阳市征文活动奖项，得奖率80%以上。

【管理能力】 2017年，耒阳市委党校从多个方面着手，通过多种举措，提升各方面工作的管理水平。深入抓好研究生教育的管理服务。面对当下干部队伍建设要求进一步提高，领导干部对自身素质提升的需求也不断增大，该校实现自身优势与社会需要的有机结合，于2016年与湖南省委党校联合举办一期研究生学历教育班，共有学员71人。6月，完成期末考试、论文指导和答辩，学员们顺利毕业。严格抓好干部的管理与培养。该校重视干部培养选拔工作，狠抓干部能力素质教育，根据工作需要结合干部自身特点，委以重任，使其能力、作风在实践当中得到锻炼提高。是年，该校从外引进优秀人才1名，交流到市教育局任职1名，加强年轻优秀干部储备和干部队伍的建设。做好图书管理工作。耒阳市委党校安排人员到市内大型书店、市委宣传部、衡阳市委党校、省委党校进行沟通，及时了解图书最新信息，做好馆藏图书的补充更新。2017年共购买图书24万余元，为教学科研提供良好的学习条件。完善硬件基础设施。投入40余万元专项资金，对校图书室进行重建，为全体教职员工提供良好的学习、交流环境。对一楼、三楼多媒体教室做好地面防水和屋面防水,解决教室渗漏问题。对全校网络系统进行全面维护,及时维修中青班、办公室等办公电脑。

【扶贫工作】 耒阳市委党校多次召开中层以上干部领导会议,专题研究扶贫工作,挑选3名工作人员组建扶贫工作队,在坛下乡开展扶贫工作。共帮扶贫困户73户,223人,已脱贫19户55人。年底,该校累计投入扶贫资金33万余元,其中:衡阳市财政局“一事一议”专项项目12万元;市政府路灯安装工程10万元;市交通局村级道路维修6万元;党校资金划拨3万元;职工扶贫捐款9千元。此外,以教育帮扶结对的形式,联系坛下中心完小,一对一结对帮扶贫困学生15名;以送党课下乡的形式,积极宣传党的最新理论成果。

信访工作

【概况】 2017年,耒阳市信访局局机关内设办公室、接访股、办信股、督查股等4个股室,下设人民来访接待中心;有干部11人。

【重要工作举措】 2017年,耒阳市委、市政府将信访工作作为“四项底线工作”之一,纳入年度综治和绩效考核。市级层面上,市委常委会、市政府常务会定期听取信访工作汇报,研究解决具体问题。年内,共召开全市性的调度会、专题推进会等信访工作专题会议20余次,罗琼书记、李向阳市长多次出席,并在大会上安排部署信访工作;市信访联席会议各位召集人根据工作需要不定期牵头召开联席会议进行调度;其他市级领导带头包案处理信访突出问题。每天有一名市级领导驻市人民来访接待中心值班接访。全年,共接访事项1380多件,解决群众实际问题720多件。该市未发生因信访问题引发的重大群体性和个人极端事件。乡(科)级层面上,各乡镇(街道)、主要涉访市直机关单位每天安排一名党政班子成员值班接访,及时就地化解矛盾纠纷;乡镇(街道)成立信访工作联席会议,市直机关组建信访维稳工作专班,推进信访工作。村级层面上,大部分村(居、社区)设立群众工作站,村(居、社区)干部、老党员充分发挥调解员作用,将大量的矛盾纠纷化解在基层一线。

【网上信访主渠道建设】 2017年,耒阳市所有乡镇(街道)和40多个市直机关单位拉通信访信息系统,信访业务全部纳入系统,实现网上流转、网下办理。组织开展信访信息系统业务培训活动,对全市信访系统百余名干部进行集中培训。定期开展网上信访宣传活动,引导群众“信访不如信网,上访不如上网”。创建市信访局网站和官方微信公众号,并在市党政门户网建立网上信访投诉平台,开通今日头条号,群众足不出户即可“键对键、点对点”表达诉求。耒阳市网上信访系统共登记来访779批3246人次,来信190件,网上投诉208件,领导信箱64件,网信占比率超过59.5%。

【两个专项行动】 2017年,耒阳市开展“信访问题源头治理”和“信访积案清零百日攻坚”行动。对重点疑难信访案件通过召开联席会、协调会、听证会等方式,进一步查明事实、厘清责任、综合施策,推动信访问题解决。年内,共召开信访工作联席会议20余次,协调会130余次,听证会7次,化解信访积案26件。三架街道、大市镇、永济镇、遥田镇等4个乡镇(街道)被评为衡阳市“三无”乡镇(街道)。

【信访秩序】 开展法治信访宣传活动,通过电视、广播、网络、微信、滚动电子屏等媒介,重点宣传《关于进一步规范信访事项受理办理程序引导来访人依法逐级走访的办法》《网上信访》《信访知识问答》等,营造依法信访的氛围。同时,采取思想疏导与依法处置相结合的办法,对涉访违法犯罪行为,依法严肃处理。通过依法处置非正常上访现象,围堵办公场所、阻断交通道路等扰乱社会公共秩序和信访秩序的现象明显减少。

政　　权

综　述

【审议决定】 听取和审议预算草案、预算执行、预算调整、财政决算等工作，支持市政府加强税收征管，堵塞收入漏洞；要求市政府克服财政困难，及时足额保障民生资金、发放公职人员工资福利；督促市政府挤干财政水分，做实财政收入，全市预算收入预期目标从年初预算29.06亿元调整到22.15亿元，调减6.91亿元。重点审议工业经济。聚焦工业经济发展"短板"，专题听取和审议工业经济发展情况汇报，要求市政府把发展实体经济、培植新的税源作为耒阳市经济建设的主要战场和首要任务，在园区建设、招商引资、优化环境、强化保障、煤矿复产等方面综合施策，推动市域经济持续健康发展。着力助推项目建设。对创新创业园、大市循环经济产业园、棚户区改造等24个事关全市发展和民生改善的重大项目进行专题审议，作出决议决定12个，推动项目建设。首次要求市政府编制《年度市级政府投(融)资项目计划》，并作为《年度国民经济和社会发展计划报告》的内容，提交市十七届人大二次会议审议批准，有效规范了重大项目的决策审批程序，提升年度项目实施计划的科学性、严肃性和可行性。

【人大监督】 完善机制，监督工作更加规范。进一步修改完善人大常委会议事规则和人事任免、司法监督、专项工作评议、规范性文件备案审查、财政性投资建设项目等监督办法，为规范监督工作、强化监督职能奠定了基础。注重创新，监督工作有效深化。探索开展政府工作报告落实情况监督工作，促进了政府强化责任，积极作为，兑现承诺。探索开展评议意见整改落实情况督办工作，对疾病预防控制工作、森林保护工作和人社局、食药工质监管局的代表建议办理工作，开展专项工作评议，改进方式，增强刚性，加大对评议意见的督办力度，首次召开专题会议听取和审议被评议单位的整改情况报告，提高评议效果。探索开展执法监督员委派工作，统一委派至市法院、检察院、公安局、司法局，对司法工作进行常态化监督，督促司法机关依法执法、公正司法。着眼民生，监督工作扎实推进。先后对事关人民长远利益的城乡规划、环境保护、住房公积金、律师执业权利保障、医疗卫生体制改革等5项工作听取专项工作报告，对事关人民切身利益的平安城市建设、"菜篮子"工程建设、大中型水库移民后期扶持、城乡学校规划布局等4项工作开展视察、调研，配合省、衡阳市人大对扶贫攻坚、禁毒、油茶产业等16项工作开展视察、调研和执法检查，上下联动深入开展"农产品质量安全行""三湘农民健康行""民族团结进步行动"等专项监督活动，较好地推动了相关工作；组织开展"旁听法院庭审"活动，加强规范性文件备案审查，全年备案审查规范性文件20件，认真搞好人大信访工作，先后接待来访群众194人次，督办诉案53起，并首次听取和审议市政府信访工作情况报告，支持和促使市政府工作。

【人事任免】 人大常委会坚持把党管干部和依法任免、组织考察和倾听民意相结合，认真抓好人事任免工作，年内，任免国家机关工作人员53名，任命市人民法院人民陪审员106名，从组织上保证全市国家机关的正常运转。继续实施"一府两院"被选举和任命人员向人大常委会报告年度履职情况制度，充分掌握其履行岗位职责、完成工作任务、践行任前承诺等情况，促使被选举和任命人员积极履行职责，严格依法办事。

【代表工作】 强化履职保障。6月份，组织新一届市级人大代表集中培训，切实提高代表的履职能力；注重日常联系，健全落实"双联"工作机制，加强人大常委会组成人员与代表、代表与群众的沟通联系，广泛听取和收集代表的意见建议；保障代表权益，坚持邀请代表列席人大常委会会议，参加人大常委会视察调研活动，全年邀请代表列席会议110人次，参加视察调研90人次，保障了代表的合法权益，激发了代表的履职热情；建立履职档案，完善代表网格化管理平台，对全市1873名国、省、衡阳市、耒阳市和乡镇五级人大代表的网格化平台信息进行更新、补充，对每名代表履职情况建立档案，实现对代表履职情况的实时跟踪管理,增强代表的履职责任感。精心组织代表活动。开展"三学三争",广大代表和人大工作者积极主动学系列讲话,争当坚定信念的表率;学党章党规,争当遵规守纪的表率;学宪法法律,争当为民履职的表率。参与脱贫攻坚,五级代表和人大工作者积极投身"人大代表为民履职脱贫攻坚'五个一'行动",结对帮扶贫困户1917户,建立代表扶贫基地21个,筹集扶贫资金和物质400多万元,有效助力全市脱贫攻坚工作。积极为民服务,6月下旬,各代表工作站广泛组织驻站代表开展"为民服务日"活动,为基层群众发送慰问金和生活医药用品共计45万余元,为群众解决实际困难139件。抓实代表调研,6至7月份,组织驻耒国、省、衡阳市人大代表开展调研,形成高质量调研报告51件;全市31个代表工作站分别组织驻站代表开展调研,形成调研报告103件,其中23件作为代表建议交相关单位办理,有力推动民生实事的落实。强力督办议案建议。召开1次人大常委会会议、3次主任会议,专题听取和审议市政府关于"教育城"和"两馆一中心"建设情况的报告,要求市政府加大办理力度,加快建设进度;7月和10月,两次组织人大常委会组成人员和部分提议代表,对"教育城"建设情况进行专题视察,督促市政府加快建设。7月和11月,对166件代表建议办理工作开展两轮跟踪督办,督促各承办单位抓好办理落实。全面启动代表述职。11月16日,在仁义镇召开市人大代表履职情况报告试点工作现场会,11月至12月,代表报告履职情况工作在各乡镇、街道全面铺开。

【规范管理】 加强规范管理。注重制度化管理,健全机关管理制度,在内务管理上规范有序;注重阳光化管理,遵循民主集中制原则,在议事决策上坚持民主公开;注重法治化管理,首次聘请三位律师担任人大常委会法律顾问,在履职行权上坚持依法依规。加强队伍建设。加强思想政治建设,推动"两学一做"学习教育常态化、制度化,开展"机关党旗红,建设'四个耒阳'在行动"主题实践活动,组织干部职工每周集中学习十九大精神和习近平新时代中国特色社会主义思想;加强能力素质建设,定期组织干部职工集中学习法律法规和人大业务知识;加强勤政廉政建设。加强宣传交流。借助各类媒体,改进《耒阳民生》,编好《人大公报》,做好人大网站,开通人大微信公众号,重点对人民代表大会会议、人大常委会会议以及各类监督活动和代表工作,加强宣传报道,加大公开力度,自觉接受人大代表和人民群众的监督;主动加强与各地人大的联系和交流。推行人大常委会领导分片联系制度,坚持乡镇(街道)人大主席(主任)列席人大常委会会议制度,督促和指导乡镇人大落实上级要求,依法在年内召开两次人大例会;组织乡镇(街道)人大主席(主任)赴全国人大北京培训基地学习培训,增强基层人大工作者业务能力,推动市乡人大上下联动、相互促进,提升全市人大工作整体水平。

政　　务

综　　述

【概况】　2017年，耒阳市人民政府组成部门有24个：市人民政府办公室、发展和改革局、经济科技和信息化局、教育局、公安局、民政局、司法局、财政局、人力资源和社会保障局、国土资源局、住房和城乡建设局、交通运输和旅游局、农业局、水利局、林业局、商务和粮食局、文体广电新闻出版局、卫生和计划生育局、审计局、环境保护局、统计局、安全生产监督管理局、食品药品工商质量监督管理局、城乡规划局、人民防空办公室（市人民防空办公室既是国防动员委员会的常设办事机构，也是市政府人民防空工作主管部门，列入市政府工作部门序列，不计入市政府机构个数）；政府派出机构有2个：市经济开发区（正处级）、大市循环经济产业园管理委员会（正科级）；政府直属事业单位有9个：国有资产管理中心、移民开发局、供销合作社、城市管理局、电子政务管理办公室、政务服务中心、煤炭局、房产管理局、扶贫办；部门归口管理的正科级事业单位有17个：农业综合开发办公室（由市财政局管理）、公路管理局（由市交通和旅游运输局管理）、畜牧水产局、农业机械管理局、农村经营服务中心、烟烟生产管理办公室（由市农业局管理）、金融工作办公室、采煤沉陷综合治理办公室、重点项目管理办公室、蔡伦竹海管理办公室、耒水国家湿地公园管理局、城镇工作办公室、经济研究中心（由市政府办公室管理）、欧阳海灌区中心所（由水利局管理）、市场服务中心（由市商务和粮食局管理）、国有五峰仙林场（由林业局管理）、油茶产业发展中心（由林业局管理）；加挂牌子机构有5个：人民政府法制办公室（加挂在市政府办）、市委农村工作办公室（加挂在市农业局）、版权局（加挂在市文体广电新闻出版局）、食品安全委员会办公室（加挂在食品药品工商质量监督管理局）；其他行政机构3个：信访局、机构编制委员会办公室既是市委的工作部门，又是市政府的工作机构，列入市委机构序列；市综合行政执法局，市政府直接管理独立的机构。属条、块双重领导的部门和单位有23个：电力局、国家税务局、地方税务局、烟草专卖局、中国人民银行耒阳支行、中国工商银行耒阳支行、中国农业银行耒阳支行、中国农业发展银行耒阳支行、中国银行耒阳支行、中国建设银行耒阳支行、耒阳市农村商业银行、融兴村镇银行耒阳支行、华融湘江银行耒阳支行、中国人民保险公司耒阳支公司、中国人寿保险公司耒阳支公司、中国平安保险耒阳支公司、盐务管理局、气象局、邮政局、电信局、湖南省移动公司耒阳分公司、湖南联通公司耒阳分公司、中石油耒阳分公司、城市社会经济调查队。

【经济实力】　全年完成GDP452.1亿元，同比增长5.1%；完成财政总收入22.17亿元，其中税收收入15.32亿元，增加1.62亿元，增长11.84%，税占比由2016年的50.43%提高到69.09%；完成全社会固定资产投资总额411.52亿元，增长15.2%；城乡居民人均可支配收入分别达31858.48元、18770.79元，增长8.2%、7.5%。

【产业结构】　三次产业结构比由16.1∶37.6∶46.3调整为17.04∶36.03∶46.93。工业：净增规模企业19家，其中开发区15家。循环产业园冶金亿元产业、开发区箱包皮具亿元产业初现雏形，焱鑫有色被列入省重点上市后备企业，金凯碳酸锂电池加紧安装生产线，展望皮具、康意箱包、迪欧罗皮具等10余家箱包皮具企业入驻创新创业园。耒耕机械重组为耒耕三森，富鑫机械承债式收购进展顺利。第三轮矿产资源总体规划编制通过省政府审查验收。金悦科技、亚湘电子等8家企业通过高新技术企业认定，创新创业园认定为省级科技企业孵化园，企业与高校院所签订技术协议5个，其中焱鑫有色与中南大学深度合作，建成全省第一家民营省级博士后科研流动站，汇升生物与江南大学达成技术创新联盟，建成耒阳市第一家省级工程研究中心。农业：粮食总播面积134.63万亩，被评为湖南省粮食生产标兵县。优质稻、油菜、蔬菜、红薯、油茶、烤烟、楠竹等基地加快建设，创建了3个万亩高档优质稻标准化核心示范片、3个百亩红薯高产核心示范片、1个万亩优质烤烟种植示范片，油茶面积达115万亩，年产茶油9000吨以上。农产品加工企业达710家,其中规模以上龙头企业逾30家,省级以上龙头企业3家,休闲农庄达100余家,新发展农民专业合作社124个。神农国油加工旗舰厂正式投产,蔡伦现代农业科技园获"全国农村创业新园区"称号。"耒阳红薯粉皮"获国家工商总局地理标志证明商标,耒兴红薯产品、荣创黄花菜等通过了无公害、绿色、有机产品认证。探索多种种植新模式,整乡制创建12.8万亩"一季稻+油菜""烤烟+晚稻"绿色高产高效基地,全省绿色高产高效创建现场会在耒阳市召开。农业基础不断完善,测土配方施肥手机系统获湖南省科技进步二等奖,高标准农田建设稳步推进,划定永久基本农田79.8万亩,完成19处骨干山塘除险加固。完成全国第三次农业普查,基本完成农村土地确权登记颁证二轮公示。第三产业:商贸物流提质增效,实现全社会消费品零售总额114.07亿元,增长10.7%,亿丰商贸城一期、江东生鲜冷链物流一期建成运营,中农联农特产品电商物流园建设进展顺利。房地产供销两旺,全年销售商品房近97万平方米,税费达4.5亿元,引进碧桂园等知名房企,商品房开发品质进一步提高。旅游业效益显现,全年接待游客871.4万人次,增长21.6%,实现旅游综合收入65.2亿元,增长6.6%。蔡伦竹海基础设施项目、上堡晶矿矿山博物馆项目有序推进,景区民宿经济发展迅速。启动谢维俊故居AAA创建。金融行业稳健发展,各项存款余额388.69亿元、贷款余额157.57亿元,分别增长12.68%、25.33%,存贷比为40.54%。引进长沙银行、太平人寿保险。金融服务"三农"成效显著,发放"五权"抵押贷款6.73亿元、农房抵押贷款1.6亿元。

【项目建设】 招商引资:向上争取各类项目175个,总资金25.5亿元,其中保障性住房及配套设施专项资金达3.48亿元,占衡阳市总量的三分之一,名列全省前茅。8个PPP项目纳入省示范项目库,居全省前列,其中智慧城市综合开发项目之大市循环产业园开发建设PPP项目投资达11.68亿元。引进产业项目125个,实际到位内外资金30.6亿元。开发区融资18.2亿元,争取奖补扶持资金2264万元,引进鑫科佳等4个总部经济项目。循环产业园积极对接金贵银业集团、深圳华蓉资产管理公司,产业发展基金筹备工作进展顺利。城农投融资20.18亿元,可拉动投资40亿元以上。棚改投融资10.77亿元。交通水利投合同融资8亿元,注资0.6亿元控股神农国油公司。项目建设:策划包装项目305个,深度开发项目115个,储备PPP项目68个,重大项目库常年保持在1000个以上。实施重点项目164个,其中衡阳市重点项目开工率100%,完成投资84.1亿元,占年度目标任务的130.8%。新达微二期、汇升生物二期、太平风能发电一期、宏拓光伏发电等项目建成投产。

【改善环境】 城市建管持续发力:设立规划专家"智库",《耒阳市城市总体规划(2016—2030)》通过省政府批准。完善配套基础设施,强力推进城北东路、民主路提质改造及沿江北路风光带建设,鹿岐峰大桥建设进入扫尾阶段,垃圾焚烧发电厂、东麓垃圾填埋场封场项目全面启动,灶市垃圾中转站、黑臭水体整治项目加快建设,金山市场、蔡伦中路市场提质改造抓紧推进,城市垃圾无害化处理率达100%,污水处理率达93.2%,城区供水普及率达75.2%。城市环境综合整治"百日攻坚"行动取得阶段性成果,干部群众全民参与,文明联创深入开展,顺利推进背街小巷"四化"工程、夜宵市场建设,规范和加强垃圾清扫清运,全方位整治交通秩序,街面见警率进一步提高,交通拥堵现象有效缓解,大力度开展马路市场、违章占道、户外广告、建筑工地、"两违"建筑等乱象整治,市容市貌大幅改善。镇村建设有序推进:全面完成村居"两委"同步换届选举工作。完成9个乡镇总体规划和52个村庄规划。出台《关于加快特色小镇建设的实施方案》,小水、哲桥、黄市、新市特色小镇建设均有一定进展。全面启动农网改造升级三年行动计划,两网融合稳步推进。加快完善农村道路建设,农村公路提质、公路危桥改造、道路大中修及隐患治理等工程抓紧实施,红光大桥建设有序推进,余长公路完成施工前期工作。生态环境有效改善:完成造林面积13.65万亩,全市活立木总蓄积量达189.68万立方米,森林覆盖率达47.23%,植树造林经验在全省造林绿化工作会上推介。五公仙石漠公园成功获批国家级石漠公园。电厂超低排放改造、燃煤锅炉淘汰改造、南方水泥厂窑尾和包装系统烟气处理改造等项目加快推进。投放新能源公交车457辆,成功申报绿色公交试点县市。深入开展湘江流域综合治理第二个"三年行动计划",推进城区饮用水水源保护区规范化整治、养殖禁养区划定、畜禽养殖污染防治等工作,完成遥田区域历史遗留重金属污染综合治理。全面推进河长制,建立市乡村三级河长体系,全市所有河流、湖泊(含水库)纳入河长制管理体系,确定耒水作为"一河一策"试点河流,完成2016年淝田河生态清洁小流域建设项目。

【深化改革】 全面推进贸易促进工作,组织参加各项重大国际经贸洽谈活动,帮助企业走出去、引进来,全年组织参加国内外博览会、展览会6次,参加展示的农副产品200多种。全年完成外贸进出口总额12610万元,其中出口额12080万元,进口额531万元。改革步伐日益加快:继续对接省直管县相关配套改革。拓展供给侧结构性改革广度和深度，全面清理规范涉企收费，出台《关于降低企业成本减轻企业负担的实施意见》，共取消、降标、停征涉企收费项目54个，落实淘汰煤矿落后产能政策，完成关闭任务7个，淘汰落后产能42万吨，“三去一降一补”目标初步实现。首批公车改革基本完成。财政投资评审改革顺利推进，出台《耒阳市政府投资建设项目工程变更管理办法（试行）》，政府采购、预算管理进一步加强。医改工作有序推进，医改范围扩大至肾脏病医院、精神病医院、红卫医院、白沙坪医院等11家市直医院。不动产统一登记改革基本完成，颁发不动产权证书6815本、不动产权证明11230份。殡葬改革深入推进，殡仪馆改扩建加紧实施，文明殡葬理念有所加强。发展环境日趋优化：清理行政审批，取消行政审批31项。推进行业协会商会与行政机关脱钩工作，31家行业协会商会全面完成“五分离、五规范”。有序推进“三供一业”分离工作。进一步规范报建项目“一费制”管理。严厉惩治“官痞”“地痞”，强力惩治阻工扰工、强揽工程、强占市场等违法行为，严查严办各种侵占群众利益、加重企业负担、损害经济发展环境的问题，查办案件41起，立案14起，刑事拘留5人，行政拘留20人，训诫150多人次。

【民计民生】　精准扶贫方面：精准识别贫困对象16270户、47300人，本级财政投入资金12970万元，寿洲村等17个贫困村成功摘帽出列，12169名贫困对象实现脱贫。易地扶贫搬迁投入1.1亿元，586户安置房全面竣工入住，1555户危房改造全面完成。投入产业发展资金8647万元，扶持贫困对象8976户。发放扶贫小额信贷7891万元。资助贫困学生2600万元，劳动力技能培训2013人，完成贫困劳动力转移就业904人。完成34个贫困村94处饮水安全工程建设，解决3.73万人饮水困难问题。34个贫困村卫生室建设、道路交通改造进展顺利。民生保障方面：全年民生支出34.23亿元，占财政总支出的73.36%。就业状况持续改善，城镇登记失业率控制在4.5%以内，应届纯农户家庭未就业高校毕业生和零就业家庭实现100%动态清零。城乡居民社会保障体系建设实现全覆盖，参保总人数达213.38万人次。加快地质灾害综合防治体系和矿山地质环境治理项目建设，争取上级专项资金1.32亿元。成功争取全省第三批大中型水库特困移民避险解困试点县。农村低保和社会兜底保障标准再次提高，农村低保标准与国家扶贫标准实现“两线合一”，发放民政社会保障救助资金3.16亿元。创新实施“一元民生保险”，为全市所有户籍人口购买一份民生保险。城区中心敬老院二期工程建设正加紧实施。灶市街零洲社区被评为全国综合减灾示范社区。上门为行动不便的重度残疾人办证668个，8000余名残疾人实现精准康复。深入推进法律援助工作，困难群众法律援助实现应援尽援。湖南省教育工作“两项督导评估”及全国义务教育发展基本均衡县市评估认定迎检工作全面启动，武广教育城项目完成三通一平，进入主体建设阶段；购买城区义务教育阶段学位1600个，城区大班额有效化解；创建义务教育标准化教学点42个，农村教育基础不断夯实。人民医院综合大楼、南阳卫生院整体搬迁工程、黄市卫生院门诊综合大楼建设顺利推进，6个乡镇卫生院创建为全国“群众满意乡镇卫生院”；重大疾病防控、职业病防治、爱国卫生和健康促进工作深入开展；积极开展生育关怀活动，国家计生协“生育关怀携手行——计生家庭致富项目”培训交流会在耒阳市召开，完成孕产妇产前免费检查7724例，农村适龄妇女“两癌”筛查10000例，计生工作继续保持全省先进行列。两馆一中心、全民健身中心、农村综合服务平台建设进展顺利，“村村响”正式开播，深入开展“欢乐潇湘·激情耒阳·文明大舞台”等大型活动。耒阳市被授予“中华诗词之乡”，聂洲完小被授予“全国诗教先进单位”称号。余庆水口村、仁义罗渡村、黄市大河滩村被列为第五批省级历史文化名村。匡兵、温琦华夫妇被评为全国道德模范。耒阳市成功入选100个“千年古县”名录，全面完成第二次全国地名普查工作。安全生产形势稳定向好，扎实开展“落实企业安全生产主体责任年”、安全生产大检查等专项行动，实施重大事故隐患治理“一单四制”，煤矿、非煤矿山、交通、消防等领域安全管控有力，全年发生生产安全事故1起，实现安全事故“零伤亡”，创历史最好水平。社会治理体系更加完善，全年发案率下降12.53%，破案率上升6.6%，综治民调在衡阳市排名第二，保持湖南省平安市称号。始终保持反恐防暴禁毒高压态势，成功破获公安部督办的“146”特大毒品目标案。坚持重拳整治“职业犯罪”，惩治经验在全国现场会上推介，成功摘除“传统‘盗抢骗’犯罪重点地区”帽子。法治宣传、人民调解、社区矫正工作取得新进展。健全市级领导定期接访制度，扎实开展“信访积案清零”和“信访问题源头治理”专项行动，信访总量、越级上访量双下降。

重大事件及成就

【综合行政执法】　将市场和质量监督、交通运输、旅游、卫计、城管等24个部门的1400余项行政处罚权、117项行政强制权，以及近1000名行政执法工作人员划转归口综合行政执法局。新组建的综合行政执法局成立城市监察、城市建设、市场监管、文体科教、农林水利、交通旅游、资源环境、安全生产、公共卫生9个专业大队，以及6个乡镇大队。

【农房抵押贷款国字号改革试点】 耒阳是全国开展农民住房财产权抵押贷款59个试点县(市)之一。耒阳市加大金融支持力度,首推农房产权抵押贷款。扩大抵押物品种,提高农户外宽抵押率,盘活农户动态资产,让农户的"产权"变成"活钱",解决农户贷款无抵押的问题。全市4家涉农银行机构累计发放农民住房财产权抵押贷款491笔,金额1.6亿元。

【主要成就】 被授予"中华诗词之乡";入选100个"千年古县"名录;匡兵、温琦华夫妇被评为全国道德模范;聂洲完小被授予"全国诗教先进单位"称号;灶市街零洲社区被评为全国综合减灾示范社区;五公仙石漠公园获批国家级石漠公园;大义、仁义、坛下、小水、新市、五里牌6个乡镇卫生院创建为全国"群众满意乡镇卫生院";余庆水口村、仁义罗渡村、黄市大河滩村被列为第五批省级历史文化名村。

政府重要会议

【政府常务会议】 1月18日,召开第十七届市人民政府第3次常务会议,会议主要议题是:1. 通报近期人事安排;2. 研究2017年政府各部门工作要点;3. 应对人感染H7N9禽流感有关工作;4. 春节"四保"有关工作;5."智慧耒阳"PPP项目建设有关工作;6. 循环经济产业园PPP项目建设有关工作;7. 国有资产有关工作;8. 通报2016年度安全生产工作考核情况;9. 沿江南路项目前期开发成本补偿有关工作;10. 研究《耒阳市企业上市奖励实施办法》;11. 招商引资有关工作;12. 粮食储备有关工作;13. 竹海大道路基防护及排水工程施工图设计变更有关工作;14. 鹿岐峰片区安居工程及配套基础设施项目建设有关工作。

1月24日,召开第十七届市人民政府第4次常务会议,会议主要议题只通报近期人事安排,没有形成会议纪要。

3月8日下午,召开第十七届市人民政府第5次常务会议,会议主要议题是:1. 审议《政府工作报告(征求意见稿)》;2. 审议2017年度财政预算草案;3. 关于成立市投融资平台公司监管领导小组有关工作;4. 关于美丽乡村建设及与中冶合作框架协议有关工作;5. 关于向"湖南信托"融资有关工作;6. 关于设立棚改基金有关工作;7. 监察有关工作。

3月28日上午,召开第十七届市人民政府第6次常务会议,会议主要议题是:1. 研究《耒阳市人民政府工作规则(征求意见稿)》;2. 哲桥工业新城核心区域开发建设PPP项目有关工作;3. 研究《关于进一步强化重大项目前期工作的意见》;4. 建设生物识别身份认证系统有关工作;5. 民政有关工作;6. 交通建设项目申请国开行、农发行"市统贷、县分还"融资有关工作;7. 新一轮城镇基准地价更新有关工作;8. 征管局职工王胜华公职有关工作;9. 相关工作依法依规按"三重一大"程序向市人大报告、与市政协协商,报市委研究决定。

4月18日下午,召开第十七届市人民政府第7次常务会议,会议主要议题是:1. 研究2017年《政府工作报告》任务分解;2. 杜甫学校建设用地范围内土地成本核算有关工作;3. 禁毒有关工作;4. 推行河长制有关工作;5. 精准扶贫有关工作;6. 调整《耒阳市蔡伦造纸有限公司产权制度改革实施方案》有关工作;7. 关于信访工作。

5月23日下午,召开第十七届市人民政府第8次常务会议,会议主要议题是:1. 易地扶贫搬迁有关工作;2. 新一轮农村电网改造升级有关工作;3. 市政绿色照明改造有关工作;4. 改制企业党政正职安置有关工作;5. 循环产业园总规修编及成立产业发展基金有关工作;6."两网"融合有关工作;7. 投融资有关工作;8. 监察有关工作;9. 城农投公司有关工作;10. 民政有关工作;11. 信访相关工作。

6月15日下午,召开第十七届市人民政府第9次常务会议,会议主要议题是:1. 2017年"一核、三区、四镇"项目对接平台有关工作;2. 审议《耒阳市重点工程项目资金管理办法》;3. 国土资源有关工作;4. 审议《关于深化供销合作社综合改革的实施意见》;5. 关于部分乡镇实行农村生活垃圾收集、清运和处理一体化有关工作;6. 关于湿地公园管理有关工作;7. 关于配合做好国务院第四次大督查有关工作;8. 兼并重组绿海粮油公司有关工作;9. 2017—2018淘汰煤炭落后产能有关工作。

7月25日上午,召开第十七届市人民政府第10次常务会议,会议主要议题是:1. 煤炭税费集中征收项目及标准调整有关工作;2. 已完成改制企业党政一把手安置有关工作;3. 研究《耒阳市重点工程项目资金管理办法》;4. 教育有关工作;5. 三架中学行政管辖变更有关工作;6. 交通水利投有关工作;7. 研究《耒阳市违法建设查处暂行办法》;8. 禁毒及综治创新有关工作;9. 煤炭有关工作。

8月18日下午,召开第十七届市人民政府第11次常务会议,会议主要议题是:1. 市直机关差旅费管理办法调整有关工作;2. 整治规范房地产市场遗留问题及城市环境综合整治有关工作;3. 国土有关工作;4. 收购耒阳农村商业银行股权有关工作;5. 民政有关工作;6. 富民东路建设有关工作;7. 信访维稳有关工作。

10月18日下午,召开第十七届市人民政府第12次常务会议,会议主要议题是:1. 城市总规和矿产资源规划有关工作;2. 切实加强当前安全生产有关工作;3. 12345 政府服务热线平台建设有关工作;4. 推行“三项制度”试点有关工作;5. 撤销长坪南方红豆杉自然保护区有关工作;6. 欧阳海罐区渠系改造项目资金有关工作;7. 进一步完善商品房预售管理有关工作;8. 循环经济产业园 PPP 项目有关工作;9. 市纪委通报案件有关工作;10. 国土有关工作;11. 财政有关工作;12. 公证体制改革及法律工作者遗留问题有关工作;13. 启动治超非现场执法有关工作;14. 淘汰煤炭落后产能及祥麟公司金星煤矿有关工作;15. 研究《关于进一步加快开放型经济和实体经济发展的实施意见(试行)》。

11 月 25 日,召开第十七届市人民政府第 13 次常务会议,会议主要议题是:1.《小水镇总体规划(2017—2030 年)》相关工作;2. 平台公司监管办法及迎省财政厅 PPP 示范项目检查有关工作;3. 国土有关工作;4. 平安城市二期和智能交通项目采用 EPC+F 模式建设有关工作;5. 水利有关工作;6. 城区环卫市场化工作;7. 城区环卫市场化工作;8. 设立耒阳经开区中小微企业信贷风险补偿基金工作;9. 沿江北路棚户区改造工作;10. 扶持煤炭产业升级发展工作。

12 月 11 日下午,召开第十七届市人民政府第 14 次常务会议,会议主要议题是:1. 审议《政府工作报告》(征求意见稿);2. 关于畜禽粪污资源化利用有关工作;3. 关于省十三运会筹备和参赛有关工作;4. 关于公租(廉租)住房扫尾有关工作;5. 关于循环经济产业园有关工作;6. 沿江北路及武广新城路网有关工作。

【市长办公会议】 1 月 13 日上午,召开市长办公会议,研究卫生有关工作。

1 月 17 日下午,召开市长办公会议,研究白沙棚户区改造联平新城项目结算、交房、维稳有关工作。

1 月 19 日晚,召开会议,研究城市环线项目建设有关工作。

2 月 27 日上午,召开市长办公会议,研究加快城北东路提质改造项目建设有关工作。

2 月 28 日上午,召开市长办公会议,研究推进综合行政执法体制改革工作有关事项。

3 月 7 日上午,召开办公会议,研究加快推进武广教育城项目建设有关工作。

3 月 15 日下午,召开市长办公会议,研究市“两馆一中心”和体育训练馆项目建设有关工作。

3 月 21 日上午,召开市长办公会议,研究金城华府项目建设有关问题。

3 月 24 日上午,召开市长办公会议,研究完成一季度财税收入任务和立足长远开辟新财源等有关问题。

4 月 13 日上午,召开市长办公会议,研究 G107 绕城改线、竹哲公路建设有关工作。

4 月 17 日晚,召开市长办公会议,研究“智慧耒阳”项目建设有关工作。

5 月 3 日晚,召开市长办公会议,研究垃圾焚烧发电项目建设相关工作。

5 月 4 日晚,召开市长办公会议,研究棚户区改造有关工作。

5 月 7 日下午,召开市长办公会议,研究加快推进全民健身中心项目建设有关工作。

5 月 9 日,召开市长办公会议,研究统筹整合涉农项目资金助推脱贫攻坚有关工作。

5 月 10 日晚,召开市长办公会议,研究“6・29”火灾事故后续处理问题等有关事项。

5 月 15 日下午,召开市长办公会议,研究“两馆一中心”项目建设有关工作。

5 月 16 日上午,召开市长办公会议,研究金鹏新天地项目建设有关问题。

5 月 27 日上午,召开市长办公会议,研究做好易地扶贫搬迁相关工作。

6 月 1 日下午,召开市长办公会议,研究积极推进人大“一号议案”两馆一中心和武广教育城项目有关工作。

7 月 3 日上午,召开市长办公会议,研究欧阳海新城道路建设及 107 国道(城南路)联平段道路建设有关工作。

8 月 11 日上午,召开市长办公会议,研究加快对接福兴环保科技冰铜项目相关事宜及城乡规划体系编制有关工作。

8 月 23 日晚,召开市长办公会议,研究与稀贵金属综合回收利用产业发展基金合作有关事项。

8 月 29 日下午,召开市长办公会议,研究加快推进全民健身中心综合体育馆项目建设工作。

9 月 4 日下午,召开市长办公会议,研究原整规工作遗留问题处理相关工作。

9 月 12 日晚,召开市长办公会议,研究新市镇建设路筹建相关工作。

9 月 19 日晚,召开市长办公会议,研究 2017 年度农村综合服务平台建设工作。

9 月 25 日下午,召开市长办公会议,研究承办省十三运会篮球比赛项目耒阳一中体育场馆提质改造有关问题。

9 月 27 日下午,召开耒阳隆平高科农业开发有限公司(以下简称耒阳隆平高科)新增耕地开发项目第一期验收工作推进会,研究耒阳隆平高科(原耒阳鑫之源公司)2014 年 13782 亩新增耕地开发项目的立项、推进及第一期 3655 亩验收等有关情况。

10 月 24 日晚上,召开市长办公会议,研究渡口安全隐患整改等有关工作。

10 月 25 日上午,召开市长办公会议,研究加快推进不动产统一登记有关工作。

10 月 25 日下午,召开市长办公会议,研究推进生活垃圾焚烧发电项目建设有关工作。

10月31日,召开市长办公会议,研究进一步加快“百日攻坚”步伐,进一步优化提升城市环境相关事项。

11月14日下午,召开市长办公会议,研究治理拖欠农民工工资问题。

11月23日下午,召开市长办公会议,研究进一步抓好高标准农田建设工作。

11月27日上午,召开市长办公会议,研究武广新城土地拍卖有关问题。

【政府专题会议】 1月5日下午,召开会议,研究蔡伦竹海旅游专线路基防护及排水工程施工图设计变更有关工作。

1月6日上午,召开专题会议。研究协调解决净土·耒乡农业开发项目有关矛盾纠纷有关工作。

1月12日下午,召开专题会议,研究2016年教育系统公开招聘、军转干部及随军家属安置、“三支一扶”期满人员安置等有关工作。

1月13日上午,召开会议,研究市公路管理局承建市经济开发区创业园道路工程余款拨付有关工作。

2月28日上午,召开会议,研究校车安全管理有关工作。

3月14日晚,召开专题会议,研究解决南方水泥有关问题。

3月17日下午,召开专题会议,研究加快推进东洲公园回购价格测算有关工作。

3月20日,召开专题会议,研究加快酒类食品安全监督职责移交相关工作。

3月23日下午,召开专题会议,研究理顺治超工作机制相关事宜。

4月17日下午,召开会议,研究精神卫生有关工作。

4月19日上午,召开会议,研究加快推进金山市场二期提质改造项目有关工作。

4月20日下午,召开会议,研究政法系统非税收入有关问题。

4月21日上午,召开会议。研究支持金悦科技公司上市有关工作。

4月25日晚,召开会议,研究整改落实中央环保督察组前期调研关注重点环境问题。

5月10日下午,召开会议,研究加快推进中国供销湘南农产品批发电商物流园项目建设有关工作。

5月19日上午,召开会议,研究加快推进城北东路提质改造项目有关工作。

5月26日下午,召开会议,研究2017年度省级贫困村标准化村卫生室建设有关工作。

6月1日下午,召开会议,研究欧阳海新城道路建设部分标段工程设计变更有关情况。

6月13日下午,召开会议,研究耒阳市神斧民爆物资公司老女冲专用仓库涉嫌违法用地等问题。

6月21日上午,召开2016年度土地卫片执法监督检查查处整改工作会议,研究2016年度土地卫片执法监督检查工作。

6月21日下午,召开会议,研究东兴房产公司职工吴寄平工伤理赔有关问题及金谷水郡项目建设有关问题。

6月23日上午,召开会议,研究加快推进实验小学紫荆校区建设有关工作。

7月5日上午,召开会议,研究新市镇旧办公楼资产拍卖遗留问题处理有关工作及原商业系统乡镇食品站工矿商店资产移交工作有关事宜。

7月6日下午,召开会议,研究煤炭系统国有企业改制有关工作。

7月19日上午,召开会议。研究水拾路和新城一路东段项目建设有关工作。

7月27日下午,召开会议,研究支持江西赣南三百山农果业合作社拟在耒阳投资建设现代旅游与绿色水果示范基地相关工作及专题调度会议,研究水东江棚户区改造项目有关问题。

8月4日下午,召开会议,研究坛下乡石坝墩村精准扶贫有关工作。

8月7日,召开会议,研究余庆卫生院征拆工作。

8月15日晚,召开会议,研究西湖南路“一大两小”合同履行情况有关问题。

8月21日下午,召开会议,研究马阜岭人防基地建设有关工作及司法业务用房建设有关问题。

8月23日上午,召开会议,研究凯阳地产开发工三路非法卖地信访事项有关工作。

8月29日下午,召开专题会议,研究市特殊教育学校有关工作。

8月30日晚,召开会议,研究耒阳仁义光伏项目建设有关问题。

9月11日下午,召开会议,研究G107线耒阳市境内大修工程交通保畅通有关工作。

9月12日上午,召开会议,研究加快推进沿江北路及配套项目建设有关问题。

9月14日下午,召开会议,研究格楠教育文化和乡村旅游产业园项目建设有关事项。

9月21日下午,召开会议,研究黄市镇小城镇建设有关问题。

10月10日上午,召开会议,研究耒阳市余庆街道办事处向阳村“5·5”恶性伤人案件善后处理有关问题。

10月11日下午,召开会议,研究推进永秀沙滩花海项目建设有关工作。

10月17日上午,召开会议,研究2017—2018年度高标准农田建设有关工作。

10月23日上午,召开会议,研究加快推进智能停车诱导系统项目实施有关工作。

10月23日下午,召开会议,研究东麓垃圾填埋场封场工程项目建设有关问题。

10 月 24 日，召开会议，研究棚户区改造有关工作。

10 月 25 日下午，召开会议，研究建设项目报建规费征收有关问题整改工作。

11 月 4 月上午，召开会议，研究“11·03”恶狗咬人事件后续处理有关问题。

11 月 6 日下午，召开会议，就全年财政收入任务进行专题调度。

11 月 7 日下午，召开会议，研究荷塘路建设有关问题及美丽乡村建设有关工作推进会，讨论大兴龙村美丽乡村建设有关工作。

11 月 8 日下午，召开会议，研究城北东路提质改造项目建设有关问题、智慧城市综合开发项目建设有关工作、2017 年砖厂及非煤矿山专项整治有关工作及富鑫机械有限公司承债式收购工作。

11 月 13 日下午，召开会议，研究城农投公司有关工作。

11 月 15 日下午，召开会议，研究体育运动中心资产转让有关工作。

11 月 16 日上午，召开会议，研究太平风电二期工程项目和小水风电场一期工程项目推进工作、政务中心大楼建设有关问题及小水镇小城镇建设相关工作。

11 月 17 日下午，召开会议，研究落实衡阳市政府督查室督办我市农村公路建设有关问题及农发行基金有关工作。

11 月 21 日下午，召开会议，研究我市地方政府性债务问题整改工作。

11 月 23 日下午，召开会议，研究加快推进 2017 年煤炭产业去落后产能有关工作。

11 月 27 日上午，召开会议，研究加快推进潜江—韶关输气管道耒阳段建设有关工作。

12 月 1 日下午，召开会议，研究梅桥污水处理厂回购有关事项。

12 月 5 日下午，召开会议，研究城市环境综合整治“百日攻坚”摩托车专项整治有关工作。

12 月 6 日上午，召开会议，研究耒阳市重要军事设施周边环境安全保密专项整治工作。

市政府文件

1 月 20 日　关于印发《耒阳市企业上市奖励实施办法》的通知

1 月 20 日　《关于降低企业成本减轻企业负担的实施意见》

1 月 24 日　《关于我市生猪市场价格调控意见》

2 月 6 日　关于印发《耒阳市保险公司支持市域经济考核评价办法(试行)》的通知

2 月 6 日　《耒阳市银行业金融机构支持市域经济发展考核评价试行办法》

2 月 14 日　《关于积极稳妥解决不动产登记中有关问题的处理意见》

2 月 17 日　《耒阳市财税征管协管单位 2017 年工作考核实施办法》

2 月 17 日　《耒阳市 2017 年乡镇办事处财税工作考核实施办法》

2 月 22 日　关于印发《耒阳市综合行政执法协作管理规定(试行)》的通知

2 月 22 日　关于印发《耒阳市环境监管网格化工作方案》的通知

3 月 20 日　关于印发《耒阳市行政事业单位国有资产管理实施暂行办法》的通知

3 月 23 日　关于印发《耒阳市建设领域农民工劳动报酬保证金管理实施办法》的通知

3 月 26 日　《关于抓好 2017 年粮食生产工作的意见》

4 月 20 日　关于印发《2017 年〈政府工作报告〉重点工作责任分解表》的通知

5 月 2 日　关于印发《耒阳市妇女发展规划(2016—2020 年)》和《耒阳市儿童发展规划(2016—2020 年)》的通知

5 月 3 日　关于印发《耒阳市城市棚户区改造专项资金管理暂行办法》的通知

5 月 5 日　关于印发《耒阳市易地扶贫搬迁项目资金管理办法》的通知

5 月 10 日　关于印发《耒阳市市直行政事业单位经营性资产招租管理实施细则》的通知

5 月 22 日　《耒阳市关于加强食品安全工作的意见》

5 月 22 日　《耒阳市关于落实全省两个“百千万”工程加快现代农业发展的实施意见》

6 月 16 日　关于印发《耒阳市“十三五”环境保护和生态建设规划(2016—2020)》的通知

8 月 8 日　关于印发《耒阳市违法建设查处办法》的通知

8 月 28 日　关于印发《耒阳市政府合同管理办法》的通知

9 月 5 日　关于印发《耒阳市重点项目运行管理办法》的通知

10 月 8 日　关于印发《耒阳市推行节地生态安葬的实施办法》的通知

10 月 19 日　关于印发《耒阳市临时救助实施办法》的通知

10 月 19 日　关于印发《耒阳市特困人员救助供养实施细则》的通知

10 月 19 日　关于印发《耒阳市关于加强困难群众基本生活保障工作实施办法》的通知

10 月 25 日　关于调整煤矸石相关税费征收项目及标准的通知

10 月 25 日　关于调整省管国有煤矿煤炭相关费集中征收项目及标准的通知

10 月 25 日　关于调整煤炭相关税费集中征收预存项目和标准的通知

11 月 6 日　关于做好 2016 年冬季退役士兵接收安置工作的通知

11 月 10 日　关于印发《耒阳市农

村村民建房和产权登记管理实施细则》的通知

11月16日　关于印发《耒阳市煤矿驻矿盯守实施办法》的通知

11月20日　《关于进一步推进户籍制度改革的实施意见》

11月23日　关于编报2018年市级政府投资项目年度计划及财政性(含融资)建设资金收支计划的通知

11月28日　关于印发《耒阳市爱国卫生管理办法》的通知

12月1日　关于进一步推动金融扶贫工作的通知

12月12日　关于做好2018年烟叶生产工作的通知

12月13日　关于规范规模养殖管理的通知

办公室工作

【概况】 耒阳市人民政府办公室下设督查室、经济研究室、机要室、外事侨务办公室、经济研究中心、市财税金融工作领导小组办公室、政工人事组、秘书组、后勤组、财务组、信访维稳组,有工作人员53人,其中干部44人,工人9人。归口管理市人民政府法制办公室、市金融工作办公室、市采煤沉陷综合治理办公室、市重点项目管理办公室、市蔡伦竹海管理办公室、市耒水国家湿地公园管理局。所属市城镇工作办公室为正科级公益类事业单位,经济研究中心为正科级事业单位,市应急管理办公室(市政府总值班室)为副科级事业单位,市金融工作办公室为市政府办管理的正科级全额拨款事业单位,其划入市政府办的职责由政府办委托其承担。

【综合协调】 加强与市委、人大、政协办公室的联络、协调与沟通,特别是“三重一大”事项,均按规定程序请示或报告;按照“四大家”办公室主任联席会议制度,及时沟通联系相关工作,推动各项工作。及时协调部门之间的工作,保证政府各项工作的协调一致和正常运转,尤其是在综合行政执法体制改革、违规进编转编人员处理、中央环保督查等“急难险重”工作上,综合协调工作成效明显,凝聚各方面、各部门的力量,有力促进全市经济社会发展任务的完成。

【调查研究】 围绕市委、市政府中心工作和改革发展稳定的热点、难点问题,面向群众、面向实际、面向社会,主动深入进行调查研究,掌握第一手材料,撰写调研报告,提出工作意见,及时为领导提供有价值的决策参考意见。全年起草各类报告、总结、计划、讲话稿等60余万字,在市级以上刊物发表各类文章5篇,向上报送政务信息300余条,编辑《耒阳经济》3期,紧扣转型升级、项目建设、财政税收等主题,深入开展调查研究,形成调研报告5篇,政府工作报告、政府全会报告、城市环境“百日攻坚”动员报告等重大综合性文稿。李京融获衡阳市政务信息十佳信息员。

【督查督办】 坚持把《政府工作报告》重点工作、重点项目建设、民生实事办理、省市目标责任书考核、市政府中心工作及主要会议和领导批示等作为重点展开督查督办,提升政府执行力,推动各项工作高效落实。全年组织专项督查26次,下发督查通报17份。推进领导批示办理工作,深化领导批示件的交办与督查,对领导批示件实行记录台账、定期汇总、定期通报,重点跟踪督办领导批示11件、下达市长督办令2份。高度重视人大建议和政协提案办理,办理人大代表议案2件、建议162件,办理政协提案85件、建议案1件,代表和委员的满意度均达到100%。

【办文办会】 准确高效办文。对所有来文来电,严格按公文处理程序运转送签,规定时间内办结率达到100%,对重特大事件处理做到加班加点,急事急办,特事特办。对以市政府或政府办名义所发文件,从严把好文字文件关,公文处理质量和效率不断提高,全年发文685个,其中以政府名义发文的444个,以政府名办义发文的241个。市政府领导主持的会议纪要125个,承办上级传真批示579个。严谨规范办会。按照高效、节俭、规范的要求办好各类会议,提升会议质量,搞好会务服务,对于市政府、政府办所有大型会议,包括政府全会、政府常务会、市长办公会、现场办公会、专题协调会等会务工作,严格要求,实现“零失误”办会。严肃会议纪律,对无故缺会、代会现象进行严厉整治,有力提升会议会风及政府威信。控制会议数量、规模和时间,大力推行“多会合一”模式,会议数量同比减少20%。

【信访维稳】 接待群众来信来访,对群众反映的热点难点问题及时登记,按照职责职能及“属地管理”原则,能归口办理的转到部门或乡镇办事处办理,需领导解决的报送领导审批。突出抓好十九大特护期、“一带一路”高峰论坛、金砖国家首脑会议等重大节会信访维稳工作,有效处理宏利尚城购房户集体上访、公平镇石湾村村民祖山上访、三都镇小孩溺亡上访等一批群体上访事件。

【应急管理】 值班应急连续高效运转,全年无差错、零失误下发各类电话通知近5000余个、发送短线通知近2万条;有效开展突发事件防范和处置工作,及时妥善处理“7·5”太和圩乡洪水、“11·3”恶狗咬人、残疾人服毒等突发事件,有效维护大局稳定。

【后勤服务】 改革物业管理,将政府大楼的保安、保洁等后勤服务,外包给第三方物业公司,节省人力和物力,提升物业管理质量和水平。强化硬件维护,营造舒适、整洁工作环境,及时维护政府大楼的水、电等设施,先后实施政府广场维修、广场路灯换装等工程。规范车辆管理,严格落实公车改革要求,严格公务用车管理,成立政府公务用车车队,保障政府领导公务用车需要,切实减少公车经费。严格财务管理,财务支出设立常务副市长审批、政府办主任及分管财务副主任签字三道程序,做到厉行节约、勤俭持"家"。热情从俭接待,严格贯彻落实《党政机关厉行节约反对浪费条例》,建立健全公务接待集中管理、接待单位审批控制、公务接待清单、接待共享等制度。

(刘文林)

市政府办公室文件

1月5日　关于印发《耒阳市2017年春运工作方案》的通知

1月11日　关于进一步规范和完善城乡居民医疗保险管理服务的意见

1月17日　关于印发《耒阳市全民健身实施计划(2016—2020年)》的通知

1月17日　关于印发《耒阳市2016年度地质灾害综合防治体系建设项目的实施方案》的通知

1月24日　关于编报2017年市本级政府性投资项目计划的通知

1月24日　关于印发《耒阳市加强源头治超监管工作实施方案》的通知

1月24日　关于印发《耒阳市发展众创空间推进大众创新创业实施方案》的通知

2月15日　关于印发《耒阳市城乡居民基本养老保险2017年度工作方案》的通知

2月17日　关于印发《耒阳市税收保障工作考核实施细则》的通知

2月18日　关于建立困难群众生活保障工作协调机制的通知

2月22日　关于印发《耒阳市湘江保护和治理第二个"三年行动计划"(2016—2018年)实施方案》的通知

2月28日　关于进一步规范扶贫小额信贷分贷统还工作的通知

3月5日　关于开展2017年耕地地力保护补贴面积核定工作的通知

3月7日　关于印发《耒阳市第二批环保突出问题整改清单》的通知

3月13日　关于印发《耒阳市2017年早稻专业化集中育秧实施方案》的通知

3月20日　关于印发《耒阳市自然灾害救助应急预案》的通知

3月23日　关于印发《耒阳市"落实企业安全生产主体责任年"2017年实施方案》的通知

3月30日　关于印发《耒阳市落实粮食安全行政首长责任制考核办法》的通知

4月12日　关于印发《耒阳市2016年度生猪调出大县奖励资金管理实施方案》的通知

4月17日　关于印发《耒阳市无偿献血工作实施方案》的通知

4月18日　关于印发《耒阳市大中型水库移民避险解困试点工作实施办法》的通知

4月20日　关于印发《耒阳市人民政府工作规则》的通知

4月21日　关于印发《耒阳市安全生产"十三五"发展规划》的通知

5月9日　关于印发《耒阳市2017年金融扶贫工作实施方案》的通知

5月11日　关于印发《耒阳市煤矿超层越界开采专项检查整治行动工作方案》的通知

5月22日　关于印发《哲桥七岭、元木片区棚户区(城中村)改造项目房屋拆迁补偿安置方案》的通知

5月22日　关于印发《耒阳市特色产业园发展规划》的通知

5月25日　关于印发《耒阳市农村危房改造对象确定工作实施方案》的通知

5月25日　关于对经济指标责任单位考核工作的通知

5月25日　关于印发《耒阳市2017年地质灾害防治方案》的通知

5月26日　关于印发《耒阳市2017年做优做强湘米产业项目实施方案》的通知

5月26日　关于印发《耒阳市2017年粮油"水旱轮作"模式绿色高产高效创建项目实施方案》的通知

5月26日　关于进一步加强校车安全管理工作的通知

5月26日　关于印发《耒阳市2017年杂交水稻制种保险实施方案》的通知

5月26日　关于印发《耒阳市2017年政策性农业保险实施方案》的通知

5月31日　耒阳市关于开展专项打击整治户外QQ群、俱乐部等非法经营旅游业务行为的通知

6月1日　关于印发《耒阳市农村低保和社会保障兜底脱贫对象认定清理整顿工作方案》的通知

6月6日　关于印发《耒阳市政府网站集约化建设实施方案》的通知

6月6日　关于印发《耒阳市政府网站管理办法》的通知

6月6日　关于印发《耒阳市神农北路综合提质改造项目征地拆迁补偿安置工作方案》的通知

6月12日　关于印发《耒阳市预拌商品混凝土行业发展规划(2017年—2020年)》的通知

6月12日　关于印发《耒阳市耒水东岸大桥上游片区棚户区改造项目实施方案》的通知

6月16日　关于增加耒阳市地方原粮储备规模的通知

6月16日　关于印发《耒阳市实

施湖南省知识产权强县工程工作方案》的通知

6月16日　关于印发《耒阳市2017年易地扶贫搬迁实施方案》的通知

6月16日　关于推进驻耒中央、省属企业办社会职能分离移交工作的实施意见

6月28日　关于印发《关于清理行政事业单位和国有企业政府性资产及相关债权债务的工作方案》的通知

6月28日　关于转发《湖南省人民政府办公厅关于建立"一单四制"制度推动重大事故隐患治理的通知》的通知

6月28日　关于印发《耒阳市危险化学品安全综合治理实施方案》的通知

6月28日　关于加快推进社会信用体系建设的实施意见

6月28日　关于印发《耒阳市2017年电子政务相关工作绩效考核办法》的通知

6月29日　关于提高农村低保标准的通知

7月4日　关于印发《耒阳市行政许可和行政处罚等信用信息公示工作实施方案》的通知

7月5日　关于印发《耒阳市2017年度省级贫困村标准化村卫生计生室建设方案》的通知

7月11日　关于印发《耒阳市加强农村留守儿童关爱保护工作实施方案》的通知

7月11日　关于印发《耒阳市农村留守儿童"合力监护、相伴成长"关爱保护专项行动实施方案》的通知

7月14日　关于印发《耒阳市开展变型拖拉机道路交通安全专项整治行动工作方案》的通知

7月18日　关于开展"四个专项检查"的通知

7月20日　关于印发《加快全市贫困村通信基础设施建设的实施方案》的通知

7月20日　关于建立耒阳市被征地农民社会保障工作联席会议制度的通知

7月24日　关于印发《耒阳市政府投资建设项目工程变更管理办法(试行)》的通知

7月24日　关于印发《耒阳市清缴被征地农民社会保障资金工作方案》的通知

7月31日　关于印发《耒阳市畜禽规模养殖污染防治规定》的通知

8月1日　关于印发《耒阳市车辆超限超载治理工作考核办法》的通知

8月1日　关于切实做好湖南省第三轮教育工作"两项督导评估考核"和全国义务教育发展基本均衡县市评估认定迎检工作的通知

8月8日　关于印发《耒阳市农村电网改造升级三年行动方案》的通知

8月22日　2017年耒阳市政务信息工作绩效考核的方案

8月23日　关于印发《耒阳市五里牌居委会5、9、10组棚户区(城中村)改造项目实施方案》的通知

8月24日　关于印发《耒阳市政府性债务管理实施办法(暂行)》的通知

8月28日　关于印发《耒阳市重大行政执法决定法制审核办法》的通知

8月28日　关于印发《耒阳市行政执法公示办法》的通知

8月28日　关于印发《耒阳市行政执法全过程记录办法》的通知

8月28日　关于印发《耒阳市推行行政执法公示制度执法全过程记录制度重大执法决定法制审核制度试点工作实施方案》的通知

8月28日　关于印发《关于建立耒阳市务工人员信息数据库工作的实施方案》的通知

8月29日　关于转发《衡阳市人民政府办公室关于切实做好计划生育特殊困难家庭扶助工作的通知》的通知

8月29日　关于印发《耒阳市"诚信计生"家庭优先优惠政策实施细则》的通知

9月6日　关于印发《耒阳市交通安全隐患大整治专项行动实施方案》的通知

9月7日　关于认真落实城乡低保、特困人员各项优惠政策的通知

9月13日　关于印发《耒阳市2018年度城乡居民基本医疗保险征缴工作实施方案》的通知

9月13日　关于印发《2018年度耒阳市城乡居民基本医疗保险征缴任务指导数》的通知

9月13日　关于印发《耒阳市人力资源和社会保障村(社区、居委会)级公共服务平台建设实施方案》的通知

9月13日　关于印发《耒阳市原整规工作遗留问题处理实施方案》的通知

9月16日　关于印发《"转型十年·看耒阳"百日宣传活动方案》的通知

9月17日　关于印发《关于推进基层综合性文化服务中心建设的实施方案》的通知

9月17日　关于印发《耒阳市2017年度大气污染防治实施方案》的通知

9月17日　关于印发《关于在市场体系建设中建立公平竞争审查制度的实施方案》的通知

9月17日　关于印发《减证便民专项行动工作方案》的通知

9月20日　关于推广"金湘通"服务工作的通知

9月28日　关于印发《耒阳市地质灾害应急抢险救灾演练方案》的通知

10月8日　关于印发《关于对2016年度政务公开第三方评估结果存

在问题的整改方案》的通知

10月8日　关于实行保护发展森林资源目标责任制(2016—2020年)的通知

10月8日　关于印发《耒阳市2017年保护发展森林资源目标责任制考核办法》的通知

10月8日　关于印发《耒阳市打击涉医违法犯罪专项行动方案》的通知

10月8日　关于印发《耒阳市2017年医疗废物处置专项整治行动方案》的通知

10月16日　关于进一步加强农村安全用电管理的通知关于印发《耒阳市2018年度中央财政水利发展资金农田水利项目县资金整合方案》的通知

10月19日　关于印发《耒阳市食品安全事故应急预案》的通知

10月19日　关于印发《耒阳市"十三五"期间普及农村无害化卫生户厕工作方案》的通知

10月23日　关于印发《关于加快推进光伏扶贫项目的实施方案》的通知

10月23日　关于推广应用耒阳市人力资源和社会保障综合管理系统的通知

10月24日　关于印发《耒阳市涉企信息统一归集公示工作实施方案》的通知

11月2日　关于转发《衡阳市城乡居民基本医疗保险实施细则》的通知

11月6日　关于印发《耒阳市医疗保险基金安全管理问题整治专项检查方案》的通知

11月28日　关于印发《耒阳市通道绿化建设工作方案》的通知

11月28日　关于印发《耒阳市高标准农田建设项目管理办法》的通知

11月29日　全面开展农民工劳动报酬保证金及农民工工资支付情况专项检查的实施方案

12月4日　关于印发《关于进一步完善医疗救助政策做好农村贫困人口医疗救助工作的实施意见》的通知

12月7日　关于做好2018年争资争项工作的通知

12月11日　关于印发《关于扶持耒阳投资担保有限公司发展的若干政策规定》的通知

12月18日　关于印发《耒阳市病媒生物预防控制管理办法》的通知

12月20日　关于印发《耒阳市湘江流域限制开采区内露天开采非金属矿的整治方案》的通知

12月27日　关于印发《耒阳市2017年畜禽粪污资源化利用试点项目实施方案》的通知

12月27日　关于印发《耒阳市耒水饮用水水源保护暂行办法》的通知

12月27日　关于印发《耒阳市饮用水水源地突发性环境事件应急方案》的通知

12月28日　关于印发《耒阳市2017年粮食适度规模经营补助实施方案》的通知

12月29日　关于进一步规范和完善惠农(扶贫)补贴"两卡两折"换(增)发工作的通知

12月29日　关于印发《耒阳市易地扶贫搬迁建设用地增减挂钩工作方案》的通知

政务中心

【概况】　耒阳市政务服务中心有进驻部门(单位)11个,设立窗口13个,窗口工作人员56名。中心主大厅面积约为600平方米,下设33个分厅。中心核定编制15名,内设办公室、审批管理股、督查协调股、财务股。

【压缩审批时限】　中心按照"减、优、限"要求,督促各窗口单位进一步精简优化审批流程,使审批事项的办理从"受理、承办、审核、批准、办结"5个环节,减少到"受理兼审查、审核兼审批"2个环节,确保行政审批服务事项对外承诺办理时限平均压缩60%以上。畅通市重大投资项目绿色通道。为充分发挥市政务服务平台招商引资功能,更好地搭建起重大投资项目行政审批"绿色通道",中心制定《重点项目全程委托代办工作方案》,要求委托代办窗口对市重大投资项目提前介入,加强事项办理协调和指导,安排专人全程受理和代办。为规范进驻项目办理流程,对进驻项目实行分类管理模式,分为即办件、一审一核件、承诺件三种类型,规定即办件1个工作日办结、一审一核件3个工作日办结、承诺件10个工作日办结,提速效率非常明显。

【推进"五证合一"】　创新登记方式。按照"一窗受理、互联互通、信息共享"要求,通过实施"五证合一、一照一码"登记模式,将工商、税务、质监等相关部门工作进行整合归并,实行"一口受理、一表登记、一站服务",优化准入流程、减少重复性审查,对激发市场活力和解放生产力,起到积极的推动作用。截至年底,政务中心食品药品工商质量监督局窗口共办理"五证合一、一证一码"登记核准约7500件。

【推进"三集中三到位"改革】　各部门面向群众的服务职能向一个内设机构集中,内设机构向政务服务中心集中,审批服务事项向电子政务平台集中;部门审批服务项目入驻中心到位,窗口运行授权到位,电子监察督察到位,从根本上杜绝"名进实不进、人进权不进"的"双轨运行、体外循环"现象,确保与企业和人民群众密切相关的审批事项和服务事项在政务服务中心"一站式"办结。

【便民服务中心建设】　推进乡镇(街

道)便民服务中心规范化建设工作,加强对各乡镇(街道)便民服务中心的业务指导,进一步提升制度化、规范化、标准化服务水平,进一步加强乡镇(街道)便民服务中心和村级代办点规范化建设,做到“小事不出村,大事不出乡镇”,真正达到为民、便民、利民的要求。是年,全市30个乡镇(街道)都建设便民服务中心,涉及群众切身利益的办、站、所各项服务事项,都集中到服务中心,实行“一站式”办理,并完善运行制度,公开收费标准,制作办事指南,服务体系进一步完善,群众办事更加方便快捷。拟由政府办牵头组织相关单位对各乡镇(街道)便民服务中心的规范化建设进行考核验收,对达到标准化建设要求的单位,依据《耒阳市人民政府常务会议纪要》精神,政府财政给予10~15万元的资金补助。

法制工作

【概况】 耒阳市人民政府法制办设有办公室、工会、人事股、执法股、法律服务中心。有干部职工9人。法制办主要负责推行行政执法责任制、评议考核制和行政执行过错追究制;指导行政执法部门规范行政执法行为;承担行政执法监督的具体工作;负责重大具体行政行为的备案审查工作,依法监督纠正本级政府工作部门和下级政府作出的违法或不当的行政行为;协调部门之间在行政执法中的矛盾和争议。承办市人民政府的行政复议、行政应诉、行政赔偿工作;负责指导全市行政复议、行政应诉、行政赔偿工作;监督全市有行政复议权的行政机关的行政复议活动等。

【行政执法三项制度试点工作】 全面推行行政执法公示制度、执法全过程记录制度、重大执法决定法制审核制度(简称三项制度)是党中央、国务院赋予的改革试点任务。衡阳市政府明确三项制度试点工作要求后,法制办第一时间进行安排部署,代耒阳市政府草拟《耒阳市推行行政执法公示制度执法全过程记录制度重大执法决定法制审核制度试点工作实施方案》,经报政府常务会议讨论通过后下发,为耒阳市开展行政执法三项制度工作奠定基础。通过动员,各执法部门单位进一步提升认识,认清推行行政执法三项制度的重要性和紧迫性,为行政执法三项制度的全面开展奠定思想基础。期间,该办成立专班,安排专人对全市各行政执法单位进行调度督导,确保各行政执法单位按时间节点要求完成改革任务,强力推进三项制度试点工作在耒阳市全面开展。

【行政执法体系改革】 全力推动综合行政执法体制改革工作,不断完善综合执法体制。经过年初多次协调会,多轮部门直接协调、商讨,9月下旬,市国土资源局行政执法人员划转,全市24个涉改执法单位全部完成编制划转,完成改革任务。为确保耒阳市综合行政执法局正常开展工作,该办起草《耒阳市综合行政执法协作规定(试行)》,经多方征求意见后,报耒阳市政府批准下发。为耒阳市综合行政执法局与原行政执法单位厘清执法权限,理顺执法程序,解决实际问题。

协助理顺不动产登记程序。该办主动作为,多次协调相关部门进行会商,对相关程序进行重新梳理,再造办事程序,对推行统一不动产登记工作,规范完善权证发放充分发挥作用。

探索开展委托乡镇政府行使部分行政执法权工作,推进执法重心下移。按照衡阳市深改办的统一部署,经耒阳市领导研究决定,是年在小水镇试行乡镇政府行使市级职能部门部分行政执法权工作。

【规范性文件管理】 严格执行《湖南省规范性文件管理办法》关于规范性文件制定听取意见、合法性审查、集体讨论决定、及时报备和动态管理的程序要求。截至11月25日,共审核、登记、公告耒阳市政府制发的规范性文件25件,耒阳市政府办制发的规范性文件24件,耒阳市政府各部门制发的规范性文件2件。全部在规定时间内报衡阳市政府和耒阳市人大常委会备案,未出现一件“问题文件”。有效强化规范性文件事后监督,提高规范性文件质量。根据国务院和省政府文件要求,对耒阳市政府2017年1月1日前制定现行有效的规范性文件进行全面清理,确认136件规范性文件继续有效,宣布67件规范性文件失效,废止2件规范性文件。探索各级政府及其职能部门建立会议纪要合法性审查制度。通过落实政府常务会议纪要、市长办公会议纪要、政府专题会议纪要的合法性审查制度,大力推动乡镇政府及市直部门会议纪要合法性审查的制度建设。坚持政报编写工作。全年出版《耒阳政报》18期,免费发送到市直相关各单位、各乡镇街道办事处,各村(居)委会等单位和人大代表、政协委员及市级领导。

【行政复议及应诉能力建设】 做好行政诉讼、行政复议应诉答复工作。该办严格依照法律法规相关规定,及时做好应诉、答辩等工作。各级法院受理以耒阳市政府作为被告的行政诉讼18宗,衡阳市政府受理以耒阳市政府为被申请人的行政复议案件6件,均依法进行应诉、答辩。认真履行行政复议监督职能。该办办理以耒阳市政府职能部门或乡镇人民政府为被申请人的行政复议申请13宗,办结9宗,其中维持1宗,不予受理2宗,终止5宗,责令履行1宗。积极化解行政争议,取得较好效果。积极参与重大事件处理。该办安排人员专门参与“11·3”恶狗咬人事件的后续处理工作,通过组织召开紧急会议，及时向社会澄清事件处理情况、发布政府公告等后续措施，稳定群众情绪，避免事态继续扩大，维护社会稳定。

【依法办理法律事务】 认真履行耒阳市政府法律顾问室工作职责，依法办理法律顾问事务。依法办理耒阳市政府法律顾问事项198件，其中重大决策事项41件，耒阳市政府领导交办法律顾问事项37件，一般性法律审核事项120件，合同审查事项33件，其他法律服务事项40件。加快政府法律顾问队伍的组建进度。以耒阳市政府的名义聘请了以湖南大学法院院长屈茂辉为首的法律顾问团，基本形成以政府法制机构人员为主体、吸收专家和律师参加的政府法律顾问队伍。

【行政执法人员持证上岗】 严格执行《湖南省行政执法人员和行政执法辅助人员管理办法》，规范行政执法证件发放。对未取得《湖南省行政执法证》或者国务院有关部门颁发的行政执法证的人员，坚决不得让其从事行政许可、行政处罚、行政强制、行政征收、行政收费、行政检查、行政确认等行政执法工作。一经发现，立即宣告行为无效。

【法治政府建设考核】 为全面深入推进依法行政，明确法治政府建设任务，加快耒阳市法治政府建设步伐，该办代拟的《2017年度法治政府建设工作要点及考核方案》，于9月19日由两办正式下文，该办依照该文件确立的时间节点，认真完成相关考核，为全市经济和社会发展提供良好的法治保障。

国企改制

【概况】 市改制办是临时性综合协调机构，下设“三部一组”，综合部、社会保障部、资产处置部和社会稳定组，各部组人员从各单位抽调，负责全市企业改制工作的综合汇总、督促指导和政策把关。

【督促工作】 根据耒阳市2017年《政府工作报告》要求，要认真抓好企业改制扫尾工作，市改制办每月定期或不定期对改制企业负责人、企业主管部门分管领导和主要领导，通过电话督促、现场调研、会议调度等方式，督促改制企业和企业主管部门——责任单位对改制工作加大力度、加快进度。2017年7月抓住市政府督查室汇总《政府工作报告》重点工作1—6月份完成情况的契机，在要求各责任单位——改制企业主管部门上报完成落实情况给市改制办汇总的基础上，又进一步督促其按照《政府工作报告》要求认真抓好企业改制扫尾工作。

【企业改制】 截止2017年年底，耒阳市有国有改制企业102家，完成改制96家，完成率94%。好的企业资产优良，基本完成改制。市工业品采购供应站、市汽修厂、市造纸厂3家企业完成改制验收，市苗圃档案移交工作做好后可完成改制验收，其他5家企业进行改制扫尾工作。

（龙伟）

烤 烟

【概况】 耒阳市烤烟生产管理办公室是正科级全额拨款事业单位。负责全市烤烟生产的组织实施、考核督查、信息综合、协调关系和生产技术指导以及对乡镇、办事处烤烟办的业务指导。内设办公室、生产管理股、内务后勤股3个股室。有全额在编在岗人员24人。

【烟叶生产】 2017年，全市烤烟生产的目标任务是：完成种植烤烟合同面积1.85万亩以上，计划收购烟叶4.6万担以上，实际收购49053担，（含寄存式收购收购2853担），收购金额（含产后补贴）66476172元，上、中等烟比例达100%。烟农亩平均收入达3715元以上，比2016年亩产收益增加1.2%，创烟叶税1309.94万元。收购等级合格率达80%以上。

各乡镇（办事处）种植烤烟计划面积及交售烟叶计划任务是：

马水镇 9000亩 22500担

哲桥镇 3200亩 8000担

导子镇 1600亩 4000担

东湖圩镇 1400亩 3500担

水东江办事处 1200亩 3000担

坛下乡 1100亩 2750担

南京镇 1000亩 2500担

全市合计：1.85万亩，46250万担。

2017年，烤烟生产继续实行“守红线、稳规模、提质量、增效益”的基本政策，采取市场引导，政策扶持，计划种植；扩大主产区规模，进一步优化布局；科技兴烟，主攻质量，提高单产，提高效益；提升烟叶标准化生产技术水平；推动烟农合作社大力开展烟叶生产专业化服务，进一步加强烟区基础设施建设，全力提升“耒阳烟叶”国家地理商标品牌知名度和美誉度。

【重点种烟建设】 耒阳市委、市政府大力扶持发展3000亩以上的种烟乡镇，500亩以上的种烟村。把马水建成万亩乡镇，丹田、湖德、东升，哲桥塔水、和平建成5个千亩村。淘汰面积不足500亩的种烟乡镇和面积不足100亩的种烟村。基本烟田土地整理、烟水烟路建设及其他烟基补贴项目向生产水平高、收购秩序好的重点种烟乡镇、村倾斜。每个种烟乡镇有计划地每年扶持15户以上贫困户走种烟致富路。

【受灾理赔】 是年6月1日—7月初连续遭受20余天阴雨天气，造成全市

7129亩烟田遭受洪涝灾害,受灾程度超历年。该办全体干部职工参与组织抗洪救灾,向有关方面争取资金,共争取保险理赔款267万元,湖北中烟捐助30万元,衡阳市烟草局捐助130万元。并申请耒阳市财政预以专项救灾补助,在具体实施中坚持实事求是,积极稳妥落实好烟农受灾理赔工作。

【基础设施建设】 为改善烤烟生产环境,提升烟叶产量和质量,该办从省烟草公司共争取资金3500余万元对烤烟生产集中区进行农田沟渠、道路等基础设施建设。并重视育苗大棚及烤房群年度维修工作,市烤烟办共投入补助资金40余万元,用于专项维修,确保育苗大棚、烤房群正常使用。

【科技兴烟】 打造"耒阳烟叶"品牌,实施科技兴烟战略,重点推进烤烟生产"四化":规模化种植、标准化生产、机械化作业和精细化管理。该办同烟草公司共同加强创新对烤烟生产技术的宣传与指导落实,全面提高烟叶生产技术水平。牢固树立质量就是生命,质量就是效益的观念,全面提升烟叶质量,降低劳动力成本,进一步增加烟农种烟收入和效益。

安全生产监督管理

【概况】 耒阳市安全生产监督管理局为耒阳市人民政府主管安全生产综合监督管理的工作部门,加挂耒阳市安全生产委员会办公室牌子,内设办公室(政工人事股)、政策法规股(行政审批服务股)、安全生产协调股、非煤矿山安全监管股、危险化学品安全监管股、职业卫生安全监管股(工贸行业安全监管股)、监察室、考试中心、财务股7个职能股室和1个安全生产行政执法大队,工作人员69人,其中采矿、机电、化工、建筑、气象等安全生产相关专业人员20人,下设二级机构安全生产技术培训服务中心。

【办理行政许可】 按照申报一个、审查一个,合格一个、报送一个的原则,认真做好行政许可工作。审查烟花爆竹申请资料238份,颁发烟花爆竹经营(零售)许可证196个;审核上报危险化学品经营许可证申报资料5套,安全生产事故应急预案备案6套,重大危险源备案2套。

【安全监察执法】 按计划开展监察执法。编制《2017年监察监管工作计划》,开展"有计划、全覆盖、规范化"安全生产执法检查。对全市非煤矿山、危险化学品、烟花爆竹、工商贸以及冶金有色机械行业等571家生产经营单位进行1598次监管执法。其中监督检查非煤矿山32家,烟花爆竹批发公司4家、零售经营户402家,危险化学品生产经营单位65家,工商贸企业68家,监察覆盖率为100%。排查各类安全隐患737条,按期完成整改669条,隐患整改率为90.7%。按程序开展执法办案。严格按照《耒阳市综合行政执法协作管理规定》要求,认真审查行政执法案件移交工作。移交到综合执局案件17起。其中非煤矿山安全监管股移交4起,危险化学品安全监管股移交1起,烟花爆竹安全生产行政执法大队移交12起。

【专项行动】 开展"落实企业安全生产主体责任年"。按照一年全面推进、两年强化落实、三年巩固提升的要求,耒阳市自2017年起全面开展"落实企业安全生产主体责任年"活动。该局督促各乡镇办事处和市直部门按照制定的方案,精心组织,各企业对照主体责任要求,认真查找履行安全生产主体责任存在的问题和不足,列出问题清单,拉条挂账,逐项进行整改。对规模以上企业落实安全生产主体责任的情况进行重点督查,面对面加强工作指导。同时,采取"四不两直"方式,加强明查暗访、计划执法,对主体责任履行不到位的企业,发现一起查处一起,并坚决依法处罚到位。全面开展安全生产大检查。从7月起集中开展安全生产大检查,坚持全面检查与严格执法相结合、企业自查与政府督查相结合、属地负责与部门督导相结合,依法严惩违法违规行为,彻底排查整治事故隐患,及时有效管控安全风险。该局直接监管的非煤矿山领域:起草出台《耒阳市非煤矿山企业安全生产"平安迎春"行动方案》《非煤矿山安全文化建设及安全警示标志和设置方案》和《关于立即开展全市非煤矿山企业安全生产大检查的通知》。对全市34家非煤矿山企业进行了146次执法,下达现场检查记录124份,责令改正指令书61份,整改复查意见书41份,现场处理措施决定书8份,查处隐患149处,已整改100处,将4家存在违法行为的企业已送综合行政执法局立案处罚。全面提升非煤矿山企业安全生产保障能力。烟花爆竹领域:共下达各类执法文书1859份,现场处理隐患258例,责令限期整改隐患307处;移送烟花爆竹各类案件13起,撤销不符安全条件的烟花爆竹零售点184个;会同相关部门和单位开展联合执法18次,查处非法储存点12处、非法经营点145处,收缴非法烟花爆竹1203个(件),行政拘留4人。危险化学品领域:及时制定下发《耒阳市危险化学品企业安全生产大检查工作实施方案》《耒阳市危险化学品安全综合治理方案》和《耒阳市危险货物道路运输"四必查"联合执法工作方案》,全年安全生产专项大检查共出动执法582人次,车辆148台次,查处隐患724条,下达整改文书254份,严厉查处和打击危险化品领域非法违法行为,白沙加油站未经安全条件审查擅自建设一案交由市综合行政执法局立案查处。职业卫生领域:对全市8家冶炼企业和55家工贸企业进行142次执法,下达执法文书142份,排查隐患210条;完成4家企业(衡阳市下达的任务为3家)的职业卫生安全现状评价,76家企业在网上完成职业危害项目申报。实施重大事故隐患治理"一单四制"。结合省政府办公厅《关于建立"一单四制"制度推动重大事故隐患治理的通知》,出台《耒阳市重大事故隐患治理"一单四制"制度贯彻落实工作方案》。督促各乡镇办事处和相关职能部门结合安全生产大检查,迅速动员部署对辖区所有行业领域、所有生产经营单位和人员密集场所,进行全面彻底地摸底排查,分级分行业迅速建立重大事故隐患清单,并对重大事故隐患治理任务实行交办制、台账制、销号制、通报制管理。市安委会结合实际情况,制定耒阳市重大隐患事故清单,其中煤矿重大安全隐患78处,并对小水镇跨铁公路桥等4处重大安全隐患进行挂牌督办公告。对于省安委会督办的小水镇"公跨桥"和衡阳市督办的"天汇公交公司"重大安全隐患,耒阳市严格按照"一单四制"要求,整治到位,协调办理隐患销号摘牌手续。

【基层基础建设】　加大安全投入。加大安监部门安全生产经费保障,市财政共安排安全生产专项资金1422万元,其中,乡镇安监站工作经费218万、村级安全监管员专项经费110万元、安全生产非法违法举报奖励经费35万元、工伤保险资金70万,危化进园入市资金166万元、非煤矿山关闭资金120万元。争取上级安全专项经费301万,其中安全生产装备资金110万元、烟花爆竹关闭资金191万元。为对接国家煤矿安全"体检",耒阳市财政出资200万元用于40个煤矿开展煤矿安全自检和国家安全"体检";市财政投资983万元,先后提质改造东坪、陶洲、大市等16道渡口23座码头。扎实做好安全生产责任保险的推广工作,是年有357家生产经营单位购买安全生产保险,共计保费43万元。抓示范创建。切实加强耒阳市基层安全生产监管能力建设,协助衡阳市安委办采取查阅资料、查看现场和考试的形式对五里牌、黄市镇、马水镇等15个省、衡阳市安全生产示范的乡镇办事处进行了复查,并对复查情况进行全市通报,指出存在的问题,提出下步工作思路,推动耒阳市示范乡镇深入开展。继续严格按照"六有"标准,高标准建设完善好安监站(煤监站),印发《耒阳市村居安全生产监管员工作记事本》,人手一册,定期开展安全排查,及时上报安全监管信息。抓标准化建设。继续加大对煤矿、非煤矿山、危险化学品和烟花爆竹等高危行业的安全标准化创建力度,17家企业非煤矿山和4家烟花爆竹批发公司创建为三级安全标准化企业,煤矿领域力争保留煤矿100%达到国家三级标准,确保2~3个煤矿达到二级标准。

【宣传教育】　日常宣教,常抓不懈。在耒阳电视台、《今日耒阳》、耒阳手机报开辟《安监之窗》《安全生产在行动》等专栏,印刷《安全生产大检查简报》刊物,报道安全生产工作动态;建立全市安全生产信息共享平台和县乡安全生产QQ群,宣传传达安全生产工作安排和重要信息;在春节、清明节、国庆等重要节日和高温、汛期等重要时期,发送安全提示短信55次,计5万余条。专题宣教,有声有色。积极开展"安全生产宣传月"等活动,创新开展安全生产体验、安全生产演讲比赛等宣传活动,多形式、广渠道发送安全宣传资料3万份。组织规模以上企业、个体经营户和居民签订安全生产承诺书共3万余份,并发动各乡镇办事处自行加印一定数量的承诺书进行签订,更大程度地提高了安全生产承诺书签订的覆盖率,提升了全民安全责任意识。安全培训,入脑入心。组织煤矿、非煤矿山、烟花爆竹、危险化学品、建筑施工、道路交通等行业领域主要负责人、安全管理人员和从业人员进行安全知识集中培训,下基层、下企业,免费培训,市财政安排70万元专项经费予以保障。是年开办各类培训班56期,培训5000余人。安全生产宣传教育进学校、进社区、进企业扎实推进,各部门根据自身特点积极开展应急演练,收到良好的效果,共举行不同规模、各种形式的消防灭火、防溺水、应急逃生、危险化学品处置等应急演练20余次。

【安全生产事故】　全市发生各类生产安全事故1起,实现安全事故"零伤亡",其中该局直管的非煤矿山、烟花爆竹、危险化学品、工商贸企业等行业未发生生产安全事故,全市安全生产形势基本平稳。

(谢荣)

矿产品税费征收管理

【概况】　耒阳市矿产品税费征收管理局组建于1995年3月,初为临时机构,2002年12月正式定编为正科级全民事业单位;2011年8月,获批为参照公务员管理单位;2012年6月,办公室更名为局。

【催缴国有煤矿煤炭费】　指派专人负责,成立专门催缴小组,加强与南阳、红卫、白山坪、兴源等四个省管国有煤矿沟通,不定期地召集各煤矿相关负责人商谈,每月定期下矿催缴,全年统征到账省管国有煤矿相关费748.22万元,催缴工作扎实有效。

【驻矿征管】　耒阳市委、市政府于2017年11月8日召开驻矿工作动员大会,会议统一相关各方的思想,明确责任,确保驻矿工作的顺利开展。会后,该局依据会议精神,召开驻矿人员第一期培训班和驻矿工作推进会,制订切实可行的驻矿征管方案,在各煤矿进驻工作人员,设立驻矿办公室,以“矿磅征收、站点查验、稽查保障”的方式实行源头征收。有效减少税费的流失,通过征收终端前移,实行源头征收,可有效杜绝煤车绕卡偷逃税费行为,按保守估算,若全市所有煤矿正常复产,全年可减少税费流失近亿元;挤干皮重水分,实行矿磅征收,采取煤车实时上磅称取皮重数据,全年可增收煤炭税费近千万元;源头规范煤矸石运营,驻矿人员实地监督煤矿发运煤矸石,杜绝装运煤矸石掺杂原煤做假行为,全年可大幅增加煤矸石税费的征收总量。

贸 促 会

【概况】 中国国际贸易促进委员会耒阳市委员会(简称耒阳市贸促会)内设办公室(会务部)、国际联络部和国际业务部(出证认证处)3个职能部室,有工作人员9名,正副会长各1名,秘书长1名。

【招商引资】 是年,招商引资引进项目8个,启动项目2个。协同工商联、竹海办,组织德国大力食品对蔡伦竹海和福建绿宝集团进行考察,学习其高科技工厂化、规模农业化的先进经验,促使德国大力食品与福建绿宝集团达成到耒阳合作办厂的意向性协议。组织智慧食品协会、金鑫农业科技发展有限公司等企业参加赴娄底新化县考察农副产品深加工、精加工和营销。天添食品有限公司第一期生产线的投资已基本完成,并投入生产,产品也通过职能部门的认证检测,正准备进行第二期原料基地建设的投资。

【经贸活动】 围绕耒阳市发展外向型经济战略目标,市贸促会共组织企业参加国内外国际博览会、展览会6次,参加企业40家次,参加展览的农副产品200多种,为企业争取会展资金28.52万元。组织江头贡茶协会和相关企业参加“湖南茗茶北美行”活动,展示茶叶的良好品质。组织耒耕轻型耕田机制造有限公司等10家农机企业参加在娄底举办的湖南省第八届农业机械、矿山机械、电子陶瓷产品博览会。耒耕轻型耕田机制造有限公司与武冈市祥宏农业机械有限公司,现场签单耒耕牌微耕机200台,价值24多万元。

【服务工作】 年内把为企业服务作为贸促工作的着力点和落脚点,为更好地服务企业,把企业服务面从会员企业扩展到全市所有外向型企业。走访新食康、荣创黄花菜、新农人田园农业科技有限公司等30余家企业,与企业负责人进行座谈,了解企业生产经营状况、面临的困难以及亟需解决的问题,搜集企业在经营管理方面的难题和困难近100个,帮助企业解决相关难题近90余个。组织6家企业参加衡阳市国际贸易政策宣讲暨国际商事法律培训,促使企业学习了解进出口相关政策,便于更好地“走出去”。

(陈方敏)

环境保护

【概况】 耒阳市环境保护局是全市的环境保护行政主管部门,内设办公室、人事股、环评股、计划财务股、法制宣传股、总量控制与环境监测股、固体废物与辐射管理股、污染防治与生态保护股、机动车排气污染监控中心9个股室,下辖耒阳市环境监察大队、耒阳市环境监测站两个副科级二级机构,全局有干部职工217人,其中技术工人135人(含专业技术3人)。

【环境宣传】 该局开展多层次、多形式的环境保护宣教活动,有效地提升公众环保意识,为推动环境保护工作打下良好基础。资料宣传。利用“6·5”环境日,该局组织力量在人口集中广场开展环保公益宣传活动,设置宣传拱门,悬挂宣传横幅,粘贴宣传海报,开展环保政策咨询,发放环保宣传资料、宣传手册800余份,宣传环保违法典型案例,悬挂条幅、现场讲解有关环保法律法规等。媒体宣传。充分利用“环保世纪行”等活动,加强和电视台、手机报及微信平台的合作,广泛报道环保先进做法、优秀事迹,播放环保宣传公益片,弘扬环保正能量,特别是加强对各大网站论坛的回帖跟帖力度,把宣传环保和展示环保良好形象有力结合起来。活动宣传。该局承办“大美耒阳,绿色家园”2017年生态文学征文大赛活动,收集优秀稿件200余篇,在学校、机关、企业等引起强烈反响。

【环境治理】 实施大气污染防治。污染物减排是上级部门考核耒阳市的重要指标,通过制定并实施《耒阳市2017年度大气污染防治实施方案》,耒阳市大气总量减排工作任务的二氧化硫、氮氧化物、VOCs(挥发性有机物)排放总量较2016年分别减少3%、3%、2%以上的考核目标任务。推进电厂超低排放改造,2017年6月,大唐耒阳电厂通过超低排放改造,氮氧化物、二氧化硫、烟尘年新增减排量分别约1223吨、1380吨、163吨。淘汰17台10蒸吨以下燃煤生活锅炉。加快水泥行业污染综合治理,完成耒阳南方水泥厂窑尾和包装系统烟气处理改造项目。完成重点行业VOCs(挥发性有机物)排放现状调查工作,制定重点行业VOCs削减行动计划,强化VOCs源头预防,对辖区重点工业行业及汽车4S店和汽车修理厂喷涂工序开展挥发性有机物污染综合治理。协助交警、城管等单位加强黄标车、城市道路扬尘管理。

实施水污染防治。坚持以"一号重点工程"为重点，深入开展湘江水系综合治理第二个"三年行动计划"，持续推进水污染源减排工作。加强工业源水污染减排工作。白洋渡污水处理厂稳定运行，可削减化学需氧量1600吨、削减氨氮300吨，超额完成上级考核目标削减量100吨、20吨以上；加强集中式污水处理设施设备建设，对城镇生活污水集中收集治理，建设新市镇污水处理厂。强化饮用水源保护，划定集中式饮用水源保护区，进行保护区环境整治和规范化建设，开展耒阳市城区饮用水水源保护区规范化整治，上报9个农村集中式饮用水水源保护区划定报告。抓畜禽养殖污染防治，淘汰退出禁养区内黄从明养猪场等50家养殖场，开展金生养殖场等7家养殖场污染综合治理，分别削减化学需氧量、氨氮760吨和30吨。持续推进重金属污染防治，完成遥田地区历史遗留重金属污染综合治理、大市循环经济产业园污水处理厂建设。启动加油站地下油罐改造工作，完成耒阳服务区加油一站等28个加油站地下油罐改造。

实施土壤污染防治。根据《土壤污染防治行动计划》，按照湖南省环保厅对土壤污染防治工作的部署，耒阳市开展土壤污染重点污染源遥感核实、土壤污染源污染场地初查、农用地详查地位核实、土壤污染宣教工作。争取在摸清土壤污染现状的基础上，解决突出土壤污染问题，建设土壤污染防治体系，改变耒阳市土壤污染防治基础薄弱的状况。

【环境监管】 创新监管机制，提高监管效率。认真执行"双随机"抽查工作制度。制订《耒阳市污染源日常环境监管随机抽查制度实施方案》并认真实施，全市纳入双随机抽查的污染源101家，其中重点污染源13家，一般污染源88家。截至11月底，该局共"双随机"抽查污染源43家。推进"网格化"环境监管体系建设。根据国务院办公厅《关于加强环境监管执法的通知》和省政府办公厅《关于加强环境监管执法的实施意见》有关文件精神，耒阳市出台《耒阳市环境监管网格化工作方案》，建立市、乡(镇、街道)、村(居委会)三级网格，形成"横向到边，纵向到底"的环境监管网格管理责任体系，切实将"划片包干、定人定岗、定位定责"落到实处。是年，全市已建成一级网格1个，二级网格32个，三级网格377个。积极开展环境执法大练兵工作。根据湖南省厅、耒阳市局有关开展环境执法大练兵的要求，成立领导小组，制订《耒阳市环境执法大练兵工作方案》。通过执法大练兵的交流和学习，提高依法行政意识，规范执法水平。开展专项执法，加强震慑力度。针对重点行业、重点领域，有计划、有步骤地开展环境监察专项执法检查工作。开展黏土制砖及其他砖瓦生产企业专项整治行动。制定《耒阳市砖瓦行业环保专项执法检查行动工作方案》，对全市砖瓦生产企业进行全面排查和集中整治，关闭淘汰不符合产业政策的黏土砖及其他非法的砖瓦生产企业，2017年底，基本关闭淘汰城市建成区及对城市环境空气质量影响较大的砖瓦生产企业。排查砖厂62家，责令停产12家，限期整改5家。开展尾矿库环境安全隐患和环境污染问题专项排查。联合安监部门对耒阳市尾矿库进行全面排查，排查2座尾矿库，一座未投入使用，一座完成闭库。开展重点行业环境保护专项执法检查工作。根据湖南省环保厅《2017年环境监察执法工作要点》，结合耒阳市实际情况，制订《耒阳市2017年重点行业环境保护专项执法检查工作方案》，检查涉危险废物企业8家，水泥制造业2家，城镇污水处理厂1家，垃圾填埋场1家，火力发电企业3家，畜禽养殖业16家。开展违法违规建设项目清理"回头看"工作。对列入2016年项目清改名单且已完成环保备案或环保验收的建设项目进行抽查，检查建设项目是否按要求整改到位，做到稳定达标排放。共抽查企业66家，全部整改到位。开展洗涤行业专项清理整治工作。为解决全市洗涤行业突出的环境污染问题，制定实施《关于全市开展洗涤行业专项清理整治工作的实施方案》，联合卫计、街道办事处等相关部门对全市范围内的餐具洗洁、消毒企业、医疗卫生单位、宾馆饭店工作服、被褥洗涤企业、废旧回收衣服洗涤企业等进行全面排查摸底。专项清理整治工作共检查企业36家，责令停产2家，限期整改2家，规范洗涤服务业的生产经营，消除环境污染隐患。2017年1至11月，耒阳市立案查处48件，处罚金额42.9959万元，移送公安行政拘留4人，刑拘1人。

【环境信访】 该局抓实环境信访工作，加强全市所有污染源的监督管理工作，从源头上解决信访案件的发生。充分发挥"12369"环保热线举报系统作用，通过"12345"市长信箱、网络媒体等多样化信访投诉渠道，积极鼓励群众举报环境违法问题，及时办理信访受理件并回复当事人。年内，全市收到上级转办等各类环境信访投诉435件，处理409件，处理率94%，回复率93.1%。

城市和农村建设投资

【概况】 公司资产总额达88亿元，干部职工193人，内设办公室、工程部、土地部、融资部、财务部等12个部门，下辖武广教育城、全民健身中心等10个项目部，经营管理，扶贫开发、物业管理、房地产开发、广告传媒等6家全资子公司。全年融资到位资金15.69亿元,完成项目投资12亿元。上交市财政利润0.4亿元,交纳税费0.56亿元。

【项目融资】 公司巩固银行贷款主渠道,积极拓宽融资渠道。全年融资到位资金15.69亿元,采取各种方式拉动投资30亿元以上。

【项目建设】 耒阳市政府授权该公司建设城市基础设施及民生工程项目15个,投资额度大,征拆任务重,涉及范围广,协调工作难。公司投入工程建设资金12亿元,确保各个项目进展顺利。

【城北东路提质改造项目】 全长1.92公里,红线宽度54米,预算投资3.02亿元。该项目一期于2013年由水东江街道办事处组织招标实施,签订施工合同。2016年9月市政府将业主变更为城农投公司。公司及时组织工程施工,是年完成700余米道路改造段工程,新建段完成东鹿2组、20组及氮肥厂的民房、厂房拆迁,拆迁面积14308㎡,道路油化、下水道绿化带和路灯均已完工。

【武广新城路网项目】 建设内容包括经纬一路、经纬二路、锦绣路等10条道路,建设总里程26.6公里,一期预算投资7.3亿元,项目采用EPC+F的建设模式,是年,项目招投标已完成,正在开展勘探、测量、征地、拆迁、清表、土方等工作。

【顺一、武二路项目】 全长2.419公里,路幅宽30米,工程分4个标段招标建设,预算投资6471万元。2017年启动一标段工程建设,年内武二路一标段和顺一南路已完工。

【全民健身中心项目】 主要建设内容包括体育场、综合体育馆、游泳馆三个部分,占地360亩,预算投资5.5亿元。工程中标单位为武汉武船公司和广东电白二建,采取EPC方式进行建设。是年,体育馆项目正施工,确保2018年十三届省运会男子篮球赛如期举办。

【政务中心项目】 总建筑面积1.47万平方米,建筑高度九层34米,总投资约6217.17万元。是年完成大楼主体结构工程,正在进行室外装修工程施工和市内装修设计。

【武广教育城项目】 建设内容包括一城五校(市职校、市委党校、教师发展中心、武广实验高中、纸都实验学校)。占地818亩,项目已完成招投标工作。是年已完成土地征收,正在进行拆迁、杆线搬迁、土地报批预审及土方施工等工作。

【万寿园公墓项目】 该项目是2016年第6次常务会议确定的建设项目,是公司第一个经营性项目。项目位于水东江街道办事处兴竹村,是年完成24个组征地任务,征收土地489.76亩,正在进行规划设计作招标准备。

【铜锣洲综合安置区项目】 总用地面积5.2万平方米,建筑基地面积0.77万平方米,建筑面积21.96万平方米,住宅共计10栋、1532套,停车位1037个,预算投资4亿元。是年,10栋安置房正在进行室内外装修,按合同陆续支付工程款19000万元。

【沿江北路棚户区改造及风光带项目】 项目规划总用地面积5.3万平方米,总建筑面积20.3万平方米,道路建设总里程2.43公里,拆迁面积约19万平方米,预算总投资8亿元。该项目原业主单位市住建局,2016年10月,市政府常务会研究决定将业主变更为该公司。是年,沿江北路棚户区改造及风光带项目完成征地462亩,完成房屋拆迁8万平方米;安置房工程完成招标,地下室土方工程施工,沿江北路沿河风光带项目完成招标工作。

【农村综合服务平台项目】 第一批22个农村综合服务平台完成,是年,灶市新渡、导子洞口等村级综合服务平台工程全部完工,建筑面积1.1万平方米,并交付使用,支付工程款1650万元。是年,安排20个农村综合服务平台建设任务。

【易地扶贫搬迁项目】 完成大和、余庆、导子等10个集中安置点及20处分散安置点的标准安置房建设,建筑面积5000平方米,支付各项工程款696.38万元。

电子政务

【概况】 耒阳市电子政务管理办公室为市政府直属正科级事业单位,主管全市电子政务及数字城市的规划建设、推广应用以及技术拓展,负责市党政门户网站的建设管理及全市政府信息公开、网上审批、电子监察的指导、协调与督促,负责市矿产品税费征管系统维护与管理,负责全市应急调度指挥中心、市政府“12345”服务热线管理等工作,全办内设综合股、技术股、数字城市股、政府网站管理股、政府信息公开股、网上办事管理股、应用推进股、“12345”政府服务热线股、矿产品税费征收系统维管股、矿产品税费征收系统机房值班室等10个股室,下设二级机构耒阳市电子政务管理办公室信息技术中心。

【数字耒阳】 完善电子政务网络。新增部署互联网+监督系统、司法局业务系统、环保业务系统、综治网格化管理系统、全国涉企信息公示系统等业务应用系统。电子政务项目审核把关。

全年该办组织专家对上报该办的财政性投资的电子政务项目方案共 19 个项目,合计建设资金 2562.26 万元。不动产共享平台建设基本完成。该办牵头建设耒阳市不动产登记业务与对接共享信息平台,通过电子政务外网与衡阳市国土局及耒阳市房产局、国土局实现互联互通。电子政务内网建设基本完成。按照国、省、衡阳市统一部署,电子政务内网建设基本完成,主要承载涉密应用系统。

【党政门户网站】 抓好网站集约化建设。以"基础栏目+特色栏目"建设模式,通过改版整合、数据迁移,融入政府网站群管理理念,在"统一平台、统一域名、统一运维、标准规范、分级保障"的基础上,实现耒阳党政门户网站与各部门网站信息资源的交换共享与综合利用。全市 9 家部门政府网站已全部整合上移,并以专题、栏目、频道形式在耒阳党政门户网站集中展示,打造全市"一张网"。抓好网站栏目信息更新。截至 11 月 23 日,共审核发布时政要闻 917 篇、部门动态 807 篇、乡镇动态 180 篇,发布走进耒阳、投资耒阳信息 100 余篇,发布通知公告 190 篇。抓好网站特色栏目建设。策划"2017 两会""中央环保督查"以及学习贯彻落实十九大精神等专题,开发 APP 客户端,注册"耒阳党政门户网"微信公众号,策划"信息发布、公共服务、互动交流"等 3 个特色栏目,对推动政府中心工作起到很好的宣传作用。抓好政民互动。通过书记市长信箱、12345 政府服务热线等公众参与渠道,大力提高市民参与度,提升政府网站互动效果。全年办理衡阳 12345 热线转办工单 1706 件,办结率 100%;耒阳党政门户网"书记市长"信箱收到来信 348 件,回复 348 件,回复率 100%;主动回应市民关切,解决一大批市民反映的热点难点问题。

【政府信息公开】 坚持"以公开为原则,以不公开为例外",全面加强政府信息公开。加强主动公开。耒阳市党政门户网主动公开政府信息 9118 条,其中市级发布动态信息 1823 条,市级信息公开专栏发布信息 2452 条,2017 政务公开专栏发布信息 1229 条;各部门向市党政门户网站信息公开平台报送信息 5437 条。公开市政府常务会议 6 次,图解市级以上重要会议精神和工作要点 4 个。公开市政府文件 5 个、市政府办公室文件、规范性文件及国省市部门文件 55 个,解读政策文件 8 个,图解政府常务会议 6 个。公开各部门"三公"经费预算 121 家,公开权力清单、责任清单和审批中介服务事项清单 3000 余项。加强信息发布审核。对普通信息的发布工作,实行"一般谁发布谁审查,不确定信息由保密部门审查"的办法;部分特殊情况的信息发布,由政府信息公开工作机构会同监察、法制、保密和有关部门实行联席会议审查。妥善办理依申请公开。2017 年,在网上收到 6 封依申请公开信件,都依法依规进行回复。

【网上政务服务】 加快便民惠民服务,大力推进网上政务服务。加强公共服务栏目建设。设立 2017 年政务公开工作要点专栏,对公共服务栏目进行重新梳理,设置教育服务、社保服务、医疗服务等 11 个子栏目,及时更新 600 余条信息。规范重点办事服务事项。该办筛选老年人服务、不动证登记、高校毕业就业服务作为重点办事服务项,并对其进行改版和办事流程梳理,公布办公地点、办公时间、办公电话、办事依据、办事对象和法律法规及便民信息等 40 多个要素,并及时更新信息 300 余条。加强放管服公开力度。按照简政放权、放管结合、优化服务的要求,公布权力清单 2976 项、责任清单 1080 项、负面清单 312 项、职业资格目录 28 项、政府定价或指导经营服务性收费 47 项、中介服务机构 27 项、工商登记前置审批事项 31 项、废止和失效规范性文件 205 项、企业设立后经营许可 450 项。加强网上政务服务办理。2017 年,收件 75361 件,办结 75361 件;网上咨询来信 236 封,回复 236 封。

【煤炭税费征管系统】 全面加强征管系统建设,确保煤炭税费征管系统正常运行。强化征管系统维护。全年下乡维护 500 余次,更换各类征管设施 200 多套,清洗摄像头近百套,更换各类强、弱电线路 800 余米。改造大市、枫泉两个站点的监控设施,撤销马坑、大桥、横龙 3 个验票堵点,更换大市里、大市外、南阳二、高炉、堰新等五个站点的蓄电池。强化征管系统机房值班。全年审核车皮卡解锁 108 次,调整煤矸石正常运行时间 5 次,设备维护通知 130 次,网络传输中断、系统运行故障通告 27 次,处理车辆延时情况 240 次,二次打印审核与处理 55 次,车辆异常授权处理操作 186 次。

（罗爱友）

移民开发

【概况】 耒阳市移民开发局是市政府直属的承担行政职能的正科级全额事业单位,成立于 2007 年 7 月 28 日。机关内设股室 8 个(办公室、计划财务股、人事股、党建办、政策法规信访综合股、安置后扶开发股、工程股、监察审计室),下设二级移民机构工作站 6 个(东乡片移民站、西乡片移民站、南乡片移民站、北乡片移民一站、北乡片移民二站、城区乡片移民站),有干部职工 56 人,专业技术人员 15 人(其中工程师 5 人、中工 10 人)。全市有移民 6.8 万人,其中大中型水库移民 4.1 万人,小型水库移民 2.7 万人,涉及的大中型水库库区有太平库区、关王塘库区、凉水冲库区、耒中电站库区、土谷塘航电枢纽库区等10座。

【移民扶持资金管理】 移民资金是专项性资金,是移民群众的生命钱。该局采取多项管理措施:对移民资金的拨付使用、监督与管理、会计核算处理等作明确的规定,规范移民资金拨付程序,从制度上确保移民资金安全。严格按工作进度、按资金性质拨款,保证移民资金的专款专用,安全有效。加强对专项移民资金的拨付跟踪服务、业务指导,定期检查和核对有关资金拨付和使用情况,确保账证相符、账账相符、账实相符。严禁挪用、截留,代扣代征移民补偿、补助资金,确保各项资金及时足额发放到位。全年发放直补资金16151994.4元。在直补资金发放过程中,秉着"高效、简化、便民"的原则,严格按照"直补到人,一人一卡(折)"的要求发放,全市移民都及时稳妥地领到直补资金。加强对移民工程项目资金的管理,所有的移民工程项目都按程序进行招投标,工程建设资金做到按施工进度要求拨付,有效防止腐败工程。

【移民产业开发】 按照后期扶持政策,着力做大产业基地,加快形成产业新格局,坚持以奖代扶,因地制宜,突出特色,大力培育发展有特色产业,促进"一乡一业""一村一品"产业开发。库区和移民安置区移民合力快步推进,库区新产业、新产品、新模式、新服务不断涌现;农产品加工以及农家乐、家庭农庄、观光旅游等服务茁壮成长;移民户+龙头企业+专业合作社的产业发展模式不断完善,库区的特色产业、支柱产业的发展优化移民区产业结构,增加移民收入。三架街道办事处大丰村、皂丰村新开油茶841亩、抚育4000亩,龙塘镇江头茶叶基地新开104亩、抚育300亩,灶市街道办事处零州村、新沙头村、泗门村300余亩蔬菜基地建设顺利完成,新开水果种植677亩,抚育276亩。同时不断巩固老产业,富龙药材新增药材1000亩,湘耒水果新增水果500亩,蔡伦农业园新增蓝莓200亩。

【移民整村推进】 后期移民扶持工作主要以"撒胡椒面"的方式进行扶持,每个项目平均只有2万~3万元,资金严重不足,对移民村经济社会发展推进力度不大,移民受益不明显。该局通过学习上级文件精神和自查自纠,不断改进移民扶持措施,完善移民扶持方案,创新后期扶持模式,积极推进由"撒胡椒面"式向"突出重点,整村推进"扶持方式的转变。先后推进亮源乡关王村、南阳镇淝江村、永济镇大河边村,太平乡太平村等一批重点试点村,坚持移民后期扶持规划与当地经济发展规划以及其他涉农部门的有关规划协调配合,整合资金,合力攻坚。亮源乡关王村是耒阳市重点打造的乡村休闲旅游景点,该局投入80万元修建通往景点的公路,投入20万元修建通往山顶的游客道,投入10万扶持开发100余亩水果基地,以小资金撬动大资本,充分发挥资金引擎作用,吸引社会资金加入到景点开发中。在永济镇大河边村投入40余万元整修水利渠道,投入10万进行亮化改造,紧紧依托宋氏怡园打造美丽乡村。在南阳镇淝江村,投入70余万元对老淝江口岸进行提质改造,投入15万开发葡萄50亩、杨梅350亩。后扶项目465个,其中重点项目4个。全年投资后扶项目资金2300余万元。

【移民避险解困】 耒阳市作为第三批移民避险解困试点,避险解困指标数为1728人,受领工作任务后,该局认真准备前期工作,提早谋划,争取市领导重视,第一时间召开全市移民避险解困动员大会、培训会。充分利用多种宣传手段,通过"村村响"、宣传栏、明白纸等传统宣传手段,利用互联网、微信公众平台、微博等新媒体手段,大力宣传移民避险解困的政策精神,让移民知政策、懂政策、理解政策,为避险解困工作营造良好的舆论氛围。进村入户,与移民面对面答疑解惑。通过各项举措,全力推进移民避险解困工作。完成耒阳市委、市政府850人的考核任务。

【移民信访维稳】 耒阳市有移民40523人,涉及10座中型水库。采取维稳措施,市乡两级成立移民维稳领导小组,指派移民站、镇、村专(兼)职移民维稳信息员,及时了解移民的诉求,高度关注重点人群的动向,对库区和安置区排查出来的重点矛盾纠纷,和上访重点对象,逐一落实领导包案和隐控措施,建立移民群体性上访和突发事件处置预案,做到发现问题及时处理。2017年,实现全市涉移民事件零上访,全市移民连续7年无非正常越级上访。市政法民调,该局排全市农口系统前列。

【人大视察】 2017年8月15日,耒阳市人大常委会组成人员和相关人大代表一行60余人对耒阳市大中型水库移民后期扶持工作进行视察。视察团对亮源乡关王村水果基地、灶市街道办事处零洲村葡萄基地、白沙村药材示范基地、泗门村杨梅基地建设情况进行现场察看。

民族宗教

【概况】 耒阳市民族宗教事务局成立于2005年1月,归口耒阳市人民政府办公室管理。2009年2月,升格为正科级行政单位,内设1个综合职能办公室。2014年3月,设立民族宗教事务调处中心,为民族宗教事务局下属正股级全额拨款事业单位。

【民族工作】　落实民族政策,保障少数民族合法权益。主动做好服务工作,严格按照有关政策为少数民族同胞办理子女入学、考学、转学优待事项和民族成份审核确认等相关工作。是年,民宗局办理少数民族高考考生优惠政策1个人。开展民族团结进行宣传月活动宣传。9月,制作民族宗教知识宣传展板,参加耒阳市政府组织的应急知识宣传活动,上街宣讲并发放《公民民族成份管理规定宣传册》和《民族团结教育基本知识册》等宣传资料。社区民族团结进步创建活动。是年,指导灶市街道办事处沙头居委会积极开展民族团结进步工作,推荐申请申报为耒阳市民族团结进步创建示范社区。流动少数民族涉稳排查工作。组织工作人员到少数民族人口中涉稳排查实地走访共3次,准确的掌握耒阳市新疆流动少数民族及6家经营兰州拉面馆的回族共23人的基本信息情况和工作动态。

【宗教工作】　组织民族宗教干部进行依法行政工作培训,提高宗教干部依法管理宗教事务的能力。加强宗教团体、宗教教职人员和信教群众的法治宣传教育。组织召开各宗教团体、宗教场所负责人座谈学习会,组织宗教界人士学习十九大精神、政策法律法规和新修订的《宗教事务条例》,提高宗教教职人员的法律素质和法制意识,增强其抵御境外渗透和制止非法宗教活动的自觉性。

完善制度,规范寺庙教堂的管理和宗教活动秩序。要求各宗教团体建立健全议事规则,财务管理制度、教务活动管理、作风等方面的制度,通过开展场所主要教职任职备案的工作,完善宗教团体负责人民主评价办法和机制,成立检查工作小组,分阶段到各宗教场所检查消防、财务、卫生等九项制度。

依法履行宗教活动举办报批手续。随着法律知识宣传的深入,宗教教职人员的法律规范意识也逐渐增强,市内各宗教活动场所能及时办理举办宗教活动报批手续。开展整治违法违规设立功德箱等借教敛财问题专项工作。制订专项治理方案,认真排查整治。到各大公园、活动中心等人群聚集的地方排查,未发现有违法违规设立功德箱等敛财问题。做好宗教活动场所和民间信仰活动场所调查摸底工作。根据湖南省民宗委要求开展宗教团体、宗教院校、宗教活动场所等统一社会信用代码赋码工作和宗教场所登记证换发工作,耒阳市民宗局对全市宗教活动场所进行大排查,一一指导各宗教活动场所填写《宗教活动场所登记表》,并拍照存档。严格审核相关资料,统计整理宗教活动场所的详细信息。同时对全市符合民间信仰的活动场所进行逐一了解、登记、上报。

巩固"安全年""教风年"主题创建活动,开展"规划年"活动,佛道场所去"商业化",加强宗教活动场所的规范化建设,做好抵御渗透工作,深入推进文明寺观教堂创建活动,做好文明寺观教堂先进集体和先进个人评比表彰的推荐工作。

挖掘宗教文化、发展繁荣耒阳文化。继续推进紫霞禅寺的建设,跟进工程进度,为寺院办理好各种手续,协调关系,调解矛盾。是年,所有工程完成安全建设;为宗教场所申报审批危房重建项目。南岭禅寺和慈航道院(原观音观)均按照审批设计规划。指导龙塘镇盘龙寺做好申请场所重建审批材料。

做好境外宗教渗透调查工作,弄清境外宗教渗透的态势、手段、渠道和规律,建立健全抵御境外宗教渗透的工作机制。推进抵御渗透教育进场所、进社区(村),筑牢抵御渗透防线。坚持和完善领导协调、部门和区域协作机制,确保全市宗教领域和睦稳定,联合公安局国安队召开抵御渗透座谈会,确保耒阳市无渗透事件。

确保宗教活动活动安全、有序、平稳的进行,严格对各宗教法会活动进行备案、安全监管,特别是城区宗教活动场所,专门成立安全保卫组对饮食、香火等安全问题进行分工合作。每年观音圣诞法会前,耒阳市民宗局都会召集佛教、道教协会负责人安排布置法会期间的安全问题,对法会期间各场所进行安全大检查;为使天主教徒、基督教徒过上一个平安祥和的圣诞节,定期召开圣诞节期间安全防范工作会议,并安排人员到场所巡查安全状况,对存在的问题立即责令改正,平安夜当天,组织专人进行现场督察,保证场所安全和人员的安全。5月,金钱寺释传戒法师升座方丈,该局协同公安局、交警大队以及西关居委会做详细的工作安排,确保升座庆典法会活动安全有序的开展;11月,确保金莲寺寺院落成开光法会圆满举行。开展宗教活动场所安全工作大检查。在大检查中对宗教活动场所内日常安全管理、寺院重建施工、消防设施等方面进行细致检查,就检查中发现的问题提出具体整改意见,并详细了解各宗教活动场所法会期间宗教活动安排和应急预案等情况;同时,向南岭禅寺(佛教)、大觉禅寺(佛教)和观音观(道教)等处宗教活动场所下发《关于切实做好宗教活动场所安全工作的通知》,指导其开展安全工作检查与防范。

民族宗教工作三级网络构建。构建民族宗教事务治理体系,建立民族宗教工作三级网络。4月,耒阳市成立耒阳市民族宗教工作领导小组,随后各乡(镇)街道办事处成立民族宗教工作领导小组,明确各乡(镇)街道办事处和村级民族宗教工作负责人和信息联络员,完善分级负责、属地管理等工作责任制度。宗教法治宣传教育,对宗教教职人员进行宣传教育,向乡镇干部发放《宗教事务条例》等宗教政策资料进行宣传,通过建立微信群、QQ

群等方式进行法治教育。

宗教慈善。引导各宗教界开展慈善捐赠活动。鼓励引导各宗教团体开展慈善等公益活动。是年,组织普贤寺释恒尊法师到南京镇白马村走访慰问贫困户,并扶贫济困2400元。

宗教团体建设。指导四大教派宗教团体配合民间组织服务中心完成年检工作;加强宗教团体建设,为各宗教团体建设提出指导性意见。4月,指导耒阳道教协会完成换届工作,选举产生耒阳市道教协会第三届理事会成员。

做好宗教教职人员的管理工作。加强对宗教教职人员的管理,多次召开场所负责人会议,要求按照国家法律法规和教义教规开展活动。同时规范管理宗教教职人员,做好宗教教职人员备案工作和宗教教职人员资格证书发放工作。

配合调研宗教工作。5月,湖南省民宗委到耒阳市天主教、观音观(道教)、紫霞禅寺(佛教)和南岭禅寺(佛教)进行现场调研,全面了解耒阳市天主教现状,并对观音观和紫霞禅寺的重建工作进行指导;9月,衡阳市统战部调研耒阳市金钱寺。

(谢雨鲜)

采煤沉陷综合治理

【概况】 耒阳市采煤沉陷综合治理办公室成立于2010年12月,为正科级全额拨款事业单位,定编12人,下设审查股、治理股、办公室三个股室,有干部职工12人,办班子成员5人。

【治理成效】 对一些煤矿责任不清,有争议的项目,煤矿业主不愿承担责任,该办协调国土局聘请专家进行责任鉴定,明确责任人,并由耒阳市国土资源局下达责任认定书,责成责任煤矿出资治理。全市完成责任鉴定报告40余起,鉴定煤矿井口160多个,协调督促责任煤矿筹资近5000万元,用于房屋受损补偿和损毁设施的恢复等。项目建设稳步推进。经采煤沉陷综合治理领导小组审查批准,全市预安采煤沉陷综合治理项目415个,其中房屋补偿项目52个,公路项目58个,水利渠道项目222个,饮水项目43个,学校项目9个,其他项目31个。有294个项目竣工验收,财政拨付奖补资金10105.27万元,其中房屋补偿项目奖补1839.96万元,公路项目奖补2132万元,水利渠道项目奖补3500.56万元,饮水项目奖补1263.05万元,学校项目奖补371万元,其他项目奖补998.7万元。项目的实施,重点解决部分沉陷区的一些重大民生问题:受损房屋的维修加固和C、D级危房的搬迁改造;沉陷区居民的安全饮水;农田灌溉、排水及矿山污水的处理。

综合行政执法

【概况】 耒阳市综合行政执法局是市政府直接领导的独立行政机关,有干部职工972名。根据文件,耒阳市综合行政执法局增加内设机构和所属事业单位调整。调整后,市综合行政执法局内设机构为9个:办公室、组织人事股、宣传股、财务审计股、后勤保障室、法规股(信访室)、案件审理室、案件管理室、督察室。所属事业单位为18个:城市管理监察大队、城市建设综合行政执法大队、市场监管综合行政执法大队、文体科教综合行政执法大队、农林水利综合行政执法大队、交通旅游综合行政执法大队、资源环境综合行政执法大队、安全生产综合行政执法大队、公共卫生综合行政执法大队、机动巡逻执法大队、综合行政执法调度指挥中心(投诉举报受理中心)、经济开发区综合行政执法分局、新市综合行政执法大队、夏塘综合行政执法大队、公平圩综合行政执法大队、仁义综合行政执法大队、哲桥综合行政执法大队、东湖圩综合行政执法大队。

【综合执法】 坚持依法执法、严格执法、规范执法、公正执法、文明执法的理念,立足主业、强化担当、围绕中心、服务大局,集中力量办大事、集中职权破难题、集中治理出合力,通过“组合执法”“连贯执法”等方式,产生“执法指头”变“执法拳头”效应。是年,开展各类专项执法行动500余次,联合监管单位开展专项执法行动60次,检查单位12000余家次;立案1800起,办结1700起,到位罚没款2100余万元,非税收入3374余万元;接受投诉举报539起,处理市长热线“12345”工单425份,回复率100%,满意率100%;处理信访42起,回复率100%,满意度100%。

【城市管理执法】 是年,城市管理方面按照“带队伍、强素质、树形象、求突破”总要求,采取“5+2”“白加黑”的工作模式,改变以往“冲在前、扣在前、罚在前”的执法方式,坚持以人为本,文明执法,以“通知在先、教育在先、服务在先”为主的理念着力抓城市管理。通过采取大规模、高强度、拉网式集中整治,与日常巡查相结合的方式,对城市环境进行有效治理,市容市貌明显改善、马路市场全面规范、户外广告有效治理、建筑工地全面整顿、早餐夜市逐步规范,基本构建“严禁区无违规行为、严控区标准提高、疏导区管理规范”的城市管理格局。全年开展专项整治130余起,对五一路、大桥路等城区10处多年侵占人行道的报刊亭全面拆除,其中最长的亭子超过20年,拆除达320多平方米。彻底取缔金山路花圈占道行为。是年耒阳市开展的城市环境整治“百日攻坚”行动,为实现整治常态化,集中全局人员力量,每周利用一天时间,安排400人分四组对城市环境进行集中整治,起到“主力军、生力军、先遣队、突击队”的作用。

【拆违控违】　全面落实耒阳市委、市政府“拆违三年基本清零、控违零增长”的工作目标，以“禁增量、消存量、疏潜量”为工作思路，通过全面排查、加强源头管控、精准施策等措施，控违拆违工作取得明显成效，稳定耒阳市土地一级、二级开发，实现政治效应、社会效应、经济效应相统一，提高行政执行力，树立政府公信力。累计集中执法850次，出动执法人员30000余人次，拆除各乡镇、街道办事处违法建设210多处，拆除“钉子户”88处，立案273起，叫停两违建设3719处，拆除和查封电表191个，调查物业公司2家，拆除“两违”建筑面积75945平方米，拆除面积为改革前全年的5.8倍。对违法建设重灾区的武园路、武岭路、新城一路、新城二路、富民路等路段加大打击力度。通过联合作战、连贯执法，采取多手段执法对铜锣洲拆迁项目进行拆违，促进铜锣洲项目建设的进程。拆除耒阳市政府对面多年违规建筑“尖刀楼”、工业大道“钉子户”、双洲村“村官房”等一批拆迁难度大、社会影响恶劣的违章建筑。

【市场监管】　聚焦市场经济秩序和民生热点。开展学校乱收费整治，查处违规乱收费学校7家，退还收费金额近400余万元。开展肉食品安全专项整治，收缴并销毁未经检验检疫肉食品1800公斤。彻底取缔无证无照水厂10家，引导办证3家。查处衡阳市范围内唯一一件化妆品违法案件。

【文体科教】　开展“扫黄打非”“百日行动”、网吧专项整治、娱乐市场治理、“校园周边环境整治行动”等大小行动6次。特别是查处上级督办的陈某订购境外非法进口出版物案，系耒阳市建市以来首例政治类境外违禁出版物案件，也是耒阳市开展“扫黄打非·清源2017”专项行动的重要“战果”，被全国扫黄打非督办为全国重大案件，责成广东省进行查办。

【农林水利】　突出办大案要案思维，对耒阳市新市镇、淝田镇非法盗采河砂行为严格处罚，单个行政案件处罚力度是改革前50倍。深入开展“红盾护农”行动，从严查处，文明执法；成功惩治非法屠宰窝点55家，处罚11万余元，没收白板肉3600公斤，无害化处理1100公斤，没收生猪40余头。

【交通旅游】　紧紧围绕“严格执法，热情服务”的队伍建设理念，加强交通行政执法管理，优化路线通行环境。竹市、灶市两个治超站点实行24小时值班制度，坚持对G107国道、S320省道过往货运车辆实行逢车必检，共检测货运车辆27724台，卸货3885吨，对445辆违法车辆进行立案查处，货运市场经营秩序好转。治超站点路面货运车辆超限率控制在湖南省、耒阳市要求的0.3%以内。

【资源环境】　以“树形像、打基础、严执法”的工作思路。共受理拖欠农民工工资举报案件77件，涉及人数268人，涉及总金额562万余元，结案40件，罚款6400元，在办案件32件，为100多名劳动者追回77万余元的工资。联合小水镇政府，开展非法开采高岭土行为，有效治理违法行为。

【安全生产】　秉着“主动出击、重点推进、统筹兼顾”的指导思想，集中力量重点对危险化学品、烟花爆竹、非煤矿山、煤矿、电力、职业病防治等其他安全生产领域违法。其中3月针对上级交办龙形煤矿违规组织生产行为案，按照相关法律法规对煤矿企业及主要负责人作出53万元重罚。加强对偷盗电力等涉电案件的查处，做到多查多办、快查快结，立案查处违法窃电、违章用电行为案件147宗，帮助电力企业、公司挽回经济损失达1500万元。

【公共卫生】　对群众反应强烈的医疗市场进行集中整治，有力惩治非法行医行为，共查处104起，保障群众的生命财产安全，净化医疗市场；耒阳市卫计局授权委托该局开展全市社会抚养费的追缴工作，完成乡镇社会抚养费征收约700余万元。

重点项目管理

【概况】　耒阳市重点项目管理办公室于2013年4月批准成立，为正科级全额拨款事业单位，归口市政府办管理，定编10名，其中主任1名，副主任2名，主要负责全市重点工程项目综合管理、督察督办、协调服务工作。

【项目管理】　2017年，重点办深入贯彻市委、市政府“项目建设年活动”精神，细化工作职责，优化服务水平，强化督查督办，扎实推进重点项目建设。全年发布164个重点实施项目，涵盖基础设施、工业、农业、现代服务业、社会民生五板块，其中续建项目71个，新建项目93个。164个项目计划总投资587亿元，年度计划投资237亿元，开工建设81个，完成投资56.27亿元；其中衡阳市重点项目开工复工32个，开工率为100%，完成投资44.13亿元，占年度目标任务的65.7%，排名衡阳市第二。耒阳市宏拓新能源39.6米Wp地面分布式光伏电站等项目进展较为顺利。如耒阳太平风电项目已有7台风机试发电；耒阳太平风电、耒阳市杜甫学校、耒阳市亿丰国际商贸城等项目已投产使用。

【完善制度】　重点建立完善两项制度。一是月报制度。每个项目都确定一名工作联络员，并在每月27日前报送项目报表，对项目动态信息做到及时跟踪掌握。二是月报汇总分析制度。每月底，重点办对项目月报情况进行核实、确认、汇总后，以进度表的形式对项目各项的工程进度、存在问题进行综合分析，及时呈报耒阳市委、市政府主要领导和分管领导，为领导决策提供依据。同时每月向衡阳市重点办上报衡阳市重点项目建设报表。

【综合服务】 坚持全程跟踪的“保姆式”服务，着力协调解决项目前期、项目开工、项目建设、项目投产等各个环节的困难和问题，如积极参与协调处理竹市至哲桥公路、武岭路安置区出现阻工现象、阻工事件；主动派人派车为多个项目项目办理立项、环评、国土、规划等前期手续；通过加强向联系领导汇报、与项目业主、各有关部门的协调，积极凝聚和统筹各方面力量，主动协调解决项目建设的困难和问题，全年累计协助各级领导调研项目40余次，承办项目座谈会10余次，协助召开银企对接会数次，有效促进市级联系领导、职能部门、银行与项目及企业的沟通对接，较好地解决项目建设中存在的手续办理难、资金紧张等问题。特别是衡阳市2017年第三季度项目现场会，在该办积极踩点、充分做好项目现场准备工作下成效显著，得到了衡阳市、耒阳市领导的一致好评。为有力地推进重点项目的责任落实和督促检查，加快推进重点项目顺利实施，该办特制订重点项目考核方案。

【督察督办】 坚持开展日常督查，全年累计开展定时督查、不定时督查督办共30余次；以耒阳市领导在会议上交办的工作任务为依据，对相关单位下达任务交办函，全年下发交办函近10份，涉及国土、规划等多个部门；按照办理时间节点采取重点督办、联合督查的方式跟踪落实情况，对没有在规定时限落实交办问题的单位，通过上报耒阳市领导，以书记、市长、项目建设管理领导小组的名义下发督办函，要求相关单位依照相关规定办理到位。通过督查督办，推进了沿江北路及风光带、耒阳市工业大道扩宽提质、深圳新达微轴承一期、“二馆一中心”项目等一大批重点项目建设。

城镇工作

【概况】 耒阳市城镇工作办公室2015年8月正式明确为正科级公益类事业单位，定编19人，其中主任1名，副主任3名，纪检组长1名，内设综合股、督查股、法规股、人事后勤股。主要负责组织城镇工作调查研究、城镇理论研讨和发展战略策划，综合协调和指导督办城建城管系统相关单位工作。

【环境综合整治】 组织实施2017年春节期间城市环境综合整治工作。开展城市环境综合整治“百日攻坚”行动，重点抓好市容市貌整治、环境卫生整治、城区市场整治、交通秩序整治、市政设施维护整治、绿化设施维护整治，抓好金阳东路、西湖路、南北正街3条示范街建设。共组织开展三次“百日攻坚”讲评会，评选出30个示范单位、30个示范物业小区、300个示范文明商户、3000个示范文明市民，每周星期五下午开展由全市机关单位共同参与的文明社区联创活动，改变城区脏、乱、堵的现状，城市功能进一步完善，城市环境不断优化，城市品位得到提升，为“四城同创”打下坚实的基础。

【信访维稳】 城镇办接待群众来信、来电300余次，领导信访批示件40余件。为及时化解矛盾，城镇办成立信访接访组，对群众反映的问题，耐心讲解，按时落实，及时处理。先后化解金城华府、家和望江、桂花苑延期交房及金汇城、西湖公馆建设问题的信访事件，真正做到“件件有回音、事事有着落”。

【项目建设】 启动背街小巷“四化”建设，完成高基背巷、野鹅塘北巷、发明家广场东区提质改造，全力做好神农北路综合提质、沿江中路片区提质、城北东路提质、人行天桥等项目建设。全力推进智能停车诱导系统、道路交通标识牌、立体停车场、城区市场、便民市场和夜宵市场建设，有效缓解“城市癌”，基本形成环境优美、和谐文明的城市环境。

金融工作

【概况】 耒阳市人民政府金融工作办公室于2014年10月批准成立，为正科级全额拨款事业单位，定编人员14名，其中主任1名，副主任2名，纪检组长1名，正股级职数4名，内设综合股、金融服务股、金融监管股、金融稳定股；下设二级机构耒阳市三农金融服务中心，为副科级全额拨款事业单位，定编7名。

【金融态势】 银行业稳健发展。截至2017年年末，全市各项存款余额394.46亿元，较年初增加49.49亿元，增长14.35%；贷款余额159.89亿元，较年初增加34.69亿元，增长27.71%；存贷比为40.53%，增长11.22%。保险业快速增长。全年实现总保费收入6.32亿元，同比增长20.83%；赔付支出2.02亿元，赔付率31.96%。小贷担保良性发展。截至2017年年末，全市小额贷款公司为企业和个人贷款1.53亿元，新增0.78亿元；全市两家担保公司为企业和个人共担保3.56亿元。

【金融服务】 金融机构逐步完善。2017年，引进长沙银行、太平人寿保险公司在耒阳市设立分支机构。企业上市有所突破。由该办起草，耒阳市人民政府出台《耒阳市企业上市奖励实施办法》文件，对企业上市进行分阶段奖励，成功推动耒阳市焱鑫有色金属有限公司进入省上市后备企业笼子。引导服务实体经济。由该办起草，耒阳市人民政府于2017年2月6日出台《耒阳市保险公司支持市域经济考核评价办法（试行）》和《耒阳市银行业金融机构支持市域经济发展考核评价办法》文件。加大对银行、保险服务实体经济的考核力度，促进银行提高存贷比与保险对农业、中小微企业的支持力度。截至2017年年末，耒阳市存贷比较年初提升了11.22个百分点。

【金融生态】　降低企业成本。对金融机构无实质性业务收费行为、指定中介服务机构及收费标准和恶意抽贷、缩贷、断贷等行为作严格规范。完善信用体系。由该办起草，“两办”联合出台《耒阳市信用乡镇（街道）、信用村（社区）创建工作方案》文件，以改善市民信用意识、改观全市信用环境为抓手，着力解决农户和各类经济主体贷款难问题。清收银行不良贷款。由该办起草，“两办”联合出台《耒阳市开展清收“两代表一委员”、国家公职人员及村（社区）“两委”干部拖欠银行不良贷款工作实施方案》文件，在全市开展清收“两代表一委员”、国家公职人员及村（社区）“两委”干部拖欠银行不良贷款工作。2017年12月21日，耒阳市召开清欠工作会议，市委常务、常务副市长管林立出席会议，并对清欠工作作安排部署。会后，已有部分公职人员主动到银行还清欠款，起到了带头作用。

【金融创新】　真情服务“三农”。在衡阳市率先开展金融服务三农试点工作，创新金融服务三农工作体系，主动为银农互动搭建平台，拓宽中小微企业、农业企业和农户大户的贷款渠道。截至2017年年末，累计发放“五权”（农村土地承包经营权、山塘水库承包经营权、林权、房屋产权、农业机械所有权）抵押贷款共计9200笔，金额6.6亿元。工作经验和成效先后被人民日报、中央电视台等重要媒体宣传推介。全国农房抵押贷款试点工作。加强部门沟通协调，理顺试点工作机制，成立农村资产管理公司对农房处置难题进行突破。截止2017年末，全市4家涉农银行机构累计发放农民住房财产权抵押贷款491笔，金额1.6亿元。试点工作先后在《中国改革报》《金融时报》《湖南日报》《衡阳日报》等多家新闻媒体的广泛宣报道，被评为衡阳市“十佳改革创新项目”。精准开展金融扶贫。加强环节把控，严防违规操作，组织开展“回头看”工作，防范金融扶贫领域的金融风险。截至2017年年末，全市涉农金融机构共发放扶贫小额信贷金额1.28亿元，新增0.82亿元，完成省级下发的工作任务。

【防范风险】　完善工作机制。在全市各行业主（监）管部门建立重大问题、敏感问题的定性、定量预警监测指标体系，加强跟踪、监测、分析，形成防范和处置非法集资问题工作机制。建立一事一报的工作机制，加强市内非法集资风险预警、排查摸底、宣传教育等工作进展情况和工作动态的掌握，出台举报奖励制度，设立举报电话。主动宣传引导。加强防范非法集资下乡宣传，严防非法集资下乡。利用耒阳手机报、手机短信、广播电视和“村村响”广播等载体，及时发布风险提示，将非法集资的危害特点、新型表现形式、典型案例报道、防范非法集资的公开信和民间融资的相关法律法规等内容，多渠道向群众宣传。组织开展大型防范非法集资户外宣传活动，以人员现场讲解、制作案件展板、散发宣传资料等多形式进行宣传。通过强而有力的宣传，表明政府对参与非法集资产生的损失不承诺、不兜底、不包揽、不买单的态度，有效地引导群众理性投资、合法理财。排查处置有效。在全市范围内开展非法集资风险专项排查工作，覆盖率达100%。及时制止部分企业以“三板、四板上市”为名，以“股权认购”的形式开展的相关涉嫌非法融资的行为。打掉三个涉嫌非法集资传销的组织（美国3M金融互助、MBI易物币和“中券资本”）。查处部分涉嫌利用“消费返现”模式进行非法集资的企业。约谈相关涉嫌违法企业负责人，及时向群众披露相关风险，切实有效地防范可能发生的金融风险。规范民间金融，开展了担保公司、小额贷款公司、民间融资中介现场检查，对存在不合规经营的行为下发书面整改通知，并要求限期整改。抽取民间融资中介部分项目进行核实，确保资金投放至实体项目上。

国有资产管理中心

【概况】　耒阳市国有资产管理中心是根据《中共耒阳市委耒阳市人民政府关于耒阳市人民政府职能转变和机构改革方案的实施意见》和《中共耒阳市委耒阳市人民政府关于耒阳市人民政府机构设置的通知》设立的市人民政府直属正科级事业单位。国资中心“三定方案”文件于2016年12月出台，内设办公室、政策法规股、行政事业资产管理股、企业资产管理股、产权管理股5个机构，有工作人员23人。

【国有资产管理】　开展资产统计上报工作。按照上级要求组织全市行政事业单位、国有企业进行资产统计上报工作，对全市305个财务独立核算行政事业单位（一级独立核算单位100个、二级核算单位205个）、14个国有企业的资产统计工作进行了指导、审核、汇总，全面完成全市资产报表汇总上报工作。经汇总全市国有企业2017年年末,资产总额1679609.76万元,负债总额为838881.42万元,所有者权益为840728.33万元,资产负债率49.9%。2017年全市国有企业主营业务收入为15671.5万元,利润总额76128.13万元,上缴税费2115.32万元;净资产收益率为9%。2017年,全市国有企业经营活动产生现金流46704.9万元,截至2017年年末全市国有企业货币资金余额244164.53万元。

开展公立小学附属幼儿园脱钩资产核查工作。根据市政府及市纪委的指示安排,由市国有资产管理中心牵头,市教育局配合,于2017年4月5日—13日对全市城区15所公立小学附属幼儿园改制脱钩的资产处置工作情况进行专项检查。综合专项检查中发现的问题,提出处理建议:对处置的国有资产重新评估,按评估结果由受买人补差价;未处置的国有资产依法依规处置;各校资产处置收入严格实行“收支两条线”管理,统一上缴市财政;幼儿园盈利收入、支出入小学财务账;对相关人员进行纪律处分。并督促市教育局对该项工作进行整改。

开展国有资产处置监管工作。加大对国有资产处置的监管力度,严把资产出口关。按照相关要求,严格履行处置审批程序,按规定的审批权限处置。联系文体广新局和城投公司就耒阳市体育馆整体资产转让进行协商,城投公司预付1.6亿元转让金,资产处置申报审批手续正在办理;建立中介评估公司数据库,聘选14家具备资质的中介评估公司,对长华大楼、长新大楼等资产进行专业评估。

开展驻耒中央、省属企业“三供一业”分离移交工作。按照市政府领导的要求,多次组织各职能部门与相关企业召开工作会议,明确工作职责,争取各部门支持,形成工作合力,较好的推动“三供一业”分离移交工作。衡阳市“三供一业”分离移交工作领导办公室领导多次来耒检查该项工作,均提出表扬。截至2017年年底,驻耒中央、省属国有企业有7家签订水分离移交框架协议,有8家签订电分离移交框架协议,有1家签订气分离移交框架协议。有2家已签订水电分离移交施工协议。

组织召开资产及债务清理大会。11月9日,和财政、审计、国土等多家单位,组织召开全市行政事业单位资产及债务清理大会,全面部署全市行政企事业单位的土地房屋办公用房资产清查工作,要求各单位按照会议的统一布置,按时完成单位的资产自查工作并汇总上报市资产债务清查工作领导办公室。

(段政)

政 治 协 商

综 述

【概况】 2017 年，政协耒阳市第十届委员会设 16 个界别，即中共、无党派、共青团、工会、妇联、工商联、台联、侨联、科技、经济、农林、教育、文艺、医卫、民族宗教、特邀(乡镇街道)，共有 311 名委员，其中常委 59 名。工作机构设有一办五委一室(办公室、提案和委员联络工作委员会、财政经济委员会、人口资源环境和法制委员会、教科文卫体委员会、文史学习委员会、研究室)，机关工作人员 38 名，6 个街道办事处设立政协联络工作委员会，各设主任 1 名，24 个乡镇各配正科级政协联工委主任 1 名。

【协商议政】 全年召开 1 次全体会议、7 次常委会议、16 次主席会议、3 次专题协商会议；先后与财政、国土、煤炭等部门就财政预算、城镇基准地价调整、淘汰煤矿落后产能等 25 项重点工作开展协商讨论，提出的合理建议被市政府及相关部门采纳。围绕群众深切关注的“桶装水质量安全监管”“城乡居民医保工作”与“教师公租房和学校国土办证”等热点难点问题开展 3 次专题协商，邀请政府领导、委员代表、专业人士共同参加，与市食药监、综合行政执法、教育、发改、财政、国土、人社等 10 多个职能部门面对面协商。为促进农村义务教育调研成果落实，创新性开展专题议政性常委会，进一步扩大协商面，会上播放调研专题纪录片，与会领导、部门代表及委员直观感受耒阳市农村教育的现状及家长、老师、学生的心声，委员们的建言献策和 18 条高质量的建议案，得到市委、人大、政府领导的肯定。

【调研视察】 着眼于助推经济转型、加快“四个耒阳”建设，市政协常委会围绕安全生产、旅游经济两个课题开展调研。安全生产调研从非煤矿山、消防、交通、在建工程、煤矿生产等五大领域，对耒阳市安全生产情况开展深入全面的调研，共走访 100 余个企事业单位，发放调查问卷 300 余份，并赴涟源、攸县等兄弟县市考察学习，撰写调研报告，其中关于“明确政策导向，建立淘汰煤矿落后产能的实施办法”的建议，得到政府采纳并组织实施。旅游经济调研摸清耒阳市旅游资源存量及开发现状，从保护现有资源、打造旅游品牌、发展全域旅游等方面提出建议。组织开展平安耒阳创建、农业产业化龙头企业发展两项视察活动，为维护耒阳市平安环境，促进社会和谐稳定，进一步扶持壮大农业龙头企业，加快推进耒阳市农业产业化发展，提出很多有针对性的对策建议。同时，配合省、衡阳市政协开展非公经济发展法治环境、国土资源、学前教育保障能力建设等调研活动。

【民主监督】 市委常委会研究出台《民主评议工作实施办法》《民主评议提案办理工作实施办法》《统一委派民主监督员工作实施办法》等文件，支持政协民主监督工作。开展“政协委员走进纪委”活动，政协民主监督首次延伸到党委部门工作。共组建 5 个民主监督小组，实行一年一派，同时创新受派单位产生方式，通过常委会票决的形式，确定本届五年的 25 个派驻单位，2017 年派驻到法院、检察院、财政局、发改局、教育局五个单位。配精配强监督员力量，由政协机关五个专委会主任带队，以委办为依托、以委员为主体，建立联系、例会、反馈、考评四项制度，切实提升民主监督员工作组织化程度，各监督小组工作有序开展。如驻检察院监督小组就充分发挥检察职能、优化耒阳市营商环境进行督查调研，开出年度第一份监督建议书。检察院高度重视，立即整改，并将整改办结情况及时反馈给监督小组。驻法院监督小组围绕“执行难”问题开展调研视察，为提升司法公信力努力鼓与呼。驻发改局监督小组就“保障性住房小区外配套项目”这一民生实事的实施情况，创新开展协商式民主监督活动，进一步丰富监督工作形式。

【提案办理】 十届政协一、二次会议期间，共收到提案 319 件，经审查、整理、合并，共立案 85 件，交办 85 件。本次提案坚持“严把审查关、强把督办关”的原则，确保提案内容合法合规、质量上台阶。同时，将政协民主评议提案办理和提案督办监督联合推进，由主席会议成员带队，分 6 个组对 27 个承办单位进行走访督办；通过采取

"看、听、访、议、评"的方式,从组织领导、制度建设、办理程序、工作绩效四个方面20项内容,对城管局和文体广新局的提案办理工作实施民主评议,以点带面,以评促改,形成监督合力,全面提高提案办理质量。此外,注重发挥驻耒衡阳市政协委员在推动耒阳市发展中的积极作用,通过向上提交提案,反映社情民意,争取上级部门对耒阳市农村义务教育、五公仙石漠公园、大市循环经济产业园等工作的重视与支持。

【宣传信息】 坚持以政协网站、《政协之声》及手机报、耒阳新闻网等媒体为主要宣传窗口,同时积极发挥政协云、湘声报、《文史博览》等省级媒体及刊物的作用,宣传履职成效,展示委员风采。在政协云平台省级版面发表农村义务教育议政性常委会等5篇信息,在湘声报发表一篇理论文章,并刊发报道长坪乡双岭村电商扶贫典型经验等6篇履职信息,耒阳市政协网全年更新信息百余篇,在衡阳市政协网发表90余篇信息,被衡阳市政协评为门户网站信息采编先进单位,其中"为了美好的明天——农村义务教育专题纪录片"被评为"政协好新闻"二等奖。发挥社情民意工作在政协服务民生中的重要作用,通过建立稳定的信息员队伍,完善激励机制,社情民意信息工作实现新突破,被衡阳市政协评为社情民意信息工作先进单位。全年收到社情民意信息80多条,整理报送市委政府社情民意专报13期,11篇信息被衡阳市政协采用,6篇信息被省政协采用,其中《关于改善现行燃油补贴方法的建议》是衡阳地区唯一一篇得到省领导批示的信息。

【自身建设】 开展培训,增强队伍素质。邀请省政协新闻信息中心主任王文君作社情民意信息员专题培训,组织骨干信息员交流座谈会、政协云使用业务知识培训,组织乡镇政协联工委主任与部分机关委员赴厦门大学开展履职能力业务培训。同时充分利用上级单位组织的培训机会,派遣部分同志赴北京、北戴河等地接受培训。将界别工作与委员工作室结合开展,鼓励以界别为单位,按照"六个有"标准创建委员工作室,市政协办公室优先为委员开展界别活动提供保障,按照每名委员300元的标准补助活动经费,推动界别活动经常性、常态化开展。

重要会议

【政协全会:市政协十届二次会议】 2017年3月23日至25日,政协耒阳市第十届委员会第二次会议在市文体会议中心召开,出席这次大会并在主席台就座的有市委、市政府、市人大、市政协、人武部、经济开发区、党校、公安局、法院、检察院及享受副处级三项待遇的领导,驻耒省、衡阳市相关单位的负责人,历届政协老领导。应邀列席会议的有市属各单位负责人、乡镇街道办事处党政主要负责人和政协机关离退休老同志。会议认真听取并审议通过市政协十届常委会工作报告,与会委员列席市十七届人大二次会议,听取并讨论政府工作报告,协商讨论市人民法院、市人民检察院工作报告及其他报告,补选市十届政协常务委员会委员。

【政协常委会议】

1. 十届政协一次常委会议

2017年3月17日,市政协召开十届一次常委(扩大)会议,会上组织全体常委学习十八届六中全会和国、省、衡阳市政协全会精神,协商讨论"一府两院"工作报告、国民经济和社会发展计划情况报告及财政预算工作报告(征求意见稿),审议通过有关制度、人事安排及十届二次全会有关工作,表决通过2017年度市政协民主监督员派驻单位。

2. 十届政协二次常委会议

2017年3月24日,市政协召开十届二次常委会议,会议听取有关人事安排说明,介绍市十届政协常务委员提名人选情况;协商通过市十届政协常务委员候选人建议名单;协商讨论市政协十届二次会议选举办法;协商通过总监票人、监票人名单;听取各组汇报讨论市十届政协常委会工作报告的情况。

3. 十届政协三次常委会议

2017年3月25日,市政协召开十届三次常委会议,听取各讨论组召集人汇报"一府两院"工作报告及其他报告、市十届政协常委候选人、选举办法(草案)等协商讨论情况,协商通过十届政协常委会候选人名单(草案)、选举办法(草案)、提案审查情况的报告(草案)、十届二次会议政治决议(草案)及常委会工作报告决议(草案)。

4. 十届政协四次常委会议

2017年7月21日,市政协召开十届四次常委(扩大)会议,会议听取《2017年耒阳市上半年经济运行情况》《2016年耒阳市财政决算情况》《2016年财政预算执行及其他财政收支的审计情况》等报告;传达上级党委政协工作会议精神,总结市政协上半年工作,安排部署下半年工作。市委、市政府主要领导到会听取常委们的意见和建议,并作重要讲话。

5. 十届政协五次常委会议

2017年9月21日,市政协召开十届五次常委(扩大)会议,专题协商农村义务教育工作。与会人员集体观看农村义务教育专题纪录片,通报农村义务教育调研工作情况;审议通过《关于"推进农村义务教育发展"向中共耒阳市委、市人大常委会、市人民政府的建议案(草案)》;五位来自不同界别的政协委员,分别从抓好农村义务教育教学质量、加大财政投入力度、加强教育管理、提高农村教师待遇、优化农村教育布局等方面,对农村义务教育发展提出意见和建议。

6. 十届政协六次常委会议

2017年12月6日,市政协召开十届六次常委会议民主评议市城管局与文体广新局提案办理工作。会前实地查看提案办理落实情况,会上组织观看被评议单位的提案办理专题片,听取城管局与文体广新局提案办理工作汇报及民主评议小组的提案办理评议报告,会上对被评议单位的提案办理工作进行满意度测评。

7. 十届政协七次常委会议

2017年12月28日,市政协召开十届七次常委(扩大)会议,会上组织全体常委学习十九大精神;协商讨论"一府两院"工作报告、计划和财政工作报告;审议通过市政协十届三次会议有关事项;协商通过有关人事安排。

【政协主席会议】

1. 十届政协2次主席会议。2017年1月10日上午,召开市政协十届第2次主席会议,会议协商《耒阳市"十三五"环境保护和生态建设规划》、"武广教育城"及"农村七大片区寄宿制中心学校"建设、"两馆一中心"项目建设、加强投融资工作以及智能立体停车场、城市标识设计、背街小巷"四化"智能停车系统项目建设等"三重一大"相关工作;传达学习了衡阳市政协十二届一次会议精神;审议通过了市政协十届二次全会筹备工作方案及大会秘书处工作机构、《政协耒阳市委员会民主评议提案办理工作实施办法(草案)》《耒阳市政协党组班子民主生活会方案(草案)》;协商研究了市政协2017年工作要点及政协苑有关工作。

2. 十届政协3次主席会议。2017年2月23日上午,召开市政协十届第3次主席会议,全体主席会议成员参加会议。会议学习十八届六中全会精神及省政协十一届五次会议精神,审议通过《各界别组、乡镇办事处政协工作目标考核办法(草案)》《委员管理办法(草案)》《委员履职考核评价办法(草案)》等15个制度、办法(草案)。

3. 十届政协4次主席会议。2017年3月15日下午,召开市政协十届第4次主席会议,会议协商通过了"智慧耒阳"、美丽乡村建设等"三重一大"事项,传达学习了全国政协十二届五次会议精神,审议通过了有关人事安排、市政协十届二次会议有关工作及十届一次常委会议有关工作。

4. 十届政协5次主席会议。2017年4月5日下午,召开市政协十届第5次主席会议,会议协商生物识别身份认证系统建设、哲桥工业新城核心区域PPP项目开发建设、新一轮城镇基准地价更新及关于耒阳市交通建设项目申请国开行、农发行"市统贷、县分还"融资模式等"三重一大"相关工作,通报市十届政协民主监督员派驻单位表决结果等有关事项。

5. 十届政协6次主席会议。2017年4月18日下午,召开市政协十届第6次主席会议,全体主席会议成员参加会议。会议审查市政协十届一、二次会议提案,研究确定重点提案督办安排和民主评议提案办理的对象单位;审议通过《关于进一步加强和改进界别工作的意见(草案)》《界别工作会议方案(草案)》《政协委员工作室创建实施方案(草案)》和《耒阳市政协常委、乡镇办事处政协工作负责人学习培训工作方案(草案)》等四个意见和方案;研究讨论《关于开展耒阳市安全生产工作调研活动实施方案(草案)》和《关于耒阳市农村义务教育工作的调研方案(草案)》两个调研方案。

6. 十届政协7次主席会议。2017年5月16日上午,召开市政协十届第7次主席会议,全体主席会议成员参加会议。会议传达学习耒阳市当前精准扶贫、环保督查、信访维稳等几项重点工作有关精神,安排部署"两学一做"常态化制度化学习以及整改"回头看"工作,审议通过安全生产工作调研活动实施方案和推进农村义务教育发展调研活动实施方案。

7. 十届政协8次主席会议。2017年6月14日上午,召开市政协十届第8次主席会议,会议协商了耒阳市大市循环经济产业园成立产业发展基金相关工作,审议通过《关于开展"平安耒阳"创建视察活动的方案(草案)》,研究确定市委政协工作会议及党政重点工作督查相关事项,传达学习衡阳市政协"三个一"扶贫行动和脱贫攻坚工作有关精神。

8. 十届政协9次主席会议。2017年7月18日上午,召开市政协十届第9次主席会议专题协商耒阳市桶装水质量安全监管工作。全体人员赴余庆办事处淇元山泉有限公司实地调研桶装水整个生产流程,会上听取市食品药品工商质量监督管理局工作汇报,财政、行政执法等单位负责人及部分委员分别结合部门职责及该工作实际情况作了发言。

9. 十届政协10次主席会议。2017年8月11日上午,召开市政协十届第10次主席会议,全体主席会议成员参加会议。会议传达学习习近平总书记"7·26"重要讲话、衡阳市委周农书记《"亲"则两利、"清"则两安》署名文章及8月8日省政协助力脱贫攻坚视频会议等重要精神,学习全市开展清理国家公职人员违规参与涉矿等经营性活动专项整治工作文件精神,传达纪委关于违规公款购买消费高档白酒排查整治、强化扶贫领域专项执纪问责督查及优化经济发展环境两个情况通报等工作,协商讨论市委政协工作会议相关资料,审议通过了提案督办方案(草案)。

10. 十届政协11次主席会议。2017年8月22日上午,召开市政协十届第11次主席会议,会议专题协商煤炭税费集中征收项目及标准调整、综治创新及禁毒工作、教育工作以及《耒阳市2017—2018年淘汰煤炭落后产能工作方案》《关于支持煤矿企业发展的若干意见》《耒阳市违法建设查处办法》等"三重一大"相关工作。

11. 十届政协12次主席会议。2017年9月13日下午,召开市政协十届第12次主席会议,全体主席会议成员参加会议。会议协商通过《市政协主席会议听取我市城乡居民医保工作汇报的实施方案(草案)》《关于开展我市旅游经济发展调研活动的实施方案(草案)》《关于我市农村义务教育发展有关情况的调研报告(草案)》《关于"推进农村义务教育发展"向中共耒阳市委、市人民政府的建议案(草案)》《市政协十届五次常委(扩大)会议专题协商"农村义务教育发展"有关工作的日程(草案)》及会议筹备工作方案(草案)等相关文件,听取各提案督办小组的工作情况汇报,传达学习向力力副省长对耒阳市教育两项督导评估问题整改落实情况的指示及市委罗琼书记的批示精神、全市党建扶贫工作会议精神、《关于严格领导干部外出报备请假等事项的补充通知》精神。

12. 十届政协13次主席会议。2017年10月19日上午,召开市政协十届第13次主席会议专题协商耒阳市城乡居民医保工作。会前全体参会人员实地视察市人社局医保服务窗口和灶市街道办事处人社服务大厅,现场了解医保工作的运行建设情况。会议听取市人社局城乡居民医保工作汇报,政协委员分别从不同角度就如何推动医保工作发展作了发言。

13. 十届政协14次主席会议。2017年10月19日下午,召开市政协十届第14次主席会议,全体主席会议成员参加会议。会议协商讨论《市政协宣传工作会议方案(草案)》,审议通过《民主评议提案办理工作实施方案(草案)》《关于我市农业产业化龙头企业发展情况视察方案(草案)》《关于接受郭兴中同志辞去政协耒阳市第十届委员会委员、副主席职务的决定(草案)》等相关文件,传达学习衡阳市扶贫开发领导小组《关于深入开展结对帮扶"六个一"活动的通知》、衡阳市政协"政协云"安装使用推进会及"红星云"推广应用等有关文件会议精神。

14. 十届政协15次主席会议。2017年11月22日上午,召开市政协十届第15次主席会议,会议协商讨论耒阳市财政运行发展情况、增加棚改投公司融资租赁规模、淘汰煤矿落后产能及祥麟煤业有限公司金星煤矿启动技改施工、《关于进一步加快开放型经济和实体经济发展的实施意见》等"三重一大"相关工作;审议通过《耒阳市政协十届三次会议筹备工作方案(草案)》《政协耒阳市第十届委员会第三次会议秘书处工作机构(草案)》及《关于全市安全生产工作的调研报告(草案)》等相关文件;组织全体与会人员深入学习党的十九大精神。

15. 十届政协16次主席会议。2017年12月27日上午,召开市政协党组(扩大)会议暨第十六次主席会议。会议协商讨论了城市环境综合整治"百日攻坚"行动部分重点建设项目、2017年全市财政预算调整方案、执行情况和2018年财政预算安排(草案)等"三重一大"相关工作;审议通过召开大会的决定、大会议程、日程、临时党委名单、执行主席名单、秘书长名单、邀请列席人员名单以及市十届政协常委会工作报告、提案工作报告、大会发言、市政协2018年工作要点、2017年度市政协有关工作的表彰决定等十届三次会议有关工作和资料;协商了增补委员等有关人事安排;审议通过市政协十届七次常委(扩大)会议日程;协商讨论了"一府两院"工作报告和计划、财政工作报告(征求意见稿);组织政协党组成员集中学习十九大、中央经济工作会议、省委经济工作会议、省委十一届四次全体会议等重要会议精神,以及省委办公厅关于学习贯彻习近平总书记重要批示精神集中精力做好岁末年初各项工作的通知、省委关于深入学习贯彻党的十九大精神加快建设富饶美丽幸福新湖南的意见、衡阳市委关于深入学习贯彻党的十九大精神加快建设"五个新衡阳"的意见等系列文件精神。

(傅灿　贺多)

纪检·监察

综　　述

【概况】 中共耒阳市纪律检查委员会与耒阳市监察局合署办公,履行党的纪律检查和行政监察职能。市纪委监委班子成员10人,其中书记1人,副书记2人,常委5人,监察局副局长2人。机关设办公室、组织部、宣传部、党风政风监督室、信访室、案件监督管理室、第一至第五纪检监察室、案件审理室、纪检监察干部监督室等13个内设机构和机关党总支。下设反腐倡廉教育基地管理中心(副科级事业单位)、纪检监察网站(正股级事业单位)。市委巡察机构和财务监察所(副科级事业单位)归口市纪委管理。派出14个派驻纪检监察组(副科级行政单位)。有编制149个,其中行政编制129个、事业编制16个、工勤编制4个。乡镇、街道设纪(工)委30个,其他单位内设纪检监察组织17个,配备纪检监察干部170人。

【第十二届纪委第二次全会】 2月7日,中国共产党耒阳市第十二届纪律检查委员会第二次全体会议召开。会上,市委常委、市纪委书记谢培代表市纪委常委会作工作报告。市委副书记邱小兵宣读了《关于表彰2016年度落实党风廉政建设责任制先进单位及先进个人的决定》和《关于成立中共耒阳市委巡察工作领导小组的通知》,市委常委、市委组织部部长刘华文宣读《关于授权市委巡察组正副组长的通知》。各乡镇(街道)党(工)委书记向彭玉明书记递交《耒阳市乡镇(街道)、市直机关单位2017年度党风廉政建设和反腐败工作任务责任书》。

【落实"两个责任"】 年初,制定下发《"两个责任"分解表》和《分工意见》,146个单位递交责任书,全市各级各部门层层签订责任状,形成上下联动、一级抓一级的工作体系。落实"两个责任"履行全程纪实,向全市副科以上干部下发《党员领导干部落实主体责任操作手册》《落实监督责任操作手册》1300余册,促推责任履行从严从实。建立党风廉政建设约谈机制,督促各级党委、纪委及班子成员认真履行好"两个责任""一岗双责"。市委书记带头开展廉政谈话50余人次,纪委书记开展廉政谈话68人次,市级领导开展廉政谈心谈话1400余人次。加大对"两个责任"落实不力问题的追责问责力度。严肃追究哲桥镇党委和镇纪委、市煤炭局党组、三都镇党委在落实全面从严治党"两个责任"不力问题,受到党内警告处分1人,停职1人,诫勉谈话1人,批评教育1人。

【党内监督】 严肃政治纪律,组织开展对党内监督条例实施情况的专项检查,纪委负责人同下级党政主要负责人谈话37人次,函询81人次。加强对执行"三重一大"事项决策、请示报告以及"三会一课"、民主生活会和民主评议党员的监督检查,纠正问题20余起。其中,市国土局、市住建局等8个单位因执行"三重一大"事项执行不力受到约谈。从严执行衡阳市从严监督管理党员干部十项措施,及时出台《关于领导干部干预和插手重大事项留痕备案的若干规定(试行)》《关于开展谈话提醒和函询构建抓早抓小工作机制的通知》三项落实细则。开展全市党员干部和国家工作人员违规投资入股预拌混凝土企业和沙场问题专项清理,抽查核实情况报告1018份,及时纠治20名副科以上干部利用近亲关系参与经营性活动问题。组织开展省委巡视反馈问题整改情况"回头看"工作,将37项整改问题进行重新对照检查,责令将16个未整改到位问题回炉整改,500余人的违规进编转编问题如期整改到位。

【宣传教育】 抓实十九大精神学习贯彻。组织理论学习、专题研讨、系统专题辅导;在纪检监察网站、"耒水清风"公众号开设十九大学习专栏,分期登载十九大精神解读和干部学习心得;建立"学习十九大、落实全面从严治党"在线考试系统,全市各级党员干部、职工参加线上考试,营造学习贯彻十九大精神氛围。全面推进廉政文化建设。以开展"'倡廉洁、树清风'廉洁文化宣传年"活动为契机,成立廉洁文化建设领导小组,建立廉洁文化建设联席会议制度;推进廉洁文化"六进"工程,积极打造"一街、两馆、四园"廉洁文化阵地;构建耒阳廉洁文化品牌,形成以教育基地为点,西湖路为线,清风园为面,点、线、面相结合的廉政文化中心地带;举办“喜迎十九大廉洁书画展”,展出作品600余件,出版印发廉洁文艺作品书籍《清风拂耒》两册、1000余套;开通“耒水清风”微信平台,打造全新的宣传教育平台。廉政文化建设的有关做法在衡阳电视台新闻联播上宣传。深入开展预防警示教育。推行“以案说纪”警示教育,召开典型案例通报暨警示教育大会,发挥“身边人身边事”的教育作用;强化对干部群众的廉政文化教育,向全市正科级单位及处级领导干部发放《永远在路上》光碟300套,组织全市2000余名领导干部观看《绝不饶恕》反腐题材电影;在市委党校科干班、中青班专门开设警示教育课,做到以案释纪、以案明纪;加大案件通报力度,通报“雁过拔毛”“四风”等典型案件17批次,涉及全市51个单位、107名党员干部。

【信访工作】 突出信访办理。加快积案化解“去存量”,开展基层信访举报“大起底”行动,对省、衡阳市纪委挂牌督办的信访问题,安排市纪委常委包案,限期息访息诉,确保积压信访线索快查快结。层层压实责任“遏增量”,落实驻地首问负责制,加大初信初访办理力度,各基层党委、纪委按照“五步工作法”,即分类甄别、接谈笔录、双向承诺、限期答复和登记备案五个步骤,确保把群众举报的问题解决在首办环节。突出交办督办保质量。建立了“一总六分”线索管理台账,坚持每周一排查、每月一通报、每季一调度,强化全程式跟踪管理,有效防止重复访、越级访。年内,市纪委受理信访举报587件,上级转交办307件,同比下降7.4%,越级信访总量由年初的排衡阳市第二,到第三季度下降到第六。

【作风建设】 坚持抓长抓常,驰而不息纠正“四风”。继续发扬“钉钉子”精神,严抓中央八项规定及其实施细则精神落实,切实做到露头就打、动辄则咎,在坚持中深化、在深化中坚持。日常监管“不含糊”。严格落实领导干部个人事项报告制度,对125名领导干部操办婚丧嫁娶、因私出国(出境)等重要事宜进行审查备案。严把“廉政审查”关,严防“带病表彰”“带病提拔”“带病提名”,对363人次进行廉政审查,否决1人。建立了作风纪律建设巡查督查工作机制,按照一月一巡查、逢节必督查模式,对“四风”问题进行交叉式巡查督查,组织开展作风纪律督查7次,发出作风纪律督查通报7期,涉及单位45个、129人。节点督查“不走样”。坚持提醒在前,每逢节假日及重大活动前夕,编发廉政提示短信,引导广大党员干部自觉强化纪律约束,带头遵守廉洁纪律,共发出节日廉洁提示短信7批次10000余条。开展节日反“四风”专项行动,紧扣违规收受礼品礼金、公款吃喝、公车私用、涉赌涉毒、滥发津补贴、工作日饮酒等问题,组建联合检查组开展突击检查。7个节假日期间,派出检查组55个195人(次),检查单位及窗口510个(次),检查宾馆酒店和超市商场281个(次),检查高速公路进出口12个(次),形成了节日必查的态势。从严执纪“不手软”。畅通24小时“四风”监督举报渠道,及时受理群众举报投诉,认真排查群众反映的问题,积极帮助群众解决各类问题,对不听招呼、铤而走险的,做到第一时间调查,第一时间处置,第一时间曝光。严肃查处了三都镇、市商粮局等8个单位违反工作纪律、东湖圩中心卫生院违规发放春节红包、市电视台原台长谷坚离(退)休违规兼职取酬、市交通运输和旅游局邓晓军工作日中餐饮酒等8起案件,给予党纪政纪处理28人,组织处理4人。通过明查暗访、从严惩治、通报曝光等有力举措,全市作风建设形成了抓平时、严平时的良好态势。

【巡察工作】 耒阳是衡阳市县市区开展巡察工作的三个试点单位之一,自1月20日挂牌成立正科级市委巡察办起,耒阳市严格按照衡阳市的有关要求,主动出击,扎实推进,迅速启动了三轮巡察工作,取得较好成效。配强机构队伍。市委常委会5次专题研究部署巡察工作,成立了以市委书记任组长的巡察工作领导小组,新设正科级机构市委巡察办,建立“巡察组长、副组长库”“巡察干部库”“巡察专业人才库”共132人,随机滚动管理,一次一授权,第一轮、第二轮巡察组建了5个正科级巡察组,第三轮衡阳市县市区交叉巡察组建了3个巡察组,在确保编制、资金、办公用房、办公设备、公务用车五个到位的基础上,有序开展巡察工作。健全巡察机制。制订了《巡察工作人员守则》《巡察工作流程》《巡察保密工作和机要文件管理制度》《巡察机构档案资料管理规定》等规章制度,探索建立巡察人员培训制度、巡察工作回避制度、巡察工作绩效考评制度等工作机制,确保巡察工作运转高效,年内开展专题业务培训3期,培训102人。同时,按照上级关于巡视巡察工作精神,出台《关于建立巡察制度的实施意见》《2017—2021年市委巡察工作规划》《关于抽调优秀年轻干部到巡察工作中实践锻炼的实施办法》等方案。强化巡察实效。把准政治巡察定位,压实“两个责任”,紧盯重点人、重点事、重点问题,年内开展了三轮巡察,其中常规巡察10个单位,扶贫领域专项巡察涉及9个市直单位、9个乡镇(街道)及其下辖的34个省定贫困村,对全市省定贫困村的巡察实现全覆盖,发现问题线索221个,下发整改督办函26份,整改问题83个,给予党纪政纪处分15人,移送司法机关1人,组织处理35人,清退、清缴违规资金1509.64万元。

【追责问责】 坚决执行《中国共产党问责条例》和耒阳市委《关于切实提高

行政执行力的实施细则》,以“零容忍”的态度,抓严抓实村(社区)级换届、环境保护、脱贫攻坚、煤矿安全生产等重点领域的执纪问责。严肃查处大市镇紫峰村党员刘功文干扰紫峰村党总支班子推荐案,三架街道办事处大胜村村主任李佐礼、原村党支部委员黎叶华拉票贿选案,及大市镇在村(社区)党组织换届工作中履职不力问题,给予党纪政纪处分5人,诫勉谈话6人。组织开展环境保护领域“为官不为”专项整治,坚决查处大义镇党委、政府在开展“春雷行动”中工作不力问题,以及大市镇、仁义镇、环保局在环境保护工作中失职、渎职问题,给予党纪政纪处分9人,诫勉谈话7人。从严追究脱贫攻坚工作中7大类36种问题,严肃查处三都镇、三架中学、长坪乡等10起脱贫攻坚不力和腐败问题,给予党纪政纪处分27人,免职2人,诫勉谈话1人,发出通报3期。紧盯煤矿安全生产失职失责问题,严肃查处了三都镇双红二矿、龙塘镇江头煤矿和大义镇观山坳煤矿违规生产作业等问题,给予党纪政纪处分15人,诫勉谈话6人,批评教育20人,责令解聘4人。

【纪律审查】 坚持纪在法前,纪严于法,切实把纪律审查作为惩治腐败的重要手段和预防腐败的重要保证。坚持有案必查、有贪必肃。通过整合执纪审查力量、开展执纪审查业务培训、建立执纪审查评比制度和末位约谈制度等方式,促进执纪审查速度、数量、质量全面提升。2017年度,立案审查580件,结案581件(含2016年1件),给予党纪政纪处分574人,开除党籍140人,行政开除11人,行政撤职22人,移送司法机关2人。严肃查处了“大市镇镇长伍永欢案”、“大市镇原书记郑洪文案”、“人民医院1·18商业贿赂案”等一大批大要案。创造了耒阳有史以来立案数最多、大要案数最多、处分人数最多的显著成绩。

【办案安全】 突出“抓硬件、强保障,抓制度、促规范,抓领导、严履责”举措,制定并严格执行纪律审查谈话取证10项制度。不定期组织纪检监察干部进行执纪安全培训和考试,年内邀请衡阳市案管室负责同志给全市纪检工作人员进行了执纪安全专题培训,与市公安、消防、卫计等单位联手,举行了耒阳市历史上首次“执纪安全演练”活动,增强了执纪安全意识。严格落实纪律审查、“走读式”谈话工作等有关规定,加强了市乡两级谈话室硬件设施建设,将各项安全措施落实到位,实现了执纪审查“零事故”目标。

【信息调研】 全年上报综合信息60余篇,上级纪检监察机关采用信息54篇,质量和采用率均在衡阳市12个县市区中名列第一。其中,中纪委10篇,省纪委18篇,衡阳市纪委26篇。围绕全市中心工作和反腐倡廉工作,对带有苗头性、倾向性的问题进行调研,年内开展大型调研活动3次,协助上级纪检监察机关完成调研法规课题2个,上报调研文章5篇,被上级纪检监察机关采用3篇。其中,省级2篇,衡阳市级1篇。获“2017年度湖南省纪检监察信息工作先进单位”。

【深化改革】 以推进巡察试点为契机,争取行政编制9名,设立巡察办正、副组长各1名。以开展派驻机构全覆盖为契机,设立派驻纪检组14个,配齐配强了14名组长和4名副组长,确保了机构设置、人员编制、职责权限、管理模式“四到位”,实现了对63个党和国家机关、4个市属企业的有效监督。以推开监察体制改革为契机,通过全面谈心谈话、审查廉政档案,拟转隶26人。同时,优化机关干部配置。注重学历和专业要求,面向衡阳市范围公开选调(招聘)工作人员18人。其中,选调法律专业人员10人,文秘工作人员5人,招聘财务专业人员3人。加强干部内外交流,涉及干部交流7名,其中4名科室主任交流外系统任职,分别从组织、公安、基层纪委调入3名业务骨干。

【业务培训】 建立机关“每周一学”学习机制,每周五下午统一组织机关、巡察办全体干部学习党纪法规、制度文件、上级精神,修好“必修课”,打好“基础桩”。扎实开展业务培训,全年组织纪检监察系统全员业务培训2期,针对乡镇(街道)、巡察组、监督执纪联合组、派驻纪检组及新进人员开展“订单式”培训6期,打造专业化、骨干型队伍,做到招之能战、战之能胜。强化“以案代训”,分批次挑选18名基层纪检监察干部到机关各科室、巡察组跟班轮训,既加强接访处访、财务检查等业务的学习,又加强纪律审查、巡察的实战。突出“传帮带”轮训,分管常委牵头指导3个监督执纪联合组开展联合执纪,让基层纪检干部在联合执纪、交叉查办中得到锻炼、提升能力。

【队伍建设】 坚持“开门反腐”,主动接受党内监督、民主监督、群众监督和舆论监督,12月6日,邀请人大代表、政协委员、无党派人士“走进纪委机关”,“零距离”感受纪检监察机关反腐工作。深化预防警示教育,分层组织观看警示教育片《打铁还需自身硬》,专题传达学习全省纪检监察干部监督会议精神,转发《湖南省纪检监察干部监督执纪“十不准”》,做到警钟长鸣、警醒常在。突出内部防控,加强对《监督执纪工作规程》执行的领导和监督,建立问题线索定期排查、交办督办制度,防止压案瞒案、久查不结、查而无果等问题。组织开展上门家访活动,争取干部家属的理解、支持,引导家属当好“贤内助”“廉内助”。坚持正人先正己,受理纪检监察干部信访违纪问题线索7起,立案审查3人,约谈4人,诫勉谈话1人,批评教育2人。

(张小林)

社会团体

侨联

【概况】 耒阳市归国华侨联合会是归口市委统战部管理的正科级单位，是由全市归侨、侨眷组成的人民群众团体。

【联络联谊】 加强与港澳、海外华侨联系沟通，为全市利用海外资源，引进海外人才搭建桥梁。接待海外华侨华人、留学生、香港同胞等20多次，协办2017年“亲情中华”海外华裔青少年湖南夏令营耒阳站活动，建立“侨胞之家”微信群，不断加强侨胞、侨眷、侨属之间的联络联谊。

【汇集爱心】 联系澳大利亚华人肖庄夫妇捐资10万元，专项用于培训中小学心理健康咨询师121名；联系香港烛光教育基金会莅耒开展耒阳市中小学校长培训；倡议新西兰等地海外老乡为衡阳地区洪涝灾害捐款捐物，为家乡灾后重建献出爱心；引导侨属企业星宇电线电缆公司捐资10多万元为当地村民缴纳新农合、修路。

【参政议政】 组织侨界人大代表和政协委员开展多种形式的调查研究活动，提交的10个建议和提案，从不同角度为耒阳的经济社会发展、基础设施建设、城市管理、民生改善、脱贫攻坚等方面献计献策，得到耒阳市委、市政府和相关职能部门的高度重视，较好地发挥了侨联的参政议政作用。

【走访慰问归侨】 坚持“节日走访、困难必访、重大事项必访”的原则，组织春节、重阳节走访慰问全市老归侨活动，看望慰问困难侨眷侨属及逝世归侨家属。组织侨界代表人士结对帮扶侨界特殊对象，加强走访慰问及一对一帮扶力度。

（李芳英）

总工会

【概况】 耒阳市总工会机关有在岗干部职工13人，内设办公室、组宣部、经济工作部、女工部、民主管理部、财务部、物业管理部、职工维权帮扶中心、经审办、“双联”办；下设工人俱乐部，有在岗职工12人。全市有工会组织998个，会员11.85万人。

【参加衡阳市技能竞赛】 5月16—17日，由衡阳市总工会、衡阳市农业委员会、衡阳市人力资源和社会保障局、衡阳市茶业协会共同举办的衡阳市“传承传统技艺·培育衡州工匠”竞赛活动启动仪式暨衡阳市制茶技能大赛在衡阳市万恒茶文化广场举行。大赛按照茶叶加工《国家职业标准——茶叶加工》的理论知识和技能要求进行，分为茶叶理论知识考试、茶叶制作和评审两个环节进行比赛。各县市区的30位茶艺技能选手参赛，耒阳选派5名代表参加比赛，耒阳市江头生态农业开发有限公司彭凯荣获冠军、谭燕荣获亚军，耒阳市江头茶叶协会曾春古、刘勇舟、曹爱容分别荣获第6、13、16名。

【举办文体活动】 3月7日，市总工会在蔡伦竹海举办全市庆“三八”女职工登山比赛活动，活动共分老年组、中年组、青年组，共有200余名工会女干部参加。6月23—26日，举办全市职工乒乓球团体赛，共有53支代表队参加比赛。6月28日—7月19日，举办全市庆“七一”职工篮球大赛，共有34支代表队参加比赛。至10月份，全市各类企事业单位和机关单位共500余家参加“安康杯”劳动竞赛活动。11月3—6日，举办耒阳市首届职工气排球大赛，共有22支代表队参加比赛。11月7—13日，投入活动经费80万元，组织2017年“走进新时代·羽你同行”耒阳市职工羽毛球大赛等大型文体活动共6场次。

【召开劳模座谈会】 4月26日，市总工会在市委二楼会议室召开庆祝“五一”劳模座谈会暨“工人阶级宣传月”活动，来自全市各行各业的全国、省级、衡阳市三级劳模、先进工作者、“五一”劳动奖章72人参加座谈会，市委、市政府主要领导出席会议。衡阳市“工人先锋号”韶能集团耒阳电力实业有限公司遥田水电站发电车间代表李郡华和衡阳市“五一劳动奖章”获得者匡兵等4位代表在会上作典型发言。

【“双联”工作】 健全帮扶网络和服务

平台建设。推动帮扶中心站点向经济开发区、乡镇(街道)工会联合会、非公制企业和跨省职工维权延伸,全市有经济开发区、乡镇(街道)工会及规模以上企业维权帮扶站点132家,其中跨省职工(农民工)维权帮扶站2个,覆盖面达90%,打造"最后一公里维权帮扶服务圈"。4月8日和5月23日耒阳市总工会2个跨省职工(农民工)维权帮扶站挂牌仪式分别在韶关耒阳商会和东莞耒阳商会挂牌。维权帮扶站的主要职责是维护外出务工者的合法权益不受侵害。市职工维权帮扶中心创建湖南省五星级职工维权帮扶中心,推动中心工作由困难帮扶向维权、救助、服务、项目、互助"五位一体"转型。做好困难职工(农民工)就业创业培训工作。年内,市总工会委托耒阳市志达培训学校培训困难职工(农民工)200人,大部分都找到合适的就业岗位。推动城乡困难家庭"一户培养一产业工人"脱贫解困。市总工会在市胖哥槟榔食品有限责任公司、南阳鞋业有限公司、夏塘镇新牛岭村建立"一户一产业工人"就业创业培训基地,共培训就业创业下岗职工(农民工)再就业人员2000人,使一大批困难下岗职工、农民工得以脱贫。

8月25日,由市总工会、市"双联"办主办的2017年耒阳市"双联助学"启动仪式在耒阳市正源学校举行,全市共有120名困难职工子女考上大学得到资助,现场发放助学金32.5万元。到8月31日止,耒阳市各级工会组织在开展"金秋助学"活动中,共资助困难职工和困难农民工子女上大学600人,共筹集助学活动资金130万元;其中:资助困难农民工子女200人,发放助学金50万元;资助困难单亲女职工20人,发放助学金5万元。各级工会组织与12家民营企业联系,为在读困难职工子女提供勤工俭学或社会实践岗位200余个。

【工会关爱】 对全市困难职工帮扶资金发放重点向企业农民工、长期在农村任教师、医务人员的特困职工倾斜。3月10日,市总工会在南阳镇汤家凹煤矿启动全市困难职工子女维权帮扶关爱行动,为4位尘肺病患者发放维权帮扶金每人5000元。7月3日,市总工会对80岁以上12位全国、省劳动模范有病住院的上门进行走访慰问。对30位重病特困女职工进行帮扶,帮扶金额6万元。7月24—26日,市总工会组织全体干部职工赴市汤家凹煤矿、严冲煤矿、岸金煤矿、竹山煤矿等6家煤矿企业,开展煤炭行业供给侧改革企业142名困难职工结对帮扶活动,并将帮扶金、联系卡送到帮扶对象手中,发放帮扶资金7.1万元。9月18日,市总工会分成四个送清凉慰问小组,统一购买"送清凉"物品750份,投入资金7.5万元,分别对耒阳市电力一线高温作业职工、一线环卫清扫职工、一线建筑工地农民工等进行"送清凉"走访慰问活动。9月28日,组织公平圩中心校老师曾祥龙等4名大病患者参加衡阳市第七期大病救助,救助金额4万元;组织市供销大厦谭美如等12位子弟考上一本大学的特困学生参加衡阳市总工会"金秋助学"特困帮扶,救助资金3.6万元。10月22日,市总工会在市妇保院建立"母婴关爱室",有效关爱母婴的健康成长和合法利益的保护。全市有1.4万人参加工会职工医疗互助救助,金额98万元;到12月20日止,有432名患病住院职工得到职工医疗互助补助,补助金额76万元。

【基层工会】 全市有150余家基层工会组织召开职代会,特别是改制企业的改制方案必须通过企业职代会审议通过后才能实施。全市企事业单位建立职工代表大会制度有268家,开展工资集体协商和集体合同签订的单位有300余家,全市工资集体协商、集体合同制度已向非公企业延伸。6月22日,市总工会、市人社局联合开发区工会在韶能集团耒阳电力实业有限公司举办全市工资集体协商及职代会建设业务知识培训班,提高企业工会主席业务素质和工资集体协商签订面,确保企业员工合法利益不受侵害。

【信息化建设】 市总工会研究制定全市工会系统信息化建设发展规划,健全工会网站体系,完善统一网络平台,建设工会信息资料数据库,提高工会系统办公自动化水平和工作效率,及时完成工会调研、工会信息上报任务。在《湖南工人报》发表文章7篇,耒阳电视台采用工会、"双联"及职工维权帮扶工作信息46篇(条),《今日耒阳报》发表工会系统典型活动文章48篇,特别是"双联"和职工维权帮扶工作,做到每月电视有新闻报道,报社有典型宣传。完成《湖南工人报》《工人日报》及党报党刊征订发行工作。

耒阳市工商业联合会

【概况】 耒阳市工商业联合会(简称工商联)有正副主席(会长)17名(其中14名为兼职),常委33人(专职3人),执委52人,其中,机关领导班子5人(主席1人,党组书记1人、副主席2人、非公党工委专职副书记1人),有会员2213人,其中企业会员670人,团体会员207人,个人会员1336人。

【光彩事业】 工商联积极引导非公有制经济人士践行社会主义核心价值观,自觉做爱国敬业、创业创新、回报社会的表率,树立义利兼顾、以义为先的理念,致富思源,富而思进,积极投身光彩事业、"万企帮万村"和其他社会公益事业,积极履行社会责任。是年,全市共有37家非公企业和5家异地商会投身于"万企帮万村"精准扶贫工作,通过产业帮扶、就业帮扶、技能帮扶、金融帮扶、公益帮扶等形式,48个村(其中34个省级贫困村)结对帮扶,帮扶资金达981.75万元,实施帮扶项目98个,受帮扶贫困数达4748人,“万企帮万村”精准扶贫台账资料和产业扶贫工作在省考核验收中得到了省扶贫考核验收领导小组的高度评价和肯定。在捐资助学活动中,全市74位非公企业家及挂牌成立的11个异地商会向419名家庭特别困难、学习成绩特别优秀的学生捐资105.52万元,其中会员李主智、谷任峰、杨小胡分别列衡阳市2017年度慈善排行榜个人榜单第二十二、第四十一、第四十六名。

【民营经济发展】 工商联坚持优质服务是“立会之体、兴会之基”,不断创新服务方式,加强与非公有制企业的沟通与交流,着力推动非公有制经济的健康发展。搭建招商引资服务平台。充分发挥工商联组织的网络优势,利用异地商会平台,开展招商引资活动。依托异地商会把外地企业请进来,本地企业走出去。红薯粉皮、江头贡茶、茶油、茶叶、黄花菜、豆制品、坛子菜等特色农产品依托深圳电商平台、华东农产品销售平台,逐步打开省外市场、打响耒阳品牌。加强政策、科技、经济和信息服务。工商联通过发布信息、订阅报刊、举办座谈会等形式,与企业建立了方便快捷的沟通桥梁,为非公有制企业提供国家政策、科学技术、经济信息等方面的服务,拓宽信息渠道。全年在省、市各类媒体共发表稿件27篇,其中21篇被衡阳统一战线网采纳,27篇被本地官方媒体采纳。融资服务。积极与多家银行对接,争取银行对中小企业的贷款支持力度,制定适合非公企业家需求的金融产品,搭建融资平台,帮助企业解决融资难题。维权服务。工商联加大与公检法司的联系,为非公企业搭建维权通道,维护企业合法权益。市人民检察院在胖哥槟榔等三个非公有制企业挂牌设立检察联络站和流动维权岗,并派驻2名检察员到工商联为非公有制企业排忧解难,维护合法权益,让非公有制企业吃下“定心丸”,安心发展。

【会员参政议政】 参政议政是工商联在新时期的一项重要工作职能,是工商联当好政府助手、联系非公有制经济桥梁纽带作用的具体体现。非公有制经济人士中的人大代表、政协委员积极开展调研活动,深入了解非公有制企业在发展生产中遇到的难点和热点问题,以及把非公有制经济人士的意愿和要求,形成书面报告,向市委、市政府提出相关意见和建议。是年,非公经济人大代表和政协委员共提出建议和提案41份,提案内容涉及优化经济环境、环境保护、食品安全、行业规划等多方面。

团市委

【概况】 共青团耒阳市委内设办公室、基层联络部和权益部三个职能股室,在编在岗干部4名。

【青少年思想政治教育】 强化组织领导。成立以团市委书记邓雅为组长的“一学一做”教育实践领导小组,印发“一学一做”教育实践实施方案,指导推进全市从严治团和教育实践活动。统一“动作”。全市以团支部为单位开好专题组织生活会,团支部成员进行相互评议,上好“怎样做一名合格团员”团课,加深对共青团的认识;集中开展入团仪式,组织老团员重温入团誓词,发挥示范引领作用;学好《习近平关于青少年和共青团团工作论述摘编》和《中长期青年发展规划》《湖南省青少年发展规划》两个“规划”,用理论武装头脑认清发展趋势。开展丰富多彩的实践活动。举办“不忘初心跟党走”网络主题团日活动、“团员先锋创建活动”、“我的青春我的梦”主题征文活动、“耒阳市抗战老兵故事巡回报告会”,通过丰富的活动形式,举办手抄报比赛、演讲比赛、书画比赛等,切实增强团员青年的先进性和光荣感,坚定跟党走的决心。

【先进典型推介】 涌现不顾个人安危挺身而出的全国第六届全国道德模范匡兵、温琦华夫妇,弘扬社会正气;面对捡到巨款毫不心动的拾金不昧好少年——耒阳市实验小学梁明旭、振兴学校刘金龙和郭烨;无私奉献默默资助贫困学子,崇义友善好人欧阳丽华;在助力脱贫攻坚中表现突出的先进青年集体——耒阳市青年创客联合会等集体;印发了《2016年度耒阳市共青团工作“红旗单位”、耒阳市“优秀共青团干部”、“优秀共青团员”的决定》,共表彰12个优秀团组织,36名优秀团干、53名优秀团员。通过选树、宣传这些先进榜样力量,在全社会形成“崇尚先进、学习先进、争当先进的良好风气”,对推动耒阳发展、促进社会风尚的好转,起到积极正面作用。

【爱心助学活动】 汇聚社会爱心力量,整合社会公益资源,开展“冬日暖阳·关爱留守儿童助学活动”、爱心募捐。全年募集社会资金、物资近66余万元,为坛下乡、马水镇、余庆街道办事处等乡镇办事处近百余名留守儿童送去了助学金、学习用品和衣物,解决了留守儿童的实际困难,帮助曹小义、郭小容、李康平等困难家庭渡过难关。做到有效宣传,在全市营造良好的关爱氛围,呼吁社会各方面关注留守儿童、孤寡老人这些弱势群体,积极参与进来,用实际行动进行关爱。

【服务党政中心工作】 紧密团结联系各级志愿力量,依托青年创客联合会、义工联等社会组织、爱心企业,招募和发动一大批志愿者,为志愿活动取得扎实成效奠定良好基础。开展各类志愿服务活动,紧扣精准扶贫、城市“百日攻坚”等党政重要中心工作,在全市范围内开展了交通文明劝导、“汇聚爱心·情暖夕阳”学雷锋、义务植树、“爱心送考·平安同行”公益活动、爱心扶贫助学、12·5“走进新时代志愿我先行”、(不)文明行为随手拍等各种志愿服务活动,参与志愿活动累计8000余人次。

【引导青少年成长成才】 各级团组织开展法制进校园、禁毒知识讲座、向校园暴力说“不”、青少年自我保护教育等活动,参与组织“禁毒之声——唱享健康之健康毅行”大型禁毒宣传活动,向青少年普及法律常识、防范侵害自护知识,提高青少年懂法自觉守法、自我保护意识以及防范侵害能力。做好重点青少年群体的帮教工作,落实帮教措施,做好单亲家庭、后进和困难学生的教育引导转化工作,防患于未然。

【服务青年创业就业】 与喜达职业培训学校、青年创客联合会合作,全年共组织青年创新创业、技能培训班25期,共培训851人次,就业率达90%以上,仅青年创客联合会的会员企业就提供了56个就业岗位,为青年搭建创业平台。举办“解救单身ONE大计划”大型青年交友活动,得到青年们的积极响应,500余单身青年男女参加,帮助更多的单身青年解决婚恋交友问题。

【组织建设】 团员、少队发展管理工作水平不断提升。严格落实衡团办〔2017〕1号文件精神,全年科学合理调配5500名团员发展指标,切实解决团青不分、团员缺少先进性和光荣感等突出问题,保证实现团青比例逐步降低的预期目标。严格抓好团员档案管理工作,及时做好团费收缴,做到“团组织关系在哪里,团员档案就在哪里”。对“无档案、无团费缴纳证明、无组织关系证明”的“三无”团员做到及时清理。开展“我是光荣的少先队员”主题建队日活动,做好少先队辅导员培训、全国优秀动感中队申报工作,耒阳8人分别获湖南省两型金章、湖南省雷锋金章。村(社区)团组织换届选举工作交上满意答卷。转发《共青团衡阳市委、衡阳市民政局关于做好全市村(社区)团组织换届选举有关工作的通知》,扎实有序做好团组织、团组织负责人、团员和35岁以下青年状况的调查摸底工作,准确掌握基层第一手资料,不断完善全市团员青年数据库。从村(社区)两委班子成员中重点选配一批对共青团工作有感情,有能力,懂业务的青年村干部担任村(社区)团组织负责人,全市30个乡镇、办事处团工委,375个村(社区)团组织均完成换届选举工作,有效释放基层团组织的生命力。耒阳市第十六次团代会的举办取得成功。加大宣传力度,制作耒阳共青团形象宣传片,大会召开前在各大主要路口广告屏幕滚动播放一个月,为共青团耒阳市第十六次代表大会的顺利召开,做了很好的宣传造势铺垫。准备充分组织有力,严格按照文件规定,从103个选举单位共产生了代表232名,大会共历时两天,4月20日召开,4月21日胜利闭幕,选举产生了共青团耒阳市第十六届委员会委员23名、候补委员11名,常委7名、副书记2名、书记1名。大会期间风清气正,完成各项工作任务,达到大会预期目标,为全市广大团青年今后工作指明了方向。新媒体系统平台、网宣队伍建设不断完善。做好团干部直接联系青年“1+100”系统、青年之声平台通过推广宣传。贴近青年喜好和实际需求,定期在官方微信公众号和官方微博上发布青年团员喜闻乐见、充满正能量的资讯文章,与青年“线上线下”良性互动、交流沟通等做到“有信必回”,切实为他们答疑解惑,帮助他们解决了实际问题,拉近与青年间的距离。系统平台各项数据稳步提升。是年,耒阳团市委微信号粉丝数达29485人,阅读点击总量超过45万次;微博粉丝2109人,阅读点击总量超过12万次,青年之声平台网上提问6803个,回答数达4697次,点赞3146次。常态化网宣队伍不断壮大,已达百人。组织参与“省委书记和青年面对面”等热门话题的转发跟帖,坚持正确舆论引导,有效发挥正能量网络宣传的前沿阵地作用,实现主流思想的强力发声。

妇女联合会

【概况】 耒阳市妇女联合会(简称市妇联),内设办公室和组织宣传部、维权儿少部及妇儿工委办公室,有工作人员8名。

【基层组织】 按照衡阳市妇联和耒阳市委的统一安排部署,全市375个村(社区)妇联全部完成换届工作。换届后,全市村(社区)妇联干部队伍结构得到进一步改善,呈现出年轻化、知识化、多能化等特点。规范指导行政综合执法局、教育局、规划局、公路局、司法局、文广新局、城投公司等市直机关企事业单位组建或改选妇委会组织。调配妇联干部参训。年内组织12名基层妇联干部参加省、衡阳市妇联干部轮训,推荐一名正科实职干部到衡阳市委党校学习,切实提升妇联干部素质。

【人才储备】 完善《耒阳市村(社区)妇联主席花名册》《耒阳市村(社区)妇联主席、副主席花名册》《耒阳市村(社区)妇联干部花名册》《耒阳市妇联干部通讯录》《耒阳市乡镇(街道)妇女干部花名册》《耒阳市副科实职以上女领导干部花名册》,建立完善基层女性人才数据库。

【宣传创建】 围绕市委中心工作，制作《关爱留守儿童》《中华人民共和国反家庭暴力法》电子宣传视频分别在市委、市政府大楼和各大交通要通口的LED电子滚动银屏连续播出。耒阳市妇联建立专属微信公众号、朋友圈和移动互联网络家园。微信公众号“耒阳女性”于元月份上线。《今日女报》征订突破2300份，创历史最高纪录。开展文明家庭、廉洁家庭、最美湘女、好家风好家训评选活动，分别到人社、综治、纪检、卫计等部门征询意见。推荐10余人次各类先进典型报送到上级妇联。与文广新局书画院联合筹办“蔡纸翰墨，巾帼风采”耒阳市首届女子书法展，与旗袍协会联合举办“品旗袍文化，诵国学经典”大型主题活动。

【信息调研】 积极开展信息调研，全年撰写新闻信息62篇，分别在《潇湘女性网》《雁城女网》《耒阳党政门户网》《耒阳党建网》《今日耒阳》等新媒体发表。积极向《今日女报》提供新闻线索，第六届全国道德模范匡兵、温琦华先进事迹发表在2018年的头版头条。

【信访接待】 继续加强信访工作力度，实行全民接访制度，认真处理妇女群众来信来访，尽可能地帮助信访妇女解决问题或提供咨询服务。全市接待和处理信访案件百余件，有效缓解社会矛盾。

【婚姻调解】 市妇联把婚姻家庭纠纷调解工作向乡镇办事处推广，安排工作经费在六个街道办事处设立婚姻家庭纠纷调解室，实行“妇女联合会”、“妇女之家”、“婚姻家庭纠纷调解委员会办公室”实行“三合一”合署办公。

【妇女就业】 市妇联联合市人社局等部门开展“春风行动”活动月大型现场招聘会，150余家企业提供5000余个就业岗位，300多人达成就业意向。

【妇女两癌工作】 市妇联开展农村妇女“两癌”检查，完成衡阳市下达耒阳市“两癌”检查任务，并主动与民政、卫计、蔡子池办事处等单位协调，扩大对农村妇女“两癌”对象的社会救助面，对“两癌”对象实施1000~5000元不等的资金帮扶。全年共救助对象32人，救助资金14万元。

【关爱留守儿童】 市妇联协调团委、教育局等部门开展留守儿童帮扶、关爱活动，筹措资金物资解决留守儿童实际困难。充分发挥“知心屋”的作用，组织老师、心理专家、志愿者参与，开展“知心屋”系列有效活动，对留守儿童进行心理辅导和关怀。

残疾人联合会

【概况】 耒阳市残疾人联合会(简称耒阳市残联)是参照公务员管理的正科级群众团体。是年，有在编干部职工17人，内设机构有办公室、康复股、教育就业股、信访维权股，下辖残疾人就业服务所、残疾人辅助器具中心2个股级事业单位。

【精准康复】 是年，为200名白内障患者实施白内障免费复明手术，低视力患者康复训练60名、并配用助视器，盲人定向行走50名；为符合条件的4名贫困残疾聋儿实施人工耳蜗植入手术，完成15名聋儿康复训练，培训聋儿家长14名，完成0~6岁残疾儿童助听器验配1名，听言支持性服务100名；完成贫困残疾人普及型大、小腿假肢免费装配24例，完成成年肢体残疾人社区康复训练120名，脑瘫儿童康复64名，自闭症儿童康复60名，重度肢体残疾人托养100名，肢体支持性服务200名；对23名智力残疾儿童开展康复训练，智力残疾人托养100名，智力支持性服务100名；完成38名孤独症儿童康复训练，以耒阳市精神病医院为依托，完成精神病人服药救助200名；完成多重残疾人托养100名；为贫困残疾人免费发放轮椅427辆，拐杖223根，助行器161台，洗澡椅176台，盲杖162根，助听器282台，体位垫136个，坐便椅166台；完成肢体残疾支持性服务200名，精神、智力、视力、听力言语残疾支持性服务各100名；完成残疾人精准康复系统录入38339名。

【教育工作】 是年，市残联认真落实《耒阳市扶助贫困残疾学生实施办法》，支助残疾学生200余名。认真做好高考上线残疾人大学生及贫困残疾人家庭大学生子女录取与支助工作。对全市上线录取的5名残疾人大学生按专科4000元/人、本科5000元/人、硕士及以上层次学生6000元/人的标准给予一次性资助，对3名贫困残疾人家庭大学生子女按3000元/人的标准给予一次性资助。对入读公办高中收费标准2017年的高一(包括特教中专新生)新生予以支助，其中残疾人学生每年1400元，残疾人子弟学生每年1000元，2017年有28人录入助学系统。

【培训就业】 是年，市残联依托耒阳市惠心服务中心对110名残疾人免费进行计算机应用和创业等职业技能培训，对340名残疾人进行种植、养殖技术实用技术培训。与国税局、民政局、地税局一道对福利企业进行年检年审，督促福利企业集中安置残疾人就业。对全市机关事业单位依法按比例安排残疾人就业进行了年审，对未按比例安排残疾人就业的机关企事业单位依法征收残疾人就业保障金。为27名残疾人提供创业扶持，为3名创业残疾人连续提供后续扶持，投入资金300000元。

【扶贫解困】 是年，市残联认真做好扶贫解困工作。继续按照新的政策做好残疾人两项补贴审核工作。经市残联审核，市民政局审批，2017年全市共计发放残疾人两项补贴3万余人次，发放资金1700余万元，其中本级财政负担850余万元。开展"连千村帮万户扶贫工程"。确定大市镇集新村为2017年扶贫工程联系村，投入资金20余万元，制定帮扶计划，落实帮扶措施，在残疾人康复、教育、家庭无障碍设施建设、就业培训、托养、辅助器具配送等服务项目均向该村予以重点倾斜，积极协调人社、财政、民政、卫生等部门，对帮扶对象中符合最低生活保障条件的残疾人应保尽保，并给予分类施保，帮扶对象参加新农合参合金、新农保参保金全部由政府代缴，实现"两不愁，三保障"，残疾人家庭收入也接近了当地平均收入水平。派出四名机关干部下乡深入"三联三促"联系村促民生实事办理。扎实开展走访慰问。在全国"助残日"及春节、端午、中秋等传统节日深入贫困残疾人家庭走访慰问。扎实开展精准扶贫，市残联干部职工多次深入耒阳市大市镇集新村，调查摸底，了解情况，走访慰问精准扶贫对象，宣讲中共十九大精神、法律法规知识和党的惠民利民政策，实地体察民情，详细了解贫困群众家庭的具体困难、需求和想法，制定帮扶计划。加大残疾人保障体系建设力度。认真落实《耒阳市城乡居民养老保险政府代缴工作实施细则》，出资93.72万元，为符合条件的残疾人代缴"新农合"个人出资部分。出资45万元为50户贫困残疾人家庭实施了无障碍设施改造。投入资金60万元，为400名贫困重度肢体、智力、精神残疾人提供居家托养服务，56名残疾人在会军和惠心托养服务中心进行日间照料。加大了对贫困残疾人帮扶力度，帮扶贫困残疾人300人次。

【信访维权工作】 是年，充分发挥残工委成员单位扶残助残的作用，努力营造扶残助残的社会氛围。充分发挥残疾人法律救助站的作用，积极开展残疾人法律服务和法律援助，为残疾人免费开展法律援助。深入开展法制宣传教育，增强残疾人遵纪守法意识。办公室设立了来访残疾人求职需求台帐、来访残疾人康复需求台帐和残疾人民情台账。年内，接待残疾人来访1752人次，来信123件，对所有来信来访均做到件件有着落，事事有回音。落实省财政厅、省残联《关于残疾人机动轮椅车燃油补贴的通知》文件精神，按省、衡阳市残联的统一部署，为849名残疾人发放机动车辆轮椅车燃油补贴。上门为家庭贫困、行动不便的重度残疾人办证668个。

【宣传文体工作】 是年，在中残联网站发稿18篇，省残联网站发稿28篇，衡阳市残联网站发稿34篇，耒阳党政门户网站发稿18篇，耒阳手机报发稿17篇。进一步加大全市残疾人运动员苗子选拔和培养力度，着力加强残疾人体育后备人才队伍建设。积极选拔残疾人运动苗子，全力备战2018年省残运会。

【基层残疾人组织建设】 市残联在乡（镇）残联的配合下对残疾人专职委员进行考核，依据考核和考试结果，解聘了一批工作热情不高、文化程度较低、业务能力较差的残疾人专职委员，严格按照《耒阳市村（社区）残协专职委员选聘实施方案》新选聘了残疾人专职委员，并对其进行了思想政治、业务知识和法律知识等方面的集中培训。年内，全市30个乡镇（街道）残联专职委员和378名村（社区）残协专职委员认真履职，扎实工作，恪守"人道、廉洁、服务、奉献"的职业道德，真正成为党和政府与残疾人之间的桥梁和纽带，在掌握残疾人实际需求，提升残疾人生活质量和平等参与共享的能力等方面，发挥了积极的作用。

【动态更新工作】 市残联根据2016年度残疾人基本服务状况和需求信息数据动态更新工作所掌握的数据，对全市有康复需求的21458名持证残疾人进行了入户走访调查。是年6—9月，在耒阳市政府残工委的统一领导及各残工委成员单位、各乡镇（街道）残联和全市各村（社区）残协的支持配合下，市残联对全市29969名持证残疾人开展了入户调查，入户率达98.78%。

【残疾人康复中心建设】 耒阳市残疾人康复中心于2016年3月申请立项，成功列入国家残疾人服务体系建设2016年中央预算内投资计划。选址耒阳市五里牌街道办事处锡里居委会9组（市气象局隔壁）。项目总用地面积6363平方米，建筑占地面积1340平方米，总建筑面积5296平方米。项目总投资1850万元，其中中央预算内投资800万元，自筹及政府配套资金1050万元。项目主要建设康复门诊搂、康复训练搂，均为地上6层建筑，是年项目已开工。

（周青梅）

文　联

【概况】 耒阳市文学艺术界联合会（简称耒阳市文联）主要职责是组织和指导全市各文艺协会、广大文艺工作者，积极开展文艺采风、文艺创作、文艺展演、文艺交流等活动；开展文艺理论研究、文艺评奖等工作；会同有关部门，开展全市性重大文艺活动；指导各文艺协会搞好思想建设、组织建设和作风建设。市文联内设办公室、组联部两个职能部门。

【文艺采风】 4月,文联集中组织诗联学会、摄影家协会、书法家协会、民间文艺家协会等到大义、新市、三都、亮源进行采风活动。5月,民间文艺家协会组织会员到湘西采风创作。6月,杂文学会到新市采风。11月,罗含文化研究会等协会到广州南雄采风。采风积累素材,创作作品日趋活跃,将各协会动态以及年度优秀作品进行整理,出版文艺期刊《茶子花》。

【重要文化活动】 3月启动“月畔湾”杯全市摄影大奖赛;7月进行颁奖。4月启动湿地公园摄影大赛,9月颁奖。5月开始,市文联与市纪委联合主办喜迎十九大耒阳市廉洁文艺作品创作大赛。历时三个多月,活动征集文学、书法、美术、摄影等各种形式的参赛作品2000余件,经专家评审,评出等级奖、优秀奖作品100件。10月17日举行颁奖仪式,市委书记罗琼亲自参加并作了重要讲话,文联所属十余个协会共400多人参加了这次盛会。获奖作品及名家作品在市文体会议中心正式展出五天,之后获奖作品还到市一中、湘南监狱等单位巡回展览。6月18日,举行《耒阳记忆》写作计划专家评审会。参会的有原省政协副主席谭仲池,原省政府参事、长沙市政协副主席周秋光等20余位专家学者,耒阳市委书记、市长等领导参加。《耒阳记忆》写作计划立足耒阳市丰富的传统文化,着力于弘扬优秀传统文化,打造文化品牌,树立文化自信。该活动已聚集耒阳市四十余位文化界人士,写作计划稳步推进。9月份启动“碧桂园杯”全市杂文征文大奖赛,征集参赛作品百余篇,评选出获奖作品12篇,11月26日颁奖。9月26日,市委宣传部主办、市文联承办了“慈晖杯”全市戏曲大赛。10月20日,文联组织戏曲协会在烈士公园举行庆祝“十九大”胜利召开文艺汇演。10月24日,在西湖游园举行宣传十九大精神文艺演出。

科　协

【概况】 耒阳市科学技术协会(简称科协)内设办公室、普及部、学会部、科技培训部,下辖科技交流服务中心1个股级事业单位。全市各级学会10个、企业厂矿科协2个。

【科普工作】 是年,耒阳市科协在全市继续抓好5个科普示范基地的建设。科协不仅技术上进行指导,而且在资金方面对各基地进行扶持。先后为金鑫油茶、先进合作社等基地拨付10万元扶持资金,耒阳市油茶产业协会会长李万元被评为中国农村专业技术协会科普奖先进个人。通过科普示范基地的建设,带动当地农民推广新品种、新技术,发挥科普示范基地的作用,形成较明显的产业特色,促进农业结构调整和农村经济发展。积极组织参加科普讲解员大赛活动。耒阳市选手黄洁参加湖南省科普讲解员大赛,获省二等奖。

【社区科普】 承办中国流动科技馆耒阳巡展活动。是年4月7日主题为“体验科学魅力,放飞创新梦想”的中国流动科技馆湖南衡阳耒阳站巡展活动启动。4月7日至6月7日,在市中等职业技术学校开展了为期2个月的面向全体市民的流动科技馆展览活动。展览活动内容包括展示区、互动区、科普影视区、科普大篷车。展示区域设置科学探索、科学生活、科学表演、科学实验、科普影视5个主题展区,50件互动展品与科学表演,科学实验及科普影视相结合,接纳参观市民5万余人,有效弥补耒阳市资源短缺、科普阵地薄弱的现状,为更多公众参与科普、学习科技、体验科学搭建平台,提高公众科学文化素质。开展集市科普下乡活动。5月22日,市科协、市科技局、市医学会、农学会、林学会等单位联合在市余庆办事处、公平圩镇利用集市开展科普知识下乡活动。活动发放各类展板30块,发放卫生健康、环保、种植、养殖等科普书籍18000册,其中耒阳市科协翻印科普书籍近万册,各种资料5000余份,义诊300余人次,免费送去药品价值5000余元,咨询人员近1000人。更换、充实“科普一条街”内容。耒阳市科普一条街位于沿江路,有高标准橱窗42块,科技活动周期间,重新更换橱窗内容,内容涉及到政治、经济、文化、社会、生活等各个领域,科普知识内容丰富,具有较高的趣味性、可读性、实用性,深受广大市民的好评。

【青少年科技活动】 举办耒阳市第十四届青少年科技创新大赛。活动收集各类作品180余件,评选一等奖6名,二等奖12名,三等奖24名,优秀辅导员一等奖2名,二等奖3名,三等奖4名,选送参加上级比赛作品8件。

【编撰志书】 组织编纂耒阳市科协志和科技人物志,初步整理和完善耒阳市科学技术的沿革,历年的主要工作等史料,收集耒阳籍科技专家180多人入志,重点专题介绍86人。

(张维)

红十字会

【概况】 耒阳市红十字会隶属政府管理,正科级参管事业单位,有干部职工19人,其中享受副处待遇正科实职(常务副会长)1人,主任科员1人,副科实职1人,副科干部1人。

【宣传工作】 红十字会始终将加强宣传作为对外良性沟通的窗口,坚持正面引导社会,广泛宣传红十字组织和各项法规,以弘扬“人道、博爱、奉献”的红十字精神为导向,不断扩大社会影响力和知名度,为加强红十字各项能力建设拓宽募捐筹资渠道、增强红十字实力而提供基础保障，利用各种载体和公益平台，多措并举，使得年度宣传工作成效不断显现。通过元旦、春节期间开展“红十字博爱送万家”活动面对面与走访困难群体宣讲红十字知识，让周围更多的人群对红十字有清晰的了解与认知；通过纪念“5·8”世界红十字日活动走入校园，以开展“公众应急”教育为主题，向市城北小学、前进小学、大市中心学区印发“公众应急救护手册”8000本，相关画册3000份，悬挂宣传横幅3条，制作宣传板报8块；通过“纪念‘6·14’世界献血者日”大力宣传推动无偿献血与造血干细胞工作，在城区繁华路段印发相关献血和干细胞捐献专业知识资料、画册等5000份；通过纪念“世界急救日”(9月的第2个星期六)活动向在城区繁华路段过往群众印发有关防灾防病、急救逃生等知识资料6000余份；通过开展“‘12·1’世界艾滋病者日”公益宣传，联合市疾控中心共同举行以“共担防艾责任、共享健康权利、共建健康中国”为主题的第30个防艾宣传公益活动，经该会与市疾控中心防艾科事前协调决定，分别在全市城区设立宣传咨询点6个，活动现场共悬挂宣传横幅73条，展示宣传板报32块，印发宣传彩页17185份、纸巾7200包、画册1200本、安全套1.22万盒，接受群众咨询625人次。是年共印发各类宣传读本、手册、画册、宣传资料等5万余份，摆放板报3次40块，悬挂主题横幅77条，向红网手机报报送简讯4次，其他官方媒体端报送简讯2次，市电视台专题新闻报道3次，向上级红会发送简报5篇，积极有效的通过各种载体和渠道宣传红十字会，取得了较好的社会效应，为促进其他红十字主职工作奠定了坚实的基础。

【主职工作】 红十字会依据《中国红十字会法》《红十字会章程》等法规履职尽责，肩负全市城区、乡镇基层备灾救灾、扶危济困等人道主义重责，主要在开展备灾救灾、救助、救护、以及推动无偿献血与造血干细胞捐献和器官捐献工作中突出政府联系群众的桥梁纽带作用，为构建和谐耒阳社会作出贡献。救灾工作。救灾工作作为该会主职工作之重，时刻保持“有令必行”备战状态应对一切突如其来的各种灾害和事件，坚持以人为本的原则，依据市政府应急办年度预案总体部署并结合该会实际，制订科学的备灾救灾应急预案，当遇灾害时及时奔赴灾区一线查灾核灾，迅速向上级红会组织报灾并及时保持灾情跟踪，做好灾后重建援助工作。年内通过安置募捐箱和其他募捐形式募集善款20704元，向上级红会组织争取救灾物质两批次共计18627.5元，累计款物39331元均用于受灾贫困户及援助四川九寨沟地震灾区。救助工作。该会全年深入困难家庭走访慰问发送救助物质及资金共计348000元。其中走访慰问特困家庭9户，发放资金达8100元；向金南居委会辖区内低保户和贫困户发送捐赠物质(面条)共计4500元；救助重大疾病患者2人次共计5400元；申报小天使基金290000元、红十字人道救助金40000元。救护培训工作。红十字会作为一个社会公益组织，时常搭起座座公益桥梁，为了使更多的人群掌握防病防疫、疾病救治等简单的卫生救护知识，懂得和了解应对突发灾害的逃生与自救互救本领，该会分别在前进小学、大市中心学区等地举办两期救护知识培训讲座，针对在校师生现场讲演了涵盖烧烫伤、创伤骨折、止血、中暑、触电、心肺复苏等理论与实操。国庆前夕在前进小学精心组织地震、火灾等逃生演练，参与师生2000多人，学校师生反响强烈，参与热情异常高涨，纷纷表示活动受益大，效果好，增长和丰富了师生课外知识，特别对保护师生的生命健康起到了一定的保障作用。推动无偿献血工作。为了全市医疗临床健康用血，保障患者安全用血，积极联系市血站共同宣传发动和构筑科学的无偿献血机制，更好地响应衡阳市无偿献血工作委员会专题会议精神要求，深入各企业、机关事业单位、驻耒部队等联系沟通并组织和发起现场无偿献血3次，参与人数逾千人，全年采集各种血型血液100000余毫升。造血干细胞捐献工作。结合无偿献血工作，全面推进造血干细胞捐献自愿者征集，利用采血现场征求自愿者意愿，采集干细胞样本100余人次，全面铺开造血干细胞这项造福他人挽救生命的功德善行，该会与省红会造血干细胞库保持联系，各种机制畅通，运行有力，时刻保持着上下贯通、信息更新、资源共享的合力有为态势。器官捐献工作。利用各种公益平台宣传器官捐献，促使该项工作步入正轨并进入新的发展状态，年内共接待电话咨询23人次，现场咨询7人次，已申请登记3人次。

【公益活动】 12月12日，该会联合市妇联共同开展全市乡镇“践行十九大、扶贫献爱心”公益活动启动仪式，活动仪式在灶市街道办事处举行，参加启动仪式的有妇联、红十字会、灶市办事处、耒阳唯一视觉婚纱摄影等单位负责人，活动现场向受助儿童及孤寡老人代表发放了书包、学习用具、羽绒被等物质。此次活动将无偿为全市困难家庭、留守儿童及经济困难的适婚青年捐赠22万元的物质，涵盖全市378个行政村，给予每村2名留守儿童捐赠学习用品一套；每村2户特困户捐赠高档棉被1床；为经济困难的适婚青年提供爱心婚纱照惠民补贴等。活动继启动仪式结束后全面展开，由红十字会、市妇联及爱心企业组建的爱心团队分赴各个村组执行该活动，活动全程邀请耒阳市官方媒体、电视台作跟踪采访报道，活动更加凸显对弱势人群的莫大关怀关爱。

【基层党建】 “两学一做”学习教育常态化情况。支部严格执行“三会一课”“五个日子制度”和党支部主题党日活动，明确每月的第一个工作日为党费收缴日,是年党员集中学习达24个学时,党支部共召开党员大会4次,组织生活会3次,按“一会五评”的要求进行了民主评议党员。召开支部委员会12次,讲党课2次,进行“主题党日”活动19次,专题学习讨论4次。组织开展“岗位作贡献、合格见行动、共建新耒阳”主题实践活动,“文明示范岗”的评选活动。开展“机关党旗红,建设四个耒阳在行动”主题实践活动,全体党员签订“讲文明除陋习”承诺书。党建促脱贫攻坚工作情况。党支部于6月29日召开脱贫攻坚见行动专题组织生活会,对扶贫工作中的重点难点和自己的不足进行剖析总结,针对不同的贫困户制定不同的帮扶方案,确保帮扶资金的足额到位,每名工作人员都安排结对帮扶对象,党员领导干部每人帮扶对象不少于2户,多次到帮扶村进行走访慰问。

【信访维稳】 红十字会严格按照市政法委相关会议文件精神要求,特别在信访这块严格遵照国家信访总局的有关指示精神,毫不放松综治维稳这根工作主弦,制定了相关的工作制度,落实信访接待日一把手接访责任制,各股室负责日常接访,办公室切实做到舆情实时观测,凡涉本单位舆情及时向分管领导、主管领导汇报,如遇重大情况及时向上级主管部门和市委市政府领导汇报,确保舆情平稳度过,在接待来访中,耐心听取对象诉求,热心向群众解疑答惑,凡是本部门能解决的当即给予解决,凡是本部门解决不了的认真做好解释沟通,坚决杜绝粗暴、敷衍、推诿扯皮等不当事情发生,年内没有因本单位或个人工作不力而造成上访和社会不良影响。

(段东芽)

消　协

【概况】 2017年,耒阳消委受理消费者投诉228件,调处223件,为消费者挽回经济损失38万元,加倍赔偿1件,加倍赔偿金额3.48万元,转政府有关部分处罚5件,罚金12.87万元,接待群众来信来访咨询1024人次。

【咨询服务】 3月15日,在维多利亚广场设总台,佳福乐、供大、新世界、万亿、白沙、旺客隆等11个超市(商场),民心、四眼井、人民、百姓福4家大药房,农村、乡镇所在地5个集市共设19个分台开展宣传咨询服务。在总台,参加宣传咨询服务的有食品药品工商质量监督局、消委、发改、卫计委、烟草、农业、农机、盐业、银行、司法、个私协会等17家单位和联通、电力、银行、供水等10家企业。现场展出宣传板报58块,发放宣传资料26种、21200份(册),现场受理消费者投诉11件,接待咨询群众350人次。食品药品工商质量监督管局、烟草、农业、农机、盐业把查获的假冒伪劣商品10大类、50多个品种现场展示,向市民讲解,传授识别假冒伪劣商品知识。

【市场检查】 “3·15”期间,组织以市场监管局为主的全市城乡市场大检查。重点查处与生活密切相关的食品、农资等。查处假冒伪劣商品有10大类,50多个品种,价值2万多元。

【媒体宣传】 在耒阳电视台、《今日耒阳》和《耒阳新闻网》开辟了“3·15”专题栏目,宣传消费法规、“网络诚信　消费无忧”年主题、传播消费知识,披露侵权案例,表彰维权先进典型。在市区主要街道高层建筑显目处和食品药品工商质量监督局等单位及大的超市、酒店大厅设置显示屏,滚动播放“3·15”宣传短片,让“网络诚信　消费无忧”、打假治劣、诚信经营深入民心。

【履行首项职能】 “向消费者提供消费信息和咨询服务,提高消费者自我保护能力,引导文明、健康、节约资源和保护环境的消费方式”是消委的首项职责。耒阳消委开展多种活动贯彻落实《消费者权益保障法》,履行首项职责。年内,印发新《消法》等宣传资料18000份(册),利用“3·15”活动向社会发放宣传;组织培训,学习新《消法》。以会代培,先后举办培训班3期,组织学习新《消法》;同时,把学习新《消法》延伸到企业,使企业员工增强服务和维权意识。

【义务服务】 组织医疗、理发、美发、配制钥匙、家电修理等行业个体户参加的义务服务队20人,在维多利亚宣传咨询服务总台为群众义务服务,七次活动共修配钥匙305把、维修家电28件、理发美发35人次,义务诊治病人212人次,服务金额1.2万余元。

【争创“消费维权先进单位”】 经过宣传发动,企业单位申请,消委组织评选,推荐全友家居为湖南省消费维权先进单位,耒阳联通有限公司、民心大药房为衡阳消费维权先进单位,并现场颁发“2015-2016年度衡阳市保护消费者合法权益先进单位”奖牌,全友家居作为企业代表向社会作出诚信经营公开承诺。

【依法维权】 一是坚持投诉案件受理制度,明确分工,调动基层分会积极性,方便消费者投诉,及时化解消费纠纷。二是对投诉案件,投必受,受必果,做到件件有落实,事事有回音。三是调处投诉案件坚持以法律为准绳,以事实为依据,以经营者与消费者自愿为原则,以沟通促和解,以和解促和谐,以和谐促发展的理念,及时调处消费者投诉,化解消费纠纷。

法　　治

政法委及综治

【概况】 耒阳市委政法委内设机构有办公室、政工室、执法监督室、信访室、法学会管理办公室宣传室，与社会治安综合治理委员会办公室（综治办）是一个机构两块牌子，辖稳定办、国安办、禁毒办和流管办，干部职工30人。

【社会维稳】 以十九大安保为维稳工作主线，全面落实总体国家安全观，确保全国“两会”、“一带一路”国际高峰论坛等重大国事活动、敏感节点期间全市大局稳定；开展反渗透、反间谍、反邪教斗争，拆除“三元寺”旧址非法建筑，反邪教工作实现“三零”管理目标；健全信访制度，推行“互联网+信访”，引导群众依法合理上访，全年信访总量，到衡阳、赴省、进京上访批次同比分别下降11.6%、32.4%、42.5%、31.5%，被评为“衡阳市信访先进工作单位”。依法惩治非访闹访行为，信访秩序好转；依托市乡村三级矛盾纠纷排查网络，实行全市一月一排查、乡镇一旬一排查、村（居）一周一排查，一大批矛盾隐患有效化解，全年排查矛盾纠纷4894件，化解成功4797件，化解成功率98.01%；加强市直机关、乡镇（街道）联动，维稳信息研判更加及时，突发事件处置高效，全年85起意外死亡事件、92起突发性事件，全部得到处置。

【综合治理】 开展惩治“盗骗抢”、“卫士之光”百日竞赛、社会治安重点整治、“禁毒风暴”、“三打击一整治”等专项行动，严厉惩治毒品、盗抢、涉黑涉恶、破坏发展环境、严重暴力等犯罪行为。公安机关全年刑事立案2506起，破案1020起，破案率40.7%，破案率同比提升7.7个百分点，抓获各类违法犯罪人员3486人，移送起诉583人；检察机关受理批准逮捕案件284件352人；审判机关审结刑事案件460件598人。首次实现春节当天零发案，“外流地域性职业犯罪”成功脱牌摘帽。

【审理案件】 公安机关严厉惩治破坏经济环境犯罪，全年打掉破坏经济发展环境团伙4个，抓获团伙成员28人；检察机关开展“破坏环境资源犯罪专项立案监督”活动，办理案件22件26人，监督侦查机关立案案件2件6人，在胖哥食品责任有限公司等企业设立“检察联络站”和“流动维权岗”，护航非公经济发展；审判机关受理、调解、判决一批民商事案件，全年审结各类民商事案件4324件，涉案标的额12.9亿元，审理以湖南白沙能源公司破产案件为代表的企业破产改制、股权纠纷案件3件，审结商品房开发、房屋买卖、建设工程施工等案件169件，审理涉煤案件94件，有效防范社会风险。

【基础建设】 “一标三实”信息采集工作扎实开展，全年采集录入“一标三实”数据1366297条；综治中心建设全面启动，全市按照国标建成标准化乡镇（街道）办事处综治中心8个，村级（社区）综治中心80个；平安创建全面铺开，30个乡镇（街道）办事处评选出2万多户“平安家庭示范户”，平安村组600余个，其中灶市铁路园社区被评为全省十大平安社区；网格化管理落实到位，全市重新划分网格3174个，配备专职网格员100人；法院审判庭建成投入使用。

公　　安

【概况】 耒阳市公安局有公安民警699人，全额事业编制文职人员19人，工人5人。下设白沙分局、交警大队、蔡子池派出所、五里牌派出所、三架派出所、灶市派出所6个正科级单位，指挥中心（办公室）、政工室、纪检监察室、警务保障室、刑侦大队、禁毒大队、法制大队、国保大队、危爆大队、治安大队、经侦大队、巡逻大队、网安大队、人口与出入境管理大队、看守所、强戒所、拘留所、灶市所、水东江所、三顺所、马水所、东湖所、夏塘所、新市所、小水所、仁义所、哲桥所、公平所、黄市所、太平所、大和所、肥田所、永济所、坛下所、余庆所、南京所、长坪所、大坝所、大市所、遥田所、机场所、导子所、三都所、龙塘所、南阳所、大义所、亮源所、特殊涉毒人员收治中心警务室、税费征管办执勤室等49个副科级单位和股级单位工会。

【维稳工作】 2017年，耒阳市公安局

围绕中心,突出管控,以党的十九大安保维稳为主线,积极应对各种风险挑战,认真落实维稳安保各项措施,强化重点人员摸排管控,开展矛盾纠纷和反恐、治安隐患大排查,积极应对和妥善处置各类群体性突发事件,确保耒阳政治安全和社会大局平稳。重要活动期间,对维稳安保工作进行周密安排部署,成立工作专班,强化安全保卫措施,确保稳定,各级"两会"以及十九大期间,实现进京、赴省、到衡"非访"零登记。全面开展治安、交通、消防和危爆物品安全整治,重大节日期间强化措施,投入重兵,开展各项安全保卫措施,确保安全稳定畅通,全年未发生重特大安全事故。因交通事故死亡人数比上年度下降50%,全年未发生因火灾死亡事故。

【严打斗争】 针对耒阳治安特点,坚持以打击开路,通过卫士之光"百日竞赛"、"禁毒风暴"、"三打击一整治"、追逃、集打斗争等专项行动,始终对违法犯罪保持严打高压态势。全年共立刑事案件2474起,同比下降27.5%,破案1012起,破案率40.9%,同比提升12.9个百分点,移送起诉860人,刑事拘留732人,强制戒毒439人,行政拘留2315人。侦破命案。破获6起现行命案和7起命案积案,连续六年现行命案全破,命案侦破战果位居省、市前列,破获"1991·8·13"杀人案等一批有影响的命案积案,其他现行大要案件也全部破获,荣获2017年度全省公安机关侦破命案工作成绩突出单位。打击犯罪。破获盗抢骗等侵财案件358起,刑事拘留288人;破获涉毒刑事案件117起,刑事拘留125人;打掉4个恶势力团伙,抓获团伙成员45人;破涉枪涉爆刑事案件30起,刑事拘留25人。其中,破获部督"2017-146"特大毒品目标案件,斩断一条涉及广东、湖南两省的贩运毒通道,摧毁一个层级达五级的特大贩运毒品网络;在十九大安保维稳期间破获部督"9·19"特大网络贩卖爆炸物案,得到公安部贺电嘉奖,刑侦大队被报请集体一等功。治安防控。以平安城市建设为载体,不断完善社会治安防控体系,创新城区治安巡逻机制,重要节日和活动期间,开展巡逻和设卡盘查工作,定期或不定期开展常态化清查盘查行动,震慑违法犯罪,最大限度挤压违法犯罪活动空间,消除治安隐患。春节期间,城区正月初一首次零发案,春节七天假期重大刑事案件零发案,治安警情与上年同比下降50%。

【重点整治】 针对耒阳技术开锁入室盗窃、"涉高"货盗、"两怀"盗窃、涉毒等外流犯罪比较严重的实际,市公安局坚持"走出去"和"请进来"结合,对外流犯罪进行重点整治。重点整治盗抢骗。对各乡镇盗抢骗犯罪前科人员、重点嫌疑人员以及外出务工人员进行全面摸底排查,澄清底数,建立台帐,组织追逃队伍抓捕被外地公安机关上网的耒阳籍"盗抢骗"逃犯。与案件高发地警方联系,主动邀请外地公安机关领导到耒阳共商打击犯罪,在公安部的统一协调下,与北京、天津、上海、武汉、广州、深圳、中山、长沙等地公安机关在耒阳召开警务协作会议,签订警务合作协议,建立协作工作站。公安部公布的耒阳籍"盗抢骗"235名逃犯抓获212名,外地警方移交的26名耒阳籍技术开锁入室盗窃嫌疑人全部移送起诉,在全国重点整治地区中排名位居前列。2017年4月20日,公安部在广东茂名召开全国公安机关"三打击一整治"专项行动部署会议,耒阳因工作突出在会上做典型发言。通过打击整治,耒阳籍人员外流犯罪大幅度减少,从原案件高发公安机关反馈的情况来看,北京技术开锁入室盗窃发案下降50%,广州、长沙等地发案下降30%以上,上海涉耒积案全部清零,其它城市发案也有不同程度的下降,三度被公安部挂牌社会治安重点整治的牌子成功摘除。打击外流贩毒。耒阳市成立打击外流贩毒工作组,安排专项经费200万元,在外流贩毒主要流入地广州、中山设立工作站,公安局派出6名干警常年驻站,重点乡镇派人参与,与主要流入地警方积极合作打击外流涉毒犯罪;依托耒阳商会、行业协会、同乡会,成立流动党支部,共同排查管控外流涉毒重点人员。2017年通过警务协作共抓获外流贩毒犯罪嫌疑人12名,外流贩毒总人数从上年的141人下降到67人,下降52.5%。

【创新管理】 夯实基层基础,创新管理服务,推进公安改革,提升公安工作水平。夯实基层基础。开展"一标三实"信息集中采集工作,全年采集"一标三实"数据1366297条(去重)。夯实基层基础,水东江派出所新业务用房并投入使用;"数字耒阳"平安城市一期工程建成城市监控904个,治安卡口30个,全部投入使用并通过验收,2017年底启动平安城市二期工程。改革创新。按照省公安厅"4+X"警务机制改革的总体思路,结合耒阳实际,科学设计顶层方案,整合各综合部门和业务大队警力资源,成立联合指挥、侦查作战、基础防控、新闻舆情、执法监管五大中心,不断完善运行机制。入境大队"利用微信公众号采集无图像人员相片"的创新举措被衡阳市局在全市推广。指挥中心和政工室牵头组建的"心理审讯工作室",基础防控中心创新"基础防控中心信息管理系统"。管理服务。从转变、改进工作作风入手,狠抓窗口单位服务规范,认真落实上级公安机关推出的36项便民利民举措,交警大队建成机动车驾驶证考试中心和快处快赔中心,入境大队采用自助服务系统,进一步提升工作效率。按照上级公安机关的要求,严格落实网吧、旅馆业等行业的实名制登记，加强对物流寄递业的摸排管控，严格落实安全防范措施，确保不出问题。扎实开展缉枪治爆专项行动，严厉打击涉枪涉爆违法犯罪活动，全面收缴非法枪爆物品，2017 年收缴非法枪支 66 支，查破涉枪涉爆案件 18 起，刑事拘留 16 人，治安拘留 16 人，收缴炸药 5208 千克、雷管 21900 发。完善刑事案件“三统一”工作机制和受立案管理机制，规范接处警和受立案工作，做到统一入口、统一审核、统一出口，提高执法办案质量；改革完善执法质量考评机制，改革完善执法质量考评机制，推行执法办案档案积分制，调动民警执法办案的工作热情和积极性；加强法制员队伍建设，通过执法培训、评选法制之星等措施提升民警法律素质和执法水平。

（吴昊）

【交通警察】　耒阳市公安局交通警察大队属于正科级事业单位，内设市公安局工会分会、办公室、车管所、法宣股、城区一、二、三中队、哲桥、龙塘、小水、南京巡逻中队、静态管理中队、事故救助基金管理中心。其主要职能是：查纠道路交通违法行为，维护道路交通秩序，确保辖区道路交通有序、畅通；处理、调解道路交通事故，查处、侦破交通肇事案件；办理小型汽车和摩托车注册登记、摩托车变更、转入业务和机动车驾驶证初次申领及增驾、驾驶证换补、申请注册业务；开展交通安全宣传；处罚交通违法行为；开展交通安全隐患排查；保卫国家规定的特定人员，守卫重要场所和设施；法律、法规规定的其他职责；承办市委、市政府交办的其他工作任务。

交警大队秉承“快乐工作，忠勇担当，追逐梦想，再创辉煌”的优秀团队创建和政治建警理念，队伍建设和公安交通管理工作加强。查处各类交通违法行为为 16 万多起，同比增长 60%，其中现场查处 8 万多起，同比增长 110%；查处客车超员 1400 起、货车超载 3400 起、超速 5700 万起、疲劳驾驶 510 起，酒驾、醉驾 1100 起，毒驾 30 起，刑事立案 88 起，行政拘留 231 人，新排查公路隐患路段和事故多发点段 24 处，收缴销毁摩托车、电动车遮阳伞 1230 把。新建红绿灯 1 个、电子警察 1 个，新增交通标志 232 个、标牌 4 个、标线 6000 平方米。检验机动车 7146 台。全市一般以上道路交通事故总起数、死亡人数、受伤人数、财产损失四项指数同比分别下降 16.50%、20.05%、18.40%、15.16%，辖区没有发生一次死亡 3 人以上的交通事故。完成重大节日交通安保和各项警保卫任务。

大队根据警务实际情况，组建骑警队和重点违法行为整治组，突破常规化交通秩序管理手段较弱的瓶颈，树立交警队伍形象，紧抓交通违法行为整治，规范执勤执法，提高道路交通管理执法效益。

【公安消防】　耒阳市公安消防大队为副团级单位，大队长、政治教导员各 1 人，参谋 3 人，中队干部 5 人；下辖公安现役消防中队和政府专职消防中队各 1 个。大队配有各类灭火救援消防车、消防执法业务车辆 10 台，其中消防车 8 台、业务车 2 台。负责全市灭火救援、消防监督执法、消防宣传教育指导、建设项目消防备案、消防审批及火灾原因调查。

严格落实执勤备战制度，全面开展辖区情况“六熟悉”，修订灭火救援预案，开展实地实装实战演练活动，灭火救援能力不断提升。全年，组织演练 68 次，修订和完善各类灭火救援预案 122 份。接警出动 397 次，其中火警 274 次，扑灭火灾 265 起，抢险救援、社会救助 123 次，抢救被困人员 113 人次，疏散人员 346 人次，抢救保护财产价值 5670 余万元。

依据法律法规要求，严格审批审核，整治火灾隐患和消防违法行为。2017 年，办理消防备案抽查 16 个，消防审核验收 4 个，开业前消防安全检查 16 个；检查单位 2622 家次，发现火灾隐患和违法行为 6223 次，督促整改火灾隐患和违法行为 6210 处，办理行政处罚案 50 个，临时查封 63 处，责令“三停”28 家，罚款 89.25 万元，拘留 7 人。把控消防源头审批关，打击消防违法行为，消除一大批消防安全隐患，改善全市消防安全环境。

强化消防安全宣传教育，提高全民消防安全意识。大队利用各类载体平台，开展消防安全“七进”活动，全年开展各类宣传培训活动 45 场，发放宣传资料 10 万余份，组织消防站对外开放 26 次，利用公众号、微信、微博、短信群发、视频滚动播放，推送安全常识、消防提示 12 万余条次，12 万人受到消防教育，有效地提高全民消防安全意识及社会火灾防控、逃生自救能力。

检　察

【概况】　耒阳市人民检察院内设办公室、政工科、纪检监察室、反贪污贿赂局、反渎职侵权局、侦查监督科、公诉科、监所检察科、控告申诉检察科（内设举报中心）、民事行政检察科、检察技术科、警务科、职务犯罪预防科、案件管理中心，下辖东湖、夏塘检察室，有干警和职工 105 人。

【查办和预防职务犯罪】　注重惩治职务犯罪与加强同步预防有机结合，保持政治定力，贯彻中央和上级院关于反腐败工作、监察体制改革工作的统一部署，坚持过渡期间“思想不乱、工作不断、队伍不散”的要求。立案侦查职务犯罪案件 19 件 23 人，其中贪污贿赂犯罪 15 件 18 人，渎职侵权犯罪 4 件 5 人。重点查办大案要案，立案查处 20 万元以上大要案件 14 件 18 人。提升预防能力，深入机关、企业开展警示教育宣讲9次、典型案例剖析5次,提出完善制度、机制的建议9份,受理行贿档案查询440次。提升预防调查水平,针对全市异地扶贫搬迁和危房改造项目,联合市发改局、建设局、扶贫办开展专项预防调查。创新预防宣传手段,投递廉政预防宣传资料1000余份,打造覆盖城乡的"预防邮路"。

【打击刑事犯罪】 围绕提升人民群众安全感,参与打击涉毒、涉恶、多发性侵财专项整治活动。受理公安机关提请批准逮捕案件383件483人,批准逮捕300件386人;受理移送审查起诉案件685件933人,提起公诉518件659人,办理外流怀孕及怀抱小孩盗窃犯罪、外流涉高速公路盗抢犯罪、外流贩毒、外流技术性开锁的案件97件152人,确保打击"四类犯罪"在检察环节不贻误战机。坚持依法打击犯罪与保障人权相结合,全面细致审查证据,规范适用强制措施,依法不捕85件117人,不诉116件152人。贯彻宽严相济,办理刑事和解案件50件56人,对未成年人涉嫌过失犯罪或轻微刑事犯罪的,附条件不起诉8人。

【加强法律监督】 注重强化法律监督与促进权力规范运行有机结合,强化对诉讼活动的动态监督,监督侦查机关立案22件、撤案11件、追捕15件、追诉19人,提出抗诉5件。加强民事行政裁判监督,提请抗诉、发出再审检察建议2件。强化羁押必要性审查,监督变更强制措施10人。适应以审判为中心的诉讼制度改革,围绕发挥检察机关审前程序的主导作用,在耒阳市公安局设立检察联络室,提前介入、引导侦查。加强社区矫正法律监督,发出书面纠正违法通知书37件。以民事行政审判过程、执行阶段违法行为为监督工作为基本点,开展违法行为调查,重点针对食药品安全、国有财产保护、国有土地使用权转让、矿产资源等领域,立案调查3件,受理、审结各类民事、行政监督案件77件,办理督促履职案件59件,督促相关单位对耒阳市19家纯净水厂无照经营、微生物超标的违法行为进行及时查处,维护人民群众的生命健康安全。

【服务经济发展】 注重司法办案与服务发展有机结合,立足生态环境的司法保护,开展"破坏环境资源犯罪专项立案监督活动",依法打击盗伐滥伐林木、非法占用农用地、破坏环境资源等违法犯罪行为,办理案件22件26人,监督立案2件6人,向环保、国土等职能部门发出检察建议15份,在市环保局设立检察联络室,促进生态环保措施落实到位。开展"优化经济发展环境专项立案监督活动",跟进107国道改建、"两馆一中心"、"教育城"等重点项目。打击破坏经济发展环境、非法吸收公众存款、集资诈骗等涉众型经济犯罪,净化市场运营环境。在耒阳市胖哥食品责任有限公司等企业设立"检察联络站"和"流动维权岗",护航非公经济发展。

【提升司法公信力】 注重司法规范化建设与深化检察改革有机结合,运用专项活动、案件评查、检务公开三个手段,努力提升司法水平。整合案件信息查询和公开平台,建立"一站式"服务格局,及时公开发布程序性信息851件、重要案件信息55条、生效法律文书475份。搭建微信、微博公众号等公共新平台,拓宽举报渠道,视频接访实现"零距离"对话,受理群众来信来访93件,受理刑事申诉案件4件,民事监督案件9件,司法救助案件1件。全面制作"电子卷宗"方便高效阅卷,推送检务公开信息,方便律师跟踪办案流程,对律师主张权利快速反应,接待93位律师阅卷,受理4位律师侦查期间的会见申请、1位律师调取证据材料的申请、1位律师变更强制措施的申请,接待异地辩护与代理5件,办理阻碍律师刑事诉讼权利案1件。

(肖媛元)

法　院

【概况】 耒阳市人民法院内设办公室(研究室)、政工室、纪检监察科、立案庭、刑一庭、刑二庭、未成年人案件综合审判庭、民一庭、民二庭、民三庭、行政庭、非诉案件执行庭、审监庭、执行裁判庭、执行局、环境资源审判庭、司法警察大队、工会、审管办、司法技术室、司法行政室、人民陪审员办公室、法庭指导组,哲桥、小水、余庆、夏塘、东湖、马水、新市、开发区8个人民法庭及蔡子池办案组、灶市办案组。有工作人员141人,具有大学本科以上文化程度的113人,占全院总数的80.1%。

【刑事审判】 全年审结刑事案件460件,判处罪犯598人。认真贯彻宽严相济刑事政策,加强人权司法保障,依法判处五年以上有期徒刑29人,免予刑事处罚11人。突出打击重点,持续保持对杀人、爆炸、抢劫、强奸、绑架等严重危害人民群众生命财产安全刑事犯罪的高压态势。审结"两抢一盗"案件149件202人。开展惩治"外流犯罪"专项行动,毛某某等人流窜到北京、上海等地入户盗窃,损害耒阳声誉,耒阳市人民法院受理后,依法从重判处,收到良好的效果。依法惩处职务犯罪,审结贪污、贿赂、渎职犯罪案件14件18人,完成多起大要案件审判任务,推进反腐败斗争深入开展。加强未成年人司法保护,贯彻"教育、感化、挽救"方针,完善犯罪记录封存、社区矫正等机制,依法判处未成年罪犯53人。参与社会治安综合治理,遏制治安乱源,惩处毒品罪犯53人。

【民商审判】 审结各类民商事案件

4324件，涉案标的额12.9亿元。审理以湖南白沙能源有限公司破产案件为代表的企业破产改制、股权纠纷案件3件。关注金融政策调整对房地产市场的影响，审结商品房开发、房屋买卖、建设工程施工等案件169件，维护房地产市场正常秩序。处理耒阳农商行系列金融借款纠纷，关注和支持涉煤企业发展，依法公正审理涉煤案件94件，为推动耒阳经济和谐稳定发展保驾护航。

【行政审判】　坚持保护行政相对人合法权益与促进和支持依法行政并重的原则，审结行政案件32件，执行行政非诉案件50件，标的620万元。参与政府重大决策、重大项目研究论证，与政府有关部门建立经常性工作联系，就发现的共性和突出问题提出司法建议12条。设立环境资源审判庭，加强环境司法与行政执法良性互动。依法审理涉及城市拆迁、征地补偿等敏感性、群体性行政案件，取得良好法律效果和社会效果。加强国家赔偿案件审查，审结案件2件，决定赔偿金额38万元。

【审判管理】　实行审判质效通报制度，每季度对全院审判质效情况排名通报，对典型问题和瑕疵案件逐案点评。加强审判公开，全院文书上网率97%，同比上升13.48%，人民陪审员参审率为100%，高于上年同期2.27个百分点。扎实开展庭审、裁判文书质量“两评查”，切实提高法官庭审驾驭能力和释法明理能力。衡阳中院抽查耒阳市人民法院案件质量平均分为97.75分，位于衡阳市法院前列。对执法办案事迹突出的先进个人通报表彰，营造争先创优浓厚氛围。案件发改率下降1.1%，平均审理周期缩短10天。

【审判监督】　接受人大监督，坚持重要工作、重大事项向人大及其常委会报告制度，配合做好人大代表专题视察法院工作。接受执法监督小组常态化监督，按照监督意见抓好整改落实。接受政协民主监督，支持派驻民主监督员开展工作。创新联络工作机制，设立人大代表、政协委员联络工作办公室，邀请人大代表、政协委员视察法院工作、旁听庭审68人次，办复人大代表建议案1件。依法接受检察机关法律监督，认真办理抗诉案件和检察建议，加强协调配合，共同维护司法权威。

【执行工作】　执结各类案件1219件，执结标的金额4.6亿元。推行执行工作“一把手”工程，院长亲自督办执结旧存积案，实行执行工作月通报制度，防止随意执行和怠于执行。限制高消费689人次，纳入失信被执行人黑名单745人，最大限度挤压“老赖”生活和发展空间。依法严厉惩治拒执犯罪行为，拘留155人次，移送涉嫌拒执犯罪7件9人，判处有期徒刑2人。依法开展网络司法拍卖29次，拍卖标的88个，成交220万元，确保执行财产变现过程公开公正。完成执行指挥中心和“点对点”网络执行查控系统建设。加大执行宣传力度，拍摄执行题材微视频，设立户外曝光电子显示屏，营造诚信执行氛围。

【立案信访】　推进立案登记制改革，依法做到有案必立、有诉必理。全面推行随机分案制度，在立案源头杜绝关系案、人情案。建好诉讼服务大厅，为人民群众提供便利服务。采取在院接访、带案下访、预约接访、远程接访等方式畅通信访渠道，注重解决实际问题，涉诉信访总量逐年下降，实现国家重大敏感时期信访零登记。推进法庭巡回办案，延伸工作触角，为百姓提供便利司法服务，接待来访群众1164人次，诉前调解案件78件。

【司法救助】　关怀弱势群体，保障经济困难群众打得起官司，依法减、缓、免诉讼费486万元，解决司法救助金67万元。完善信访接待制度，变上访为下访，采取“四定四包”措施，对赴京进省的老上访案件，积极协调，稳控到位。对生活极度困难的申请执行人实行司法救助，让赢得官司的困难当事人得到救济，感受到司法的人文关怀。

【纪检监察】　开展“两学一做”学习教育，整改“六难三案”等问题。落实中央八项规定，加强司法作风建设，坚决查纠法院存在的“四风”问题。强化党风廉政建设主体责任和监督责任，坚持从严教育、从严管理、从严监督，不断加强廉政警示教育、健全监督制约机制、开展审务督察和司法巡查，严防不公不廉问题发生。坚持有案必查，绝不姑息，查处违法违纪干警2人。

【法警工作】　全年押解、看管犯罪嫌疑人572人，押解收监犯罪嫌疑人217人，出警1279人次。配合上级警队参与刑事警务保障工作调警4次，为省高院远程视频审理重大刑事案件，押解重大案犯5次。全年协助配合行政、民事、执行部门完成警务保障20余起，对拒不履行裁判、判决的被执行人采取强制拘留12人，查封、扣押房产、车辆6处。

【司法技术】　坚持公开透明原则，抓好鉴定(拍卖)程序规范管理，全年接收委托鉴定123件，其中，结案106件，结案率86%。

【宣传工作】　推进审务公开，通过报纸、网站、微博、微信等平台宣传法院工作，通过中国裁判文书网发布各类文书3000余篇，通过新媒体发布新闻宣传稿235篇。自觉接受舆论监督，建立互联网庭审直播平台，开展庭审图文直播6场次。

【“两庭”建设】 耒阳市人民法院审判庭坐落在107国道至武广高铁西站的耒阳大道旁，占地面积3.33公顷，于2014年12月11日动工新建，2015年10月土建封顶，2017年11月23日搬迁。由审判大楼和诉讼服务中心组成。智慧法院建设稳步推进，先后建成远程视频接访系统、远程视频讯问系统、高清数字法庭、15个庭审直播平台。以信息化促进司法公开，推进审判流程、庭审活动、裁判文书、执行信息四大公开平台建设。

（谢雪梅）

司法行政

【概况】 耒阳市司法局机关内设办公室、政策法规股(行政审批股)、法制宣传股、公证律师工作管理股、基层司法工作股、计财装备股、政工室、组织培训宣传股(司法鉴定管理股)等股室。下设二级机构社区矫正工作局(副科级)、公证处、法律援助中心、30个司法所(副科级)。下辖惠湘、丹阳、教正、湘德4个律师事务所，经纬司法鉴定所及6个法律服务所。有全额财政编制人员100人，其中在岗干部职工89人。

【普法宣传】 一是带动身边农民尊法学法守法，组织每村一名“法律明白人”共300名在网上进行学习培训，提高农村基层自治水平；二是针对全市青少年违法犯罪较多的情况，利用律师的职业优势为中小学生以案析法，开展“法律进校园，律师进课堂”活动，形成长效机制；三是在“3·8”妇女节，“3·15”消费者权益日、“12·4”国家宪法日等特定时期进农村、进企业、进市场开展法律宣传活动，举办各类大型宣传教育活动6次，发放宣传资料3万余份，悬挂横幅100条，出动LED宣传车6台次，接待咨询240人次；四是组织全市国家工作人员进行网上学法考试，参考率98.8%，合格率99.6%。

【人民调解】 加强队伍建设。成立人民调解委员会400多个，其中乡镇街道办事处人民调解委员会30个，村(居)人民调解委员会300多个，专业调解委员会6个，有人民调解员1127人。进一步规范人民调解制度、程序和文书。2017年，统一编印《调解卷宗》《人民调解员调解案件登记单》发放到各类调解组织。全年，耒阳市各级人民调解组织调处各类案件2847件，调解成功2838件，其中疑难复杂案件259件，调解成功率99%以上，促进社会和谐稳定。

【法律援助】 一是组建“法润三湘”公共法律服务志愿者队伍，扩大法律援助宣传覆盖面。开展“法润三湘”公共法律服务志愿者活动周活动，组织公共法律服务志愿者深入龙塘、夏塘、新市、大市、哲桥等乡镇圩坪宣讲法律，在龙塘镇中学宣讲禁毒相关法律知识，张贴图片及标语50余幅，发放宣传资料5000余份，现场受理援助案件10余件。二是完善公共法律服务站点建设，建立公共法律服务网络体系。按照省司法厅工作部署，建设公共法律服务中心，在全市各乡镇设立了工作站，375个村设立工作点，为群众提供一站式的便捷服务。三是建立法律援助工作站。年内设立耒阳市军人军属法律援助工作站。

全年办理各类法律援助案327件，其中刑事援助案件159件，民事援助案件168件，为困难群众挽回经济损失1000余万元。

【社区矫正】 一是开拓性地发展社区矫正工作。通过公开招投标的方式，与衡阳市甘霖社会工作服务中心签订政府购买服务合同。从9月份起，由衡阳市甘霖社会工作服务中心组织对社区矫正人员集中学习。二是重点防控，强化管理。严把调查评估“入口”关，注重档案的完善，做到管理到位，程序合法。加强社区矫正对象的学习教育，做到日常教育学习与集中教育学习两手抓，预防和减少重新犯罪，维护社会稳定。在册的社区服刑人员778人，其中缓刑646人，假释66人，管制29人，暂予监外执行37人。刑释解矫人员588人。

【律师工作】 一是组织开展“律师服务‘一带一路’”、“万名律师乡村(社区)行”、“万家中小微企业免费法律体检”等各类大型法律宣教活动；二是鼓励律师服务政府。组织律师参与重大复杂矛盾纠纷化解，促进息访息诉，推荐律师参选人大代表和政协委员，参政议政；三是开展“科学发展、规范管理”示范律师事务所创建活动。全年办理各类案件443件，其中刑事案件42件，民事案件349件，行政案件22件，非诉案件40件。担任法律顾问36家。为社会和个人提供义务法律咨询上千次。

【公证工作】 一是以开展“公证行业规范化建设”活动为契机，提升公证办证质量，增加办案数量。二是推进公证体制改革。为完成耒阳市公证体制改革，赴长沙县、湘潭市等地学习经验，与编办、人社、财政等部门进行工作对接，完成公证改革。公证处是司法局的一个内设股级机构，属自收自支编制。全年，办理各类公证1298件，其中国内959件，涉外339件。

【司法鉴定】 进一步加强对司法鉴定机构的监督管理，完善司法鉴定相关制度，全市办理司法鉴定案件851例。

【湘南监狱】 湖南省湘南监狱(正处级)设监狱办公室、政治处、纪委监察室、狱政管理科、狱内侦查科、教育改造科、刑罚执行科、生卫装备科等17个职能部门，下辖13个正科级押犯监区，5个功能性监区，3个基层服务性和辅助性机构。下设2个总支，50个基层党支部。

监狱企业为湖南万安达集团万世达机械能源有限责任公司，设公司办公室、劳动人事科、生产技术经营科等4个职能部门，下辖湘雁公司、多经分公司、劳务加工厂、基建工程分公司等8个正科级分公司和纯工人单位。

规范习艺车间现场管理，开展车间标准化和"一车间一主题"文化建设，改善罪犯习艺环境。深化罪犯劳动工具、危化品常态化管理，推行精益管理，规范罪犯奖励餐和低报酬标准，监管改造秩序持续良好，连续8年实现"四无"，被省局评为教育改造、狱政管理、收押工作先进单位。

落实治本安全观，抓各项监管制度，开展"三抓一落实"等专项整治活动及服刑人员团体心理运动会，与驻狱检察院联合开展"严肃法纪规定整顿监管秩序"专项活动回头看、"严厉打击罪犯违规行为严抓罪犯行为养成"专项活动、"抓门卫、互监组、夜执勤制度，落实警察直接管理"专项活动，打击监内违纪违规行为。开展狱内侦查，全年办理监内又犯罪案件6起，办理一般预谋案件2起，办理一般案件2起，协助公安部门办案取证64件。

严格落实"教育日"制度，完善视频教学、亲情电话系统，推行"警察教师上讲台"、"监区长大讲堂"特色教学。开展亲情帮教、社会帮教、第二届心理团辅运动会、法律进高墙等活动，被新湖南、时刻新闻等新媒体报道。2017年9月，全省监狱系统入监教育现场推介会在湘南监狱召开，较好地向省内兄弟单位推介该监狱入监教育经验。

顺应司法改革，完善办案制度，刑罚执行平台投入使用，依法依规办理3批次减刑、假释案件，未发生一起违规办理案件，维护执法严肃性和公信力。严格落实安全生产工作责任制，开展常态化安全生产检查，排查整治全狱范围内的安全隐患，消防工程基本建成使用，以高分通过安全标准化二级外部认证。规范生活物资、罪犯内务和监内食堂、超市管理，提高罪犯购物质量和伙食标准，落实"零带入"，规范罪犯就医，罪犯生活卫生更加保障有力。

完成老区房屋回购和移交工作；1728户棚改房通过验收并交房，春节前有46户入住；720户办理房产证；年底启动"三供一业"改革，监狱的安全国电供电工程、720户供水管网改造工程及供电改造工程有序推进；健身房投入使用，警察工人及离退休人员的福利待遇同比上升。

军　事

人民武装

【概况】　耒阳市人武部为正团级单位。人武部机关有干部8人，地方国教专干1人，临时合同工9人。内设军事科、政治工作科、保障科。辖基层武装部41个（乡镇、街道办事处武装部30个，开发区武装部1个，厂矿企事业单位武装部10个），配专职武装干部67人。年底，被衡阳警备区评为“军事训练先进单位”。

【军事训练】　先后4次集中组织机关干部进行军事要素研究和军事技能训练，在警备区的半年、年终军事训练考核中全部达标，优秀率70%以上。组织4期382名民兵集中训练任务，人员、时间、内容、效果“四落实”较好，训练质量较往年有所提升，为遂行应急应战任务打下坚实基础。选派8名新任职武装部长分别参加省军区和警备区集训，其中1名取得全省前50名，2名专武干部分获警备区第二、四名。

【民兵整组】　全市有民兵142448名（含基干民兵3340名，普通民兵139108名），其中民兵应急队伍39支1340名，支援队伍23支1440名，储备队伍7支560人，民兵队伍力量更加精干，编组布局更加优化，“五率”得到提高。

【征兵工作】　全市征兵办聘请廉洁征兵监督员9人，遴选廉洁征兵报告人30人，邀请耒阳市人大、纪委和监察部门参与监督，畅通举报渠道；组织新闻媒体到报名点、体检站、定兵会等现场采访并公开公示环节，做到一事一反馈。体检政考双合格且学历高的青年优先批准入伍，通过严把关口、公开透明程序，完成470名新兵（含5名女兵）的征集任务，无一例责任退兵。

【基层建设】　按照“分期分批、典型示范、上下联动”的方法，投入经费40余万元，为全市21个乡镇重新制作制度牌，配发器材架，为应急分队补充配齐盾牌、警棍、头盔、灭火拖把、铁锹、砍刀、救生圈、救生衣等反恐维稳、森林灭火、抗洪抢险等物资器材，完成21个乡镇武装部和60个村级民兵营的达标建设任务。3月中下旬，结合全市村支“两委”换届，与市委组织部联合下发《关于加强村支两委换届中民兵营长的意见》，进一步加强民兵营长队伍的建设。

【党管武装】　落实党管武装工作制度，12月，组织市级领导召开市委议军会。提交会议研究的国防动员委员会“一综七专”8个办公室经费54万元、耒阳籍现役官兵立功受奖对象实施奖励等议题顺利通过。严格落实值班员全时在岗、值班首长全时在营区的值班制度，春节、全国“两会”、“一带一路”峰会、全省防汛重点时期和十九大特护期间，落实民兵应急连2个排60人全员全时在位，并与公安、驻军部队建立抢险救灾和应急处联络机制，确保有突发事件，能够第一时间有效处置。端午节，耒阳城区10余万人沿耒水河两岸观看龙舟赛，人武部应市委、市政府要求，并报警备区批准，组织125名民兵应急队员协助公安维护现场秩序，疏导劝解围观群众，顺利完成任务。

【双拥共建】　发挥桥梁纽带作用，八一前夕，衡阳市委常委、耒阳市委书记罗琼带领“四大家”主要领导，在市人武部部长黄家明、政委易文和陪同下，走访慰问驻耒部队官兵。市人武部两名主要领导分别联系亮源乡元明村和导子镇畔山村精准扶贫工作，协调后盾单位投入扶贫资金20万元（其中人防办10万元、人武部10万元），修建畔山村3组农民健身场围栏；铺设两条立项通组公路路基；完成畔山村肉牛养殖专业合作社组建、注册、运营工作。发挥新农村建设后盾单位作用，投入黄市镇黄市村新农村建设款2万元。

人民防空

【概况】　耒阳市人民防空办公室于1997年恢复办公，是市政府、市人武部双重领导的行政单位，是市国防动员委员会常设机构、耒阳市人民防空的行政主管部门。内设“一室四股”，即办公室、法制股、工程股、指通股和财务股，下设7个基层人防工作管理站和信息保障中心（正股级全额拨款事业单位)。有干部职工 76 人,其中党员 51 人。主要职责是依照《人民防空法》等法律法规开展人防宣传、制定防空袭预案,负责全市人防工程设施的建设、维护和管理以及依法征收人防易地建设费等。

【人防项目】　耒阳市 15027 工程地下基本指挥所、指挥车辆隐蔽部等地下部分于 2017 年 10 月 22 日竣工。人防结建审批任务超额完成。全年依法受理人防行政审批事项 104 件,完成结建审批面积 17000 余平方米,竣工 5800 平方米,验收 1300 余平方米。

【指挥通信】　耒阳市投入 34.703 万元对市所有防空警报设备进行全面升级。在全省"11·1"试鸣防空警报活动中,该市警报完好率和鸣响率均达 100%,音响覆盖率达 98%以上;开展应急疏散演练活动。组织民兵应急连、汽车营定期开展军事训练,全年在学校、社区开展 2 次疏散演练活动和参加市办组织的指挥通信业务培训和拉练演练活动。

【宣传教育】　按照衡阳市办要求,耒阳市新建灶市、余庆 2 个人防宣教社区。全年在湖南国防教育网、《今日耒阳》等网络媒体发表宣传报道 12 篇。结合"5·12"应急宣传活动、"11·1"全省防空警报试鸣日等活动,发放自主编印的《居民应急知识手册》5000 余册。联合市教育局免费向市三中、蔡子池中学和耒师附小、城北小学配发《现代防空防灾》《人防小博士》5480 套。按照省、衡阳市办指示精神,在耒阳市马阜岭公园内新建"开放式、嵌入式"人防宣传教育基地。

【行政执法】　项目审批严格把关。坚持"应建尽建、以收促建"的原则,严格按照人防法有关规定落实防空地下室的审批工作,没有违规批准任何一个项目免建、少建、缓建。全年该办依法受理晓园加油站等人防行政审批事项 94 件。易地建设费征收到位。全年严格按照规定和标准征收易地建设费,没有减免任何一个项目的易地建设费。截止 12 月 30 日,耒阳市易地建设费征收 2800 余万元。

(贺卫兵)

综合经济管理

发展和改革

【概况】 耒阳市发展和改革局内设13个股室:办公室(含财务股)、组织人事股、国民经济综合运行调节和发展规划股(加挂改革股)、固定资产投资股(加挂行政审批股)、工交能源高技基础产业股(加挂国民经济动员办公室、资源节约和环境保护股、两型社会建设股)、农村经济股、服务业股(加挂经贸财金利用外资股)、社会发展股、价格调控股、收费管理股、商品价格管理股、服务价格管理股、重大项目稽察特派员办公室。下辖7个二级机构:资源枯竭城市经济转型办公室、市招标投标协调监管办公室、市价格监督检查所(加挂举报中心)、市价格监测中心、市价格成本调查队、市价格调节基金征管办公室、市价格认证中心。2017年,有在编在岗工作人员210人。

【规划】 发改局针对全市经济社会发展的难点、热点和重点问题,深入开展调查研究,在调研基础上,完成每季度经济运行报告,及时向人大提交国民经济和社会发展计划执行情况报告。局长黄小平赴浙江大学参加党政领导创新管理培训班后,结合耒阳市情,撰写并发表《看苏州思耒阳寻出路求发展》。组织干部职工参与"喜迎十九大、献计新耒阳"活动,共献计50篇。编制完成转型规划。2017年,耒阳再次被国务院列为衰退型资源城市,按照新一轮资源型城市转型发展的规划要求,市发改局聘请湖南省煤炭工业设计院专家,完成编制《耒阳市2017—2021年资源型城市转型发展规划》和《耒阳市资源枯竭型城市转型十年成效汇报》,并提交至国家发改委。耒阳市《资源枯竭城市转型2017年度绩效考核评价自评报告》通过省发改委评审,并报送国家发改委。推进"植优补短"工作。年初,设立耒阳市"植优补短"工作领导小组办公室,以推动耒阳市在补政策、配套、招商、服务等短板上取得成效。年内,衡阳市"植优补短"领导小组办公室三次到耒阳督查耒阳市县域经济"植优补短"工作。做实农村电网改造前期工作。发改局先后制定《农村电网改造升级三年行动方案(2017—2020年)》《耒阳市电网建设与农村电网改造升级管理考核办法》及《耒阳市农网升级改造"保护性施工"实施方案》,并提交市政府常务会研究通过。夯实碳排放市场化基础。协助碳排放第三方核查机构到耒阳辖区的大唐华银电力股份有限公司耒阳分公司、韶能集团耒阳电力实业有限公司、湖南耒阳市南方水泥有限公司3家企业进行碳核查工作。

【项目】 项目管理。首次把《2017年政府性投融资项目计划》纳入全市计划工作报告,提交市人大审议通过,对纳入计划的117个项目进行实时督查推进项目建设,强化项目管理的科学性和权威性。至11月底,有36个项目开工,49个项目开展前期工作,另有部分项目签订战略协议或完成省级PPP项目库入库工作。全年共完成策划包装项目305个,深度开发项目115个,重大项目库常年保持在1000个以上。储备PPP项目68个,其中13个项目纳入衡阳市2017年度第一批PPP实施项目清单和湖南省PPP项目库。争资争项。全年共向上争取各类项目175个,争取资金25.5亿元。其中保障性住房配套设施专项资金高达1.14亿元,占衡阳市总量的三分之一。项目稽察。是年,发改局配合省、衡阳市各类项目稽察13次,对耒阳市2014—2016年中央投资项目进行地毯式自查,并对稽察和清理中发现的问题项目,向项目相关责任单位共发出整改通知121份,认真督办,推进和规范项目建设。易地扶贫搬迁。2017年,省政府下达耒阳市易地扶贫搬迁任务1963人,经发改局和相关单位进一步摸底核实,实际确定搬迁贫困户575户、1973人,其中集中安置106户、384人;分散安置469户、1589人。至11月底,全市累计完成投资10011万元,投资完成率85%;575户安置房全部开工建设,开工率100%;完成529套房屋主体工程建设,住房建成率92%。其中分散安置户房屋主体工程全部完工,进行房屋内外装修;5个集中安置点已有4个完成主体工程。

【改革】 全面落实国务院"放管服"(简政放权、放管结合、优化服务)改革。1月1日起,贯彻执行新的《固定资产投资项目节能审查办法》,简化节能审查。2月1日起，对于企业投资《政府核准的投资项目目录》外的鼓励类项目备案由行政许可改为网上告知，企业可以"不跑腿"，直接通过"湖南省投资项目在线审批监管平台"网上告知发改局即可。同时，政府投资项目审批、企业投资项目核准、招投标核准、节能审查等手续全部在"湖南省投资项目在线审批监管平台"实行网上办理，做到审批事项、资料清单全面公开。全面执行"一次性告知"和"义务代办"制，加强事中事后监管。落实降低企业经营成本政策。年初，耒阳市再次下调省电网大工业和一般工商业电量目录电价每千瓦时1.57分钱，全年减轻耒阳市企业电费负担291万余元；4月1日起，取消或停征全省29项行政事业性收费；7月1日起，降低水土保持补偿费等5项收费，为企业再减负700余万元。继续推进省直管县经济体制改革试点。年内，发改局争取到经济开发区产城融合示范区专项引导资金470万元。高标准农田，一、二、三产业融合发展和投融资平台转型试点稳步推进。按照简政放权的要求，耒阳市共取消23项本级行政审批事项、92项非行政许可事项，推进"三清单、一目录"（省政府工作部门权力清单、责任清单、外商投资准入负面清单，省政府核准的投资项目目录）改革，促进部门职能转变。行政审批制度改革。实施"两集中，两到位"（推进一个行政机关的审批事项向一个处室集中、行政审批处室向行政审批服务中心集中，保障进驻行政审批服务中心的审批事项到位、审批权限到位）的行政审批改革，所有行政审批职能集中统一到市政务服务中心集中办理。省直管县改革。耒阳市被纳入第一批省直管县经济体制改革试点县，省直管县改革方案通过省委审批。产城融合和高标准农田建设被纳入全省13个试点县（市）之一。医药价格改革。启动县级公立医院医药价格改革，3家涉改试点医院全面实行药品零差率销售。

【物价】 物价监管。2017年，发改局落实价格监测报告制度，重点加强"米袋子"、"菜篮子"价格预警预测，共向国家、省发改委上报监测数据572笔，市场价格综合分析材料47篇，价格专题调研材料4篇；加强节假日期间市场价格巡查和价费行为专项检查，强化医疗教育价格事中事后收费监管；在马水乡、遥田等6个乡镇就"农户种植意向"、"农户存售粮情况"、"农资购买情况"开展调查，对全市生猪养殖情况开展专项调查，分别形成调研报告供政府决策参考；加强市场监督检查，全年共办理价格监督检查案件10件，举报案件13起，化解社会价格矛盾，维护物价稳定。完善涉价服务。年内，发改局先后出台《委托受理和登记制度》《错案追究制度》等制度，进一步加快价格认证规范化建设，提高服务质量。价格检测中心全年共受理案件共计976件，不予受理的案件共计986件。在已受理业务中，刑事案件为858件，认定金额1.02亿元；车损案件为113件，认定金额共计1082万元；涉税涉纪案件5件，认定金额328万元。

（杨茂林）

审　计

【概况】 2017年，审计局有在编在职工作人员77人，内设15个股室，下辖固定资产投资审计中心、领导干部经济责任审计中心。全年完成审计项目99个，查出各类违规金额22778万元，管理不规范金额768303万，侵害人民群众利益资金2679万元，促进增收节支9895万元，提出审计意见建议52条，向有关部门移送案件线索26件，1人免职，4人受到纪律处分。

【项目审计】 开展政策跟踪审计。坚持把重大政策措施落实情况作为审计的重要内容，先后对全市的保障性安居工程建设、精准扶贫、环境保护等工作进行跟踪审计。在保障性安居工程审计中，查处项目推进缓慢、资金管理不到位、建设管理不规范、虚报骗取资金等问题5大类26项，涉及项目19个、住房4478套、住户2511户、资金44063万元。促进耒水新城、沿江北路等8个城市棚改项目3569套住房启动建设，金蕾棚改二期等16个项目依法办理建设工程规划许可证、施工证；促进相关部门及时将滞留的753万元危改资金拨付到位，将668万元廉租房出售收入上缴财政；追回虚报冒领危改资金9万元，涉案的6名人员移送纪检监察机关查处。在扶贫专项资金审计中，围绕政策和资金两条主线，实地走访调查乡镇3个、行政村6个、农户125户，审计抽查部门（单位）4个、扶贫项目74个，涉及扶贫资金3529万元，占全市同期扶贫资金的44.9%。清查不符合建档立卡"四类人员"217户814人；查处骗取扶贫危改资金农户2户，挤占挪用专项资金、项目建设缓慢等问题7起，涉及资金505万元。与相关部门、乡镇、村交流反馈审计情况70余次，提出针对性审计意见建议5条。在环保专项资金审计中，对涉及专项资金的26个环保项目实施情况，9个乡镇、2个职能部门的专项资金使用管理情况以及17个农村环境综合整治项目建设情况逐一进行核查，揭示和反映专项资金滞留、项目计划擅自改变等问题。针对审计发现的问题，市政府分别召开市长办公专题会议，进行限期整改。

深化财政资金审计。以预算执行审计为重点，围绕预算编制、执行、调整等关键环节，以及资金管理、分配、使用和部门预算执行情况，对财政资金进行全过程、全口径审计监督，揭示和反映预算执行不严、专项资金挤占挪用、存量资金过大、政策未落实、制度规定不完善等问题15大类26项,提出针对性的审计建议。以监督检查财政资金的真实合法效益为基础,对市公安局、教育局、经济开发区、房产局等17个单位的财务收支情况进行审计,查处违规发放津补贴、违规采购、未按规定缴纳税费、乱收费乱摊派乱罚款等问题58起。促进归还原渠道资金3245万元,纠正侵害群众利益问题金额1100多万元,补缴税费582万元,清退各类违规收费和违规发放的补贴1253万元。加强对被审计单位公务支出、公款消费、会议费等情况的监督检查,查处不按规定接待、公费旅游和违规报账等突出问题22起。以防范化解风险隐患为目标,持续关注市本级政府性债务的情况,对市国投、城投、交通水利投等五大投融资平台进行审计,全面摸清债务底数、结构,客观反映负债率过高、资金违规使用,融资公司造血功能不强、偿债压力过大等风险隐患,为政府加强债务资金管理、防控债务风险提供决策依据。

推进经济责任审计。围绕权力运行和责任落实,重点监督检查领导干部所在单位资金资源资产、政策执行、经济决策、内部管理以及领导干部落实作风建设规定、廉洁自律等情况。全年共计完成经责项目26个,对亮源乡、南阳镇等8个乡镇党政一把手,市检查院、信访局等20个市直单位主要负责人进行任中审计或离任审计,查处违规采购、违规处置固定资产、违规开户、超标准收费等问题76起,涉及金额24825万元。其中领导干部负有直接责任的问题金额2253万元,负有领导责任的问题金额22384万元,负有主管责任的问题金额187万元。针对存在的问题,依法向被审计责任人及其所在单位提出整改意见,对违规违纪问题进行处理处罚。

完善政府投资审计。依据审计署发布的《关于进一步完善和规范投资审计工作的意见》,结合耒阳实际情况,拟定《耒阳市政府性投资项目审计监督办法》,并报请政府行文,以新思路和新办法推进投资审计从数量规模向质量效益转变,从单一工程造价审计向全面投资审计转变,从传统投资审计向现代投资审计转变。对富民路、烈士陵园、白沙路、污水处理厂等45个工程项目进行结算、决算审计,查处违规招投标、超概算、违反合同管理等问题51起,审减投资金额16315.4万元,平均审减率16.13%,为规范建设领域秩序、提高政府投资效益发挥作用。特别是在顺湖绿化工程审计中,在施工方对审计结果拒绝签字,向法院起诉项目业主的情况下,审计组始终坚持客观公正公平的立场,多次召开两方、三方对审会和协调会,最终依法出具审计决算报告,解决多年未决的历史遗留问题。

配合专项审计检查。年内,选派10名审计人员参加省、衡阳市、耒阳市巡视组5批次的巡视工作;选派4位业务骨干参加署、厅组织的国企营运审计;牵头组织市金融办、财政、国资,对耒阳市7个融资平台公司的资产负债损益情况进行专项审计调查;与市纪委、市委督查室等部门成立调查小组,对市经济开发区、城农投公司、交通水利投等11个单位的重大项目安排和大额资金使用情况进行专项检查;配合财政对全市行政事业单位的财政专项资金和公用经费进行检查;选派4位工作人员参加全市纪律作风建设巡查督查工作;与市监察、市财政组建3个小组,对全市34个在建重点项目的财务收支情况进行专项检查。

【业务管理】 严格依法开展审计监督。一是严格规范审计职权。坚持把"法定职权必须为""法无授权不可为"作为审计执法的准则,围绕审计计划、审计实施、审计处理等关键环节,健全完善审计管理制度和操作规程,将审计权力装进"制度的笼子",做到工作有目标、执法有规范、实施有章法、落实有考核,促进审计人员严格依照法定程序、方式、标准开展审计工作,严格依法作出审计决定。二是严格依法查处违法违纪行为。对审计中发现的违法违纪问题,坚持查深查实,该处理的依法作出处理,该移送的依法移送。全年查处各类违法违纪问题共计267项,作出处理处罚125项,移送各类案件线索26件。三是严格依法督促整改。针对审计发现和查出的问题,各审计组在审计中做到审帮结合,边审边促整改,审计结束后做到持续跟踪、定期回访,及时督促被审计单位落实整改。如在对市发改局的审计中,对于会计科目使用混乱、会计账本不完整、无会计报表的情况,审计组利用1个月时间督促指导其理清账目、规范财务操作。截至12月底,被审计单位采纳审计建议30余条,建立健全规章制度20项,落实整改事项132个,整改问题金额10075万元。四是严格依法公开审计结果。按照有序、稳妥、透明的原则,积极推行审计结果公开,以公开促进社会公众监督和舆论监督,提升审计公信力。实施的经责审计和财务收支审计项目,审计结果均在被审计单位内部进行通报。对2016年审计中发现的普遍性、倾向性问题,向市人大、政府进行专题汇报。市本级2016年预算执行和其他财务收支审计情况在耒阳市党政门户政网进行公布。

严格审计质量控制。坚持和完善审计业务会议制度,全面推行审计项目三级复核和集中审理。每一个审计项目由审计组长、审计组分管领导、法制股进行逐级审核,分级落实质量控制责任,层层把好关口;每一份审计报告、审计决定、审计处理处罚和审计移送均由审计业务会议集体讨论审定,最大限度减少审计随意性和人为偏差,规范审计处理处罚自由裁量行为,防范审计风险。同时,借助省厅、衡阳市局的年度审计质量检查行动，在内部定期开展审计项目质量自查，对发现严重审计质量问题的，坚决严肃问责，倒逼审计人员严格依照法定的职责、权限和程序进行监督，在审计实施、审计取证、审计处罚等各个环节，做到事实清楚、证据充分、定性准确、处分恰当、程序到位、手续完备。是年，全局共出具审计报告和审计决定113份，无一例行政复议或行政诉讼，耒阳市二中校长邓玉明任期经济责任审计项目获衡阳市表彰奖。

严格审计现场管理。一是加强审计项目进度管理。以审计阶段为节点，将审计项目全过程划分审计进点、现场审计、出具报告、征求意见、法制审理等5个阶段，限时管理，专人跟踪，定期督查，严防审计过程中的不作为、慢作为问题。二是强化廉洁审计跟踪检查。严格落实审计纪律承诺、审计纪律公告、审计纪律反馈、审计回访等措施，并在审计组设立由股室分管领导担任的廉政监督员岗位，对项目审计实施全过程、立体化监督，督促审计人员严格执行审计“八不准”纪律和审计管理规定。

【业务培训】 针对队伍结构失衡、专业力量薄弱的现状，紧扣业务能力建设主题，采用送出去、请进来等各种方式方法，对现有人员开展多层次、多形式、多内容的专业培训活动。年内，派选6名年轻人到大专院校进行计算机、审计知识结构调整学习；组织20名审计干部和业务骨干统一到南京审计学院进行7天的业务学习；选派45名审计人员参加上级审计机关举办的各类型审计技能培训班；选派11人参加审计署、省厅、衡阳市局的项目审计组跟班学习。同时，结合工作需要，通过以会代训、专题讲座和上级审计机关送教上门等形式，组织开展计算机、法律、审计业务等培训。在编制不足、多年未引进专业人才的情况下，争取职能部门支持，公开招考2名审计专业技术人才。

（王勋庆）

国土资源

【概况】 耒阳市国土资源局主管全市土地、矿产等自然资源的规划、管理、保护、合理利用、测绘和不动产登记等工作。内设职能股室25个，下辖二级机构8个，辖国土资源分局5个，国土资源所25个。

【保障要素】 2017年，上报项目用地36宗，总用地面积4517亩，获批用地面积3749亩，获批用地是年度下达指标的4倍，上报用地和获批用地均为历年之最。完成G107绕城公路、竹哲公路、武广教育城等项目征地4800亩。加强土地出让收支管理，起草《耒阳市国有土地使用权出让收支管理暂行办法》，共出让土地1100亩，土地总价款12.59亿元，完成土地出让金收入8.5亿元；转让土地132亩，总价款5368万元。规范土地出入库审批程序，土地储备专项债券发行工作有序推进，明确14个项目7065亩作为发行债券包装项目，申请发行资金19.96亿元，通过省政府批准，上报财政部待批。

【保护资源】 持续深化市、乡、村、组四级目标责任管理，落实村级土地监察员制度，层层签订《土地管理和耕地保护目标管理责任状》，耕地保护目标责任体系不断完善。征收耕地开垦费和耕地占用税5684万元，共上报占用耕地项目32宗，占用水田1509.5亩，旱地474亩，全部实现先补后占。永久基本农田划定数据库已经国土资源部审查通过，划定面积79.8026万亩；基本农田平均质量等别为8等，优于原等别8.24等。完成矿业权人勘查开采信息公示及矿产资源储量数据库数据填报，《第三轮矿产资源总体规划》编制成果通过省政府审查验收，新增矿业权29个。严格矿业权行政审批，完成开采信息公示矿山83个，办理矿山采矿许可证延续变更登记、抵押、顺延、出让23宗，完成采矿权使用费、采矿权价款1544万元，实现矿业权出让790万元。

【执法监察】 开展矿山打非治违、砖厂清理整治、矿山超深越界专项整治等专项行动，共取缔非法矿山53矿次，立案查处36宗，移送综合行政执法局查处248宗（6月份，由于综合行政执法改革，后期案件移送综合行政执法局查处），移送公安机关查处案件7宗。矿山超深越界专项整治行动通过国务院督查组验收。推进环保督查工作，成立“春雷行动”工作领导小组，23个交办问题全部整改到位，关闭取缔非法矿山40余个。

【维护权益】 争取高标准农田建设项目3个，落实资金2708万元，为7个贫困村改善农业基础设施。支持贫困村避险搬迁、地灾治理，共补助资金713万元；支持易地扶贫搬迁，办理异地扶贫搬迁用地批准书575户，办理不动产权证330本，减免证件工本费和不动产登记测量费30余万元。推进对口帮扶，落实产业扶贫政策，先后投入资金60余万元。开展结对帮扶，派出干部68人，结对帮扶贫困户144户，定期到贫困户家中了解情况、解决实际困难，精准扶贫工作在《中国国土资源报》推介报道。落实“一岗双责、领导包案、带案下访”工作制度，共接访群众200余人次，受理办结各类信访事项37件，回复率和办结率均为100%。坚持汛期24小时值守，完善更新地质灾害隐患点警示牌327处，发放工作明白卡和避险明白卡3554张，发布预警短信12922条，切实加强地质灾害防治宣传教育和应急抢险演练工作，成功避险

45起,疏散撤离群众1334名,实现全市人员零伤亡。

【不动产登记工作】 房产、林业和畜牧水产档案实现全面移交,共移交纸质档案29万份、电子档案28.5GB。推动历史遗留问题的化解,解决27个房产开发项目10万余购房户办理不动产权问题,维护社会和谐稳定。解决遗留问题的规范性文件在国土资源部和国土资源厅宣传刊物刊发推介。基层不动产登记工作经验在全省推广。至年底,颁发不动产权证书6815本,不动产权证明13230份,其中农村村民住房不动产登记591宗,林权登记254宗,水域滩涂养殖权登记8宗。

(谢洋外)

统　计

【概况】 统计局作为政府工作部门,主要是贯彻执行国家统计工作的方针、政策,完成国家统计调查任务;检查监督统计法律、法规的实施情况,查处各类统计违法行为;指导和协调全市统计业务工作,组织开展各类普查及有关专项调查;分析、监测全市经济社会发展态势,为市委、市政府科学决策提供有力参考意见,为编制国民经济和社会发展规划提供统计资料。2017年,统计局实有编制38个,行政编12个、机关后勤编1个、全额事业编20个,自收自支编制5个,在编在岗人员32人,下设2个二级机构,分别是副科级全额拨款事业单位社会经济调查中心和自收自支事业单位统计事务所。

【统计服务】 完成常规统计工作,按时按质完成各专业的月(季)度报表工作任务,并及时将统计数据报送至相关领导及单位,同时做好信息公开工作。加大统计分析力度,用全面、真实、准确的统计数据反映经济社会发展状态,进行精深独到、快捷适时的统计分析,完成分析共计44篇。加强统计预测预警,分析各项经济监测指标,主动与各行业主管部门联系沟通,并将监测任务分解落实到各股室和专业负责人。有序开展统计调查,抓好"一套表"调查单位大清查、1%人口抽样调查等多项调查任务。

【第三次全国农业普查】 2017年1月1日,耒阳正式启动第三次全国农业普查工作。普查涉及全市农作物种植业、林业、畜牧业、渔业和农林牧渔服务业。普查的主要内容有农业从业者基本情况,农业土地利用与流转情况,农业生产与结构情况,新型农业经营主体与农业规模化、产业化发展情况,农村人居环境与农民生活方式变化情况。此次普查,耒阳共动员普查员、普查指导员和各级普查机构的工作人员4139人,登记249680户、363个村级单位、953个农业经营单位、3003户规模农业经营户。查清粮食、油料、茶叶、果业、畜禽、水产品等主要农业生产底数,系统反映农民和农村新变化。

【基本单位名录库建设】 基本单位名录库是统计工作的基础,市统计局严格执行"四上"(规模以上工业企业、服务业企业,限额以上社会零售业、餐饮业,资质以上建筑业,5000万元以上重点投资项目)企业调查单位的新增、变更、退出审批流程,及时提供新增、变更和注销单位的名录资料。截止到10月底,耒阳市共申报44家企业,其中规模以上工业企业17家(年报申报7家在省里审批中),规模以上服务业企业5家(年报申报3家在省里审批中),房地产企业8家,建筑业2家,商贸3家(年报申报3家在省里审批中),投资9家,5000万元以上在建项目59个。

【统计法制建设】 市统计局强化统计监督,维护耒阳统计工作的正常秩序。一是抓好宣传学习工作,利用电视、网络、横幅等多种形式开展普法宣传;二是强化基层统计人员的统计法律意识,统计局在市委党校举办两期专题法制培训、业务培训;三是加强统计部门自身人员法律意识,把统计法律法规学习纳入日常工作日程,利用每周四下午学习时间进行学习;四是加大统计执法和统计巡查力度,按照年初制定的统计执法和统计巡查工作方案,组织专门力量对20家企业进行统计执法检查和执法巡查,发现问题及时处理。

(周颖)

农村城市社会经济调查

【概况】 国家统计局耒阳调查队(简称耒阳国调队)是一个隶属于国家统计局和湖南调查总队,具有国家统计行政职能的中央直属全民事业单位。2017年,耒阳国调队有在编干部7人;内设办公室、业务调查股、专项调查股。

在开展城乡居民收支调查统计、市场消费价格调查统计和主要畜禽监测调查统计工作中建立120户常年性调查城乡居民家庭、93个包括商业、服务业等固定消价调查网点和分布在4个办事处、24个乡镇的55个村(居)委会的主要畜禽监测调查网点,调查网点已经覆盖全市。

【城乡一体化住户调查统计】 年内,国调队在全市抽选120户城乡居民家庭进行常年性居民生活状况调查。城市、农村居民人均可支配收入作为两大经济指标纳入政府各大经济指标计划的考核范围。

【消费价格调查统计】 开展居民消费价格指数、商品零售价格指数和农业生产资料价格指数的编制工作。共建立包括市场、商店、超市、行政事业性收费单位在内的物价调查网点116个,并进行定点、定时、定人的"三定"物价调查,手机采价网络直报办法被推广应用。居民消费价格指数作为一大经济指标纳入政府各大经济指标计划的考核范围。

【主要畜禽监测调查统计】 耒阳市国调队对全市的主要畜禽(鸡、鸭、鹅、猪、牛、羊)生产单位养殖户、非生产单位规模养殖户和散养户的生产、销售和库存情况进行全面监测。耒阳市是衡阳市6个生猪调出大县(市)之一。

【农作物对地调查统计】 从2013年开始对抽中的20个乡镇的20个村组开展常年性粮食抽样监测调查。2017年,变更为农作物对地调查,20个样本村调整为15村。主要调查品种有水稻、小麦、玉米、大豆、高粱、薯类、土豆等。耒阳市为全省粮食生产大县(市)。运用PDA现场调查,无人机遥感测量等现代化调查手段已被推广应用。

【其它社会经济调查】 耒阳市国调队除进行消费价格调查统计和城乡住户调查统计两大国家基本统计调查外,还经常开展农村和城市各种社会经济调查,并接受国家有关部门和企业的委托进行各种专项调查,及时调查反映农村和城市社会经济活动中的一些热点、难点问题,为各级党和政府及有关部门、企业提供各种无偿或有偿服务。

(王集康)

农业·水利·气象

农　业

【概况】 耒阳市农业局设办公室、组织人事股、计划财务股、政策法规股等14个内设机构，下辖蔬菜办（副科）、种子服务中心（副科）、原种场（副科）、农业科学研究所（副科）、能源办（副科）、农业技术推广中心、植物保护工作站、土肥工作站、农业技术推广经营服务部、农业利用外资办公室、农业环境保护监测管理站、农业广播电视学校耒阳分校、农产品质量检验检测站、优质农产品开发服务中心、园艺场、30个乡镇（街道办事处）农技推广服务站。2017年末有干部职工449人，其中公务员28人、参照公务员管理7人、研究员2人、高级农艺师18人、农艺师39人。

【农作物生产】 粮食作物：全市粮食总播种面积189753公顷，比2016年增加433公顷，总产51万吨与2016年持平。全市水稻总播种面积74467公顷，比2016年减少1800公顷；单产437.6公斤，比2016年增加5.9公斤；总产48874.9万公斤，比2016年减少510.4万公斤。其中早稻面积33467公顷，超过计划133公顷，总产20983.6万公斤，比2016年减少2200.4万公斤；中稻面积5600公顷，超过计划267公顷，总产4368万公斤，比2016年增加3290.7万公斤；晚稻面积35400公顷，超计划面积67公顷，总产23523.3万公斤，比2016年减少1600.7万公斤。粮食作物播种总面积、单产和总产量略增；水稻总播种面积、早稻单产略减；中、晚稻单产略增的局面。蔬菜生产：全市春夏播种蔬菜面积9733公顷，结合耒阳市实际，筛选引进16个蔬菜新品种。在余庆梓园蔬菜公司进行“五新”（新设施、新技术、新品种、新肥料、新农药）试验示范，示范面积27公顷。经济作物：2017年春全市水果面积4376公顷，比2008年增加一倍多，其中：柑橘3553公顷，占81.2%；桃232公顷，占5.3%；葡萄226公顷，占5.2%；梨146公顷，占3.3%；杨梅68公顷，占1.5%；其他151公顷，占3.5%。

【产业结构调整】 紧抓水稻、油菜、红薯等传统优势产业，促使农业产业结构逐步由传统低效向优质高效转变。在新市、大市、马水、导子4个镇，整制创建8533公顷“一季稻+油菜”“烤烟+晚稻”绿色高产高效基地；在小水、太平圩、龙塘等乡镇建立4000公顷红薯绿色高产高效订单基地；在马水、导子等16个乡镇创建10233公顷优质稻基地；在马水、导子、新市3个乡镇各创建万亩优质稻标准化核心示范片。“耒阳红薯粉皮”获国家工商总局地理标志证明商标。全省粮油作物绿色高产高效创建现场会在耒阳市召开，耒阳市的经验在全省得以推广。

【农业企业】 全年新增衡阳市级农业龙头企业5家，耒阳市蔡伦现代农业科技开发有限公司获“全国农村创业新园区”称号。全市有农产品加工业企业710家，规模以上农业龙头企业逾30家，省级以上龙头企业3家、衡阳市级以上龙头企业30余家。全市休闲农庄发展到100余家，总投资10亿元，有从业人员5000余人。2017年全市休闲农庄接待游客100万人次，实现经营收入1.2亿。

【项目建设】 能源项目建设完成耒阳市隆裕生态养殖场、耒阳市泉江种养殖专业合作社大型沼气工程建设；完成水东江永友养殖场大型沼气综合利用工程、导子新能源项目、东湖圩“三沼”利用项目的建设。光伏项目完成淝田镇红旗村等3个村的建设招投标工作。测土配方施肥应用总面积达109533公顷，配方施肥手机专家系统服务实现全覆盖，农业局自主研发的主要农作物测土配方施肥手机专家系统研究及应用项目获“湖南省科技进步二等奖”“衡阳市科技进步一等奖”。

【农产品质量监管】 开展和示范推广农业防治、物理防治、生物防治、生态调控、科学合理用药等绿色防控新技术，全市绿色防治面积53333公顷。做好“三品一标”认证工作，胡家园茶叶有限公司、江头生态农业有限公司等6个企业，耒兴红薯产品、荣创黄花菜等9个产品通过无公害、绿色、有机产品认证。开展农产品质量例行监测力度，监测范围囊括市区内各大型超市、大型农贸市场、蔬果批发市场及大型蔬菜基地。抽检蔬菜4792批次,4778批次合格,不合格样14个,合格率99.7%。全市未发生一起农产品质量安全事故。

【乡村建设】 道路硬化、饮水安全、农电改造、村庄美化亮化、公共服务中心、配套服务设施、日湾村改造等项目建设实施改进。示范村完成基础设施、产业发展等各类项目建设130多个。新市镇大兴隆村成功申报省美丽乡村。积极探索农村环境综合整治新模式,由中联重科股份有限公司在南京、仁义、小水、哲桥4个镇进行生活垃圾收集转运模式试运营。发动农户从清理垃圾向建立长效机制转变,加大对秸秆禁烧工作的宣传力度,引导群众自觉树立环保意识。

【科技推广】 围绕粮油菜等主导产业,加大新技术、新品种、新农药、新肥料等推广范围,普及轻型、优质、节本、高产、高效、无公害技术。4月底,印发《病虫情报》公告版5000份,采取各项措施,提高植保技术入户率,耒阳市病虫信息与植保技术进村率100%,入户率90%以上。在大市镇大市村建立一个高标准的专业化统防统治区域服务站。耒阳市年服务面积在333.33公顷以上的专业化服务组织22家。完成冬春农业科技大培训行动,在全市30个乡镇街道办事处举办现场培训班或现场指导240场(次),举办培训班85期,培训农民2万人次,接受群众技术咨询服务3.25万人。

【产业扶贫】 全市实施154个产业扶贫项目,新增159个新型经营主体参与产业扶贫,新建村级电商服务站共111个,带动4243户建档立卡贫困户参与产业发展,超额完成年初制定的3000户10000人的计划任务,34个省级贫困村基本实现一村一产业,一村一基地。中国网9月14日以《燕中村脱贫路上"黄金叶"》为题,报道了耒阳市的产业扶贫工作。

美丽乡村建设

【概况】 根据中央一号文件和省市农村工作会议精神,按照"二十八字方针"总要求和省、衡阳市新农村建设工作部署,重点抓好各示范村的基础设施建设和产业发展。市新农村建设领导小组制定印发《2017年度社会主义新农村建设工作实施方案》,市新村办制定出台相关文件,召开工作队长会议,安排部署全年工作任务,全市29个新农村建设工作队会同镇村编制好年度项目实施规划,按实施规划开展项目建设。

【发展特色产业】 发展现代农业、品牌农业、特色产业推动农业增效、农民持续增收。发展基地农业。全市新成立农村专业合作社43家,土地流转规模6666.67公顷。优质葡萄面积种植面积增加到220公顷,葡萄产量突破700吨。灶市街街道办事处新渡村引进康源农业、富农栀子园、裕康牧业等多家农业项目开发公司落户该处。组建特色农业观光产业协会,对外招商开发旅游;新市镇大兴龙村引进中科花卉公司投入300多万元种植玫瑰花圃13.33公顷,流转土地66.67公顷,种植双季稻和油菜、西瓜;三架街道办事处大塘村新发展年出栏3万头生猪养殖大户10户,养鸡大户13户,年出笼肉鸡20万羽以上,调整转变农业产业结构,种植油茶53.33公顷,种植薰衣草40公顷,西瓜园6.67公顷。培育休闲观光农业和生态农庄。永济镇大众村为重点项目村,投入1000多万元发展荷花观光基地86.67公顷;哲桥镇石塘村107线的"土菜一条街",配套设施完善,特色明显、风味独特,成为引领全市餐饮业的标杆,为全村创造大的经济效益;小水镇小圩村新培育樱花基地5.33公顷;实施湾村绿化面积1800平方米;夏塘镇新泉村流转荒山20多公顷,发展黄花菜种植。发展乡村生态旅游。利用农村森林景观、田园风光、山水资源和乡村文化等自然条件,将发展生态经济与建设秀美乡村相结合,加大森林休闲园和绿色通道工程建设力度。如灶市街街道办事处新渡村拥有独特的自然生态条件和山水景观,加强自然休闲特色生态旅游发展,将传统的农耕逐步引向农业观光、农事体验、特色农庄、农情民舍等附加值高的乡村旅游事业发展。拓展外向经营。坚持农业品牌创建外引内联,借助外力,启动内力,嫁接发展,通过请进来、走出去,拓展农业生产和经营的空间,增强品牌农业的发展活力。发展农村电子商务,通过农产品进城活动,在城区设立农产品经营专店13家,实现城区农产品自产自供,引导各示范村村部建立电子商务平台,如油茶、红薯粉、土猪、土鸡等特色农产品实现线上线下销售,远销全国近10个省份的大中城市。

【完善基础设施】 通过推进示范村基础设施向周边农村地区延伸和覆盖,加大公路、电力、农田水利建设和安全饮水工程等重大基础设施的建设和改造力度,促进城乡基础设施互联互通,共建共享。各示范村都规划申报相关项目,推进水、电、路、信等各类基础设施建设。全市各示范村开工或完成基础设施建设60多个,其中开工新修村组公路及路面硬化拓宽5700米;新建村部办公楼2处;新修护坡加固工程3000米;新修灌溉水渠1300米;鱼塘清淤扩容、禾坪硬化3000平方米;农电网户改造130户;房屋美化工程173户;安装新型太阳能路灯1170盏。如灶市街街道办事处新渡村6000米的村组公路部分竣工通车,新建成的村部办公楼投入使用,周边配套设施完善,新建700平米的文化活动广场1处;新市镇大兴龙村和哲桥镇石塘村的新村部办公楼主体工程竣工,完善室内外装修及办公用品配置和周边配套设施。马水镇膳田村新建1处1000平方米80个摊位的农贸市场及完善周边排污水沟等配套设施建设;小水镇小圩村新培育樱花基地5.33公顷投入28万元完成周边观光道路硬化600米,投入16万元进行村水塘四面硬化及清淤,投入50万元对村里一条长700米的灌溉渠道进行维修改造,全线开挖疏通。三架街道办事处大塘村2000米的通组公路竣工通车,组织实施一条长4000米的联村公路的拓宽提质工程,年底完工,投入130万元计划在村活动中心、主干道沿线两旁安装路灯80盏,对村委会办公楼进行整体修缮,完善供水设施,投入100万元对3、4组公路沿线新建民居楼2栋打造全村样板;余庆街道办事处栗梓村1~2组1200米的通组公路完成路基的铺设。哲桥镇石塘村新建安全饮水工程1处,解决1000多人的饮水不安全问题。公平圩镇龙形村申报规划在6、7、11、12组原址拆除危房、旧房新建新型住宅楼28栋,每栋占地120平方米三层共计360平方米。

【示范村建设】 耒阳市省级美丽乡村示范村是新市镇大兴龙村,大兴龙村围绕"村容村貌干净整洁、生态环境清新优美、农民收入明显提高、公共服务完善配套、农村社会和谐文明"的美丽乡村建设目标,按照建设任务和要求,打造美丽乡村建设的"升级版"。全村成效类指标方面,道路硬化、饮水安全、农电改造、村庄美化亮化、公共服务中心、配套服务设施、旧湾村改造等项目建设完成。实施以下项目:产业建设类流转土地66.67公顷,用于种植双季稻和油菜、西瓜;完成村域内3个标段高标准农田水利改造工程,由项目资金投入近300万元;该村引进的中科花卉公司投入300多万元发展集观光与精油提炼为一体的玫瑰花圃种植13.33公顷;社会公益类投入8万元新建文化健身广场1处;年内确定新增78户房屋"穿衣带帽"项目进入扫尾阶段;投入13万元对1~2组禾坪实施硬化2100平方米;8月,完成120盏太阳能安装的立项工作。

【乡风文明建设】 推进文明新村创建活动,指导各村成立志愿者服务队;开办道德大讲堂,引导村民移风易俗;定期评选文明家庭,树立文明新风尚等丰富多彩的精神文明创建活动,教育村民破除陈规陋习,提升农村文明程度。倡导村风和谐的思想观念,使崇尚和谐、维护和谐、弘扬正气成为村民的共同追求,形成诚信友爱、融洽和睦、治安稳定的文明新局面。举办跳广场舞、吹拉弹唱、打球、下棋、写字等各种健康向上的文体娱乐活动,农村打架斗殴和六合彩等赌博现象减少,破除铺张浪费、盲目攀比等陈规陋习和歪风邪气。

(李艳梅)

扶贫开发

【概况】 耒阳市农村扶贫工作办公室,2017年确定为正科级事业单位,为市人民政府直属事业机构。内设人秘股、综合督查股、规划财务股、贫困监测股、政策协调股、扶贫项目服务中心。有干部职工18人,其中党员9人。是年,把脱贫攻坚与基层党建、产业建设、乡村振兴等工作相结合,形成政府、社会、市场协同推进,融合发展的大扶贫格局,取得阶段性成效,贫困发生率由原来的5%下降至1.93%,2017年实现脱贫3827户11521人。

【数据库维护】 全市经过连续多次动态调整、突出问题整改,贫困对象全面清理和复核后,建档立卡贫困人口16254户47267人,其中2017年实现脱贫3827户11521人,未脱贫人口7855户21664人,是湖南省贫困人口基数较大的面上县。

【经费保障】 市委、市政府2017年安排扶贫专项资金8260万元,较2016年增加6760万元,贫困对象人均投入财政扶贫资金1747.5元,超出财政投入增长30%以上、远高于贫困对象人均投入财政扶贫专项资金400元的要求;扶贫办整合各类涉农资金、社会资金、后盾单位帮扶资金共计5.5亿元用于扶贫。

【产业金融扶贫】 发展烤烟、油菜、黄花菜、油茶、生猪等9大扶贫产业,投入19884.1万元,全市1059个经营主体带动贫困对象14522户36194人发展产业及就业,占贫困户总人数71.5%,18个村实现村集体经济收入5万元以上。市财政安排扶贫小额信贷风险抵押金3000万元,发放扶贫小额贷款12824.73万元,惠及贫困户2723户。

【教育就业扶贫】 确保贫困学子在家门口接受教育,不因贫困失学、辍学,核准建档立卡家庭经济困难学生11559人,全面落实"两免一补"、补"天窗"等资助政策,做到学前、义务教育、高中教育补助全覆盖,发放各类资助资金28650人次2667.4万元。贫困生学杂费全部按政策减免,耒阳市投入9894万元用于薄弱学校改造。

转移就业贫困劳动力7600人,完成全年目标任务的117%,转移贫困劳动力就业904人,完成目标任务的102.26%,农村贫困劳动力就业信息平台完成就业信息动态管理11344人,对每名农村贫困劳动力的就业意愿和就业动态进行了解和掌握,为提供就业服务打下基础。举办42期职业技能培训班,其中培训贫困劳动力2009人,两后生 58 人,培训合格率 100%。

【兜底扶贫】 提高资金政策扶持精准度,让扶贫扶到点上、根上,让贫困群众真正得到实惠。耒阳市连年提高兜底保障对象补助标准,全市农村低保对象 11676 户 23659 人,其中兜底保障对象 655 户 1443 名,兜底保障对象补助先后由每月 245 元提高到每月 260 元再到每月 270 元,全年达到 3240 元,实现"两线合一"。2017 年,发放各类困难群众救助资金 16318.18 万元。

【健康扶贫】 解决因病致贫返贫问题,耒阳市帮助全部贫困对象参保,并纳入大病保险体系,全面实行"一提一降"、扶贫"特惠保"、"先诊疗后付费"。

【基础设施扶贫】 改善贫困村生产生活条件,增强发展后劲,该市贫困村客车通车率 100%,全市行政村 4G 覆盖率 100%,34 个贫困村实现光纤通达 32 个村,通达率 94.1%。村村响、农家书屋、无线数字电视全面覆盖。34 个贫困村新建安全饮水工程 89 处,投入资金 2056.49 万元,解决 12805 名贫困人口饮水困难问题。

【安居扶贫】 让贫苦户住有所居,2017 年,该市建成住房 529 套,完工率 92%;累计投资 10639 万,投资完成率 93%。补助资金到位 5105 万,补助资金拨付率 92.5%;易地扶贫搬迁集中安置招投标全部按规定要求进行。危房改造任务 1555 户,其中建档立卡贫困户 924 户的住房问题全部得到解决。

【社会扶贫】 调动民营企业、社会组织和个人通过多种方式参与扶贫开发,全市 37 家工商联会员单位和 5 家异地商会与 34 个贫困村结对帮扶,落实帮扶资金 9801.7 万元,实施帮扶项目 98 个,帮扶贫困人口 4748 人,截至 2017 年 12 月 31 日,社会扶贫网注册爱心人士 15056 人,贫困户发布需求 7540 条,对接成功 4300 条。

【党建扶贫】 创新开展"小康路上党旗红、脱贫攻坚见行动"党建扶贫工作,以"一村一规划、一户一项目、一单位一基地、一支部一活动、一党员一行动"为内容的"五个一活动",充分发挥基层党组织和广大党员在脱贫攻坚中的战斗堡垒和先锋模范作用,动员广大干部群众积极为脱贫攻坚出点子、想办法,带领贫困户脱贫致富,使脱贫攻坚由部门"独唱一枝梅"汇聚为"黄河大合唱"。

【强化责任落实】 全市自上而下逐级压紧压实扶贫责任,明确市乡村三级书记为扶贫"第一责任人",每个市级领导都联点挂片、联村包户,对所联乡镇、贫困村脱贫攻坚负总责,包脱贫目标实现;全市所有后盾单位一把手都做指导员,对所驻(联)村做到"五清"(底数清、问题清、对策清、责任清、任务清),全程指导好本单位工作队开展扶贫工作;所有工作队员每月均驻村 20 天以上,与农户同吃同住。落实党政主要领导带头"三走访三签字",市委、市政府主要领导带头对所联系的 34 个省级贫困村进行走访,汇总走访中发现的各类问题,对照存在的问题和工作任务,向联乡联村市级领导、各后盾单位一把手、各乡镇街道党(工)委书记下发了 256 张市委书记督办函,要求限期整改到位。并制定下发最严厉的《耒阳市精准扶贫责任追究办法》,年内,因扶贫工作不力,问责 29 人,免职 2 人。

(周健)

农业机械管理

【概况】 耒阳市农业机械管理局内设办公室、人事政工股、计划财务股、科教质量股、监察室、工会,下设农机安全监理大队、农机技术推广中心、农机管理站、农机化学校,基层设 30 个乡镇(街道办事处)农机站。有干部职工 152 人,其中局机关及二级单位 60 人,基层农机站 92 人。

【农业机械装备】 是年,农业机械呈大型化、集成化、智能化发展趋势,农业机械总动力增加,实现由数量增长为主转到数量质量效益并重上来,加快"机器换人"步伐。全市农机总动力达到 93.9 万千瓦、比上年增加 52920 千瓦,增长 6.0%,其中柴油机 762851.36 千瓦、汽油机 76787 千瓦、电动机 99362 千瓦;农业机械总量达 91159 台,其中拖拉机 4154 辆、80880.84 千瓦,农用运输车 4091 辆、78394 千瓦,水田耕整机 28556 台、77984 千瓦,油稻麦联合收割机 1651 台、21946.84 千瓦,水稻插秧机 1003 台、3658.58 千瓦,农用排灌机械 16658 台、70882 千瓦,田间管理机械 296 台、888.6 千瓦,谷物烘干机 79 台,农用飞机 7 架,其他农产品初加工作业机械、渔业机械及半机械化农机具 34664 台件。全年农机化总投入 5154.88 万元,农机经营总收入 71865 万元、效益利润 22003 万元。

【农业机械化作业】 农机部门注重全程发力,围绕"机械化耕作、标准化生产和品牌化建设"的现代农业发展思路,坚持主攻为机育秧、层层办点示范,侧重突破薄弱环节,推动新机具新技术的推广应用步伐,推进主要农作物全程机械化进程,提升农机装备和机械化作业水平。调动农民购机用机的积极性,组织各类农机具投入春耕、"双抢"、秋收、冬种等农忙时节和农业抗灾救灾工作,发挥农业机械主力军作用。全年组织农业机械 3.5 万余台次投入田间作业,完成水稻机耕面积 88.2 千公顷、机械化收割面积 80.1 千公顷、机械化播种(含机插秧)面积31.6千公顷,油菜机收面积11.3千公顷、机播面积8.5千公顷,机械植保面积9.8千公顷,机械排灌抗旱面积达18.9千公顷;主要农作物综合机械化水平63%,其中水稻耕种收综合机械化水平74.3%(水稻机耕、机插、机收率98%、36%、89%),油菜综合机械化水平51.7%(油菜机耕、机播、机收率98%、23.7%、33.5%),水稻油菜全程机械化生产率分别较上年增长2%和5%;农机三减量中的飞防减药、机械化秸秆还田和稻草打捆技术实现零的突破。全市拥有农机经营服务大户503户,其中年纯收入在3万~5万元的396户,年纯收入在5万元以上的107户。

【农机购置补贴】 采取多种措施宣传和实施农机购置补贴政策。落实《农机购置补贴监督管理办法》和《耒阳市2015年—2017年农业机械购置补贴实施方案》,改进补贴模式、配套补贴设施,推进补贴信息全面及时公开,强化关键环节的监管。依靠地方累补扶持政策,调动农民、农业生产个人和经济组织购机用机积极性,促进农业装备结构优化。全市使用国补资金464.461万元、市级财政累加补贴38.165万元、较上年有所回落,农民新购买各式农机335台套,受益农户181户,带动农民投入1200万元。申请农机具报废更新补贴18台,补贴资金12.7万余元。

【农机化新机具推广】 制定实施《耒阳市2017年度农业机械购置补贴地方财政扶持资金实施细则》,市财政安排300万专项资金对新机具推广、平安农机创建、农机培训、农机合作社建设和水稻机插秧等农机重点项目进行资金扶持,其中50万元对插秧机予以每台按国补标准的70%进行累补、粮食烘干机按国补标准的50%进行累加补贴、植保无人飞机按湖南省2017年补贴标准的50%进行累加补贴;30万元对早中稻机插秧示范点按大田每亩10元标准给予作业补助,缩短在水稻机械化插秧、植保、烘干和油菜机械化播种收获等关键环节上的差距。按照《耒阳市2017年水稻育插秧机械化技术示范推广工作实施方案》,发挥农机合作社的示范引领、项目带动和培训推动功能,在全市16个乡镇选定30个农机合作社作为水稻机插秧示范点,抽调农机农艺技术人员组建技术服务队,深入村组、田间地头开展技术服务,解答水稻机械化育插秧技术难题。分别于2月16日、7月28日在灶市街街道办事处零州村举办植保无人机防治油菜、水稻病虫害现场演示会,10月10日首次在新市镇高炉村举办秸秆综合利用——稻草机械打捆现场演示会,依托金盛泰农机专业合作社引进实施密室叠盘快速催芽齐苗育秧技术,解决传统水稻机插育秧存在的烂种烂芽、出苗率不高、出苗时间长、机插漏秧率高等突出问题。实施农机"三减量"行动,试点推广新型无人植保飞机和化肥同步深施机,各类先进、适用、安全、节能环保、智能高效的复式作业机具增长较快。全年推广各类新式农机具2031台,其中新增耕整地机械145台,其中履带式旋耕机28台;新增种植施肥机械9台,其中高速插秧机8台、穴播机1台;新增收获机械85台,其中油菜机收割台21台;新增粮食烘干机15台;新增农产品初加工机械30台;新增动力机械63台,其中履带拖拉机12台;新增中央创新产品4台;新增无人植保飞机7台;新推稻草回收打捆机12台;新增其它农机具1661台。农机局推广中心帮助和配合农机生产企业进行新机具研发和改进,并对湖南省耒耕轻型耕田机制造有限公司生产的1WG4-70前置微耕机、1ZS-4QA双轮耕整机和1ZS-4Q双辊耕整机,山东金大丰机械有限公司生产的4LZ-5型履带式全喂入谷物联合收割机,湖南省鑫环机械有限公司生产的1ZS-4Q双轮耕整机等新机具的性能进行"评价"演示。

【农机技术人员培训】 以"服务三农、兴机富民"为理念,不断创新工作方式、强化农机农艺融合、拓展培训范围、提升培训实效,由农机校牵头成立农机农艺技术服务专家组开设"田间课堂",进村入社送教上门,开展农机操作人员和合作社负责人培训,提高农机操作人员的技术水平和农机合作社负责人的管理水平。全年举办各类培训28期、培训各类技术人员1260余人。其中培训农机合作社理事长及乡镇农机员130人,培训水稻、油菜机械化技术员730人,培训农机驾驶和维修人员80人、培训小型无人飞机植保操作人员20人,组织农机科技"三下乡"活动3场,为农民送农机科技书籍200余本,发放农机补贴挂图及宣传资料500余份,现场解答农民咨询300余人次。

【农机安全监理】 坚持"安全第一,预防为主,综合治理"的方针,狠抓监管措施和责任落实,全力防范农机事故发生,全力推进"平安农机"创建。结合安全生产专项整治和隐患排查治理工作,借助"安全生产月"、"安全生产打非治违"、"变型拖拉机道路交通安全专项整治"等活动,组织乡镇街道办事处站农机工作人员对各自辖区内的拖拉机开展报废、灭失和长期脱检上道路运输拖拉机牌证专项清查行动,投资7万元引进安装科目二"JBZK-CQ全库型"农机驾驶人电子桩考仪系统。规范农机监理,拖拉机无牌无证、黑车非驾、超速超载、违章载客等现象得到有效遏制。农机"三率"稳中有进,全年拖拉机新增入户54台、年检174台,收割机入户63台、年检63台,农业工程机械入户45台、年检24台,新考拖拉机驾驶和收割机操作证 32 人,入保农机具 419 台,投保金额 20.1 万余元;马水镇成功创建“平安农机”示范乡镇,农机安全工作代表衡阳市接收省局年度考核。

【农机管理】 推进省政府“千社”工程建设,扎实有效地加强基层农机服务体系建设。按照“统筹规划,分类指导,加强扶持,培育亮点”的总体思路,引导和推动农机合作社开展代耕、代育、代插、代收、代植保、代烘干及包产包销生产服务,极力推动合作社向专业化服务、标准化种植、机械化生产、产业化经营的目标发展,提高农机社会化服务能力。2017 年全市新增农机专业合作社 9 家,其中新市绿之稻、大市骏田、小水四都、东湖长富、遥田富华 5 家成功申报并纳入“省级现代农机合作社”,大市集新、亮源向荣 2 家成功申报“衡阳市农机示范合作社”。全市注册农机合作社 61 家,其中衡阳市“市级示范社”6 家,省级“现代农机合作社”23 家。推动耒阳市农业经营向集约化、产销一体化、生产标准化和耕作机械化。

【机关建设】 开展扶贫结对“一对一”活动。局机关副股以上干部与小水镇界冲村贫困户开展“一对一”结对帮扶,帮助贫困户通过发展产业脱贫致富,并多方筹措资金,帮助修通 2、3、4、5 组的通组公路,年底有 15 户贫困户成功脱贫。加大信息宣传力度,发动农机系统干部职工撰稿投稿,报道工作中的好做法、好经验和工作动态。全年在省农机化信息网、耒阳党政网、《今日耒阳》等各级网站、报刊发表论文、综合信息 95 篇。

(郑从贵)

农业综合开发

【概况】 耒阳市农业综合开发办公室内设人事秘书、计划财务、土地治理、产业、项目评审 5 个股室,下辖农业综合开发服务中心。2017 年,有干部职工 55 人,其中干部 20 人;专业技术职称 6 人,其中中级 1 人,初级 5 人。

【项目建设】 2017 年市农业综合开发办土地治理实施南阳高标准农田建设项目,项目区涉及南阳、大义和灶市街街道办事处原泗门州镇的部分村组,项目总投资 1.02 亿元,建设高标准农田 5233.33 公顷。1—2 月完成整个项目区的规划设计工作,5 月份根据市委、市政府精准扶贫的指示精神,将规划设计重新进行调整,从 2017 年度南阳高标准农田建设项目灶市片中抽出 2600 万元用于长坪、太平、余庆 3 个乡(镇)办事处 14 个贫困村的农田水利基础设施建设。整个项目于 2017 年 11 月 8 日动工,主要建设内容有:修建排灌站 3 座、衬砌渠道 106.89 公里、扩建加固小型蓄排水工程 167 座、新修田间干道 3.11 公里、支道 36.8 公里,分 45 个标段建设。

2017 年 4 月底,新市镇高炉高标准农田建设项目完工,投资 5278 万元,建设高标准 2706.67 公顷。涉及新市镇和大市镇 33 个行政村,完成衬砌渠道 50.26 公里,修建渠系建筑物 16 座,扩建加固小型蓄排水工程 65 座;营造防护林 33.33 公顷;示范推广杀虫路灯 54 台;修建田间道路(支路)30.24 公里。省办和衡阳市办对项目建设进行验收和绩效评价。

市农业综合开发办与市林业局合作,联合申报耒阳市金鑫农业科技发展有限公司的油茶丰产林基地示范项目,新建油茶丰产示范基地 153.33 公顷,项目总投资 560 万元,其中项目单位自筹 280 万元,财政投资 280 万元,该项目 2017 年底全部验收。

(谢光成)

农村经营服务中心

【概况】 耒阳市农村经营服务中心属参公管理事业单位,主要负责全市农村财务管理和审计、农村集体资产管理、农村土地承包经营责任制管理、农村土地承包合同管理、农村合作经济统计和分析、农民专业合作、家庭农场等新兴农业组织管理、农民负担监督管理等工作。2017 年,内设办公室、农村资产财务管理股、农村经营体制管理股、农民负担监督管理股、执法监督股、土地流转中心 6 个股室,下辖全市 30 个乡(镇、街道办事处)经营管理站。有在编人数 69 人(局机关 28 人、经管站 41 人);专业技术职称人员 28 人,其中经济师 4 人、助理经济师 10 人、经济员 14 人。

【农村集体资产管理】 2017 年,耒阳市在巩固原有村级“三资”(资产、资金、资源)委托代理的基础上,健全农村集体“三资”管理制度 14 项,规范票据、账户、台账、登记簿管理,对各乡镇村级财务代管中心进行业务指导、审计核查,确保集体资金使用安全、集体资产保值增值、集体资源合理开发利用。

【农村财务管理和审计】 耒阳市在进一步规范村级财务管理的基础上,加大农村财务审计力度,治理村务公开和民主管理“难点村”。对全市 378 个村民(社区)委员会财务公开的内容、方式和财务公开的程序进行规范。全市实行财务公开的村有 378 个,公开率 100%,规范公开的 95%。对各乡镇代管中心加强业务指导、审计核查,不定期对代管中心入账的原始凭证和会计账簿进行抽查审核,确保集体资金合理开支和安全使用。做好日常审计和其它专项审计工作,全年农村财务审计涉及金额14532万元,清理违纪金额84.6万元,清退违纪金额59.8万元,处理违纪违规10人。

【农村土地承包经营权确权登记颁证】 严格规范操作程序。按照文件要求,开展和推进确权登记颁证工作。按照国家农业部三个确权行业技术标准、湖南省确权技术方案和操作规范等开展工作。强化调度检查。为了调度工作进度,每月组织人员进行一次督查。督查后召开一次工作推进会,各承包技术单位,在调度会上上报工作进度情况统计表,自曝问题和总结经验。对进度落后和存有问题的单位,及时督促,限期整改,确保工作顺利推进。抓实考核验收。按照省确权办下发的《湖南省农村土地承包经营权确权登记颁证成果验收办法(试行)》和《湖南省农村土地承包经营权确权登记颁证数据库成果汇交办法(试行)》要求,对确权成果和数据库系统进行验收汇交,确保确权质量。全市土地确权颁证工作的农户信息资料收集率完成98%,二轮公示完成98%。

【农民负担监督管理】 减负工作领导负责制和部门责任制。年初,市委、市政府把减负工作作为全年目标管理考核的一项重要内容,并与全市各乡镇街道办事处及涉农部门和单位签立责任状,明确各部门各单位的工作职责,明确各有关部门和单位一把手为减负工作第一责任人,对减负工作实行"一票否决"。

执行"农民负担和补贴监督卡"制度。把农民应当承担的合理负担和应当享受的各项补贴的标准、数额,填到监督卡上,连同有关涉农收费政策发给农户,加强"农负"的监督。

坚持涉农收费公示制度,重申有关涉农收费政策,规范有关涉农收费行为。重点对农民群众比较关心的户政收费、教育收费、建房收费、医疗收费等进行公示和监督。各乡镇办事处、中小学校以及有关涉农收费部门等出示各种涉农收费公示牌(栏)900多版。

执行村级报刊征订限额制度。对村委会和农村小学以及其它村级集体组织,限制公费订阅《人民日报》《湖南日报》《衡阳日报》《耒阳报》等最多5种党报党刊,征订费限额500元以下,严禁邮政等部门强行要求村级组织和农村学校等公费订阅各种部门性和行业性报刊。

执行涉农收费文件会签制度。各部门、各单位出台涉及农民的各种行政性收费和经营服务性收费政策文件,经过市农负监管部门审阅同意或备案后签发。

完善各项惠农资金的管理、使用和监督机制。为确保各项惠农政策落实到位,坚持"惠农政策公开、减免补贴公开、程序过程公开"三公开"原则,对农户补贴资金据实进行登记造册,实行一卡式发放,结合村级财务进行公开公示,接受群众监督。

严格一事一议筹资筹劳政策。进一步严格执行一事一议筹资筹劳政策,按照"村申请,乡镇审批,市审核拨付"的程序要求,做好一事一议筹资筹劳到工程验收以及资金拨付,全程参与监管,严格把关,防止村级组织举债建设公益事业,加重农民负担。2017年全市共审批一事一议项目240个。项目涉及农村受益人口59.7万人,占农村总人口48.5%,筹集"一事一议"项目财政奖补资金2300万元。

开展农民负担专项审计。组织专门队伍对全市30个乡镇办街道事处的财政转移支付到村资金、各项财政支农惠农资金等使用、发放、兑现情况进行全面审计,审计资金3600万元,对审计出来的问题全部整改处理到位。

认真做好农民负担信访接待处理工作,严查涉农涉负案件。对农民群众来信来访反映农民负担问题,坚持做到热情接待、认真调查、耐心解释、妥善处理。2017年,接待群众来信来访4起、10人次。对违反减负政策的案件,坚决实行责任追究制。

【农民专业合作经济组织建设】 引导培育农民专业合作组织的发展。抓培育发展。培育农民合作社、家庭农场、种养专业大户等新型农业经营主体,创新合作社组织形式、运行机制、产业业态、发展专业合作、股份合作等多元多类型合作社。抓规范管理。引导新型农业经营主体完善规章制度,加强民主管理,依法办社,依规建场,提升服务水平,提高资信能力,打造品牌效应。配合银监会开展农民合作社内部信用合作试点,健全风险防范化解机制。支持合作社发展农产品加工流通,开展直供直销,发展"农社对接、农校对接、农企对接"。鼓励和支持合作社参加各种展示展销活动,注重品牌建设,扩大产品知名度和社会影响力。抓示范创建。抓好中央、省级、衡阳市级示范合作社、示范家庭农场的建设。全程参与示范社的申报、建设和验收工作,加强示范社规范化建设,帮助指导其制定好符合实际的章程,建立健全各项内部管理制度。2017年,耒阳市新发展农民专业合作社124个,被列为省级示范社2个,争得扶持资金40万元;衡阳市级示范社4个,争得扶持资金40万元。新发展家庭农场91个,争得各级扶持资金120万元。

【农村合作经济统计和分析】 做好农经统计年报、半年报、年终预报工作,确保上报数据质量,做好农经业务统计分析成果。

加强农经工作调研。围绕农经工作面临的突出矛盾和问题,结合党的群众路线教育实践活动,开展调查研究,总结实践经验做法,注重从基层、群众创造中汲取营养,创新工作思路,提出政策建议,完善和创新农村经营体制机制。年内重点调研村集体经济发展现状情况，上报《耒阳市农村集体经济发展现状情况及问题和建议》。

水　利

【概况】　耒阳市水利局是耒阳市人民政府工作部门，正科级单位，内设9个机关职能股室，下辖欧阳海灌区中心管理所1个正科级事业单位；耒阳市防汛抗旱指挥部办公室、耒阳市水政监察大队、耒阳市水土保持站、耒阳市农村饮水安全办公室、耒阳市河湖与水资源管理中心、耒阳市关王塘水库管理所、耒阳市凉水冲水库管理所、耒阳市太平水库管理所8个副科级事业单位；耒阳市水利建设项目管理中心、耒阳市水利物质管理站、耒阳市水利综合事业站、耒阳市水利管理站、耒阳市农村水电及电气化发展站、耒阳市堤防管理所6个正股级事业单位和30个乡镇街道办事处水管站。至12月底，有干部职工692人（在职人员440人，离退休人员252人）。全额编制316人（其中公务员19人，参照公务员55人，事业单位管理人员242人），差额事业编5人，自收自支事业编119人。全额离退休人员113人，自收自支退休人员139人。

【防汛抗旱】　围绕防大汛、抗大旱、"五个确保"的总体目标，全面落实防汛抗旱行政首长负责制，建立健全防汛抗旱责任体系和防汛抗旱指挥运行机制；抓好应急预案编制，组织技术力量，对各类调度方案和应急预案进行修订完善；抓好应急抢险队伍建设，在各乡村成立防汛抢险突击队；加强隐患排查和整治，组织7个工作组深入全县30个乡镇街道办事处和水电站对隐患进行拉网式排查，重点检查水库工程运行状况、责任制落实、防汛物资储备、预案制定、抢险队伍建设以及防汛值班制度，将排查出的隐患点建立台帐。对排查出的隐患点及时督促进行整改，对整治工程量较大、暂时不能整治的，列入整治规划，争取上级资金予以解决，制定应急预案，发布隐患威胁公告，落实避让处置措施。抓好水利工程安全度汛，2017年，耒阳市安排400多万元用于病险骨干塘除险、应急除险和补充防汛物资等，添置防汛抢险工具设备，补充编织袋、土工布等防汛消耗物资；落实小型水库管护制度，安排管护经费50万元。成功抗击6月25日至7月2日特大洪灾，最大程度减少灾害损失。做好导子镇李家冲水库抢险，转移群众250余名，确保人员生命财产和工程度汛安全。

【农村饮水安全】　成功申报农村饮水安全新建及巩固提升工程PPP示范项目。完成35个村87处饮水工程，总投资2017.55万元，解决3.421万人（其中贫困人口1.28万人）的饮水困难问题，自来水普及率75.51%，水质合格率提升11个百分点。

【病险水库除险加固】　推进小型水库除险加固工作，导子镇李家冲等10座小型水库除险加固项目开工建设。工程批复总投资1071.02万元，到位资金789万元，其中中央投资689万元，地方配套100万元。工程实施后，可保护人口2.6万人，可恢复灌溉面积533.3公顷，粮食作物净增灌溉效益800万元。

【中小河流治理及四水治理】　小水河小水铺—河口段治理工程计划总投资2447.43万元，年底完成形象进度90%；浔江（敖河）芭蕉—河口段治理工程计划总投资1265.4万元，年底完成60%。耒水大市保护圈第二期治理工程计划总投资1260万元，年底完成50%。

【小型农田水利建设】　投资1050余万元，开工建设凉水冲灌区配套改造及节水灌溉项目。投资201.8万元，其中省级奖补100万元，完成66.67公顷高效节水灌溉"民办公助、先建后补"项目。投资226.75万元，其中省级奖补144万元，开展小型农田水利建设省级财政补贴项目，年底完成75%建设任务。投资280万元，完成19处病险骨干塘除险加固建设任务。投资320万元，着力抓好水毁工程修复，对51处重点隐患工程进行应急处险。

【基层水利服务体系建设】　投资180万元，启动公平圩、永济、哲桥、大市、南京、小水等6个乡镇水利管理站的标准化建设。

【水生态环境保护】　投资442.65万元，完成淝田河生态清洁型小流域工程建设项目。投资541万元，完成农村水电增效扩容改造项目。投资36.8万元，完成《耒阳市水土保持规划报告（2016—2030年）》规划。加强水土保持监督执法工作，落实开发建设项目编报水土保持方案审批手续和"三同时"制度，全年进行水土保持监督检查135次，检查生产建设项目76个，下发限期补办水土保持审批手续通知书8份，其中审批案件7件，收取水土保持补偿费69.3万元。实施市政府环境保护"春雷行动"，组织监督执法人员积极行动，完成中央环保督察交办的案件任务5件，处理市政府"12345"移送案件4件。对全市辖区范围分片分组开展水土保持日常监督检查工作，打击非法开采山砂、非法采锰等破坏水土流失行为，累计开展专项整治行动15次。

【水资源管理】　对全市147家规模以上工业企业进行调查摸底和走访，建立完善用水台帐，重新审查核定用水对象用水量，制定取用水计划，加强用水大户监督和管理,全面规范水资源管理工作。开展取水许可规范管理工作,按照相关程序注销20户取水用户,整改18个取水用户,在政府门户网网站公布,建立"一证一档一费"制度。对全市范围内的53处入河排污口重新进行核查登记,并通过水利部和省水利厅的核查验收。2017年关闭饮用水源地排污口1处,整改饮用水源地排污口1处,耒阳市主城区生活污水大部分经处理后达标排放通过湖南省长江经济带饮用水水源地安全专项检查行动。配合环保局开展饮用水水源地整治行动。通过省水利厅2017年度水资源管理专项监督检查工作。依法有偿使用水资源,征收水资源费等非税收入210余万元。

【水行政执法】 加强河道采砂监管,加大日常巡查力度,巡查430次,出动巡查人员1783人次。惩治非法采砂行为,组织多次打击非法采砂专项整治活动,出动执法人员100多人次,车船30台次,切割、拆除采砂船15艘,下达执法文书132份,移送综合行政执法局案件16起。加大协调与联合整治力度,4月和9月联合常宁市水利局组织开展春陵水专项执法和督查活动。打击涉河违章建筑行为,查处5起案件。开展破坏水工程专项整治行动,查处3起案件。开展河道保洁整治行动,开展专项整治行动36次,出动巡查整治人员1243次,清理河道垃圾1983立方米,清理河面漂浮物、垃圾8295立方米。

【河长制工作】 成立市河长制工作委员会,4月7日,耒阳市印发《关于成立耒阳市河长制工作委员会的通知》,成立市河长制工作委员会,市委书记担任"第一总河长",市长担任"总河长",耒水、春陵水、小水河、淝江河、浔江河、马水河、象江河等7条市级河流由市级领导担任河流河长;明确委员会成员单位职责。完善"河长"网络,出台《关于全面推行河长制工作方案》,明确各级河长是河道管护的第一责任人,履行保护、管理、治理等职责。坚持流域与行政区域相结合,建立市、乡、村三级河长体系。全市所有河湖(含水库),全部纳入到河长制体系进行管理,落实市级河长和乡级河长、村级河长,设置市级第一总河长1人、总河长1人,市级河长7人,乡级总河长30名,乡级河长125名,村级河长366名;市、乡、村三级河长在耒阳市党政门户网上公示,做到责任全覆盖。制作河长制公示牌,设立在该市部分河岸显要位置。制订完善相关制度,印发《耒阳市实施河长制行动方案(2017—2020年)》,对6大任务进行细化。印发《河长会议制度》《河长制信息共享制度》《河长制工作督查制度》《河长制工作考核办法》《河湖日常监管巡查制度》《耒阳市全面建立河长制验收办法》等河长制"六项"配套制度。制订和核实河湖管理名录,市境内纳入河湖名录的河流81条,总长1204公里。耒水、春陵水是流经耒阳市的主要河流,其中耒水长122.2公里,春陵水长66公里。开展"一河一策"工作,确定耒水作为"一河一策"试点河流,从7月5日起对耒水展开调查,完成"一河一策"基本情况调查表的填报及资料汇总。 (曾婷)

畜牧水产

【概况】 耒阳市畜牧水产局机关内设办公室(加挂法制股牌子)、财务股、人事股、纪检监察室、畜禽屠宰管理办公室、畜牧工作站、水产工作站、动物卫生监督所、动物疫病预防控制中心、渔政管理站、饲料管理办公室、畜禽品种改良工作站、动物类食品检验检测中心。下辖30个乡镇、街道办事处畜牧水产站(动物防疫站)。有职工干部317人,全额在职人员250人,差额在职人员67人,全额离退休人员44人,差额退休人员58人。有专业技术人员150人,其中初级职称118人,中级职称22人,副高级职称9人,正高级职称1人。

【产业发展】 耒阳市是全省唯一同时拥有以生猪(新五丰)、家禽(温氏)养殖为主业的国家级农业产业化龙头企业的县(市),养殖量在衡阳市和湖南省排名前列。据统计,2017年出栏生猪167.59万头,出笼家禽3167万羽,出栏牛5.35万头,出栏羊7.24万只,水产品产量4.18万吨。全市实现牧渔业产值52.8亿元,占农林牧渔总产值的47.29%。家禽存笼、牛存栏居衡阳市第一,生猪存栏在衡阳市排名第三。

【项目建设】 耒阳市列入全国2017年畜禽粪污资源化利用整县推进试点县之一,中央财政拨款3650万元。

【专项工作】 扶持养殖产业按照省规定的要求,大力推动建设工作,经耒阳市政府第61次常务会议研究通过《耒阳市病死畜禽无害化处理中心建设实施方案》,完成中心建设选址、投资方遴选等工作,企业按照PPP模式投资建设病死畜禽无害化处理中心。

【动物防疫】 落实养殖场主体责任、以强制免疫为主的综合防控措施,保持全市疫情"清净区"的良好态势。做好养殖密集区、种畜禽场和屠宰场等重点场所重点环节的防疫监管和疫情巡查,关注疫情动态,抓好检疫监督。执行农业部"六条禁令"和屠宰检疫"五不得"等制度。严格产地检疫、屠宰检疫,切实落实检疫申报制度,规范建议行为,强化检疫监督。

【质量安全】 一是严格落实"四个最严"要求,坚持"产出来"和"管出来"两手抓,重点在投入品规范使用、健康养殖工艺推行等方面下功夫,使畜禽水产品的安全底线更牢固,品质更符合消费者需求。二是严格落实畜禽水产品质量安全属地管理责任和企业主体责任,抓好源头治理,扎实推进饲料、兽药、添加剂质量安全管理规范,打击制假售假、非法添加等违法行为,落实企业主体责任,明确企业责任清单,强化全程管控,开展畜禽水产品质量安全法规进村入户行动,推动规模养殖场户落实生产记录、休药期制度,推进追溯管理,对主体责任落实不力的养殖场户加大督导检查和整改力度。

【生态环保】 继续推动生态环保工作深入开展。严格实行养殖备案审批程序,严把源头关,科学调整畜禽规模养殖区域,配合环保等相关部门做好新建养殖场的环评等相关工作,确保产业发展和环境保护双赢,严防禁养区复养。推行种养结合、林木结合等生态养殖模式。重视养殖场清粪设施建设,推广机械刮粪板刮粪、改水冲粪、水泡粪模式为干清粪模式,推行粪尿分离和堆沤发酵利用等粪污处理新技术。引导大型养殖场投资建设有机肥厂发展有机肥产业,利用推动规模化大型沼气健康发展,着力推行大型养殖场畜禽粪便集中处理。

【渔政执法】 全市开展保护渔业资源专项执法行动20余次,查处渔业生产环节使用硝基呋喃、氯霉素和孔雀石绿和有毒有害化学物质的违法行为,对全市水产苗种生产审批证和养殖过程中的药品使用以及渔业水质进行执法检查,确保全市水产品质量安全。年内,继续加强渔业生产安全,加强渔业船舶安全监管,协助市综合行政执法局大力整治非法电炸毒鱼等非法行为,积极应对网上舆论,加强宣传,加大打击力度,营造稳定安全的渔业生产环境。实施人工放流,增殖渔业资源,三月至七月分批次在耒水人工放流鱼苗380余万尾。

气　象

【概况】 耒阳市气象局为公益事业单位,坐落在耒阳市五里牌办事处锡里村9组,属国家气象观测站,是省级区域天气观测站网的主体。内设综合办公室、防雷减灾办公室、人工影响天气办公室及气象台。2017年,有在职职工11人,退休干部8人。主要职能是围绕地方经济建设、社会发展和人民生活做好气象服务工作,提供省级区域的地面气象观测资料,完成《防雷减灾管理办法》《通用航空飞行管制条例》赋予的全市防雷减灾和施放气球管理,并组织实施人工增雨作业。

【基础业务】 地面测报。测报人员严格遵守测报值班工作制度,做到严密监视天气变化,及时采集气象情报,新长Z文件到报率100%,及时率99.8%,全年没有发生错情。在春播汛期巡检中,地面观测标准化和春播汛期各项准备工作得到衡阳市局检查组的肯定。按照中国气象局、省和衡阳市气象局的部署,对业务软件进行升级。自3月31日20时(北京时间)起,全国所有国家地面气象观测站和区域气象观测站数据传输频次统一调整为5分钟一次。气象通信网络。每日正点报文上行传输及时率为100%,且无缺报,达到衡阳市局提出的工作目标。气象技术装备。无使用超检或三无气象仪器装备,气象技术装备保障较好。安排专人对中小尺度区域气象站进行维护,在汛期来临前对辖区内45个区域气象站进行全面巡检、维护、标校,通信率99%以上,一旦仪器出现故障,24小时内进行维修。年内升级的3个骨干站点选址规范,观测条件好。

【气象服务】 春运、春耕生产等公众气象服务成效明显,全年制作各类专题服务材料42期、决策服务专刊22期,发布手机短信15万余条,电话服务500余次,接受电视台采访2次,为广大群众趋利避害和各级政府安排部署工农业生产提供依据。重点做好主汛期的强降水天气过程气象服务,启动应急响应5次。6月5日午后至6日凌晨,耒阳市迎来2017年以来最强降水过程,10个站点降水量≥50毫米。针对此次天气过程,气象局在2日、4日和5日三次发布重要天气报告,并于5日4时、18时连续发布暴雨橙色预警。在预报、服务过程中,及时启动应急响应预案,实行领导带班,业务值班双岗24小时值班,整个过程预报准、服务快,及时通报耒阳市各乡镇降雨实况,发布预警、服务信息2385条。

【服务“三农”】 年初召开动员会,成立领导小组制定工作方案,并严格执行。3月22日,气象局邀请农业局4位专家来局联合会商,对春季连续低温阴雨对农作物的影响程度进行分析。收集、整理涉农单位和乡镇领导、新型农业合作社及种植大户的手机号码,发布相关服务短信2万余条。为马水等乡镇气象信息服务站配备电脑、打印机等办公设施。10月27日组织农业、烟草、气象专家共同对气象为农服务“把脉”,找准今后的工作重心。

【人工增雨】 三七高炮及火箭炮均年检合格。8月,有关部门对该局人影安全工作进行全面检查,发现问题及时整改,同时加强与太平水库管理所的合作,完善标准化作业基地建设。夏季在遥田镇、导子镇、龙塘镇成功开展人工增雨作业,发射火箭弹8枚,作业区及周边影响范围内降雨明显,有效增加乡镇水库的蓄水量,缓解当地的旱情。《今日耒阳报》、耒阳新闻网等媒体对气象局人工增雨工作进行报道。

【社会监管】 开展志愿服务和气象科普下乡活动。在“3·23”气象日、“5·12”应急宣传日和六月的安全生产月，该局设立气象宣传台，发放气象灾害防御、应急避险等宣传资料3000余份。全面贯彻“安全第一，预防为主，综合治理”的安全管理方针，做到年初有安排和部署，年中有检查落实，结合“落实企业安全生产主体责任年”活动要求，全年组织防雷和施放气球安全生产执法检查236起，排查、消除安全隐患144处。全年开展常规检测80多个单位和厂矿，其中加油站20家，液化气2家，炸药仓库4家，烟花火炮厂3家，并根据检查、检测情况督促防雷设施不合格的单位实施整改，有效地预防和减少雷击灾害给耒阳市造成的损失。

水　　文

【概况】 耒阳市水文水资源局属社会基础公益性事业单位，耒阳市防汛抗旱指挥部成员单位，有干部职工8人，大专以上学历6人，工程师1人、助理工程师4人、高级工1人、技术员2人。测验项目有水位、流量、泥沙、降水、蒸发、水温、岸温、土壤墒情、水质监测等。管辖耒阳市境内的耒阳、操箕潭、欧阳海、大市4个水文站和小水1个水位站，雨量监测站点57个，其中水文自建站点23个、山洪灾害预警监测点34个，水质监测点28个。

【水文测验】 耒阳市水文局按照省、衡阳市局汛前准备工作要求，1月初着手汛前准备，一人多用，抢时间，保质量，白天检查维护及测量，晚上整理测量资料。完成四站大断面测量，五站水尺零高测量和五站的测验设施设备维护保养以及耒阳站浮标演练。完成雨量遥测系统57个站点的检查维护工作，备汛物资筹备充足，修订完善测报和报汛技术方案等工作，各项测量成果和检查指标符合衡阳市局汛检要求。

执行《防汛值班工作制度》，关注雨水情的变化，做好防汛测报工作，按照《测站任务书》的要求完成三站测验任务。外业方面测到3个基本站洪水过程。耒阳站完成2次高中水检验法测验；操箕潭站完成高、中水检验法流量测验2次；欧阳海站年内恢复输沙测验，抓住一次强降雨过程完成输沙测验10次及高、中水检验法流量测验2次，施测洪水过程1次，测验资料符合定线要求；内业资料执行“四随”工作，三道手序校核流程工作到位，各种资料做到日清月结，达到一算二校。每次测验计算过后，对资料进行合理性分析检查定线，发现问题，及时解决，确保水文局测验资料差错率降到最低。

【水文服务】 执行省、衡阳市局报汛任务书，按要求拍发各项水文要素。全年无迟报、错报、漏报、缺报现象，没有走失雨水情信息。每月初按时向市局上报耒阳、操箕潭、公平、欧阳海4站旬月雨量统计值。

加强与防汛部门及报汛单位的联系和沟通，执行水文局制定的山洪灾害预警管理制度，为遥田电站和白鱼潭电站及欧阳海灌区工程管理局水库科及时提供雨水情信息。汛期洪水期，及时收集各站点降水量信息，分析雨水情趋势，为各级政府提供及时、准确的洪水预测预报信息，为耒阳市的防洪减灾工作提供可靠的技术支撑。3月向耒阳市防讯办提供雨水情汇报材料一份，每月报送雨水情简报一期，全年向遥田电站和白鱼潭电站及欧阳海灌区工程管理局水库科提供雨水情信息。

【水文设备维护】 区域内管理自动遥测站点多，站点分布广。3月中下旬组织人员对管辖山洪灾害预警系统34个监测站进行检查维护工作，设备长期在户外且运行不稳定，数据信息不能及时发送，针对存在的问题，上报计划，采购12套设备，分批次对牛头下、铁路冲、沙明、和平等站点进行更换，全年山洪灾害预警站点正常运行达到96%，信息通讯畅通。建立自动测报系统维护台账档案，现场填写维护记录表及监测站点每天雨量信息对照表。

【水资源监测】 按照省、衡阳市局日常水环境监测任务及要求，做好耒阳、欧阳海、关王塘水库、夏塘镇及耒阳市第二水厂水源地上游电厂大桥取样工作，水质取样合理、送样及时，按规范要求，完成送样单填写，保证取样时的水温、流量等资料的合理，全年完成高、低水水质监测工作任务；加强与耒阳市水利局联系，做好耒阳市新增市级水功能区监测断面的查勘取样工作，完成13个排污口取样工作，将市级水功能区、排污口水样、送样单及监测断面相关记录信息送到市局水资源科。

（曾爱军）

欧阳海灌区中心管理

【概况】 耒阳市欧阳海灌区中心管理所是欧阳海灌区在耒阳市灌溉区负责农业灌溉的法定单位，管理支、斗、农渠各类型渠道1848公里，主要职能是为全市19个乡镇街道办事处1.82万公顷的农田提供灌溉服务。机关内设办公室、人事股、工程股、水政股、财器股、灌溉股、法制办、工会八个职能股室，下辖观音山、栗梓、战备、资兰冲、桃李塘、草塘边、道司元、杨梅塘八个支渠管理所，有干部职工175人，其中在职职工120人，退休人员55人。

【农业灌溉】 是年，从5月5日开闸放水到9月30关闸，全年放水130多天，坚持“一切围绕渠道转、一切为了灌溉转”，重心下移，力量下沉，经费下拨，在支所开展“三清一评”活动，即清淤、清障、清丝草，评选最美巡渠人；机关开展"两下"（下基层、下渠道），扎实做好巡渠抗旱保灌溉，确保全年灌溉用水安全有序，没有发生一起大的用水纠纷事件，每条万亩支渠在上年的灌溉基础上平均延长灌溉2公里，新增灌溉面积2万余亩。其中资兰冲支渠延长灌溉9公里，恢复历史最好灌溉水平。

【工程建设】 2017年，该所投入冬修资金150万元。完成各类大型塌方、溶洞工程18处，小修小补175处，渠道清淤1000千米，完成工程量土方410000立方米，浆砌石542立方米，混凝土2180立方米。

推进欧阳海灌区渠系改造项目建设。2015年10月，耒阳市成功争取欧阳海灌区渠系改造项目，计划总投资5.5亿元，其中国家建设专项基金1.1亿元，农业发展银行贷款4.4亿元，到位专项建设基金1亿元。实施第一批项目十二个标段，基建总投资3012万元，除第十标（原址无法实施，需异地实施）外，其它标段均进入扫尾阶段。还有7000万元的渠系改造基建资金亟待安排，按照"安全第一、扶贫优先、先大后小、先支（渠）后斗（渠）、先上（游）后下（游）"的原则，在实施第一批项目的同时，基本完成第二批渠系改造（勇冲渡槽、道司元支渠、草塘边支渠、虎冲支渠、弧椅形支渠）和第三批扶贫专项（坛下、大和圩等乡镇扶贫村）改造计划。

【招商引资】 该所引进两个项目，一是引进湖南火电集团（中国能源集团）在余庆、太平、小水建设10万千伏风能发电项目，总投资9亿元，办好发改、规划、国土、环保等手续，完成风速测试工作，办理供电准入和施工许可手续，截止2017年12月份完成500万元投资。二是湖南鑫旺水利水电有限公司在仁义镇王屋村新建自来水厂一座，投资198.4万元，于2017年7月份竣工，解决3000余人的饮水困难，完成市委市政府交办的招商引资任务。

（李康健）

农村能源

【概况】 耒阳市农村能源领导小组办公室为耒阳市农业局常设的副科级参管事业单位，有工作人员7人，主要从事全市农村能源建设的领导、协调、服务，推广农村能源技术和保护农业生态环境。围绕市委、市政府"大力发展农村能源，实施农业持续发展，建设美好生态家园"的奋斗目标，发展大中型沼气工程、创建省示范大型沼气工程、继续建设养殖小区联户沼气工程和重点乡镇示范村建设太阳能路灯等为主的农村能源工作，促进全市基础条件的改善和农村经济社会健康协调发展，实现"三个效益"同步增长。为全市发民生态农业，建设社会主义新农村，实现富民奔小康目标起到推动作用。

【宣传发动】 是年，利用多种形式宣传农村能源建设的作用、意义和管理知识，激发全市农村能源建设的积极性。召开专题讲座相关知识，使沼气能、太阳能、生物质能、风能等知识知晓面达到60%以上。通报建设计划、建设标准和完成时间，进村入组办农村能源知识讲座，在3个乡镇办班6次，全面宣讲农村能源知识，提高农民农村能源认知度。编印《户用沼气高效使用技术一点通》、安全使用宣传挂图3000余份下发到沼气建成户手中。

【协调服务】 利用一切办法协调服务好各项项目。养殖小区联户沼气工程，主抓养殖户与技术员的协调；把协调服务工作的重点放在大型沼气工程项目上，为确保工程的进度和质量，多次与建设业主、施工方和财政等协调理顺关系。其中耒阳市永友养殖业发展有限公司大型沼气工程创建省示范工程。

【典型带动】 把办样板、树典型作为推进农村能源建设的一项重要工作措施。是年，继续抓几个层次的示范：服务网点村干部做示范促启动、养殖大户做养殖小区联户沼气工程示范促带动、永友大型沼气工程创建做示范促推动、重点抓好导子镇的太阳能路灯建设，为全市新农村建设作贡献。能源办派专人到示范村、示范点、示范户上门服务；结合新农村建设分别建成多种形式的示范点。

【检查督办】 为及时掌握质量和进度，实现各项工作又好又快推进，严格实行乡镇月督、各服务网点旬报、能源办周查制，加大督查力度。是年，召开现场督办会3次，工程碰头会10余次，施工技术员培训会4次。工程完工后严格实行"三个一"的检查验收制，即两人一组，建卡归档。能源办重视安全生产工作、责任落实到企业、到人，每月工作人员进行沼气工程安全检查，发现问题及时整改，确保安全。

【严格管理】 为确保工程质量，在管理上做了四个方面的工作。一是"三结合"确定项目，在安排项目时遵循"三结合"原则，即与市政府确定的新农村试点相结合、与养殖大户积极性高低相结合、与养殖业发展的实际状况相结合。二是抓技术培训。针对部分人员不专不精的问题，开展自学、互学、送出去学，请专家帮助找问题等培训活动，使从业人员施工水平不断提升。三是强化进程管理。按照"统一组织，统一标准，统一施工"的要求，制定详尽的操作规程，接受农户监督。市能源办制定施工人员十不准，进一步规范、提升施工程序和建设质量。

对农户反映的问题责成施工员及时处理,确保老百姓受到益处。四是严格三项制度。即财务管理制度、项目公示制、工程建设合同制。在财务管理上做到资金财政专户,专账管理,专款专用;在物质采购上,由市采购办招标集中采购,降低成本,确保质量,防止商业贿赂;在项目公示上做到公开项目和补助标准,接受监督;在工程建设上签订工程建设合同,做到保质、保量、保时。

【后续服务】 沼气项目"三分建,七分管"。随着沼气工程的发展,全市一边抓沼气生产建设,一边抓服务体系建设。一是建设6个乡村技术维修服务网点,及时为农民提供快捷的服务。二是确定6名技术员指导农民正确使用沼气、节煤灶和太阳能,推广高效生态模式,提高农户综合利用。三是培训大型沼气工程技术员,耒阳市所建成大型沼气工程都培训专业技术人员。四是建立跟踪服务机制,公布服务热线电话,随时帮助农民解答出现的问题。

蔬菜产销

【概况】 耒阳市人民政府蔬菜办公室隶属于耒阳市农业局,系参照公务员管理的副科级全额事业单位,有干部职工11人,其中全额编制9人,自收自支编制2人。主要负责全市专业蔬菜基地的规划、建设和管理;全市蔬菜生产技术指导和信息服务;蔬菜质量安全监管;蔬菜"五新"技术的引进、试验、示范和推广等。全年蔬菜总播种面积2.1万公顷,总产54.25万吨,总产值9.68亿元。

【宣传发动】 年初,由于气温的持续走高,不论是基地大户还是零星小户,冬季蔬菜长势茂盛,产量丰富,造成市场蔬菜价格严重偏低,普遍遭遇卖菜难,给一些大户和基地造成毁灭性打击,积极上门宣传政策,引导种植大户稳打稳扎把蔬菜生产巩固下去。对常年种植2公顷蔬菜以上的大户给予面积补贴,力促变过去一家一户零星种植为相对集中的大户种植,既有利于种植户改善生产设施条件又有利于生产经营者提高经济效益,更有利于确保蔬菜质量安全,是年奖补蔬菜生产大户38户,奖补资金70.9万元。

【品种改良】 根据新品种对环境、土壤、气候等因素的要求,结合全市实际,进购16个新品种进行试验种植,通过试种发现菱角丝瓜、紫背天葵、救心菜、苦菊、红秋葵、芦笋、秋季青杂苦瓜等几个品种表现出性状适宜耒阳市种植,且外观、品质、口感、产量都不错,能大面积推广;配合和支持湖南日森源菇业有限公司研发生产鸡枞菌,品质、营养价值高和口感好,产品供不应求。此外还进行大面积的新肥料、新药剂的对比试验示范;推广使用虫害物理防治设施黄、蓝板2万多片,性诱剂盒200多套。

【蔬菜生产】 抓好无公害蔬菜生产实行源头管控、事中监督、产后检测。制定全市豇豆、茄子、辣椒、白菜、萝卜、甘蓝等20余个常规蔬菜品种的标准化生产技术规程和农业投入品管理制度,要求种植户建立生产档案(种子、肥料、农药等投入品购买日期、产品源头、生产厂商、数量、使用量、使用时间、采收时间等进行记录),并加强宣传,配合农业局监管股、农药站加强对农药和肥料等农业投入品的监管,杜绝购买、严禁使用高毒高残留农药和违禁化学添加剂,对源头进行管控;指导、扶持、做好规模13.33公顷以上蔬菜基地的无公害产地认定和产品认证;推广使用低毒低残留生物药剂和使用防虫网、杀虫灯、性诱剂、粘虫板、昆虫天敌等物理防治技术;配合省、衡阳市及耒阳市农产品质量检测站,对各蔬菜基地土壤、水样、空气等环境以及蔬菜产品抽样检测,确保市民吃到安全、放心的蔬菜。

【抗灾救灾】 2017年6月底至7月初,耒阳市遭遇近半个月的强降雨水灾,给农业种植业特别是蔬菜生产带来了严重损失,全市蔬菜受灾面积3720公顷,成灾面积2300公顷,绝收面积466.67余公顷,经济损失4300多万元。其中专业蔬菜基地和种植大户(不含农区和散户)受灾面积360余公顷,成灾面积213.33余公顷,绝收面积54公顷,经济损失445万余元。灾情发生后,该办投入到抗灾救灾之中,收集和上报灾情,发放灾后蔬菜生产技术实施意见,深入基地、农户指导救灾,恢复生产,尽量将灾害损失降到最低。针对雨灾之后的长时间旱情,积极组织蔬菜种植户清园空园,翻耕晒土,修复基础设施,作好秋冬蔬菜生产准备及育苗工作。

【信息报送】 为确保信息的畅通、积累和宣传,该办确定专人进行省、衡阳市相关部门的信息资料报送,按时报送各种旬报、月报、季报、年报等报表以及实施方案、季度自评、量化考核办法等资料;农业部布置的全国蔬菜信息预警预报信息库的各项数据,做到及时、准确、全面。按照农业局的安排部署,报送蔬菜简报、病虫灾情、蔬菜农药残留报告,蔬菜品种、分布、面积、产量和其他相关业务信息。

(张修人)

工　　业

综　述

【概况】 耒阳市经济科技和信息化局(简称经科信局),作为耒阳市人民政府职能组成部门,列入市政府工作部门序列。主要负责全市工业经济运行、加速推进新型工业化、中小企业服务、投资规划、高新技术促进、信息化综合管理、知识产权、农村与社会科技发展、能源运行、国防工业、地震监测与震防应急救援、新型墙体材料推广应用、散装水泥管理、科技情报等工作。协助相关部门做好全市民用爆炸物品和盐业管理等工作。主要负责联系市交通运输旅游局、煤炭局、轻工业行业管理办公室、公路局、国网耒阳市供电公司、韶能集团耒阳电力实业有限公司、电信局、邮政局、移动公司、联通公司等单位。内设15个股室。二级机构有:地震局、工业开发办、墙办、散办、科技情报所、中小企业服务中心、蔡伦现代农业科技管理园,30个经济科技和信息化所。2017年,有在编工作人员165人。

【经济运行】 定期召开重点企业监测会议,根据各重点监测企业情况汇编耒阳市重点监测企业运行情况内参,供市领导参考决策。每个月收集重要经济指标数据,做成月报,供市领导参考。2017年全年数据情况:规模工业增加值增速同比增长3.2%。全市累计工业用电量104681.4万千瓦时,同比下降19.7%;新增规模企业19家,全市家规模企业达到131家,累计上报规模工业总产值133.1亿元,下降9.7%;累计完成工业税收55939.5万元,同比下降4.1%。

【企业服务】 一是招商引资。引进耒阳市伏羲现代农业装备有限公司年产6000台新型铰接式多功能拖拉机生产线项目,计划总投资2000万元。加强与湖南新奥环保技术有限责任公司沟通协调,该公司拟借助耒阳南方水泥有限公司水泥窑生产线,投资9000万元建设水泥窑协同处置危险废物项目,该项目与耒阳市签订招商引资框架协议。与广东佛山铸造产业协会洽谈承债式收购富鑫机械有限公司,将铸造产业转移耒阳发展。二是项目申报。组织企业完成申报“湖南省小巨人企业”、“平安企业”创建、省重大关键共性技术需求等相关工作;完成企业申报湖南制造强省专项项目共12项。市焱鑫有色、新达微科技、客来宝生物、金悦科技等公司完成申报省级重点研发计划;汇升生物项目“新型高效糖酶的创制及产业化应用”完成申报2017年度省级创新创业技术投资项目。完成组织、审核、推荐企业申报2018年湖南省中小企业发展专项资金项目等。推荐金悦科技等企业完成申报省级科技项目4个,衡阳市科技项目5个。申报中央引导地方科技发展项目3项,申报省级农业领域科技项目3项,社会发展领域项目1项。“绿色公交”试点县申报项目进展顺利,全省排名第二名。三是组织活动。组织经济开发区建投公司、海通物流园、焱鑫公司参加湖南省第三届中小企业服务对接会暨“猪八戒网‘融合·互联助力制造强省’湖南峰会”与机构签订服务合作意向;组织企业参加湖南省2017年“精准服务进园区”(衡阳专场)活动。推荐8家企业进入全省股份制改造重点企业储备库。组织经济开发区中小企业创业园、大市循环经济产业园、海通物流园参加省中小微企业创业创新基地管理提升培训班学习。组织、推荐经济开发区中小企业创业园、海通物流园参加省、衡阳市中小微企业创业创新基地认定工作。推荐、指导新达微轴承参展衡阳市工业科技展览馆。组织开展首个联合国世界“中小微企业日”宣传活动。推荐焱鑫有色、汇升生物等5家企业参加2016年度衡阳市科技进步奖评选。组织大湘南电商平台等6家企业报名参加第六届中国创新创业大赛(湖南赛区)暨第四届湖南省创新创业大赛,其中新达微科技、汇升生物、焱鑫有色3家企业进入全省行业半决赛。组织亚湘、金悦科技等电子通信产业相关企业参加省中小企业银河培训——智能制造+互联网专题培训。四是平台建设。推荐市创新创业园申报省级科技企业孵化器、大湘南众创空间申报省级众创空间、焱鑫有色申报省级工程技术研究中心,市创新创业园进入省级科技企业孵化器笼子并获40万元专项资金支持。参加中小企业服务平台建设考察学习(到常宁市经科信局)。完成耒阳市蔡伦现代农业科技园有限公司的省级星创天地申报和现场考察，成功列入2017年省级“星创天地”，跻身“全国农村创业创新园区(基地)。推荐湖南蔡伦竹海旅游开发有限公司申报湖南省第十二批科普基地——湖南(耒阳)蔡伦竹海科普基地。

【安全生产】 落实“一岗双责”和安全制度。与30个乡镇办事处经信所签定安全生产责任状，要求各经信所与辖区企业签定安全生产责任状。落实安全生产工作责任制度、信息通报制度、事故隐患举报制度、安全检查制度、例会制度和安全教育培训制度。制定落实相关文件。制定和印发《耒阳市经济科技和信息化局2017年进一步深化冶金等工贸企业粉尘防爆专项整治工作方案》《耒阳市经济科技和信息化局“落实工业企业安全生产主体责任年”2017年实施方案》《耒阳市经济科技和信息化局安全生产“三大一严”活动实施方案》《耒阳市经济科技和信息化局关于开展化工和冶炼企业环境隐患排查整治工作方案》《耒阳市安全生产委员会关于开展全市安全生产领域“打非治违”专项行动的通知》《重大事故隐患“一单四制”方案》等。做好安全排查工作。开展对全市化工冶炼企业环境隐患进行排查整治、规模以上工业企业进行安全工作调查摸底工作。做好“十九大”特护期的工业企业安全生产大排查。

【电力建设】 完成春节(春运)保电工作。年底，组织电力抢修128次，确保春节期间市民用电正常，实现市民投诉电话零记录。维护供用电秩序。为进一步规范煤矿、非煤矿山用电管理，理清耒阳市电力行业管理、监督、巡查、执法责任，制定和印发《关于再次重申我局职责职能的报告》文件、《耒阳市人民政府办公室关于进一步加强农村安全用电管理的通知》文件，打击耒阳市非法违法用电生产行为，维护耒阳供用电秩序，如处理遥田镇建新村的用电整治，综合线损下降到9%左右。推进农网改造。2016年第三批项目亮源乡泉塘村施工进度完成40.82%，太平圩乡凤光村已全部完工；2017年第一批项目导子镇畔冲村等9个村，已经进场；2017年第二批项目，已经批复正在准备开工合同；导子镇三岭村等38个村已经申报2017年第三批农网改造计划。坛下乡曾洲村等10个村纳入2018年计划项目库。坛下乡湾阳村、坛下乡屈家村、坛下乡石墩村为常宁亲仁水电供区，还未被国网耒阳市供电公司接管，暂不列入改造计划。

【科技创新】 加快产学研合作对接工作。市经科信局组织企业与高校院所签订产学研技术协议5个。亚湘电子科技有限公司与南华大学签订自动化研发项目合作协议、焱鑫有色金属有限公司与中南大学签订联合组建省级工程技术研究中心战略合作协议、天佑生态休闲农业科技有限公司与省农科所签订技术合作协议、鸿涛现代农业专业合作社与省林科院签订油茶种植技术指导服务合作协议、金悦科技发展有限公司与天津大学签订1.4—丁烯二醇分离提纯项目技术开发委托合同。11月28日，成立湖南省民营企业第一个博士后科研流动站——耒阳市焱鑫有色金属有限公司博士后科研流动站。加快培育高新技术企业发展。组织宝山高岭土地、星宇博士后科研流动站电线等9个企业申报高企认定，其中第一批申报4个，第二批申报5个。重点对绿海粮油、飞马网络等11个企业满足高企申报条件进行培育。汇升生物获衡阳市高企培育专项计划10万元支持。全年争取上级科技项目资金564万元。加快知识产权优势企业。走访调研50余家企业，择优21家企业创建衡阳市知识产权优势企业。组织企业与金融机构对接，采取“专利+”模式，对接金额五千万元以上。同时保护创新成果，开展专利执法工作，共查获假冒专利案件30件，移送综合行政执法局6件。1—12月份耒阳市已申请专利926件(其中发明专利351件)，授权321件(其中发明专利22件)；争取知识产权相关省资金70余万元，争取衡阳市资金100万余元。

【两化融合】 做好2016年度省经信委专项引导资金项目的验收评估工作，对获得资金扶持的单位进行初步验收并将资料报送省经信委。组织相关企业参加两化融合及互联网+智能制造培训。做好中央环保督察组第二十五批第52号交办件工作，对文化路181号9楼基站的电磁辐射检测进行监督，妥善处理该案。组织召开全市通信基础设施推进工作会议

【地震工作】 提高地震安全能力。加强对全市建设工程抗震设防执法检查的力度，特别是对学校、医院等人员密集公共场所建设工程的防震措施，共监管学校10栋、医院6栋。农村地震民居工程建设。免费提供抗震设防技术咨询服务8次，抗震设防技术宣传资料1千份，实际验收44套。强化“5.12”防灾减灾宣传日力度。发放防震减灾科普知识2000余册，地震综合宣传展板10块，防灾知识扑克牌500副，宣传扇子500把，现场解答15人次。

(谭延)

企业改制服务中心

【概况】 耒阳市企业改制服务中心(简称企改中心)位于市沿江北路。2017年，有在职工作人员15人，下设办公室、组织人事股、财务股、改制服

务股、资产管理股、信访维稳股、职工服务股、离退休服务股、安全保卫股、纪检监察室、工会、计生办等12个股室。

市企业改制服务中心的主要职能有:负责所属国有(集体)商业、工业企业(以下简称所属企业)改制相关事务;负责所属企业信访维稳工作;负责企改中心离退休人员管理服务工作;承办市人民政府交办的其他事项。

【资产维护】 企改中心原物资行业企业全部完成改制;原商业系统改制后尚存10家乡镇食品站、工矿门市部和原轻工系统尚余玛钢锅铸厂、哲桥交通器材配件厂、新市农机厂、东湖农具厂等企业未进行资产处置。2017年,企改中心继续进行资产维护工作。一是完成玛钢锅铸厂的土地资产收储手续。市土地储委会召开会议同意由土地储备中心收储玛钢锅铸厂土地,并进入企业土地价格评估和资产审计程序。二是乡镇食品站、工矿门市部资产移交工作。10宗资产分别地处耒阳市东湖、大市、水东江办事处等7个乡镇、办事处。市食品公司自九十年代改制后一直无人管理,部分土地被当地村民侵占,部分房屋倒塌,资产存在很大的维护难度和安全隐患。原商业系统企业改制资产足够支付改制成本,无需处置这些资产筹措改制资金,中心将这批资产权属移交给属地乡镇。资产移交申请于2017年12月16日通过市政府常务会议批准。

【帮扶济困】 轻工、商业、物资三个行管办合并后,有下属企业职工7000名,企改中心职工服务、困难帮扶、信访维稳等工作面临巨大压力。2017年,企改中心将困难职工帮扶工作作为各项工作的重中之重。首先是健全完善特困职工登记台账。要求相关股室全面掌握本系统困难职工群体情况,对患重绝症职工、伤残职工、特困党员、单身女职工等分类登记造册,建立台帐,明确帮扶对象。针对各种职工的不同需求提供社保、医保、低保、廉租房、大病救助等服务,切实帮助特困职工解决实际困难、保障基本生活。其次是推进特困职工再就业。企改中心领导与人社部门沟通,扶持职工再就业。动员有劳动能力的职工参加职业培训。第三是加大帮扶力度。利用"双联"等多种帮扶机制,加大帮扶力度。向市委市政府、市总工会反应轻工系统企业和职工的困难,与各职能部门和"双联"各参联机关、事业单位联系,通过开展各种"送温暖、办实事"、结对帮扶等活动,切实帮助困难职工解决生活中的各种难题。年内,参加企改中心下属企业"双联"帮扶的工作队8个,参联机关46家,帮扶资金50万元基本到位,使500余名下岗特困职工得到帮扶。联系市工商联、妇联、团委等部门在金秋助学活动中资助大学生42名,帮扶资金12万元。为7名职工家庭解决大病救助金2.8万元,审核城市低保811户,新增低保5户。按照市委精准扶贫的安排部署,企改中心党委班子成员深入大和圩乡沙元村、亮源乡沙明村开展精准扶贫工作,共投入帮扶资金9万元,长坪乡黄龙村新农村建设联系点投入帮扶资金7万元。

【"两学一做"工作】 2017年,企改中心制订《耒阳市企业改制服务中心深入开展"两学一做"学习教育的实施方案》《耒阳市企业改制服务中心"岗位做贡献、合格见行动"实施方案》,下发《关于落实党员"五个日子"的通知》,成立"两学一做"领导小组,切实加强组织领导。企改中心按时召开动员部署会和业务培训会,做到系统党员全覆盖。开展"四讲四有"4个专题的集中学习讨论,一把手带头在机关民主生活会及到联系点支部讲党课4堂。

(邓涛)

煤　炭

【概况】 2017年,耒阳市煤炭局有干部职工171人,中共党员75人,拥有大专以上学历86人,占全局总人数的50%。内设办公室、政工人事股、行业管理股、法规技术培训股、财务计划股、煤矿安全监管股、煤炭经营股,下辖煤矿安全培训中心、煤矿安全综合监管信息中心、矿山救护队和公平、龙塘、三都、南阳4个分局,归口管理市煤炭公司和市煤炭物资公司。

耒阳市是全国重点产煤县市、是全省重要煤炭生产基地。已探明煤炭远景储量5.6亿吨,保有储量3.7亿吨,-400米水平以上可采煤炭约2.8亿吨,可采年限为30年。是年,全市保留煤矿33处,核定生产能力261万吨,规划生产能力516万吨,其中核定生产能力15万吨/年及以上的煤矿3个,规划生产能力15万吨/年及以上的煤矿20个,通过产能减量置换实施"关一保一"调整规划达15万吨/年及以上的煤矿7个,上报上级作应急储备的煤矿3个。33处煤矿分布在白沙矿区永耒北段、马水矿区、田心矿区、永耒矿区黄草坪段、竹叶塘段5大矿区;隶属三都镇、夏塘镇、南阳镇、大义镇、龙塘镇、导子镇、新市镇、马水镇、公平圩镇、黄市镇等10个产煤乡镇。33处煤矿分属21个煤业公司、22个井田,可采储量1.25亿吨,单矿服务年限均达15年以上,高瓦斯矿井11处,低瓦斯矿井22处,无煤与瓦斯突出矿井,煤尘无爆炸性,煤层无自燃倾向性,生产低硫、低磷、低—中灰高发热值的无烟煤是耒阳市优质的化工原料及动力、生活用煤。

【安全体检】 2017年4月10日至6月19日,根据"查深查透、全面问诊"工作要求,以检查基础表格为标准,按照14个大项、119个小项规定,对全市40处(含7处关闭煤矿)煤矿开展全面安全体检工作,形成体检报告及隐患清单40份,下达现场检查笔录和整改指令209份,查处各类生产安全事故隐患2014条(其中重大生产安全事故隐患78条),责令停产整顿10矿次,暂扣安全生产许可证10矿次,责令15个采掘工作面停止作业,责令停止使用国家明令淘汰和不具备安全使用条件的电气设备80台套。同时,按照"一单四制"的要求,对体检查出的重大生产安全事故隐患实施挂牌督办,对一般安全隐患和问题实施限期整改。通过采取"铁手腕治隐患、铁措施促整改"等强有力工作举措,安全体检成果显著,确保查隐患、防事故、抓整改、抓落实层层到位。

【安全整治】 年内,市煤炭局相继开展"安全监管执法年""全面落实企业主体责任""七打七治""四大行动""打非治违""瓦斯专项治理""安全生产月""水害专项整治"等专项整治行动。攸县吉林桥煤矿"5·7"中毒事故发生后,市煤炭局会同各产煤乡镇开展废弃井筒关闭整治行动,对2003年以来关闭的518井筒进行全覆盖排查,对整治不合格的按"五条标准"(不含证照)重新整治。11月,对2013年以来关闭的58个煤矿井筒开展"回头看",按"六条标准"查漏补缺,确保关闭煤矿井筒整治到位。通过开展安全专项整治,煤矿安全管理水平大幅提升,煤矿安全基础逐步筑牢。2017年度实现安全生产"零伤亡、零事故",生产原煤110万吨。

【安全培训】 年内,市煤炭局从法律意识、正规布置、正规开采等方面,有针对性地组织培训。全国"两会"期间,举办煤业公司实际控制人、煤矿矿长培训班,培训人员86人次,考核合格率100%;举办从业人员培训班18期、1515人次;举办新安全生产标准化宣贯、机械化开采和技术管理等培训班4期,培训人员816人次;举办特种作业人员培训班5期、423人次,405人通过考核取得特种作业操作资格证。

【安全监管】 派出三都、南阳、公平、龙塘4个分局98名安全监管员对全市煤矿实施考前监管,强化监管重心下沉、关口前置。明确班子成员联片、监管员负责制,每个分局安排2名班子成员联片,每个煤业公司落实1名安全监管管理组长,每个煤矿落实1名包矿员;强化定期监管,启动隐患整改和复产的煤矿每矿每月下井监管不少于3次,每月开展一次安全大检查,以查隐患、防"三违"、抓整改、防事故为重点,实施重点监管问题多、隐患重的煤矿;重点督办存在重大安全隐患的煤矿,派出33名驻矿安监员对煤矿实施现场监督管理。是年,制作现场检查笔录和监管指令500余份,共排查隐患和问题11291条、督促整改消除隐患11167条,整改率97%。开展动态安全巡查机制,对未启动的煤矿实施定期或不定期巡查,采用白天与晚上相结合的方式,切实做到每星期巡查不少于3次,发现问题及时处置到位。

【正规开采】 以推行正规布置和正规开采为抓手,按要求配备"五职矿长"(矿长、生产副矿长、安全副矿长、机电矿长、总工程师)和"五职技术员"(采煤、掘进、通风、地测、机电),建立以总工程师为首的技术责任体系,安全责任管理体系。结合全市煤矿实际,制订《耒阳市煤矿正规开采帮扶工作方案》,对技术条件较好、有发展潜力、有资金投入的煤矿实施重点帮扶,对其他煤矿实施分类帮扶。9月12日,组织28个启动煤矿矿长和总工程师到湘煤集团兴源煤业公司伍家冲煤矿井下参观学习薄煤层机械化采煤和正规布置,以示范典型为引力推广采煤新工艺和实施正规开采步伐。10月21日,组织28个煤矿"五职技术员"赴湘煤集团磨田煤矿参观学习先进管理经验和采煤方法。通过帮扶实现正规开采的煤矿13个,实施正规布置的煤矿16个。

【标准化建设】 按照"岗位达标、专业达标、企业达标"总要求,从"系统规范化、开采正规化、采掘机械化、管理信息化"四个方面入手,推进安全生产标准化建设。对煤矿安全生产标准化建设实行"一月一自评、一季一考评、一年一考核"的动态达标考核制度,各煤炭分局监管人员把煤矿安全生产标准化作为加强安全、生产、技术和现场管理的重要平台和实施监管监察的重要手段,指导煤矿开展安全生产标准化建设,东冲公司一矿等12个煤矿经考核达国家三级标准化矿井,经省煤炭局审查资料、现场检查、网上公示,楠木山井、四家冲井为国家二级标准化矿井。

【污染防治】 2017年,市煤炭局成立由局长任组长,分管副局长为副组长,局机关经营股和4个煤炭分局负责人为成员的污染防治行动领导小组。印发《开展煤矿"污染防治行动"工作的通知》,对煤矿企业井下、地面落实环保措施实施监督管理。

加强煤矿井下煤尘治理。一是要求煤矿必须提高生产机械化水平,推进清洁生产技术的应用,强制规定掘进打孔采取湿式打孔法,掘进和采煤工作面采取雾喷措施;二是强化防尘设施装备,要求矿井必须安排矿级领导主管煤尘防治工作,建设一支防尘专业队伍,建全完善防尘供水系统,严禁在无防尘供水管路的采掘工作面组织生产。主要运输巷、沿煤平巷、上山与下山、采区运输巷与回风巷、采煤工作面运输巷与回风巷、掘进巷道、煤仓放煤口、溜煤眼放煤口、卸载点等地点均敷设防尘供水管路,并安设支管和阀门,从源头预防控制煤尘污染事件,保护矿工身体健康。

加强煤矿地面污染防治设施建设。监督帮助全市煤矿企业建立40个煤矿废水处理水池(调节池、沉砂池、沉淀池)。对33个煤矿的卸煤场实施全封闭(半封闭)措施,安装抑尘设施(管道)2000米、除尘设施(阀门、喷头等)385个。对煤矿空压机、柴油发电机安装消音器15个,构筑隔声墙10个。对33个煤矿煤矸石堆场挡土墙进行加固,确保煤矸石挡土墙宽不低于0.7米、高不少于1.5米。同时,对每个煤矿实施拍照存档,建立"一矿一策"台账。

【淘汰落后产能】 市煤炭局按照"依法依规、政策引导、企业自主、条件倒逼"的原则,多次会同产煤乡镇、职能部门和煤矿企业进行协商讨论,形成统一思路,起草《耒阳市2017—2018年淘汰煤炭落后产能工作方案》报市政府研究审定,市委市政府多次召开市委常委会议和政府常务会,专题研究去落后产能工作。市政府第9次常务会议确定:将全市规划生产能力9万吨/年的煤矿列为淘汰对象;如果一个井田、一个煤业公司没有一个规划生产能力在15万吨/年及以上的煤矿,可保留一个规划生产能力为9万吨/年的煤矿;以停促关、以标准促关,确保完成关闭任务。年内,按照"关一保一"的原则淘汰落后煤矿7个,其中:华亚煤业公司关闭杉树龙煤矿,保留观山坳煤矿;导子煤业公司关闭群联村煤矿,保留导子二矿;双红煤业公司关闭双红二矿,保留导子煤业公司源江山煤矿;诚信煤业公司关闭黄市镇煤矿,保留友谊煤矿;枫树煤业公司关闭关力冲煤矿,保留合安煤业公司增禾冲煤矿;富兴煤业公司关闭泗马塘煤矿,保留兴田煤业公司群心煤矿;宏华煤业公司关闭金盆煤矿,保留公平镇五矿。

(李青云)

国网耒阳供电

【概况】 国网耒阳市供电公司于2016年12月被国家电网公司批复为大型县级供电企业(副处级)。2017年,公司有主业员工160人、农电员工437人、集体员工及业务外委人员75人,总计为672人;设置9个部门、9个班组、9个供电所及1个集体企业;国网耒阳公司固定资产为11.42亿元。

国网耒阳电网所辖变电站共19座,其中220千伏2座,总容量420兆伏安;110千伏7座,总容量392兆伏安;35千伏变电站11座,容量为121.45兆伏安。所辖输电线路34条,线路总长度444.36千米。所辖10千伏配电线路101条,线路总长2913.57千米,其中公变2949台,容量484075千伏安。国网耒阳市供电公司整个电源点的网架布局及线路敷设100%覆盖耒阳市各个乡镇及办事处。

国网耒阳公司共管理城乡用户36万余户,辖30个乡镇、办事处,供电区域面积达到全市97%以上。

2017年,耒阳供电公司最大负荷25.6万千瓦,最大日电量404万千瓦时。全年累计完成供电量11.066亿千瓦时,较上年同期增长5.28%;完成售电量10.006亿千瓦时;较上年同期增长7.27%。

【安全生产】 截止2017年12月底,实现连续安全生产5967天,实现"三保"(保人身、保电网、保设备)、"七无"(无重伤及以上人身伤亡事故,无五级及以上电网、设备、质量事件,无10千伏及以上恶性误操作事件,无我方负同等及以上责任的重大交通事故,无六级及以上信息安全事件,无一般及以上火灾事故,无110千伏以上主要跳闸事件)等安全生产目标。10千伏配网线路跳闸次数同比下降57.27%。电网系统可靠率达到99.81%、城网供电可靠率达到99.945%、农电供电可靠率达到99.9212%,没发生安全生产类责任的市级及以上负面舆情事件。完成耒阳市2017年春节、十九大、中高考等重要保电工作。应对多轮强降雨、龙卷风等自然灾害,保障电网安全稳定运行,全年未发生大面积的停电事故。连续16年实现安全生产无事故目标,完成安全生产责任目标。

【电网建设】 2017年,耒阳公司集中力量和资金重点加大配网改造建设。完成10千伏线路新建改造12条;城区配网共配变增容、布点28个;完善村网改造工程62个,其中贫困村45个;光伏扶贫接入工程5个村,总投资额5796万元。通过逐年加大电网投资规模,共完成村网改造196个行政村、城区配变布点及台改76个、新建改造10千伏线路改造22条。

【经营指标】 通过全员降损攻坚、反窃查违、开展优质服务作风整顿工作,综合线损率、台区线损率、同期线损合格率呈下降趋势。2017年,累计完成综合线损率9.58%,较2016年底11.47%下降1.89个百分点,少损失电量1991.48万千瓦时。比年度目标值9.8%下降0.22个百分点,少损失电量231.81万千瓦时。

【设备运维和隐患排查】 开展输配电运维环境治理工作。全年共计完成高低压砍青22800余处,砍伐树竹186100余株。开展美变治理、三跨整治、输配电运维环境专项整治等行动,各专业开展各类隐患排查工作,并结合停电计划进行安排消缺。

【三供一业及两网融合工作】 落实国务院国资委《关于推进中央企业分离

移交“三供一业”工作的指导意见》《湖南省人民政府办公厅关于推进省属国有企业办社会职能分离工作的实施意见》精神。2017年度耒阳供电公司落实国家政策精神积极稳妥推进省属国有企业央企供电分离移交工作。年内,完成大唐电厂、湘南监狱、白沙煤电集团、铁路等相关企业供电分离移交工作。5月20日,韶能耒阳地方电网与国网湖南省电力公司签订“两网融合”的框架协议。此后,完成韶能耒阳地方电网有关资产的清理核查及后续工作。

大唐华银电力股份有限公司耒阳分公司

【概况】 大唐华银电力股份有限公司耒阳分公司前身为湖南省耒阳电厂,厂区占地260公顷,三面环水,是湖南省“花园式工厂”。公司总装机容量1020兆瓦,其中:一期工程两台200兆瓦国产燃煤机组(后技改扩容为210兆瓦),是湖南省“七·五”重点能源建设项目,分别于1988和1989年投产发电;二期扩建工程两台300兆瓦机组是利用世界银行贷款项目,分别于2003年12月和2004年6月投产发电,为湖南省第一个百万级火力发电厂。三期项目(扩建2×1000兆瓦超超临界燃煤机组)已纳入湖南省“十三五”电力发展规划储备项目当中。公司是湘南地区重要的电源支撑点,是衡阳市重要的纳税大户,年均上缴财税1亿多元。2017年,公司有员工1108人。

【生产经营】 2017年,公司全年完成发电量35.49亿千瓦时,利润亏损2.46亿元。机组利用小时3480小时,同比增加302小时,区域统调火电排名第三。

是年,公司应对耒阳煤炭产量骤减、煤价居高不下的不利形势,全年总进煤157.5万吨(外省煤占65.8%),未发生缺煤停机和降负荷事件;响应湖南省政府燃煤电厂超低排放改造“提速扩围”号召,完成3、4号机组超低排放改造任务,环保排放达到国内先进水平;加强标准化建设,优化管理机制,创建中电联“AAAA级标准化良好行为企业”,管理水平得到进一步提升;加强一流企业建设,健全工作落实责任和推进机制,公司机组利用小时和融资成本率两项指标进入大唐集团公司“创一流”A类指标行列;深化厂务公开,推进民主管理,喜获“全国厂务公开民主管理先进单位”荣誉称号。

(谭味)

韶能集团耒阳电力实业有限公司

【概况】 韶能集团耒阳电力实业有限公司(以下简称公司)属非公民营企业,成立于2012年8月,系广东韶能集团股份有限公司的子公司,是耒阳市的支柱企业,其中韶能公司持股比例76.83%,耒阳市持股比例23.17%。2017年,辖遥田、耒中、上堡3个水电站及耒杨发电厂1个综合利用火力发电厂;有在职职工469人。公司总装机容量22.46万千瓦,其中水电装机10.46万千瓦,火电装机12万千瓦;总资产约10亿元,年营业收入4亿元左右,年纳税能力4000万元。

【经济指标】 2017年,完成发电量8.06亿千瓦时,同比下降39.46%。其中水电完成4.34亿千瓦时,同比下降22.22%;火电完成3.71亿千瓦时,同比下降51.93%。完成销售电量7.26亿千瓦时,同比下降38.72%。完成营业收入3.29亿元,同比下降34.82%。实现利润总额2151.81万元,同比下降78.37%。上缴税金3343.88万元,同比下降64.11%。全年供电综合网损率为12.03%,同比上升3.16个百分点。电网综合销售均价0.5515元/千瓦时,同比增加3.80分钱。

【务实经营】 坚持以存量资产效益最大化为目标,着力挖潜增效、节能降耗。年内2次召开生产调度工作会议,重申调度工作原则,科学合理控制水库水位制度化常态化。拓宽水文情报信息收集渠道,与源头东江水库及同流域电站的联系更加紧密。清污工作持续加强,经济调度落到实处,水电超额完成年度发电目标。火电积极应对耒阳“春雷行动”和中央环保督察,确保达标排放。供电新增高低压用户1万余户,新增容量5万千伏安。但因受多重不可控因素影响,尤其是火电业务,造成公司整体效益大幅下滑。

【安全生产】 深入贯彻安全发展理念,增强全员安全责任和安全意识。全年组织安全大检查11次,发现各类安全隐患126项,已整改95项,计划整改31项,整改率75.40%。开展安全生产月活动、“打非治违”专项行动和反事故演习。狠抓“两票三制”落实,持续开展安全培训。切实做好年度防洪度汛、迎峰度夏度冬和春节保供电工作。

【规范管理】 设备管理继续加强。全年大修技改17项,主辅设备完好率始终保持在100%和98%以上。加强员工业务知识和技能培训,做好特种设备年检及操作人员换证工作,推动持证上岗常态化。生产生活环境不断改善,劳动保护持续加强。坚持创新抓管理,完善库区排渍站运行管理承包体制机制。群工矛盾妥善调处,保险理赔工作改观。突出项目强管理,完成遥田、永济河岸护坡水毁修复等一系列工程及耒中朱子桥排渍站消力池公路滑坡抢险工程。水情信息系统及耒杨污水处理系统建成投运。

【农网改造】 贯彻农网改造政策精神，遵循集团项目批复要求，启动实施农网改造“三年行动计划”。推进农网改造和用电整治，落实改造“三大任务”（收费任务、户改任务、电价接轨任务）。健全农网改造组织机构，成立农网改造领导小组和农网改造项目部。陆续完成水西村、建新村、电站居委会农网改造改造任务。

【电费回收】 加强农电收费管理，编制农电员收费日报、月报，实时掌握收费情况，全面审核收费票据，推动滞留电费回收。陈欠电费追收持续取得进展。加强与国网停电合作，推动混供区用户老电费补交。加大考核力度，用户投诉和电量冲减现象明显减少。年末应收电费余额和逾期电费余额较年初大幅下降。

【重点工作】 推动韶能本色纸后加工项目在“千年纸都”耒阳落地，完成项目论证、选址、商标注册、设计介入等前期工作。棚改项目持续推进。配合做好“两网融合”清产核资工作。持续跟进郴电国际补差电费追收工作。着力解决火电“煤荒”问题。遥电增效扩容改造工程结算工作全面完成。

（陈为生）

国 内 贸 易

商务和粮食

【概况】 2015年12月机构改革由商务局、粮食局、招商局合并后组建耒阳市商务和粮食局。耒阳市商务和粮食局下辖耒阳市市场服务中心一个正科级和投资促进服务中心、粮食服务中心2个副科级二级机构,内设衡阳海关驻耒阳工作站、办公室、财基股、组织人事股、市场体系建设与运行股、商贸流通股、粮食调控和储备股、外经外贸股、电子商务股、法规股、行政审批服务股、统计股、市场秩序股、机关党务办、工青妇办公室、成品油管理办公室、信访维稳办17个股室。

【大招商】 耒阳市引进产业项目126个,其中新开工项目31个,新竣工项目12个,新签约项目15个,实际到位内外资金33.8亿元。新签约新开工项目分别是中车环境科技饮水工程、环境综合治理项目、湖南三森高科新材料科技有限公司、通用航空机场合作建设与运营项目、中冶天工城市综合配套设施建设项目、美蓓达P4、P2级高档、精密轴承生产项目、世界荷花种植基地、浚林服饰生产、康意皮具生产、塑料管道研发生产、金凯碳酸锂电池,耒阳福兴科技精铜项目,耒阳市华蓉一号循环经济产业基金合伙企业,三架皮具箱包产业园项目,湖南广东科技园项目,生利农业综合开发。重点在谈项目3个,分别为中能源无机锂电池生产项目、中石油湖南分公司战略合作项目、江西正邦现代农业产业园。内联引资:申报内联引资项目8个,申报金额达到3.58亿元,实际通过申报认定资金约1.77亿元。外资项目:申报外资转移再投资项目2个,申报资金约1300万美元。参加2017年湘商大会签约1个项目:中车环境科技有限公司拟在耒阳市投资12亿建饮水工程,环境综合治理项目。建设投资预计11.5亿元(包括饮水工程、黑臭水体治理、农村供水、乡镇污水、农村分散污水);装备制造厂房投资首期0.5亿元;合计12亿元。具体做法:抓增量,招商工作稳步提升。是年该局继续加大"走出去"的力度,制作耒阳招商手册,全方面多角度的介绍耒阳招商情况。先后参加各种推介会展会,参加深圳"港洽周"、衡阳"衡州论坛"、郴州"湘商大会"共签约13个项目,达成一批意向投资项目。组织人员赴浙江、温州等地进行考察,学习先进招商先进经验,并对在外地发展的老乡进行拜访,了解情况,达成部分意向投资项目。对接深圳奥园集团等一批意向投资企业,有望促成一批意向投资项目。统筹信息,严格督查,加强考核制度的建立。3月建立对各责任单位的招商信息统计台账,该中心与90个责任单位取得联系,并且要求各单位每个月进行对新开工、新竣工、在谈及已签约项目进行数据上报,该中心建立台账。8月对全市90个责任单位进行督查,总结工作进展情况,对1—8月招商情况进行督查通报,进一步强化各单位对招商引资工作的责任意识,使招商工作取得新的发展。加强考核制度,制订2017上半年投促工作督查实施方案和2017年度投促工作考核实施方案,并且对各责任单位进行了督查。强化服务,投资环境不断优化。深入开展以服务项目、服务企业、服务客商为主要内容的服务工作。加大企业扶持服务力度,着力破解企业融资难、用工难等问题,促进企业不断发展壮大。狠抓服务考评,将部门服务项目情况纳入到年度目标管理综合考评内容,对单位和个人破坏招商引资环境、不作为、乱作为的,在综合目标考核中给予扣分,强化问责力度。加强诚信社会服务体系建设,着力营造亲商、爱商、安商、扶商的良好社会环境。夯实基础,保障水平不断提升。强化信息搜集追踪,充分利用驻外商会资源,收集耒阳老乡在外成功人士信息,动员耒阳市人脉资源,多方面联动对接,鼓励他们为家乡发展献计出力,促进其回归家乡投资创业和项目开发。主动和产业龙头企业、商会、协会搞好协作,充分发挥驻外窗口的作用,多渠道搜集项目投资信息,建好信息档案,为对外招商项目洽谈提供目标。加强项目统计分析,加强与发改、统计、人社、税务等相关部门沟通对接,建立健全招商引资综合评定体系,完善考评办法,以每年新增项目、落地开工项目、投产项目在耒阳市注册公司、注册资本以及税务、人社、供电部门提供的税收、就业、用电情况等作为考核的主要指标和支撑材料。按省、州统计要求建好项目档案，按月报送统计报表，按月统计分析，提高统计质量，为招商引资工作提供参考依据。加大招商宣传力度，在节假日期间，利用网络、招商热线、招商信箱、微信等各种窗口平台，向企业客商拨打慰问电话，发出节日慰问短信、微信，发放宣传招商宣传资料500多份，对耒阳市优势资源、投资环境、重点项目进行重点宣传推介。加强招商工作日常管理。按照省市要求，建立加强来访客商、意向投资客商项目管理台账、年度所签约项目管理等台账的日常管理，确保做到全市招商引资项目、投资信息管理全覆盖。

【大商贸】 外贸进出口工作：1—10月份，耒阳市共完成外贸进出总额12610万元，其中出口额为12080万元，进口额为531万元。主要做法：加大招商引资力度。借助微信公众号、网站等互联网信息平台，定期发布招商动态，重点发布产业链项目信息。开展面向"3个500强"的系列产业主题招商活动，通过与"3个500强"、央企、国内外行业龙头的合作及交流，引进一批有规模的产业链项目和战略性总部企业；做好已入住企业服务。鼓励企业参与国际性展会，寻找产品出口商机，出台地方参展补贴政策，鼓励企业多参展，多学习，让企业的产品走出去；强化职能服务，设立外贸服务中心，帮助企业解决在外贸进出口方面遇到的实质性困难，帮助企业开展工作。继续支持帮助农特产品开展外贸工作。在政策和资金上予以支持，让耒阳市的农特产品走出国门，鼓励企业，效仿祁东黄花菜、红薯粉皮，实现农产品自营出口。社会消费品零售总额工作：1—10月份，全市社会消费品零售总额完成114.07亿元，增速10.7%。成品油管理工作：该局加强对加油站安全及环保督促工作。针对加油站建设管理中出现的问题，向各相关单位发出"暂停办理加油站建设手续公函"，并配合公安局防恐办就加油站防恐工作提供加油站数据及严禁销售散装汽油的宣传。开展加油站油气回收改造专项整治督察，现场督察加油站(点)50个，封停限期整改18个，并将封停的站(点)移交综合执法局处理。超额完成衡阳市下达耒阳市加油站油气回收改造工作任务。市场体系建设工作：加大企业监测报表报送力度，监测数据报送率和报送质量100%。商务预报网站信息量、主站采纳量400条，居衡阳地区第一，同时巡查各超市企业重点商品和检查日常生活用品的安全情况。湘南蔬菜批发市场整顿和搬迁完毕，为市民提供良好的环境。电子商务工作：提升电子商务发展水平，完成农村电商扶贫村级综合服务站点24个，村级示范店13个。帮助企业认定省级电子商务企业，共通过认定10家。

【大粮食】 严格执行国家粮食收购政策，早稻收购工作平稳推进。是年全市收购早籼稻2.2万吨，其中托市收购1.1万吨，确保了农民手中余粮应收尽收，没有出现农民"卖粮难"，没有发生一起损农抗农事件。中晚稻粮食收购工作全面启动。

粮食管理工作全面落实粮食安全省长责任制，守住种粮卖得出、吃粮买得到的粮食安全底线；抓好流通领域粮食去库存、降成本、补短板，全面提升粮食流通供给体系质量和效率。主要优化调查统计，完善14家粮食企业的统计直报体系，及时真实上报入统数据；面向156户城乡居民样本户开展抽样调查，搞好全市社会粮油供求平衡调查，为政府宏观调控粮食市场提供高质量的基础统计数据，加强预测预警，搞好就急保供，管好地方粮食储备。粮食仓储建设项目：军供站公租房项目完成主体工程验收，进行内墙粉刷，军供站公租房配套设施项目进入挂网招标公告。1.5万吨新仓建设项目：军供站顺利进行初验收，可用于中晚稻收购；国家粮食哲桥储备库完成主体工程验收，投入中晚稻收购。

耒阳市供销社

【概况】 耒阳市供销社是耒阳市人民政府直属正科级参公管理事业单位。机关内设办公室、人事教育、财务统计、合作指导、资产管理、综治办、监事会办公室7个股室，下设二级机构1个(新网工程管理管办公室)。机关有工作人员36人(其中：全额10人、差额18人、自收自支8人)。主要职责：宣传、贯彻、落实各级党委、政府关于农村经济工作和社会发展的方针、政策；建立和完善农业社会化服务体系，做好为农业、农村、农民服务的工作；履行发展农村合作社经济的组织、引导、服务职能，面向社会开门、开放办社，指导农村合作经济健康发展。

【招商引资】 通过多次考察和洽谈，成功引进中国500强企业——中国供销集团有限公司在耒阳市建设中国供销·湘南农特产品电商物流园。项目计划总投资15亿元，占地总面积500亩，总建设规模约48万平方米，拟分三期建设；成功引进湖南家边购连锁企业管理有限公司，11月底，双方签署正式落地协议。家边购公司计划总投资2亿~3亿元，在耒阳市建设大约300个覆盖市区、乡镇(办事处)、行政村(社区)"三位一体"的城乡双向流通连锁便利店；加快机关办公楼实施电子商务提质改造工程项目的建设步伐。

【发展涉社企业】 全年由监事会牵头，多次组织深入基层和外出学习考察，开阔视野，借鉴综合改革和电商运营经验，并形成书面考察报告。先后吸纳耒阳市耒兴薯业、日森源菇业、沙明黄牛养殖专业合作社、食康粮油等多家涉农企业加入到供销社并发展为涉社企业,不断壮大为基层农服务队伍,夯实为农服务基础。

【助农致富】 帮助果农解决冰糖橙滞销、贱卖和卖难问题,自筹资金10万余元,通过精心组织和筹备,于12月15日在黄市镇大河滩村喷泉广场举办“竹海冰糖橙采摘节”。采摘节开幕当天组织湖南家边购公司等采购商现场订货20余吨,活动期间累计销售冰糖橙15余万公斤,解决果农的燃眉之急,并助推竹海冰糖橙树立品牌、走出大山、走出耒阳,走向全国,带动当地农民增收致富。

【监事会工作】 认真贯彻落落实《湖南省供销合作社系统监事会开展财政投入项目资金监督工作办法》文件精神,制订《耒阳市供销合作社监事会强化重点工作监督规则》,对该社是年上级财政投入的项目资金进行审计,每月监事会都对机关收支情况进行审计和监督;健全监事会组织机构建设。专门设立监事会办公室,并从机关抽调两名精干力量充实到监事会;加强资产监管,保证资产保值增值。是年由监事会牵头,组织财务、资产、办公室等股室人员对机关全部资产进行清理和核定,澄清家底;监事会牵头,组织开展多次学习考察和调研,并形成考察和调研报告,为该社党委及理事会正确决策提供参考。

【综治工作】 坚持矛盾排查。坚持排查制度,狠抓矛盾纠纷排查,化解各种矛盾是促进平安建设的关键,该社全年劝退伤残军人越级上访事件二起,劝退人员8人;突出重点整治。通过对个别上访人员进行教育谈话形式,稳定情绪,有力制止上访事件的发生;落实重点稳控。在全国两会期间和十九大期间,排查化解各种矛盾,并组织专人值班,实行24小时监控制。将重点稳控人员信息制表摸底。对帮教人员实行重点教育,强化管理;加强安全隐患排查,在主管领导的带领下,对该社全部资产进行安全检查,对高危房产进行挂牌警示,严格检查两大超市的消防安全工作,并签订消防安全管理责任书。全面推动“七五”普法。开展法制教育活动,对全社干部职工进行“七五”普法考试,合格率达100%。

【信访维稳】 供销社涉军人员多,包括伤残、志愿兵、涉核、8023人员、参战人员合计有208人。该社是年3月份按耒阳市民政局的要求,将这些人员进行全面摸底造册,并成立工作领导小组,包案到人;对伤残军人及二等功军人落实生活费补共计151040元;在机关醒目位置设置单位阳光台,公布领导干部手机号码,落实领导轮流值班和股室跟班的责任制,认真做好来访信访登记、受理、接待、办理、回复等工作,做到事事有回复。特别是对原70、80年代在供销社做临时工(亦工亦农、亦商亦农)要求解决社保问题和合作商店人员要求解决职工退休待遇问题的上访事件,该社按相关政策向他们进行答复,并向信访局反映情况,通过努力妥善地处理这类上访事件。

【工会工作】 全年投入“双联助学”帮扶资金10.4万元,帮扶困难大学生37人,资助困难职工102人,投入帮扶资金16.6万元;慰问困难职工231人次,投入资金2.8万元;为困难职工体检96人次,投入资金4万元。根据民政部门要求,对系统内享受低保职工进行清查和重新审核认定,核减不符合要求对象近300人。

烟　　草

【概况】 耒阳市烟草专卖局(分公司)有干部职工93人,离退休人员34人,内设办公室、综合室、财务室、监察室、专卖监督管理股(稽查大队)、内管派驻组、市场服务分部、卷烟配送中转站、烟叶生产经营分部9个股室以及马水标准化烟草站,马水标准化烟草站下设东湖、洲陂、哲桥3个烟草收购站点。全年销售卷烟36366.49大箱,销售金额81328.17万元,烟叶调拨50883.15担。

【卷烟销售】 强化服务,推进供给侧结构性改革,规范经营底线,提高零售户盈利水平,推动卷烟营销高质量稳步发展。全员树立规范意识,严格按照规范经营的相关要求,三员互动清理核查,规范经营水平得到提升。加强全员服务意识,分享实时经营政策信息、经验与方法,在“2+1”服务模式的基础上,逐步推进卷烟零售客户自律互助小组建设,提升客户盈利水平。全员拓展销售渠道,主动转变观念,有力促进卷烟品牌落地消费。全员落实精益物流,借助现代化2G系统,持续优化线路,降低各项费用成本。

【专卖管理】 维护烟草专卖体制,牢固树立“守土有责”的理念,以内管外打为手段,持续保持打假打私高压态势,坚持端窝点、断源头、破网络、抓主犯,充分发挥烟草市场综合治理协调机制作用,充实稽查力量,合理安排日常巡查,坚持“错时”的重点监管,深入市场,在物流、快递、车站等案件多发地发展线源,发动群众监控本地两烟市场。2017年查办涉烟案件376起,查获涉案卷烟1158万支。以塑造“规范高效、阳光政务、全面提升”的服务型窗口为目标,提高服务质量,加强许可证后续监管,提升市场监管水平。2017年,新办许可证248户,歇业注销217户。

【烟叶生产】 贯彻“控规模、提质量、增效益”的工作方针,提升烟叶生产质量,完善烟区基础设施建设,克服洪涝灾害的负面影响，保持烟叶质量总体稳定。耒阳签订正式烟叶种植合同829份，分布在7个乡镇，62个村，种植面积18138亩，户均面积21.8亩，全市收购烟叶46200担，完成计划任务100%，上等烟比例53.68%，亩产量2.7担/亩。

盐　业

【概况】 湖南省轻工盐业集团有限公司耒阳市支公司、湖南盐业股份有限公司耒阳市分公司、耒阳市盐务管理局是三块牌子，一套人马。湖南省轻工盐业集团有限公司耒阳市支公司以管理资产为主，2017年实现租赁收入30万元。湖南盐业股份有限公司耒阳市分公司经营批发各类盐为主，为单位的主营业务收入，所有在职人员的薪酬及经营相关的费用都在股份公司列支。耒阳市盐管理局以盐政稽查、管理市场为主。耒阳支公司有职工9名，其中在岗职工8名，内退职工1名。2017年销售各类盐3185吨，其中小包盐2652，完成年计划的100%，碘盐普及率达到99%。

【调整盐品结构】 调整食盐品种结构，加强食盐市场管理和品牌宣传引导，合理安排计划和积极组织购进，提高配送能力和改善服务态度，及时掌握市场动态和客户需求，适时调整销售策略和供应品种。开发推出低钠盐系列、海藻盐系列、天然湖盐系列等多品种食用盐。

【拓展非盐经营】 实现从专营走向市场，从单一化经营走向多元化经营格局，积极探索开展非盐商品经营路子，为行业的转型发展寻求新的增长点。

（刘易鹏）

市场服务

【概况】 耒阳市市场服务中心于2000年5月挂牌成立，2008年加挂市场管理局，2015年机构改革重新定名为市场服务中心，属公益性正科级事业单位。机关内设五股一室一办，即人事教育股、市场管理股、财务股、基建工程股、安保股、办公室和信息办；下辖九个市场管理所、一个公司，共十个基层单位，即金山服装城管理所、城南市场管理所、灶西市场管理所、灶综市场管理所、城北市场管理所、云森商业城管理所、蔡伦步行街市场管理所、水东江市场管理所、江东农批市场管理所及白马商城管理公司。

【经济指标】 2017年，以经济建设为中心，全力抓好收入入库工作，在金山老区市场因拆迁改造减少100多万收入、蔡子池市场改造建设连续几年未收租金的情况下，全年市场收入达到650万元，通过争资和严管支出等措施，确保干部职工工资及福利待遇按时发放，化解部分历史遗留的经济问题。

【市场建设】 认真落实市政府工作计划中有关市场提质改造的文件精神，继上年完成五个城区市场的提质改造工程后，是年继续加快对城区市场的提质改造工作，城北佳发市场的提质改造工程完工。金山老区市场改造、蔡子池市场改造主体工程先后完工。

【市管工作】 结合“百日攻坚”行动，规范市场经营管理秩序，集中清理各个市场的卫生死角，加大保洁力度，签订责任壮，实行奖罚并举，落实管理责任，大力整治马路市场及占道经营，确保城市道路的畅通，市容市貌得到改善。

【精准扶贫】 中心精准扶贫对象为新市镇渠塘村，该村有16户贫困户，计划全年实施脱贫5户。中心挤出扶贫资金10万元，同时向上级争取帮扶资金3万元，对年久失修的灌水渠道进行提质改造，选派一对一帮扶队员17人，多次到帮扶对象家进行慰问，并给予资金与物质的帮助。是年计划脱贫的5户全部公示脱贫。

食品药品工商质量监督管理

【概况】 耒阳市食品药品工商质量监督管理局机关有办公室、政策法规股、消费者权益保护股、企业和个体私营经济监管股、市场与合同规范监督管理股、商标广告监督管理股、质量管理股、标准化股、计量与认证监督管理股、特种设备安全监察股、食品生产监管股、食品流通监管股、餐饮服务监管股、药品监管股、医疗器械监管股、保健食品化妆品监管股、财务基建股、人事教育股、食品药品安全综合管理股、公平交易股20个股室；监察室、机关党委2个单列机构；企业注册登记分局1个直属行政机构；食品药品检验检测中心、举报投诉中心、信息中心3个事业单位；耒阳市个体劳动者私营企业协会、耒阳市消费者委员会2个社团组织。下设30个食品药品工商质量监督管理所。全局有干部职工402人，其中在岗298人。

【注册登记工作】 全面推进企业“三证合一”“五证合一”“一照一码”及个体工商户“两证合一”登记制度改革，颁发全市首张电子营业执照。全市实有内资企业490户，是年新发展28户；实有私营企业5455户，新发展976户；实有农民专业合作社741户，新发展124户；实有个体工商户27774户，新发展 4511 户,全市市场主体达 34460 户。

【企业和个体经济监督管理】 做好企业信用信息公示工作,采取大力宣传、上门动员、专线咨询、专人辅导等措施催办、督办、帮办,截止到 6 月 15 日,全市企业、农民专业合作社和个体工商户的年报率分别为 87.6%、91.03%和 92.8%,走在衡阳市工商系统的前列;加强对市场主体的事中、事后监管,严惩违法失信者,是年,有 165 户经营主体通过补报年报,移出经营异常名录;推进国家企业信用信息公示系统(湖南)应用,牵头开展全市涉企信息统一归集公示工作,建立联席会议制度,向平台推送各类市场主体登记信息 63170 条,涉企信息归集率达到 100%。同时,推进无照经营综合治理,对煤矿、非煤矿山、危险化学品、烟花爆竹、加油站、食品、网吧等问题较多的行业开展无照清理专项整治,向市综合行政执法局移送无证无照经营案 52 起。

【市场与合同规范监督管理】 发挥农资经营示范店的引领作用,引导农资经营者规范经营,保障群众买上"放心农资"的同时,从上门核查农资户经营资格、落实"两帐两票一书一卡"等监管制度、进行农资抽样监测三方面入手,加大监管力度,检查农资经营户 239 户次,发放宣传资料 1000 余份,开展化肥抽检 18 个批次,其中一个磷肥不合格,移交处理;全面落实督促 H7N9 的防控工作,走访监管超市 20 家、酒店食堂 40 家、城乡市场 49 个,并从 4 月 12 日到 4 月底全市活禽休市 20 余天,有效维护农资市场安全。在合同管理工作上,组织申报衡阳市级、省级"守重单位",推荐成功评选 14 户"守合同、重信用"单位,其中省级"守重"单位 2 家;加强拍卖监管,严厉惩治和查处合同欺诈、违法格式条款、"霸王条款"、非法拍卖等行为,着力构建良好的市场经营秩序和消费环境,全年开展拍卖登记备案 12 起,成交金额 3800 万元。开展网络商品交易监管,收到外地单位转耒阳投诉 10 起,及时回复处置 4 起,另外 6 起移交相关单位处理;开展烟花爆竹、成品油专项整治行动,检查加油站 87 家、烟花爆竹经营户 1429 户,抽检成品油样品 21 个批次,将其中两个不合格成品油经营者移交综合执法局处理;开展 4 次生猪市场整治,捣毁地下屠宰窝点 7 个,查缴白板肉 2800 公斤。

【商标广告监督管理】 结合"4·26"世界知识产权日,组织开展商标集中宣传活动,增强全社会商标意识和法治意识;组织开展地理标志资源和已注册地理标志商标专题调研,掌握全市地理标志资源和已注册地理标志商标发展状况,加强分类指导,积极培育地理标志商标品牌,重点对"江头茶"、"新市米粉"、"新市土菜"等品牌进行地理标志申请注册创建引导。在惩治商标假冒侵权专项整治行动中,移送侵犯商标权案 21 件。注重指导督查,促进广告主、广告经营者、广告发布者完善制度,加强自律;开展违法医疗广告、保健品、房地产、化妆品广告等专项整治,责令停止发布违法医疗广告 5 条,移送消费者投诉案件 3 起,规范全市广告市场秩序。

【质量管理】 建立健全质量工作管理体系。以产品质量、工程质量、环境质量、服务质量为重点,全面推进质量工作。企业的质量信用,公众的质量维权、协助配合等意识不断增强。帮扶创优,组织湖南蔡伦竹海旅游开发公司参加湖南省企业质量信用等级 AAA 评定工作。强化工业产品质量监管。组织开展水泥、电线电缆专项整治行动,先后检查 36 家水泥经销部、21 家电线电缆生产、销售企业,抽检电线电缆 15 批次。

【标准化管理】 对全市 6 个企业标准依法依规开展企业标准备案;加快构建新型标准体系,全面推行企业标准自我声明公开,有 15 家企业 52 个标准进行自我公开声明,并发挥标准审查质量把关作用,确保企业自我声明公开标准的质量;指导 2 家企业申请成为商品条码系统成员单位,全市有中国条码系统成员单位 32 家。

【计量与认证监督管理】 加强对检验检测机构、强制性产品认证企业及加油站的监督管理;对全市 24 家计量器具使用单位开展日常监管,对 5 家 3C 认证生产企业和 10 验检测机构摸底建档,建立台账;检查加油站 43 家,加油机 81 台,其中不合格 3 台,合格率 96%;受理加油站计量投诉案件 4 起。

【特种设备安全监察】 召开特种设备安全监管暨业务培训工作会议,与全市特种设备生产、经营、使用等单位负责人签订《特种设备使用安全管理承诺书》;开展电梯、大型游乐设施和客运索道、气瓶、锅炉等特种设备安全专项整治,检查单位 261 个,发现问题 189 个,下达安全监察指令书 78 份,立案查处案件 2 个,通过督促,整改 126 个问题。

【食品安全监管】 生产环节严把许可关,组织现场审查 2 批,颁发食品生产许可证 5 家;对 46 家获证企业实施食品生产风险分级管理工作,坚持源头严防,过程严管、风险严控;对全市 28 个食品生产企业监督抽检桶装水、食用油、月饼等七类食品 44 个批次,下达责令整改通知书 22 份,及时处置投诉举报案件 3 起,依法移交案件 29 起。流通环节,开展农村食品市场、酒类市场、校园周边食品市场、节日食品市场、网络食品等专项整治行动 10 次,检查食品经营户 1812 户,查处无照食品经营户 10 户,查扣涉嫌仿冒名酒 75

瓶，查获“三无”食品及未经检疫猪肉等千余公斤，捣毁制售假冒槟榔窝点1个，抽检食用农产品240个批次；积极开展“护苗”、“清网”专项整治行动，检查学校670所，检查食品经营户763户次，责令整改50家，移送案件26起；开展“清网行动”，加强网络食品经营安全监管，落实入网食品经营者食品安全主体责任，有效遏制网络食品经营违法违规行为；为预防误食野生蘑菇中毒事件的发生，开展宣传咨询活动241次，发放宣传资料16673份，检查食品生产经营单位896家，下达责任整改书107份，查获采食、销售野生蘑菇野菜2起，收缴野生蘑菇野菜5公斤。餐饮消费环节，抓好餐饮服务量化分级管理，对全市所有餐饮服务经营单位建立风险档案，开展餐饮服务单位、学校食堂专项整治活动。严格落实食品原料采购索证、索票、登记、建档、餐饮具消毒、餐饮服务许可证、从业人员健康合格证等制度。出动执法人员1312人次，监督户数707户次，责令整改83家，指导办证31家。7月份对“水上餐饮”进行了专项治理，将超范围经营的蔡伦号依法移送综合执法局。开展“明厨亮灶”、“文明餐桌行动”，全面提升餐饮行业文明风气。对全市115家保健食品、化妆品经营使用单位进行监督检查，下达执法文书170份，处理保健食品化妆品投诉举报6起。

【药械安全监管】 开展“护康”“中药饮片”专项整治行动，进一步规范药品零售企业的购、销、库、存，重点整治未凭处方销售处方药、私设仓库等突出问题，巡查药品零售企业、医疗机构1316户次，下达责令改正文书56份，移交案件45起。开展医疗器械经营使用单位的日常监督，检查各医疗器械经营使用单位50家次，对存在问题的16家经营企业下达责令整改通知书；办理二、三类医疗器械经营备案登记15家。

【公平交易执法】 以创建“无传销城市”为抓手，牵头召开全市打击传销联席会议，开展宣传教育活动40余场（次），发放宣传资料4.1万份（册），接待群众来访、咨询4次；对安利、无限极、玫琳凯等下属的11家经销商（工作室）、64名直销员进行检查，下达《行政建议函》1起，查处绿业集团、权健2起违规直销案件。在治理商业贿赂、扫黄打非、打假护牌、各类专项整治和查处各类经济违法案件等工作中取得成绩，开展专项整顿3次，出动执法车辆45台（次）、执法人员182人（次），收缴、销毁淫秽、盗版音像制品139盘，销毁游戏机、赌博机40台，查扣卫星接收设施18套；联合烟草等相关部门开展烟草专项整治行动21次，检查烟草经营户630户，查获假烟270条，下达《责令改正通知书》160份，取缔无照经营户45户。

【不良反应监测工作】 采取集中培训、上门帮扶、远程督导等工作方式，积极对市直医疗卫生单位、药品化妆品经营企业开展不良反应监测工作。7月6日，召开全市药械化不良反应检测培训会，邀请衡阳市专家4人授课，全市药械经营者及该局执法人员共计400余人参加培训。收到各医疗机构上报不良反应监测报告476份，其中药品不良反应监测报表338份、医疗器械不良反应监测报表121份、化妆品不良反应监测报表17份。

【消费者权益保护工作】 整合“12315”“12365”“12331”申诉举报热线，努力做到监管与维权相统一。受理消费者投诉242件，调处225件，为消费者挽回经济损失20.85万元，加倍赔偿1件，加倍赔偿金额3.48万元，转政府有关部分处罚5件，罚金2.87万元，接待群众来信来访咨询1024人次。

（刘蓉蓉）

财政·税务

财 政

【概况】 耒阳市财政局是负责全市财政收支、财税政策、财政监督的市政府组成部门。全系统在职干部职工474人,其中局机关239人,开发区分局12人、乡镇财政所223人,离退休人员64人。局机关内设办公室、综合股、税政法规股、预算股、国库股、行政政法股、教科文股、经济建设股、农业股、社会保障股、企业股、外经股、金融与债务股、PPP办公室、国有资产监督股、会计股、政府采购股、绩效管理股、财政监督检查办公室、国土收入管理股、财务股、组织人事股等22个内设股室。所属事业单位机构有非税收入征收服务中心、乡镇财政管理服务中心、国库集中支付服务中心、国有资产投资经营有限公司、农村综合改革办公室、财政投资评审中心、城乡公共设施建设投融资公司7个副科级事业单位及工资统发管理中心、财源建设管理办公室、会计咨询培训服务中心、会计函授站、财政网络信息中心5个股级事业单位。下辖市经济开发区财政分局(正科级),30个乡、镇、街道办事处财政所。

【预算执行】 2017年,耒阳市一般公共预算收入完成221699万元,为预算221500万元的100.09%,比2016年减少49862万元,下降18.36%。其中:上划中央收入59569万元,为预算的98.50%,同比增加9652万元,增长19.34%;上划省级收入15836万元,为预算的100.38%,同比增加977万元,增长6.58%;市级收入完成146294万元,为预算的100.72%,同比减少60493万元,下降29.25%。税收收入完成153173万元,为预算的99.85%,同比增加16218万元,增长11.84%,税占比为69.09%,同比增加18.66%。

一般公共预算支出完成592719万元,为调整预算593821万元的99.81%(年初一般公共预算支出预算数为401570万元,根据上级转移支付变化和市级专项收入完成情况,调整为593821万元),同比减少51217万元,下降7.95%。年初预备费安排5000万元,实际使用4999.75万元,余额0.25万元用于平衡预算。

2017年,耒阳市一般公共预算决算情况为:市级收入146294万元,加上上级补助收入393892万元,债务转贷收入51298万元,从政府性基金中调入资金21398万元,2016年结余4065万元,收入合计616947万元。一般公共预算支出592719万元,加上上解上级支出4928万元,债务还本支出18198万元(其中地方政府一般债券还本支出6390万元,地方政府其他一般债务还本支出11808万元),支出合计615845万元。收支相抵,年终结余1102万元,结转下年使用。

【组织收入】 做实财政收入,注重长远发展。一是努力挤干收支水分。2017年,衡阳市两次下调耒阳市的财政收入任务,将该市全年一般公共预算收入目标从年度计划29.06亿元调整为22.15亿元,下调6.91亿元;同时,将一般公共预算支出从年初的40.16亿元调整为35.75亿元,调减4.41亿元。二是实际收入增长较快。全市财政总收入完成221699万元,剔除营改增及压减非税因素,同口径比上年增加24822万元,增长14.23%。三是收入质量明显提升。在实际收入增加的同时,财政收入结构更加合理。全市税收收入完成153173万元,同比增加16226万元,增长11.85%,占财政总收入的比重为69.09%,比2016年提高18.66%。

【财政支出】 保障基本支出,突出各项重点。确保工资按时发放,保障政权机关的正常运转,基本保障重点民生资金支出的需要。提高干部职工待遇。按上级文件要求,在12月份落实财政供养人员津贴补贴人均每月300元的提标政策,启动公务员(参照公务管理人员)单位的公车补贴。保障民生支出。投入保障性住房建设资金25459万元,惠及8100户棚改户,改善老城区居民的住房条件。关注市民的健康医疗,推进基层医疗卫生机构改革和村卫生室实施基本药物制度,提高城乡居民养老保险基础养老金最低标准。关注社会弱势群体,连续几年提高城乡低保保障标准。全面实施残疾人两项补贴制度,向15793名困难和重度残疾人发放两项补贴1896万元。发展教育事业。全年拨付教育公用经费13695万元。全面落实义务教育“两免一补”政策，开展“普高”助学活动。启动学校维修改造项目135个，新建工程项目21个，动工建筑面积3.4万平方米。完善城乡基础设施。开展“百日攻坚”城市整治行动，加大城市管理、小城镇建设、背街小巷项目建设资金支持力度，启动灶市垃圾中转站建设，拨付7000万元用于城区污水处理、垃圾处理，城区人居环境明显改善。

【财政改革】 深化财政改革，管理不断规范，通过改革提升理财水平。推进预算公开工作。全市有116个预算单位公开部门预算和“三公”经费信息，全市“三公”经费预算4032万元，比上年预算下降20.74%。推动公车管理改革。全市公车数量较改革前减少452台，通过转岗等途径安置司勤人员300人。改革财政投资评审。出台《耒阳市政府投资建设项目工程变更管理办法(试行)》《关于进一步规范财政投资评审工作有关事项的通知》等文件，加强对政府投资的新建和在建基本建设项目全过程跟踪评审和监督管理。2017年，完成各类项目评审601个，送审金额235470万元，审定金额207204万元，审减28266万元，审减率为12%。定期开展清查财政负担人员“吃空饷”问题。通过建立联合清查机制，及时发现查处“吃空饷”人员。2017年，停发114人在编不在岗人员的工资，年节约财政资金近600万元。规范政府采购管理。严格执行“采管分离”制度，采购程序更加规范。全年完成政府采购项目审批221次，节约财政资金1172万元。推进“互联网+监督”平台建设。利用网络平台，将各类民生资金特别是扶贫资金的拨付、发放和使用情况全面公开，打破信息壁垒，实现互联互通、共建共享。28个科局管理的112个项目资金及339个村(居委会)的村级财务在平台上公开，涉及金额173543万元。

(陈超)

耒阳市2017年度一般公共预算收支决算表

单位:万元

科目名称	调整预算数	完成数	科目名称	调整预算数	完成数
一、税收收入	77153	77768	※一般公共服务支出※	52235	51435
增值税37.5%	29531	30221	※国防支出※	412	412
营业税37.5%	52	285	※公共安全支出※	28157	28157
企业所得税28%	6746	5730	※教育支出※	116992	116992
个人所得税28%	2998	3011	※科学技术支出※	1046	1046
资源税75%	2261	2195	※文化体育与传媒支出※	13244	13244
城市维护建设税	4578	5255	※社会保障和就业支出※	100071	100071
房产税	1989	2541	※医疗卫生与计划生育支出※	84219	84219
印花税	1121	1073	※节能环保支出※	9453	9453
城镇土地使用税70%	2299	2775	※城乡社区支出※	25514	25504
土地增值税	9197	8762	※农林水支出※	80502	80210
车船税	1591	1494	※交通运输支出※	14501	14501
耕地占用税	2842	2436	※资源勘探信息等支出※	5414	5414
契税	10455	10686	※商业服务业等支出※	2794	2794
烟叶税	1493	1304	※金融支出※	40	40
二、非税收入	68100	68526	※国土海洋气象等支出※	16755	16755
专项收入	5186	9769	※住房保障支出※	35261	35261
行政事业性收费收入	9385	11151	※粮油物资储备支出※	1856	1856
罚没收入	7359	8609	※其他支出※	80	80
国有资本经营收入		1300	※债务付息支出※	5275	5275
国有资源(资产)有偿使用收入	40615	31944			
政府住房基金收入		60			
其他收入	5555	5693			
市本级收入	145253	146294			

续表

科目名称	调整预算数	完成数	科目名称	调整预算数	完成数
上划中央收入	60477	59569			
上划省级收入	15776	15836			
财政总收入	221500	221699	支出合计	593821	592719

国家税务

【概况】 耒阳市国税局下辖12个科室,1个税务分局、1个稽查局,有干部职工190人,党员149人,大专以上学历163人,占全局总人数的86%。主要职责是贯彻执行税收法律法规、部门规章及规范性文件,并结合当地实际情况,研究制定具体的实施办法;负责中央税、共享税的征收管理、税源管理、纳税评估、反避税和稽查工作,力争税款应收尽收;负责规划和组织实施税收管理信息化建设;制定税收管理信息化制度;承担金税工程的推广和应用工作;负责进出口税收和国际税收管理工作等。

【组织收入】 该局克服宏观经济下行、政策性减税、实体经济困难等不利因素影响,坚持依法征税,落细措施,强化征管,补齐短板,确保国税收入稳中向好。2017年完成税收收入95198万元,同比增收23689万元,增长33.13%,占年初计划103.03%。提升税收征管主观程度,强化煤炭、电力、建筑金融服务行业以及零散个体税收征管,通过纳税评估、税务稽查等措施,查补入库税款9000万元,堵塞征管漏洞,避免税收流失。

【服务发展】 该局服务于经济发展和纳税人发展,落实各项税收优惠政策,减免退税额3800万元,发挥税收在扶持企业发展、引导产业升级、促进经济结构调整等方面的导向作用,服务实体经济发展。

【推进改革】 推进税收领域的各项改革,发挥牵引作用,推进全面营改增试点,抓好对试点纳税人的政策宣传、纳税辅导、办税服务、后续管理,确保税制转换平稳过渡。推进国税、地税征管体制改革,开展联合办税、联合征管,建立联合办税服务厅两个,实现“一人一窗办税”,纳税人“进一家门、办两家事”,办税省时省力省心。参与商事制度改革、行政审批改革,推行“五证合一”“两证整合”,进一步减轻纳税人的办税负担。

(欧阳操)

地方税务

【概况】 耒阳市地方税务局成立于1994年9月30日,内设办公室、人事教育科、监察审计室、收入核算科、财务管理科、征收与科技发展科、税收政策法规科、稽查局、办税服务中心、信息中心等10个科(室、局),下设5个税务分局。

【征收任务】 2017年,面对经济下行压力加大、“营改增”后主体税源弱化、以票管税手段缺失、历年基数较高、预缴空转历史包袱重等诸多不利因素,全局以组织收入为中心,开展挖潜堵漏、欠税清缴等工作,全年入库各项收入63205万元,同比增收7315万元,上升13.27%,完成衡阳市局和耒阳市委、市政府下达的收入任务,为耒阳经济社会发展、民生改善提供财力保障,彰显地税担当。一是做准税收预测。对税源进行全面摸底分析,比对2016年经济发展和税收增长趋势,考虑影响税收收入的各种主客观因素,按税(费)种、级次、行业进行详细预测,将税务系统依法治税,应收尽收、无税禁收的组织收入原则向党政领导汇报。2017年耒阳市政府下达的考核目标任务为6.1亿元,基本与税源实际相符。二是做细任务分配。按照市局要求,把组织收入工作列入绩效考核的重要内容,每月根据市局下达的目标任务,分解到各征收分局和稽查局,督促各单位落实收入任务。该局每月都完成市局下达的收入目标任务,基本实现均衡入库。三是做实收入质量。落实省市局组织收入纪律要求,坚持挤水保质,做实税费收入。全年消化以前年度多征税款1553万元,其中纳税人自行抵扣预缴税款455万元,税务机关退税930万元,所得税抵减168万元。对土地交易,大额资产处置的耕契两税从严把关,实行办税大厅、征收分局和税政科三级审核,确保资料齐全,应收尽收,防止税收虚增。

【税收征管】 一是征管质量更优。以衡阳市局开展“四优四赛”工作为契机,结合耒阳地税征管实际情况,在2016年征管质量考核的基础上,按月对各分局税收征管质量指标进行监控。全局2017年度逾期任务数为113条,2016年同期数为1267条,同比下降91.08%。二是国地合作力度更大。联合开展户籍清理和税务登记信息比对,对同步过来的3684户纳税人进行核实和管户分配,向国税传递地税已登记,国税未登记的纳税人清册150户。联合成立个体工商户税收定期定额工作领导小组,对达到起征点2108户个体工商户进行定税。联合国税对企业所得税税种登记情况进行摸底清查,对1000多户企业的企业所得税税种认定进行甄别。三是风险管控更细。2017年,该局处理总局推送一个风险批次6条数据,省局推送3个风险批次695条数据,市局推送3个风险批次1115条数据,以上数据主要是核查类,全部完成。查补税款1696768.19元,入库税款496487.31元,加收滞纳金44791.13元。县市局层次自行分析下发风险任务取得一定成效。4月,通过风险管理模块下发耒阳市局2017年个人所得税风险信息两个批次风险任务,对2014—2016年度个人所得税进行纳税评估,查补税款622946.37元,入库税款559335.17元,加收滞纳金2127.16元;12月,下发耒阳市地税局2017年个体定税未缴税风险信息第一批79户。

【依法治税】 一是税政管理出新绩。严格落实"大税精管、小税细管"要求,税种管理有成效,土地增值税增收4822万元,同比增加122.42%,印花税增收420万元,同比增长64.7%,个人所得税增收3688万元,同比增加52.94%。其中民办学校个税入库1283.40万元,同比增幅13倍以上,荣获全市地税系统个人所得税管理竞赛优胜单位一等奖。二是推行"三项制度"。"三项制度"作为省市局的重点工作,该局按照上级工作要求,推进"三项制度"试点工作,成立"三项制度"试点工作领导小组,经部门推荐、领导审核和大会选举,成立法制审核委员会。在市局门户网站和耒阳市党政门户网公示定税和处罚等相关内容,在执法公示方面进行尝试。购买7台执法记录仪和1台信息采集仪并投入使用,为全过程记录提供有力工具。对重大案件和减免税,由法制审核委员会进行审核,全年审核4起,有效降低执法风险。三是加强综合治税。加强与街道办事处通力合作,对个人不动产租赁税收采取政府牵头,办事处、居委会摸底,地税部门政策辅导、程序把关,按路段集体核定基准税额,并进行公示。个人不动产租赁入库810万元,其中蔡子池街道办事处421万元、五里牌街道办事处355万元、灶市街道办事处34万元;加强与国土、房产、建工等部门沟通,实现土地、房产交易、工程启动等涉税信息共享,确保契税、城镇土地使用税等地方税收足额入库。契税入库10686万元,增收3833万元,同比增长55.9%,城镇土地使用税入库3962万元,同比增长28.3%;争取政府支持,拓宽清欠渠道,全年清缴入库历年欠税3990万元、加收滞纳金1104万元,计5094万元。四是一案双查。检查8家企业,查补入库税款1650.03万元、罚款36.81万元、滞纳金100.93万元,另促收入库税款963万元。每个稽查案件都采取一案双查双报告,不仅查外,而且监内,在稽查报告里明确列出税收征管中存在的问题,要求限时整改,为堵塞市税收漏洞、规范税收秩序、改善税收征管环境、完成税收任务发挥作用。

【纳税服务】 一是开展税收宣传系列活动。联合国税开展以"诚信纳税,共建纸都"为主题的税收宣传月活动,设立4个宣传点,现场解答涉税问题近百个,发放税收宣传资料3000余份。开展"需求大走访、营改增政策大辅导"活动,深入企业和个体户,集中宣传税收新政策,走访纳税人2000余户,采集纳税人问题及建议430余条。二是国地税联合开展纳税人专题培训。2017年开展4期纳税人学堂,累计900多户,1400多个纳税人参与培训。三是开展纳税信用评价工作。耒阳市有1555户纳税人纳入信用管理,其中647户纳税人参评,占比40.35%。经过初评与复评,国、地税联合评价出A级纳税人17户,B级纳税人368户,C级纳税人76户,D级纳税人186户,对A级纳税人和D级纳税人分别采取张贴宣传、发布社会公告等奖励方式和发票用量调整、出口退税严格审核等惩罚措施。四是落实减免税审批和备案。登记备案企业所得税优惠事项8项,加计扣除111.65万元,抵免企业所得税额159.29万元,减免企业所得税额180.5万元。

金　融

中国人民银行耒阳市支行

【概况】 2017年,中国人民银行耒阳市支行(以下简称耒阳支行)设五股一室,即业务股、国库会计股、人事政工股、货币金银股、保卫股、办公室,有职工28人。

【金融服务】 耒阳支行协助配合耒阳市委市政府推进农房抵押贷款试点工作,打造农房抵押贷款全国试点的"耒阳模式"。联合市政府金融办、不动产中心和辖内涉农法人金融机构现场考察,促成耒阳市集凤村44户村民实行整体拆迁改造的宅基地房屋顺利办成不动产证。在此基础上,集凤村44户农户申请农房抵押贷款,盘活农村资产,和农业开发公司项目对接。年底,全市4家涉农银行机构累计共发放农房抵押贷款491笔,金额1.6092亿元,贷款余额为1.2453亿元。该试点工作被衡阳市评为2017年"十佳改革创新项目"。积极推进"金融扶贫"建设工作。2017年10月11日,召开耒阳市金融扶贫实施意见暨保障贷款方案讨论会,提出两个方案意见:《耒阳市支持扶贫产业发展担保贷款工作方案》《关于进一步推动金融扶贫工作的实施意见》。至年底,建立农户信用档案并评定信用农户21.85万户,发放贷款14.45万户、金额61.32亿元。推进三站融合建设工作。5月15日,耒阳市商务和粮食局、耒阳市扶贫办、中国人民银行耒阳市支行、耒阳市财政局四家联合下发《关于2017年电子商务发展资金用于精准扶贫项目的实施意见》(以下简称《意见》)。《意见》中明确在全市34个贫困村建设金融扶贫服务站、助农取款服务点基础上,与电子商务综合平台结合,打造"三站融合,一站多能,一网多用"的综合平台。经过协调,年底,完成电商建设24家。耒阳支行融合金融扶贫服务站和助农取款点,实现"三站融合"11家,完成全年任务。发挥金融征信管理作用,提供征信查询。全年,为企事业单位提供信用报告查询350次,为个人提供信用报告查询19982户,为开户单位发放机构信用代码证1026张。开展征信知识宣传。2017年3月,组织全市银行机构、保险公司、证券公司等24家机构单位,宣传人员100余人,深入耒阳市淝田乡开展"征信知识进乡镇"宣传活动。6月,联合市金融办、公安局、住建局、煤炭局以及全市各家银行、证券公司、保险公司等十余家机构部门共同于市科技发明家广场开展"6·14"信用记录关爱日宣传活动。开展金融消费权益保护工作。全年,受理金融消费权益保护咨询业务4起,投诉金融消费权益保护案例5起。

【金融管理】 开展综合执法检查和专项检查。2017年开展综合执法检查1次,检查对象为农业银行和邮政储蓄银行。共检查出违规问题15个,所有问题均按照相关要求及程序进行妥善处理。开展专项执法3次。耒阳支行从检查手续、执法取证、结果处理上都严格遵守行政执法程序,对检查的问题证据清晰,定性准确,对检查结果的处理依法合规,促进金融机构规范经营。履行基层央行货币发行管理职能。全年货币投放30.5亿元,货币回笼22亿元,净回笼8.5亿元。根据长沙中支的安排部署,耒阳支行积极组织辖内商业银行开展发行库二维码整袋交接暨冠字号同步流转系统推广应用工作。召开联席会议3次,组织学习上级行文件精神,制订下发耒阳市启用发行库二维码整袋交接暨冠字号码同步流转系统工作实施方案,对新系统启用推广进行具体的安排部署,结合耒阳实际提出工作目标,明确基本做法和实施步骤。加强检查督促和操作技能培训,按日考核工作进度落实情况。3月31日,中国建设银行耒阳市支行成功交存发行基金,标志着新系统在耒阳市如期成功上线运行。推进反假货币示范区创建工作向纵深发展。为辖内新增的耒阳市光大银行以及耒阳市融兴村镇银行新网点加入反假网络系统,做到辖内金融机构反假网络系统100%覆盖。维护金融稳定。8月28日,长沙中支货币金银处、衡阳中支、耒阳支行与衡阳市公安局经侦支队、耒阳市公安局经侦大队协作,破获一起人民币特大制假售假案。至年底,共收缴来自公安机关及各金融机构假人民币金额20多万元,协助公安部门成功破获2起特大制假售假案件。

金融机构风险监测工作。继续加强对农商行、村镇银行两个法人机构金融风险监测工作，每月按时上报风险监测报表，完成2017年度信用社票据兑付后续监测审核报告和村镇银行财务健康监测考核。针对辖内不良贷款上升快、金额大、比例高的情况，配合衡阳中支金融稳定部门，对农商行不良贷款情况进行监测，督促各金融机构化解不良贷款。对辖内银行业金融机构开展综合评价、综合评级工作。对辖内银行业金融机构（法人除外）开展2016年度的综合评价，对辖内法人机构开展2016年金融稳定评级工作，规范银行的业务合规性管理，提高金融服务质量，更好服务地方经济发展。

【传导货币信贷政策】 加强窗口指导，指导利率定价。年初，耒阳市支行根据国家金融方针政策，结合耒阳的经济发展目标，要求金融机构领会稳健中性的货币政策，贯彻落实货币政策，调整信贷结构，推进金融服务创新。指导法人金融机构利率定价，指导辖内农商行、融兴村镇银行存贷款利率定价。定期召开货币信贷联席会议，及时传达信贷政策。通过联席会议加强沟通，传达货币政策意图，指导金融机构调整信贷结构，强化人民银行的金融核心地位。开展涉农信贷政策导向效果评估工作。根据2016年度各金融机构涉农贷款开展情况，耒阳支行采取定性与定量相结合的方式对涉农信贷政策导向效果进行评估，并将效果评估的情况在辖内进行通报。

（冯露）

中国工商银行耒阳支行

【概况】 2017年，中国工商银行耒阳支行拥有6个营业网点，其中支行本部营业部1个，二级支行5个；内设办公室、营业管理部、公司业务营销部、个人金融业务部、个贷中心四个部室；从业人员124名。全年，各项存款余额43.7亿元，各项贷款余额17.6亿元，实现经营净利润5690万元。

【存款业务】 实施一系列营销方案，着力竞争对公优质新客户、新市场与零售年轻客户、未来客户、活跃客户以及源头性代发集群客户，促使各项存款稳定增长。至2017年年末，各项存款余额43.7亿元，净增4亿元。

【资产业务】 结合耒阳市域经济发展状况，找准市场定位，以服务实体经济为根本，拓展新领域、新客户与优质客户项目。充分发挥工商银行融资产品的优势，把拓户工作与金融资产服务结合起来，依托工行金融资产服务的优势产品，找准营销切入点，大力支持中小企业发展。认真分析房地产市场及个人消费信贷形势，调整营销策略，挖掘市场资源，明确贷前、贷中、贷后的工作重点，实行贷款全过程管理，为个人贷款业务健康、可持续发展奠定良好的基础。2017年末，各项贷款余额17.6亿元，中国工商银行耒阳支行个人住房按揭贷款在耒阳同业占比第一，衡阳工行县域支行中该行是唯一两权抵押承办行。

【中间业务】 年初，中国工商银行耒阳支行制定中间业务发展规化，对基础类中间业务创收能力进行分析，发展信用卡分期、贵金属、私人银行、高端投行、交易类产品等新兴战略业务，不断增加对新业务的投入与推广力度。通过多部门配合联合制定网点竞争力提升项目推动方案，加快网点柜面业务分流，降低无效交易对人力资源的浪费，将有限的人力资源优先支援到优质客户的识别、拓展、挖潜等工作上，扫清中间业务增长障碍。以接触点链条式营销服务新模式为手段，通过网点岗位整合，加大个人产品交叉营销推广力度，结合网银、电银、WAP手机银行的渠道优势，不断提高重点产品保险、基金、理财、信用卡等产品在优质高端户的渗透水平，培育中间业务创收新亮点。2017年，实现中间业务收入806万元。

【互联网金融业务】 实现网点业务转型、传统业务与新兴业务有效融合的重要举措，为互联网金融业务的使用者和推广者，上下联动全面营销互联网金融业务。向客户提示互联网金融业务风险义务，发放安全宣传页、推荐客户使用互联网金融业务安全认证介质，引导客户安全使用互联网金融产品，提高防诈骗、反洗钱警惕性和自我保护意识，保障客户资金安全。全年，发放网银证书客户77589户，新增工银E支付客户15859户，手机银行客户69595户，三融客户19876户。

【内部管理】 2017年，该行不断加大“横向到边、纵向到底”的内控管理体系建设力度，以季度内控监管为渠道，落实上级行及外部监管部门的各项工作要求，有效推进各项工作向前发展；以内控管理目标考核为手段，强化各级管理者的内控履职，注重“一岗双责”机制的落实，将经营发展和内控管理有机结合起来；研究全行风险防控工作面临的形势和任务，结合区域经济发展特征和风险防控工作出现的新情况和新问题，开展风险排查与治理活动；强化操作风险防控，坚持风险事件定期分析及通报制度，严格执行“严密监测、严格核查、严肃整改、严厉问责”的四严要求；强化信用风险防控，积极面对，灵活处置，准确把握贷款风险缓释化解政策，对各类贷款进行风险排查和风险预防。全年实现无经济案件和重大违规事件工作目标。

【企业文化】 培育“学无止境”的学习文化，建设学习型银行。倡导员工“终身学习”,把学习看作一种投资,一种福利,培育员工不断学习的积极性、主动性、实用性。培育“客户至上”的服务文化,打造客户满意的银行。注重社会形象的树立和优秀服务文化的塑造,坚持“以客户为中心”和“服务就是效益”的理念,及时有效满足客户金融需求,推进人民满意银行活动向纵深开展。培育“严谨规范”的内控文化,创建最安全的银行。把强化教育、从严治行作为企业文化建设的重要组成部分,对各个岗位责任制和规章制度重新进行梳理和完善,进一步提高制度执行力。培育“以人为本”的管理文化,构建和谐的银行。

(董度生)

中国建设银行耒阳支行

【概况】 中国建设银行耒阳支行(简称耒阳建行)内设办公室、个人金融部、公司机构业务部(挂普惠金融业务部内设机构牌)。辖支行营业部、城关支行、蓝天分理处、金山支行、电厂分理处5个综合性对外营业机构。

【经营效益】 2017年,耒阳建行实现存款总量在区域内领先和市行系统第一,人均、网均存款增量区域内第一,实现利润市行、区域内第一,资产质量区域内第一、对公存款总量与市场增量第一、贷款总规模区域内第一。全年实现一般性存款余额43.64亿元,较年初新增4.72亿元。其中,公司存款余额11.15亿元;个人存款余额32.48亿元,新增存款2.86亿元。开展开源节流的原则,在大力营销业务及产品中寻找经营效益增长点,全年共实现经营利润总额6536万元。至年底,贷款余额20.12亿元,贷款余额区域内最大,资产处于良性循环状态。

【业务发展】 耒阳建行构建银政、银企、银客的多赢局面,不断改善和优化服务环境,所有营业网点全部达到上级行“金融安全合格”营业网点。在产品与服务营销上下功夫,全年实现中间业务收入925万元。在业务发展上,坚持以大客户为重点,以优质客户为支撑的业务开拓原则,努力提高客户的综合贡献度。中高端客户群体不断壮大,客户的贡献度不断提高。

【内控管理】 耒阳建行以安全营运为目标,全年未出现大小安全责任事故和黄、赌、毒、黑等违法案件。规范操作,认真管理,强化监督,内控管理与风险防范工作进一步得到加强。

【文明建设】 该行坚持物质文明、精神文明建设两手抓,两手不变的作法,各项工作取得较为突出的业绩,超额完成经营指标任务。党建工作保障有力,“两学一做”教育工作扎实有效,工会建设文明健康,青年与妇联工作丰富多彩,参加上级行各项文体活动均取得了较好成绩,员工业余生活丰实多彩。

中国银行耒阳支行

【概况】 2017年年底,中国银行耒阳支行人民币存款时点余额188946万元,较年初新增26824万元,完成年计划的183%,其中:储蓄存款153903万元,较年初新增16400万元,完成年计划的180%;公司存款35043万元,较年初新增10424万元,完成年计划的189%。人民币存款日均余额181670万元,较年初新增21047万元,其中:储蓄存款151787万元,较年初新增14910万元;公司存款29883万元,较年初新增6137万元。人民币各项贷款余额64758万元,较年初新增39486万元。其中:公司贷款余额11755万元,较年初持平;零售贷款余额48178万元,较年初新增38384万元,完成全年计划任务5400万元的710%,全年累计投放41345万元。至2017年12月20日贷款余额达114758万元,较年初净增89486万元,贷款余额为年初余额的4.5倍。实现业务净收入3287万元,同比增长315万元,同比增幅10.6%。其中:实现中间业务净收入475万元,同比增加15万元,同比增幅3.3%;实现拨备前利润2537万元,同比增长295万元,同比增幅13.14%。个人有效客户为77779户,较年初净增9838户;个人中高端客户4203户,较年初净增1103户;个人产品覆盖率达3.02,较年初净增0.57;个人客户金融资产达170419万元,较年初净增32773万元。公司基础客户458户,较年初净增-20户;公司有效客户115户,净增2户;公司结算账户525户,较年初净增33户;公司产品覆盖率2.8,较年初净增0.3;公司客户金融资产35043万元,较年初净增10734万元。

【工作措施】 该行将核心存款稳存增存列为业务发展首位,树立“存款立行”的理念。一季度个人存款时点新增17091万元,完成任务的111%;二季度支行市经开区账户存款4000万元及财政性存款新增;三季度通过个人贷款投放,新增碧桂园存款3000万元、万象城和亚太开发公司存款2000万元。

中国农行银行股份有限公司耒阳市支行

【概况】 2017年,中国农业银行股份有限公司耒阳市支行(简称耒阳农行)下辖10个网点,其中城区6个网点,新市、东湖、仁义、夏塘4个乡镇各一个网点,有在职员工129人。至年底,耒阳农行各项存款余额52.18亿元,较年初净增6.34亿元，存量、增量在四大行分别占比32.81%、39.52%，均居第一；各项贷款余额18.06亿元，较年初净增4.45亿元，余额、增量在四大行分别占比28.07%、21.79%，分居第一、第二；贷存比34.61%，较年初提升4.92个百分点，增量贷存比达到70.18%；涉农贷款余额9.52亿元，较年初净增1.69亿元，涉农贷款平均增速和涉农贷款平均占比分别达到41.34%、61.06%。

【服务经济发展】　耒阳农行创新贷款模式，推出农房抵押贷款、林权抵押贷款、农民"安家贷"、"惠农担—粮食贷"、"农民养老贷"等惠农产品。截至年底，该行涉农贷款余额9.52亿元，较年初净增1.69亿元，涉农贷款平均增速和涉农贷款平均占比分别达到41.34%、61.06%。均超额达成上级行县域三农事业部标准。其中农户贷款余额7643万元，较年初净增2178万元；推广农民"养老贷"，全年发放农民"养老贷"240笔，金额达到1634万元，惠及17个居委会（办事处），及时解决被征地农民的养老参保难题；发放惠农担—粮食贷14笔，589万元，支持种粮大户；开展农房抵押贷款和油茶贷，当前农房抵押贷款余额1208.4万元，较年初新增1140万元；"油茶贷"余额958万元。参与耒阳市城市改造建设，全年累计发放公司企业贷款2.11亿元，重点支持南方水泥、国储能源、金悦世纪、宝山高岭土、亚湘电子、中科生物以及江头生态农业等一批全市龙头重点企业，另外耒阳市江东置业1.69亿元的项目贷款2017年成功投放1.3亿元。快速发展普惠金融，精准扶贫。年底，耒阳农行布放POS机378台，较年初增加45.4%；耒阳农行布放助农助商终端528台，较年初增加24.8%，IC卡新增发卡42050张，较2016年增加17.5%。助农机具覆盖100%的行政村，方便偏僻村落农民缴纳电费、小额取现。金融性交易全省排名前列。同时，该行作为省分行"薪火计划"仅有的4个试点行之一，分别在耒阳市长坪乡双岭村、淝田镇红旗村、马水镇燕中村、马水镇乐田村建立4个金融精准扶贫服务站。

（李悦）

中国农业发展银行耒阳市支行

【概况】　中国农业发展银行耒阳市支行（简称耒阳市农发行）位于耒阳市西湖中路148号，内设办公室、客户服务部和财务会计部3个部室。

【业务发展】　截至2017年年底，耒阳市农发行各项贷款余额163759万元，比年初增加86755万元，增幅为112.66%；各项存款余额196510万元，比年初增加69345万元，增幅为54.53%；日均存款133793万元，同业存款余额10000万元，同业存款日均余额10330万元；国际业务结算量135万美元；各项收入5519万元，收回贷款利息3039万元，完成中间业务3.6万元，实现利润4148万元。贷款没有出现欠息、逾期、损失情况，继续保持新增不良零比率、不良贷款零余额的目标。开展上门营销。年初，确定与信贷政策契合的项目和业务，结合平台实际、项目内容及政策偏向，选择棚改项目作为支行业务发展思路。对新营销的项目通过招标方式落实到客户经理，实行项目经理负责人制度，并以项目取得审批书为标准，对每个项目奖励5000元，其中项目经理负责人奖励总额的50%。以周为时间段，总结项目工作进展及存在的问题和障碍，安排下个时段工作，确保序时推进项目进度。全年共完成审批项目2个，金额6.6亿元；累计发放各项贷款9.7亿元，其中棚改贷款2笔，贷款金额8亿元。再营销棚改贷款项目3个，贷款金额10亿元，其中2亿元棚改贷款政府采购流程和评级授信工作完成。

揽存增存。耒阳市农发行制定《2017年全行存款组织工作考核办法》，推动全员营销、全面营销、全年营销的全开放模式。截至11月末，新开存款账户7户，累计组织非信贷客户存款1.56亿元。阻止专项资金违规拨付漏洞，防止资金流失。6月，专项资金存款余额10751万元（含财政存款及扶贫资金），比年初增加6422万元。督促支行信贷客户耒阳城建投、耒阳市经开两公司到位项目资本金24600万元，督促基金客户项目合作方在支行开立存款账户5个，使基金资金支付尽量做到在行内循环。实行资源互换，存贷一体化营销。通过与光大银行战略合作，吸收3个月期同业存款10000亿元；通过与耒阳农商行战略合作，吸收9个月期同业存款10000万元。截至11月底，支行各项存款日均存款13.4亿元，比年初增加4.8亿元，增幅为55.81%。

【风险防控】　耒阳市农发行对两个风险贷款企业进一步压缩贷款规模和信用敞口，没有出现欠息、逾期、不良等情况。全年共收回绿海公司贷款1235万元，压缩信用敞口735万元，其风险贷款压缩至9465万元。减少蔡伦农业园风险贷款投放400万元，将其贷款余额从2380万元控制在2000万元内。风险维护工作做到早计划、早安排、早落实。年初制订《湖南绿海粮油有限公司2017年度贷款维护方案》及蔡伦农业园年度维护思路，重点抓住收贷、收息和续贷三个关键点，做到收息有备付、收贷有约定、续贷有计划。强化"两流"一线监管。严格落实客户经理日常工作职责和信贷监管要求，将绿海存贷比从约1%提高至2.4%，增加约1.4个百分点；将蔡伦农业园存贷比从6%提高至10%，增加4个百分点，提高企业现金流量。将风险关口前移。开展贷后管理自查、基金问题自查、风险排查、押品核查及整改落实,及时发现并消除风险隐患。推动绿海并购方案的落实。通过明确并购方式化解贷款风险的路子、将风险贷款化解与新营销的贷款项目挂钩、利用各个场合同党政领导及部门推动说明并购工作、定期约谈,协同企业处理并购中的重点难点等举措。

【内部管理】 制度建设不断完善。认真执行《每周学习制度》,每周组织员工对《中国农业发展银行员工违规违纪行为处理办法》、党章、全市支行行长会议精神、相关规章制度及相关文件进行学习,促进知识的更新换代,加深对上级行政策,对新业务的认识和理解,修订、完善《耒阳市支行考核考勤办法》(以下简称为《办法》)。2017年上半年,按照《办法》累计处罚11人次,罚款460元;下半年支行保持零违纪。整章建制,对上级行要求的"四风"整治、"回头看"进行自查,针对总行、省分行在基金"回头看"中查处的问题,支行每周进行专题会议,年内,该行完成62个基金问题的整改。坚持"例会制度"、实行行务公开制度、打造"阳光财务"、坚持合规经营,加强内控、安全保卫和重控管理,实现"四无"目标。对行内办公楼及家属院的监控设备进行升级改造,完成支行营业办公用房维修改造。

湖南耒阳农村商业银行股份有限公司

【概况】 湖南耒阳农村商业银行股份有限公司(简称耒阳农商银行)下辖营业网点48个,其中城区网点13个、农村乡镇网点35个;遍布全市24个乡镇、5个街道办事处、1个经济开发区。总行机关设有办公室、人力资源部、会计结算部、电子银行部、信贷管理部、业务发展部、稽核审计部、后勤保障部、合规监督部、风险管理部、不良资产管理部、安全保卫部、纪检监察室13个职能部门;另设依法收贷小组3个和资金营运中心1个。布放自助存取款机计85台;城区设立离行式自助银行8家;在全市214个行政村设立银行卡助农取款服务点,挂牌金融扶贫服务站25个,站点均安装助农POS机。年底,有员工491名,其中城区网点从业人员142人,农村网点从业人员227人;男员工287名,占比58.5%;女员工204人,占比41.5%;专科以下学历68人,占比13.9%;专科学历229人,占比46.6%;本科学历187人,占比38.1%;本科以上学历7人,占比1.4%;取得初级、中级会计师职称的85人,占比17.3%。

【业务经营】 2017年,耒阳农商银行各项存款余额108.84亿元,较年初净增8.89亿元;各项贷款余额55.83亿元,全年净投放贷款4.11亿元;实现经营利润3.21亿元,增幅6.02%;累计发行社保IC卡75.57万张,较年初净增23.1万张;新增开通手机银行8112户;电子银行业务替代率达70.81%。累计发放各项贷款51.91亿元,其中涉农贷款占各项贷款累放的49.68%;小微企业贷款余额增长较同期贷款增速提升19.52个百分点;小微企业户数较年初增加174户,小微企业客户申贷获得率90%,实现小微企业贷款"三个不低于"目标。创新金融模式服务"三农",累计发放农房抵押贷款460笔、金额13488.6万元。发放扶贫贷款1498笔、金额7062.3万元。建立健全客户档案,对存量优质客户进行定期或不定期走访;以财政惠农补贴资金代收代付为平台,利用惠农补贴"一卡通"、贫困户健康卡发放的契机,拓展基础客户,全年代发各项资金10亿余元;全行个人存款客户总量达73.2万户;贷款个人客户较年初净增3382户。

【风险防控】 耒阳农商银行扎实做好风险防控基础工作,不断完善工作机制,制定出台《贷款风险报告管理办法》《贷款诉讼管理办法》,增设依法收贷工作小组,将风险监控关口前移,加强管理把控;积极开展专项竞赛,开展"我用业绩迎行庆"、"压不良、控风险"百日攻坚以及"清收风暴"专项行动,不良贷款率较年初降低1个百分点。

【内控管理】 向总行签订《社会治安综合治理和案防目标管理承包责任状》,员工互签《内部职工经济、行政、法律责任及连带责任书》,全面落实案防责任,在全行形成一级抓一级、一级对一级负责的风险管控防线。开展对全员的内控案防工作排查,紧盯"九类情形员工",建立监管与帮扶台账,实时监控、定期更新、跟踪转换,严防员工参与民间融资等风险活动,落实员工重大事项报备制度。开展"合规管理年"活动,实施"三基"全面排查;开展合规培训5期,受训累计534人次;举办合规知识抢答赛;编制《合规知识3000题》,提升物防技防。逐步实施网点重建与改造;对消防设备进行年检更换;完成了监控中心升级改造投产使用;辅导网点开展"四个预案"的演练,并分4个批次开展对门禁、锁具、监控、报警等系统操作运用的集中培训。

【企业文化】 选拔选聘支行负责人、部门总经理、会计主管、信贷客户经理累计126名,招聘大学生员工22人,全年组织岗位培训19场次、231个学时、1565人次;培训内容涵盖信贷业务、票据业务、风险防控、不良贷款清收盘活、运营管理、电子银行业务等方面,组织开展"爱运动、悦生活"三八妇女节活动,进行户外素质拓展,增强员工交流互动,培养团队协作精神;联合衡阳市中心血站开展无偿献血公益活动，16名员工义务献血5400毫升；组织爱心捐款及扶贫捐款活动，全行累计666人次向社会捐款共计99590元；冠名组织耒阳市首届“农商银行杯”气排球比赛，耒阳农商行代表队在比赛中获一等奖。

（黄露卉）

中国邮政储蓄银行股份有限公司耒阳市支行

【概况】　中国邮政储蓄银行股份有限公司耒阳市支行（简称耒阳邮政银行）下设2个部室：综合管理部、综合业务部；4个网点：五一路支行、体育中路支行、城北中路支行、小水镇支行。有员工52人。

【主要业务】　以本外币储蓄和公司存款为主的负债业务；以国内外结算、现金管理、银行卡、代理保险、代理国债、代销基金、理财产品为主的中间业务；以银团贷款、公司贷款、质押贷款、小额贷款、个人商务贷款、小企业贷款、综合消费贷款、一手房贷款、二手房贷款等为主的资产业务。服务渠道由单一的柜台服务，向全方位的包括营业网点、自助终端、手机银行、网上银行、电视银行等多种方式转变。

【服务三农】　耒阳邮政银行围绕县域经济特点，集中信贷资源，支持地方形成具有当地经济特色的支柱产业。如粮食贷、民营加油贷、医院贷、幼儿园贷、生猪贷等多种贷款。其中重点支持宝山高岭土、太宗商贸服饰、北控水质净化、亚湘电子、大旺钢化玻璃等重点企业。耒阳邮政银行为方便城镇居民办理金融业务，更新ATM设备，加快了邮惠付支付业务的发展，使居民能多渠道、更便捷的办理存取款、转帐及支付业务。该行在农村网点布放助农POS机具，改善农村支付环境，针对外出务工人员，发行劳务工人群特色“乡情卡”，优惠异地存款业务手续费，增加农村地区银行卡的覆盖面和使用率。

（陈卫）

中国光大银行股份有限公司衡阳耒阳支行

【概况】　中国光大银行股份有限公司衡阳耒阳支行（简称耒阳光大银行），位于金阳路与五梅路交汇处，有在职员工11人。

【业务发展】　2017年，耒阳光大银行新增发放公司类贷款28559万元，新增发放个人贷款576万元。其中对亚湘电子科技有限公司投放的150万税贷易，开创在耒阳金融机构“小微企业纯信用无担保”贷款的先河。全年各项存款余额7.69亿元，各项贷款余额4.14亿元。年内，耒阳光大银行与园区企业、产业协会及商圈联动，对重点客户实行客户经理一对一服务，对私行级客户实行行长带领理财经理共同负责制，新增客户5000余户，九项资产余额较上年新增1.3亿元。

（成琰）

中国平安财产保险股份有限公司耒阳支公司

【概况】　中国平安财产保险股份有限公司耒阳支公司（简称平安产险耒阳支公司），位于耒阳市五里牌办事处金星居委会金阳西路。公司设总经理室、综合管理部、客服理赔部、综拓渠道、代理渠道、车商渠道。业务范围涵盖：企业财产损失保险、家庭财产损失保险、短期健康保险、意外伤害保险、建筑工程保险、安装工程保险、货物运输保险、机动车辆保险、船舶保险、能源保险、法定责任保险、一般责任保险、保证保险、信用保险、种植保险、养殖保险等财产险和短期意健险业务。

【经营管理】　2017年，平安产险耒阳支公司统一执行“全国通赔”服务：在全国范围内实行车险、意健险的全国通赔服务。小额案件提供线上理赔模式，实行现场零等待，自行拍照轻松理赔。全年实现保费收入4619.78万元；直接赔款2049.97万元；缴纳税款共计595.11万元。

中国人寿财产保险股份有限公司耒阳支公司

【概况】　中国人寿财产保险股份有限公司耒阳支公司（简称人寿产险耒阳支公司）于2008年3月成立。位于耒阳市神农北路8号五里牌金碧花园门面，设有经理室、综合部、互动部、农险部、理赔部、银保部、车商团队、医保团队、直销团队、营销团队、中介团队等10个部门，下设出单点及农村服务部。

【业务经营】　2017年，人寿产险耒阳支公司实现保费收入为3125万元，完成年计划104.7%，同比增长20.7%，其中车险保费收入1939万元，非车险保费收入1186万元（农险保费601万元）。赔款支出1629万元，简单赔付率为52.12%，实现全年利润132万元。

【扶贫特惠保】　是年，人寿产险耒阳支公司参与耒阳市“扶贫特惠保”保险承保工作、耒阳市城镇居民意外伤害保险、耒阳市学生幼儿平安保险等政策性保险。为建档立卡贫困户量身打造“扶贫特惠保”产品，提高贫困人口抵御风险能力,提供保险服务保障。耒阳市城镇居民意外伤害保险,承保人数达9万余人。

(肖艳子)

中国人民财产保险股份有限公司耒阳支公司

【概况】 中国人民财产保险股份有限公司耒阳支公司(简称人保财险耒阳支公司),设7个科室,7名理赔人员、12名三农保险服务人员。并下设龙塘、新市、永济、公平4家三农营销服务部以及城区陵园营销服务部,网络覆盖全市的乡镇和行政村。有正式员工60名。

人保财险耒阳支公司主要从事车辆保险、财产损失保险、责任保险、信用保险、意外伤害保险、短期健康保险、保证保险等人民币、外币保险业务和再保险业务,险种种类达630多种。

【业务经营】 2017年,人保财险耒阳支公司完成保费收入13941万元,同比增长24.48%,市场份额高达50%;上缴和代收各类税收888.6万元,同比增幅10%,居耒阳保险行业纳税排名的第一位。支付各类赔款9201万元,同比增加3331万元,结案率100%,赔付率66%,高于全市财险行业平均赔付率6个百分点,没有出现惜赔和克扣赔款现象。全年,支付农险赔款1490万元,耒阳"6·29"洪灾中,烤烟赔付266万元,赔付率210%;水稻和油菜赔付600多万元,农房倒塌累计赔款支付100万元。

【管理服务】 人保财险耒阳支公司建立健全承保、理赔、客户服务、信访、反洗钱、安全保卫6项规章制度,严格按照金融机构《客户识别和客户身份资料及交易记录保存管理办法》及《中国人民财产保险股份有限公司反洗钱工作办法》,开展反洗钱宣传,组织反洗钱培训,履行反洗钱义务。全年未发生重大的反洗钱案件及风险,也未发生被监管机构约谈情况和投诉情况,接受保险公司内部和外部机构的各项检查,依法合规。加大服务标准化建设力度,组织标准化服务礼仪培训,提高服务技巧,维护客户正当利益,增强客户的体验感,客户满意率达99.87%。

中国人民人寿保险股份有限公司耒阳支公司

【概况】 中国人民人寿保险股份有限公司耒阳市支公司(简称人民人寿耒阳支公司),下设客户服务部、个人保险部、互动保险部、银行保险部、团体保险部、收展业务部等6个部门,有员工286人。人民人寿耒阳支公司推行健康保险、意外保险,参与耒阳市政府针对贫困户的"扶贫特惠保"保险计划,提供"一站式菜单化"服务,重点解决建档立卡贫困人口因意外风险、大病风险、产业风险、贷款风险等致贫返贫问题。在理赔方面,重点简化理赔手续、缩短理赔时间。3天内做出是否赔付的答复,对符合赔付的案件,在手续齐全的情况下15个工作日内赔付到位。与耒阳市医疗部门合作建立"一站式"理赔服务新模式,减少中间环节,将赔款直接支付到受益人账户,让贫困农户放心看病、安心看病。参与扶贫工程,全年实现保费收入4438.9万元,直接理赔42.4万元。

(毛雄伟)

泰康人寿保险责任有限公司耒阳支公司

【概况】 泰康人寿保险责任有限公司耒阳支公司(以下简称泰康耒阳支公司)隶属于泰康人寿保险责任有限公司湖南衡阳中心支公司,2003年6月8日成立耒阳支公司。设有经理室、培训岗、续期收费岗、银行保险岗、新生活广场、神龙部等部门。有业务员389人。公司在服务上运用多种创新方式,如微信投保,微电一体投保,微回访和微回执,理赔上开通健保通,客户住院报案出院就结案。

中国大地财产保险股份有限公司耒阳支公司

【概况】 中国大地财产保险股份有限公司耒阳支公司(简称大地耒阳支公司)成立于2005年,坐落于耒阳市神农路284号。公司下设太平、马水、黄市3个乡镇服务网点。有正式职工12人,代理业务人员86人。设有车商、理赔、承保、互动、综合业务部,经营车险、意外险、财产险、责任险等非寿险险种的保险。

【经营管理】 大地耒阳支公司以理赔全流程管理系统为平台,推行客户服务集中管理,建立省、地、县三级联动客户服务体系。在耒阳市首家推出"车险赔案网上查询"服务,实现承保理赔信息自主查询。公司实现全国通赔,就近理赔,率先把异地通赔服务延伸到县级机构,开展车险免上门交单的便捷服务。该公司采取365天×24小时非事故道路救援、法律咨询等一系列增值服务举措。为提高理赔时效,公司运用RAS快速定损系统,全天候查勘,10分钟内与客户联系,市区30分钟、郊区60分钟内到达现场;365天×8小时定损;10万元以下赔案与客户达成赔偿协议后,1个工作日内付款;车险小额案件快处快赔。推出住院伤员定期探视、伤残鉴定陪同;对案件事实清楚、损失金额基本确定的，根据客户需求提前赔付。

万联证券股份有限公司耒阳证券营业部

【概况】 万联证券股份有限公司耒阳证券营业部位于耒阳市五一路。有员工 23 人，其中后台人员 7 人，前台工作人员 16 人。万联证券股份有限公司耒阳证券营业部主要职责是加强对证券市场的监管力度，帮助客户做好金融资产配置。

【经营管理】 2017 年，万联证券股份有限公司耒阳证券营业部实现营业收入 708.5 万元，实现利润 184.3 万元；纳税 1275.48 万元。年内，万联证券股份有限公司耒阳证券营业部收入和营业利润都大幅度下滑。一是帮扶本地企业上市。营业部负责人与耒阳市政府金融办、相关企业进行对接，帮扶本地企业上市融资，做大做强本土企业。二是加大招聘力度。2017 年，万联证券股份有限公司耒阳证券营业部继续加大招聘力度，引进专业人才，招聘优质营销人员。同时加强对营业部投顾和营销人员的培训，提高投顾和营销人员专业化服务水平。鼓励营业部人员采取走出去的战略，多去外地引进资产，拓展业务。

城 镇 建 设

综　　述

【概况】 耒阳市住房和城乡建设局是负责全市建设行政管理的政府工作部门，承担全市城乡建设、房地产开发、建设市场、勘察设计市场监督管理职能；承担全市房屋建设、市政工程和相关公用事业设施的质量、安全监管；承担和负责全市供水、节水、污水处理、燃气管理；负责建设工程招标投标活动的监督管理；推进建筑节能与建设科技进步等职能。下辖二级单位8个，内设股室15个，全系统有干部职工1000余人。

【项目建设】 新市镇污水处理厂项目总投资2720.53万元，设计污水处理能力0.4万立方米/吨，一期污水处理能力0.2万立方米/吨，配套建设镇区污水收集及输送干管7.7千米及污水提升泵站1座。项目于2017年2月正式开工。传统村落保护项目申报步伐加快。是年，完成第五批传统村落调查推荐工作，推荐余庆办事处水口村、长坪乡石枧村，仁义镇罗渡村、导子镇楼下村、大市镇芭蕉村等5处传统村落上报省住建厅、国家住建部审查。开展城市环境综合整治"百日攻坚"行动，新建施工围挡墙10266米，文化墙28148.5平方米；督促建筑企业新建标准冲洗平台28处；150余台混凝土运输车辆全部安装防漏装置。

【行业监管】 推进质量监管规范化、市场监管信息化，规范参建各方责任主体的质量行为和质量监督人员的工作行为。共办理质量监督注册手续85个，质监总面积124.4万平方米、办理质监注册手续工程受监率100%，工作程序到位率100%；主体验收工程53个，初步质量验收工程37个，竣工验收29个，工程一次性验收合格率100%。先后开展建设领域安全生产"打非治违""安全生产月""建筑施工安全生产大排查大管控大整治""落实建筑施工企业安全生产主体责任年"等专项行动。清理排查全市所有在建项目，排查发现安全隐患288处，完成整改276处，正在整改12处；惩治安全生产非法违法行为98起，下发隐患整改通知62份，下发停工通知书17份，停工整顿项目17个，拆除不符合要求的塔机2台，督促企业对12台新增起重机械办理使用备案登记。通过开展一系列专项整治行动，全面整治施工安全隐患，确保建筑施工安全。燃气安全平稳可控，制订《关于开展全市燃气市场集中整治行动的工作方案》。集中整治燃气市场，共下发违法通知单33份，登记保存单25份，暂扣50公斤钢瓶116个，12公斤钢瓶268个，惩治燃气黑点、黑气、倒灌等违法行为。保障供水安全，组织对2个自来水厂进行不定期检查，每月对主管网全覆盖巡查，发现一般安全隐患36条，全部整改到位，未发现严重安全隐患，供水水质全部达标。自8月1日起，耒阳市新建工程立项、规划、设计全部启用新的节能设计标准。"两馆一中心"（文化馆、图书馆、少年活动中心）项目按绿建一星级标准设计施工，"神龙北路改扩翻"项目增加节能改造分项，改造建筑面积7万平方米。规范房地产开发秩序，把好开发企业资质准入关、升级关和年检关。完成72家房地产开发企业资质等级年检年审，全面加强开发项目资本金制度的实施，从源头上规范开发企业行为；严格执行"两书"制度，共发放"两书"12211套，加强对开发企业的日常管理，实行开发项目手册登记备案。

【民生保障】 危房改造。省政府下达耒阳市第一批农村危房改造任务1555户，各级共投入农村危房改造补助资金4113.75万元，竣工率100%。供水保障。城区共完成自来水供水1864.03万吨，售水1271.29万吨，管网压力合格率100%，水质综合合格率100%，新铺设DN100以上主管14.08公里，新增用户8436户，经测算城区供水普及率75.2%。污水处理。加强污水处理厂的运营管理，完善沿河截污支管网建设，提高城区污水收集率和处理率。白洋渡污水处理厂厂区及配套管网运行良好，出水指标经环保部门监测全部达到排放标准。全年处理城区污水2449.1万吨，污水处理率93.2%。

【优化服务】 简化办事流程，提高服务效能。落实"两集中、两到位"、"一站式"办结要求，简化办事程序，提高服务效能。全年完成建设工程初步设计审批46个,施工图审查备案66个;质量监督注册75项;建筑节能专项设计备案66项,建筑节能专项备案3项;房地产开发企业资质年检初审上报51项;城建档案预验、移交2项;合同备案81项,核发施工许可证69项,竣工验收备案40项;共受理办结行政审批及服务事项499项。清理收费项目,减轻企业负担。制订《耒阳市住建局降低企业成本减轻企业负担工作方案》,对耒阳市建设系统各单位的职能职责,行政审批的项目、流程、收费项目、收费标准进行全面清理。

(黎少华)

城乡规划

【概况】 耒阳市城乡规划局属市政府工作部门,为耒阳市城乡规划主管部门。主要负责本行政区内的规划编制、规划管理、规划执法和设计、勘测市场的监督管理工作。局机关内设办公室、人事股、财务审计股等11个股室,下设1个村镇规划建设管理办公室、1个规划信息服务中心、1个规划勘测设计院(加挂规划测量队牌子),下派1个开发区规划分局为正科级、城区5个规划分局为正股级。2017年有干部职工220人,退休16人。全额编制176人、差额编制3人、自收自支编制41人。其中注册规划师5人,专业技术人员41人,党员103人。

【规划服务】 推进行政审批改革。根据《关于印发<衡阳市推行行政审批“两集中、两到位”改革工作实施方案>的通知》,按照“一门受理、规范标准、公开透明、限时办结”的要求,简化审批流程,缩短审批时限,强化审批监督,整合相关股室成立规划行政审批服务股(中心),将行政审批事项集中到政务中心审批,负责审批工作的人员进驻市政务服务中心,实行三级责任制,即一级报建人员跟踪制、二级技术负责人审核,中心领导审批制、三级局评审和会审制。成立规划技术服务大厅,对规划技术服务收费进行整合、集中,规范收费标准和优质服务;规划设计股更名为规划评审中心,将其它业务股室的规划设计审查职能整合并入该中心,使规划评审更为科学高效。对建设项目选址、建设用地、建设工程等规划许可,严格执行“限时办结制”,规定受理到办结的工作日,对一些简单的许可事项,甚至限制到以小时为单位进行办理,逐步规范办事程序,提高办事效率。

【规划编制】 2017年,《耒阳市城市总体规划(2016—2030)》,于9月18日获得省人民政府的批文。相继完成了武广新城、金沙洲、经济开发区、大市循环经济产业园、铜锣湾片区等新区范围控规,面积约48.15平方公里;全面启动蔡子池片区、五里牌片区、灶市片区和水东江片区等控规的编制;完成了教育、商业网点专项规划的编制。完成了武广教育城(一城五校)项目规划及建筑设计方案、耒阳樟隍岭爱情主题公园概念规划与设计、全民健身活动中心方案设计、耒阳市中心城区教育设施专项规划(2015—2030)、耒阳市建成区黑臭水体整治项目方案、耒阳市小水镇总体规划(2017—2032)、耒阳市智能停车诱导系统工程项目研究、西湖大道北段道路工程方案设计、沿江南路风光带概念性规划方案、耒阳市五一东路人行天桥设计方案、纸都实验学校规划建筑设计、南岭仙公园概念性规划设计、耒阳市体育训练馆项目选址方案、城北路、沿江路与耒阳大桥互通交通组织方案等。结合行政区划调整,耒阳市全面启动全市的乡镇规划和村庄规划。该局编制完成了夏塘、永济、南京、南阳、黄市、公平、东湖、新市、哲桥等9个乡镇总体规划,正在编制的有龙塘、大义、三都、导子、大市、遥田、坛下、淝田、大和圩、仁义、小水等11乡镇总体规划,还未编制的长坪、太平、亮源、马水4个乡镇,其中马水镇测量工作已经完成,编制完成50个村庄规划。

【规划管理】 严格执行《耒阳市城乡规划委员会工作规则》,进一步完善规委会议事程序、工作规则,对重大项目、重要地段的规划调整按法定程序提交市政府常务会议研究,并按照“三重一大”的工作规则执行;同时,每周固定时间组织方案评审会和执法案审会,切实提高规划民主性、科学性和决策效率。全年,该局共组织方案评审会38例次、执法案审会13例次、耒阳市城乡规划委员会5例次。严格执行“两集中、两到位”实施方案,所有规划许可和规划审批全部入驻市政务中心,对所有规划行政许可及审批,驻中心之外任何人不再签字审批,并实行三级责任制,即一级报建人员跟踪制、二级技术负责人审核,中心领导审批制、三级局评审和会审制。继续深化“一站式”网络平台建设,全面实施“数字化”报建系统,建立数字规划一张图,实行电子化审批。

【规划审批】 按照“精简、高效、统一”的原则,梳理项目报建、规划审批、规划验收、规划执法等各项程序,建立市重点招商项目、工业园区项目、市政基础设施项目、公共服务设施项目、拆迁安置项目等审批“绿色通道”,实施了城乡统一审批、统一管理。全年核发放线通知单106份、规划验收合格证46个、选址意见书61个、建设用地规划许可证276个、建设工程规划许可证56个、乡村规划许可证76个。对涉及市重大项目、重点项目、重点地段项目的评审邀请省、衡阳市专家评议,耒阳市大代表、政协委员、市民代表参与监督。

【规划执法】 2017年,耒阳市城乡规划局整合执法监察大队、规划分局及法制股力量,采取"分片管理、属地负责、堵疏结合、部门联动"的规划执法管理模式,通过巡查、受理立案、调查取证、案件审理、处罚告知、听证、处罚决定、执行、结案归档等一系列工作机制,对各类在建项目进行全方位监督巡查,建立协查、共查、联合巡查机制,做到迅速立案、依法取证、快速上报、及时处置。注重从规划批前管理向规划批后管理的延伸,实行分区巡查、项目管理责任制,责任落实到具体片区、具体岗位、具体人,对少批多建、超层扩面等违法现象进行清查、分析,及时掌握项目实施动态,对项目工程进度、违规处理情况进行全程监管。同时,积极参与和组织联合执法行动,对违法建筑严防死守,对新增违法建筑实施"零容忍"。共清查处理历年来的"两违"建筑124处,依法立案191起,下达行政处罚决定书189份,移送法院强制执行案件118件,追缴罚款5081971元,因撬锁和暴力抗法行政拘留3人,参与组织拆除"两违"建筑66处,面积约3.2万平方米。

【机关建设】 制定《耒阳市城乡规划局学习培训活动方案》《关于在全局党员中开展"学党章党规、学系列讲话,做合格党员"学习教育的实施方案》《市城乡规划局"纠'四风'治陋习"专项整治工作方案》,重点学习中央八项规定、省委九项规定、衡阳市委十项规定、《中国共产党廉洁自律准则》《中国共产党纪律处分条例》和耒阳市相关文件精神,着力提高全体干部职工的理论业务素质。明确领导班子成员分工和职责落实,以《党风廉洁责任书》为基础,以"定责"、"亮责"、"追责",层层传导压力,筑牢责任体系;制定学习培训活动方案,将党纪、政纪、条规纳入"两学一做"学习范围,并结合身边典型案例进行剖析和讨论,用鲜活的案例教育人、警示人;完善局机关"廉洁文化走廊",培育社会主义核心价值观,着力营造"以廉为荣,以贪为耻"尚德守法的机关氛围,更新制作了5块廉洁警示牌;加强警示教育。按上级要求,组织干部职工观看衡阳破坏选举案《不可触碰的底线》警示教育片,组织中层干部参观湘南监狱,接受现身说法教育。

建筑规划勘察

【概况】 耒阳市建筑规划勘察设计院有限公司属国家行业主管部门颁证从事建筑工程设计、城市规划编制、市政公用行业城市道路、给排水工程设计,建筑、市政公用工程,工程勘察咨询科技型专业设计单位。2017年,有员工70人。其中高级职称4人,中级职称26人,初级职称36人。经国家考核考试并注册执业的国家一级注册建筑师4人,二级注册建筑师2人,国家一级注册结构工程师3人,注册规划师1人,注册造价师3人,注册监理工程师10人,专业技术人员47人。

【项目设计】 2017年,完成设计项目100余项,主要项目有:大市经济循环产业园工农二路、水东江水八路、水东江铜锣东路、耒阳市沿江路雨水排水工程、耒阳市第三中学公租房配套设施、耒阳市第四中学公租房配套设施、耒阳大道慢行车道提质改造工程、导子镇中心完小教师周转房、港湘实验小学6#楼、耒阳市第三中学大门、马水镇政府场地、余庆中心完小教师周转宿舍、黄市政府大门、永济中学、烟草局仓库改造、淝田镇扶贫项目、南京中心完小运动场、导子中学综合楼等。

(王峥)

建设工程安全监督

【概况】 耒阳市建设工程安全监督站内设办公室、财务室、执法监察股、工程管理股、考核办、造价办、人事股。有干部职工87人,其中安全监督工程师38人。

【安全监督】 落实市场主体、监督主体,强化建筑市场和施工现场执法联动,杜绝建筑施工安全事故发生。2017年,对全市102个在建工程项目全部实行安全监督,安全监督覆盖面100%;排查施工现场安全隐患782处,下发隐患整改通知书209份、停工整改通知书99份;约谈安全生产违规企业7家,对7家施工责任主体单位移交行政综合执法局进行经济处罚,确保全市建筑市场安全生产形势平稳可控。

【生产标准化】 根据《湖南省建筑施工安全生产标准化考评实施细则》要求,督促施工企业对项目开展安全生产标准化自评工作。该站全年对辖区所有在建工程项目进行安全生产标准化考评工作,共考评施工项目270个,其中优良项目29个,合格项目220个,不合格项目21个。

【人员培训】 施工企业"安管人员"考核管理全面推进,完成全市建筑施工企业主要负责人、项目负责人、专职安全生产管理人员任职资格认定与省住建厅对接工作。是年,对耒阳市17个建筑施工企业的480名安全生产管理人员进行安全生产教育培训;为安全生产管理人员办理安全生产考核合格证延期56人、组织全市41名架子工、起重机械司机等特种作业人员进行实操培训、考核;上报省住建厅对合格人员颁发特殊工种操作证书;完成全市"安管人员"安全生产考核合格证延期、简单换证工作。

【技能鉴定】 全年对建筑砌筑工、抹灰工、钢筋工、混凝土工、木工、防水工、水暖工、油漆工8个工种共480人进行职业技能培训和考评鉴定工作。

【设备管理】 全年开展起重机械设备专项检查1次，共检查起重机械设备123台，其中塔吊57台、施工电梯46台、物料提升机20台；排除存在安全隐患机械设备64台，其中塔吊33台、施工电梯26台、物料提升机5台；签发整改通知书43份、停工通知书9份。

【精准扶贫】 成立扶贫工作队，定点扶贫余庆街道办事处大兴村。组织31名党员干部结队帮扶64户贫困户，8次进村入户走访帮扶困难群众，赠送慰问金30400元，开展"凝心聚力献爱心、精准扶贫奔小康"专项捐赠活动，共捐赠人民币14200元。

【百日攻坚】 制订《耒阳市建设工程安全监督站关于城市环境综合整治"百日攻坚"行动工作方案》，全力做好建设工程文明施工及扬尘治理工作。全市所有混凝土企业建设正规的车辆冲洗平台，参与运营的150台运输车辆全部安装新型防漏装置，落实新建施工项目围档10266米，标准文化墙28148.5平方米。督促建筑企业在施工现场建立标准冲洗平台28处，督促项目部硬化施工道路7处，覆盖裸土6处，绿化空地8处。

城市供水

【概况】 耒阳市自来水公司下辖办公室、财务股、后勤股、保卫股、桌子坳水厂、水东江营业所、安装公司、水质监测站、稽查队、二水厂、二次供水管理办公室等12个部门。在职人员363人，其中管理人员48人，专业技术人员35人，工勤技能人员280人。供水覆盖面积40平方公里，已建有水厂2个。全年售水1800余万吨，减免低保户水费15万余元，提供公益用水近150万吨。

【基础设施建设】 2017年，耒阳市自来水公司配合政府道路提质改造工作，先后完成工业大道DN500主管改造及桌子坳水厂、二水厂及开发区主输水管并网改造等重点工程。加快城区旧管网改造的同时，推进相关区域新管网的安装，完成消防队旁、联平41户、曹家冲、碧桂园、湘南监狱、耒阳大道安置房、富民路农批园、华宜地产、江东名珠等一系列重点项目的水管安装，共完成DN50钢管7222米、DN100管道8482米、DN200管道5978米、DN300管道4170米、DN400管道360米、DN500管道2022米，新增用户12019户。

【供水管理】 实行网格化管理。对全市4个营业所划分各自的包干区域，实行安全预防、维护管理、案件查处的归口管理。实施人员划片分工，定时对区域内供水管网进行巡查。形成纵向到底、横向到边的网格化管理体系。实行24小时工作值守。设置维修值班电话，落实专人值守。管道维修人员24小时待命，及时处置各类供水突发事件，并且重点加强节假日期间的巡护工作。完善应急预案。制订《安全生产隐患集中整治月工作方案》《安全检查工作安排表》等一系列科学合理的应急预案，并定期开展应急演练，确保在供水突发事件中能迅速采取措施。全年共完成DN100以上管道维修239处，DN50以下管道维修1120处；维修消防栓83个，阀门93个；完成改造DN200管道200米，DN100管道374米，DN50管道1160米，解决无水压用户68户；完成城区消防栓编号工作。未发生较大规模的停水事件。

【扶贫攻坚】 耒阳市自来水公司帮扶余庆街道办事处东塘村，有贫困户53户，该公司派出31名党员、干部"一对一"结对帮扶，共投入扶贫专项资金9万余元，通过采取产业发展、教育帮扶、医疗救助等一系列措施，向贫困户发放仔猪23头、小鸡310羽帮助产业发展脱贫。年内，东塘村共19户脱贫。

房产管理

【概况】 耒阳市房产管理局是耒阳市政府承担房产管理职能的直属事业工作局。内设副科级单位2个(拆迁办、交易中心)；下设局办公室、计财股、产权股、住保办、白蚁防治所等19个股室。有干部职工300多人。

【产业发展】 2017年，商品房预售67.7万平方米，同比增长9.6%，商品房网签99.1万平方米，同比增长6.5%，商品房均价3950元/平方米，同比增长25.8%，库存去化31.3万平方米。先后引进碧桂园、广厦、江苏华毅、珠海建总等全国知名房产企业进驻耒阳，加速房产市场优胜劣汰，60余家低品质房企被淘汰出局。守诚信、优服务、精品质的开发理念赢得了市场。全市房地产总建筑面积达到100万平方米左右，房地产开发投资总额38亿元，直接为地方财政增收(税费)4.5亿元，约占财政收入的1/4。

【民生保障】 为民办实事工作全面完成，14个城市棚改项目基本开工；1877套公租住房分配入住；发放廉租住房租赁补贴520万元；争取上级住保专项资金2.4亿元。参照上级政策，在衡阳率先提出公租住房乡镇全覆盖，棚户区改造延伸至建制镇的全新工作思路。启动"政府购买棚改服务"工作，明确未来3~5年棚户区改造目标及行动纲要，储备棚改项目26个，成立棚改投公司。

【规范房产市场秩序】 提高商品房预售门槛，商品房预售标准由过去的形象进度1/3提高到1/2。出台《耒阳市商品房预售资金监管办法》，在全省县(市)率先把预售资金纳入房产部门监管范围，从源头上杜绝商品房烂尾现象。妥善处理康桥美郡、兴业家园、西湖广场、尚书坊等10多起开发商与购房业主之间的矛盾。继续加大物业管理力度，监管面积达260万平方米，配合做好“百日攻坚”10个“示范物业小区”评选工作，归集物业维修资金8200万元。配合重点项目依法实施征收，征收房屋面积9万平方米，搬迁居民近600户。

【机关建设】 年内，组织参加耒阳市篮球赛等大型文体活动。制订《考勤考核办法》，使制度管人管事形成常态。廉政建设考评结果良好，办公用房面积全面整改到位。集中整治“四风”顽疾，大力压缩“三公经费”，继续改善职工福利待遇，保工资、保运转得到有效落实。年内，该单位发放工资、“五险两金”7.1万元/人，比2012年增加2.6万元/人。

城市燃气

【概况】 耒阳市燃气管理办公室为耒阳市燃气主管部门，属全额拨款副科级事业单位，归口耒阳市住建局管理。主要负责本辖区燃气(具)安全管理工作；负责贯彻执行国家、省、市有关燃气安全的法规和规章制度；对本辖区燃气行业实施行业管理；对辖区内的燃气行业和用户进行安全监督、检查和管理；负责对新、改、扩建燃气工程项目进行设计、施工的初审和参与验收；负责对燃气供应点、灶具店及燃气自供单位的许可证发放工作；负责燃气用具的质量监督和安装使用的安全管理工作；参与燃气事故调查工作；在职能范围内处罚各类违反燃气安全的行为，并尽快摸清情况，开展工作。2017年，有干部职工10人，其中干部2人，工人8人。

【规范燃气市场】 耒阳市燃气管理办公室执法队每月两次定期对耒阳市区所有气站及燃气供应网点进行实地检查，做好安全检查台账，督促被检查单位，及时做好整改工作，并记录整改结果，以备复查，确保燃气市场安全、稳定。年内，开展5次全市燃气市场专项整治活动，结合全市开展的“落实企业安全生产主体责任年”和“打非治违”专项活动，以防范和遏制生产安全事故为重点，坚持全面检查与严格执法相结合，对全市燃气市场进行集中整治。惩治多家非法经营网点，共下发违法通知单58份，登记保存清单35份，暂扣50公斤钢瓶176个，12公斤钢瓶368个。并督促存在问题的单位整改到位。年底，完成耒阳市各乡镇燃气经营网点换证工作。

【项目建设】 2017年，耒阳市燃气公司共完成户内管安装9909户，其中通气点火3782户，主干管网铺设20公里，庭院管网铺设49.73公里，正式场站青麓储备站正在建设中，城区管网向武广新城、联平新城、水东江等区域发展。协助天然气公司与五环新城业主签订开户协议，完成维多利亚、西湖公馆等楼盘的前期庭院管网洽谈工作。12月16日潜江至韶关输气管道建设耒阳段开工，燃气办参与“新粤浙管道”输气工程建设管理。

衡阳市住房公积金管理中心耒阳市管理部

【概况】 衡阳市住房公积金管理中心耒阳市管理部是直属于衡阳市住房公积金管理中心的正科级建制单位，在岗人员8人。耒阳市管理部是衡阳市住房公积金管理中心的派出办事机构，不是独立的法人。衡阳市住房公积金管理中心对耒阳管理部实行人、财、物统一管理。

【授权范围】 衡阳市住房公积金管理中心授权耒阳管理部管理耒阳市行政区域内住房公积金，并履行以下职责：执行住房公积金归集、使用和增值收益年度计划，并报告实际完成情况；负责住房公积金制度的宣传和实施；审批单位住房公积金缴存比例和缴存申请；记载职工住房公积金的缴存、提取、贷款等情况；审批住房公积金提取和个人住房贷款，负责贷后管理清收；负责住房公积金的对帐、查询、凭证发放和政策解答；承办衡阳市中心交办的其他事项。

【管理工作】 覆盖率高。年底，耒阳市已建立住房公积金的单位390余家，缴存职工5万多人，如行政机关，医疗卫生，教育等部门均足额及时缴存。归集额大。累计归集住房公积金25亿元，归集余额13.15亿元，每年归集额都在3亿元以上。提取和贷款发放多。职工因购建住房、偿还贷款等累计提取住房公积金119167万元，每年提取都在3亿元以上。累计发放贷款83952万元，贷款余额53895万元。社会效益好。通过住房公积金支取、贷款，帮助3.5万余户职工家庭解决购房资金困难，投入当地住房建设20亿元以上。

城 市 管 理

综 述

【概况】 耒阳市城市管理局是耒阳市政府负责城市管理工作的综合职能部门，主要职能为市容市貌、市政设施、园林绿化、环境卫生管理。局机关内设一室五股，共有干部职工51人，局属市政管理处、园林绿化所、环境卫生管理处3个副科级事业单位和固体废弃物处置管理处、渣土管理所2个股级事业单位，城管系统干部职工2000余人。

【环境管理】 完善城市环境基础。通过政府采购，为环境卫生管理部门添置环卫作业各类车辆50余台和一大批环卫设施设备；启动灶市垃圾中转站工程建设；继续抓好城区垃圾站、公厕建设。取消南北正街、西湖路、金阳路、白云路、体育北路、金华北路、南天路、金星路、五梅北路、金桥路、金阳东路、神龙路、蔡伦北路、德泰隆等中心城区裸露式垃圾箱，累计在城区主次街道投入5000个240升立式环保垃圾桶，代替原有的敞开式垃圾箱。开展文明创联活动，在岡方社区范围内，清理陈年垃圾100余吨、硬化空场隙地800平方米、新增停车位30个、劝导占道100余起、协助相关单位拆除违章广告牌10余处，与辖区内单位、门店业主签订《耒阳市“门前三包”责任书》约120份。全面实行‘两清扫、一保洁”，通过人工保洁与机械化清扫相结合，提高道路冲洗频率，提升城区主次干道保洁质量。加强垃圾收集清运管理，及时清洗运输车辆和垃圾收集装置，杜绝超载、滴漏、抛洒及满溢等现象，避免清运过程中的“二次污染”。按照城市环境综合整治“百日攻坚”活动安排，积极做好了城区环卫作业推向市场化前期相关准备工作。

加强渣土管理。实行领导带班制，渣土所班子成员每周安排2~3天时间下中队带队巡查，帮助解决重点、难点、热点问题。根据渣土管理工作的特点，合理安排科学调度，加强重点时段、重点施工季节的管理，实行错时工作制，确保夜间、节假日工作力量。工作协作，会同市综合执法局、交警大队，召集各渣土运输公司、混凝土公司负责人召开宣传教育座谈会。完善对渣土公司运输车辆的准入与退出机制，逐步淘汰公司破旧、车辆状况差的渣土车辆；严控超装超载，严控运输途中“滴、洒、漏”，实行刚性处罚，确保城区扬尘指数稳步下降。强化源头管控，把好渣土许可前置关，渣土运输工地实现定岗、定责、定措施、定标准“四个到位”。年内，张贴治超宣传条幅80多幅，完成行政许可32件，立案查处12件。扩大管理范围，对不符合要求的工地一律进行停工整改，全市规范建设洗车平台13个，下发工地整改通知书、告知书60余份，整改污染源头48处，查处散装未覆盖车辆65台次，查处散落混凝土车辆35台次。

开展生活垃圾无害化处置工作。狠抓填埋作业管理，通过采取疏通开挖渗滤液收集盲沟、完善雨污分流设施和改进垃圾面覆盖方式等多种措施，调整填埋工艺和作业流程。完善工艺，强化管理，新增的渗滤液处理设备年初正式投产，出水水准完全达到国家二级排放标准，渗滤液处理稳定性提高。实行“源头”重点控制，继续采用膜覆盖与粘土覆盖相结合的方式加强作业面覆盖，每日用高效复合微生物除臭剂对垃圾体进行除臭1~3次，减少垃圾体臭气的产生量。制订防汛应急方案，派专人定时巡查，与水利部门、气象部门建立畅通的联系渠道，及时、准确掌握汛情及地质信息，确保垃圾场安全度过汛期。完成场区内山体边坡稳定性排查勘察工作，完成场区周五3000米森林巡防带的清理。2017年，南京垃圾场无害化处理城乡生活垃圾189166吨，垃圾无害化处理率100%。

【园林绿化】 城区园林绿化建设。完成城区各花坛、绿地、公园广场等地的毛球、花木类及行道树的补植工作；组织全市各机关单位在狮子岭公园、马阜岭公园开展义务植树活动。

园林绿化管护。对城区的行道树、小苗进行全面施肥，清理行道树枯枝进行抹芽，更换死树200多余株，对存在电力安全隐患的树枝进行修枝整形，做好全城区的行道树、绿化带进行抗旱工作，确保树木的正常生长；做好城区春节、国庆期间的摆花布景，苗木修剪、桩景树整形、除杂保洁，设施维护等工作，对破损花坛进行全面修复，并安排专人对城区主干道行道树、花草树木进行洒水除尘,及时对主要路口景点进行重点维护,在城区部分人为践踏严重绿化带、花坛安装护栏3000余米,确保干净整洁的景观效果。

园林执法及法规宣传。采取多种形式广泛宣传《城市绿化条例》《古树名木管理办法》等法律法规;组织执法人员分班轮流上路巡查纠章,及时查处擅自修枝砍树、在花坛绿带开口子的损绿、占绿行为和破坏花坛等园林设施行为,共查处损绿行为15起、侵占城市公共绿地行为3起。

【城市基础设施】 城市道路维护。完成白云路下沉路面项目抢修、体育南路抢修工程,完成五一路街心花园、中医院门前人行道、城北路与西湖路交汇处、西关小学前、欣海园门前、民安门前、南方社区、五一西路等改造工作,改造人行道9800平方米,维修人行道13800平方米,新建、维修路沿石3200米,新建、补修城区破损沥青路面28200余平方米,补修水泥路面9100余平方米,修补城区破损路面100余处;完成民主路改造、德旺路下水道改造、城北中路下水道清疏、市委大楼后环路维修改造。

排水设施管护。对城区所有路段下水道、检查井、雨水篦进行全面排查和清疏,清疏下水道14700余米,清疏检查井、雨水篦810余套;对城区"问题"井盖进行更换,更换改造检查井、雨水篦163余套;查处督促电力、自来水等单位在城区各路段私自开挖道路施工15起,责令限期恢复完成,督促国防光缆、电信局、广电、移动、自来水等单位更换恢复检查井盖29套;制定应急方案,对内涝比较严重的路段,增加应急抢修分队人员和工具设备,做到责任落实到人,确保汛期排水畅通,防止发生城市内涝。

城区路灯维修改造。完成发明家广场、神农广场、德泰隆路、衡阳路口、联络线等路段中国结灯饰及亮化工程;完成西湖路路灯改造;及时对城区各路段损坏路灯设施进行维修,维修线路12505米,更换电缆11300米,维修路灯3968盏,维修城区路灯控制箱12座,确保城区路灯亮灯率98%;新建背街小巷路灯90盏,更换路灯电表10块,更换路灯检查井117座,方便广大市民晚间安全出行。

【重点工程建设】 城市管理重点工程建设。完成狮子岭公园山顶广场铺装、山顶公厕、部分二级游步道及周边绿化亮化工程建设。灶市垃圾中转站建设已完成土方工程、桩基施工、综合楼主体、储水池和污水池、压缩车间2层等工程建设,挡土墙和护坡工程已完成工程总量的90%,江东农副产品市场、烈士陵园垃圾站公厕工程建设完成并投入使用,西湖南路等5座城区垃圾站、公厕工程已完成施工图设计。启动城乡生活垃圾焚烧发电厂项目建设,已取得环评批复,完成征地工作,项目开工建设前期各项准备工作。

园林管理

【概况】 耒阳市园林绿化所是负责全市园林绿化工作的职能部门,属副科级全额事业单位,有在编在职人员98人,其中管理人员11个,专业技术人员17个(高级职称1人、中级职称10人、初级职称6人),工勤技能人员70人。内设办公室、生产技术股、计财股、园林设施管理站、计生办,绿化队、植保股、花圃8个股室。

【三大园林绿化指标】 建成区绿地面积1432公顷;绿化覆盖面积1698公顷;公园绿地面积385.6公顷;人均公园绿地面积8.42平方米;建成区绿地率达到33.3%;绿化覆盖率39.5%。

【园林绿化建设】 2017年底,完成对城北西路、荷花路、迎宾大道二期绿化、西湖路分车绿带、德泰隆分车绿化带的提质改造;完成白沙路、金阳东路、德泰隆路、迎宾大道一期及城区各花坛、绿地、公园广场等地的毛球、花木类的补植。园林绿化所对城区的行道树、小苗进行全面施肥工作;对全城区的行道树进行抹芽、清理枯枝及死树更换;对全城区的行道树、绿化带进行抗旱工作,确保树木的正常生长;加强绿化管护工作,由考核领导小组按照《城区园林绿化管护考核实施细则》每月进行两次以上的考核评比,奖励先进班组,当月兑现奖惩,强化绿化日常管护工作规范化、制度化;按照城管局统一安排部署,该所组织人员对主要路口景点进行重点维护,包括苗木修剪、桩景树整形、除杂保洁、设施维护等工作,对破损花坛进行全面修复,并安排专人对城区主干道行道树、花草树木进行洒水除尘。花卉生产实行花圃责任承包,国庆、春节期间在发明家广场、神农广场、西湖路等城区主要景点摆花20多万盆。

【园林执法及法规宣传】 耒阳市园林绿化所采取多种形式广泛宣传《城市绿化条例》《古树名木管理办法》等园林行业法规。组织执法人员分班轮流上路巡查纠章,及时查处擅自修枝砍树、在花坛绿带开口子的损绿、占绿行为以及破坏花坛等园林设施的行为,共查处损绿130多起、侵占城市公共绿地10起;重点整治向花坛绿地倒垃圾、擅自设立广告牌、在行道树上乱挂乱吊、搭设彩灯等违章行为。对城区的花坛、树围等园林设施进行修补维护,保持花坛绿带整洁美观。

【古树名木保护】 2017年,园林设施管理站人员对城区所有古树名木的树势与环境进行全面摸底,根据摸底情况制订保护维护方案,具体措施包括砌树围、补洞、修枯枝等,确保古树名木的正常生长与安全。

（邓小贵）

市政管理

【概况】 耒阳市市政管理处主要工作职责是履行全市城区道路、下水道、排水设施、路灯、人行道等市政设施的维护管理和新建；依法办理各类正常临时挖掘道路手续；对市政设施进行监察管理，依法纠正和查处各类损坏市政设施的行为，确保市政设施完好。单位内设机构：办公室、财务室、生产技术股、路灯队、市政设施维护队、市政设施管理站、亮化股、后勤管理股。现有在编干部职工105人。

【路灯管护】 2017年，城区维修路灯6600余盏、维修更换线路电缆34360余米、更换路灯井盖460套、更换新装电表20块、维修控制箱42台、维修变压器3台、新安装背街小巷路灯100余基，确保城区亮灯率98%。

【道路管护】 全年对城北路、五一路、文化路、蔡伦南路、金阳路、金华路、神农路、西湖路、迎宾大道、及垃圾箱存放点、停车场、进车道路口等路段的破损沥青路面先后进行4次日常沥青维修，维修总面积10500余平方米；对新渡村村委会新铺设沥青6500平方米。对城区破损水泥路面维修面积15000余平方米；维修沿江路、中医院路段、德泰隆路、金阳东路人行道6200平方米，完成人民路与大桥路交叉口广场人行道的建设。

【下水道管护】 全年共清疏下水道12000余米，清疏检查井、雨水井1600座；清运渣土、淤泥1200车次、更换改造检查井426套、更换改造雨水井752套、改造路面积水路段20余处。完成白云路下水道塌方改造项目，安装铺设管径2.2米下水管60米，开挖土方1500方。

【市政设施管理】 2017年，查处破坏市政设施各类违规行为45起，协助全市各相关管线单位全程跟踪管理，督促指导其对路面进行恢复。

【"百日攻坚"综合整治】 按照"百日攻坚"工作部署，市政管理处完成金华路、原民安酒店、西湖路、群英路等人行道维修。共计6800平方米，车辆道口沥青维修5600平方米，混凝土硬化车辆进出道的泥土口8000平方米。完成在建项目：西湖路路灯改造新安装路灯82基、顶管4000米、路灯基础安装82座；民主路道路改造450米；市委环形路沥青铺设8000平方米；城北东路主下水道1200米清疏改造，共计清淤3000立方、新建检查井、雨水井170套、恢复路面500平方米；德旺路箱涵下水道改造项目开挖土方1400立方米、浇灌箱涵砼70米；大桥路人行道改造450余米；铺设麻石板4000余平方米、安装路沿石800米。

环境卫生管理

【概况】 耒阳市环境卫生管理处主要负责城区主干道的清扫、保洁、清运、清洗，市区环境卫生的指导、协调和监督工作。具体负责城区主次街道、背街后巷共532万平方米的清扫保洁以及背街小巷垃圾围点（桶）的生活垃圾收运，负责城区主干道绿化带捡拾和城区14座公共厕所的管理工作，垃圾站每日收集清运、处理城区生活垃圾520余吨。环卫所内设办公室、财务股、督查股5个股室、1个收费队；下设城南、城北、城东分所，清洗所、修理厂、车队6个作业机构。有在职职工104人、退休职工92人、临时聘用1087人，共计1281人。

【环卫工作】 耒阳市投入大量财政资金用于城市环卫设施建设。2017年，耒阳市环境卫生管理处投资450余万元，购置生产车辆97辆，其中含对接车、勾臂车、保洁车、板车；新增购钩臂箱、垃圾桶440个；投入15万元完成设施基建维修工作。耒阳市委、市政府重视环卫工作，环卫经费由2013年的2798万元增加到2017年的3774万元，环卫工人月工资由起初的人均680元增加到2017年的人均1200元。

园区建设

耒阳经济开发区

【经济运行】 全区实现规模工业产值62.4亿元，其中高新技术产值53.04亿元，高新技术产值占比85%。实现入库税收3.184亿元。其中地税1.196亿元，国税1.988亿元。融资实际到位18.779亿元。其中，中信信托到位6亿元，农发行到位4亿元，中航国际租赁、山东国泰租赁各到位2亿元，苏银金融租赁到位1亿元。引进项目38个，新开工项目20家，新投产项目18家，完成规上企业申报15家。

【招商引资】 全年累计接待客商80余起，签约引进项目33个，协议投资额20余亿元，完成市委、市政府下达任务的165%。主要招商引资企业有：浚林服饰、倍特纺织、国贤皮革、君览服饰、永兴纺织、东莞中大日用制品、和俊熙旅行用品等轻纺企业；凤凰电线电缆、中山市华尼斯电子等电子企业；匡老伍辣业、咕噜喵食品、江头茶业等食品加工企业。其中，“匡老五辣业”是一家与隆平高科——湘研种业建立战略合作关系，拥有6个达十万亩天然生产基地，主打天然无公害绿色产品为主，集种、产、销为一体的绿色食品加工企业。供地项目3个，分别是新生力科技实业有限公司、衡阳奥坚金属科技有限公司、新华书店仓储物流项目。其中新生力项目占地面积140亩，协议总投资1.7亿元，是一家集产品研发、生产、销售于一体的综合性高科技企业，其LED灯光系列产品畅销到欧美、中东、非洲、南美洲、东南亚。总部经济项目4个，分别是耒阳鑫科佳进出口有限公司、耒阳恒鸿建材有限公司、耒阳泰兴医疗科技有限公司、湖南阳光普爱医疗科技有限公司。

【项目建设】 富民路全线竣工验收，5个配套安置区土方平整工程完成；工业大道沥青路面全线铺设完成；东二路提质改造完成污水管线及电力管线施工；纬二路至白洋污水处理厂的污水管线顶管已完成；中小企业园二期公租房约4万平方米建成投入使用，园区围墙、绿化、中间水渠等配套完成；创新创业园一期28栋厂房，总面积17.5万平方米全部建成，二期8.6万平方米标准厂房基础全部完成，13栋公租房共655套，总面积约4万平方米，主体全部完成。园内主道路完成70%、管沟完成90%、挡土墙完成70%、中间河道改造工程已完成70%、绿化及围墙进入招投标程序。新城三路完成征地757亩，签署施工和监理合同；哲桥污水处理厂完成征地、招投标等前期工作；富民东路完成地质勘察；耒水大道完成地质勘察、设计、造价咨询和招标投工作；耒水新城棚改安居项目完成地下室土方施工。

【优化环境】 园区努力打造服务型政府，在建项目实施跟踪服务制度，重点项目派驻企业联络员，协调解决企业建设、生产、经营中的困难和问题，全方位为企业排忧解难，督促企业抓好安全生产和环境保护工作，落实好优惠政策，全面实施“一站式办结”。严打强买强卖、强揽工程、无故阻工等违法、违规行为。

大市循环经济产业园

【项目建设】 耒阳市大市循环经济产业园是市政府投资建设的衡阳市重点项目，是耒阳经济转型发展的一个平台。一是道路建设。循环大道二期项目投资1800万元，征地拆迁工作完成；工农二路项目投资3400万元，开展征地前期工作；有色大道项目投资4800万元。二是安置区建设。敖山14组整体搬迁安置区项目投资500万元，主体工程完工。油茶场拆迁安置区项目投资3000万元，油茶场片区安置区完成选址，进行27户拆迁户的安置户设计。三是配套设施。污水处理厂建设项目投资8668.3万元，附属工程扫尾，路灯安装。大市自来水厂建设项目投资7803.9万元，土方进行施工。敖山公租房及小区外配套项目投资500万元，附属工程进行扫尾。

【PPP项目】 耒阳市智慧城市之大市循环经济产业园开发建设PPP项目，是湖南省第二批PPP示范项目。项目资产包括：6条路网、污水处理厂、自来水厂、标准化厂房、仓储物流中心、职业学校及园区医院等12个子项目，总投资11.68亿元。2月21日，项目进行公开招标评审。综合评分排名第一。6月19日,与中冶天工集团双方签订合作协议。

【产业基金】 耒阳市稀贵金属综合回收利用产业基金是由市政府委托该公司与郴州市金贵公司、深圳市华蓉资产管理有限公司合作成立的耒阳市第一个产业基金。6月21日,双方签订合作框架初步协议。双方就政府表决权、出资兜底、基金规模缩小及交易结构改变等问题磋商谈判。

国家级景区开发·林业

耒水国家湿地公园管理

【概况】 湖南耒水国家湿地公园是2011年3月进行试点建设;2016年8月,经林业部正式批准成为国家级湿地公园。公园主要包括耒阳市境内耒水河流主体及其周边缓冲区域,南至蔡伦竹海省级森林公园,北至衡南江口鸟洲省级自然保护区,南北垂直距离45公里,东西垂直距离约11公里,公园总面积3597.6公顷,是湘中南首个国家级湿地公园。具有生态系统典型性、湿地物种多样性、人文景观丰富性、科考价值显著性等特点。通过多年的试点建设,改善耒水水质、保障区域饮水安全,维护区域生态平衡、促进湘江流域的生态文明建设和区域社会经济协调可持续发展。耒水国家湿地公园管理局为耒阳市人民政府直属正科级全额拨款事业单位,内设办公室、资源保护、规划建设、宣教旅游等4个股室,下设永济、新市、城区、泗门洲4个湿地保护站,核定全额拨款事业编制30人。2017年,实有工作人员28人。

【科研监测】 在桐子山恢复重建区建立全省第一个国家湿地公园气象观测站,在公园内建立11个湿地生物监测样点,通过监测,全面掌握湿地资源动态,为公园保护管理决策提供科学依据。

与科研院校合作进行"耒水国家湿地公园周边农村生活污水处理""公众湿地认识及保护意识问卷调查分析""宣传教育与展示研究""湿地公园建设效益综合评价研究""湿地文化资源"5个课题的研究。

【保护恢复】 抓好湿地保护工作:围绕湿地保护,积极有效地开展了一系列工作。对桐子山围栏进行维修加固;进一步完善森林防火、护林护鸟等管理制度;加强护鸟队及沿耒水流域村级湿地保护联络员的管理。联合多部门积极有效的开展工作。联合水利、畜牧等部门,继续加大对非法采砂、非法捕猎等违法犯罪行为的惩治力度;联合气象局在永济建立桐子山气象观测站,为省内第一个湿地公园气象监测站;联合林业、气象、环保、水利、畜牧等部门设立水文水质监测、鱼类监测、气象观测、候鸟观测站、生物多样监测点。认真做好核心区除草、整土、排水、撒播花种、绿化等工作。

开展湿地恢复工作。退耕还湿500多亩,全部种上荷花、睡莲、水葱、茭白、水芹菜等水生植物,同时定期投放饲料鱼,为鹭类幼鸟补充食物,为鸟类生存创造有利条件。

【科普宣教】 开展形式多样的湿地宣教活动。组织"美丽湿地·我的家"第二届摄影比赛、"保护湿地"中小学生征文比赛活动,并出版《第二届耒水国家湿地公园摄影赛专刊》。开展《公众湿地认识及保护意识调查问卷》纸质及网上答题活动。稳定运行"耒水国家湿地公园"门户网站,及时在耒水湿地微信公众号更新湿地保护动态信息。建立湿地保护志愿者工作群,组织开展义务植树活动、"清理垃圾,保护湿地"、森林防火宣传等宣教活动。加强永济中学与灶市完小两所湿地自然示范学校的宣教科普作用。制作湿地知识文化墙和宣传牌。湿地公园管理工作人员兼职各班级辅导员,每年组织学生认知自然活动。每年组织一次湿地知识抢答赛。积极发挥科普宣教中心的主体作用。在宣教功能区灶市外滩公馆建成近500平方米的科普宣教中心,利用视频、模型、照片、影像、书籍、标本等形式,在室内向大众宣传湿地保护知识、展现湿地文化,每周星期二、四定为宣教开放日,安排工作人员为公众讲解湿地相关知识。

蔡伦竹海建设管理

【概况】 蔡伦竹海风景区位于耒阳市东南部、耒水风光带上游,与永兴县接壤,规划面积106.6平方公里(水域面积2.7平方公里)。景区自然资源丰富,16万亩连片竹林郁郁葱葱,环境幽雅,素有"亚洲大竹海""天然大氧吧"之称,更有"竹海三绝"(共生晶簇、大河滩喷泉、古鱼化石)享誉世界;景区人文内涵厚重,为蔡伦造纸、张良归隐、徐霞客巡游、曾国藩募饷之地,有省级文物保护单位2处;景区区位优势明显,距京港澳高速公路出口仅15公里,同时京广铁路、武广高铁、永耒铁路、107国道、耒水河道在景区内外形成了立体交通网络,出行极为便捷。景区为国家AAAA级旅游景区、国家水利风景区、湖南省森林公园、蔡伦故里风景名胜区、湖南省生态文明教育基地,并荣获中国特色竹乡、湖南省文明风景旅游区等荣誉称号。

耒阳市蔡伦竹海建设管理办公室(简称市竹海办)成立于2010年7月,系归口市政府办公室系统的正科级全额拨款事业单位,定财政全额拨款事业编制20名,有干部职工16人。主要职能为:宣传贯彻国家风景名胜区有关法律法规,负责蔡伦竹海景区建设和综合管理,搞好旅游开发服务等,内设办公室、景区管理科、市场开发科、工程建设科、社会事务科四科一室。蔡伦竹海风景区坚持"科学规划、统一管理、严格保护、永续利用"的管理原则,以旅游标准化建设为抓手,加快基础设施建设,完善配套服务功能,提升接待能力和接待水平,在项目建设、市场拓展、招商引资、经营管理等方面取得长足的发展,综合经济实力迈上新台阶,呈现出良好的发展势头。全年景区旅游接待人数已超过15.6万人次,同比增长高达55.2%;门票收入已突破256万元,同比增长42.2%;实现景区旅游综合收入3120万元,同比增长45.1%。

【项目建设】 蔡伦竹海重点开发建设"三园一带一宿一路"项目,即上堡晶矿矿山公园、蔡伦造纸文化园、紫霞寺宗教园、竹海耒水风光带、竹海民宿和耒水大道。项目有两个专项基金项目。紫霞禅寺宗教园配套工程竣工验收;蔡伦古法造纸研学基地完成规划设计,古法造纸表演逐步规范和常态化;游客中心服务用房项目的主体工程竣工;景区道路提质、旅游厕所全面升级扩建等基础设施建设稳步推进。上堡晶矿项目全面启动进出口广场主体工程建设和巷道清淤工作。全力推动蔡伦竹海风景区(二期)开发PPP项目建设。成立耒阳市蔡伦竹海旅游风景区开发建设PPP项目领导小组,完成蔡伦竹海开发建设PPP项目概念性规划和运营模式评审会。完善景区民宿规划建设,全力推动景区旅游民宿经济发展。《蔡伦竹海民宿建设规划》确定设计单位,选定示范区位置,招商工作有序推进。是年,完成新建万客来民宿一家,改建四方竹民宿一家,规划政协苑民宿一家。

【服务管理】 景区全面完善绩效考核制度,细化岗位操作规程,优化管理结构,规范管理流程,不断提高景区旅游服务水平和接待能力。继续落实景区环境、卫生、安全等工作责任制,常抓不懈,努力做到精细化、制度化、规范化管理,重点抓好景区安全生产、员工培训、环境卫生、综合治理、咨询投诉等工作。强化卫生外包队伍的管理,强化各项安全生产管理制度,实行安全生产责任制。完善升级游客中心视频监控和网络设备,实现景区主要景点监控和Wi-Fi全覆盖。工作日及节假日实行领导轮流值班制,有效加强景区管理。各项日常管理制度基本健全,景区环境和谐,经营运转状况良好,全年无重大安全生产事故。

【环境整治】 开展旅游资源开发建设工作,重视生态资源保护工作,将保护生态环境和自然资源作为建设管理工作的重中之重。全年联系省林业厅、会同市林业部门及景区内相关乡镇,对蔡伦竹海范围内林区的一字象甲和竹青虫等病虫害组织进行集中治理一次;高度重视森林防火工作,全年共发放森林防火传单3万份,组建森林防火小分队,参与黄市镇森林火险扑救3次;成立春季护笋领导小组,精心组织春季护笋工作;加强景区内违章违建处置,联合黄市镇国土、规划及相关村组,对景区内村民违规建房进行处置,由单位领导牵头,召集联合处置协调会一次,制止村民违建3起,规范村民建房5起;并组织水利、交通、海事、航管等部门针对景区内耒水河道违规采砂及水上嘉年华航道安全问题现场办公一次,有效保护竹海的青山绿水和景区的安全运行。

【市场推广】 蔡伦竹海市场推广和营销力度加大。是年,在长沙高铁南站、耒阳西站投放大型户外广告牌3块;并与中央电视台、湖南卫视、《湖南日报》、衡阳电视台、掌上耒阳等相关媒体合作推出多期蔡伦竹海专题推介;制作景区全新风光宣传片、景区VR虚拟游等;制作一批的蔡伦竹海旅游纪念品:风光扑克、便携餐具、水杯等,完善景区自媒体:官网、微信公众号、官方微博建设。加大营销力度,与南岳及周边景区联合促销,组建景区捆绑营销。与郴州永兴银楼、飞天山景区、便江风景区、板梁古村组建景区联盟。加大与旅行社、线上营销商合作力度,与长沙嘉景旅行社、郴州假期旅行社签订战略合作协议,与驴妈妈网站签订线上合作协议。

【争资引资】 加大与各职能部门对接力度,准确掌握国家深化改革最新政策,包装项目向上争资、向外融资。以大项目带动大投入,大投入带动大发展,全面拓宽蔡伦竹海建设资金渠道。根据《湖南省林业外资项目管理办公室关于上报欧洲投资银行贷款湖南森林提质增效示范项目申报材料的函》文件精神,蔡伦竹海森林公园和五峰仙林场共同实施耒阳市欧洲投资银行贷款湖南森林提质增效示范项目,项目计划总投资为12289.58万元,申请欧洲银行贷款6000万元,成功获批2000万元。

与省保障性安居工程投资有限公司达成贷款意向,贷款数额10亿元,综合利率6.8%左右,贷款年限5年以上,主要用于蔡伦竹海棚户区改造及相关公共配套设施建设。

林　　业

【概况】 耒阳市林业局机关内设办公室、组织人事、计划财务、造林营林、资源林政管理、政策法规6个股室，挂靠单位有市森林公安局、市森林防火指挥部办公室、市绿化委员会办公室。下属机构有市国有五峰仙林场、市林业产权交易中心、市野生动物植物保护管理办公室、市林业科技推广站、市种苗工作管理站、市竹市木材检查站、市世界银行贷款造林项目管理办公室、市生态公益林管理办公室、市森林资源监测管理站(林业调查规划设计队)、30个乡镇办事处林业站。在职干部职工250人，有专业技术职称人员60人，其中高级1人，中级25人，初级34人。

【造林绿化】 2017年，全市营造林工作紧紧围绕衡阳市绿化增量提质行动，突出生态建设和油茶产业建设，坚持人工造林与封山育林相结合，大力推进营造林工作，全市累计完成造林面积13.65万亩，其中：完成人工造林4.65万亩(其中油茶林面积2.7万亩)、补植补造3.1万亩、封山育林5.1万亩、零星造林0.8万亩。完成通道绿化1220公里，其中新增478公里、提质742公里；完成村庄绿化72个，其中新增46个、提质26个，重点打造了新市镇大兴隆村、坪上村，永济镇百里渡村，淝田镇白米山村，导子镇畔冲村、洞中村等一批村庄绿化示范村。实施“市、乡、村三级联动”义务植树活动，全市城乡义务植树263.3万株，参加义务植树人数达23.63万人。其中四大家领导及市直机关单位在马阜岭公园及狮子岭公园II期义务植树基地栽植大苗0.78万株，栽植面积120亩，乡、村义务植树基地栽植苗木30.84万株，栽植总面积3084亩。2017年，全市植树造林经验在全省造林绿化工作会议上推介。全市森林蓄积量增长4.2%。

【林业产业建设】 做大做强油茶产业。创特色，打造高标准、规模化、集约化的示范基地。耒阳市油茶面积115万亩，茶油年产量9000吨以上，油茶年产值15亿元。耒阳市油茶产业不断发展，涌现大批造林大户、造林企业、专业合作社。油茶林面积在万亩以上的有湖南神农油茶科技发展有限公司、耒阳金鑫农业科技发展有限公司、耒阳殷理基农业科技发展有限公司、湖南中联天地油茶公司耒阳分公司4家。油茶面积3000亩以上的有耒阳中科生物有限公司、天华油茶股份有限公司、飞扬农业科技发展有限公司、湖南神斧集团等10余家公司。100亩以上的种植户有186家，专业合作社达50余个。补短板，着力推进油茶加工业发展。市交通投公司与神农国油生态有限公司共同注资1.41亿元，倾力打造神农国油加工旗舰厂，引进国内外油茶行业最先进的加工生产线一条，加工设备均已安装完成。

做优楠竹产业。耒阳市有楠竹面积24万多亩，占全市林地总面积的10%，占有用林地面积的28.75%。通过大力争取林业科技项目，在黄市镇、大义乡建设高产楠竹示范基地，带动楠竹低产林改造，建设高产竹林，提高楠竹产量质量。楠竹加工方面，全市楠竹产品主要是原竹、竹片销往省外，本地加工主要是粗加工。加工竹片等小作坊有几十家，还有4家加工竹筷子的小规模加工厂，年产值都在20万元左右，产值千万元以上的仅有耒阳市奇宏林业有限公司1家。

【林业工程建设】 全市重点工程造林项目主要包括新一轮退耕还林工程0.1万亩新造林、农业综合开发油茶示范基地建设0.23万亩、中央财政造林补贴项目1.95万亩、防护林工程0.38万亩新造林。2017年，完成新一轮退耕还林0.1万亩，其中油茶新林0.09万亩，其他树种造林0.01万亩；完成农业综合开发项目新造高产油茶林0.23万亩；完成防护林工程新造林0.38万亩，其中油茶造林0.15万亩，生态林造林0.23万亩；完成中央财政造林补贴项目造林1.95万亩，其中油茶造林0.86万亩、生态林造林0.79万亩、其他经济林造林0.3万亩；完成中央财政森林抚育项目1.85万亩。

【生态公益林管理】 加强护林员队伍建设，通过整合公益林护林员和村级防火信息员队伍、完善防火护林员管理制度、加强监督和管理的措施，加强护林员的队伍管理，调动护林员的工作积极性。严格生态公益林管理，从严控制生态公益林的征占用；在生态公益林经营区域设置森林防火宣传牌；加强生态公益林森林病虫害防治工作；惩治乱砍滥伐、乱征滥占、乱采滥挖、毁林开垦等破坏生态公益林的违法犯罪行为；协助保险公司开展森林保险工作，公益林100%参保。

【林木育苗】 全市共落实播种、嫁接育苗面积176亩，其中杉木苗20亩，其他苗木96亩，油茶嫁接育苗60亩。全年调剂油茶苗木466.6万多株。

【资源林政管理】 坚守林地红线。做好总体规划。林地是林业发展的根本，该局组织进行林地的调查、统计、监测，建立林地地籍档案，认真编制林地建设、保护、利用总体规划和年度计划，完成林地数据变更调查工作，争取市委、市政府重视，把林地建设、保护、利用规划纳入土地利用总体规划。坚决把好征占用林地审核审批关。杜绝乱征滥用林地行为。对征用占用林地，按照《中华人民共和国森林法》《森林法实施条例》《占用征用林地审核审批办法》的规定，严格按程序申报各项材料，认真落实行政许可制度。做好基础设施、公共事业、民生工程等重点项目和扶贫项目，申报材料的审核和指导服务，在确保重点项目建设的基础上杜绝乱征滥用林地行为。严厉惩治破坏林地行为。依法保护林地资源。按照中央环保督察的反馈意见，扎实开展耒阳市2017年环境保护"春雷行动"，该局对非法占用林地案件按程序进行调查取证、核实查处，并下达《责令停工通知书》。根据情节轻重，将行政案件移送市行政综合执法局，刑事案件移送市森林公安局予以依法惩治。保护与发展并重。对经济发展和民生用地项目积极争取上级林业部门支持。认真做好征占用林地的申报、审批手续，按照市委、政府的安排部署，积极做好市重点项目新城三路、两馆一中心、灶市G107国道绕城公路等林地使用报批手续。

加强林木采伐管理。严格执行森林法及其实施条例等法律法规的规定，加强法制宣传，加大违法林政案件惩治力度，建立森林资源目标管理责任制，全市森林资源得到有效管理，全社会普遍形成了依法采伐林木、依法运输木材、依法经营加工木材的守法意识。坚持限额采伐制度。始终坚持林木限额采伐和凭证采伐管理制度。每年度根据上级下达的年度采伐限额结合耒阳市采伐需求情况将全市限额分解下达到各乡镇，再由各乡镇下达到各村组，实现采伐限额和采伐计划进村入户，并进行公示。实施森林三年禁伐。耒阳市根据省林业厅《关于实施森林禁伐减伐三年行动的通知》，制订《耒阳市森林禁伐减伐三年行动实施方案》，将全市范围内的国家级省级公益林以及G107国道、S320省道、京港澳高速公路、京广铁路、武广高铁沿线第一层山脊以内的森林面积共101.8万亩纳入禁伐范围，建立全市森林禁伐数据库，同相关村组签订《禁伐协议》，发放森林禁伐补助。简化和规范办事程序，提高行政许可办事效率。坚持在法律和政策规定的框架内，尽量简化审批程序，规范办事流程，降低办事门槛。加强松脂采集监管。实行松脂采集备案制度，加强采脂现场监督检查，严格监督采脂企业按照松脂采集技术规程采脂。有效预防和制止采脂企业对林木的过度采脂行为，松树资源得到较好保护。

【森林防护】 创新举措，切实抓好森林防火工作。该局将森林防火工作重心前移到"防"字上，着力"七抓"。争取领导重视，领导抓，层层落实森林防火责任制，落实森林防火经费，市本级按林地面积每亩2元安排防火经费。抓好值班值守。防火办实行全年24小时值班制，乡（镇）街道办事处在防火期和节假日实行24小时森林防火值班。抓好防火宣传，强化群众防火意识。印发了34万份《致全市人民的森林防火公开信》、64万份《耒阳市人民政府禁火令》、25万份《清明期间森林防火宣传资料》，利用耒阳市电视台、耒阳市门户网站、今日耒阳、时刻新闻、智慧纸都等新闻媒体广泛宣传森林防火，凡是在高温天气、节假日，对重点人群、地段、景区、林区采取多种形式加强宣传。抓好隐患排查。对易发、常发森林火灾地段加强火灾隐患排查。抓好队伍建设。与市武警中队联手组建50人的专业森林消防队伍，20人的武警森林灭火救援中队。每个乡镇建立20人的森林防火半专业队，每个村建立10人以上的义务队伍，并聘请防火护林员625名。抓好防火物质器材储备。市森林消防专业队储备100万元以上的森林防火物资，各乡镇办事处森林消防半专业队严格按照省、衡阳市相关要求，配齐50把砍刀、100个橡皮拖把、10把电动水枪、2把油锯，并搞好所有扑火物资的维护保养，确保能正常使用。抓好火警处置与扑救。一旦发生森林火灾，各乡镇村组立即向防火办报告。火灾发生半小时内，村组干部及护林员亲赴现场扑火；1个小时内，乡镇分管领导及林业站工作人员亲赴现场组织指挥扑火；2个小时内，乡镇主要领导亲赴现场指挥扑火；4个小时内，市林业局领导及防火办到现场扑火。由于"七抓"到位，全市没有发生一起大的森林火灾和人员伤亡事故。全市共办理各类森林案件30起，其中刑事案件17起；移送行政案件及线索13起。惩治处罚各类违法人员18人，其中刑事拘留15人，监视居住1人，取保候审2人，挽回经济损失80余万元。在办案中，未出现案件复议和应诉情况，林区治安大局稳定。

全面加强林业有害生物灾害防控。抓好有害生物预测预报。全年监测林业有害生物寄主面积178.3万亩，监测覆盖率95.8%，及时发布林业有害生物预报3次，其中警报1次。抓好防治工作。大力推广无公害防治，防治林业有害生物3.9万亩，防治率达到100%。提前做好有害生物的科学防控。采用敌敌畏烟剂防治思茅松毛虫，将虫口数控制到最低，避免其爆发成灾；组织油茶造林大户与造林公司，对广西灰象与油茶叶甲进行防治，大大降低害虫的虫口基数，防治效果显著。从严把好森林植物的检疫关。严防外来有害生物的入侵。对全市1000万株苗木进行出圃前检疫，确保合格苗木造林，苗木产地检疫100%；对3000立方米的松科植物及方木、原木及电缆盘、光缆盘进行复检，复检率100%；对出境楠竹16万根进行调运检疫，调运检疫率达到100%。

全力推动退耕还林还湿试点工作。根据《关于进一步推进湘江流域退耕还林还湿试点工作的通知》，认真做好全市退耕还林还湿试点工作。该试点项目位于新市镇大兴龙村境内，是高炉河汇入耒水的入河口,流域集水总面积40平方公里。项目区距离G4高速公路新市出口仅1公里,交通便利,规划面积311亩,其中退耕还湿面积271亩,退耕还林面积40亩,财政投资290万元。项目于4月28日正式施工,截至11月底,施工全部完成。其中完成退耕还湿271亩,栽植湿地植物荷花88亩,栽植香蒲、菖蒲、再力花等湿地植物183亩,完成湿地植物栽植任务的100%,完成退耕还林40亩,道路施工2公里,修建1600平方米的停车场1个,修建拦水坝设施3座,设置退耕还林还湿试点宣传牌4块。

【安全生产】 该局认真落实“一岗双责”制度,落实部门监管和企业安全生产主体责任,加强对森林防火、木材加工、林木种苗培育、林木采伐、公园安全、国有林场安全等方面的安全隐患进行全面排查,检查森林防火安全设施设备不齐单位5个。围绕林区道路运输、森林旅游、森林防火等重点领域开展排查,查出林区道路运输隐患94起,主要是塌方、落石及山洪、泥石流隐患,森林旅游安全隐患主要是坡度大、弯道急、地面湿滑地带较多,较长游路未实行人车分流,山路临水游道未设置安全设施,森林防火主要是易发生森林火灾的隐患点62个。

【争资引项】 全年积极争取2017年度森林抚育项目、中央造林补贴项目、天然商品林管护补助试点项目、产油大县、退耕还林还湿、省级楠竹丰产示范林项目、世行贷款、退耕还林工程等23个项目,争取资金4817.63万元。

(喻永宁　曹子锋)

交通·旅游·邮电

交通运输和旅游

【概况】 耒阳市交通运输和旅游局是耒阳市交通运输以及旅游行业的行政主管部门。负责全市交通基础设施建设、交通运输行业管理、公路管理养护、港航运输管理、城区客运管理、交通工程质量与安全监督、交通企业发展指导性服务以及旅游管理服务工作。局机关内设办公室、财务股、人事宣教股、安监股、计划统计股、法制股、运输股、纪检监察室、内审股、工会等10个股室。下辖市公路管理局(正科)以及市道路运输管理所、市地方海事处、市农村公路管理所、市城区客运管理处、市交通工程质量与安全监督所、市旅游服务中心6个副科级事业单位,有市客货汽车场站管理所、协税护税办公室2个股级事业单位。局属企业有耒阳市运输公司、耒阳市航运公司(由市运输公司托管)、耒阳市通达运输责任有限公司、耒阳市腾达机动车综合性能检验中心、耒阳市嘉年华水上旅游有限公司、耒阳市顺达路桥公司、耒阳市公共汽车公司7个。全局有干部职工708人,其中在职566人、离退休142人。

【交通旅游建设】 2017年,全市完成交通旅游基础设施建设2.577亿元。干线公路建设:余庆至长坪公路,年内完成全部前期工作并于10月23日挂网招标,项目征地拆迁工作全面启动,2019年年底建成通车。项目全长30.263公里,全线采用二级公路标准建设,设计行车速度40公里/小时,路基宽度8.5米,路面采用沥青混凝土结构,总投资预算28437万元。竹市至哲桥公路,为耒阳市城市环线组成部分,全长23.16公里,其中11.18公里按一级公路标准建设,11.98公里按二级公路标准建设,建设期为2年,预算投资金额约为4.09亿元,征地拆迁、三杆搬迁、青苗补偿等全面完成,完成60%的路面清表工程,61%的土方及清淤工程,完成投资1.1亿元。竹海大道“三化”工程,该项目为竹海大道配套工程,主要建设内容为竹海大道15.8公里路基边坡防护及排水设施,沿线绿化、照明设施等,预算总投资9000万元,年内完成投资4200万元。

农村公路及危桥建设改造。实施农村公路窄路加宽80.1公里、县乡道路硬化20.1公里、旅游资源产业路7.7公里、安全防护工程45.2公里、扶贫公路65.89公里,对公清线、江宝线、樟雅线等5条重要县乡道进行提质改造,对14条重点县乡道线路进行水毁抢修和地质灾害公路隐患整治,对X027线等5条道路进行清灌缝和破板修复。投资1300万元,完成中小危桥改造20座。红光大桥建设纳入耒阳市重点民生工程,设计桥长527米、宽7米,总造价为2371万元,年内完成桥梁桩基和下部结构,完成投资1300万元。

客货站场建设。黄市汽车站总占地面积17729.62平方米,规划用地13781.3平方米,按三级汽车客运站标准建设,预算投资519万元。年内,完成土方工程、地下水沟作业,开展项目方案设计、造价预算等工作。建设农村客运招呼站30个,完成投资150万元。

旅游景点建设。蔡伦竹海景区,紫霞禅寺宗教园配套工程竣工验收;蔡伦古法造纸研学基地完成规划设计,进入施工阶段,古法造纸表演逐步规范和常态化;游客中心服务用房项目主体工程竣工;景区道路提质、旅游厕所全面升级扩建等基础设施建设稳步推进;上堡晶矿项目启动进出口广场主体工程建设和巷道清淤工作;《蔡伦竹海民宿建设规划》确定设计单位,选定示范区位置,完成新建万客来民宿1家,改建四方竹民宿1家,规划政协苑民宿1家。与中国五冶集团签订耒水国家湿地公园PPP项目合作框架协议,打造耒水国家湿地公园“一带七湾”建设格局,完成湿地公园科普宣教中心建设,初步形成桐子山观鸟赏花的湿地生态旅游雏形。谢维俊故居修缮工作基本完工,做好创建国家AAA级旅游景区前期准备工作。余庆五公仙溶洞完成规划设计,开始进行土地流转,拆迁征地。耒水军事体验项目与国骅集团签订战略合作框架投资协议,完成选址,制定国骅·耒阳军民融合特色小镇总体规划。

【交通运输旅游管理】 全市公路线路年末里程5448公里。全年完成客运周转量8.77亿人车公里,增长-9.7%。全年水路运输完成货物吞吐量89万吨,水路运输周转量320万吨公里,客渡运量143万人次。全年接待国内外游客871.4万人次,实现旅游综合收入65.2亿元,同比分别增长21.6%、6.6%。

县乡公路管理养护。启动县、乡、村道路况评定工作,完成893.8公里县、乡道及1260公里村道的评定和上传工作。成立76个养护工班,与58个承包人签订养户承包合同,对全市57条495.4公里县道和重要乡道实行日常养护。加强文明创建工作,创建亮源乡文明示范乡镇和S214线等5条文明示范路。加大急弯、陡坡、临水临崖等危险段(点)排查治理力度,投入资金12万余元,更换和新增各种警示和安全提示标牌160余套,安装橡胶减速带20米、铺装热熔减速震荡线500多平方米。推进小水镇金山村公跨铁隐患的治理工作,投入资金670万元,完成长1.2公里、宽7米的绕行水泥公路,对该公跨铁桥梁进行封闭限行。

道路运输服务管理。以"6·26"事故整改为契机,强化从业人员教育培训,组织运输从业人员培训4645人次,补课571人次,督促企业培训从业人员3801人次,整改安全隐患110处。8家客运企业,全部开展至少一次应急演练,有效提升突发紧急情况下的应急处置能力和水平。558辆客运车辆全部按要求配备安全锤,配备1735个。91辆全封闭式客车全部安装自动爆破装置。108辆三类以上班车,全部安装使用4G视频实时监控设备。开展客运市场专项整治行动,出动执法车辆9辆,开展执法行动128次,出动执法人员615人次,检查客车936辆次,纠正违章48起,查处道路客运违法行为8起。推进长途客运班车实名制工作,湘运耒阳中心站、五里牌汽车站、灶市汽车站全部完成站场升级改造,并启动实名制售票工作。

水路运输服务管理。按照交通运输部海事处部署,推进海事革命化、正规化、现代化"三化"建设,提升人员素质和业务水平。年内,出动执法车110辆次,出动海巡艇36艘次,巡航里程500多公里,累计巡航时间80多个小时,渡口安全检查120次,查处水路交通违法案件15件,排查安全隐患60件,签发《安全隐患整改通知函》15份,消除安全隐患40起。印发各类安全宣传资料千余份,张贴标语100多条,宣传横幅20多条,发送安全类知识及航行讯息等电子媒介信息上千条,全年水上无安全责任事故。

城区客运服务管理。对16路、9路、12路、13路等4条公交线路进行调整或延伸,进一步优化资源配置,方便群众出行。启动城市客运车辆GPS系统安装工作,全市500辆出租车,101辆燃油公交车,457辆新能源公交车全部安装好GPS系统,并接入省交通运输厅智慧畅行平台。对全市457辆新能源车辆进行清查建档。开展城市客运企业"安全隐患清零"行动,全市9个公交企业和5个出租车企业列出问题清单57条,并全部整治到位。

交通质量监督管理。严格质量监督程序,督促建设单位按质量监督办法办理监督申请,实现全市农村公路建设、危桥改造工程质量监督全覆盖,工程处于受控状态。抓施工中的质量监督,建立健全质保体系。根据不同施工阶段定期组织中间质量检查以及经常性的随机抽查和巡查,发布《工程质量中间检查情况通报》,提出要求和建议,对整改反馈结果进行核查落实。全年组织12次分项、分部工程验收检查,对安全重点监控项目进行4次专项安全检查,排查一般安全隐患10余处,立即整改8处,下发整改通知书3份,整改施工单位1家,整改消除安全隐患5处,对不符合安全质量要求的项目及时抓好返工补救,并进行通报,确保工程安全施工,质量合格。

旅游市场服务管理。配合国家、省旅游局异地交叉执法行动,规范旅行社及服务网点的管理,严厉查处"零(负)团费"强迫消费,欺骗游客等行为,从源头上净化旅游市场。建立耒阳旅游微信公众号平台"乐游耒阳",在高铁进行播音宣传,推介耒阳旅游。制订2017年耒阳市旅游文化整体形象推广活动总体策划方案,参加上级部门组织的推介会,申请承办2018中国·衡阳乡村生态旅游节。引导蔡伦竹海景区成功组织蔡伦竹海第三届春笋节、书画家进景区赠送春联活动等主题活动,扩大蔡伦竹海的知名度和影响力。发展乡村旅游,扩大江头贡茶、大市花海、新市玫瑰园等产业基地规模,扶持星级乡村旅游区(点)发展壮大。制订《耒阳市乡村旅游精准扶贫工作方案》,重点鼓励和支持全市5个省级建档立卡贫困村、贫困户通过发展乡村旅游来进行脱贫攻坚。

交通旅游安全生产。出台《耒阳市交通运输和旅游系统2017年安全目标管理考核办法》及《考核细则》,采取"四不两直""双随机"的方式,分组分领域成立督查组,明查暗访,加强督查,下达汽车维修、水上交通安全、环保整改令10起,整改到位10起,全市所有客渡船一律配置垃圾桶,停业整顿维修厂家6家。通过视频监控严格考核签单发航员,沿河相关乡镇对5名履职不到位的签单发航员进行更换。强化安全生产宣传教育,先后举办各类型安全培训班8期,培训人员600人次。抓好元旦、春运、"两会"等时段和节假日安全工作部署,开展"落实企业安全生产主体责任年"活动,完善基层基础安全设施设备,完成特殊时期的安全目标管理任务,未发生任何安全事故。

【交通旅游自身建设】 严格党员干部管理,试行党员积分管理制度,落实党支部"三会一课"制度,全面推行支部主题党日活动,扎实开展局领导班子2017年度专题民主生活会和机关支部组织生活会。培养发展党员程序，年内局党委研究审批5名预备党员按期转正，审批吸收8名发展对象为预备党员。持续开展“纠四风”“治陋习”整治行动，落实从严治党，办理信访举报案件计38件(次)，对4名违反相关规定的职工分别给予通报、党内警告处分和行政警告处分、免职等处理。完成4个局二级机构的财务收支审计，审计查出各类问题5个，提出建议3条，有效规范二级机构财务管理。有序推进综合执法机构改革工作，128名执法人员按要求划转到综合执法局。办理代表建议和委员提案，收到主办代表建议30件，会办4件，主办政协提案12件、会办5件，召开代表委员见面会2次，建议提案全面办理到位。回复社会各界“喜迎十九大，献计耒阳新发展”金点子33件。全面实行绩效考核，规范全局人员考勤及请休假、人事管理等工作。

(邓海云)

公　　路

【概况】　耒阳市公路管理局为公益一类全额拨款正科级事业单位。主要职责是负责全市国省干线公路和农村公路建设、养护和管理工作。在册干部职工总人数169人，设有党组、工会、团支部、党群组织和办公室、财务股、组织人事股、计划统计股、安全监督股、工程建设和质量监督股、行政事务股、法制股、监察室等办事机构。下设耒阳市干线公路养护大队、耒阳市桥梁隧道管理所、耒阳市农村公路养护大队3个二级机构。

【公路养护及建设】　启动G107耒阳市绕城公路建设。G107耒阳市绕城公路建设是耒阳市重点建设项目，该项目于2017年启动，截至2017年年底，完成项目驻地、试验室建设等，完成清表28.45万平方米，完成片石回填5082立方米，完成碎石土回填2000立方米，路基挖土方1万立方米，土方填筑1万立方米，征地拆迁全面铺开，林地、土地报批手续基本完成。

全力抓好公路养护，确保公路路况完好。继续开展雨季劳动竞赛。通过雨季劳动竞赛活动，提高路况质量，改善路容路貌。全年修补路面坑槽2.5万平方米，修建石砌水沟1500米，增做涵洞120延米，清除路基坍塌土方7500立方米，清挖水沟2.2万余米，铲除路肩反坡12万平方米，水泥路接缝养护60万米，沥青路面修补8500平方米。确保干线公路优良率达92.5%。加强春运公路的保畅。春运前对管养的318.2公里公路进行保畅抢修，投入砂石材料5500立方米，水泥1200吨，机械台班200台次，人工500余个，清除公路路障1200余处，修补路面坑槽1.2万平方米，确保春运公路安全畅通。加强桥隧的检测与评定。组织桥梁检测公司对管养的46座桥梁及1座隧道进行技术检测与评定，针对不同的病害类型桥梁和隧道进行全面的小修，加强桥梁和隧道的全面养护工作。做好公路大中修工程。2017年，完成G107线大中修工程11.172公里。做好路域环境整治工作。对管养国省干线路面、桥涵、公路交通标志以及边沟处的公路环境进行整治，全年清除乱堆乱放杂物3000余立方米，修复或更换公路标志牌1500余块，更新公路标线5000余平方米，修补沥青路面坑槽7500平方米，清除水沟及路肩垃圾1500余立方米，路肩除草20万余平方米，行道树修枝100余公里，维修病害桥梁150余米，疏通涵洞50余座，清通水沟2.4万余米，确保公路路面无坑槽，公路标示齐全，水沟无阻塞，路肩无反坡，维护公路畅、洁、舒、美的良好形象。做好公路水毁工程。完成G107线、X019线、X020线灾害水毁工程。做好生命防护工程。完成X016、X025、X026、X029线路口、学校、急弯、陡坡的标志标牌389块，临水、临崖、砼防撞墙333立方米，钢波形护栏12595米，广角镜3处。完成G107线和S909线安保工程。

【公路绿化】　完成G107线南线31公里、S320西线21公里，S320东线45公里的通道绿化补栽，种植樟树1.2万余株。

铁　　路

【概况】　耒阳火车站隶属广州铁路(集团)公司衡阳车务段。车站中心里程位于京广线K1814+872处，是办理客货运输业务的二等中间站。2017年年末，车站有干部职工179人，其中干部18人、职工161人。车站设有客运、运转两大车间，有到发线7条，存车线2条，货物线7条，专用线3条(永耒铁路专用线、灶市钢铁厂专用线、广铁线路工程公司基地专用线)。配调车机1台。办理客运业务建筑面积3980平方米，设有中央空调候车室、售票厅、旅客站台2座、旅客地道1座等配套设施。货运仓库2座，建筑面积7374平方米。

【铁路运输】　耒阳站为京广线二等中间站，日均接发列车210列，其中客车130列(停车办理业务的客车11列)。全年货物发送256万吨，客运发送110万人，运输款9360万元。

(谭逸)

耒阳西站

【概况】　耒阳西站座落在京广铁路耒阳火车站西面，距耒阳市城中心16公里，于2008年10月动工兴建，2009年11月竣工。2009年12月26日，正式通车营业。耒阳西站隶属于长沙南站。总建筑面积6755平方米,候车室总面积2400平方米、售票厅总面积180平方米,设有2个站台,4条股道。车站全部采用数字化旅客服务系统,对行车调度、客运计划、售票系统、检票系统、广播系统、引导系统、监控系统等进行高度集成、综合控制,可随时掌握车站各个方面的情况,随时应对各种突发事件。

【旅客发送】 耒阳西站日均通过动车组列车208列,停靠营业动车组35列。从耒阳西站乘坐高铁动车组列车可直接到达北京、上海、西安、石家庄、郑州、武汉、南昌、广州、深圳等省会城市。

2017年,耒阳西站全年旅客发送人数1170488人,日均发送旅客3207人,较上年同期增长1.07%,其中单日旅客发送最高峰2017年4月5日发送旅客7353人。全年到达旅客1170400人,日均到达旅客3206人,较2016年同期增长1.11%。全年售票160030张,运输收入17319664.5元。

邮　　政

【概况】 耒阳市邮政分公司是属于湖南省邮政公司的分公司,承担着耒阳邮政、快递行业监管责任,推动建立覆盖城乡的邮政普遍服务体系。有员工248人,其中AB类工140人、劳务工52人、承揽44人、停薪留职12人。2017年,分公司下设一室(办公室)两部(市场营销部、运营管理部)四专业中心(金融业务中心、快递包裹中心、集邮与文化传媒中心、渠道平台中心)、35个网点(含4个纯邮政营业网点)。

【经营状况】 金融跨赛成绩优异。围绕"以储蓄存款为主体,协同发展理财、保险、公司业务等金融总资产"的基本思路,推进网点转型。2017年,全市储蓄余额新增7.3亿元,增幅13.64%,新增总资产9.86亿元,增幅5.34%;储蓄期末余额规模60.81亿元。全市市场占有率21.27%,较2016年提升0.6个百分点,新增市场占有率27.04%,位列全市各金融机构第二位。包快业务实现翻番跨。赛期间,耒阳邮政坚持一手抓金融,一手抓寄递,在一季度从优化营揽投队伍建设入手,按照"投2揽1"的标准要求投递队伍,提升投递队伍的揽收能力。加大协议客户揽收,新增有效协议客户26户,新增业务收入180万元。

【包裹快递业务】 加强主动客服,发展同城配送,通过"双超行动"、"五抓五推""再亮剑"营销大走访等竞赛,挖掘市场潜力。全市完成现业包裹快递业务收入484.86万元,同比增幅180%;完成业务量81.7万件,同比增幅158%;快递包裹市场占有率20%。其中,快递包裹完成收入406.6万元,同比增幅121.5%,标准快递计划收入65万元,累计完成36.5万元,完成进度56%,同比增幅-36%;业务量80.5万件,同比增幅169%。在"双11"、"双12"旺季期间,全市邮政快递包裹业务量达4.78万件,较上年同期增长105%。

【农村电商工作】 围绕全国邮政农村电商"十件实事"、省公司"11121"工程及市公司要求,推进农村电商发展。全市累计建成综合服务平台372个,建设邮乐购实体店114个,召开综平产说会121场。电商业务成功招商入驻11家,与谭鸣耒阳粉皮、蔡伦竹海竹荪等耒阳知名农特产品商家合作,"9·19"电商节期间销售竹荪2.59万件,实现销售额25.6万元;开展创维电器展销会2次,实现销售额196.5万元。全年实现批销额2842.86万元,其中肥料49.42万元,酒水39.17万元,农药6.11万元。

【安全管理】 坚持以预防为主,严格落实安全生产责任制,强化安全教育培训,加快安防设施建设,加强安全监督检查,全年组织5次集中安全学习,开展6次专项安全检查和2次防抢、防盗应急演练,整改和排除安全隐患28条,较好地杜绝各类案件的发生,确保全年无重大安全责任事故和案件。

(王丽娟)

中国电信耒阳分公司

【概况】 中国电信股份有限公司耒阳市分公司(以下简称分公司),分公司建有党总支、工会、四个党支部,内部管理机构设有三部(综合部、网络部、销售服务部)、二中心(客户端装维中心、接入维护中心)、四个营业部(五一路营业部、发明家广场营业部、神农广场营业部、商客营业部)、两个分部(清单级分部、渠道分部)、十个支局(大市支局、夏塘支局、东湖支局、三都支局、马水支局、公平支局、余庆支局、遥田支局、仁义支局、小水支局),有合同制员工126人。2017年,上缴税额计119.56万元。

【提速降费】 全面推出六大新举措,持续推进提速降费:一是全面取消手机国内长途和漫游费;二是助力大众创业、万众创新,大副降低中小企业互联网专线接入资费;三是开展免费接入宽带和ITV业务的打包套餐活动;四是定向流量优惠套餐进一步丰富;五是在能力具备的区域,针对光网老用户免费进行提速;六是践行信息惠农,免费赠送光猫和机顶盒,确保实现"通信息"的村中只要用户申请就能用得上。

【光网宽带】 为缩小城乡差距,2017年5月1日,分公司举行"农村光纤宽带/ITV客户六项服务承诺仪式和誓师大会”,“六项服务承诺”包括:1 天装机,慢必赔;1 天修障,慢必赔;真宽带、真速率,低必赔;老用户免费提速;新用户免费调测 WI-FI;7×24 小时在线服务。

【网络优化】 耒阳分公司围绕网络智能化、业务生态化和运营智慧化的理念,重点加强对农村光网建设、城区光网建设、800M4G 移动网建设、万纤工程建设等工程的建设,农村完成 70 个光网村包括政府指定的 34 个贫困村的光网覆盖;城区全面推进光纤网络互联化的升级改造,完成中石化、邮政银行、农商银行、公安局三四级网、财政局国库集中支付网等网络提速改造和人社局社保站三层 VPN 网络的开通,家庭宽带接入能力达到 200 兆/秒;以 4G 网络建维优一体化为抓手,实现耒阳城乡 4G100 兆无线网络全覆盖,推进城乡 4G+应用,提升网络基础的建设。

(陈乙英)

中国移动通信耒阳市分公司

【概况】 中国移动通信集团湖南有限公司衡阳市耒阳市分公司(以下简称分公司),分公司建有党支部、工会、团支部,内部管理机构设有三部(综合部、网络部、市场部)、二中心(政企中心、渠道中心)、2 个自办营业厅(德泰隆营业厅、五一东路营业厅)。2017 年,上缴税额计 415.38 万元。

【基础设施】 分公司 4G 建设、宽带建设和传输建设等重点工程进展顺利,完成行政村 4G 网络建设,完成武广高铁无线工程建设,完成城区小区和行政村宽带建设,完成光缆建设,完成耒阳区域传输网升级建设项目,完成城区 4G 覆盖优化等工程项目,基础通信能力进一步完善和拓展。

【网络质量】 全年围绕 4G 质量不断提升,针对影响客户感知的 4G 网络深度覆盖问题,深入推进“精耕行动”,提升网络质量,通话质量显著改善,上网速度明显提升。通过“抓质检,提质量”“抓热点,强督办”“优流程,提服务”三个方面,提升客户网络感知满意度。

【客户服务】 分公司重视客户服务工作,前台营业员按照服务标准要求,对客户热心引导、微笑服务,提倡前台人员向客户多说一句话,给客户提供便捷优质服务。开展客户“十分满意”短信回复活动,让广大客户监督和评判服务水平,提升客户整体满意度。

(刘娟)

中国联通耒阳分公司

【概况】 耒阳联通公司是中国联通在耒阳的分支机构,有员工 40 人,内设综合中心、市场中心、宽固中心、运维中心、集客中心 5 个部门,下设 1 个耒阳城区营销部,新市、小水两个乡镇办事处,并且在全市各乡镇建立服务渠道。各类营销渠道带动直接就业近 200 人,间接就业近 500 人。公司在耒阳的固定资产投资规模过 5 亿。

【网络建设】 推进网络提速降费。聚焦用户集中使用的重点场景、道路沿线、重点区域等,加大 4G 网络建设,确保用户网络使用感知;强化深度覆盖,实现主城区面积 90%的 4G 信号覆盖;推动光纤到户宽带网络建设,加大乡镇和村组宽带建设投入力度,扩大农村宽带覆盖范围,推动现网宽带用户免费提速工作,完善项目建设质量评价体系,降低网络故障率,提升用户感知。

【业务发展】 4G、3G 业务发展。4G 新套餐,整合终端厂商资源,打造完善的终端销售服务一体化体系;固网业务发展,加大乡镇和村组宽带建设投入力度,聚焦明星战略产品,坚持高带宽引领,实施装维一体化,构建线上线下联动的立体化营销装维服务体系,降低网络故障率,缩短故障历时,打造宽带产品核心竞争力;行业应用拓展,打造以信息产业、“互联网+”为代表的智慧经济。

【客户服务】 客户服务坚持“以客户为中心,用服务促发展”的服务理念,提高通信网络质量和客户服务水平。加强用户投诉闭环管理,主动维护客户权益,建立投诉快响机制,确保用户投诉解决率达到 100%;强化实名管控,确保新入网用户实名率 100%;开展系统服务升级活动,通过“精彩为您 10 分满意”、渠道及员工“找茬”、“我为客户代言”等活动,造“以客户为先”的自营连锁品牌,实行“一户一策”个性化精准营销与服务,对用户实行全生命周期关怀服务;深化渠道分层分级存量经营体系,引导渠道执行标准化服务营销动作,打造存量经营标杆渠道,带动全市社会渠道存量经营氛围。

教　育

综　述

【概况】 耒阳市教育局是耒阳市人民政府组成局，是人民政府主管教育工作的职能部门。主要职责是综合管理耒阳市的基础教育、职业技术教育、成人教育、社会力量办学，协调局直属单位及各乡镇办事处的教育工作，并对耒阳市教育系统的教职员工及在校学生进行管理。耒阳市教育局机关内设办公室、人事股、计财股、基教股、体卫艺股、职成股、师训股、法规股、审计股、综治股、监察室、教研室、勤工俭学管理站、电教仪器站、基建办、民管办、高招办、成招办、自考办、综合办、督导办、教育工会、团工委、教育电视台、教育信息技术中心、学生资助管理中心、阳光服务中心、质量检测中心、青少年校外活动中心等机构。机关在职干部180人。

2017年，耒阳市辖区内有各级各类学校455所（公办学校438所，民办学校17所），其中小学（教学点）387所、初级中学44所、高级中学3所、完全中学1所、九年一贯制学校13所、十二年一贯制学校4所，中职学校、教师进修学校、特殊教育学校各1所；另有衡阳市驻耒阳市学校2所（耒阳师范和耒师附小）。在校学生20.35万人，其中小学生12.17万人、初中生5.45万人、普高生2.44万人、中职生0.29万人（不含耒阳师范）。各级各类幼儿园285所，其中公办幼儿园28所，民办幼儿园257所，在园幼儿5.3万人。在职公办教师8710人（不含衡阳市驻耒阳市学校教职工人数）。

【幼儿教育】 根据省、市关于学前教育发展的要求，按照该市经济发展状况，人口增长趋势和规划目标，推进学前教育的布局调整、规模办园、规范办园、师资培训等工作，健全学前教育体系。加强普惠性民办幼儿园认定工作，年内认定55所，累计认定164所。2017年，全市在园幼儿52118名，辖区内3~5周岁儿童入园率达到79%。

【义务教育】 推进农村薄弱学校改造，在政策、投入、师资等方面实行倾斜。年内，消除农村校舍危房3500平方米，创建标准化教学点42所。通过扩容增校、内部挖潜、购买学位、落实划片就近入学政策等方式，消除城区“大班额”。年内，增加公办义务教育阶段学位6000余个，向民办学校购买学位1284个；起始年级班额均控制在65人以内。2017年，该市适龄儿童入学率100%、小学巩固率99.9%、小学升学率100%，初中巩固率99.48%。

【高中教育】 创办武广实验高中，秋季正式招生。实施教育质量攻坚行动，普高教育质量进一步提升。2017年，高考二本以上上线人数2219人，上线率38.1%，居衡阳市第一；一本上线744人；600分以上人数81人。高二学业水平考试成绩有提升。普高巩固率97.73%。

【职业教育】 实施中等职业教育攻坚计划，年内投入资金900余万元，改善耒阳市中等职业技术学校办学条件。2017年市域内职业学校招生2673人，其中耒阳市中等职业技术学校招生1346人，耒阳师范招生1327人。耒阳市中等职业技术学校学生参加专业技能竞赛获国家级奖项1人、省级奖项8人、衡阳市级奖项53人。教师参加衡阳市教学设计、说课与微课比赛，一等奖6人、二等奖4人、三等奖6人；在省级以上刊物发表论文9篇。

【民办教育】 开展“民办教育规范管理年”活动，对违规办学行为进行专项整治，下发违规招生通报批评3份，查处非法民办教育机构42家，下达停办通知书41份，依法取缔非法教育机构21家，民办学校和办学机构违法违规办学行为得到整治。

【德育工作】 开展“崇尚‘五爱’精神，争做‘四有’公民”“我的中国梦”“学雷锋，做美德少年”“与信仰对话”“阳光校园，我们是好伙伴”“传统节日和纪念日”“禁毒宣传教育”等系列主题教育活动。组织学校开展环境综合整治“百日攻坚”行动，师生环保意识增强；创新开展家庭教育，推进家长学校建设，成功申创9所“衡阳市示范家长学校”。开展国防教育，聂洲小学成功创建“全国国防教育示范校”。

【素质教育】 各学校开展健身操、武术操等多种形式的大课间活动，学生身体素质增强。武术段位制进校园工作成果进一步巩固,累计培训武术骨干教师 800 人次;两所学校在"省第二届武术进校园段位制比赛"中分别获一等奖和二等奖。校园足球试点工作扎实推进,成功申创全国校园足球特色学校 3 所,累计 9 所;在衡阳市第二届校园足球联赛中,获一等奖 1 个、二等奖 2 个。学生参加各级各类竞赛,在省、衡阳市青少年科技创新大赛中,获省一等奖 1 个、二等奖 1 个,衡阳市一等奖 5 个;在衡阳市数、理、化、生学科竞赛中,获一等奖 40 个、二等奖 80 个、三等奖 120 个;在衡阳市中小学生"三独"比赛中,获一等奖 23 个、二等奖 25 个、三等奖 18 个;在衡阳市建制班合唱比赛中,获一等奖 4 个、二等奖 3 个。

【依法治教】 推进依法行政,坚持重大决策出台前法律顾问审查制度;审查备案局规范性文件 6 个,从源头上保证教育行政执法的合法性。开展干部职工学法用法督查工作,提升干部职工依法行政的能力和水平;创新开展"法治电影进校园""检察院开放日"等法治教育活动,增强广大师生的法律意识和法制素养。加大违规违纪行为整治力度,年内办结各类违规违纪信访案件 90 件,办结率为 92%;政纪立案 28 件,党纪立案 2 件。

【教育审计】 2017 年,完成审计项目 9 个,其中财务收支审计 3 个,离任经济责任审计 1 个,审计调查 5 个,审计资金总额 12058.3 万元,查出问题资金 826.46 万元。针对审计中发现的白纸发票报账、审批手续不全、乱发津贴补助、较大宗物品报销无明细清单等问题,提出整改意见 30 余条,进一步规范学校财务管理。

【教育投入】 该市下达各项教育经费总计 108410.88 万元,其中,拨付义务教育学校公用经费 13695 万元;拨付高中学校取消择校费补助 1000 万元;拨付各类学校助学金 2758.6 万元;拨付教育局机关办公经费 82.18 万元;拨付在职教职工工资、社保缴费、住房公积金合计 69333.8 万元;拨付教育系统离退休生活费 21141.3 万元,保障该市教育稳步快速发展。

【项目建设】 启动学校维修改造项目 135 个;启动学校新建工程项目 21 个,动工建筑面积 3.4 万平方米;启动教师周转宿舍项目建设 7 个。武广教育城项目,立项、征地、招标等工作全面完成,进入开工建设阶段;实验中学铁路园分校、实验中学五里牌分校、水东江中学、五里牌小学等校扩容改造取得实质性进展;紫荆府实验小学竣工并于秋季招生;天玺湾实验小学成功签约,启动项目建设前期工作。"四改三化"等城乡一体化建设项目启动实施,从根本上改变城乡办学条件。

【设备设施】 该市筹集薄改资金 400 万元,为 72 所薄弱中小学装备电脑室 9 间、多媒体室 54 间、音乐室 28 间、美术室 22 间、添置电脑 498 台;筹集图书装备资金 104 万元,为农村薄弱学校添置图书 6.5 万册、书架 180 个,其中标准化教学点图书装备资金 72 万元,添置图书 4.68 万册、书架 82 个,促进薄弱学校办学条件改善。推进教育信息化建设,城区基本实现教育网络"班班通",农村基本实现"校校通"。

【队伍建设】 该市补充中小学教师 462 人,其中引进省招特岗教师 220 人,面向社会公开招聘教师 207 人,安置免费师范生 35 人。全面落实"国培""省培""衡阳市培"、市级培训计划,累计培训教师、校长 9575 人次;开展"中小学教师信息技术应用能力提升"培训,培训教师 1983 名。出台《2017 年师德师风建设活动实施方案》,开展师德师风建设专项活动。开展"最可爱的乡村教师""四有教师"评选活动,推荐 32 名教师参评衡阳市优秀教师、优秀乡村教师和优秀支教教师。落实《乡村教师支持计划》,在职称评聘、评先评优、业务培训、住房改善等方面,优先向乡村教师倾斜;实施乡镇教师工作补贴和偏远山区教师生活补助政策,提升农村教师职业幸福感。

【教育科研】 在湖南省教育科学"十三五"规划课题立项评审中,1 项课题成功立项;初中化学优质空间课堂获评"湖南省示范性网络空间课堂";该市教研室获评"衡阳市教育科研先进单位"。《中职学校工科类专业学生作品与企业作品相融合模式研究》《中职客户信息服务专业校本教材专业实践》2 个部级职业教育课题成功结题。组织教师参加各类教学比赛,获全国一等奖 1 个,省特等奖 1 个、一等奖 18 个、二等奖 27 个,衡阳市一等奖 110 个。

【教育扶贫】 依法落实义务教育阶段"两免一补"政策,累计免教科书费 2144 万元,免除杂费 11638.7 万元;为 34414 名贫困寄宿生发放生活补助 2012.04 万元。广泛开展非义务教育阶段学生助学行动,为 10205 名贫困幼儿发放助学金 510.25 万元;为 7379 名普高生发放助学金 737.9 万元,为 1828 名普高生免除学杂费 169.69 万元,为 320 名品学兼优贫困普高生发放助学奖金 64 万元;为 717 名中职生发放助学金 71.7 万元,为 4883 名中职贫困生和涉农专业学生免学费 585.96 万元;为 839 名大学新生提供生源地信用助学贷款 681.91 万元,为 123 名贫困大学新生发放入学资助资金(路费)7.75 万元。引导社会力量捐资助学,累计资助 740 人次贫困学生,资助金额达 282.2 万元。

【招生考试】 深入实施《耒阳市义务教育划片就近入学实施办法》，做到招生“计划公开、过程公开、结果公开”，规范义务教育阶段招生行为，依法保障适龄儿童少年“就近入学”的权利。做好各级各类考试组考工作，普通高中全国统考、高二学业水平考试、初中学业水平考试、义务教育阶段教学质量抽测统测等组考工作，实现“三杜绝一减少”的目标。

【综治安全】 开展学校安全隐患自查整改行动和多部门联合整治行动，整治学校周边商店150余户，清理学校门口流动摊点200余个，清理整顿校园及周边各类安全隐患227处；针对暴雨、高温、低温等特殊天气下发紧急通知10次，发送安全提示短信5000余条，维护师生安全。加强校车安全管理，累计督查整治校车72台次，处罚违规违法校车7辆，下发整改通知书3份，惩治校车违规违法行为。加强学生安全教育，5月18日，该市应急办组织相关部门在水东江新河完小开展现场应急演练展示活动，推动中小学安全应急水平提升。抓好信访维稳工作，实行教育局领导值班接访制度，累计接访400余人次，完成上级交办信访案件(函)49件，化解信访积案2起。中共十九大期间，实现“零上访”目标。

【阳光服务】 受理咨询、求助、投诉、举报等各类教育服务事项471件，办结465件，办结率98.9%。5月份，完成全市教育阳光服务网络平台的后台维护、内容更新和续航升级，在全市建立学校教育阳光服务网络巡查制度。

【教育督导】 做好省第三轮“两项制度督导评估”和“国家义务教育发展基本均衡县市区评估认定”迎评工作。9月，对全市223所中小学规模学校进行办学条件实地摸底，精准核查，列出清单，分类推进迎评工作。11月，召开全市迎评工作推进大会，制定下发《耒阳市“两项督导评估考核”问题及建议整改方案》《耒阳市县域义务教育基本均衡发展整改工作方案》，压实乡镇主体责任，落实整改措施。

【新闻宣传】 在各级各类新闻媒体累计发稿200余篇；耒阳教育电视台共摄制教育视频10余期；耒阳教育信息网发布教育时政要闻150余篇；“耒阳教育在线”微信公众平台举办180余期，发布消息600余条，报道全市教育动态和教育先进人物、先进事迹。下发《耒阳市教育系统网络舆情监控与评论工作管理暂行办法》，及时监测处置涉教(涉校)网络舆情90余条，配合市网管办处置较大舆情7起。

(谢廷威)

耒阳一中

【概况】 耒阳一中始建于公元907年(后梁)建立的杜陵书院，系湖南省示范性普通高级中学。校园面积10公顷，绿化面积达40%。学校有教职员工396人，其中专任教师338人。有教学班82个，在校学生5554人。

【教育教学】 2017年，在全国中学生禁毒知识大赛中，耒阳一中学生总成绩获湖南省冠军。在第二十届全国青少年五好小公民“阳光校园，我们是好伙伴”主题教育读书活动征文比赛中，该校1名学生获国家级一等奖，3名学生获市级一等奖，3名学生获市级二等奖，3个班级被评为市级“优秀班级集体”，6名学生被评为市级“诚信友善好少年”。在中国中学生作文大赛中，1人获湖南省一等奖。

学生参加学科奥赛，获国家级二等奖1人，三等奖7人；获省一等奖5人，省二等奖9人，省三等奖5人；获市一等奖33人。

2017年高考，二本以上上线人数为534人，比2016年多102人。

【教研科研】 教师参加教学比赛获省一等奖、二等奖、三等奖的分别有15人、5人、7人，参加教学设计和教学课件评比，获省一等奖9人，省二等奖14人，省三等奖14人；市一等奖56人。

教师发表在省级刊物的文章149篇，获省一等奖论文5篇，获市一等奖论文60篇。获省二等奖课题1个，省三等奖课题1个。

课题《借科技活动，培养创新人才》和《高中学生公民素质教育的方法与途径研究》均获衡阳市第十届基础教育优秀教研教改成果一等奖。

5月，《花青素的奥妙》被评为湖南省优秀科普影视作品，全省有6家单位获此殊荣，耒阳一中是全省唯一的中小学代表。耒阳一中被评为湖南省青少年科技活动优秀示范学校，获省科技厅专项奖金10万元。

(郑红华)

耒阳二中

【概况】 耒阳二中创办于1924年，其前身为湖南私立广湘初级中学，1999年挂牌为湖南省重点中学，是耒阳市第一所省级重点中学，2004年挂牌为湖南省示范性普通高级中学。学校是湖南省现代教育技术示范学校、湖南省优秀体育传统项目学校、湖南省首批教学科学学科研究基地。学校占地面积11公顷，教职员工399人，其中特级教师2人、省国家级优秀教师13人、衡阳市和耒阳市学科带头人15人、耒阳市骨干教师18人，高级教师117人、中级教师113人。学校内设机构7个：办公室、政教处、教务处、教研室、督导室、总务处、阳光教育服务中心。2017年年底在校学生5548人，80个教学班。

【师德师风】　完善师德师风建设机制。学校成立师德师风建设领导小组,改进《耒阳市二中师德师风考核办法》,制定和落实《2017年耒阳市二中师德师风建设年活动方案》。以“潜能引爆教育”理念引领学校师德师风建设。组织学习《中小学教师职业道德规范》和关于师德师风的“十条禁令”等文件精神。引导教师确立正确的思想观念,拥有健康、积极的心态,组织开展以“爱”为主题的师德师风教育活动,培养教师“爱事业、爱学校、爱学生”和敬业乐群的教育情怀,引爆每个教师的潜能。提升教师的职业幸福感。关心教师、信任教师、依靠教师,尊重教师个性差异,搭建教师发展平台,促进教师个性发展、异步发展、共同发展。规范教师的从教行为。引导教师树立法纪观念,做到依法从教、廉洁从教。2017年度学校教师师德师风考核合格率100%,优秀率达96%;在2017年度专业技术人员年度考核中70位教职工考核为优秀;吴立明、曹兵鹏2位教师被评为2017年度耒阳市教育系统“四有教师”师德标兵;陈翔、刘翌、梁光明、贺小勇4位教师被评为耒阳市2017年度高中教育教学工作优秀班主任;王冬玉、蒋牛生、刘婧、段苏华4位教师被评为耒阳市2017年度高中教育教学工作优秀教师。

【德育工作】　是年,学校自主开发的德育校本课程成为校本课程建设的亮点,形成“整体+系统”的德育特色。完善德育校本课程。德育校本课程围绕政治教育、思想教育、道德教育、法纪教育、心理教育五条主线,以二十八个系列专题贯穿三个年级;从高一年级到高三年级,同一主线的德育要求螺旋上升;针对不同年级学生的特点,高一、高二、高三年级分别确定以适应教育、人格教育、成人教育为侧重点,构建“五育三侧重”的德育内容体系。完善学校德育工作网络。学校德育工作领导小组、政教处(团委会)、年级、班级四级由上而下纵向延伸;学校、社区、家庭三个方面由内而外横向拓展。2017年下学期,学校完善“耒阳市二中家长委员会章程”,并依照章程规范、有序、有效开展活动。学校“四纵三横”的德育网络渗透力强,形成强大的德育合力。发挥德育基地的育人功能。充分利用耒阳烈士陵园、蔡伦纪念园及学校校史陈列馆、农耕博物馆、蔡伦纸都博物馆等学校和地方德育基地,让学生了解历史、了解耒阳、了解学校,开拓视野,增长知识,发挥了“两园三馆”德育基地育人的特殊功能。完善“自主体验式”德育活动模式。结合德育校本课程要求,开展走进军营、走进工厂、走进社区、走进农村、远足走进大自然,学习中华优秀传统文化和立志达标等“五进一学一达标”自主体验式系列活动,引导学生用自己的力量成长,促进学生精神正成长。完善德育综合评价方式。采取自评、互评、师评相结合,过程性评价和结论性评价相结合,定量和定性相结合的方式,对学生的政治、思想、道德、法纪、心理等五个方面的素质进行综合评价。2017年学生思想品德评价优秀率80%以上,合格率100%。

【教学工作】　学校坚持以完善课程体系建设和课堂导思教学模式为抓手,推进学校教学和课程改革,形成“素质+个性”的教学特色。扎实推进“四环节导思教学”改革。坚持以“导思”为核心,以“目标导航,新知导学,疑难导思,达标导练”为环节的课堂教学模式改革,立足于“注重潜能开发,突出思维引导,成就个性发展”的教学理念,引导学生在自主探索、合作交流中真正理解、掌握和应用所学知识与技能、思想和方法,实现对学生“潜能”的“引爆”。学校按年级、按科目推进实施“四环节导思教学”改革。在2017年湖南省高中学业水平考试中,学校学考一次性合格率93.64%。2017年高考本科一、二批上线人数665人。完善学校的课程体系。学校坚持“以生为本,多样选择”的课程观,构建“三层次八领域”的潜能引爆课程体系,在开设的“论语解读”“科学用脑”“数学建模”等60余门校本课程的基础上,突出社团和活动类课程建设,努力满足学生个性发展的需要。完善和规范动漫社、器乐社、书画社、街舞社、乒乓球社、篮球社、武术社、摄影社、围棋社、口才社、“雏翼”志愿者协会、“鹿峰”文学社、“校园之声”广播站以及数学、物理、化学、生物奥赛社团等。2017年湖南省中学生“三独”比赛中,郑紫萱获独舞一等奖,罗婧琳、罗婧璐、谢淑玥获二等奖。高中物理学科奥赛中,伍泓、刘飞获国家二等奖;化学奥赛中,谢高尚、王韬获全国三等奖;数学奥赛中,刘仁泽、贺勋、李纪韬获全国三等奖;生物奥赛中,廖湘力获全国三等奖。湖南省田径锦标赛上,陈燕获女子800米第二名、1500米第四名;蒋文丹获铅球第五名;梁伦、黄茜、陈燕被授予“国家二级运动员”称号。湖南省第二届中学生运动会上,学校女子篮球队先后夺得第五名,创衡阳市篮球队历史最好成绩;10名女篮队员被授予“国家二级运动员”称号。衡阳市中学生篮球比赛中,学校女篮和男篮双双包揽冠军。至2017年,学校女篮10年蝉联衡阳市中学生篮球比赛冠军,男篮8次夺得衡阳市冠军。

【教研工作】　是年,学校坚持“尊重教师个体差异,促进教师异步、错位发展”的教师观,根据教师专业成长的规律,提出“差异化发展”的教师队伍建设策略,形成“异步+错位”的研训特色。实施继续教育工程,全员培训教师。学校通过采取“送出去,请进来”的方式,除对教师进行全员校本培训外,还先后派出19位老师参加衡阳市高中骨干教师工作坊研修学习,10位老师参加衡阳市高中能力提升工程“种子教师”工作坊研修学习,92位老师参加中学教师网络研修与校本研修整合培训,163位老师参加衡阳市非学历远程网络研修学习。实施“青蓝工程”,促进年轻教师专业成长。通过“结对子,铺路子”的方式培养教师。至2017年年底,学校连续15年举行青年教师拜师及年度验收活动,累计参加拜师验收的青年教师1142人次,业务汇报赛课或考试验收被评为优秀的376人次,指导教师被评为优秀的296人次。各级教学比赛中,2名教师获国家级奖,15人获省级奖,45人获衡阳市级奖。其中雷琼获湖南省语文教学比赛一等奖,曾玲燕获湖南省体育教学比赛一等奖,吴雪琴的安全教育课被教育部评为“精品课程”,段建军获全国书法大赛三等奖。实施中坚工程,促进教师专业提升。通过“压担子,搭台子”的方式培养教师,一大批青年教师通过“过三关”,即教学关、教导关、教研关,成为学校教书育人中坚。学校新增高级教师10人,中级教师12人。18位教师被认定为耒阳市中小学骨干教师,10位教师被认定为衡阳市中小学骨干教师。实施名师工程,锻造名优教师。学校通过组织课题研究攻坚的方式,引导骨干教师提升。2017年,学校完成省教育科学规划课题立项1个,省市级在研和结题课题5个,参加课题研究的教师占专任教师的20.2%。该校刘显新主持的课题《高中思想政治课现象教学模式研究》获衡阳市第十届基础教育优秀教研教改成果一等奖。谢志明入选衡阳市首批“教学名师”,伍永兵入围衡阳市首届“金牌教师”,周叶辉被评为“湖南省优秀教练员”,黄珑被评为“湖南省优秀指导教师”。

【示范引领】 帮扶耒阳四中。2017年7月,学校与耒阳四中签订《耒阳二中帮扶耒阳四中协议书》。两校在传统结对的基础上,实行全方位、立体式的对接帮扶。坚持求真务实的原则,有组织领导,有阶段性计划,有实施方案,有检查督导,推动结对帮扶工作的规范化、制度化运作。第一,支教到校,引领耒阳四中教师提升教学水平。学校先后派出四位骨干教师到耒阳四中支教。第二,师徒结对,提升耒阳四中教师队伍专业素养。发挥耒阳二中骨干教师、名优教师的带动作用,以“师徒结队”方式实施“帮扶工程”。耒阳四中派出12名教师到耒阳二中进行跟班学习,耒阳四中部分年轻教师与耒阳二中教师签订拜师协议,助力四中教师的专业发展。第三,教研互动,共同提高教育教学质量。学校在与耒阳四中结对共建的过程中,以提高教育教学质量为目标,本着“优势互补、共建共赢”的理念,以集体备课、示范课、观摩课、听课、评课、同课异构等方式,在两所学校间开展多种形式的教学教研活动。第四,管理互鉴,共同提高教育教学管理水平。学校把比较成功的管理模式、管理经验、管理方法交流给耒阳四中借鉴。还启动两校学生建立“手拉手”互助互学活动。耒阳四中综合办学水平提高,教研和教师队伍建设取得较好成绩,学生学业水平考试成绩和高考成绩提高,办学吸引力增强。2017年12月,学校与耒阳四中被衡阳市教育局评为“2017年度基础教育结对帮扶先进对子”,校长邓玉明被评为“衡阳市基础教育帮扶工作先进个人”。带动帮扶薄弱初中。2017年,学校与耒阳市三中、振兴学校、冠湘中学、慈晖学校等薄弱初中学校建立帮扶关系。耒阳二中通过送课到校、教学指导、教研引领、管理交流等形式发挥对这些学校的引领、示范、辐射作用。2017年下学期,学校先后派出9位优秀教师与以上各校教师进行“同课异构”教学交流,派出10位行政人员到各校进行管理指导。

【校际交流】 是年11月11日,湖南H11教育联盟在长沙市周南中学成立。该联盟成员学校为耒阳市二中、长沙市周南中学、望城一中、湘潭县一中、岳阳市一中、汨罗市一中、常德市一中、娄底一中、桂阳三中、绥宁一中、中南迅智科技有限公司。会议就《湖南H11教育联盟章程》《湖南H11教育联盟名师库组建方案》《湖南H11教育联盟年度工作计划》等内容进行深入和广泛的讨论。

是年12月7日,衡阳师范学院物电学院谭延亮院长率领142名大三学生莅临耒阳市二中见习。耒阳二中物理教师郑红成为物电学院见习学生上题为《通电导线在磁场中受到的力》的示范课。交流中,衡阳师院客座教授、耒阳二中校长邓玉明向物电学院师生介绍耒阳二中“潜能引爆教育”特色学校建设情况,并以“引爆潜能教育,让成长真正发生”为主题,就教师成长的目标、成长的途径、一堂好课的标准、学生学习过程中思维活动的有效激发和学生思想品德的有效培养等方面发表自己独特的见解,引起物电学院师生们的浓厚兴趣。

(李华)

正源学校

【概况】 学校位于耒阳市城区青麓山,2004年5月动工兴建,2005年8月正式开学。经过12年的发展,从学前班到高中,学校有在校学生15547人,教职员工1100余人。学生中,农村孩子占80%以上,留守儿童超过半数。

【高考与奥赛】 2017年高考,正源2+4再显威力,二本以上上线810人,居耒阳市第一。学校参考人数1230人,一本上线311人,二本上线499人,三本上线224人,合计本科上线1034人,上线率84%。理科600分以上40人,占耒阳市一半。其中640分以上高分10人。亮源乡泉塘村的黄利，以667分的成绩夺得耒阳市理科状元，居衡阳市第三名。文科二本以上上线人数118人，再创新高。艺体考生63人，上本科统招线43人，上线率68%。其中，美术考生23人，本科统招上线率100%。8月18日上午，学校举行2017年高考庆功大会，拿出18万元现金、45台平板电脑，重奖考上北京大学的黄利等45名优秀学生。奖励黄利现金8万元及平板电脑1台；对考上飞行员的黄新宇、谢高奇及考上中国科技大学的杨志伟等9名学生给予2万至1万元不等的现金奖励及每人1台平板电脑。会上，中南大学授予正源学校优秀生源基地匾牌，这是中南大学授予的全国第一家民办学校优质生源基地匾牌。

2017年全国高中生数理化生奥赛中，正源23人获30项国家级奖，其中二等奖12个，三等奖18个。叶楚仪、李艺鹏2人各获3项奖，唐杏、杨益民、陈文斌3人各获2项奖。物理获8个二等奖，4个三等奖，居衡阳市第一。

【德育工作】 2017年北京励志行。从9月28日至10月5日，245名高一学生从韶山开始，途经长沙、北京两地多所高校及景点。远足春游与冬游活动。从学前班到高三，各年级都举行远足，足迹遍布顺湖、农科园、盘古庙，最远的往返达25公里。体育竞赛活动。小学部三年级拔河比赛，五年级篮球赛；初一年级乒乓球比赛，初二年级拔河比赛，高二年级男子篮球比赛和女子投篮比赛等。

【教学工作】 改革课程设置与教材。从小学一年级起就使用全英文版《新概念英语》，每年分学部举行一次“新概念英语”知识大赛，为正源高考英语考出优异成绩奠定基础。语文增设阅读课、书法课、语艺课，由本科以上学历的专职教师任教。改革学制。学校根据学生差异特点，实施分层教学，实行初中高中一体化，创立“2+4”模式，与国家规定的“3+3”模式相符。2017年秋季起，正源实行“5+3+4”模式（即小学五年，初中三年，高中四年），689名六年级学生成为准初一的首批学生。在分层教学实验中，除了文化班分层外，艺术班试行分层，实行全员因材施教。

【教研工作】 承办上级教研活动。3月22日，衡阳市教科院暨耒阳市教研室专家到正源学校指导高三备考工作。10月13日，衡阳市高三历史教研会在正源举行。教师钟琼佳上一节示范课。11月1日，衡阳市高一英语教学研讨会在正源举行，教师曲容、邓玉玲分别上英语示范课，黄广作为参会教师代表，在会上介绍正源英语教学的因材施教方法以及“同课异构”等特色教学形式，衡阳市教科院为正源颁发“衡阳市高中英语教育教学科研先进单位”获奖证书。

做好小学部、初中部各年级各学科的《正源学练》编写工作。从2017年秋季起，高中各年级组织各科优秀教师编写教案、学案、练习、测试卷、考试卷，所有老师都用自己相应的资料教学，发挥优秀教师的统领作用，保证各班不因教学内容的不同而造成学生成绩的悬殊。坚持实行集体备课制度。坚持开展新教师上汇报课、老教师上公开课、骨干教师上示范课活动。坚持做好“师徒结对”工作，提升教师的业务能力。

【体育与艺术】 第十届小学生运动会于五月底举行。13位运动员打破了14项比赛纪录。

5月31日下午，正源学校首届小学生1000人书法大赛在小学生运动场举行，有铅笔、黑色中性笔和毛笔三种书写形式。6月1日上午，首届小学生千人现场绘画大赛举行，大赛的主题是《我们的学校》。

6月30日晚，小学部第九届兴趣小组汇报演出。

9月22—26日，正源学校第二届中学生体育艺术节举行。其间，在学校广场举行第二届中学生体育艺术节现场千人书画大赛。881名初高中学生参加比赛。9月26日晚，正源学校第二届中学生体育艺术节闭幕晚会暨颁奖典礼在中学生运动场举行。

（郑少君）

耒阳师范

【概况】 湖南省耒阳师范学校创办于1958年，直属于衡阳市教育局管理，坐落在湖南省耒阳市中心地段，占地面积15公顷。有中央财政支持的电子技术和学前教育实训基地，有较齐全的教学、运动和生活设施。有语音实验室、钢琴室、财会模拟实训室、电子电工实训室、模具实训车间、服装裁剪设计室、计算机房、平面设计工作室等。学校师资力量雄厚，教师全部具有本科以上学历，有高级讲师48人，教授级高级讲师1人，“双师型”教师达到40%以上。开设小教大专、幼教大专、学前教育、计算机应用、计算机平面设计、电子技术应用、服装设计与工艺、模具制造技术、会计电算化、旅游服务与管理等10个专业。有全日制在籍学生3609人，学生毕业后100%安排就业。该校与中央电大、中南大学、陕西师大联合举办学历教育、继续教育，在读大专、本科学员1500余人。

【招生工作】 该校认真制订招生工作方案，加强招生工作宣传，通过多种形式联合办学，招收全日制新生1329人。

【教学教研工作】 教师队伍建设情况。进一步完善《耒阳师范学校师德师风建设考核细则》,严格常规管理,狠抓教学工作纪律。省培、市培100%送培到位,培训合格。全年组织教师参加省市级各类竞赛活动,获国家级二等奖、三等奖各1个,省二等奖7个,省三等奖4个,市一等奖14个,市二等奖7个,市三等奖15个。教学活动开展情况。组织8批次、1568人次分赴小学、幼儿园的教育实习、见习活动,举办第16届学生专业技能汇报表演及第42届校运会,组织2535人次的国家学生体质健康测试及数据上传工作。参加各项比赛情况。组织学生参加技能竞赛,获市一等奖7个,二等奖14个,三等奖20个;获省一等奖1个,二等奖2个,三等奖2个。在第十三届全国、省、市中等职业学校"文明风采"竞赛中,学校再一次荣获"全国决赛组织奖",学生荣获市级一等奖11个,二等奖12个,三等奖9个;省级一等奖1个,二等奖5个,三等奖11个;国家级二等奖3个,三等奖2个。获奖数量和得分等排名衡阳市第一。2017年,参加抽查的服装设计与工艺、学前教育、电子技术应用3个专业合格率均为100%。项目建设开展情况。该校2013年度立项的职业教育省级重点建设项目计算机应用示范性特色专业顺利通过验收;2015年立项的湖南省教育信息化试点项目——《"翻转课堂"等新型教学组织形式在教学过程中的创新应用》顺利通过验收;2013年度立项的衡阳市中等职业学校专业带头人,3名培养对象验收全部合格;2017年度市级卓越校获得衡阳市教育局评审通过。教学研究工作情况。全年发表论文23篇,13篇论文获省市级奖,教师参加各类比赛获奖超80人次。

【德育工作】 一是育人队伍建设情况。2017年12月,青年教师谭欣参加湖南省首届班主任基本功大赛,获衡阳市一等奖、省三等奖。组织班主任参赛的8篇德育论文有5篇获奖,其中谭效尤获一等奖。二是学生日常管理情况。学校推行"考勤预警制度",狠抓早操出勤率,上课到课率,晚习到位率、就寝归寝率等考核工作。为激励先进,全年评奖率增加10%。针对个别学生陋习,学校开展手机使用专项整顿,学生吸烟专项整治。三是校园文化活动情况。先后开展全校性学雷锋活动、拔河比赛、五四表彰、"阳光校园,我们是好伙伴"系列活动、顶岗实习生文明离校系列活动、新生军训活动、广播操比赛、主题班会竞赛、颂诵经典、快乐成长系列活动、团员意识教育、温馨寝室评比等活动。四是共青团学生会情况。2017年5月,该校团委被评为"衡阳市共青团红旗单位"、"湖南省五四红旗团委"荣誉称号。572班曾慧娟被评为全国最美中职生,再次成为衡阳市中职学校获奖学生唯一代表。

【后勤工作】 做好开源工作。严格控制"三公"经费的支出,全年招待费支出4.2万元,比上年减少1.9%,公务用车费用7.82万元。

大力改善办学条件。全年该校用于基建维修、改善校园环境100.9万元、添置仪器设备633.29万元。该校还挤出资金偿还债务,共偿还银行贷款、教职工借款及利息等债务496.23万元,还清所有债务。

争取各部门对学校的大力支持。降低学校的办学成本,优化学校的办学环境。全年争减免资金近40万元。

【培训工作】 2017年该校全年各类培训共4283人次,成人学历教育招生567人。连续4年荣获"中南大学网络教育优秀校外学习中心"称号。

【安全保卫】 一是加强校园安全防护。加强保安队伍建设。从保安公司聘请5名专业保安,实行24小时值班制。加强校园巡查,主动排查安全隐患。开展自行车乱停乱放现象的整治、上课期间学生外出的专项整治。二是加强学校三防建设。人防方面:增加保安数量到5名,加强学校保安队伍力量;护校队扩充到20人。技防方面:更新一键式报警器,新装11个监控摄像头,校园视频监控数量达到114个,做到校园内全覆盖无死角。物防方面:在学生易攀爬的围墙上安装防爬链条,学校周边环境排查认真、规范有序。

(周开军)

文化事业

综述

【概况】 2017年，耒阳市文体广电新闻出版局内设办公室、人事宣教股、公共文化艺术股、行政审批管理股、财务股、广播影视管理股、文化遗产保护股、竞技训练股、群众体育股、产业发展股10个职能股室。下辖文物局(蔡伦纪念园、农耕文化博物馆、纸博物馆)、全民健身服务中心、蔡伦文化研究院、文化馆(艺术团)、图书馆、美术馆、体育运动学校、体育运动中心、非遗保护中心9个单位，有干部职工208人，有专业技术职称的51人，其中正高级技术职称的1人，中级技术职称的31人，初级技术职称的19人。

【荣誉】 中华诗词学会授予的"中华诗词之乡"荣誉；原创歌剧《竹娘》和荒诞花鼓音乐剧《刘海爷爷进社区》受邀首次走进中央电视台，荣获央视栏目"银奖"；以蔡伦造纸为题材的歌舞节目《蔡纸汉歌》荣获湖南省"欢乐潇湘"系列节目总决赛金奖，实现耒阳省级大赛金奖零的突破，耒阳市文化馆获省"欢乐潇湘"文艺会演优秀团队称号；耒阳市余庆水口村、仁义罗渡村、黄市大河滩村被列为第五批省级历史文化名村(全省103个，衡阳9个)。青年书法家谢海龙创作的《续书谱》项目，获得2017年度国家艺术创作10万元项目基金，并荣获全国书法大赛最高奖"兰亭奖"。耒阳市二中女子篮球队应邀参加第十届中韩青少年体育交流并取得好成绩。

【场馆建设】 "两馆一中心"工程建设。文化馆主体工程基本完成，图书馆完成地下室与地上一层的建设，青少年活动中心建成一层。图书馆电子阅览室有30台电脑，实现电子阅览室资源共享和全省监管，开通电信20兆光纤宽带，拥有近30万册的电子图书，采购歌德电子借阅机、少儿机、报刊机，建立网站、微信及文化资源共享平台，提供电子图书阅览服务。年内，在灶市车站居委会、金盆居委会两处新增建设2所24小时自助公共图书馆。24小时图书馆数量建设位于省县级市先进行列，共19600余册，拥有办卡读者600人，服务读者80000人次。推进农民体育健身工程建设，严格体育器材申请、验收、发放、安装、管理程序。完成农村体育场地80个村组的勘查工作，新增体育健身场地面积17072平方米，全市人均体育面积近2平方米。至年底，全市完成近500个村组的器材发放，大部分行政村完成农民体育健身工程的器材安装。

群众文化、体育

【概况】 全年开展"欢乐潇湘·激情耒阳·文明大舞台"系列文艺活动20余次，群众文化活动30次。年内举办"我们的中国梦""湖湘文化进万家"暨2017年文化志愿者服务活动、2017年"亿丰杯""欢乐潇湘激情耒阳"群众文艺大赛、"欢乐潇湘幸福衡阳""喜迎十九大建设新衡阳"大型群众文艺汇演复赛、结对帮扶"六个一"活动文艺慰问演出；指导、协助各乡镇办事处、社区、学校和企业开展各类文艺活动，丰富群众精神文化生活。2017年，全市共开展各级各类全民健身活动30多次，先后举办迎建党96周年耒阳市"碧桂园杯"市直机关篮球、湖南省第36届"碧桂园杯"象棋锦标赛、第三届职工乒乓球团体赛、耒阳市首届"农商银行杯"气排球赛、耒阳市职工羽毛球团体赛等-系列赛事活动；参加上级赛事活动10多次，如2017年全国中学生轮滑锦标赛、湖南湘潭市全国老年人篮球赛、湖南省第二届县域经济强县(市)篮球赛荣获二等奖、湖南省第五届轮滑锦标赛、衡阳地区群体骨干培训、全省社会指导员培训等上级赛事和培训。

文艺创作

【概况】 市文化馆原创歌剧《竹娘》和荒诞花鼓音乐剧《刘海爷爷进社区》受邀首次走进中央电视台，在央视11频道《一鸣惊人》栏目比拼中荣获银奖。4月份，创作《竹海的故事》(更名为《蔡纸汉歌》)通过逐级参演，在2017年湖南省欢乐潇湘群众文艺汇演决赛中获金奖，实现省级大赛金奖零的突破。青年书法家谢海龙创作《续书谱》项目，获得2017年度国家艺术创作10万元项目基金,并荣获全国书法大赛最高奖“兰亭奖”。建军90周年文艺晚会进入部队开展采风活动;文化馆、非遗股、书法院等相关人员先后开展音乐创作采风、南岳“群龙朝圣衡阳地区非遗龙灯”庙会采风、民间渔鼓老艺人演艺、桂东“喜迎十九大．蔡纸翰墨”书画采风,提高耒阳市文艺创作水平。

图书工作

【概况】 4月23日,图书馆在发明家广场承办“全民阅读暨纪念第22个世界读书日宣传展示活动。”现场接待图书阅览3万余人,办证60余人,向图书企业购书群众1000余人,实现书籍销售近2100余册。抓好图书漂流及电子图书借阅,让市民传递图书新信息。组织全民阅读之“图书漂流”活动,进行首漂仪式,向耒阳社区、耒阳民协图书志愿者20人发起首漂,向广大社会公众辐射,掀起阅读潮流。抓好板报展览,让市民了解读书知识。以全民阅读暨纪念第22个世界读书日为主题,制作图书宣传板报10余块,与新华书店等单位与企业展出板报50余块。板报做到图文并茂,深入浅出,很好的宣传全民读书,为推动书香社会奠定坚实的基础。举办“我的书屋,我的梦”主题阅读实践征文活动。组织全市中小学校少年儿童,开展“我的书屋,我的梦”为主题,以在农家书屋借书阅读的故事为题材的征文活动。评选出20篇优秀征文,推荐到省、市评奖,其中获省一等奖2名、二等奖1名。

文博事业

【概况】 10月25日,省人民政府下发的《关于批准公布第五批省级历史文化名镇名村名单》中,耒阳市余庆水口村、仁义罗渡村、黄市大河滩村被列为第五批省级历史文化名村(全省103个,衡阳9个);出版民间文化系列专著,启动《耒阳记忆》丛书的编辑工作;设立“民俗与民间艺术陈列室”,每年正月初二举办敖山庙会;正月初八举办大和滚地龙,并参加南岳庙会;坛下铜锣、导子生铁锅子参加省元旦非遗展;组织坛下铜锣到深圳进行招商活动。蔡伦古法造纸作坊建设项目为2016年中央预算内投资项目已于6月份动工,且主体工程基本完工。保护修缮欧阳海烈士墓,9月30日,欧阳海烈士陵园开园。

新闻出版广电管理

【扫黄打非】 在灶市街道办事处铁路园居委会创设“扫黄打非”示范宣传点,制作宣传专栏,向村民发放倡议书、宣传资料500余份。制定社区居民公约。推进“扫黄打非”进居民小组、“扫黄打非”进学校、“扫黄打非”进企业的“三进”工作。使“扫黄打非”知识进村入户,增强村民“不买、不读、不用、不传非法出版物的自我约束意识”。开展“清源”专项行动,查缴“六合彩”涉赌出版物1500余本,没收侵权盗版图书500余本,查处建市以来首例政治类境外违禁出版物案件,惩治各类非法经营活动。

【广播电视安全播放】 为确保十九大的安全播出,该局与执法部门联手对全市各大影院、网吧、小片网进行地毯式检查,全面掌握各小片网的播出动态,与小片网业主谈心,签订安全播出承诺书,并报请宣传部先后两次召开全市安全播出动员大会和安全保障大会,与各乡镇、电视台等相关部门层层签订安全播出责任书。完成“党的十九大”广播影视安全播出任务。

【农村广播村村响工程】 全市321个行政村、57个居委会共安装7000余只喇叭和音柱,形成市、乡、村三级互联互通的广播系统。11月10日,省局技术人员进行信号调试发射成功,耒阳市无线数字信号覆盖范围内的居民都可以免费收看到中央电视台12套电视节目。

【行政审批】 年底,共准予行政许可项目21家(次),其中网吧1家、歌舞娱乐场所1家、书店7家、演出4次、发放一次性内部资料准印号5个,打字复印店3家。全市11家印刷企业30余家出版物发行单位进行年检换证,对部分没有更换新版《网络文化经营许可证》的网吧进行换证。依法行政,加强监管。是年,该局对全市网吧、歌舞娱场所进行摸底调查,特别是农村网吧市场,澄清正常营业和已停业的文化经营场所底子。会同综合执法局对全市城区网吧安装“文网卫士”;组织全市印刷、出版物经营者进行法规学习;开展网吧“利剑”专项整治、校园周边环境整治、查处取缔出版物零售行业无证无照专项整治等多项整治行动;下发《关于全市歌舞娱乐场所在普通高中学业考试期间停止营业的通知》。举办全市文化体育场所的消防安全知识培训班,开展“安全生产月”活动,制定《耒阳市文化市场安全生产工作大检查工作实施方案》,多次对全市大型娱乐场所、网吧开展安全生产检查工作,年内无安全事故发生。

【竞技体育】 2017年,共有摔跤、举重、田径、跆拳道、游泳5个项目参加省青少年锦标赛,共获得6枚金牌、5枚银牌和6枚铜牌。耒阳市运动员邓丽娟参加第十届全国青少年攀岩锦标赛夺得一金、一银、一铜的优异成绩,李小玉获得2个第四,1个第五的良好成绩,邓丽娟与李小玉入选攀岩项目国家集训队;完成衡阳市参加“中韩体育文化交流活动”女子篮球项目比赛的任务。

【免费开放】 文化馆、图书馆、体育运动中心、蔡伦纪念馆、农耕博物馆、纸博物馆等公共文体(文物)场馆全天场馆免费开放。文物方面的场馆总共接待参观游客6000多批,共计5万人,平均每天接待游客上千人,创同期历史新高。提质改造后体育场对市民无节假日的免费开放。是年,办借阅证800余张,月接待读者3500人,图书流通量年4.2万次,上网资源查询服务3800余人次。书画院送春联、送书画下乡,并免费培训市民1000余人次,在南京乡白毛村、坛下、大和圩乡禄田村等级建立近10个村级农家书屋。

广播电视

【概况】 2017年,耒阳市广播电视台机关内设办公室、财务室、人事政工股、监察室、总编室、技术部、广播电视发展办、考核办、耒阳电视台、耒阳广播电台、广播电视发展中心、耒阳市五一影业有限公司。湖南有线耒阳网络有限公司为耒阳市与广电传媒合作单位,广播电视从业人员378名,其中管理人员17人,编辑记者40人,播音主持人9人,技术人员45人,广告人员31人,网络经营人员125人,后勤保障人员76人,离退休人员48人。

【广播电视事业建设】 广电事业建设的重点是网络建设和基础设施建设。年内,城乡广播电视传输网再次扩大,新发展数字电视用户1200户,完成3800户老用户收费,全年累计创收420万元。

全台下辖有2个频道,即:新闻综合频道、广播交通频道,以及自办新媒体耒阳手机台。自办5套节目,每天总播12小时,年节目生产能力1300小时。其中新闻综合频道开办《环保督察》《重点项目巡礼》《百日攻坚》《精准扶贫》《农村环卫广角》《耒阳影像:2012—2017》《喜迎十九大》《学习贯彻十九大精神》等8个新栏目,继续办好《交警之窗》《公安风采》《民生卫计之光》等老牌栏目;广播交通频道开办《耒阳新闻》《一周新闻回顾》《整点新闻播报》《平安耒阳》等多档新闻栏目,并开办娱乐性、生活类栏目《音乐旅途》《中国好声音》《相声》等节目。全台平均综合覆盖率为99.8%,其中新闻综合频道调频覆盖率为98%,覆盖人口160万人;经济生活频道覆盖率为85%,覆盖人口140万人;图文信息频道覆盖率为88%,覆盖人口146万人,影视频道覆盖率75%,覆盖人口120万人;广播交通频道覆盖率98%,覆盖人口150万人;全年实现经济总收入260万元。

【广播电视宣传】 1月21日,耒阳手机台正式上线。4月29日至7月15日,电台组织《快乐小主持》主持人大赛。5月8日,村村响广播正式开通,每天两次播音。其中早上播出的为《耒阳新闻》栏目,下午播出对农节目《蔡伦故里》及转播中国之声的《新闻联播》。6月,耒阳电视台精心策划的专题栏目《重点项目巡礼》正式开播,耒阳电视台记者派出10多名记者,深入全市各行各业,多角度、全方位报道全市在经济转型和可持续发展过程取得的辉煌成就。6月7—8日,耒阳广播电台举办《爱心送考》大型公益活动,组织250多台的士、私家车送考生参加高考,送考达500多人次,电台全程报道。8月,耒阳手机台为迎接十九大特推出《喜迎十九大》系列专稿,发布有影响力的原创作品,主讲十八大以来耒阳人身边具有代表性的的耒阳变化。9月,耒阳手机台为响应耒阳市城市环境整治百日攻坚行动推出《城市环境综合整治"百日攻坚"曝光台》,得到社会各届关注和转发。10月29日,耒阳广播电视台举行全台干部职工体育竞赛活动,通过形式多样的比赛项目,提升广大干部职工精、气、神。12月1日,由耒阳广播电视台和耒阳参与开展汽车服务行业商会主办的2017耒阳冬季汽车展,吸引市民前来参观。

【耒阳广播电台(耒阳广播新闻交通频道)】 耒阳广播电台调频广播发射功率为1千瓦,频率为104.5M,每天播音时间为早上6点至24点。耒阳广播电台开办《耒阳新闻》《一周新闻回顾》《整点新闻播报》《早安,耒阳》等多档新闻类节目。新闻资讯涵盖全天所有时段,重大新闻可以做到即时直播,当地新闻基本做到当天采集当天播出,抓住广播的新闻"短""平""快"特色,开办娱乐性、生活类栏目《音乐旅途》《中国好声音》《相声》等节目,自办节目8个小时,播出新闻4000多条。

【耒阳电视台(耒阳电视新闻综合频道)】 耒阳电视台(耒阳电视频道)耒阳电视台共有编辑记者40人。2017年,耒阳电视台开办了《耒阳新闻联播》《民生新闻》《公安风采》《国土之窗》《法锤之声》《卫计之光》等栏目,广播电台开办《耒阳新闻》《早间微动力》《整点新闻播报》《新闻与报纸摘要》《新闻30分》等栏目,广播电视年播稿量3600多篇,在衡阳市以上发稿85条。

【耒阳手机台】 1月,该台成立耒阳手机台,开拓一条对外宣传耒阳城市面貌、风土人情、名优景点的有效平台,实现耒阳当地传统媒体向移动互联网+智慧融媒的全新转变。注册用户已有3000余人,访问量达到200多万人次,点击量达一万多人次。耒阳电视台的实时直播浏览量达到32万次。

【耒阳市五一有线影业公司】 耒阳市28个数字电影放映队在全市巡回放映,共计放映长短片10196场,完成放映任务的136%,观众人数达80万人次。2月份，五一电影院改造项目正式启动，完成建设方案文本，五一新文化广场的详细规划图。

【农村有线电视网络】 2017年农网公司主要是以网络整改为主。全年新发展数字电视用户1200户，完成了3800户老用户收费，全年累计创收420万元。

【电视转播台】 2017年，完成电视转播台基础设施的改造，包括房屋修缮，道路硬化，发射机房维修，场地绿化建设等，对电视转播台进行全方位防雷建设以及铁塔防腐处理，添置60千瓦的UPS电源一套。建设完成微波发射系统一套，确保农村无线电视的接收和广播电台的信号实现双保险环路播出。改造水泵房电线线路，改善转播台工作人员生产生活条件。

档案工作

【概况】 2017年，档案局内设办公室、业务指导股、信息股、执法股、档案管理利用股；有在职工作人员26人，其中高级职称1人，中级职称10人，初级职称15人；市档案馆存有耒阳市各个历史时期的各种档案资料计120562卷(册)。是年，在全省档案馆工作会议上推介耒阳经验。档案局选送的歌舞诗景剧《蔡侯纸·耒水情》获"衡阳记忆·兰台颂歌"《档案与文明同行》大型文艺会演二等奖。

【业务指导】 强化民生档案管理。指导人社局、民政局、水利局、林业局、韶能耒阳电力公司等单位档案规范化整理。严抓农村档案管理。水东江街道办事处、灶市村、金南居委会等单位档案室均达到省二级标准。夯实机关档案基础。指导国税局、信访局、教育局等单位档案规范化整理，市委组织部、人社局、人民银行等7个单位档案管理达到省特级标准，市委办到升级为省一级档案室。

【档案执法】 制定并实施《耒阳市档案行政执法责任制实施》方案，明确耒阳市综合行政执法局文化执法大队档案执法工作的职能办公室和工作衔接运转；创新建立档案管理登记年检制度，对全市各单位的档案管理情况实行动态而全面的台账式登记管理；加大执法和问责力度，对执法检查中发现问题的单位及时下达整改通知书，并由市委督查室对整改不力的单位进行专项督办；以"6·9"国际档案日、"9·5"《中华人民共和国档案法》颁布日为契机，开展形式多样的宣传活动。

【档案资源管理】 档案局依法依规接收50余个单位的档案15310卷(盒)；征集《耒阳风俗》、耒阳名人等特色出版物136册，重点工程档案67卷(盒)；征收电子相片5万多张、纸质相册10多本；建立重点档案特藏室，抢救重点档案16个全宗3363卷(盒)，刻录党史档案和重要党史人物照片档案983幅，重新规范电子目录42册。

年底，耒阳市通过馆藏档案资料查询利用，解决山林界定、工龄界定、退休、岗位、婚姻、户口、政策落实等纠纷235起，为群众挽回经济损失数百万元。全年共接待查阅人数3027人次，有效档案利用次数2166次。

【档案信息化工作】 按市电子政务公开办要求成立政府信息公开工作及网站建设领导小组，及时将档案局工作信息上传到市党政门户网站，建立信息分开管理台账，完成年度信息公开上传140条任务、动态信息70条及民意征集、社会调查问卷。是年，完成馆藏民生事业单位档案案卷及卷内目录录入共计17504条。建立了耒阳市四大家主要领导年度工作资料档案。

【档案馆项目建设】 耒阳市综合档案馆项目总投资为2037万元，建筑面积6700平方米，完成投资近1700万元，年内实际完成投资670万元。由于拆迁工作"肠梗阻"及设计存在的刚性漏缺项较多，部分项目按规定重新招标，造成工程进度缓慢。完成附属用房、消防、空调、智能化、水电、龙骨吊顶等项目80%以上工程量。

【中心工作】 在市委领导的策划组织下，配合文联等单位，推动《耒阳记忆》系列丛书的编写工作。完成全局党员干部对扶贫驻点村龙塘镇蚕子村"一帮一"结对帮扶工作，为18户贫困户对象捐助资金5万元，建立茶叶种植合作社，并多次走访、送温暖。全程派出业务骨干参与承包土地确权颁证、精准扶贫工作、蔡伦竹海风景区、耒水国家湿地公园建设等重点工程和"6.26"特大交通事故处置等重大活动的档案收集整理归档。

(王丽霞)

卫生和计划生育

卫生计生

【概况】 耒阳市卫生和计划生育局下设办公室、组织人事股、计财股、规划信息股、政策法规股、行政审批股、医改办、应急办、疾控预防控制股、医政医管股、中医药管理股、基层卫生股、妇幼健康管理股、综合监督股、药物政策与基本药物制度股、计划生育基层指导股、计划生育家庭发展股、流动人口管理股、宣传股、科技教育股、保健股、纪检监察室、审计股、党委办、工会好、核算中心、药具站、信息中心等28个股室,局机关在编职工178人。

【深化医改】 公立医院综合改革实现全覆盖,全市14家市直公立医院全面参与综合改革,取消药品加成政策,实施药品零差率销售。全面实施"两票制",减少药品流通环节,解决药品价格虚高问题。推进公立医院按病种付费工作,全市公立医院实施按病种收付费病种数达106种。分级诊疗制度逐步建立,4家二级医院全部参与医联体建设,医联体内部向上级医院转诊患者839人次,向下级医院转诊患者455人次,促进优质医疗资源下沉。开展家庭医生签约服务。全市共组建家庭医生签约团队143个,签约服务人数62.31万人,签约率48%,建档立卡贫困户和计划生育特殊家庭签约覆盖率100%,全市重点人群31.07万人,签约25.83万人,签约率83%。

【计生服务管理】 落实全面二孩政策。是年,全市共出生18247人,人口出生率12.28‰,符合政策生育率为91.07%。全年共落实长效节育措施4363例。独生子女伤残、死亡扶助金标准分别提高到每人每月650元、800元,全年共发放奖扶和抚慰金848.3万元。是年,国家计生协"生育关怀携手行——计生家庭致富项目"培训及经验交流会在耒阳市召开。2017年4月26日,耒阳市计生协作为全省唯一代表在全国流动人口健康服务年活动作典型经验介绍。举办耒阳市驻粤流动人口健康服务年活动启动仪式暨业务培训班及驻粤流动人口计生协工作表彰大会推动流动人口的服务管理。打造全省卫生计生户外宣传示范市,建设马皋岭公园卫生计生宣传文化长廊,共印制9万册计划生育政策宣传读本和计生政策宣传手册,开通"健康耒阳"官方微信公众号。耒阳市江头生态农业开发公司、南京镇车头村隆裕种养专业合作社、水东江生态果木园等3个国家计生协项目点,结对帮扶困难计生家庭40户,实现经济效益和社会效益双赢。全市30个乡镇(街道)计生协、378个村级计生协完成计生协领导班子换届,并对协会常务副会长、秘书长和专职工作人员进行业务培训。

【公共卫生服务】 推进基本公卫服务项目。全面实施14大项服务项目,基本公共卫生服务经费标准提高至50元/人/年。全市居民电子健康档案建档率97.56%,全市65岁以上老年人健康管理人数94870人,完成目标任务数。全年救治救助尘肺病农民工421人次。开展传染病疫情防控。霍乱、手足口病、人禽流感等重点传染病得到防控,全市无手足口病聚集性疫情,无甲类传染病报告,成功处置1例人感染H7N9禽流感突发公共卫生事件。落实妇幼保健工作。完成孕产妇产前免费检查7725例,农村适龄妇女"两癌"筛查10000例。全年总体免疫规划疫苗接种率达95%以上,5岁以下儿童死亡率6.43‰,妇幼健康得到保障。推进爱国卫生运动。巩固省卫生城市创建成果,开展城乡环境整治、除"四害"、控烟、健康教育等活动,改善城乡环境卫生。

【医疗条件和质量】 改善就医条件。加强医疗卫生服务体系建设,争取"十三五"中央财政预算项目4个,中央资金1.1亿元,全年完成白沙棚户区、上架等9个续建项目;启动人民医院综合大楼、南阳卫生院整体搬迁工程、黄市卫生院综合门诊大楼等29个新建项目。实施"优质护理服务示范工程",医院感染管理和抗菌药物管理,二级医院优质护理服务病房实现全覆盖。选拔业务骨干到上级医院进修学习,继续开展基层卫生岗位练兵和技能竞赛活动,选送优秀青年参加省卫计委组织的乡村医生教育培养。医疗服务安全监管不断强化。对740家医疗机构进行校验换证,1500名医生护士进行注册登记;落实"三防"(人防、物防、技防)、"四室"(警务室、调解室、监控室、投诉室),不断完善医疗纠纷人民调解机制,共调处医疗纠纷11起,移交医疗事故技术鉴定1起,医患关系明显改善;无偿献血宣传,临床用血100%来源于无偿献血,保障临床用血和安全用血。中医药服务能力提升工程持续推进。学习宣传《中华人民共和国中医药法》。实施中医药传承创新工程,市中医医院创办"全国农村名中医传承工作室",14名师承学徒参加全省师承出师考试,12名获得出师证,通过率在全省名列前茅;中医院院长谷井文入选首批衡阳市名医支持计划培育人选。完善中医药服务体系,建成3个基层医疗机构国医馆,提高基层中医药服务的可及性。

【健康扶贫工作】 召开全市健康扶贫工作现场推进会,制定下发《耒阳市健康扶贫工程实施方案》等一系列文件,组织开展多次专项督查并通报,促进工作落实。落实"三提高、两补贴、一减免、一兜底"综合医疗保障政策,实行"先诊疗后付费"制度,推进"三个一批"(大病集中救治一批、慢病签约服务管理一批、重病兜底保障一批)行动计划,做到应救治尽救治。全年大病集中救治1783人,救治率100%,慢病签约服务5292人,签约服务率100%,重病兜底保障1431人,救治率100%。建立以基本医保、大病保险、商业保险、医疗救助、医院减免和政府兜底为主的农村贫困人口重病兜底保障机制,加大资金投入,贫困人员就医综合报销比例82.49%。

疾控预防控制

【概况】 耒阳市疾病预防控制中心主要职责是:疾病预防控制、卫生监测检验;承担监测、控制和消灭严重危害全市人民身体健康的传染病、地方病;开展慢性非传染性疾病的监测和预防;实施免疫规划和健康教育;负责全市公共卫生监测和卫生防疫技术指导;为人民身体健康提供预防保健服务。

【免疫规划】 2017年1—11月份,全市累计下发使用各种基础疫苗312920人份。其中卡介苗36000人份,糖丸48000人份,百白破48600人份,白破二联疫苗10000人份,麻风疫苗12600人份,麻腮风20000人份,乙肝疫苗36000人份,甲肝19000人份,流脑A群疫苗56000份,流脑A+C疫苗12000人份,乙脑疫苗3000人份。对全市进行接种率调查,各种疫苗的单苗接种率分别为:卡介苗96%、乙肝95%、脊髓灰质炎96%、百白破95%、麻风95%、麻腮风85%、A群流脑85%、A+C流脑70%、乙脑90%、甲肝80%。

【传染病管理和突发公共卫生事件】 2017年,耒阳市无甲类传染病报告,报告乙、丙类传染病21种,计5414例,发病率455.08/10万,报告发病率较2016年同期累计下降1.28%;累计死亡7例,死亡率0.59/10万,死亡率较2016年同期累计下降53.33%。其中乙类传染病报告15种,计3168例,年发病率266.29/10万,累计死亡7例、死亡率0.59/10万;丙类传染病报告6种,计2246例,年发病率188.79/10万,无死亡病例。发病构成以呼吸道传染病、血源及性传播疾病和肠道传染病为主,死亡构成以血源及性传播疾病(艾滋病)为主。发病数居前五位的病种为:肝炎、手足口病、肺结核、流行性腮腺炎、梅毒,共发病4797例,占传染病发病总数的88.60%。累计报告手足口病病例1290例,比2016年同期下降31.35%,其中重症病例1例,无死亡病例,无聚集性疫情。为进一步做好手足口病防治工作,重新修订手足口病预防控制工作方案;联合教育部门建立联防联控机制,加强托幼机构和学校的手足口病防控工作。开展病原学监测、流行病学调查和疫点处置工作。对所有重症病例和部分散发病例开展个案调查,采集66例病例咽拭子标本送检,同时落实疫点消毒措施,指导病家消毒400次,遏制疫情扩散蔓延。

【慢性非传染性疾病】 全市65岁以上老年人健康管理人数57532人,管理率50.7%,51个项目单位中有30个单位65岁以上老年人管理率达到65%及以上。高血压健康管理人数53512人,管理率30.5%,51个项目单位中有34个单位高血压患者管理率达到38%及以上。糖尿病健康管理人数16737人,管理率20.5%,51个项目单位中有28个单位糖尿病患者管理率达到25%及以上。全市累计登记并录入国家严重精神障碍信息系统的患者5239人,年在管人数5095人,患者管理率97.25%,规范管理率82.95%,服药率95.09%,规律服药率33.5%。全市1—11月份共上报死亡数4231例,死亡率3.8/10万,上报及时率86.2%,身份证填写完整率99.41%,多死因链填写完整率87.83%,死因诊断不明比例1.02%。

【结核病防治】 结核病防治门诊全年接诊肺结核可疑症状者3101例,确诊活动性肺结核患者749例,其中初治涂阳患者206例,复治涂阳31例,涂阴患者508例,结核性胸膜炎4例,并对涂阳患者的密切接触者进行筛查,筛查率97%。医疗卫生单位有效网络报告病人919例,收到转诊单患者数915例,转诊率99%,总体到位769例,到位率84%。贯彻落实《中国结核病防治规划实施工作指南》及国家有关结核病免费检查治疗政策,免费摄胸片2239张,初诊患者免费查痰3080人次,对符合免费治疗的745例病人全部提供免费抗结核药品。

【从业人员体检培训】 至2017年底，体检14365人，比2016年同期增长150%。其中食品8830人，公共场所及生活饮用水等从业人员5539人；体检查出职业禁忌症35人。全年体检接触职业危害因素从业人员体检8000余人，其中煤矿企业5000余人，非煤企业3000余人。是年，共发放健康证14330人，卫生知识培训率100%。

【卫生监测】 全年监测大米样品40个，检测合格40个，合格率100%；监测蔬菜样品20个，检测合格40个，合格率100%；上报食源性疾病病例560余例；上报食物中毒事件4起，中毒人数13人。完成全市30个乡镇、43个监测点共计164个水样样品监测，经检测合格样品98个，合格率59.8%。其中枯水期监测样品82个，合格50个，合格率61.0%；丰水期监测样品82个，合格48个，合格率58.5%。是年，完成6个监测点共计12个水样样品监测，经检验合格样品12个，合格率100%。其中市政供水样品6个，合格6个，合格率100%；城市自建设施供水样品4个，合格4个，合格率100%；城市二次供水样品2个，合格2个，合格率100%。

【职业危害因素控制】 全市共计体检煤矿工人4532人。查出疑似职业病人315人，疑似职业病人为6.9%。职业禁忌症人数41人。非煤企业共计体检2586人，其中疑似职业病人数6人。6个职业病疑似病人都有煤矿工作职业史。职业禁忌症人数81人。

【性病艾滋病防治】 全市累计报告艾滋病病毒感染病例604例，死亡202例，现存活402例。2017年，新发现HIV/AIDS65人，其中AIDS23人，新死亡病例1人。新发报告病例中传播途径以性接触为主，共63人占96.92%，显示性途径传播是耒阳新发现艾滋病感染者的主要传播方式；注射毒品传播2人占3.08%。

【健康教育宣传】 开展“1·26”麻风病防治日、“3·15”消费者权益保护日，“3·24”世界结核病防治宣传日、“4·25”免疫规划宣传日，“4·26”疟疾宣传日、“5·15”碘缺乏病宣传日、“5·31”世界无烟日及职业病防治和地氟病防治宣传等形式多样的宣传活动，共计制作宣传展板20块，悬挂宣传横幅20条，自编健康教育宣传资料4种9000余份。

妇幼保健

【概况】 耒阳市妇幼保健院占地面积5180平方米，建筑面积1.47万平方米，业务用房1.3万平方米。编制床位380张，实际开放床位160张。2017年，有职工218人，其中专业技术人员178人，高级职称20人，中级职称54人，专业技术人员占全院总人数82%。专业技术人员与实际开放床位数之比为1.52∶1。全年收治门诊病人18.84万人，收治住院病人0.82万人次，分娩3845人次。院内开设妇科、产科、儿科、新生儿科、门(急)诊科、检验科、医技科、药剂科、妇女保健、儿童保健、产后康复中心及婚前医学检查等科室。拥有进口四维彩超、无创呼吸机、全自动生化仪、化学发光分析仪、多参数母婴监护仪、多功能麻醉呼吸机、腹腔镜、宫腔镜、电子阴道镜、利普刀治疗仪、CR、钼靶机等医疗设备。

【妇幼保健】 以妇女儿童发展纲要为目标，以基层为重点，强化孕产妇、儿童系统管理，拓展儿童管理范围，确保降低孕产妇及儿童死亡率。全市活产数12034例，其中男6573例，女5460例，性别不明1例，男女性别比1.20∶1。

【免费增补叶酸】 2017年，叶酸以各乡镇乡村医生发放为主，各医疗助产机构妇产科门诊和婚前、孕前门诊为辅的三线发放模式。全年全市目标人群叶酸服用率95.02%。

【艾滋病、梅毒、乙肝月报】 强化组织管理和业务培训，各医疗保健机构的产科已常态化开展艾、梅、乙母婴阻断知识宣传和咨询，表、册登记规范，重点抓好孕28周前的检测工作，使阻断工作关口前移，做到早诊断早干预早治疗。艾、梅、乙孕28周前检测率分别为96.29%、96.33%、96.42%。全年的HIV感染用药干预率孕产妇50%，所生儿童用药率100%；梅毒感染孕产妇用药干预率90%，儿童用药干预率88.89%，艾滋病1例及梅毒阳性44例均有专人持续追踪随访中，乙肝高效免球蛋白接种率100%。每个季度开展一次专项督查并及时下发督查通报。

【农村妇女“两癌”筛查】 3月6日开始“科学防治两癌公益活动”，按两癌检查项目实施方案安排的路线和时间安排，筛查工作在相关乡镇全面铺开，共完成筛查任务10100例，超额完成全年任务量。其中查出乳腺癌4例，宫颈CIN Ⅰ 10例，CIN Ⅱ-Ⅲ 6例，宫颈癌3例。阳性病例随访率100%。

【孕产妇健康管理】 为耒阳市所有孕产妇建立健康档案，孕产妇保健管理建档率96.61%，系统管理率93.80%，住院分娩率99.98%，剖宫产率33.09%，新法接生率100%，高危妊娠管理率99.94%。孕产妇死亡2例(常住人口1例)，孕产妇死亡率16.62/10万。

【三筛工作】 散发宣传单，举办健康讲座，充分利用孕妇学校平台开展三筛知识普及。服务上门，要求所有产科机构必须做到和孕产妇面对面沟通,基层医疗单位妇幼专干当好宣传员、通讯员、服务员,确保辖区孕产妇都得到应有服务。采血和高危随访服务工作,注重适时调度,每一个月根据保健科统计的数据情况开展个别约谈和集体协商,确保工作有效调控。外出务工孕产妇的产筛信息补漏工作,将这部分人员的产筛信息作为全市产筛的补充。加强对产筛高危孕妇的诊断干预和妊娠结局随访,全年全市新生儿疾病筛查率102.26%,新生儿听力筛查率103.42%,孕产妇免费产前筛查完成7725例。

【儿童系统管理】 7岁以下保健覆盖率95.38%,3岁以下系统管理率91.80%,5岁以下儿童血红蛋白检测率80.90%。5岁以下儿童死亡81人,死亡率6.73‰;婴儿死亡45例,死亡率3.73‰;新生儿死亡30例,死亡率2.49‰。

【妇幼卫生信息管理】 妇幼卫生信息管理步入规范化轨道,强化妇幼卫生信息共享,通过QQ群的信息交流以及省市相关信息共享。坚持一月一报表、一季度一例会一培训原则,基础报表实行电子报表,统计分析总结全部实行电子打印,资料按统一规定存档保存,接收、上报报表有登记,审核有记录,每季度有质量控制分析,对存在的问题及时反馈,及时纠正,保证报表质量。

【临床医疗】 各种医疗文书做到及时、准确、完整,医疗病历书写率100%,一级病历85%,二级病历15%,消除三级病历。儿科、妇产科技术水平提高。是年,门诊病人18.84万人,收治住院病人0.82万人次,接生3845人次,儿科病房使用率67%,均住院日约为5天,抢救危重病人160余例。全年未发生重大医疗差错事故。

【群众满意医疗评比】 医院开展“服务好、质量好、医德好、群众满意”三好一满意活动。是年,该院在新生儿、普儿、妇产科三个科室设立病人满意度调查公众箱,全面接受群众的监督。

【创建学习型医院】 选派妇产科副主任医师雷江莲到佛山市人民医院进修宫腹腔镜4个月。选派儿科医师李刚、B超医师李叶霞到衡阳市中心医院进修6个月。安排妇产科、产房、儿科、儿保科、麻醉科相关人员参加省卫计委、省妇幼、衡阳市的新生儿出生缺陷、产前筛查、新生儿窒息复苏师资考试及麻醉学术交流等培训学习。实行三基考试,每月对临床医、药、技人员进行三基考试,考试合格率达到100%。全年学术交流等各类短期培训班52人次,全院6人专科在读,4人本科在读。

【农合、医保报账】 新型农村合作医疗特慢门诊报账4360人次,兑付金额23.99万元,住院5076人次,兑付金额727.76万元;城镇居民医疗保险报账559人次,兑付资金77.07万元;城镇职工医保险4898人次,兑付资金60.79万元;生育保险460人次,兑付资金64.83万元。

【精准扶贫】 2017年,耒阳市妇幼保健院的扶贫联点村为南阳镇排山村,该村总建档贫困户103户、234人,脱贫35户、78人,2017年预脱贫29户、64人,待脱贫39户、92人。2017年来,扶贫工作队12人共下乡160多人次,精准扶贫33户。是年,拨付扶贫资金6万余元;节日期间送食用油58桶,挂面75包,月饼66袋。送鸡苗270只,价值4720元。为15户结对帮扶贫困户在读子女25人申请“两免一补”,加入雨露计划。组织医护人员12人到联点村义诊,为贫困户及村上有需要的村民送药价值2000元。到医院看望住院帮扶对象3次。工作队队员个人出资为联系贫困户送去棉被2床,毛毯3条,衣服、鞋帽28件,鸡蛋200个。

【工会工作】 举办公开课堂。护理部牵头在地楼大厅举办公开讲座50余次。免费为来院就诊的人群讲授疾病防治和优生优育知识,提升优生优育意识,预防出生缺陷,降低生育风险,提升出生人口素质;“5·12”护士节,发放慰问礼品。重阳节看望退休老同志,为退休职工订阅《老年人》及《中老年保健》杂志56份。及时走访、看望、慰问生病、住院职工86人次。关心职工身心健康。年内,为全院职工包括退休人员、临聘人员及保安、物业等406人进行健康体检。

(王洪丽)

社 会 生 活

人力资源和社会保障

【概况】 耒阳市人力资源和社会保障局于2010年8月组建，局机关内设19个行政股室，下属二级机构16个，下辖30个基层人力资源和社会保障服务站。

【就业与再就业工作】 强化就业服务。举办"春风行动大型招聘会""人社政策、就业岗位送下乡""2017年精准扶贫暨高校毕业生专场招聘会"等大型活动，每月13日、23日的日常招聘工作有序开展、深入人心。开展技能培训。深入实施"技工人才培养"计划，针对有条件、有意向的劳动力采取"乡镇出名单、培训机构出菜单、企业下订单、政府来买单"的方式开展订单式免费技能培训，全力打造耒阳市甲天下的技工品牌。截至年底，完成职业技能培训1984人，创业培训538人。加大创业扶持力度。对295名符合贷款贴息条件的自主创业人员发放贷款2950万元，带动城乡就业人数5930人。2017年，耒阳市城镇新增就业8624人，失业人员再就业4644人，就业困难人员再就业1199人，农村劳动力转移就业7600人，城镇登记失业率控制在4.5%以内，对应届纯农户家庭未就业高校毕业生和零就业家庭实现100%动态清零，就业形势保持整体稳定。

【社会保险】 加强政策宣传。先后开展"2017年度社保政策进企业、进社区、进乡村""12333热线全国社保咨询日"等专项宣传行动，根据政策调整制定新版的社保宣传资料80万份(含乡镇)。强化稽核催缴。实地稽核企业320家，对欠费单位进行电话、短信催缴320余家，1500多次；强化被征地农民社会保障资金征收，按照"先保后征"的工作原则，加强与国土、财政部门沟通协调，严格征地项目申报程序，年内完成用地项目报批社会保障审核23个，征收被征地农民社会保障专项资金8118.1万元。坚持改革创新。健全"五位一体"社会保险管理机制，成立社会保险基金监督中心，加强对社会保险基金的监督管理；梳理社会保险工作职能，推行社会保险统一参保、统一缴费和机关事业单位社会保险直征工作，提升该市社会保险工作整体水平。2017年，全市企业职工养老保险征缴基金20800万元，机关事业单位养老保险征缴基金25372万元，职工医疗保险征缴基金16000万元，生育保险征缴基金740万元，失业保险基金征缴692.1万元，工伤保险基金征缴2100万元，城乡居民养老保险征缴基金3450万元，城乡居民医疗保险征缴基金19200万元，各项社会保险参保总人数达213.38万人次，基本实现社会保险全覆盖。

【劳动维权】 加强企业用工管理。推进劳动用工备案制度，有127个单位进行劳动用工备案，备案308次、3564人，规范企业用工行为。加大政策法规宣传力度。免费向用人单位发放劳动政策汇编1300多份，向劳动者发送劳动法律法规宣传资料1.7万余份，在城区各大超市、企业等用人单位张贴和悬挂专项行动的宣传标语、横幅共计130余条，接待法律咨询280余起。增强监督监察力度。对全市1946多家用人单位进行全面监督检查，涉及劳动者11.5万人，下达《劳动保障监察询问通知书》176份和《劳动保障监察限期改正指令书》113份，纠正用人单位不合法规章制度5条，督促和指导26户用人单位为687名劳动者补签劳动合同。2017年受理举报投诉案件86起，接待来信来访32件次，为866名劳动者追回被欠工资2091万余元，退还押金22.4万元；受理劳动争议案件123宗，结案115宗，为劳动者挽回经济损失726万元。

【人事人才工作】 机关事业单位管理。完善工作管理机制，自主研发耒阳市岗位设置管理系统并投入使用；对全市机关事业单位在职在岗人员进行规范管理，配合两办开展全市机关事业单位"吃空饷"和在编不在岗人员专项治理督查，查处"吃空饷"43人、在编不在岗657人。加强专技人才服务工作。面向社会公开招聘专业技术人员436人；完成耒阳市2016年度初、中、高级职称评审工作，确认全市机关事业单位及人才交流中心初级专业技术职称654人、中级职称122人、高级职称162人。落实继续教育培训政策。

将初中高级继续教育培训纳入日常工作,开设十六期培训班,完成2190余名专业技术人员的继续教育培训。

(李春蕾)

民　　政

【概况】 民政局内设办公室、人事股、计财股、优抚股、救灾救济股、基层政权和社区建设股、社会事务股、信访法制办、退役士兵安置办、双拥办10个职能股室,下辖民间组织服务中心、社会救助服务中心、老年人服务中心、慈善总会办公室4个副科级事业单位及革命老区经济开发促进会办公室、社会福利中心、光荣院、烈士陵园管理处(加挂园林服务队)、军队离退休干部休养所、社会福利有奖募捐委员会办公室(加挂民政福利管理站)、地名委员会办公室(加挂标牌管理服务站)、救助管理站(加挂救助管理服务队)、婚姻服务中心、殡葬事业管理处(加挂殡葬服务队)10个股级事业单位。有在编人员505人(在岗376人,退休129人);有党支部10个、党员211人。

【社会救助】 农村低保标准提至260元/月(实际发放270元),与国家扶贫标准实现"两线合一";组织开展城乡低保和社会保障兜底脱贫对象清理认定整顿"回头看",救助对象更加精准;报请市政府出台《关于进一步完善医疗救助政策做好农村贫困人口医疗救助工作的实施意见》,将扶贫建档立卡对象纳入救助范围,在原先6类重特大疾病的基础上增加到9类。截至2017年12月,全市有农村低保对象11676户23659人(含兜底脱贫对象655户1443人),全年发放资金5217.9万元,人均补差197.1元/月;有城市低保对象6182户6537人,发放资金2900.5万元,人均补差321元/月;有特困人员6255人(失能半失能特困人员448人,失能半失能集中供养率达到了38%),发放供养金2795万元,分散供养标准每人4056元/年。按每人1元的标准为全市所有户籍人口购买一份民生保险,全年有83名群众受益,获赔资金96.65万元;为全市农村所有住房购保险,全年有164户因灾倒(损)房对象第一时间获得92.2万元理赔;为11423名特困人员和278名老人购买意外伤害保险,全年获赔10.2万元;帮助全市重病、重残的低保户购买补充医疗保险,最高可获得2万元的救助。为全市每个乡镇(办事处)民政站配备一部专用报灾手机,做好6月下旬暴雨期间的防灾抗灾工作,全年及时发放救灾资金755万元,救助灾民2.5万余人次,41户因灾倒损房屋的群众重建家园。

【公共服务】 完成第二次全国地名普查第二阶段各项工作任务;组织开展不规范地名整治,以及破损路、巷、门牌整治,全年重新设置各类标志牌4231块。指导推进村(社区)"两委"首次同步换届选举工作,全市涉及换届的375个村(社区)如期完成换届选举;深化城乡社区建设,着力推进城乡社区"两化两体系"建设,城乡依法自治率分别达到100%和97.2%;推进规范村(居)务公开栏工作,253个村(居)通过新制作达标,122个村(居)通过改造达标,公示公开工作得到群众认可。加大社会组织的规范管理,对356个社会组织实施年检,撤销28个不符合条件的社会组织;免费为5家公益慈善类社会组织提供办公场所进行重点培育;推进第二批行业协会商会与行政机关脱钩,31个社会组织与业务主管单位全面实现"五分离、五规范";报请市委组织部批准成立耒阳市社会组织综合委员会,社会组织党建工作得到加强。开展"夏季送清凉"和"寒冬送温暖"专项救助行动;开展救助管理机构站外托养工作整改,联合公安部门对全市站外托养人员进行DNA数据及指纹采集,为部分流浪乞讨滞留人员进行户籍登记,全年上街救助350余次,累计救助各类求助人员3309人次(其中,护送危重病人、精神病人317人次到定点医院治疗)。创建群众满意服务窗口,依法依程序办理婚姻登记,自4月1日起,停止收取婚姻登记工本费和收养登记费,让群众感受到政府公共职能转变的实惠,全年办理结婚登记8322对、离婚登记2411对、补领结婚登记2673对、补领离婚登记153对。组织开展第三个殡仪馆"开放日""文明祭扫、平安清明"等活动,宣传殡改理念,全年火化遗体965具,向困难群众减免殡仪服务费21万余元。

【国防服务】 优抚政策全面落实。各项优待抚恤全部达到国家标准,做到及时足额发放;开展首批重点优抚对象进行短期疗养;发挥烈士陵园爱国主义教育基地作用,组织清明祭扫、烈士纪念日公祭等活动;组织军休人员开展活动,军休服务对象"两项待遇"高标准落实。退役安置扎实推进。如期完成2016年冬季退役士兵由政府安排工作对象的安置,足额发放相关补助,落实自主就业退役士兵教育培训政策,参训率90%以上;开展"双带双促","退役军人之家"再添新家;按照有关精神,如期完成退役士兵相关信息数据采集和安置遗留问题"清零"工作。双拥共建融合发展。主动为驻耒各部队服务,切实为官兵办实事解难事,协助驻耒75104部队顺利完成整体移防,联手驻耒8732部队官兵成功抢救一名溺水留守儿童,配合做好重点军事周边保密相关工作,联合空军95356部队举办"喜迎党的十九大暨庆祝建军90周年"送戏进军营文艺晚会,开展军地篮球赛等共建活动。

【社会福利】 保障儿童权益。组织开

展散居孤儿清理认定，清理超龄孤儿67名，新增孤儿47名，全年向860余名孤儿发放生活补助623万元，保障标准为每人600元/月。构建农村留守儿童“四位一体”关爱保护体系，建立全市农村留守儿童关爱保护工作联席制度，再次组织开展农村留守儿童摸底排查，为每名留守儿童建立档案，及时录入全国儿童福利信息系统；建成农村留守儿童服务信息平台、首批农村留守儿童关爱之家13个。维护残疾人权益。清理核减400余人、新增2096人，全年向1.6万余名残疾人发放“两补”资金1848.72万元，为30名贫困家庭肢残人员申请免费安装假肢。发展养老事业。举办全市养老院服务质量建设业务培训，全市养老院服务质量得到有效提升；推行政府购买基本养老服务补贴试点，11个试点乡镇近560余名符合条件的老人获得由政府购买的贴心服务；向90～99岁及百岁老人发放高龄补贴或长寿津贴，全年免费为9879名老年人办理《老年人优待证》。推进福彩慈善。组织开展“公益福彩·大爱耒阳”即开型福利彩票销售活动，全年发行福利彩票5844万元，销量居衡阳地区之首；加大助学力度，85名家庭贫困且品学兼优的大学新生获得资助圆大学梦，106名家庭贫困且品学兼优的高中学生获得帮助；全年募集各类慈善善款462万元（含定向），累计救助困难群众3000余人次。提升机构服务。深化社会福利中心管理服务，营造家的温暖，服务水平提升，服务对象幸福感增强。

【民政基础】 加快民政项目建设。救灾物资储备库项目建成；殡仪馆改扩建项目工程主体基本完成；启动并推进城区中心敬老院二期工程建设，“公建民营”进入实施阶段；重点民生实事——新增172张养老床位任务超额完成（实际完成198张）。健全工作制度。报请市政府下发《关于进一步加强对城乡低保、五保工作管理的通知》《耒阳市临时救助实施办法》《关于全面开展民政基础数据清理核查的通知》《关于进一步规范自然灾害救助资金发放管理的通知》等，规范临时救助行为和救灾资金的使用管理，城乡低保、特困人员等民政对象数据更加精准。民政服务入心。完善市乡村三级民政管理服务网络，向社会公开招考28名基层民政人员，在每个行政村（社区）设立1名民生员，为全市所有乡镇办事处民政站高标准配备办公电脑、打印机、高拍仪等；推进民政工作宣传，省级以上媒体采用132条，信息发布总量居全市之首。

（黄纬波）

摄影摄像学会

【概况】 耒阳市摄影摄像学会是全市摄影摄像工作者和爱好者进行学术交流和影像创作的学术团体，是耒阳市科协和文联的团体会员。成立于2008年5月4日，设有理事会和主席团，有耒阳影像QQ群、《新耒阳画报》会刊。

2017年学会开展摄影创作活动10多次，摄影作品20000多幅，各级刊物发表作品200多幅。获奖作品有何海滨摄影作品《闺密》获中国民主促进会湖南省委、广西区委、贵州省委、湖南省摄影家协会联合举办的2017年走进湘桂黔“老、少、边、穷”摄影展优秀奖，《扛住渠堤》获衡阳市庆祝建军90周年优秀奖；《千亩荷香》获耒阳湿地公园举办的第二届“美丽耒水我的家”一等奖。8月11日，耒阳市摄影摄像学会参加耒阳市杂文学会第四届会员大会，龙建威当选学会理事。9月22日，耒阳宣传部召开第二届“千年古县·大美耒阳”全民摄影大赛颁奖大会。李主林摄影作品《远望青龙塔》、梁小平摄影作品《穿越春天》、何海滨摄影作品《一路欢歌》获二等奖；周黎明摄影作品《敖山庙会》、梁子月摄影作品《新市古镇》获得三等奖；龙建威摄影作品《耒阳楠竹销九州》获得网友最喜爱作品三等奖；龙建威摄影作品《耒阳楠竹销九州》、李一傲摄影作品《笛声悠扬》、李勃桢摄影作品《争奇斗艳》、葛小辉摄影作品《足下千里》获入选奖。9月24日，廖庆康摄影作品《冬汛》获中国艺术家摄影协会举办的“第十九届中国艺术摄影大赛”风光组优秀奖。11月6日，“城市记忆——耒阳市城市变迁”周校柏摄影作品《千年巨变》、何海滨摄影作品《高铁站》、廖庆康摄影作品《潭耒高速公路通车》《新老南正街入选》等入选。梁春根拍摄的耒阳党史教育、中国（耒阳）罗含学术研讨、民国时期历史资料收集、谢维俊烈士铜像揭幕等有7幅图片被《衡阳年鉴（2017）》采用。

【摄影创作】 2月19日，在新市镇为千年古镇新市街画册创作，参加人员有龙建威、何海滨、梁春根、梁小平、李主林、李一傲。5月28日，龙建威、李主林、李一傲、何海滨、梁建平、周校柏，到西乡松苞公园等地创作。7月17日，在大和滩创作，观关帝庙会。参加人员有龙建威、李主林、李一傲、陈禾秀、何海滨、周校柏、綦红占。8月12日，“月畔湾”创作；参加人员有龙建威、李主林、李一傲。8月17日，金南—鹿岐易口渡大桥工地创作，参加人员有龙建威、李主林。11月21日，龙建威、陈秀到广州黄埔军校创作。

个体私人协会

【概况】 耒阳市个体劳动者私营企业协会（简称个私协会），有分会12个，有会长1人，秘书长1人，副会长6人，常务理事7人，理事12人。

2月6日，参与春风行动大型招聘会活动。耒阳市正源学校、杜甫学校、师大附中耒阳分校、胖哥食品有限责任公司、步步高商业连锁股份有限公司、心得乐食品饮料公司、南阳鞋厂等60多家用人单位参会,涵盖教育、制造、医药、食品、酒店等行业,提供营销、管理、会计、技工、普工等岗位2000余个,近千名城乡富余劳动力进场应聘,现场达成就业意向358人。

3月初,与湖南长沙泰宗律师事务所签订协议,继续聘请湖南著名律师黄红斌先生为协会常年法律顾问,建立耒阳个私协会法律咨询维权服务站,搭建会员法律维权、交流学习的平台。

【党建活动】 根据省、市工商局的部署和落实市委组织部、市"两新"工委赋予食品药品工商质量监督管理部门的非公有制经济组织党建工作任务,发挥食品药品工商质量监督管理部门的职责和职能优势,加强对非公有制经济组织特别是对小微企业、个体工商户、专业市场党建工作的指导,于11月份成立中共耒阳市个体私营企业经济组织综合委员会。有479个没有党员的私营企业以10个企业为单位组建50个联合支部。组织各支部党员和青年志愿者义务服务队到小水镇敬老院开展爱心捐赠和义务服务活动。

【捐资助学】 8月24日,个协组织企业开展捐资助学活动,捐资2.4元,扶持帮助8名贫寒学子能够按时入学,圆大学梦。

诗词楹联学会

【概况】 诗词楹联学会会员由上年的168人增加到216人,其中加入中华诗词学会的人数由原12人增加到26人;加入湖南省诗词协会的由原8人增加到47人;加入衡阳诗词学会的增加28人。一是学会班子的年龄大大降低,平均年龄由原来的70多少岁降到60多岁。二是学会班子精干,由上届正副会长10人,精减到6人(其中设会长1人、常务副会长1人、副会长3人、名誉顾问1人)。理事会由上届30人,精减到21人。三是中青年和女性入会的比例加大。

【采风活动】 按全体会员、理事会、班子成员三个层次进行4次采风活动。先后深入导子镇、振兴学校、龙塘镇、大义镇和炎陵县进行采风,为会员扩大视野,提供创作素材,讴歌时代风貌。

【学会要闻】 耒阳市聂洲小学校长文星星荣获中华诗词学会2017年中华诗教先进个人的通报表彰。

【征集活动】 参加市纪委举办的廉政文化有奖征集诗词活动;参与市委宣传部举办的湘南起义有奖征诗词联书画活动;全程参与市卫计局诗廊建设活动;参与导子镇、三都镇牌坊征联活动。

【其它活动】 微信群得到巩固、发展和提高。一日一联、一周一诗,提供会员互相学习、演练的平台,《诗联花絮》《鹿峰文友》相继相继出版发行。年内,举办两期诗词知识培训班,对初入会的会员创作素质有明显的提高。

(谷忠东)

民间文艺家协会

【概况】 耒阳市民协年内发展会员6人。有会员117人,其中:中华诗词学会会员4人,省民协会员5人、省作协会员16人,衡阳市民协会员31人。还有省、衡阳市作家协会、摄影家协会、书法家协会、诗歌学会会员40多人,会员队伍年龄结构呈现年轻化。

2017年,民协先后组织会员到衡阳雨母山、仁义镇果木园、泗门洲白沙村栀子花农场、蓝山县、五峰仙、上架珊田古民居、凤凰古城、吉首市矮寨桥、永顺县芙蓉镇等地参观,了解各地民俗风情。会员撰写并发表作品300多篇,多位会员获奖。其中,朱文科的旅游散文集《远方的橄榄树》由团结出版社出版,面向全国发行。

【诗歌朗诵】 10月7日下午,市民协70多位会员齐聚于沿江路八角亭对面的河边渔坊,共谋会刊《楚南风》发展大计,组织一场诗歌朗诵活动。市人大常委会原主任陈纪琪等领导应邀出席,并即兴献诗。

作家协会

【概况】 耒阳市作家协会成立于2008年8月3日,是中共耒阳市委宣传部、耒阳市文学艺术界联合会主管的群众组织。有会员110人,其中湖南省作家协会会员20人,各级文学专业学会和衡阳市作家协会会员40人,年龄最大的70多岁,最小的20多岁。协会下设主席团、秘书处、理事会、会刊编辑部等机构。

【文学创作】 曾利华:散文《那年那场收割》刊发2017年第2期《湖南文学》;散文《同学刘三》发2017年第3期《散文选刊(原创版)》;小小说《乞丐》《得的是啥病》《都是他人惹的祸》《送礼》发2017年第4期《微篇小说》;小小说《人岗相适》发2017年5月19日《湖南工人报》;小小说《小吃摊》发2017年第12期《小小说选刊》;散文《一次难忘的采访》发表在2017年8月29日《国防时报》;小小说《谁像上访的刁民》发2017年9月《领导科学》;小小说《我还不能脱贫》发2017年10月《领导科学》;散文《一九八七年某个夏日的晚上》发大型文学双月

刊《千高原》(原《散文世界》杂志)2017年第5期;散文《紫罗兰》发2017年第12期《散文选刊》(原创版)。

贺清华:2017年第1期《喜剧世界》发表《资深修理工》;第2期《章回小说》发表《生死归途》;第2期《民间传奇故事》发表《绝招》;第3期下《民间故事选刊》转载《灵猴血玉》;第4期《中国故事》发表《给天堂打电话》;第7期上《故事会》发表《龙凤瓶之谜》。贺清华作品获奖情况:作品《偷鸡不着蚀把米》获2017中国故事节——上海"山阳杯"全国幽默故事会征稿第四批"中国好故事";作品《廉洁、自律与奉献》在"耒阳市2017年廉洁文艺作品大奖赛"获一等奖;作品《情系野鹅塘》获"大美耒阳绿色家园"2017年生态文学征文大赛铜奖;作品《酒为自己醉》获2017"西凤酒"杯"美酒生活与我"征文大赛三等奖。

王龙辉:《回眸,指尖滑过的气息》(组诗)5首发2017年3期《参花》杂志;《东篱下,一丛欲醉的野菊》(组诗)12首发2017年第三至四期合刊《楚风》杂志。王龙辉的《红嫂乳》一诗获2017年8月安徽省合肥市举办的建军90周年诗歌大赛三等奖。《鸟朦胧》(组诗)在"耒阳市2017年廉洁文艺作品大奖赛"荣获优秀奖《爱,源远流长》获耒阳电视台文学赛三等奖。

徐玉成:《中年喜得女》刊发新疆2017年第3期《古牧地》杂志。

谭直刚:《绿林深处》(组诗)刊发2017年3月《长江丛刊》杂志;2017年4月份撰写的古体诗歌《咏黄山迎客松》获全国教研成果一等奖,并发表在《读书文摘》2017年5月;2017年5月撰写的文艺理论学术论文《文学作品思想倾向的现实美和虚幻美——评〈雪国〉〈孤独者〉主人公形象》,发《赤子》杂志,获全国学术论文评比大赛一等奖。

王文华:人物传记《足迹》2017年10月由信诺文化艺术中心出品;诗歌《诗意秋天》入选《世纪诗典》,2017年3月由团结出版社出版。诗歌都在《参花》《楚风》杂志。

郑菊芳、曾利华等在《衡阳日报》《衡阳晚报》《长沙晚报》《湘声报》等地区级报纸杂志发表大量的文学作品。金青霞的散文、段小红、杨洁、王美洪等诗歌都在《参花》《楚风》杂志刊发。

【诗歌朗诵】 朱文科、贺清华、王文华、王龙辉等的诗入选"耒阳电视台新春诗歌朗诵会"栏目。10月21日,由泉水湾山庄和耒阳手机台主办;湖南省诗歌学会、衡阳市作家协会、衡阳市迴雁诗社、耒阳市蔡伦竹海、耒阳市作家协会等协办在蔡伦竹海泉水湾山庄举行的"青山绿水,蔡伦竹海泉水湾"诗会活动。

【交流学习】 2017年1月15日,召开作协理事年会(座谈会),畅谈作协全年的工作思路,明确方向。王文华的长篇小说《乡村老支书》被耒阳市委组织部、衡阳市委组织部党员教育培训中心推荐到湖南党员网,作为党员教育培养教材培训交流。2017夏天朱文科、王文华、郑菊芳等到永州兰山采风学习交流。2017年7月,协会刊物《湘南文学》杂志出刊,改版后的《湘南文学》杂志,以刊发衡阳、郴州、永州三大地区的著名作家、诗人作品为主,体现"湘南"二字。选发有影响力的外省作家和诗人的力作。8月26日,举行《湘南文学》杂志首发式暨座谈会。12月19日,《耒阳市作家协会》《耒阳记忆》在新步步高23楼举行挂牌揭牌仪式。

书法家协会

【概况】 耒阳市书法家协会简称"耒阳市书协",自2002年9月8日经耒阳市民政局依法批准成立,2013年8月21日,颁发社会团体法人登记证书。协会法定代表1人;理事会理事24人,其中常务理事5人;在耒阳市文体会展中心(西侧门)三楼办公。市书协是耒阳市书法家(篆刻家)、书法教育工作者及书法(篆刻)爱好者自愿结成的专业性、地方性、非营利性社会组织,经依法登记后,成为具有独立法人资格的社会团体。市书协接受业务主管单位耒阳市文学艺术界联合会和社团登记管理机关耒阳市民政局的业务指导和监督管理。

【会员队伍】 依照章程规定,2月成立旗袍文化分会,协会同时增补副秘书长1名、理事1名。批准3名符合入会条件的书法爱好者成为会员。截至2017年年底,登记在册会员111人,其中:国家级会员3人、省级会员9人、衡阳市级会员17人。

【党建情况】 书协有中共党员57人。2017年11月13日,经中共耒阳市委新经济组织和新社会组织工作委员会批复,同意成立中共耒阳市书法家协会支部委员会,由协会法人代表曹晓彬担任党支部书记,隶属耒阳市社会组织综合党委。

【艺术创作】 书协主席曹晓彬书法在首届"麦华三杯"全国书法篆刻展获奖提名(广州文联),首届《道德经》全国书法现场大赛获二等奖(书法报),第九届"观音山杯"书法艺术大展优秀奖(书法报),"正山堂杯"全国第三届茶文化书画大赛"金骏奖",入展风骨"陕西书法院奖"首届全国书法篆刻展(陕西书法院)、首届"汝帖杯"全国书法作品展(河南省书协)、首届"任可澄杯"全国书法篆刻展等权威书法赛事。

书协副主席欧阳明钰在"历代名人咏成都·全国书法大展"荣获三等奖(四川省书法家协会主办),"大美甘肃"国际绘画书法摄影大展荣获三等奖(甘肃省文联、甘肃省文化产业发展集团主办),第五届全国"康有为奖"书法评展优秀奖(广东省书法家协会主办),全国第四届青年书法篆刻作品展入展(中国书法家协会主办),风骨——"陕西省书法院奖"首届全国书法篆刻作品展入展(陕西书法院主办),首届"凤凰杯"全国书法作品展入展(广东省潮州市人民政府、广东省书法家协会主办)。

书协副主席谢海龙书法入展中国书法艺术最高奖——第六届中国书法兰亭奖(中国文联、中国书协),获国家艺术基金2017年度青年艺术人才资助项目(文化部),获纪念建军90周年湖南省书法美术摄影作品展三等奖(省宣传部、省文化厅、省文联)、首届《道德经》全国书法现场大赛获一等奖(书法报)、第九届"观音山杯"书法艺术大展优秀奖(书法报),入展首届"弄潮杯"钱塘江全国书法大赛(西泠印社)、风骨"陕西书法院奖"首届全国书法篆刻展(陕西书法院)等权威书法赛事。

书协副主席兼秘书长邓小彪获全国公安系统"迎接十九大·忠诚保平安"主题书画作品展书法一等奖。

书协副秘书长匡志勇书法获首届《道德经》全国书法现场大赛一等奖(书法报)、"祈福雪窦"——首届海峡两岸青年书法作品展优秀奖,首届"汝帖杯"全国书法作品展三等奖(河南省书协),入展湖南省第六届书坛新人新作展、首届"诗经杯"全国书法大赛、"红棉杯"广东省青年书法篆刻作品展等权威书法赛事。

书协副秘书长何永开获纪念建军90周年湖南省书法美术摄影作品展优秀奖、入展湖南省首届中青年书法大奖赛,会员段建君入展"西泠印社杯"全国中小学师生现场书法大赛三等奖,会员彭荣生入展湖南省第六届书坛新人新作展,会员谢小元入选湖南省首届中青年书法大奖赛等权威书法展赛。

【展览活动】 协会会同五里牌街道办事处先后举办"宣讲党的十八届六中全会精神"主题书法活动、学习宣传贯彻中共十九大精神暨衡阳市党代表"三联一帮"进社区主题书法活动。协会通过举办书法展览挖掘书法苗子。2017年10月,协助市纪委监察局、市文联承办"喜迎十九大"耒阳廉洁文化书画摄影展;11月份,经市委宣传部批准主办,由市文联和协会共同承办的耒阳市"学习十九大·迈向新时代"网络书法展,评选出31幅优秀奖作品,市委宣传部专门组织颁奖仪式。

【志愿服务】 举办送春联志愿服务公益活动,在金阳西路、五一东路、五梅路为市民义务送春联500多幅。1月17日,书协到大和圩乡参加由市委宣传部组织的送春联下乡活动,为市民义务送春联400多幅。1月20日上午,书协主席曹晓彬带领主席团成员等34名会员到发明家广场参加市委宣传部组织的送春联志愿服务公益活动;下午,书协常务副主席胡世正带领协会10余名会员到小水镇李家湾送春联下乡,为市民义务送春联400多幅。1月23日,书协常务副主席胡世正带领协会6名会员,到城区的金鹏小区为市民义务送春联300多幅。

(邓小彪)

乡镇街道办事处

蔡子池街道办事处

党工委书记　刘书钟
党工委副书记 主任　张海清
人大工委主任　伍志华(8月改任主任科员)
政协联工委主任　周利峰
党工委副书记 纪工委书记　刘洪荣(8月改任主任科员)
党工委副书记　殷常永
党工委委员　蒋社平(8月改任主任科员)
　刘洪慧
副主任　陈华东(8月改任主任科员)
　刘香萍
　胡宏斌(8月改任主任科员)
　陈丹峰　曹绍辉

【概况】　2017年,蔡子池街道办事处总面积约10平方公里,辖10个社区(居委会),2个处属企业,年末总人口21.8万人。

【处域经济】　财税征管。全年完成国、地两税收入4.82亿元,超额完成财税任务3600万元,约占市财税收入的1/3;完成房屋租赁税421万元,超额完成100万元。项目建设。以发展城市经济为核心,做好项目策划包装和深度开发、招商引资、社会投资产业项目建设等工作,策划包装5000万元以上项目9个,社会投资产业在建项目32个,规模以上工业企业完成生产总值91.8亿元,同比增长8.7%。优化经济环境,为辖区项目建设、企业化解各类矛盾纠纷80多起。

【城市环境】　重点城建项目鹿岐大桥成功合拢;建设沿江北路风光带;完成野鹅塘巷、高基背巷和西湖南路油化提质改造;开发月畔湾、碧桂园、凯阳广场、万象城、东兴帝景、鑫亚国际等房地产项目。抓好控违拆违工作,成立处综合执法办,全面开展处、居、组三级巡查工作,确保辖区内违章建筑零增长;城市环境综合整治"百日攻坚"行动扎实有效推进,全处累计投入活动经费100多万元,开展环境卫生专项整治100余次,清除卫生死角4000多处,清理垃圾1000余车,清除占道经营、乱搭乱建200多处。开展"示范机关""文明市民""文明商户""示范小区"等系列评选活动,聂洲、金南社区被评为全市示范机关单位。

【民生事业】　2017年,对辖区内16类特殊人群逐一摸排造册,进行对接帮扶。全年发放慰问救济金11万余元,新增就业4623人,再就业2014人,20363人参与城乡居民养老保险,参保率101.2%。抓好卫计工作,流动人口均等化服务工作荣获"省级示范街道"称号。从严整治环境污染乱象,全面推行河长制;取缔养猪场3家;搬迁大理石加工厂6家,关停工业企业1家,下达限期整改通知57份。突出教育、文化优先发展位置,划片就近入学全面实施,城区大班额问题得到有效缓解。全面完成"村村响"工程。打好扶贫攻坚战,5户贫困户实现"一超过、两不愁、三保障",完成年度脱贫目标。

【综合治理】　全年调处各类矛盾纠纷180余起,惩治"四类犯罪"取得阶段性成果,民调工作在耒阳市排名第三。开展社区禁毒工作,完成处禁毒总站及西关社区禁毒工作站建设,社区禁毒得到国家、省、市禁毒委充分肯定。开展信访代言代诉及网上信访试点工作,全年受理信访案件233件,办结率达93.8%,成功化解多年积案3件,确保全国两会、十九大等特护期赴省进京零非访。深入开展"打非治违"行动,组织专项检查29次,巡查48次,发现重大隐患125处,整改复查119处,确保全年没有发生大的安全生产事故。

(段文兵)

灶市街街道办事处

党工委书记　刘功文
党工委副书记 主任　黄从文
党工委副书记 人大联工委主任　谭海彪
党工委副书记 政协联工委主任　邓名鑫
副书记　罗长征　谢志福
党工委委员 纪工委书记　严少忠
党工委委员　张利群　张飞忠
　谷树生　何湘钧
　贺新成　蒋瑞平

人大联工委副主任　刘效成
副　主　任　曹小锋　雷顺贵
李乎平　唐纯富
李太华　谢　菲
谭小松　曾文勇
刘　湘

【概况】　灶市街街道办事处位于耒阳市城区西南部，总面积 122.2 平方公里。2017 年，办事处辖 9 个居委会，9 个行政村，1 个社区服务中心，313 个村民小组，总人口 12 余万人，其中非农人口 9.3 余万人。办事处辖区内有大型省地厂矿企业白沙实业公司、一四零湘煤一勘队、耒水运输公司、火车站、红卫矿业公司、永耒铁路管理处、白沙机电厂、耒水水电站等企业。

灶市街街道办事处全年地区生产总值 78.3 亿元，增长 8.1%；国税任务 10500 万元，入库 10729.9 万元，完成比例高达 102.0%；地税任务 4200 万元，入库 4261 万元，完成比例高达 101.45%。国地两税超额完成任务，实现年初预定的经济增长目标。

【招商引资】　2017 年，办事处共接待外地客商 10 余次，引进亿丰国际商贸城、东锆二期、平安·和润苑 3 个大项目，引进项目资金达 16 亿元，实际到位资金 6 亿元。

【教育】　2017 年，辖区有中、小学校 21 所，幼儿园 27 所。全年对学校、幼儿园周边环境整治达 6 次，校车排查 4 次，每月对校园设施设备的安全进行排查。年内，选派教师外出培训学习 60 余人次，培训经费 34600 余元；中心校上大型观摩课、示范课 4 次、各小学共上公开课、汇报课、实验课 138 堂，做到上课有课件，课后有评议。全年收集整理上报并获耒阳市以上奖励的论文共 128 篇。课题研究、优秀课件 24 份。办事处处以合格校创为契机，硬化新渡小学操场 2200 平方米，粉刷学校室内教室，办公室 3600 平方米，建成多媒体教室，图书室等功能室，新渡小学通过省市合格学校验收。重新规划和兴建泗门中心完小的校门，硬化学校操场强化 3800 平方米，粉刷室内墙壁，更换门窗。投资 40 余万元添置彭桥小学、铁路园分校、灶市小学等三校的多媒体教学设备。

【综合文化】　全处共建村村响广播 190 个；农家书屋 19 间，每个书屋配置 1500 余册图书，30 多种报刊杂志供农民免费阅读。

【社会保障】　2017 年，办事处城乡低保 1294 户 1888 人。残疾总人数 1402 人，其中重度残疾 778 人，发放残疾补贴金额共计金额 1026960 元整。办事处投入资金改善敬老院供养条件，提高老人生活水平，敬老院集中供养老人 23 人。落实城乡医疗救助政策，解决五保户、低保户、重病户及其他特殊困难对象的医疗费用补助的救助。开展临时救助 108 人次，全处 25 名孤儿生活稳定，重点优抚对象 699 人。

办事处全年共完成养老保险缴费 15000 余人，缴费金额 220 万元，完成任务 120%；发放 60 岁以下新社保卡 13140 张；居民养老保险生存认证共清退 185 人。城乡居民医保基金征缴 57234 人，实现基金入库近千万元。

【精准扶贫】　开展精准扶贫工作，办事处按照“应纳尽纳，应删尽删”的原则，重点将符合条件的低保户、残疾人户、重灾户、移民户、大病重症户五类人员纳入贫困帮扶对象，将不符合条件的有车、有房、有工作单位、有稳定收入来源的“四类人员”清理出去。办事处对 18 个村(居)委会进行摸底，其中有 14 个村(居)有扶贫任务，共有贫困户 283 户、811 人。至 2017 年已脱贫 121 户、371 人。

【安全生产】　全处各村(居)负有安全监管职责的站所、办事处安全生产各行业领域责任安监分队，共组织开展“打非治违”集中检查(执法)行动 684 余次；出动检查人员 2736 人/次；检查企业 754 家/次；责令停产整顿 8 家，打击非法违法行为 21 起，督促特种作业人员持岗上岗 32 起，关闭烟花爆竹销售店 37 家。

【社会综治】　年内，召开 8 次党政专题研究政法综治工作会议，5 次综治委员会会议，8 次全处性的政法综治大会。司法所为群众提供法律咨询 279 人次，发放书籍等宣传资料 17000 余份，并协助办理诉讼和非诉讼案件和代写法律文书，为当事人避免和挽回经济损失 10 余万元。通过落实捆绑帮教，案情帮教、访谈帮教等措施，实现全年无帮教对象重新犯罪。全年共排查各类矛盾纠纷 133 起，及时化解 86 起，成功调处 45 起，其中重大矛盾纠纷调解 24 起。对辖区内的实有人口、实有房屋，实有单位基础信息开展全面维护更新，信息采集率、准确率达到 95%以上，实现“底数清、情况明”。共查处境内涉毒违法案件 8 件，强制隔离解毒 52 人，移拆 5 人，社区戒毒 8 人；行政拘留卖淫嫖娼人员 15 人，刑拘 1 人。

【党风廉政】　办事处党委完善党风廉政建设责任体系，与各党支部签订党风廉政责任书，增强各村(社区)党支部“一把手”的责任意识。对民生资金使用、重大事项决策、重要干部任免、重要项目安排及工作作风等进行监督检查，对违反规定的党员干部按有关规定予以严肃处理。办事处纪工委加强换届纪律和监督，制订《加强对村(社区)党组织和村(居)民委会换届风气监督工作的实施方案》，成立风气监督领导小组，所有候选人签订换届纪律承诺书，当选的干部签订《个人廉政承诺书》。在换届过程中处理信访转立案3件,处理完毕2件;酒驾3件,处理完成。对相关责任分别进行党内严重警告处分。办事处纪工委全年办理各种案件66宗,办理数量超过上年600%。信访案件15宗,信访转立案3宗、4人,其中市纪委交办的案件12宗,做到所有信访案件及时处理。

(胡如良)

水东江街道办事处

党工委书记	陆冬生	
副书记 主任	谢更碧	
人大联工委 主任	梁霖	
政协联工委 主任	蒋志文	
副书记	周国斌	
党工委委员	李友健	郑周平
	李忠	李春华
	阳旭东	彭和生
	李智敏	王军
	黄海妮	胡丹
	刘辉	
副主任	邓小斌	梁丰
	蒋醉	李敦响
	何利泉	谢杰阶
	李军	
人大联工委 副主任	郑小军	陈杰

【概况】 水东江街道办事处位于耒阳市区之东,地理位置独特,水陆交通便利,公路四通八达,耒水由南向北沿南境而过,四季通航,省道320线纵横贯穿,京珠高速公路耒阳出口站设在境内,辖区内有大型国有企业单位湘南监狱、大唐耒阳发电厂、耒中水电站、电力局、交通局等,大型民营企业金鑫油茶有限公司。全处共辖15个行政村、8个社区,总面积103平方公里。2017年,全处共实现GDP57.99亿元,固定资产投入42.88亿元,实现财政税收1.8亿元,农村村民人均收入1.78万元,城镇居民可支配收入2.72万元。

【项目建设】 重点项目建设。铜锣洲项目进入全面扫尾阶段;综合安置小区主体工程全部封顶,进行外墙装修;鹿岐峰片完成征地130.4公顷,进行基础设施建设,鹿岐峰大桥已经合拢;城北东路提质改造工程完成拆迁66户,主干道已完成;投资1.5亿元,建筑面积达8.5万平方米的杜甫学校完成主体工程建设;东江片区棚户区改造项目涉及3个社区,13个居民小组,2993户,拆迁入户摸底已全面完成,评估工作有序开展;竹哲公路项目全面启动,完成拆迁67户,征地31.2公顷;竹市公墓项目进展顺利;循环经济产业园垃圾发电厂项目、碳酸锂项目、冰铜项目、百里红项目等完成征地37.5公顷。

【农业产业】 年内,种植优质烤烟100公顷、优质高产油茶933公顷,为境内两大农业支柱产业;实施"十万果木进东江"计划,打造"水果之乡",发展东鹿村脐橙、鹿岐和新和村葡萄、鹿峰村蓝莓等"一村一品"特色农业;依托水东江自然山水,发挥城郊区位优势,开发度假休闲、农业观光旅游业,以鹿岐峰为中心打造森林公园,将小山冲水库建成集民宿度假、养生休闲等为一体的旅游休闲度假区。

【民生工作】 计划生育工作实现"村为主","村居自治"工作被评为湖南省模范单位;"村村响"工程实现100%全覆盖;街道475户低保对象已发放低保金441万元,实现应保尽保;城乡居民医保缴费比例达到95%以上;切实做好大病医疗救助、低收家庭住房补贴等工作,解决特困群众生活生产问题。

【精准扶贫】 开展精准识别和精准退出工作,街道建档立卡确定贫困户707户、2367人,实行分类列出脱贫计划、落实包户帮扶等措施,开展精准扶贫工作。2017年,完成190户、553人的脱贫任务。

【城建城管】 开展城市环境综合整治"百日攻坚",投入80余万元,加大对背街小巷的绿化和亮化力度,铺设草皮3.1万平方米。城市管理水平提高,城市功能逐渐完善,人居环境提升。

【综治维稳】 健全安全管理责任制和监管体系,落实党政同责和一岗双责,狠抓安全生产源头管理,提高处置突发性公共事件的能力。对排查矛盾建立台账,明确包案领导,做好稳控工作,妥善解决群众合理诉求。全年化解矛盾纠纷56起,办理信访案件53件,刑事发案率下降45%以上。年内没有发生大的安全生产责任事故、越级集体上访和群体性事件,社会大局和谐稳定。

(贺红梅)

五里牌街道办事处

党工委书记	罗晓华	
副书记 主任	郑德任	
人大工委主任	谢振军	
政协联工委 主任	张敏华	
党工委委员兼 纪检书记	曾新全	
党工委委员	段小春	李冬成
副主任	陈晓春	陈林

【概况】 五里牌街道办事处地处耒阳市城区北部,北与三架街道办事处相连,东、南与蔡子池街道办事处接壤,西与灶市、余庆街道办事处毗邻,办事处驻金杯居委会蓝天市场A区74号。总面积24.33平方公里。2017年,办事处辖金杯、金星、栖凤园、五里牌、锡

里5个居委会,梅新、上岭、火田3个行政村,共118个村居民小组;辖区内常住人口12.98万人。

【税收工作】 2017年,办事处完成国地两税任务19.6万元。实际完成国税13853.46万元,占任务的102%;实际完成地税7387.25万元,占总任务的123%。国地两税完成率108.37%,排名全市第一。门面租赁税委托代征共完成340.4万元,占总任务的189.11%。

【项目建设】 年内,境内武园路、武岭路启动通车;两馆一中心、群英北路、教育城、神农北路提质改造、西湖大道北段、荷塘路、五里牌棚改等项目建设均进展顺利;西湖大道北段于9月底完成征地任务;神龙北路提质改造完成道路两旁风貌改造;签订荷塘路项目拆迁协议,完成五里牌棚改460户摸底调查并签订34户拆迁协议。

【农村工作】 遏止耕地抛荒现象,完成种粮任务。其中,早稻耕种面积185.8公顷,晚稻耕种面积223.9公顷。年内,完成梅新、锡里、上岭山塘加固3处,渠道清淤2公里。森林防火有效管控、及时扑灭。农村环境卫生整治方面,锡里村与上岭村加大投入,卫生得到改观。完成荒山整地造林工作,植树造林面积21.3公顷。

【教育】 办事处拓宽渠道争取资金,完善基础设施建设,改善辖区内学校的办学条件。年内,建成五里牌小学综合大楼和教师宿舍楼、火田小学学生运动场;为金杯小学、火田小学等配备多媒体教学仪器30台,改善学校办学条件;实验小学紫荆府分校建成并于2017年下半年招生,增加学位1000个,缓解城区就学压力。

【民生服务】 年内,硬化上岭村2.4公里的通组公路;农村饮水工程全部完成通水;新增城镇就业人员2293人;完成两个农民健身工程。对辖区6000多名60岁以上的老人及60多名环卫工人进行免费体检。新农合缴费100%完成任务,排名全市第一。全年实现新型农村社会养老保险3823人参保缴费,城镇居民养老保险280人参保缴费,城镇居民医疗保险参保人数达8000余人,较往年有所上升。城乡低保整改任务全面完成,共清理、取消、停发不合格城乡低保对象28户43人。新增对象100%入户调查,发放医疗救助款20多万元,走访困难群众350户。

【安全生产】 全年共组织执法行动152次,出动执法人员1285人次,检查各类生产经营单位307家,发现隐患186处。对于排查出的安全隐患,及时督促其整改,遇到专业困难时,向上级汇报,并请市安监局及五里牌派出所共同参与。责令限期整改48处,责令立即停止施工48处,拆除两违建筑10处,关停企业20处,整改到位60处。实现全年安全生产零事故目标。

【综治民调】 矛盾排查。全年,处、村(社区)两级干部共走访36141人次,收集问题234个,为群众解决实际问题157个。治安管理。办事处分别对"四类犯罪"人员、重点项目施工环境进行专项整治,并拨出20万元专项工作经费用于治安奖励工作经费,杜绝以罚代刑现象。五里牌派出所刑事拘留49人,行政拘留236人,强制戒毒60人,移送起诉56人,追逃36人。平安创建。8月,组织相关部门专业技术人员对境内部分精神病人进行鉴定,有11人通过审核,其监护人享受以奖代补政策。年底,全处共评选1298户平安家庭,25个平安小组,对辖区内4个小区(紫荆府、欣海园、金阳新村、德兴小区)进行平安小区评比示范,规范物业管理、保障小区安全、提升群众满意度。

(蒋云华)

余庆街道办事处

党工委书记	谢淑洪
办事处主任	廖秋林
人大工委主任	曾　磊
政协联工委主任	刘运力
党工委副书记	陶华英
党工委委员 纪工委书记	黄亦能
党工委委员	钟西林　朱宝林 曾绍东　谭务才 李　胜　梁瑞文 罗锡洋　李志坚
副主任	邓桂芳　伍小斌 肖征海　王录强 毛小美　符　明 陈　平
人大工委副主任	曹菊兰

【概况】 余庆街道于2015年12月24日由原余庆、磨形2个乡和三顺街道合并设立,位于耒阳市城区西南部,东临灶市街街道,南接小水镇、长坪乡,西界南京镇,北抵五里牌街道、哲桥镇。总面积129.73平方公里。办事处机关驻余庆圩。2017年,余庆街道办事处辖有16个村、3个社区,总人口8.02万人,是耒阳市面积较大和人口较多的乡级行政区域。境内交通便利,耒阳大道、武广高铁、107国道、320省道、余长公路呈井字贯穿东西南北。

街道辖区有中学2所,小学20所,幼儿园5所;卫生院(社区卫生服务中心)3所;敬老院2所。全处耕地面积2428公顷,粮食总产2万余吨;有林地面积8000公顷,森林覆盖率70%以上。

【项目建设】 2017年,境内武园路、武岭路道路全部硬化并通车；市人民法院审判庭揭牌使用；三顺福安安置小区工程及其配套设施项目、平安和润园房地产开发项目一期工程项目和高铁沿线风貌改造项目全部完成；南岭1、2及3号安置区建设工程、市“两馆一中心”建设项目主体工程、金谷·水郡一期工程、社区卫生服务中心新大楼工程、“三场一站一厕”项目、五公仙风景旅游开发项目、市司法局业务办公用房工程、开泰园林农业综合开发项目得到顺利推进；G107绕城公路工程总长度22公里，其中余庆段12.98公里，占改道总量的60%，完成工程征地50.47公顷，房屋拆迁60余户；“一城五校”教育城建设项目完成征地40公顷，启动纸都实验学校和纸都高中建设项目；市全民运动中心项目主体工程正加快建设；启动余长公路建设项目。

【扶贫攻坚】 余庆街道共有建档立卡贫困户980户2340人。2017年，街道加大产业扶贫力度，培育水口村养鸡场，向阳村养猪场、小龙虾养殖基地，吸纳贫困户加入；同时，实地考察、对比，确定绿地农业、孙家亭生态养殖、富农农业开发、汇金小龙虾养殖等5个异地搬迁后继产业发展扶贫经济组织。贫困助学及雨露计划帮助410人；帮助104户贫困户进行危房改造；对38户贫困户132人进行异地搬迁。是年，实际脱贫172户、612人。

【社会保障】 街道继续开展农村低保清理工作，共核减低保对象58户，86人，新增低保户12户、29人，基本达到应保尽保，杜绝“关系保”“人情保”。清理后，全处有低保户387户、900人；有五保户339人，其中分散供养297人，敬老院集中供养42人，五保对象全部实现免费就医；全年共发放其他困难群体救灾救济、优抚资金80余万元。新型城镇居民养老保险保费征缴及生存认证工作总数8629人，已认证5359人，未认证3270人，死亡人数288人；全面完成2017年新农合保费收缴工作，在系统人数28597人，已缴费10312人，参保率95%。做好就业和再就业工作，办理就业失业登记证5人，新增就业80人，失业人员再就业59人；组织387名贫困户进行以烹饪和汽车维修为主的职业技能培训。

【农村环境卫生整治】 街道投入经费15万余元，每个自然湾村新建或维护高标准的垃圾池，保洁员定时定点清扫垃圾，村民自觉落实门前“三包”责任制，对村(居)保洁员实现月考核。多次在全市农村环境综合治理评比中综合排名前茅，处于一类乡镇办事处水平。

【旅游开发】 2017年10月，同仁村五公仙景区成功申报为国家石漠化公园；水口村获评为湖南省第五批省级历史文化名村；衡阳市级文物保护文物磨形窑已发现窑址九处，涵盖南北约5公里，东西约3公里；聘请专家为水口村整理材料申报第五批中国传统村落；丛苞公园完成新一轮的打造，园内游步道、休憩亭、石座椅等休闲设施进一步完善；引进北京东方园林环境股份有限公司到办事处实地考察，并与该公司达成PPP模式旅游投资合作意向，签订旅游投资战略合作框架协议；南岭仙公园、顺湖公园等景点是市民休闲游览的好去处。

【综合治理】 安全生产。督促企业建立健全安全生产规章制度和操作规程，倒逼企业落实主体责任；以“零容忍”态度整治隐患，实行整改销账制度，确保不留死角；加强危险化学品、道路交通、建筑施工等重点领域监管，遏制较大及以上安全生产事故发生。环境保护。取缔关停非法页岩砖厂，妥善解决遗留问题；全面实行“河长制”，改善河道水环境质量；加强畜禽养殖场污染防治，巩固畜禽养殖场退出成果，联合执法，惩治企业直排、偷排、恶意超排等环境违法行为。另一方面，组建专班，增设环保站，处理中央环保委交办问题，处置环保遗留问题，建立办事处、村(居)两级日常巡查机制，依法取缔非法生产红砖厂5家、非法生产经营根雕厂1家，推毁大型非法养猪厂1个、关闭非法屠宰场1个，重点整治2宗环保设施不到位的采石场。社会管控。落实信访积案“五包一”包案化解制度，做好重点人员防控、矛盾排查，切实解决征地拆迁、涉军群体、砖厂群体、分流人员等信访突出问题，实现信访积案清零。开展“平安创建”及民调走访工作，收集群众诉求；落实领导接访和包案制度，定期接访、下访和约访，实现重点案件领导及时调处率100%，成功率98%，连续多年无民转刑案件，社会治安秩序良好。

（曾文娟）

三架街道办事处

党工委书记	邱月乃
党工委副书记、主任	张小各
人大联工委主任	李国平
政协联工委主任	雷运生
党工委副书记	曹志刚
党工委委员、组织委员	王　星
党工委委员、纪工委书记	贺梦铭
党工委委员	钟　明
副主任	谢新德

【概况】 三架街道办事处位于耒阳市区北面2公里处，三桥居委会11组。区位优势明显，境内107国道贯通南北，富民路横贯东西，总面积51.85平方公里。2017年，辖三桥、青麓、七岭3

个居委会和大丰、大塘、大胜、白洋渡、元木、皂丰、双泉7个行政村,167个村民小组,总人口34792人。有小Ⅱ型水库6座,骨干山塘19座。有生猪存栏3689头,家禽存笼13981羽,羊存栏81只,牛存栏71头。境内富民路、工业大道、竹哲公路、城市环城公路、107改道公路等重大基础设施投资项目落户办事处,创新创业园、神农国油、绿海粮油、中农联批、安泰机动车检测中心、汇成物业、耒水新城等投资额数亿元、几十亿元的招商项目落地办事处。辖区内有公办小学8所,民办小学1所,民办高中(正源学校、湖南师大附中耒阳分校)2所,社区卫生服务中心1个。

【项目发展】 全年全处落实招商项目10余个,引进外资近百亿元。完成征地拆迁55.7公顷,成立工业大道、中农联、汇成物业、耒水新城等24个项目群工科。富民路、工业大道、竹哲公路、城市环城公路、107改道公路等重大基础设施投资项目落户办事处,为全市经济发展建立四梁八柱的路网框架。办事处配合市委、市政府做好群工工作,富民路、工业大道、城市环城道路在年内全面贯通提质。完成省重点项目中农联项目的拆迁108户,拆迁面积30000余平方米;完成新城三路9个组的征地工作,征地面积20公顷,对该项目的拆迁房子进行测量,开展评估工作;完成耒水新城项目青麓片征地5个组共签订27公顷的征地协议,并对该项目的拆迁住房进行丈量摸底评估,正启动拆迁工作;完成哲桥污水处理厂6.7公顷的征地和青苗清理工作,以及伞柄厂白洋渡村4个组的青苗清理工作。

【农业工作】 科技种植。抓集中育秧、控耕地抛荒,确保全处粮食播种面积不减弱,办事处有耕地面积1172.4公顷。培植科技示范户10户,以点带面,从集中育秧、水稻栽培、测土配方施肥、病虫害防治等方面入手,加强农业科技培训工作,受益农户达到200多户。培植秦迪辉、谢正礼、欧阳生力、谢光葵、段日生、刘江荣等种粮大户9户,流转土地91公顷。做好办事处冬种工作,下发油菜种子500公斤,指导农民搞好油菜种植,增加农民收益,提高土地利用率。绿化造林。2017年,办事处开展科技兴林活动和封山育林工作,完成造林65.2公顷,中幼林抚育67公顷,建地47公顷,完成通道绿化里程20余公里,种植桂花树、红叶石楠、樟树等各类绿化苗木共计1.6万余株。

【国土规划及打击两违工作】 国土规划工作。完成辖区内两处基本农田保护牌的维护和维修;完成全市第二轮土地规划修编和永久基本农田划定工作。惩治“两违”建设。办事处依法依规对辖区内白洋渡、青麓、七岭、三桥四个村(社区)委(员)会“两违”建筑实施拆除,共拆除“两违”建筑33余处,面积13000余平方米。落实“百日攻坚”行动,办事处成立领导小组,全面清查、整治三桥社区、七岭社区、青麓社区区域内环境卫生死角。对区域内107国道两旁的私搭乱建全面清理,与商户签订门前三包协议。对沿河两岸垃圾堆积进行全面清理,栽种树木。

【人社工作】 城乡居民养老保险收缴。2017年底,办事处城乡居民参保人数16900人,其中缴费人数有12700人,享受待遇领取有4200人。通过自主缴费和批量代收征得城乡居保资金776400元,已缴费人数共计5944人,已缴基金数占目标任务基金数比例为87.87%。全年新增参保171人,信息修改1617人,待遇续发140余人,生存认证核查死亡暂停270余人。失地农民养老保险参保。2017年,新政策养老贷在办事处进行试点,人社站专门邀请银行工作人员分别在青麓、三桥两个居委会进行政策宣讲,让居民了解并学习此项惠民政策,并将政策迅速落实到位。青麓有90人、三桥70人、白洋20人均已办理被征地农民养老保险贷款。城乡居民医保和公共就业服务工作。2017年,办事处城乡居民医保资金收缴4224680元,完成市指导任务的70.4%,并开展农合系统录入工作。

【民政事务】 低保清理。清理脱贫、死亡人员17户、36人。至年底,办事处共有低保户178户、410人,其中农村低保兜底户12户、16人,是全市平均水平。“五保”供养。办事处共有五保户分散供养109人,全年共有5名“五保”对象死亡,及时和市民政局进行对接。救灾救济。办事处上报特重大、住院医疗救助对象23人,打卡发放冬春令款救灾资金134340元,救灾款69100元,临时救助50人、救助款5万元。双拥优抚。优抚对象的各种优待政策,全部及时足额兑现538960元。其中上半年为7名60周岁的退伍军人办理退伍补贴;“八一”走访慰问困难优抚对象93人、18600元。老龄工作。为20名年满65周岁的老人办理老年证。残疾关爱。上报2名装假肢对象,发放残疾人轮椅10个,接待来人来访60多人次。

【安全生产】 办事处组织处村两级干部及时召开安全生产大排查、大整治工作会议,并把任务层层分解,责任落实到人。对辖区所有中小学(幼儿园)开展校车安全隐患排查,进一步加强校车安全管理;对青麓、三桥等5个村开展烟花爆竹集中整治行动,重点检查红焰烟花爆竹批发有限公司和16个烟花爆竹零售点,发现非法经营零售点4家,现场予以拆除招牌并没收其非法销售的烟花爆竹。对具有合法经营手续经营烟花爆竹的店铺,重点督促、指导落实安全防范措施,对存在的安全隐患,当场责令整改到位,严防安全事故发生。

【精准扶贫】 贫困户人口动态调整后,全处有贫困户148户、354人,2017年度脱贫80户、226人,返贫15户、42人。开展后盾单位驻村帮扶工作。10个后盾帮扶单位组建工作组,实行"一对一"帮扶,因户施策,因地制宜,建立贫困户"一户一策"帮扶台账。产业扶贫。利用办事处地理优势,引进神农国油、中农批等重点项目企业进入帮扶,通过产业带动贫困户脱贫致富。如七岭居委会创建特色养殖基地,吸纳七岭居委会全部贫困户。危房改造。组织贫困户危房改造32户,到户资金92.8万元。

(段孝霖)

马 水 镇

党委书记	谢慧荣
党委副书记 镇长	李 平
党委委员 人大主席	王国建
党委委员 政协联络 工作负责人	谢新文
党委副书记	周连友
党委委员 纪委书记	肖利古
党委委员	王 浩 陈 彬 梁瑞武
副镇长	王 浩 刘 媛
人大副主席	张小伟

【概况】 马水镇位于耒阳市东北部,东邻安仁,北接衡南,由原马水乡和洲陂乡整建制合并而成。2017年,辖15个行政村,296个村民小组,总人口55256人,总区域面积172平方公里。境内植被茂盛,是一个较偏远的传统农业乡镇,享有耒阳市"粮仓""烤烟之乡""林区"等美誉。

【种植业】 马水镇烤烟生产形成产业特色,规模效益稳定。2017年,落实烤烟种植面积593.8公顷,烟叶产量24382担,创产值3280万元,贡献税收660余万元,烟农收入稳定。稳定粮食生产。全镇有耕地面积3400公顷,其中水田面积3000公顷。推广集中育秧技术,提高农业机械化水平,年内新增农机37台/1355千瓦,农机购置补贴50余万元,农机培训120多人次,集中育秧160公顷。全镇双季稻覆盖率90%,年粮食总产量3万吨,创产值7800余万元。加强土地流转,提升土地规模经营水平,培植种粮大户86户、家庭农场13家、专业合作社23家,杜绝耕地抛荒。

【林业】 马水镇森林覆盖率达到90%,林地面积10000公顷。其中,经济林面积4000公顷,以油茶、楠竹为主;用材林面积4667公顷,以外国松、杉树为主。2017年春,完成新造林计划253.3公顷,完成经济林垦复1333.3公顷,为民创收500余万元,2017年冬季造林187公顷。

【养殖业】 鸡、鸭、鹅、羊、鱼等家禽养殖初步形成规模,生猪养殖规模发展壮大,养猪大户59户,存栏5万余头,年出栏10万余头,产值达2亿元,生猪养殖经济效益较好;养羊5户,产量1500头,产值120多万元;养牛4户,200头,产值200余万元。规模养殖成为农民收入的新途径。

【基础设施和重点项目】 争取上级资金与自筹资金相结合,投入百万元对马水农贸市场升级改造,完成地基平整,场地硬化。神耒农耕文化公园建设项目已完成规划设计,打包进入省ppp项目平台。招商引资,引进湖南省百林花卉科技有限公司落地马水,建设苗木基地18.7公顷,正式运营纳税。全面启动小城镇建设,做好小城镇总体规划收编工作,完成基础地理信息测绘和初步规划方案。投资400多万元的马水公租房主体工程通过验收并交付使用,投资200万元的附属工程全面启动。投入近亿元的马水变电站运营。加强公路建设,江塘至宝盖公路、膳田至陆新公路提质改造进入施工阶段,总里程14.7公里,其中,江宝公路5.7公里,投资额610万元;陆膳公路9公里,投资额1100万元。通村公路拓宽改造17.174公里,投资额740万元。启动高标准基本农田改造项目建设。其中,圳桥、坪田两村高标准基本农田改造项目建设投资额850余万元;桃花、膳田、江塘、洲陂、乐田等五村高标准基本农田改造项目建设投资额1300余万元;山岭、山田、东升等三村旱地改造水田项目建设投资额327万元。土地开发项目。投入234万元桃花村土地开发项目与投资额380万元圳桥土地开发项目已动工。投资170余万元河堤护岸工程建设已立项。向上级争取农业和烟水配套工程,争取建设投资额480万元的积岭土地平整项目和建设投资额800万元丹田、积岭烟水配套工程。

【社会保障】 全年发放救灾款394200元,灾后重建4户。发放残疾人两项补贴475人次57万元;全年发放低保504户982人低保款1863420元,发放五保户261人五保款2502600元。627676元优抚款已发放到位。发放高龄老人补助104人、104000元,养老服务补贴13人。争取资金170余万元危房改造100户指标。全镇参加城乡居民医疗保险人数5.2万人,参合资金657.324万元,参入率85%以上。参加养老保险人数9973人,参保金额136.76万元。

【计划生育】 2017年度,全镇计划生育率91.43%,出生率11.12‰,全年征收社会抚养费21.4万元。奖励扶助

42人,发放奖励扶助款41440元。加大力度对计划生育家庭进行生育关怀行动。集中走访慰问计生困难家庭1次,发放慰问金7600元;走访慰问失独家庭3次,为孤独老人组织义诊1次,举行关爱女孩活动1次,全年为计生家庭购买意外保险4.2万元。

【精准扶贫】 至2017年,马水镇有贫困户451户、1382人,未脱贫188户、490人。镇政府投入扶贫资金130余万元,加大对贫困户的技术、资金、就业、教育、医疗、建房和产业等帮扶力度,做到一户一策,精准施策。年底,有76户、249人脱贫。

【安全生产】 重点抓好王家井煤矿、货塘采石场安全生产工作;抓好交通运输(校车运营)、烟花爆竹经营、成品油和燃气经营等非煤矿领域安全监管工作。全年安排安全生产工作经费20万元,加大安全生产基层基础建设。配强村安监员15名,组安全信息员296名,单位安监员18名。镇安监站新添置电脑一台、打字机一台、档案柜一个。全年共组织执法行动14次,出动人员186人(次),检查企业、单位46家,排查整治隐患122例,责令煤矿企业停产整顿1家,取缔非法经营烟花爆竹点9个,收缴炮鞭127个,烟花57个,取缔乱挖油泥2处,检查校车16台,货运车辆34台,下达执法文书57份,对存在隐患与问题均限期整改到位,及时消除事故隐患。

【综治维稳】 马水镇全年排查矛盾纠纷160起,各村组网格员共调解各类矛盾纠纷128起,调解成功率达80%,镇综治中心协助调解24起,镇村调解率95%。做好平安创建工作,发放《致全镇人民一封信》和《平安创建承诺书》1万余份,利用微信、短信、标语、横幅进行宣传,营造创建氛围。全镇共评出886户平安家庭示范户、42个平安组、2个平安村。全面做好信访登记,及时化解信访矛盾,确保网上信访零积案。

(匡晶晶)

亮源乡

党委书记	曹江富
党委副书记 乡长	刘永专
党委委员 人大主席	谭琨
党委委员 政协工作联络负责人	梁军
党委副书记(专职)	胡静波
党委委员 副乡长	曹爱文
党委委员 纪委书记	李成全
党委委员 组织委员	郑兴
党委委员	资壬豪
副乡长	伍中奇
人大副主席	谢辉辉
主任科员	刘功志

【概况】 亮源乡位于耒阳市东北部,北接马水镇,南至导子镇,西抵新市镇、大市镇,东界郴州市安仁县。总面积107平方公里,距耒阳市区53公里。境内有耒阳市海拔最高峰元明坳和耒阳市第二大水库关王塘水库。2017年,亮源乡辖亮源桥、观音、新民、泉塘、桐木、良坡、积明、关王8个行政村、176个村民小组,总人口2.6万余人。有耕地面积2050.46公顷,水田面积1490.33公顷,山林面积7027.9公顷,主要产业为农业和林业,是耒阳重要的粮食产地、木材产区和种苗基地。

【国民经济】 2017年,全乡生产总值4.2亿元。公共财政预算支出696.39万元;全年通过"一卡通"落实到位各种补贴资金1048万元,其中发放民政资金270多万元。农民人均年纯收入4200元。

【特色农业】 全乡水稻种植面积2000公顷,双季稻种植面积733公顷;推广绿色环保农业、配方测土配方施肥,使用率95%以上,实现化肥使用零增长的目标,中高档优质稻种植面积667公顷。壮大生态种植和养殖业,引导扶持关王塘生态农业公司、日森源菇业公司、峰竹种养殖合作社、关王塘特色养殖和蔬果种植合作社等农业企业,通过农业企业的带动和示范作用,促进全乡特色种植和养殖产业迅速发展,土鸡、土鸡蛋、黄牛肉、猕猴桃等农产品畅销全市。夯实林业产业,采购树木进行通道绿化13公里;发展良坡等苗木基地;扩大关王等村的楠竹种植面积,建设关王塘水利风景区;元明山休闲旅游成为全乡新的经济增长点。

【基础设施】 加大水利设施建设,大石桥水库除险加固、水系清淤工程完工;维修加固山塘水坝6处。新建文明祭祀点25处,促进乡风文明建设。完成关王、新民、亮源桥等村村道、组道路基50多公里。完成危房改造项目32户,灾后重建1户,改善部分贫困群众住房条件。投入资金10多万元,组建专门的垃圾清扫清运队伍,完善环境卫生整治长效工作机制,扭转农村卫生环境"脏乱差"的现象。

【教育卫生】 亮源乡有8所学校和教学点,6所幼儿园;小学教学班34个,幼儿教学班17个;就读小学生801人,幼儿434人。中小学教职工53人,副高职称教师2人,一级教师30人,二级教师21人,特岗教师5人。新建卫生院已投入使用,有床位20个、医生6人、护士4人,就医环境得到改善。

【精准扶贫】 2017年,全乡共计走访贫困户近4000人次,累计发送慰问金6万余元,发放贫困学生补助297人次,农合代缴做到615户贫困户全覆盖。是年,实现贫困户脱贫97户,339人。

【综合治理】 全年调处纠纷73起，化解群访和越级上访事件3起，调解各类矛盾73起。针对亮源桥、良坡等村存在的非法采砂问题，乡党委政府加强巡查监管，组织各部门联合执法整治，遏制境内非法采砂现象。

【党建工作】 全乡8个行政村按计划圆满完成换届，新一届村"两委"班子成员49名，其中支委班子成员33人，村委班子成员24人，交叉任职8人。新发展预备党员9名，共580名党员全部录入全国党员管理系统，全面推广"一网一云"工作。年内，共受理信访举报16件，查办结信访案件13件，其中立案案件4起，批评教育1人，党内严重警告并免职处分1人，撤销党内职务处分1人。

（李国娟）

新 市 镇

党委书记	刘仁佺
党委副书记 镇长	谢正军
人大主席	黎加根
政协联络 工作负责人	雷秀峰
党委 专职副书记	谢扬称
党委委员 纪委书记	刘洪阳
党委委员 副镇长	陈楚玄
党委委员	阳林
党委委员 组织委员	伍顺利
副镇长	蒋小贵
人大副主席	谷单

【概况】 新市镇地处耒阳市东北部，耒水河畔，东与马水、亮源接壤，南与大市乡交界，西跨耒水河与遥田相连，北与衡南县江口、冠市毗邻。区位优势得天独厚，京珠高速穿境而过，并设联络出口，高速联络线直达107国道。总面积75平方公里。2017年，辖12个行政村、4个社区，有总人口4.8万人；耕地面积1607公顷，其中水田面积1415公顷，旱土面积192.4公顷。境内有小Ⅰ型水库1座，小Ⅱ型水库8座，欧阳海灌区主渠道贯穿全镇，灌溉总长度为100余公里。

新市镇是一个历史文化底蕴深厚的千年古镇，自晋朝始，有1500多年历史，历为水路码头，商贸重镇。2017年，被评为第三批湖南省美丽乡镇示范镇。

【经济发展】 2017年，镇域经济同比上年增长8%，全年完成招商引资1500万元，完成财政总收入1200万元；农民人均纯收入10460元，同比增长15%。

【农业】 统筹推进国土整理、水利工程等项目建设，提高农业生产综合能力。完成投资3000余万元的新市镇高炉村高标准农田建设项目、大兴龙村退耕还林还湿项目、木兰村矿山环境治理项目和渠塘村国土整理项目。壮大新型农业经营主体。发展现代特色效益农业，培育和创办专业大户、家庭农场、农业龙头企业、农民合作社等新型农业经营主体，年内新增家庭农场、农民合作社30个，农业产业效益提升。

【小城镇建设】 加强市场管理，整顿和规范市场秩序。镇城管办、安监办、工商所、派出所等多次联合开展对生猪屠宰、烟花爆竹、非法生产、乱搭乱建等专项治理行动。全年查处烟花爆竹违法销售点18处，收缴烟花爆竹200多个；取缔非法砖厂5家；惩治非法开采油泥5次；取缔环保不合格养猪场3处；拆除乱搭乱建建筑1处。

【乡村旅游】 美化乡村环境，建设美丽乡村。推进新农村建设，以大兴龙村为示范点，完成大兴龙村1~3组140余户"穿衣戴帽"改造，更换3台老化变压器和线路，完成大兴龙村的农网改造升级，投资75万元建成村级活动中心，完成退耕还湿18公顷，栽植湿地植物荷花5.9公顷，栽植香蒲、菖蒲、再力花等湿地植物12.2公顷，完成退耕还林2.7公顷。全年完成森林抚育200公顷、通道绿化26公里，通村公路绿树成荫；通过加强环境卫生整治，实现道路整洁、湾村清洁。树立土菜品牌，发展农家旅游。鼓励发展中高档土菜馆、农庄，盘活城乡餐饮业和假日经济。年内新增农家印象、古镇食府等土菜馆和紫云山庄等农庄，提升新市土菜名气。开发旅游路线，提升旅游品质。利用耒阳加强耒水沿线旅游开发契机，启动沿江风光带建设，拉通2.6公里沿江南路，在路两边连片种植万亩油菜花；扩大玫瑰园建设规模，种植玫瑰87公顷、种植山苍籽和沃柑25公顷。

【社会保障】 落实强农惠农资金。全面落实农村基础设施建设资金、农业生产发展资金、对农业和农民的直接补贴资金、农村社会事业发展资金等"三农"资金的发放。2017年，通过惠农存折信息化发放各类补贴977万元，并及时公示，确保公开透明。提高社会保障水平。加大社会保障力度，切实帮助困难群众，年内为1198户、1729人发放最低生活保障金260余万元，解决城市"三无""农村五保""孤儿""困境儿童""百岁老人"基本生活；发放困难群众救助金115万元；发放残疾人生活补贴70万元；完成危房改造53户。

【精准扶贫】 结对帮扶。引导后盾帮扶单位入驻，13个扶贫工作组与镇内364户贫困户结成对子，开展贫困户入户走访，完善基础信息、细化帮扶措施，让各项扶贫政策落实落地，提升贫困户满意度。政策到户，落实扶贫举措。利用危房改造和易地扶贫搬迁政策,33户贫困户通过危房改造改善居住条件,14户贫困户选择易地扶贫搬迁至渠塘村集中安置点;利用金融产业扶贫,60户贫困户贷款300万元放入明德公司入股分红,年底,每户分得红利5000元;组织贫困户参与职业技能培训,95个贫困户顺利完成茶艺师技能培训;通过雨露计划,给予24名中专、大专学生每年3000元的助学金;通过社会保障扶贫,给予44名孤寡老人儿童、重度残疾贫困户进行低保兜底帮扶。全年帮助196户、402人实现脱贫。

【科教文卫】 改善教育教学环境。全镇有中学2所,小学11年,民办小学1所,有学生3353人;中小学共有教职员工171人,其中特岗教师17人,师资力量有所增强。全面实施镇内农村校舍改造工程和校安工程,着力推进标准化、特色化校园创建工作;对学校周边网吧及治安进行专项整治,学校周边环境进一步改善。完善文化基础建设。全面完成"村村响"工程,全镇共安装喇叭112组,音柱48个;启动文化站大楼装修,丰富镇区文化活动场地。提高医疗卫生水平。镇区两所卫生院医护人员达到90余人;高炉卫生院进行整体翻修,新市中心卫生院引进一批新的医疗设备,问诊率相较上年有所提高。做好计生工作。征收社会抚养费,孕前优生健康检查完成率100%,发放计生奖励扶助资金10余万元,帮助农村妇女完成"两癌"免费筛查260例。

【基础设施建设】 农田水利建设,完成渠道清淤2.5万余米,山塘除险加固、硬化6处,5月完成高炉高标准农田基础设施建设。道路建设,完成渠塘村3公里、纠陂村2.3公里公路硬化,完成高炉至龙市8公里通村公路全线提质改造。公共服务设施建设,新市镇污水处理厂建成并投入使用,范围内污水得到100%处理;新购买洒水车1台、叉车1台,新增垃圾池84个、垃圾箱20个,新安装太阳能路灯180盏。

(武超敏)

遥田镇

党委书记　孙宗斌
党委副书记 镇长　陆　成
人大主席　阳平华
政协主任　陈常云
党委专职副书记　蒋　毅
党委委员 组织委员　何初生
党委委员　谢向东　聂　辉
副镇长　谷　湘
人大副主席　罗　芳

【概况】 遥田镇位于耒阳市境北部,耒水西岸,东濒耒河与大市镇相望,南邻蔡子池街道办事处、哲桥镇,西至肥田镇,北抵新市镇、衡南县江口镇。总面积52平方公里。2017年,遥田镇辖8个村和1个电站居委会,180个村民小组,总人口34484人。全镇实现国民经济生产总值4亿元,实现财政总收入2305万元,完成财政税收700万元,农民纯收入5400元。

境内驻有空军部队和遥田电力发展有限公司等20多家企业,素有"冶炼之镇"和"篮球之乡"的美称。

【农业生产】 遥田镇是耒阳市农业大镇。境内粮食作物以水稻为主,主要经济作物有油菜、棉花、花生、黄豆、柚子、桔子、红枣等,畜牧业主要为猪、羊、牛、鸡、鸭、鱼等。2017年,镇内有耕地1219公顷,其中水田面积1099公顷,旱土面积120公顷,早稻播种面积955公顷,双季稻播种率稳定在85%以上。全年粮食总产量突破1000万公斤。优质稻亩产量400公斤。新建高标准粮田47公顷,新增耕地20公顷。提升农业产业化水平,壮大新型农业和特色农业,培育发展农业企业5家,发展种粮大户37户,种粮专业合作社2个,农机专业合作社5个。全镇共有养猪大户52户,养鸡大户68户,养牛养羊各6户。有农业机械359台,机械化作业率正逐年上升,合理流转耕地400公顷。辖区有林地1951.5公顷,其中油茶林667公顷,柚子种植面积200公顷。

【镇村建设】 遥田镇完成小城镇建设总体规划,初步形成以镇区为核心,三和圩为重点,早枫公路为纽带的城镇化格局。加快镇区自来水改造工程,推进城乡供水一体化;全面落实绿化遥田三年行动计划,做好早枫公路等主要公路干线沿线绿色走廊地带的规划植树造林建设。开展污染防治,严禁村民焚烧秸秆,规范畜禽养殖规模,集中整治"散乱污"企业3家,对不能办到环评手续的工业企业实行"一刀切",保证污染排放达标。推进生态建设,完成植树造林57公顷。加大农村环境卫生整治力度,将遥田纳入城乡垃圾收转运一体化。

【项目建设】 遥田镇完成建新村和电站居委会的农村电网改造工程,机场征地损毁道路修复工程经过规划设计、财政评审、公开招标等程序进入开工建设阶段。年内,引进广东南博集团生利农业综合开发项目和被塘村沃标农业药材种植项目以及刘小明农产品高档包装项目。生利农业综合开发项目前期征地工作基本完成,前期投资3000余万元,预计总投资额1.5亿元,沃标农业药材种植项目完成标准药材种植基地面积建设50公顷,投入资金300余万元。整合财政涉农资金1200万元,统筹用于基础设施、产业发展、社会事业等脱贫攻坚工程项目。镇财政投入专项扶贫资金48.06万元，新建通村通组公路15公里，新装路灯200余盏，新修垃圾池50个、新投放垃圾桶150个，新修建焚烧祭祀炉26个。推进农村危房改造项目，为52户贫困户建立危房信息档案，完成危房改造52户。

【教育事业】 2017年，全镇有中小学教育点9处，其中中学1所，小学7所，教学点1个，共有教职工164人，学生总人数2203人。

【维稳工作】 建立健全出警联动机制，完善社会管理服务平台，各村建立治安巡逻队和配齐配强治安调解主任。建立和完善动态联合接访制度、案件交办督办制度和考核奖惩制度，做到老百姓反映的诉求有专人接待，有专人记录，有专人办理、有专人回复。明确责任、落实奖惩，消化和处理历史遗留问题，及时调处矛盾，确保矛盾早调解不恶化，大事化小，小事化了。年内，全镇未发生一起非法上访、越级上访和群体性上访事件。

【安全生产】 印发《遥田镇安全监管工作指导手册》3000余份、悬挂横幅80余条、出动宣传车辆10余次，增强广大人民群众的安全守法意识。严格落实安全生产责任制，镇安监站与镇直属单位、村（居）委、学校、危化物品生产经营单位、烟花爆竹批发部和零售点、企业法人代表共签订安全生产责任状120余份，强化安全意识和责任意识。是年，辖区内未发生安全责任事故。

【社会保障】 完善农村社会保障机制，执行国家惠农政策，确保粮食直补、农机补助等资金全额落实到位。通过多种形式宣传城乡居民合作医疗和城乡居民养老保险等惠农政策，全镇医保参保率保持在95%以上，解决农民就医难、看病难的问题。危房改造工作，为52户贫困户完成危房改造。规范和严格农村五保供养对象、低保对象、临时救助对象申报程序，推动系统民生问题的解决，保障困难群体基本生活。

（贺多）

大市镇

党委书记	刘云贵	
人大主席	李辉	
政协主任	刘洪平	
党委副书记	徐新忠	
党委	邓志雄	刘显洪
	资积昌	蒋新元
副镇长	李姣	
人大副主席	伍志勇	

【概况】 大市镇位于耒河东岸，东与导子、亮源相邻；南接龙塘、水东江办事处；西隔耒河与蔡子池街道办事处、遥田镇相望；北抵新市镇。是耒阳面积较大的乡镇之一，总面积115平方公里，镇政府驻大市居委会（原大陂村）。2017年，大市镇辖16个行政村1个居委会，共有363个村民小组和2个居民小组，总人口约6.5万人。有耕地面积3373.67公顷，是耒阳市的人口大镇和农业大镇。境内交通便捷，京珠高速穿境而过，并在附近设有两处进出口，董大、竹马公路纵横全镇，通村通组公路覆盖全镇。当地民间习俗丰富，每年有游船、赛龙舟、开庙会等习俗，其中敖山庙会被湖南省列为非物质文化遗产。

【税政税收】 2017年，完成固定资产投入4.8亿元，增长5%；实现财政收入2073万元，实现农民人均纯收入6960元，增长8%。完成工业总产值2.6亿元，国、地税入库税款1175.63万元，其中国税完成891.98万元，地税完成283.65万元；招商引资到位资金2.4亿元。

【农业】 大市镇把粮食生产作为农业工作的重中之重来抓，狠抓抛荒清零、化单扩双。是年，落实早稻面积1400公顷，晚稻面积1067公顷，一季稻面积1467公顷，早稻集中育秧面积633公顷。落实油菜种植面积2000公顷，免费向农民群众发放油菜种子3.5万包，其中长丰、长洲连片油菜继续创省部级油菜示范基地，油菜产业为群众直接创收1500万元。

巩固和壮大养殖户。全镇发展养鸡养猪专业户268户，通过与新五丰、温氏集团联手共建发展规模养殖，形成产、供、销公司+农户利益联结机制，实现农户增收、公司产业发展共赢局面。是年，生猪年存栏14.6万头，年出栏39.4万头，牛年存栏853头，年出栏482头；羊年存栏1543头，年出栏1069头；年存栏家禽118.6万羽，年出笼256.7万羽。

农业产业化发展。通过引导土地流转，倡导机械化作业，推广优质稻、双低油菜，开展农技交流会，重奖种粮大户，成立农业专业合作社、家庭农场24个，蔬菜水果基地8个、41.3公顷，流转水田640公顷，扶持水田面积50亩以上种粮大户22户，100亩以上27户，发展林业合作社5个，流转山地1600公顷。引进隆平高科休闲农业综合体计划投资2亿元，以花海为龙头的休闲农业壮大发展，投入资金用于硬化道路、观光亭、风车水车等基础设施建设，长丰长洲油菜花成片、花海形成规模，农家乐、葡萄采摘等休闲体系初具雏形，陆续吸引周边游客近40万人次，促进经济发展，缓解群众就业难。

【工业产业】 依托大市循环经济工业园的平台优势，发展工业经济。敖山14组整体搬迁项目的安置房建设完工并通过验收。污水处理厂、自来水厂的建设稳步推进。焱鑫有色金属公司顺利建成耒阳市首个博士后科研流动站协作研发中心，年创税费1475万元。

金凯碳酸锂项目试投产，红印铅酸蓄电池项目完成规划设计、征地入园。福兴科技冰铜、垃圾焚烧发电等重点项目相继入驻。

【教育投入】 大市镇辖2所中学和22所小学。2所中学即大市中学、芭蕉中学，有教学班26个，在校学生1728人，在编教师90人，其中特岗教师9人。22所小学由大市中心校管理，大市中心学校所辖学校：中心完小2所(大市、芭蕉)，联小7所(长丰、八石、集中、蒲兴、敖山、石壕、高塘)，村小7所(花坪、长洲、长塘、关帝、水口、明星、利群)，6个教学点(架江、排一、三塘、油屋、老屋坪、长布)；22所小学有教学班102个，在校学生2789人，在编教师128人，其中特岗教师12人，中小学专任教师学历合格率100%。投入资金529万元用于学校配套基础设施建设，106万元用于维修改造教学楼、厕所、食堂、下水道、围墙等，302万元用于新建大市中学女生宿舍及教师公租房，100余万元用于油屋、排一、八石、利群4所村小的维修改造及合格学校的美化亮化。

【文化】 实施文化惠民工程，倡导全民健身。年内，举办耒阳市东乡片第一届广场舞比赛；开展送电影下乡、送戏下乡活动。

【医疗卫生】 大市镇实行家庭医生签约服务，重点人群和贫困人口签约率100%。投入360万元用于卫生院基础配套建设，添置DR、彩超、多普勒、生化仪等先进的医疗设备，医疗技术水平和服务能力不断加强；开展乡村环境卫生整治活动，投入资金68万元，配备镇保洁员18人、村保洁员65人。

【生态造林】 2017年，镇内新造林253公顷，义务植树15万株，全面完成“创森”(创造森林城市)工作任务，共完成26公里的绿化补植任务。

【社会保障】 全年累计发放民政优抚补助100.1万元，农村低保补助资金328.7万元，农村五保分散供养费用428万元、残疾人生活补助、护理补贴97.8万元，大病医疗救助资金15万元。全面完成全民参合、参保计划，新农合参保人数50311人，全镇共6.35万人次享受到新农合门诊及住院补偿，补偿资金达3100余万元；居民养老保险参保、续保45213人，全年发放基本养老津贴840万元，惠及8235名60岁以上老人。大市敬老院连续被评为耒阳五星级敬老院。

【农村路网健全】 实施农村道路畅通工程，投入资金1550万元，修建镇村公路15余公里，扩宽道路6.5公里，全镇16个村、1个居委会通村公路均实现100%的硬化，通组公路硬化达80%，形成四通八达的交通网络，解决人民群众“出行难”的问题。

【水利基础稳固】 投资520多万元用于大市保护圈治理工程。成功申报4处农村安全饮水工程，全年累计维修和硬化支干渠10公里，维修加固山塘、水库12处，成功争取对长塘、泉星两座病险严重骨干水库的除险加固立项，为全镇11座小Ⅱ型水库全部配齐管理员，并组织相关培训，改善生产条件，确保安全度汛。

【农村电、讯网完备】 全镇基本完成农网户改，群众用电低价方便；争取农电部门的支持，加快新一轮农网改造升级，通过增容变压器、改造10千伏线路、清障树木等一系列有效措施，保障电力运行。100%村接通电话，实现光纤上网，绝大部分农户用上有线电视，移动、联通、电信网络便捷。

【脱贫攻坚】 全年实现213户、593人脱贫，实施脱贫攻坚“十大工程”，产业扶贫投入资金15万元，实施到村项目5个、到户项目5个；金融扶贫投放小额贷款409万元，带动贫困户91户；开展就业脱贫技能培训42人次，解决185人就业；健康扶贫惠及2352人次，政策补贴近39.86万元；教育扶贫发放资金59.17万元、受助学生467人次；危房改造投入资金87.4万元、惠及38户；政策兜底发放资金2.8万元，实现应保尽保。

【党建工作】 年内，完成村“两委”换届选举工作；发展党员16人，组织除名党员1人，开除党籍6人；镇纪委查处各类党员违纪案件36起。

(伍雄飞)

淝田镇

党委书记	段志雄
副书记 镇长	罗育义
人大主席	李喜兰
政协联 工委主任	蒋传佳
党委副书记	谢小兵
党委委员 副镇长	周优文
党委委员	张小广
副镇长	徐硕学
人大副主席	李　川

【概况】 淝田镇地处耒阳市北部，北靠永济镇，南接遥田镇，西临大和圩镇，东北与衡南县廖田镇交界，总面积51.2平方公里。2017年，辖8个村，205个组，总人口2.7万余人。

淝田镇地理位置优越，交通便利发达，处在107国道旁，京广铁路贯穿东西，境内五四青年路、淝利公路纵横交错，淝田至永济公路进行油化，各村公路均实现“村村通”“路路连”。是典型的农业乡镇，土壤多为紫色页岩。

境内有自然景点望日岩、千人洞、大皮江水库。

【经济发展】 2017年,淝田镇经济建设主要是以发展种植业、养殖业和休闲旅游农业为主。全镇有耕地面积1956.2公顷,粮食总产量1.65万吨;油菜种植面积1120公顷,种植棉花面积133.3公顷,种植烤烟面积33.3公顷,大棚蔬菜面积6.7公顷。推行"政府+公司+农户"的新型合作养殖模式。全镇年存栏300头以上,养猪大户有35户,存栏200头以上养羊户4户,新发展年出笼万羽以上养鸡户3户。发展农村特色休闲旅游业,在扶贫示范村集凤村建设美丽乡村项目百美山庄,是集休闲旅游与农家乐服务一体的山庄。境内红色旅游景点谢维俊故居位于肥美村1组,是省级文物保护单位,为衡阳市爱国主义教育基地。

【项目建设】 发展现代休闲农业和红色旅游业。有在建二程美丽乡村项目百美山庄、谢维俊故居修缮改造工作及新敬老院建设工程已交付使用、肥美村棚户区改造工程和公租房建设等基本建设完成、宏拓集团光伏发电项目建设完成正式投产使用。

【教育】 镇内有中学1所,小学7所;在校学生2510人;中小学教师138人。学校教育工作在全市名列前茅。

【医疗卫生】 镇内有医院1所,医疗点17个,病床32张,医护人员38人。镇村环境卫生有所改观,各村均配备专门保洁员,负责集镇和主要道路清扫保洁和垃圾清运处理。镇村环境综合治理纳入村级年终目标考评,建立村规民约。

【精准扶贫】 2017年,全镇脱贫333户,共979人。其中金融扶贫70人,产业扶贫626人;雨露计划12人;医疗救助671人次;易地搬迁21户共65人。

(李川)

永济镇

党委书记	李建安
党委副书记 镇长	陈汉成
人大主席	罗卫青
政协主任	段文冬
党委副书记	罗丽程
党委委员 纪委书记	陈晓云
党委委员	阳检球　周汝城 蒋永华
人大副主席	梁　丹
副镇长	王小勇

【概况】 永济镇地处耒阳、衡南交界,素有耒阳市"北大门"之美誉,总面积50平方公里。2017年,辖8个村,1个社区,总人口33452人。镇内水陆交通发达,耒河由东南方向流经全镇5个村(社区),107国道、京广铁路、京珠高速公路从旁穿越而过。全镇实现国民经济生产总值4.2亿元,实现财政总收入2605万元,完成财政税收111万元,农民年纯收入5600元。

【农业经济】 落实中央一系列强农惠农政策,引导农民依法进行土地流转487公顷,土地流转率达32%;稳定粮食种植面积,鼓励培育种粮大户,新增种粮大户7户;扶持发展农村合作社和家庭农场,新增家庭农场2个。

【新农村建设】 通村公路建设。永济镇完成4条提质改造公路,共17.3公里;完成龙清村、永济社区、谷丰村、金钩村等村近12公里的村道建设。水利建设。完成5座小Ⅱ型水库除险加固。特色农业不断发展。培育恒绿综合种植专业合作社种植油茶面积达80公顷;旭莲公司种植荷花80公顷,葡萄13.3公顷;发展永济百里渡大型牛场、大河边村贺松健大型养猪场、花园村伍周生肉鸡养殖场、永济社区伍辉兵蛋鸡养殖场,实现永济镇年出栏生猪1.8万头、肉鸡48万羽、禽蛋680吨、养牛存栏1500多头。

【乡村旅游】 耒水国家湿地公园完成验收评估,永济镇地处耒水国家湿地公园核心景区;境内有宋氏宜园、永济油菜花观光景点,旭莲生态观光园、旭莲生态农庄正式运营;镇政府修建镇域旅游通道,全面开启全域乡村旅游格局。

【规范城镇管理】 2017年,镇财政年投入70余万元,用于乡村日常管理。其中投入18万元购置环卫设施设备,新建60多个垃圾池,投入16万元宣传经费。壮大专业保洁队伍,有环卫工人50人,市场管理员3人。对镇区社区、村道、X016沿线卫生实行全天候、高频次的保洁和畅通,确保镇区及主要公路干净整洁、秩序良好。

【社会保障】 社会保障制度完善,城乡医疗、养老保险进一步扩面提标。全镇居民医疗保险参保率超过85%,连续稳居全市前列;城乡低保按照政策,做到应保尽保,应退尽退,实现社会保障托底。有敬老院1所,集中供养五保户38人。

【文化教育卫生】 教育强镇深入推进。2017年,永济镇有中学1所,学生925人,教师54人;小学8所,学生1731人,教师72人;幼儿园10所。镇政府投入100万元对村小学进行修缮,改善办学条件。永济中学重高上线人数位居新市片前列,位居全市乡镇中学前三强。进一步巩固"普九"成果,义务教育阶段"两免一补"全面落实。

卫生工作得到加强。有卫生院1所,床位30个,医卫专技人员29人。医疗技术水平不断提高,医德医风全面改善。利用村级图书室、农家书屋,丰富老百姓业余生活,提高他们种养技术。加大村级全民健身工程的申报和建设工作,丰富广大群众的业余文化生活,群众生活质量得到提升。

【精准扶贫】 全镇建档立卡贫困户348户、972人,按照"六准""十不准"抓好精准识别,按"五个一批"实施扶贫措施,落实扶贫责任,确保扶贫效果。2017年脱贫86户、211人。

(李勇)

东湖圩镇

党委书记	贺光辉
党委副书记 镇长	肖小坚
党委委员 人大主席	钟科益
党委委员 政协联络工作负责人	谢露娜
党委副书记	罗小从
党委委员 纪委书记	邓孝军
党委委员 组织委员	饶蛟初
党委委员 副镇长 武装部长	王拯
党委委员	王集能
副镇长	陈波
人大副主席	曹忠华

【概况】 东湖地理位置独特,东与安仁县华王乡交界,南接三都镇和永兴县樟树镇,西至龙塘镇,北抵导子镇。镇政府驻坳山村,全镇总面积127平方公里。2017年,辖11个行政村、1个居委会、249个村民小组,有总人口4.3万人。全镇经济稳健发展,实现国民生产总值13亿元,较上年增长8%;财政收入326万元,增长7%;全镇人均纯收入18800元,增长7%。有集贸市场4个,邮政网点2个,电信服务网点3个,金融机构3个。

东湖圩镇是耒阳的东大门,素有"养生福地、温泉之乡"的美誉。境内交通便捷,320省道过境,境内长17千米,向西通往耒阳市区,向东通往安仁县、炎陵市、井冈山市。

【基础设施】 通村通组公路覆盖全镇,共有县乡道14条,总长75千米。年内,小山村联导子镇、金枣坪村联三都镇的联乡公路完成提质改造;争取省交通厅资金近800万元,完成林泉公路(枫林圩至汤泉)油化;启动万亩高标准农田新增产能示范区项目,加强农田水利设施建设,提升群众生产生活抗干旱能力;完成煤龙冲、美女村等水库除险加固;继续做好烟田水利建设、及时维修维护烤房群,巩固烤烟生产乡镇地位;投入近200万元用于汤泉、金枣坪等村采煤沉陷区治理,改善采煤沉陷区群众的生产生活条件;为坳山、小山等移民村,争取移民工程项目近10个,累计投入资金近300多万元,帮助移民村加强基础设施建设,让移民村群众安居乐业。筹资近20万元,为各村(居)建好标准、规范的村务公开栏;筹资近百万元,帮助金枣坪村建好高水准的便民服务中心,该村率先实现基层公共服务规范化、专业化、信息化和网络化,为群众提供便捷优质服务;投入近80万元用于农村环境卫生综合整治,改善农村环境卫生条件。

【招商引资】 以小城镇建设为抓手,加大招商引资力度,增加镇域经济竞争力,改善人民群众生活水平,培育农业品牌和龙头企业。耒阳兴隆黑山羊养殖专业合作社建成湖南最大基地,获评"中国好羊肉百强企业";东湖林业创建的"东湖模式"推介衡阳;东湖茶油、东湖烤烟成为"耒阳品牌"代言产品;枫湖农林开发有限公司养殖的藏香猪享誉湘南。

【文教卫事业】 改善中小学校园环境和办学条件。境内耒阳七中启动学生宿舍楼、教师公租房项目;东湖中心校筹资200余万元建成方肇亨中心完小,小塘铺小学进行重建工作;中小学校全面加强管理,教育教学质量提升,一批师生在各级各类比赛中取得优异成绩。耒阳七中获得全市教育质量综合评比二等奖并被评为全市综治工作先进单位,东湖中心校获得全市教育质量综合评比三等奖并被评为衡阳市优秀家长学校。镇内有远程教育站点12个。由镇政府选送的演讲作品荣获市"百姓微宣讲竞赛"第二名;庙会、广场舞、戏剧等民间文化活动开展经常,汤泉剧团在市"慈晖杯"戏剧大赛中获两个银奖;东湖获评2017年度全市宣传工作先进单位。全面启动乡村医生签约服务工作。东湖中心医院、枫泉卫生院引进优秀医护人员,新增先进医疗设备,医疗水平提高,实现"小病不出村,大病不出镇"。新农合报销比例逐年提高,报销金额逐年增加,防止因病致贫、因病返贫现象发生。

【社会保障】 农村低保和社会兜底保障标准再次提高,农村低保标准与国家扶贫标准实现"两线合一"。全年发放社会救助、救灾应急、优抚金等各类救助资金430余万元;筹资30余万元完成镇敬老院绿化提质和上石羔村留守儿童照料中心建设;敬老院集中供养五保老人50余人。

【精准扶贫】 按照"一超过、两不愁、三保障"标准,通过"一进二看三算四比五公示"程序,审核认定全镇建档立卡贫困人口为336户、1027人。镇政府与市直各帮扶单位组建12支扶贫工作队,对336户贫困户实行一对一帮扶,累计投入各类帮扶资金达400多万元。落实金融扶贫措施,做好特惠保、健康保险、人身意外保险等签约工作;因人施策,落实产业扶贫政策;充分利用“互联网+扶贫”平台,引导社会爱心人士共筑社会扶贫网。

【综合治理】 全年办理居民身份证3365张、入户(补录)600多人次、迁出(入)1000余人次、变更销户等3000多人次。排查各类社会矛盾隐患,惩治各类违法犯罪。共破获各类刑事案件5起,移诉4起;强制戒毒5人;调处各类矛盾纠纷150余起,行政拘留违法人员24人次,取保候审1人;查处治安案件13起,抓获各类违法犯罪人员41人,追回逃犯11人。

(廖凯文)

导子镇

党委书记 阳华生
党委副书记
镇长 钟林国
党委委员
人大主席 罗满芽
党委委员
政协主任 谢增辉
党委副书记 梁琪鹏(1月援疆)
党委委员
纪委书记 李国强
党委委员
副镇长 徐冬昱
党委委员
组织委员 刘斌
(6月衡阳市财政局挂职)
党委委员 凌坤
副镇长 文言辉
人大副主席 邓江成

【概况】 导子镇位于耒阳市东北部,与安仁县接壤,镇域面积137.3平方公里。2017年,导子镇辖12个行政村,1个社区,260个村(居)民小组,总人口40231人;有耕地面积1718公顷,林地面积8437公顷。全镇有义务教育阶段学校11所,卫生院(社区卫生服务中心)3所,敬老院2所。

导子镇境内盛产水稻、烤烟、油菜;矿产资源丰富,有煤矿、伴生钨、滑石等矿产,是耒阳市少数几个重要产煤镇之一,也是重要的烤烟种植镇之一。导子镇生态环境优美,森林覆盖率高,盛产楠竹、杉树,有旅游景点——观音岩、五峰仙山。

【财政】 2017年,导子镇财政总收入完成5049.92万元。其中:国税收入2818.67万元,地税收入1107.25万元,一般预算收入1124万元。财政预算执行基本实现收支平衡,完成年度预算任务。

【产业转型】 2017年,导子镇优化产业结构,加快产业转型发展。规范农村土地经营权流转。发展家庭农场、种养大户、农民合作社等新型农业经营主体,引导农业向规模化、机械化发展。发展林业。发挥林业产业资源优势,进一步扩大造林面积,发展经济用材林、公益生态林,确保林木覆盖面不低于85%。推进烤烟生产。在稳定提升面积的同时,创造条件,培训烟农,提高烟农种植技术,确保烟叶质量和均价继续在全市保持领先水平。发展旅游业。鼓励培育休闲农业、旅游农业等新型业态,推进农业、林业和旅游一体化发展。

【小城镇建设】 完善基础设施。完成中山坪、柳扶等6个村的高标准农田土地整理和浔江河(敖河—芭蕉)到河口段治理工程项目;导子卫生院门诊大楼装修一新正式营业;导子中心完小教师周转房和上古小学公租房项目主体建筑已竣工;导子中学校围墙和浔江中学操场改造一新;镇公租房主体工程竣工;沙明、畔山、和平三个村级卫生室顺利完工。美丽乡村建设。完成横塘、沙明、畔山、和平等村的村级公路建设近30公里;完成洞中、中山坪20公里通道绿化;洞中村级活动中心顺利交付使用,沙明村级活动中心项目成功立项;镇文化广场重新启动建设。为改善导子派出所办公环境,整合镇机关办公场所,经镇党委协调,农电站大院整体移交导子派出所使用。

【文化教育】 2017年,全镇有义务教育阶段学校11所。学校宿舍楼都已按计划步入建设阶段,进一步巩固“普九”成果,义务教育阶段“两免一补”全面落实。利用村级图书室、农家书屋,丰富老百姓业余生活,提高他们种养技术。加大村级全民健身工程的申报和建设工作,丰富广大群众的业余文化生活。

【社会救助】 导子镇有农村低保433户、779人,发放农村低保金154.5万元;全年五保户分散供养91人,发放资金110.7万元,集中供养27人;申请大病医疗民政救助30人次,9.8万元;农村危房改造28户,补助资金47.9万元;全年完成参合人数32415人,参合率达88%。社会养老保险完成21531人参保,6318人领取养老金56.8万元。

【扶贫工作】 扶贫资金项目管理。全镇各村扶贫工作队在2015—2017年投入资金506万余元,其中基础设施项目21个,民生项目8个,农业产业发展项目24个,其他公益事业项目23个。安居扶贫。共有52户、142人贫困户住上新房。产业扶贫。在省级贫困村沙明村、和平村、畔山村发展黄牛、肉羊养殖产业,以农村合作社的形式,吸纳贫困户进行各种形式入股,合作社还雇佣部分贫困户,以产业帮扶的形式帮助贫困户脱贫。金融扶贫。导子镇与绿海公司签订100份分贷统还协议,并举行现场分红活动,建立“政府搭台、银企参与、突出产业、保险保证”的多方联动扶贫贷款机制。

【安全生产】 全镇有生产企业20余家,其中煤业公司2家、煤矿6个,监管压力大。在强化安全生产宣传的同时,加强民生安全工作的监督巡查,实行"周检查,半月督查,月例会,季度通报"制度,全年出动执法人员728人次,其中共组织集中执法行动20余次,排查隐患76处,预防民生安全事故的发生。加强煤矿24小时盯守力量和责任,防止发生以产代整等违规现象,实现安全生产"零"事故;非煤矿山做到露头就打;针对洗山沙点时有反弹的现象,与市综合执法局等相关职能部门进行多次联合执法行动,做到发现一处打击一处;对十大重点行业领域的安全生产进行专项整治,强化生产经营单位的安全生产法制意识,遏制各类安全生产事故的发生。

【社会综治】 导子镇党委、政府筹备"七五"普法工作,依托司法所,深入村(社区)学校和非公企业,全年开展法律知识宣讲活动3次,牢固树立群众守法意识,进一步推动依法治镇。深入推进社会治安综合治理,大力排查社会矛盾纠纷,加大信访工作力度,全年化解大小矛盾纠纷近百起。镇政府、居委会综治中心成立,董溪村采煤沉陷区第一批理赔款按时支付,洞中村颜、彭两姓宗族纠纷成功化解,在深圳务工尘肺病人集访成功稳控。制定党政领导信访值班制度,明确党政领导周一到周五固定值班和周末及节假日轮班的制度。严打整治期间对全镇的家庭及重点企业开展大走访大排查,成功化解纠纷110余起。

【环境整治】 环境卫生工作纵向铺开,全民环卫意识增强,由抓公路两旁公共区域向抓湾前湾后,屋里屋外转变。全年投入近100万元,聘请59名保洁员,配备垃圾车清扫道路,并制定各村互评打分制度,每月实施考核发放工作经费,取得效果,镇内环境卫生得到改善。加强敖河的保护工作,对污染源排查和管理,建立河长制。对养鸡、养猪、养鱼等养殖户加强管理,杜绝污染物排入河道,确保一河清水。

(周阳)

三 都 镇

党委书记	匡凌云
党委副书记 镇长	姚阶文
人大主席	谢成永
政协主任	欧阳凯辉
专职副书记	刘德平
党委委员 纪委书记	贺洪良
党委委员 副乡长	徐少华
党委委员 组织委员	陈小琼
党委委员	伍永纯
人大副主席	李建武
副镇长	肖艳娟

【概况】 三都镇位于耒阳市东部,东与郴州市永兴县接壤,南临大义镇,西接夏塘镇,北接东湖圩镇。全镇总面积120平方公里。2017年,三都镇辖16个行政村1个居民委员会,385个村民小组,总人口62200多人;有耕地面积2461.73公顷。电信企业3家,服务网点5个,移动电话用户39000户,互联网用户5200户。有石准、上架、三都三个农村集贸市场。境内煤炭、木材资源丰富,探明煤炭储量达1亿多吨,开采历史久远,有煤炭企业6个〔东冲、明冲、双红、马康、弘利、金达利(金财盆)〕,生产矿井7个。境内自然景观、人文景观丰富,其中最具代表的有地表地下明暗交替溪流的"十出九没"自然奇观和具喀斯特地貌特征的地下溶洞"铜钱眼"等自然景观,还有海拔580多米的"候憩仙"景观,还有素有"小东江"之称的凉水冲水库。

【经济发展】 由于整体煤炭行业不景气,煤矿效益低下,镇财政收入锐减。境内六大煤业公司重组整合,经过贷款融资,保生产,保运转。2017年,财政总收入目标为2861.4万元,实际完成一般公共预算收入1793.03万元,其中:税收收入完成1786.33万元,非税收入6.7万元;上级补助收入1068.37万元。一般公共预算支出2861.4万元。其中上解支出1793.03万元,一般公共服务支出565.83万元,公共安全支出4.8万元,农林水事务支出484.58万元,扶贫专项支出21万元,医疗卫生与计划生育支出6.7万元,商业服务5万元,住房保障支出19.16万元。农业产业化初具规模,坐落在境内坪洲村的东方牧业养殖基地是全镇唯一一家衡阳市级农业产业化龙头企业,全年出栏牲猪3万多头。宏大生态农业有限公司、金盛泰农机合作社等发挥农业龙头作用,带领农业规模经济步入新的发展轨道。全年有家庭农场17户,专业合作社10多个,涌现一批养牛养羊大户。

【农业生产】 2017年,镇党委、政府研究出台专门文件加大农业投入,推行"单改双"种植计划,全面完成市里分配的早稻集中育秧面积;鼓励村民购买农业机械,全年共购买农机具百来台,获得政府财政补贴达几十万元;政府通过引进常德、益阳等老板承包土地等多种流转形式,鼓励村民合法自愿的进行土地流转;修复凉水冲水库渠系等一大批水利灌溉工程,为农业灌溉提供保障,耕地复垦工作取得实际效果;全年完成多个采煤沉陷治理工程;启动"绿色三都"创建,配套奖补措施加快植树造林,全年共完成造林面积133.33公顷。

【教育卫生】 2017年，三都镇有中学3所（三都中学、石准中学、上架中学），小学17所，其中中心完小3所，幼儿园6所，中小学教师200多人，中小学生3000多人。初中升重点高中人数名列耒阳市前列，石准中学重点高中升学率50%以上，成为耒阳市乡村中学的一面旗帜。

农村医疗卫生显著改善。镇内有医院3所，医疗点36个，医卫技术人员85人。新农合和新农保参合率、参保率分别是84.95%和90.13%。全年共投入资金50多万元，新建垃圾池20多个和3个圩场环境卫生整治；联合环保、公安部门执法惩治多起非法冶炼事件，取缔多家不达标的养猪场所，全镇环境卫生状况得到改善。

【民政民生】 2017年度，全镇发放各类救灾资金、医疗救助金、慰问金和抚恤补助款200余万元。低保对象一般低保对象129户、138人，扶贫低保对象280户、292人，兜底对象16户、25人。全镇五保对象248户、250人，其中敬老院入住38人，全护理人员2人。

【计划生育】 计生工作完成上级下达的各项工作任务，形成驻村干部负责、村干部为主、组配合、户落实、人人参与的计生工作格局。人口自然增长率在5‰以内，征收社会抚养费计26.5万元，在全市名列前茅，连续多年处衡阳、耒阳市一类单位。

【安全生产】 镇党委、镇政府把煤矿安全生产工作摆在首要的位置，建立高标准乡镇安全监督管理站，组建技术服务组、驻矿盯守组、巡查执法组和统计保障组。先后开展"一打三整"、"三大行动"、"六打六治"、百日安全生产整治等活动，排查、消除一批"十大领域"安全隐患。镇政府按照主要领导一岗双责，行政一把手负总责，分管领导负主责，镇干部和部门干部联动负责，责任单位直接负责要求，严格实行月整治，季度考评，半年总结，年底总评规范管理，将安全生产工作目标管理与综治、维稳工作一道列入单位和个人年底考评、落实安全生产工作一票否决机制，与村、单位各签订《烟花爆竹物品管理责任状》《煤矿安全生产目标责任状》《非煤矿山安全生产目标管理责任状》《校车安全工作责任状》等全年无较大事故发生，实现零死亡的目标。

【综治维稳】 2017年，镇综治办、沉治办主动面对、调处、化解以采煤沉陷为主的各类社会矛盾。三都因煤而兴，也因煤而困。煤矿经停产、整顿、整合、整改，加上原煤价格持续走低，引发一系列社会问题。对此，镇党委、政府实行书记、镇长片线负总责，重点上访案件，领导包案负责制，对群体上访成立专门班子负责制。全体镇村干部到村、下组摸排安全隐患和矛盾纠纷，实行月报制，有事报事，无事报平安，做到事先防范，及时解决，尽量将问题解决在萌芽状态，做到小事不出村，大事不出镇。

夏塘镇

党委书记	曹　云
镇　　长	邓　雅
政协联络工作责人	周　瑾
副书记	贺雄飞
纪委书记	朱业成
党委委员	谢正华　谷文志　徐晓明
人大副主席	刘仁伟
副镇长	罗　沛

【概况】 夏塘镇位于耒阳市境东部，东界三都镇，南邻大义乡，西抵南阳镇，北至龙塘镇，距市区22公里。夏塘镇交通便利，离京港澳高速入口仅10多公里，境内X020与X021贯穿全境。总面积76.4平方公里。2017年，辖11个行政村，2个居委会，总人口43802人，其中农业人口42217人。

【经济转型】 巩固农业基础地位。夏塘镇持续加大投入治理耕地抛荒，降低耕地抛荒率，提高粮食生产水平，保障粮食生产安全。2017年，夏塘镇有耕地面积1200公顷，粮食总产量19234吨。有林地面积4487公顷，镇政府在葵田、长居、昂头、蕉冲、长冲等村新造油茶林133公顷，以发展油茶种植产业。打造观光农业特色小镇。夏塘镇农业资源丰富，区位优势明显，镇党委、政府重点打造新泉村"稻花公园"乡村休闲旅游景点，建立油菜花、黄花菜、稻花鱼等种养殖基地，形成农业稳镇、工业强镇、旅游旺镇的特色小镇格局。培育农业品牌。立足特色优势产业，加快一村一品建设，对于初具影响力的"夏塘苍粑""夏塘麻饼""夏岭油糖"等地方特色产品继续加大品牌建设的政策扶持和资金支持力度。年内，夏塘镇构建农村电商平台，通过"互联网+农产品"模式，让特色农产品走出夏塘，切实增加农民收入。

【社会保障】 落实强农惠农资金。全面落实涉农资金的发放，纳入"互联网+监督"平台，确保公开透明。提高社会保障水平。年内，为372户672人发放最低生活保障金138余万元，发放困难群众临时救助金18.7万元，发放残疾人生活补贴68.4万元；完成危房改造48户。健全社会保障体系。做好城乡居民医保、养老保险和政策性农业保险等工作，城乡居民医疗保险参保率保持在85%以上，基本实现养老保险、医疗保险全覆盖。

【精准扶贫】 措施到人，结对帮扶扎实有效。引导后盾帮扶单位入驻，13

个联村工作队与全镇541户贫困户、1524人结对帮扶,开展入户走访,完善基础信息、细化帮扶措施,让各项扶贫政策落实落地,贫困户满意度大幅提升。政策到户,扶贫举措落实有力。利用危房改造和易地扶贫搬迁政策,32户贫困户通过危房改造改善居住条件,21户贫困户易地扶贫已全部完成,并且入住。建立扶贫产业基地4个,吸收18户贫困户就业,金融扶贫捆绑贫困户82户,小额贷款410余万元,优先保障贫困户分红。2017年,全镇共实现107户、315人脱贫。

【基础设施】 农田水利建设。2017年,新修渠道5公里,渠道清淤20公里,山塘除险加固、硬化7处。道路建设。完成夏塘圩场道路油化,长上公路8公里硬化,20余公里通村公路全线提质改造。公共服务设施建设。新增垃圾池28个、垃圾桶300个,新安装太阳能路灯80盏。

【安全生产】 强化安全监管和对各类隐患的排查整改。组织集中执法54次,排查整治一般性安全隐患280处、重点隐患5处,依法取缔烟花爆竹非法销售点9个,严格落实驻矿监管、专人盯守措施,严防煤矿边整改边组织生产,全年无安全责任事故发生。

(唐雯倩)

龙塘镇

党委书记	(缺)
驻龙塘镇工作组组长	黎勇军(11月任)
人大主席	曹彬成
政协联络工作负责人	陈小娟
党委副书记	贺洪标
党委委员 副镇长	李永辉
党委委员	王集兴 梁承友
党委委员 纪委书记	李海斌
党委委员 组织委员	张林
人大副主席	曹雁

【概况】 龙塘镇位于耒阳市东部,东与东湖圩镇相邻,南临夏塘镇、南阳镇,西抵水东江街道办事处,北与大市镇、导子镇接壤,总面积76平方公里。2017年,龙塘镇辖10个村、1个居委会、254个村民小组,总人口35272人。全镇年国民生产总值达到9.8亿元,财政总收入达到5290万元。年内,引进耒阳市百汇粉体有限公司,一期投资5600万元。

【农业产业】 龙塘镇以农业增效、农民增收为目的,调整农业产业结构。2017年,全镇初步形成以粮食、江头贡茶、牲猪、林业为特色的农业产业化格局。全镇有耕地面积1442公顷,其中水田面积959公顷,旱土面积483公顷;有林地面积3332公顷。另外红薯种植、加工势头正旺,红薯种植面积420公顷,年产红薯6000吨。发展植树造林,创新造林机制。推行大户承包、农户合作的生产经营模式,全年共垦复荒山333公顷,新造幼林333公顷,其中油茶林66.7公顷,抚育幼林267万公顷,垦复油茶133公顷。

【特色产业】 龙塘镇特色产业江头茶产业在规模、效益、管理水平都得到全新的提升。有种植面积33.3公顷以上茶园16个,种植面积达到400公顷,年产值6000余万元,解决农村劳动力就业3500多人,解决贫困户脱贫50余户,江头贡茶产业已成为龙塘镇经济可持续发展的增长点。红薯产业不断壮大,耒兴薯业由原来33.3公顷发展到267公顷,培育种植大户11户,成为部分村和村民增收的新门路。同时,发展休闲旅游业,全镇大型农庄有江头贡茶生态园、红桥休闲农庄、大石茶叶生态园、香兰休闲农庄、绿竹林生态农庄5个,经营总值300余万元,解决农民工就业120多人。以休闲农庄为龙头,发展全域旅游,充分利用水库、茶业基地、庄园等优质的生态环境发展观光农业、休闲农业。

【基础建设】 镇党委、政府争取各类项目资金2000多万元用于镇内基础设施改善。投入90余万元,完成白洋村月口塘小Ⅱ型水库除险加固;累计投入800多万元,完成香兰、严江、高寨、江头、远宏、白洋等村新增粮食产能项目;争取财政一事一议奖补项目10余个,资金50余万元;采煤沉陷治理项目4个,资金170余万元。投入资金80余万元,完成龙凤居委会、通水等村4公里多的通村、通组公路硬化工程,实现全镇100%的村通水泥路,90%的组通水泥路,彻底改善村民出行方便。

【教育文化】 2017年,共筹资378万余元用于教育基础设施建设。镇内有初级中学2所,中心完小1所,村联小7个,教学点2个,中心幼儿园1所,小学附设幼儿园7所,民办幼儿园3所。在校生总数2252人,其中小学生1110人,中学生1142人,在园幼儿707人。全镇幼师共有29人,中、小学在编在岗教师148人,中学专任教师78人。适龄儿童入学率和巩固率98%,教育质量在夏塘片名列前茅。推进文化广播工作,镇文化站维修工程基本完成,广播电视、村村响、宽带覆盖千家万户,农家书屋走进村庄,服务群众。

【社会保障】 全年实现低收入人群应保尽保,农村低保560户、1126人;孤儿19人;分散五保户178人,敬老院五保户32人;优抚330人,8月发放上半年优抚金共589368元;城乡医疗保险33763人,参保率85.83%;新农保续保任务1142200元,待遇领取4988人,暂停341人,到龄403人,续保846400

元,完成74.1%;大病救助、留守儿童、孤寡老人等弱势群体保障水平不断提高。

(资芳)

大义镇

党委书记　谢廷泉
党委副书记 镇长　贺胜亮
人大主席　曾石泉
政协主任　资小群
党委副书记　罗文明
党委委员 主任科员　李佐雄
党委委员 纪委书记　黄小含
党委委员 副镇长　刘长生
党委委员 组织委员　胡　舟
副镇长　陈　萍
人大副主席　徐文飞

【概况】 大义镇位于市境东南面,距市区42公里。东界永兴县,南隔耒水与黄市镇相望,西邻南阳镇,北与夏塘镇接壤。总面积104.4平方公里,全镇辖13个行政村、276个村民小组,总人口3.8万人。

【农业工作】 大义镇推广土地流转,消灭常年耕地抛荒,发展粮食生产。创建1000亩高产示范点4个,经过测产2亩高产攻关田平均亩产量619.5公斤,相比2016年高产攻关田产量的581公斤提高38.5公斤;100亩核心示范区平均亩产量530.6公斤,4000亩示范田平均亩产量495.1公斤。完成上级集中育秧项目,育秧面积6.73公顷覆盖农户大田面积300公顷。落实上级大户粮食适度规模经营政策,发展粮食规模经营种植大户28户,流转耕地面积300公顷,产生经济效益210万余元。永红村筹资100万元成立耒阳市合建林业种植专业合作社,励群农业有限公司造各种经济林200公顷,中联天地油茶开发有限公司流转山地并造林666.67公顷。是年,全镇出栏生猪25000多头,存栏18000多头,牛存栏210多头,羊存栏1500多只,家禽5万多羽;有规模化养鸡场1家,羊场8家,牛场4家,猪场24家。

【扶贫攻坚】 大义镇脱贫攻坚工作,通过委托帮扶、直接帮扶等形式对贫困进行产业扶贫,联系15个公司,产业帮扶共计389户贫困户;完成11户贫困户易地搬迁,对20户贫困户进行危房改造。耒阳市山里园林开发有限公司分贷统还120户,耒阳市励群农业发展有限公司分贷统还20户,共计发放扶贫小额贷款分红35万元;红联村共筹措10万元用于人饮灌溉水基础设施建设,直接受益的贫困户8户。对全镇的的贫困户代缴新农合,对在读贫困生发放贫困生活补贴。全年完成脱贫任务90户、256人。

【民生工作】 全面落实低保制度,开展低保清理,按照程序,重新评定低保户和贫困户,配齐配强扶贫工作人员。特别是对贫困户的删除和新增,把好复核关,由镇驻村干部牵头,组织帮扶工作队队员和全体村干部逐户核实,通过严格审核镇内五保户210人,其中在敬老院集中供养的25人,分散供养的185人;全镇共有低保332户、699人。政府代缴贫困户和民政保障人员医保资金。城乡居民医院参保32635人,城乡居民养老保险参保25050人,参保率99%。

【文教卫建设工作】 镇财政投入万余元用于中学校舍修缮和老化电路改造,改善中学师生居住条件,确保居住环境安全。筹资120万元新建中心校新教学大楼。红泉小学综合楼、石正小学教师住房等工程基本完工。三石村、陶洲村新建卫生室1所,方便当地群众能就近就医。“村村通”“村村响”实现全覆盖。

【综合治理】 镇政府开展平安家庭、平安自然湾评比活动,镇财政投入5万余元用于禁毒、民调工作宣传,悬挂宣传横幅300余条,制作宣传牌135块。信访工作实行镇、村干部包干负责,接待来访来信65人次,解决信访诉求42条,网上办理积案清零,在全年维稳特护期确保“四不发生”,被评为2017年度衡阳市社会治安综合治理先进单位。

【安全生产】 6月安全生产活动月,组织镇域内建筑、厨师从业人员、村级安全信息员、煤矿业主等相关人员开展安全生产培训,通过观看警示片,PPT讲解的方式,提高相关从业人员安全意识。收缴违规经营烟花爆竹约1150公斤并当众焚毁。对农村土坯危房逐户落实镇、村干部包联责任。配合公安、交警惩治和取缔无证经营车辆,治理超载超限车辆,镇所辖范围内全年未发生较大事故。

(周水仁)

南阳镇

党委书记　王子非
副书记 镇长　陈跃清
人大主席　陈怀德
政协主任　许　琼
党委委员　宋学军　李伍乃
　　王华元　罗小涛
副镇长　李伍乃　李电生
人大副主席　黄利民

【概况】 南阳镇位于耒阳市东南部,东与夏塘镇接壤,南临大义镇,西接灶市街道办事处,北与龙塘镇毗邻,耒水穿境而过。总面积105平方公里。

2017年,南阳镇辖11个行政村、1个居委会、313个自然组,总人口51000余人。有耕地面积1367公顷,其中水田1200公顷,旱地167公顷。

【经济发展】 南阳镇是耒阳市经济重镇之一,受煤炭支柱产业长期停产整顿的影响,经济增长速度有所放缓,财税收入有所下降。2017年,完成国地两税6368万元,其中完成国税4699万元,排名全市第一;完成地税1669万元,排名全市第二;超额完成年初下达的计划。

【改善民生】 精准扶贫。对全镇贫困人口进行建档立卡,分类识别,完善信息,严格标准和程序,做到识贫精准。突出金融扶贫和产业扶贫,全面落实精准扶贫政策和措施,做到脱贫精准。2017年脱贫176户、393人。完成易地搬迁23户,全部入住。完成金融贷款200多户、900多万元,让贫困户参与分红。健全社保体系。加大社会保障力度,实现养老保险、医疗保险全覆盖。公共服务全面提升。加强计生优质服务,加强流动人口管理,强化优生遗传检测,发挥计生协会作用。采煤沉陷问题初步解决。田心村6、7组采煤沉陷房屋补偿,盐沙村8、9、10组安全饮水已得到彻底解决。与南阳矿协调,对淝江村采煤沉陷危房进行摸底、评估,争取赔偿资金,已初步得到解决。

【维稳工作】 2017年,南阳镇共处理矛盾纠纷64起,对采煤沉陷、土地征用、房屋拆迁等方面利益问题保持高度重视,妥善处理加以解决。严厉惩治"四类犯罪"活动,抓捕网上追逃人员5人。开展禁毒工作,强化社区矫正人员管理。开展平安创建,通过公平公正公开评选出600余户平安家庭,对平安家庭户进行公开表彰、发放纪念品。

【基层党建】 2017年,新发展党员12名,其中包含年轻化、知识化青年和致富能手,增强基层党员队伍活力。

(张思朗)

哲桥镇

党委书记	刘建国
镇长	罗艺
人大主席	黄景千
政协联络工作负责人	雷满古
副书记	刘子丹
党委委员 纪委书记	吴洪元
党委委员	谷冬群 徐星明 曹利国
副镇长	张亮

【概况】 哲桥镇位于耒阳市北部,距市区10公里,周边与三架办事处、余庆办事处、大和圩乡、坛下乡、遥田镇等乡镇接壤,107国道、京广铁路、武广高速铁路穿境而过。总面积136平方公里。2017年,全镇辖11个行政村,2个居委会,总人口44294人,其中非农业人口4638人。哲桥镇濒临市经济开发区,地理位置优越、交通便利。境内建有国际现代物流园和精美加工制造工业园、火车货运站、宝山高岭土有限公司、客来保生物科技、耒阳长如纸业、民富沃能新能源汽车、亲亲农庄、金雷水泥、新五丰饲料加工厂、哲桥欢乐城水上乐园(在建)等企业项目。

【经济发展】 项目建设方面,依托国际现代物流园和精美加工制造工业园环境服务优势,着力打造镇域核心区3平方公里的哲桥工业新城,先后引起项目30多家,壮大哲桥工业经济基数。旅游经济方面,开发好石仙森林公园、石塘铺土菜一条街、神泉农庄、亲亲庄园等农业休闲观光旅游项目,推动经济多元化发展。农业产业方面,注重分类指导、因地制宜,已发展成为耒阳市的油茶主产区、烤烟生产基地、养殖业基地、优质稻基地、休闲观光农业推广区。年内,哲桥镇被耒阳市列为首批"特色小镇"建设乡镇。

【产业布局】 哲桥镇产业布局按《耒阳市哲桥镇总体规划(2015—2030年)》进行调整,定位于依托园区经济带动区域经济发展,哲桥片区的经济发展重心逐步由农业向工业位移,集贤片区以特色农业产业为主。对于镇区的发展,根据地域特色和区位优势,确定以商贸物流特色作为城镇建设风格的思路,提出打造"商贸物流特色小镇"的目标及"农业稳镇、工业强镇、生态立镇"的发展战略。2017年,哲桥镇按照镇区规划布局,加大基础设施投入,完成哲桥新农贸市场、镇政府公租房、新敬老院的建设,对镇区主干道进行绿化亮化,并对富哲路进行提质改造。

【招商引资】 哲桥镇党委政府集中力量招项目、引资金、强产业。2017年,完成招商引资任务1.7亿元,境内投资千万元以上的规模企业7家,年产值超过2亿元。亲亲庄园、哲桥欢乐城水上乐园、新五丰饲料加工厂、哲桥污水处理厂、G107国道改道工程、竹哲公路6个上亿的项目在年内同时开工;客来宝生物科技、金雷水泥、宝山高岭土、中航沥青等一批大型企业实施扩大产能计划。

【精准扶贫】 2017年,通过实施精准扶贫,帮助辖区内74户229个贫困人口脱贫,1212个困难群众落实五保、低保政策。

【石仙村】 石仙村是哲桥镇生态休闲农业发展重点村。位于哲桥镇东部,距哲桥镇政府2公里,由原陈塘村和石仙村合并而成,东与五里牌街道办事处火田村相连，南与余庆街道办事处西元村相邻，西与哲桥赤民村接壤，北倚坛下乡，026县道贯穿全村。全村区域面积9.2平方公里，耕地面积2703亩，下辖28个村民小组，总人口4443人。

石仙村以农业为主导产业，从事传统种养殖业的约700人，其余人口逐渐向二、三产业转移。2017年，全村有养猪专业户6户，年出栏牲猪2600余头。母猪饲养基地一个，饲养母猪600余头。养鸡专业户20户，年出产肉鸡32多万羽。优质稻种植户1户，面积27公顷，橘园面积10公顷，蔬菜种植0.7公顷。已建成67公顷葡萄种植基地，67公顷柑橘、梨等水果种植基地；其它经济林200公顷。全村80%的组实现通水泥路、电力线路100%到户、空调用户近500户、电话手机使用率89%，共有私家车60余辆，摩托车电动车基本普及，全村互联网、宽带上网用户也逐年增加。

（何华琴）

大和圩乡

党委书记	欧阳宏研
副书记 乡长	刘春梅
人大主席	伍　军
政协主任	资细古
党委专职 副书记	刘仁古
党委委员 纪委书记	蒋炳生
党委委员	资光华
	彭建武(8月调离)
	李　武
副乡长	黄　燕
人大副主席	李益胜

【概况】 大和圩乡位于耒阳市西北边陲，北靠衡南，西与常宁市隔河相望。京广铁路、107国道、武广高铁跨越境内南北。总面积79平方公里。2017年，全乡辖10个行政村、318个村民小组，有总人口41265人；有耕地面积1870公顷，林地3075.4公顷，非林地4806.6公顷。有四大圩场：大和圩、樟田圩、春江铺圩、雅江圩。全年完成国民生产总值2.8亿元，年均增长达7.69%；完成国地税166万元；农民人均纯收入较上年增加907元。

【基础设施】 年内，完成12公里村组公路硬化，启动樟雅公路提质改造工程。开展水利设施建设，完成山塘水库除险加固6座，解决4000人安全饮水问题、完成6000米排灌渠建设。规划农村建房，推进空心湾改造。

【民生事业】 开展低保清查，为全乡大病救助对象、五保户、低保户申请医疗救助资金38万元。新建的敬老院投入使用，完善设施，添置用具，给老人们提供舒适的生活条件。

【文教卫工作】 农村广播村村响开播；村级农民体育健身点逐渐增多，健身器材配备逐步完善。大和圩乡有中学2所，中心完小1所。年内，乡政府出资10多万元作为教育教学基金，奖励优秀教师、学生60多人。雅江学校综合办公大楼完成主体工程建设，中心完小运动场投入使用。有卫生院2所，完成4个贫困村村级卫生计生服务室建设，改善村级医疗条件。

【林业生产】 全年完成荒山造林50公顷，其中种植沙田柚和脐橙红心柚8公顷、油茶16公顷、黄桅子3.33公顷、用材林22.67公顷；完成通道绿化6.5公里。

【脱贫攻坚】 乡政府针对贫困村发展村级集体经济，采取“支部+基地+贫困户”的模式，先后在瑶洞、雅江、禄田建成3个村级集体经济；开展“小康路上党旗红·脱贫攻坚见行动”活动，全年落实党员和干部职工结对帮扶贫困户1022户，落实产业扶贫资金120多万元、安居扶贫资金800多万元、设施扶贫资金750万元。年底，大和圩乡扶贫工作通过国、省、市三级检查验收，实现1个重点贫困村退出、247户贫困户如期脱贫。

【党风廉政】 2017年，成立以党委书记为组长的党风廉政建设领导小组，健全“一把手负总责，分管领导各负其责，班子成员齐抓共管、乡纪委监督执纪”的领导体制和工作机制。针对扶贫领域专项巡查发现的问题，狠抓整改落实，先后组织全乡党员干部开展廉政教育5次，严肃查处违纪违法党员9人，其中开除党籍5人、组织除名1人、党内警告及严重警告3人。

（谢坚）

坛下乡

党委书记	雷　俊
党委副书记 乡长	谢碧松
党委委员 人大主席	刘河冰
党委委员 政协主任	周作明
党委副书记	邓长德
党委委员 纪委书记	张云风
党委委员 组织委员	肖清清
党委委员 副乡长	李卫政
党委委员	资　璇
副乡长	陈小斌
人大副主席	董泽婧

【概况】 坛下乡位于耒阳市境西北部，东南与哲桥镇相邻，西隔舂陵河与常宁市烟洲镇相望，北与大和圩乡接壤。总面积64平方公里。2017年，辖

寨下仙、石坝墩、光华、一甲、天保、坛下、东升、金冲、和平9个村,218个村民小组,共7853户居民,总人口28768人。共有耕地23396公顷,林地1433公顷,水面养殖267公顷,盛产稻谷、鸡、鸭、鱼、芝麻、红枣等。坛下的铜锣和鼓制造业历史悠久,铜锣传统制造工艺获评衡阳市非物质文化遗产和湖南省非物质文化遗产,所产锣鼓畅销全国各地及东南亚国家。境内寨下仙山远近闻名,被评为耒阳市新"八景"之一。

【经济发展】 2017年,乡政府全面落实各项惠农政策,提高农民生产积极性。加快土地流转,种植烤烟面积达到73公顷,创收近400万元。落实油菜、芝麻等特色作物种植面积867公顷,发展大棚蔬菜27公顷。新增宇辰农业合作社等20户规模种植户,全面推动乡粮食生产。养殖业蓬勃发展,有晓田牧业、软石养猪场、合兴养猪场、石墩母猪繁殖场等规模养殖基地,年出栏生猪5万余头;养鸡户65户,年出笼鸡140万羽;12户养羊户出栏2000头。

【基础设施建设】 乡镇府多方筹集资金,用于建设基础设施。一是解决扶贫村通村通组公路,争取交通部门配套资金250余万元为东升、石坝墩、光华3个贫困村新修硬化13.4公里公路,方便群众出行。二是完善水利设施建设。通过"一事一议"、移民工程、骨干山塘除险加固等项目推进水利设施的新建和修缮,为农业生产提供便利。三是推进农网改造。完成一甲、光华等村农网改造前的线路安全隐患整改。四是加强村级阵地建设。坚持以党的群众路线教育实践活动为载体,进一步强化基层组织阵地建设。全面开通"村村响",宣传政策及日常生活事项,便利群众生产和生活。

【教育】 争取30多万元资金维修坛下中学教学楼,更新教学设施设备,改善教学条件。乡党委政府从行政运转经费中拿出3万余元为2016年考取一本、二本及重点高中的60余名优秀学生发放奖学金,助力坛下学子成长成才;举办教师节座谈会,评选出12名优秀教师,为全乡89名教师发放节日纪念品。

【社会保障】 夯实基础数据,将多年以来死亡、空挂、重复人数进行核实上报,彻底扭转多年来医保和新农合征缴工作落后局面,民政工作有序开展。是年,全乡有20619人办理农合,14229人办理养老保险,134户办理低保,患者12人办理大病救助,全年累计发放自然灾害款141600元,优抚款995299元,社会救济款44100元,解决临时救助114人共计59700元。

【安全生产】 健全安全生产监管网络,持续深入推进打非治违专项行动,集中开展"三大行动""九打九治",突出抓好非煤矿山、危险化学品、烟花爆竹、交通运输等重点领域监管,全年进行安全生产例行检查和安全生产大整治13次,参加人员526人次,查处整治10起非法违法行为,确保全年没发生一起安全事故。

【精准扶贫】 全年共争取资金600余万元投入扶贫相关事业。维修山塘15处,水渠7000米。规划光伏电站3座,已建成东升光伏发电站并投入使用。发放鸡鸭苗近万羽,技术培训2000多人次。向上级争取资金374万元,实施易地搬迁35户、136人,投入80.24万元用于易地扶贫搬迁后续产业帮扶,危房改造补助79户、185.98万元。对全乡118名贫困学生进行助学扶贫。后盾单位和帮扶责任人严格按照"一进二访"和结对帮扶"六个一"活动要求,明确帮扶任务和目标,利用社会扶贫网动员全社会参与扶贫,通过社会扶贫网完成爱心对接374户。全年脱贫162户、534人。

【综合治理】 2017年,乡党委、政府开展平安创建活动,评出400余户平安家庭,为全乡和谐稳定、安定团结的社会风气奠定坚实的基础。开展禁毒及惩治"四类"犯罪专项活动。全年破获两起贩毒团伙案,抓获18名"四类"犯罪人员。

(王梦妮)

公平圩镇

党委书记	刘廷斌
党委副书记 镇长	罗志球
党委委员 人大主席	李慧
党委委员 政协联络 工作负责人	朱平华
党委副书记	刘小平
党委委员 正科级干部	陈峰
党委委员 纪委书记	谢银祥
党委委员 组织委员	资军清
党委委员 副镇长	吴峰
副镇长	李芳英
人大副主席	曾小文

【概况】 公平圩镇位于耒阳市最南端,南与永兴县交界,北接小水镇,东临黄市镇,西界太平圩乡,总面积97平方公里。2017年,全镇辖13个村、1个社区,总人口4.8万人。境内107国道、京广铁路、京珠高速公路、武广铁路客运专线贯穿南北,国家AAAA级旅游景区蔡伦竹海旅游专线起点在镇区,有一个高速公路出口,交通区位优势显著。境内煤炭、锰矿、石灰石资源丰富,黄花菜、油菜、油茶种植面积较

大，是全市重要油茶基地之一。

【农业】 2017年，通过加快推进土地流转步伐，培育扶持粮食适度规模经营主体、成立农业专业合作社等方式，推动规模水稻种植快速发展，水稻种植面积达到1600公顷以上。加快油茶产业发展，引进金鑫油茶公司和神农国油有限公司，以"公司加基地加农户"的模式带动当地农户就业人员500余人。造林33公顷以上的大户10余户，部分农户积极参与其中。全镇有新种植油茶面积1733公顷，林地流转面积2000公顷，种植面积不断扩大。油菜基地建设全面铺开，全镇油菜种植面积1500公顷。同时依托武陵源公司、殷利基集团、万元集团等农业龙头企业进行纵深加工，形成辐射带动作用，夯实镇内油茶产业可持续发展的基础。此外，山羊养殖、肉牛养殖以及特色水果种植等特色农业蓬勃发展，成为农民增收新亮点。

【招商引资】 年内，镇主要领导先后带队多次到广州、深圳招商，共引进项目投资资金2300万元，引进深圳昇辉电子电路有限公司落户公平圩镇。

【基础设施建设】 全年，向上级争取各类项目8个，到位资金3600万元。推进项目建设，对公平大道进行全面提质改造，完成给排水设施建设、道路硬化绿化、路灯安装、人行道铺设等一系列工程，提质改造二期工程已进入施工阶段，公(平)新(生)公路路面施工已经全部竣工；完成严丰—泉沙、公平—花禾、大路—严丰、柯树—横冲等30余公里的通道绿化。投入资金100万元，新建公平村综合服务中心。投入12万元资金在公平村、龙形村、大路村安装太阳能路灯。加大水利设施建设和通村通组公路建设，全面完成广播电视村村通工程。投资120万元建成光大(光华大路)学校，投资10万元进行严丰学校污水沟疏通，进行中心完小食堂建设。投入资金，添置环卫设施和改善环卫所职工待遇。

【脱贫攻坚】 按照"四个切实""六个精准"要求，全镇建档立卡贫困户537户、1729人，脱贫264户、828人，预脱贫137户、451人。2017年，镇党委政府开展结对帮扶、固定帮扶活动，发出结对帮扶倡议书后，全镇共有283名以党员、能人、"两代表一委员"为代表的同志主动申请参与结对帮扶。组织爱心捐款，筹集帮扶资金。举行"党员能人助脱贫，齐心协力奔小康"现场募捐会，募捐资金73万余元，缓解扶贫资金严重不足的问题。实施金融扶贫，推进产业帮扶。按照分贷统还的模式，以217户贫困户的名义申请贫困贷款1085万元，由神农油茶农业公司负责还贷。每户贫困户可按年分利润，三年共可得利润1.5万元。与金鑫油茶公司合作，农户与公司签订入股协议，定期按年度分红。扶贫工作通过省第三方调查评估、市扶贫专项督查。

(谷峰)

小水镇

党委书记	谷文华	
镇长	李曙光	
人大主席	梁兴国	
政协联工委主任	李开发	
副书记	吴尚文	
党委委员	罗煦辉	雷鹏
	周丹	蒋四定
副镇长	陈清香	
人大副主席	刘仁正	

【概况】 小水镇是全国重点镇，位于耒阳市的南部，距市区7.5公里。总面积142.8平方公里。2017年，下辖18个村、1个社区，共有400个村民小组，总人口7.6万人。小水镇有耕地面积2526公顷，其中水田面积1545公顷，旱土面积981公顷。

【工业】 全镇经济总体保持平稳较快增长，共完成国税3219.69万元，地税1080.73万元，超额完成全年财税任务。

【农业】 围绕"农业增效、农民增收、农村发展"三大目标，发展粮食生产，种植双季稻1200公顷。突出发展红薯生产，全镇种植红薯400公顷，各类加工企业生产粉皮8000多吨，年创产值过亿元，"红薯粉皮之乡"基本形成。申报国家农业特色小镇工作正式启动。

【建设】 2017年，推进新区建设，商贸城三期共征地2.53公顷，总投资2000余万元，完成河道拉直、河床填平，建设房屋8栋17000平方米；徐坡小康名苑项目拟征地6.67公顷，启动规划评审和土地报批程序。现代化小城镇初具雏形。

【民生】 完成四都、畔塘等村公路建设18.6公里；维修、硬化骨干山塘8口，清理沟渠8条6700米，维修堰坝2座；增加抽水机2台，新增蓄水池2口，解决农村安全饮水1670人，进一步改善生产生活环境；全力推进脱贫攻坚，共走访帮扶困难群众945户、2618人，完成脱贫215户、619人，完成扶贫易地搬迁69户、276人，顺利通过省、国家三方评估检查验收。

【教育卫生】 全镇有小学18所，学生3371人，教职工187人，其中高级教师11人；中学1所，学生2127人，教职工118人，其中高级教师9人；辖区内有卫生院1所，专业医务人员78人，床位20余个，19个村卫生室，乡村医生46人。大力实施"教育兴镇"战略，加强教育教学管理，改善教育教学条件。

黄市镇

党委书记　梁育波
镇　　长　刘　丰
党委委员
人大主席　雷忠喜
党委委员
政协联工委主任　刘新华
党委副书记　袁　德
党委委员
纪委书记　邓志良
党委委员
组织委员　黄双峰
党委委员
副镇长　李清文
党委委员　李　勇　张　晶
人大副主席　付　婷

【概况】 黄市镇位于耒阳市东南部，东、北隔耒河与大义乡相望，西北与小水镇、灶市街道办事处相连，西与公平圩镇接壤，南与永兴县相邻。总面积93.28平方公里。2017年，辖大河滩、竹海、严村、金坪、上堡、阳塘、清水铺7个村、黄市社区1个居委会，8091户居民。有总人口2.95万人，其中农业人口2.77万人，非农业人口0.18万人。耕地面积816公顷，其中水田632公顷，旱地148公顷；山林面积9800公顷，其中楠竹面积达6666公顷，有"百里竹海"之称。黄市镇旅游资源丰富，境内有国家AAAA级旅游景区——蔡伦竹海旅游风景区。矿产资源丰富，有大理石、高岭土、水晶石、煤、硫铁、钨、锰等，素有"十宝仙"之称，其中大理石储量达4.1亿立方米，有"大理石之乡"的称号。境内坐落有兴源矿业有限公司、红卫煤矿、上堡电站等大型厂矿企业。

【经济发展】 面对宏观经济下行、淘汰落后产能、煤炭行情持续低迷等不利因素影响，镇党委政府通过招商引资，稳定农林产业、组织劳务输出、发展民营经济、推动工业提质、壮大旅游产业等举措，推动一、二、三产齐头并进，实现镇域经济稳步发展。全年完成国地税4194万元，其中国税2982万元，地税1212万元；农民人均年纯收入13800元，较上年有所增长，群众生活质量不断提高。

【旅游产业】 蔡伦竹海项目建设取得阶段性突破：紫霞禅寺宗教园配套工程已竣工验收；蔡伦古法造纸研学基地完成规划设计，古法造纸表演逐步规范和常态化；游客中心服务用房项目的主体工程竣工；景区道路提质、旅游厕所全面升级扩建等基础设施建设正在稳步推进；上堡磺矿矿山博物馆项目已全面启动进出口广场主体工程建设和巷道清淤工作；蔡伦竹海风景区(二期)开发PPP项目建设完成概念性规划和运营模式评审会，已进入申报各项报批程序；引导社会资本新建万客来民宿客栈，改建四方竹民宿客栈，并规划政协苑民宿客栈。蔡伦竹海旅游区全年游客接待量屡创新高，实现带动村(居)民就业、旅游产业增收、农家乐增收。

【基础设施】 年内，加固金坪村长冲俺山塘、阳塘村阳立塘，新建上堡村排洪灌溉渠等水利工程；筹资并启动招投标黄市社区自来水厂工程；新建阳塘村小学宿舍楼和维修教学楼工程于9月份交付使用；完成严村村8组到14组、金坪村1组、3组以及阳塘村等公路路基扩宽工程；完成黄市集贸市场建设、阳塘幼儿园项目征地拆迁工作；新建黄市镇第二敬老院完成招投标工作。

【民生保障】 全镇参加新型农村合作医疗比例达90%以上，参加新型农村养老保险达95%以上。年内发放临时生活困难救济款6.8万元，核准新增城乡低保21人；办理重度残疾人护理补贴28人，办理新增90岁以上生活补贴6人；帮助贫困户危房改造29户；登记年满60周岁退伍军人5人次，带病回乡人员住院医疗报销1人次。推动采煤沉陷工作，对原石市村5组采煤沉陷户进行整体搬迁工程；完成黄市社区6、7、8、9组采煤沉陷房屋评估鉴定；完成阳塘村3、4组采煤沉陷区房屋搬迁"三通一平"工程和阳塘村、清水铺村的农田沉陷鉴定及赔付工作。

【脱贫攻坚】 全年上报新识别户19户、59人，返贫户32户、93人，清退贫困户6户。开展"六个一"活动，累计捐赠食用油折价22500元，大米折价32900元，药品折价17300元，其他物品折价36800元。全镇开展社会扶贫网注册工作，贫困户注册172户，发布需求100条，爱心人士对接成功29条。年内，加速发展产业扶贫项目，大河滩村冰糖橙生产基地、上堡村大棚蔬菜基地、大河滩竹荪种植基地、阳塘村安源农业有限公司等产业脱贫项目均已完成，扶持40户贫困户脱贫。

(刘丽)

太平圩乡

党委书记　邓立英
党委副书记
乡长　倪秋衡
人大主席
党委委员　贺洪治(8月免)
政协联络工作负责人
党委委员　曾纪仁
党委副书记　李　崇
党委委员
纪委书记　梁　智
党委委员
组织委员　曾令龙
人大副主席　贺小妹(6月免)

【概况】 太平圩乡地处耒阳市西南边

远高寒山区，东与公平圩镇、小水镇接壤，南与永兴县悦来镇交界，西、北与长坪乡毗邻，总面积50平方公里，距市区30公里。2017年，全乡辖9个行政村、165个村民小组，总人口24891人，总户数5872户。全乡有耕地面积738.6公顷、山地面积4934公顷。境内有国家中型水库太平水库、宗教胜地金宝仙、著名革命先烈贺恕故居、国家传统村落名录寿洲古村落、红军师政委张凤光故居、凤光省级养老示范基地、枫林生态公园、耒阳西南第一峰神岭、千年珍稀古树银杏等旅游景观景点。

【产业开发】 乡党委、政府因地制宜，开发农业产业发展和生态旅游。年内，创建香榧园、田园绿洲生态农业基地、红薯生产和加工基地、油茶种植基地等农业产业开发示范基地。依托国家旅游扶贫政策，充分发挥金宝仙、太平水库、寿洲古村落和贺恕故居等景点和农业产业开发项目资源优势，加快发展以休闲观光度假为主题的乡村生态旅游业。挖掘和发挥太平自然生态环境优势和丰富的人文历史内涵，加快发展以休闲观光度假为主题的乡村生态旅游产业，构建乡村生态旅游圈；加强招商引资和整体开发规划，优化发展环境，打造旅游景点精品和亮点，基本形成特色旅游“四大板块”：①以寿洲古村落、贺恕故居和田园绿洲现代农业园为核心景点的民居观光、红色瞻仰、田园体验景区；②以皂田红枫生态广场为主题的青石岭乡村休闲度假、生态养生公园；③以金宝仙为景点的道释朝圣宗教胜地；④以太平水库为中心的库区避暑、观光、垂钓景区。同时开发建设群建村古银杏、凤羊板冲古红豆杉千年珍稀古树观赏景点，农林、城背等村风车景观游，神岭野外登高揽胜游等特色旅游专线。

【民生事业】 乡党委、政府投入2000余万元完成通乡公路主干道白太线和太长线提质改造，竣工通车；完成通组公路改建18.3公里，全乡交通条件得到改善。完成9个村农电改造，建立4个通信基站；启动村级综合平台1个、6个村卫生室。完成扶贫重点村的卫生室、山碧村村部新建项目、敬老院围墙、凤光村农民文化广场硬化亮化等基础设施工程建设。筹集资金24万元完成水管站大楼改扩建。争取农业开发资金800余万元建设好6个扶贫重点村31处水利基础设施。太平水厂已经省水利厅批准立项，以解决干旱区域1.5万余人安全饮水困难。投入资金15万元，完善山碧村新农村建设示范点的基础设施建设。山碧、寿洲和群建村被评为衡阳市“环境卫生十佳村”。

【脱贫攻坚】 太平圩乡属省定扶贫乡镇。2017年，太平圩乡重点突出产业扶贫，扶持发展一大批本地优质高效的农业扶贫产业，创建万亩油茶开发基地、千亩现代农业示范基地和黑山羊养殖、香榧种植、红薯加工等特色产业，实现“一村一品、一户一业”，扶贫产业贫困户覆盖率80%以上。同时，争取产业扶持资金141.5万元、基础设施扶持资金149.58万元；完成贫困户小额扶贫贷款321户、1596万元；年内完成易地搬迁49户、132人，危房改造53户、助学346人。是年，全乡完成贫困户脱贫130户、453人。太平、山碧、凤光、寿洲4个重点贫困村依托产业扶贫，发展集体经济，实现村级集体经济过4万元，成功脱贫摘帽。太平圩乡被评为衡阳市“脱贫攻坚先进乡镇”。

（邓小喜）

仁义镇

党委书记	欧阳辉明
镇长	刘智
党委委员 政协主任	李白成
党委副书记	蒋卫成
党委委员 纪委书记	伍绍强
党委委员	罗俊兵
党委委员 副镇长	李国平
副镇长	陈欢
人大副主席	郭龙龙

【概况】 仁义镇地处耒阳市西部，西隔春陵河与常宁市白沙镇、荫田镇相望，东接余庆街道办事处（磨形乡）、长坪乡，南临桂阳、永兴县，北靠南京乡。辖先锋、衡头、仁义、纸槽、十里、茶丰、邝郾、沿江、王屋、罗渡、党田、友谊12个建制村、223个村民小组。

【人口面积】 2017年年末，辖区总人口47581人，总人口中男性27320人，占57%；女性20261人，占43%。人口出生率13.9‰，人口死亡率6.8‰，人口自然增长率7.1‰。辖区东西最大距离43千米，南北最大距离68千米，总面积97平方千米。

【农业】 年内，引进仁杉种养殖、赣南脐橙项目和吉鑫农牧三个农业开发项目。境内耕地面积1634.73公顷，其中水田1313.2公顷，旱土321.53公顷。2017年末，农业总产值达到3751万元。粮食作物为水稻、玉米、大豆为主，生产粮食289.52万吨，人均512千克。蔬菜种植面积257.2公顷，产量5.19万吨，主要品种有黄瓜、白菜、油菜、西红柿、辣椒、萝卜等品种。

畜牧业以生猪、牛、羊、家禽养殖为主。年内生猪饲养量5.6万头，年末存栏3.82万头；牛饲养量3.15万头，年末存栏1.98万头；羊饲养量2.35万头，年末存栏1.12万头；家禽饲养量108.15万羽，畜牧业总产值1312.32万元，占农业总产值的32%。

全镇共流转荒山面积480公顷，中

联天地油茶公司、万程农业公司、神农油茶科技公司等全市油茶林种植大户、个人相继进驻仁义镇,新造油茶林301.5公顷,累计完成造林1038.5公顷。林木覆盖率93.5%。水果种植面积268平方千米,产量85.4吨,主要品种有李子、枇杷、桃子、柑橘等。

渔业以养殖鲢鱼、鲫鱼、草鱼等为主,养殖面积217.6公顷,产量52.5吨;渔业总产值106.3万元,占农业总产值的21.8%。

境内拥有农业机械388台(辆);名优农产品有茶油、黄花菜、面条,农民人均年纯收入7800元。

【工业】 境内企业总产值达28615万元,上缴国地两税近320多万元。此外,注重发展特色产业,形成以面条加工业为主的传统手工工业,广泛分布于仁义圩场周边,年均面条成交量达到58.93万元,促进农民增收。

【商业外贸】 境内商业网点326个,全年社会商品销售总额达1034万元,比上年增长35%;城乡集贸易市场3个,分别是仁义市场、安和市场、罗渡市场,3个市场全年成交额886.5万元。此外,镇内商贸流通网络不断健全,餐饮、金融、保险、数码电子、美容美发、电器维修等百业兴旺。

【财政金融】 完成财政总收入910.03万元,其中:国税161万元,地税30万元,耕地占用税1万元,体制补助收入375.64万元,均衡性转移支付13万元,农村综合改革转移支付320.39万元,非税收入9万元。境内有农业银行、邮政银行、农商银行金融构3个,金融从业人员23人,全年各类存款余额1.68亿元,比2016年增长23%,各类贷款余额0.156亿元。

【文化艺术】 境内有文化站台1座,村级活动中心共计12个,平均每个村图书室藏书34000余册。

【科技】 依托市委组织部、党校、人社局等机构,开展科技培训服务,共举办各类农村实用技术培训班3期,培训各类人员180人次,主要培训农业机械操作、科学种田、测土施肥配方、电工、焊工、生猪、家禽养殖等内容。境内有农村、农机、畜牧、林业、水管、农经等科研站所,有各类专业技术人员25人。

【教育】 镇内有幼儿园8所,在园幼儿246人,专任教师26人;小学14所,在校生1826人,专任教师103人;小学适龄儿童入学率100%;初中2所,在校生1280人,专任教师113人,小学升初中率95%,九年义务教育覆盖率100%。

【医疗卫生】 全镇有卫生院3所,村卫生室17个,医疗床位45张,执业医师43人,注册护士22人。仁义中心医院的外科能开展上、中、下腹部手术,如肝、胆、肾、肠等难度较大的手术;泌尿外科能开展肾切除和肾输尿管、膀胱等开刀取石手术;妇科病能开展剖宫和子宫肌瘤切除、子宫全切等手术;五官科开展青光眼、白内障、鼻泪管吻合等手术;心血管内科疾病具有一定的特色;儿科具有较长的技术力量,且能开展超声雾化等特色治疗。

年内,农村安全饮水普及率82%,新建自来水厂3个,农村卫生厕所普及率88%,新型农村合作医疗参保人数4.1万人,参保率95%;孕产妇死亡率为3.2/10万,5岁以下儿童死亡率0.24%、婴儿死亡率0.1%。

【广播电视】 仁义电视台开通53个频道,有线电视用户7827户,电视综合覆盖率100%。

【社会保障】 2017年,境内农村最低生活保障户数1000户、人数1869人,每月支出13.276万元。所有低保、五保对象均做到应保尽保,农村五保供养153人,其中集中供养30人,分散供养123人;农村医疗救助897人次,农村临时救济423人次,支出22万元。

【水利】 镇内共有6个小Ⅱ型水库,418座山塘,41座堰坝,51个分水口,利于村民农田灌溉。

【供电饮水】 3月,启动农村安全饮水工程项目建设,共投入资金90万元,兴建自来水厂1个,铺设供水管道1.8万米,解决全镇5000居民的安全饮水问题。全镇居民全年用电总量达1890万千瓦时。至年底,全镇6个村(居)部完成农网改造工程。

【交通运输】 交通运输形成由南罗公路、春陵江河道组成的水、陆两种运输方式构成的运输网络。有乡级公路2条,总长28千米。2017年,境内有客运汽车18辆,360座位,年客运量9余万人次;有货运汽车20辆,3.85万吨位,年货运量21.37万吨。境内通航河道1条,全长流经304千米,流域面积6746平方千米。有客运船舶9艘,235座位,年客运量1.48万人。

【邮政电信】 2017年年末,境内有邮政网点1个,投递线单程总长度32千米,投递点1个,乡村通邮率100%,有移动、联通服务网点各2个;固定电话用户10056户,移动电话用户21000户,普及率达到98.5%;互联网端口总数354个,宽带接入用户3876户。

【镇村建设】 至年底,兴建垃圾焚烧炉2座、垃圾池357座,配备垃圾桶128个;17个村均配齐保洁员队伍,共有保洁人员38人,成立南罗线专业保洁队,环境卫生状况得到改观。仁义圩场地下水排水系统基本完工;完成圩上路灯亮化。

(郭龙龙)

南京镇

党委书记　陈　鑫
副书记 镇长　王解琼
人大主席　江业松
政协主任　彭小文
党委副书记　李　鑫
党委委员　梁学员
党委委员 纪委书记　曹　翔
党委委员 副镇长　罗冠群
党委委员 组织委员　曾慧娟
副镇长　谢智强
人大副主席　陈丽菲

【概况】 南京镇是耒阳市的西大门，与常宁市的荫田镇隔舂陵江相望，距市区17公里，省道320和县道南(京)仁(义)公路穿境而过。2017年，全镇面积76平方公里，下辖9个行政村，188个村民小组，总人口29291人。耕地面积1850公顷，其中水田1253公顷，旱土597公顷；山地面积4438公顷。

【经济总量】 南京镇实现全年完成财政收入1227.73万元，其中财政拨款收入617万元，工商税收完成610.73万元，包括国税完成430.12万元，地税完成123.21万元，烤烟税完成57.4万元，完成市政府分配的征收任务。

【农业发展】 早稻播种面积800公顷，晚稻播种面积1000公顷，粮食总年产量达1.3万吨。蔬菜种植面积500公顷，油菜种植面积1000公顷。全镇烤烟种植面积67公顷，收购烟叶2480担，产值332万元。中科生物在南京新造油茶林近267公顷，神农公司在南京大力新造高产油茶林，新造高产优质油茶667公顷，西江油茶基地亩产茶油15公斤，创产值1200元每亩。作为"全省消灭裸露宜林荒山"参观点，成功推介油茶产业的"耒阳品牌"，为耒阳赋予"中国油茶之乡"奠定基础。

【民生事业】 救助困难户300余户，发放各项救济资金36余万元。7月底暴雨灾害，对85户因灾困难户进行救助，打卡发放救灾资金87300元。截至11月底，民政住院医疗救助6人次，重特大疾病救助3人次。走访重点优抚对象45户，发放慰问资金9800元。为年满90岁老年人申报老年人生活补贴18人，新增白毛村老年人活动中心，按要求成立老年人协会。全面清查农村低保，农村低保对象减少到166户、421人。对五保老人、敬老院及老年人活动场所的住房和生活状况摸底、排查隐患，对敬老院每周不少于一次检查，杜绝安全事故发生。

【精准扶贫】 2017年，产业帮扶贫困户68户198人。合理安置贫困户再就业13人；危房改造实施完工20户、41人受益；农业补贴、生态补偿做到应补尽补。实施教育助学，雨露计划助学补助15户、16名在校学生；在镇中学及完小就读的24户、31名在校学生，学校均给予650元/期、500元/期的生活补助。各建档立卡贫困户均已享受两提一降、特惠保医疗商业险、家庭医生签约服务等医疗扶贫政策。社会兜底保障特困贫困户家庭9户、26人；为2户需自主创业的贫困户家庭办理金融扶贫的小额产业项目贷款。全年完成脱贫57户、148人。

【综治工作】 是年，全镇调解各类纠纷121起，行政案件9起，抓获2人强制戒毒，社区戒毒2人，行政拘留4人；破获刑事案件12起，批捕12人，追逃1人。

【安全生产】 镇党委政府与各村、各单位签订安全生产责任书，进一步落实防控并举的工作责任制。常态化开展十大重点行业的安全生产隐患排查行动，对全镇范围内的非煤矿山非法开采、建筑施工、危险化学品、烟花爆竹、道路交通和水上交通安全、消防安全、学校安全、食品安全、医疗卫生安全等行业领域进行全方位进行排查，多措并举，抓好安全生产工作。

（资文丽）

长坪乡

党委书记　刘　歆
党委副书记 乡长　梁淑荣
人大主席　文炜
政协联络工作负责人　郑悦忠
党委专职副书记　贺　忠
党委委员 纪委书记　蒋志良
党委委员　刘春明　王少辉
副乡长　段俊生
人大副主席　邓水林

【概况】 长坪乡位于耒阳市西南部，西与常宁、桂阳县交界，南与永兴县毗邻，北与余庆办事处接壤，东同太平圩乡相连。全乡平均海拔600余米，总面积77平方公里。2017年，辖长坪、清平、和平、双岭、黄龙、破塘、潭湖、高岭、马形、神岭、大元、双塘、石枧13个行政村，227个村民小组，总人口3.7万余人。长坪乡地理位置独特，属高寒山区，境内有国家一级保护珍稀植物南方红豆杉383株，是耒阳红豆杉种植基地。

【经济发展】 全年完成一般公共预算收入112.12万元，其中税收收入99.72万元，主要为国税78.94万元，地税

20.78万元;非税收入(社会抚养费)12.4万元,超额完成税收任务。

优化农业结构,发展特色农业。长坪乡创办红豆杉、黄花菜、红薯、油桐等特色农业示范服务基地8个,辐射全乡13个行政村,带动农户2400户。其中,红豆杉种植面积20公顷,黄花菜种植面积200公顷,油茶种植面积533公顷,油桐种植面积100公顷,绿化林和经济林400公顷。全乡流转荒山面积667公顷,造林面积534公顷。养殖业渐成规模。全乡共有5个年出栏生猪400头以上的规模养猪场,年生猪存栏14000头,山羊存栏4000头,牛存栏700头,家禽存栏50000羽,成为全市排名第二的养殖大乡。

【风电场落户境内】 耒阳太平风电场为衡阳最大风力场,总投资4.4亿元,于2016年5月落户长坪乡和平村。2017年6月21日试营发电,23台风力发电机组全部投入使用,年发电量约1.2亿度。

【基础设施】 2017年,长坪乡投入55万余元对两个圩场安装228盏路灯;安排37万元"一事一议"资金,对基础设施建设项目进行奖补;向上级争取人饮工程19处,覆盖长坪、潭湖、大元、双岭、马形、高岭6个村,受益群众6400余人;向上级争取小型农田水利建设资金12万元在双塘村1组新建山塘1口。多方筹资修护乡村公路,完成村道水泥硬化工程15公里,投资2.8亿元的余长公路改造项目于年底开工,按8.5米宽省二级公路标准进行提质改造。向上争取资金对长坪圩自来水厂再次进行提质改造,保障村民饮水安全。制定农村环境卫生综合整治考核办法,与各村签订目标责任书,并将考核结果纳入年度目标管理考核,提升环境卫生。

【教育】 长坪乡有长坪中心校和长坪中学及石枧中学3个学校。长坪中心校辖小学14所,其中完全小学2所(长坪中心完小、石枧完小)村小及教学点共12所。长坪中心校共有学生1473人,在岗在编教师82人(另聘有临时代课教师22人)。长坪中学有学生612人,在岗在编教师34人。石枧中学有学生298人,在岗在编教师22人。是年,长坪中心校成功创建为合格制学校,长坪中学、石枧中学重高升学率位居西乡片乡属中学前列。

【扶贫工作】 对全乡贫困人口进行建档立卡,分类识别,完善信息,做到精准识贫,全乡精准识贫后清理不符合条件的四类对象和识别不准户共125户、416人;对全乡贫困人员进行结对帮扶。7月,由国家旅游局、国家发改委、国务院扶贫办等10多个部门和单位共同制订《乡村旅游扶贫工程行动方案》,长坪乡长坪村被列入全国乡村旅游扶贫重点村。

【民生工作】 2017年,重新对全乡低保户进行评定和审议,对207户、631人低保对象、225户、230名五保对象进行重新走访认定。此外,新农合完成率77%、新农保参保率72%;长坪乡第一敬老院、第二敬老院(石枧)建成使用,可入住120人。

【选举村"两委"班子】 2017年,全乡13个行政村按照计划完成换届,成功选出新一届村"两委"班子成员67名,其中支委班子成员47人,村委班子成员44人,交叉任职成员24人,书记同时兼任主任的村4个。

【综合治理】 年内,联合相关职能部门共开展集中整治行动20余次,依法取缔14家非法烟花爆竹经营点,查扣13辆非法营运车辆。全面排查调处矛盾纠纷,完善社会治安防控体系,开展"平安长坪"创建工程、打黑除恶专项整治等活动。全乡共调处民事纠纷50余起,调解成功率100%,化解宗族矛盾3起,消除治安隐患20处,破获各类刑事案件5起,抓获违法犯罪嫌疑人13人,维护全乡社会稳定。

(周国)

人　　物

2017 年耒阳市党政军领导

市委班子成员

罗　琼　女，江西省宜春市人，1978 年 10 月生，博士研究生学历，中共党员。1999 年 8 月参加工作，历任南车株洲电力机车研究所制造中心电子车间主任、研究所团委书记、研究所公共关系部部长兼团委书记、研究所制造中心副总经理兼团委书记（2003 年 6 月至 2005 年 6 月，在武汉大学国际软件学院软件工程专业学习）。2006 年 11 月起任共青团株洲市委党组副书记、党组书记；2009 年 11 月，任株洲县委副书记（2010 年 9 月至 12 月，参加中青年领导干部赴美公共管理高级培训班学习）；2011 年 5 月，任株洲市荷塘区委副书记、政府区长；2012 年 2 月起，任共青团湖南省委党组成员、党组副书记（2012 年 9 月至 2016 年 11 月，在中南大学商学院管理科学与工程专业研究生学习，获管理学博士学位。2013 年 7 月至 8 月，在英国诺丁汉大学学习）；2017 年 6 月，任耒阳市委书记；同年 11 月，任衡阳市委常委、耒阳市委书记、湖南省第十一届政协常委，湖南省第十三届人民代表大会代表。

邱小兵　湖南衡阳人，1970 年 9 月生，本科学历，中共党员。1988 年 7 月参加工作，历任衡阳市岳峰瓷厂工会干事、车间核算员、财务科会计（1989 年 9 月至 1990 年 7 月，衡阳师范专科学校中文专业干部专修科大专班学员）；1995 年 6 月，任共青团衡阳市委组织部、学少部干事；1996 年 4 月，任共青团衡阳市委学少部副部长（1996 年 9 月至 1999 年 7 月为华中师范大学思想政治教育专业函授本科班学员）；1998 年 2 月，任共青团衡阳市委办公室副主任（主持工作）；1998 年 10 月，任衡阳市青年旅行社党支部书记、副总经理；1998 年 11 月，任共青团衡阳市委办公室主任科员、衡阳市青年旅行社党支部书记、副总经理；1999 年 5 月，任共青团衡阳市委机关党总支专职副书记；2000 年 9 月，任共青团衡阳市委青工部部长；2002 年 4 月，任中共衡阳市纪委纪检一室正科级干部；2002 年 7 月，任中共衡阳市纪委纪检一室正科级纪检监察员（2003 年 2 月至 2004 年 2 月为衡阳市南岳区南岳镇荆田村党建扶贫工作队队员）；2004 年 4 月，任中共衡阳市纪委信访室副主任；2007 年 1 月，任中共衡阳市纪委调研法规室主任；2008 年 12 月，任中共衡阳市纪委纪检监察一室主任；2012 年 6 月，任中共衡阳市纪委办公室主任；2013 年 10 月，任衡阳市预防腐败局专职副局长；2014 年 8 月，任中共衡阳市纪委常委；2016 年 8 月，任耒阳市委副书记、市委党校第一校长。

刘华文　湖南省衡东县人，1973 年 9 月生，研究生学历，中共党员。1997 年 8 月参加工作，任湘潭钢铁公司钢丝绳厂技术员；1999 年 8 月，任衡阳市南岳区龙凤乡团委书记、党政办主任；2001 年 3 月，任衡阳市南岳区岳林乡党委副书记、纪委书记；2001 年 5 月，任衡阳市江东区区委督查室副主任、正科级督办员；2001 年 6 月，任衡阳市珠晖区区委督查室副主任、正科级督办员；2002 年 4 月，任衡阳市珠晖区东阳渡镇党委副书记、镇长；2003 年 1 月，任衡阳市珠晖区东阳渡镇党委书记（2006 年 5 月至 2008 年 6 月为湖南大学政治与公共管理学院公共管理学专业在职研究生）；2006 年 9 月，任衡阳市珠晖区政府党组成员、政府办党组书记、主任；2007 年 10 月，任衡阳市珠晖区政府党组成员、副区长（2010 年 4 月至 2011 年 1 月任湖南省外事侨务办公室侨联处副处长（挂职））；2011 年 7 月，任衡阳市珠晖区政府党组成员、副区长、衡冶社区服务指导中心党委副书记、主任（正处实职）；2012 年 7 月，任衡阳市珠晖区政府党组成员、衡冶社区服务指导中心党委副书记、主任；2015 年 5 月，任中共耒阳市委常委、组织部部长、统战部部长、政协党组副书记（正处级）、市委党校第一校长；2016 年 9 月，任中共耒阳市委常委、组织部部长；2016 年 11 月，任中共耒阳市委常委、组织部长、市总工会主席（兼）、市委党校第一校长；2017 年 12 月，任中共耒阳市委常委、组织部长、市总工会主席（兼）。

李　云　湖南省耒阳市人，1970 年 10 月生，研究生学历，中共党员。1992 年

7月参加工作,任耒阳市蔡子池中学教师;1995年7月,任中共耒阳市委办公室干事(1996年8月至1998年12月为中央党校函授学院经济管理专业本科班学员);1999年5月,任中共耒阳市委办公室副科级秘书;2002年6月,任中共耒阳市委办公室正科级督查员;2003年3月,任中共耒阳市委办公室副主任兼政研室主任;2005年4月,任耒阳市卫生局副局长、党委副书记、卫生防疫站站长(兼);2005年12月,任耒阳市卫生局副局长、党委副书记、卫生防疫站站长(兼)、支书;2007年4月,任耒阳市水东江街道党工委副书记、办事处主任(2009年9月至2012年6月湖南省委党校公共管理专业在职研究生班学员);2009年11月,任耒阳市水东江街道党工委书记;2013年3月,任耒阳市人民政府党组成员,政府办主任、党组书记;2014年3月,任中共耒阳市委常委,市人民政府党组成员,政府办主任、党组书记;2014年5月,任中共耒阳市委常委、市委办主任;2014年12月,任中共耒阳市委常委、市委办主任、耒阳市全面深化改革领导小组办公室主任(兼)。

刘　洋　女,湖南省衡山县人,1980年1月生,本科学历,公共管理硕士学位,中共党员。2001年6月,任衡山县岳云中学教师;2003年6月,任共青团衡山县委副书记(公开选拔);2006年6月,任共青团衡山县委书记(公开选拔)、(2007年2月至2007年11月于衡阳市人大常委会政工科主任科员挂职);2011年3月,任衡山县贯塘乡党委副书记、乡长候选人;2011年5月,任衡山县福田铺乡党委书记(2011年当选省党代表);2012年11月,任衡山县人民政府副县长、福田铺乡党委书记;2013年11月,任衡山县人民政府副县长、党组成员(2013年1月获湖南大学公共管理专业公共管理硕士学位);2016年8月,任耒阳市委常委、宣传部部长。

谢　培　湖南省衡南县人,1977年10月生,本科学历,会计师,中共党员。1993年9月,湖南省资江化工学校无机化工专业学生;1997年7月待业;1998年3月,任衡阳市江东区东阳街道财政所干部(1999年12月于湖南财经学院会计专业自考大专毕业);2001年5月,任衡阳市珠晖区财政局干部;2004年3月,任衡阳市珠晖区鄺湖乡党委委员;2007年5月,任衡阳市珠晖区东阳渡镇党委副书记、政府镇长(2009年9月至2012年1月为中央广播电视大学会计学专业本科班学员);2009年10月,任衡阳市珠晖区鄺湖乡党委书记;2012年9月,任衡阳市珠晖区副县级干部、鄺湖乡党委书记;2014年9月,任衡阳市珠晖区副县级干部、区政府党组成员、政府办主任、党组书记;2015年11月,任衡阳市珠晖区副县级干部;2016年8月,任耒阳市委常委、耒阳市纪律检查委员会书记。

易文和　湖南省湘阴县人,1975年12月生,本科学历,中共党员。1998年7月至1999年7月于桂林陆军学院二大队学习;1999年7月,任湖南省湘乡市人民武装部副连职干事;2001年9月至2006年12月任湖南省湘潭军分区政治部副连、正连、副营职干事;2006年12月至2011年3月任湖南省军区组织处副营职、正营职干事;2011年3月,任湖南省军区司令部直属工作处政治协理员(副团职);2014年1月,任耒阳市人武部政治委员;2016年8月,任耒阳市委常委、人武部政委。

李兴武　湖南耒阳市人,1965年11月生,本科学历,中共党员。1988年3月参加工作,任耒阳市大和圩乡团委书记(聘用)(1988年10月至1989年5月赴海南育种队队员);1990年10月,任耒阳市大和墟乡副科级秘书;1992年11月,任耒阳市哲桥镇副科级秘书;1994年10月,任耒阳市哲桥镇党委副书记(1995年9月至1997年12月为湖南省委党校经济管理专业函授大专班学员);1999年1月,任耒阳市哲桥镇党委副书记、镇长;2001年1月,任耒阳市哲桥镇党委书记(2003年9月至2005年12月为中央党校函授学院法律专业本科班学员);2006年9月,任耒阳市副县级干部、哲桥镇党委书记;2008年2月,任耒阳市副县级干部、人民政府党组成员、政府办主任、机关党委书记;2012年9月,任耒阳市副县级干部、人民政府党组成员、政府办主任、机关党组书记;2012年11月,任耒阳市人民政府副市长、党组成员、政府办主任、机关党组书记;2013年3月,任耒阳市人民政府副市长、党组成员;2016年8月,任耒阳市委常委、政法委书记。

黄含茂　湖南省耒阳市人,1977年10月生,本科学历,法律硕士学位,中共党员。1997年7月,任耒阳市公安局见习民警;1999年1月,任耒阳市公安局余庆派出所科员(1999年4月至2001年12月为湘潭大学法律专业自考本科学员);1999年9月,任耒阳市公安局预审股科员;2000年12月,任耒阳市公安局指挥中心秘书股科员;2005年12月,任耒阳市公安局副科级侦察员;2006年8月,任耒阳市黄市镇党委副书记、镇长;2009年11月,任耒阳市黄市镇党委书记(2011年12月获得湘潭大学法律硕士学位);2013年3月,任耒阳市交通运输局局长、党委副书记;2013年7月,任耒阳市经济开发区管委会副主任、工委委员,市交通运输局局长、党委副书记;2013年9月,任耒阳市经济开发区管委会副主任、工委委员;2016年8月,任耒阳市委常委;2016年9月,任耒阳市委常委、统战部部长、政协党组副书记(兼)。

市人大班子成员

黎家能　湖南省耒阳市人，1965年1月生，本科学历，中共党员。1986年7月参加工作，任耒阳市小水镇宣传干事；1988年1月，任耒阳市小水镇副镇长；1989年12月，任耒阳市小水镇党委副书记；1993年10月，任耒阳市白鹭乡党委副书记、乡长；1995年6月，任耒阳市公平圩镇党的核心领导小组副组长、工作委员会副主任；1995年12月，任耒阳市公平圩镇党委副书记、镇长；1997年1月，任耒阳市公平圩镇党委书记（1998年9月至2000年7月为衡阳市职工大学文秘与行政管理专业函授大专班学员）；2000年9月，任耒阳市三都镇党委书记（2001年9月至2003年12月为中央党校函授学院法律专业本科班学员）；2003年2月，任耒阳市计生局局长、党组书记；2007年12月，任耒阳市人民政府副市长、党组成员、计生局局长、党组书记；2008年2月，任耒阳市人民政府副市长、党组成员；2011年6月，任中共耒阳市委常委候选人、人民政府副市长、党组成员；2011年7月，任中共耒阳市委常委、市委政法委书记，2016年9月，任耒阳市人大常委会党组副书记、人大常委会主任候选人提名人选；2016年11月，任耒阳市人大常委会主任、党组副书记；2016年12月，任耒阳市人大常委会主任、党组书记。

曾阳生　湖南省耒阳市人，1962年7月生，本科学历，中共党员。1984年7月，任耒阳市白鹭乡团委书记（1986年10月至1987年3月任耒阳市委宣传部理教干事）；1987年12月，任耒阳市龙形乡党委副书记；1990年5月，任耒阳市龙形乡乡长、党委副书记；1994年10月，任耒阳市龙形乡党委书记；1995年6月，任耒阳市竹市镇党的核心领导小组组长、工作委员会主任；1995年11月，任耒阳市马水乡党的核心领导小组组长、工作委员会主任（1993年8月至1995年12月任中央党校经济管理专业函授本科学员）；1995年12月，为耒阳市马水乡党委书记；2000年8月，任耒阳市灶市街街道办事处主任、党委副书记；2003年1月，任耒阳市灶市街街道办事处党工委书记；2009年5月，任耒阳市副县级干部、灶市街街道办事处党工委书记；2012年12月，任耒阳市人大常委会副主任、灶市街街道办事处党工委书记；2013年3月，任耒阳市人大常委会副主任；2014年12月，任耒阳市人大常委会副主任、党组副书记。

曹晓江　湖南省耒阳市人，1962年1月生，本科学历，中共党员。1978年7月参加工作，任耒阳县蔡子池和平小学教师；1981年9月为耒阳师范学校师范专业学生；1983年7月，任耒阳县前进小学副校长；1986年7月，任耒阳市南正小学校长；1989年7月，任耒阳市成人学校校长；1990年7月，任耒阳市蔡子池街道办事处团委书记；1995年11月，任耒阳市蔡子池街道办事处党委委员；1998年3月，任耒阳市蔡子池街道办事处党委副书记；2002年6月，任耒阳市蔡子池街道办事处党委副书记、人大联工委主任；2003年1月，任耒阳市蔡子池街道办事处主任、党委副书记；2006年4月，任耒阳市蔡子池街道办事处党工委书记（2007年12月于湖南师范大学汉语言文学专业自考本科毕业）；2012年12月，任耒阳市人大常委会副主任、党组成员、蔡子池街道办事处党工委书记；2013年3月，任耒阳市人大常委会副主任、党组成员。

资　雷　湖南省耒阳市人，1962年4月生，本科学历，中共党员。1981年7月参加工作，在白沙矿务局工作；1982年12月在耒阳市税务局工作（1984年9月至1987年7月为湖南财经学院工业会计专业函授大专班学员）；1988年7月，任耒阳市财政局农财股副股长、股长；1993年9月，任耒阳市审计局局长助理；1996年1月，任耒阳市财政局副局长；1999年4月，任耒阳市财政局副局长、党组成员、市农税局局长（1997年9月至2000年7月为长沙政治学院政治工作专业函授本科班学员）；2003年1月，任耒阳市审计局局长、党组副书记；2007年7月，任耒阳市审计局局长、党组书记；2008年10月，任耒阳市审计局局长、党组副书记；2012年12月，任耒阳市人大常委会副主任、党组成员，审计局局长、党组副书记；2013年9月，任耒阳市人大常委会副主任、党组成员。

刘菊香　女，湖南省耒阳市人，1964年6月生，本科学历，无党派人士。1983年7月参加工作，任耒阳市百货公司物价员；1988年7月，任耒阳市物价局物价检查所检查员、副所长；1998年6月，任耒阳市物价局价费股股长；2000年2月，任耒阳市物价局局长助理；2002年6月，任耒阳市物价局副局长（2003年8月至2005年12月为中央党校函授学院法律专业本科班学员）；2012年12月，任耒阳市人大常委会副主任（兼）、市物价局副局长；2013年9月，任耒阳市人大常委会副主任（兼）、耒阳市工商业联合会（总商会）主席（会长）。

徐进先　湖南省耒阳市人，1962年1月生，专科学历，中共党员。1981年7月参加工作，任耒阳市林业局技术员（1985年9月至1987年6月为中南林学院林业专业脱产大专班学员）；1987年6月，任耒阳市林业局科教股股长；1989年4月，任耒阳市林业局办公室主任；1993年12月，任耒阳市对外经济贸易委员会办公室主任；1994年8月，任中共耒阳市委组织部办公室秘书；1996年1月，任中共耒阳市委组织部办公室主任、副科级组织员;1997年2月,任中共耒阳市委组织部干部组组长、副科级组织员;2002年6月,任中共耒阳市委组织部副部长;2003年3月,任中共耒阳市委组织部副部长、正科级组织员、市委基层办主任;2008年2月,任中共耒阳市委组织部副部长、正科级组织员;2012年12月,任耒阳市政协副主席、党组成员,中共耒阳市委组织部常务副部长;2013年3月,任耒阳市政协副主席、党组成员;2015年1月,任耒阳市人大常委会副主任候选人、党组成员;2015年3月,任耒阳市人大常委会副主任、党组成员。

市政府班子成员

李向阳 湖南省衡南县人,1967年1月生,大学学历,工商管理硕士,中共党员。1989年7月参加工作,任衡阳市林业局干部;1995年10月,任衡阳市林业局林科所副所长;1997年2月,任衡阳市林业局林科所所长;1998年6月,任衡阳市林业局森林工业管理站站长;1999年10月,任衡阳市林业局水检站站长(1999年10月至2002年12月调为衡阳市人民政府驻广州办事处办公室主任;2003年1月至2005年7月调为衡阳市改制办业务部副部长、四室、五室主任);2005年1月,任衡阳市国资委办公室主任;2007年5月,任衡阳市国资委工会主席、党委委员;2008年9月,任衡阳市国资委党委委员、清华紫光古汉生物制药股份有限公司董事长、党委副书记;2009年12月获湖南大学工商管理硕士学位;2010年12月,任衡阳市国资委党委委员、清华紫光古汉生物制药股份有限公司党委副书记、纪委书记、监事会主席;2011年5月,任中共衡阳市委党校(衡阳行政学院、市社会主义学院)副校长(副院长);2013年7月,任中共耒阳市委副书记;2016年8月,任中共耒阳市委副书记,耒阳市人民政府党组书记、副市长、代市长;2016年11月,任耒阳市委副书记,市人民政府市长、党组书记。

管林立 湖南省祁东县人,1970年8月生,本科学历,中共党员。1991年8月参加工作,任衡阳市环境监理所科员;1994年4月,任衡阳市环保局办公室副主任;1996年3月,任衡阳市环境监理所主任科员;1996年6月,任衡阳市人民政府办公室研究室主任科员;1996年12月,任衡阳市人民政府办公室秘书五科副科长;2001年3月,任衡阳市人民政府办公室研究室副主任;2001年7月,任衡阳市人民政府办公室督查室主任;2002年7月,任衡阳市人民政府办公室秘书一科科长;2006年6月,任中共衡阳市石鼓区委常委、组织部长;2011年6月,任中共耒阳市委常委、纪委书记;2016年8月,任耒阳市委常委,政府副市长候选人、党组副书记;2016年11月,任耒阳市委常委,政府副市长、党组副书记。

卿晓英 女,湖南省隆回县人,1972年2月生,本科学历,法学硕士学位,中共党员。1993年6月,任湖南省人大常委会法工委办公室干部;1995年7月,任湖南省人大常委会办公厅人事处干部;1997年1月,任湖南省人大常委会办公厅人事处副主任科员;1997年5月,任湖南省人大干部培训中心副主任科员;1999年11月,任湖南省人大农业与农村委办公室副主任科员;2000年7月,任湖南省人大农业与农村委办公室主任科员(其间:2001年9月至2003年6月在湖南师范大学法学院国际法专业学习,获法学硕士学位);2007年8月,任湖南省人大法制委二处副处长;2014年1月,任湖南省人大法制委二处处长,2016年4月,任耒阳市委常委、政府副市长候选人提名人选、政府党组成员(挂职两年);2016年5月,任耒阳市委常委,政府副市长、党组成员(挂职两年)。

黄扬波 湖南省耒阳市人,1967年9月生,本科学历,无党派人士。1988年7月参加工作,任耒阳市人民法院书记员、助理审判员、审判员、审判委员会委员(1991年9月至1994年7月全国法院干部业余法律大学法律专业大专学历;1992年10月至1998年2月借调至耒阳市社会治安综合治理委员会办公室秘书、副主任);1998年3月,任耒阳市人民法院院长助理、审判委员会委员(1998年8月至2000年12月为中共中央党校函授学院政法专业本科学员);1999年10月,任耒阳市人民法院院长助理、正科级审判员;2000年4月,任耒阳市人民法院副院长、审判委员会委员;2009年11月,任耒阳市工商联主席;2011年2月,任耒阳市政协副主席候选人(兼)、工商联主席;2011年3月,任耒阳市政协副主席(兼)、工商联主席;2012年12月,任耒阳市人民政府副市长、工商联主席;2013年9月,任耒阳市人民政府副市长(2014年3月至2015年1月湖南省煤炭管理局安监处挂职任副处长)。

邓朝晖 湖南省永兴县人,1974年9月生,本科学历,中共党员。1993年7月,任湖南省永兴县公安局油市派出所干部;1995年8月,任湖南省永兴县公安局高亭派出所科员;1996年2任湖南省永兴县公安局油市派出所副所长;1997年5月,任湖南省永兴县公安局马田分局刑侦股股长;1998年6月,任湖南省永兴县公安局马田刑侦中队中队长(副科级);2001年6月,任湖南省永兴县公安局刑侦大队副大队长;2002年8月,任湖南省永兴县公安局刑侦大队副大队长(正科级);2003年6月,任湖南省永兴县公安局国保大队大队长(正科级);2004年3月,任湖南省公安厅刑警总队正科级侦察员;2008年3月,任湖南省公安厅刑侦总队有组织犯罪侦查支队二支队副支队长；2009年12月，任湖南省公安厅刑事侦查总队重案侦查支队副支队长（正科级）；2012年9月，任湖南省公安厅刑事侦查总队副调研员、重案侦查支队副支队长；2013年4月，任衡阳市公安局副局长、党委委员（挂职三年）；2016年8月，任耒阳市公安局党组书记、局长（兼），市人民政府党组成员、副市长候选人提名人选；2016年11月，任耒阳市人民政府副市长、党组成员，公安局党组书记、局长（兼）。

王　翔　湖南省耒阳市人，1978年8月生，研究生学历，中共党员。1998年9月，湘潭工学院经济管理系本科班学生；2002年9月，上海财经大学西方经济学专业硕士研究生；2005年7月，任衡阳市国资委改革发展科科员；2006年8月，任衡阳市国资委改革发展科副科长；2008年11月，任衡阳市国资委资本合作科科长；2013年10月，任衡阳市交通建设投资有限公司副总经理、党组成员；2016年8月，任耒阳市人民政府党组成员、副市长候选人；2016年11月耒阳市人民政府副市长、党组成员。

曾三成　湖南省耒阳市人，1966年7月生，本科学历，中共党员。1988年7月为耒阳市三中教师；1994年4月，任中共耒阳市委办公室干事（1996年8月至1998年12月为中央党校函授学院经济管理专业本科班学员）；1997年5月，任中共耒阳市委办公室政研室副主任；2001年1月，任耒阳市竹市镇党委副书记、政府镇长；2002年1月，任耒阳市东湖墟乡党委书记；2003年3月，任耒阳市南阳镇党委书记；2005年4月，任耒阳市人民政府办公室副主任，市城管办主任、党总支部书记；2005年12月，任耒阳市人民政府办公室副主任，市城管局局长、党委书记；2008年2月，任耒阳市发展和改革局局长、党委副书记；2012年9月，任耒阳市副县级干部，发展和改革局局长、党委副书记；2013年9月，任耒阳市副县级干部，卫生局党委书记、局长（兼）；2015年12月，任耒阳市副县级干部；2016年8月，任耒阳市副县级干部、副市长候选人提名人选；2016年11月，任耒阳市人民政府副市长；2016年12月，任耒阳市人民政府副市长、党组成员。

陈　宁　湖南省祁东县人，1970年8月生，本科学历，中共党员。1989年7月，任中南制药机械厂子校团支部书记；1989年12月，任中南制药机械厂报编辑部副主编；1990年8月，任耒阳市竹市乡政府工作；1991年9月为湖南省经济管理干部学院脱产学员；1993年7月，任耒阳市经济开发区管委会秘书；1994年4月，任耒阳市经济开发区管委会办公室秘书股股长；1996年1月，任耒阳市经济开发区管委会副科级秘书；1997年1月，任耒阳市委组织部副科级干部（1997年8月中央党校经济管理专业本科学员）；2000年2月，任耒阳市编制委员会办公室副主任；2004年5月，任耒阳市招商合作局局长、党组书记；2008年2月，任耒阳市物价局局长、党组副书记；2013年3月，任耒阳市住建局局长、党委副书记；2013年9月，任耒阳市住房和城乡建设局党委书记、局长；2016年8月，任耒阳市住房和城乡建设局党委书记、局长，人民政府副市长候选人提名人选；2016年11月，任耒阳市人民政府副市长，住建局局长、党委书记；2017年1月，任耒阳市人民政府副市长、党组成员、住建局党委书记；2017年8月，任耒阳市人民政府党组成员、副市长。

熊　鹰　湖南省道县人，瑶族，1977年10月生，本科学历，法律硕士学位，中共党员。1999年7月毕业于湘潭大学，2000年7月在道县人民法院参加工作；2006年1月，任道县人民法院副主任科员；2006年2月，任中共永州市委办公室综合调研室副主任科员；2007年4月人才引进到中共长沙县委宣传部副科级干部（2009年12月获湘潭大学法律硕士学位）；2009年12月，任长沙县对外宣传工作领导小组办公室副主任；2012年3月，任长沙县对外宣传工作领导小组办公室主任；2013年10月，任衡阳市司法局副局长、党委委员；2017年6月，任耒阳市人民政府党组成员、副市长候选人提名人选；2017年6月，任耒阳市人民政府党组成员、副市长。

姜　凯　湖南省长沙县人，1977年1月生，研究生学历，中共党员。1996年8月，任长沙市开福区捞刀河镇规划所干部；1997年10月，任长沙沙坪建筑总公司办公室主任；2000年9月，任中共长沙市开福区委组织部干部；2002年12月，任中共长沙市开福区委组织部副科级组织员；2005年1月，任中共长沙市开福区委组织部副部长；2005年11月，任中共长沙市开福区委组织部副部长（正科级）；2008年3月，任中共湖南省委组织部干部一处主任科员；2011年10月，任中共湖南省委组织部干部一处调研员；2017年6月，任中共湖南省委组织部干部一处副处长、耒阳市人民政府副市长候选人提名人选；2017年10月，任中共湖南省委组织部干部一处副处长、耒阳市人民政府副市长。

郭兴中　湖南省耒阳市人，1967年6月生，本科学历，中共党员。1990年7月，任耒阳市哲桥镇政府干事；1991年5月，任耒阳市乡镇企业委员会干事；1991年12月，任耒阳市委驻磨形乡社教工作队队员；1992年12月，任耒阳市委驻公平镇奔小康工作队队员；1993年12月，任耒阳市纪委办公室干事；1997年9月，任耒阳市纪委委员；1998年2月，任耒阳市纪委委员、办公室主任；2000年2月，任耒阳市纪委常委、办公室主任;2002年5月,任耒阳市纪委副书记;2003年1月,任耒阳市永济镇党委书记;2005年4月,任耒阳市水利局局长、党委副书记;2013年3月,任耒阳市人大常委会党组成员、办公室主任;2016年8月,任耒阳市人大常委会委员、党组成员、办公室主任、政协副主席候选人;2016年11月,任耒阳市人大常委会党组成员、办公室主任,政协副主席;2016年12月,任耒阳市人大常委会办公室主任、市政协副主席、党组成员;2017年8月,任耒阳市政协党组成员、副主席;2017年9月耒阳市政协党组成员、副主席、耒阳市人民政府副市长候选人提名人选;2017年10月,任耒阳市政协党组成员、副主席、耒阳市人民政府副市长;2017年12月,任耒阳市人民政府党组成员、副市长。

市政协班子成员

张东辉 湖南省耒阳市人,1966年7月生,本科学历,中共党员。1988年7月参加工作,任耒阳市三都镇团委书记;1992年7月,任耒阳市三都镇党委委员、武装部长;1994年10月,任耒阳市高炉乡副乡长;1995年12月,任耒阳市新市镇党委副书记;1997年1月,任耒阳市长坪乡党委副书记、乡长;1998年2月,任耒阳市长坪乡党委书记;1999年1月,任耒阳市新市镇党委书记;2003年1月,任耒阳市经济发展局局长、党委副书记(2001年1月至2003年12月为中共中央党校函授学院法律专业本科学员);2005年4月,任耒阳市人大常委会党组成员、办公室主任;2007年12月,任耒阳市第十五届人大常委会副主任、党组成员;2011年6月,任中共耒阳市委常委候选人、市人大常委会副主任、党组成员;2011年7月,任中共耒阳市委常委、市委办主任;2012年11月,任中共耒阳市委常委、政府副市长、市委办主任;2012年12月,任中共耒阳市委常委、市人民政府副市长、党组成员,红十字会会长(兼);2014年2月,任耒阳市委常委、政府副市长、党组成员;2016年8月,任耒阳市人民政府党组成员、副市长,耒阳市政协党组书记,政协主席候选人提名人选;2016年11月,任耒阳市政协主席、党组书记。

曾祥礼 湖南省耒阳市人,1962年10月生,专科学历,中共党员。1984年7月,任耒阳县团县委青农部部长(1985年7月至1988年12月为湘潭大学党政干部专修专业自考大专班学员);1990年2月,任耒阳市三架乡副书记、纪委书记;1992年5月,任耒阳市三架乡乡长;1993年11月,任耒阳市三架乡书记;1995年6月,任耒阳市蔡子池街道办事处党委副书记;2000年2月,任耒阳市蔡子池街道办事处政协联工委主任、党委副书记;2003年2月,任耒阳市水东江街道办事处主任、党委副书记;2007年4月,任耒阳市水东江街道办事处党工委书记;2009年10月,任耒阳市五里牌街道办事处党工委书记;2012年12月,任耒阳市政协副主席、党组成员,五里牌街道办事处党工委书记;2013年3月,任耒阳市政协副主席、党组成员;2015年1月,任耒阳市政协副主席、党组副书记;2017年8月,任耒阳市政协副主席(兼)。

刘　英 女,湖南省耒阳市人,1965年1月生,本科学历,经济师,无党派人士。1985年7月参加工作,在耒阳市财政局工作,1994年8月,任财政局农财股股长;2002年6月,任耒阳市财政局副局长,2004年11月在耒阳市政协副主席候选人、财政局副局长;2005年3月,任耒阳市政协副主席(兼)、财政局副局长(2006年8月至2008年12月为中央党校函授学院法律专业本科学员)。

伍检告 湖南省耒阳市人,1968年6月生,专科学历,无党派人士。1998年10月参加工作,在耒阳市煤炭公司工作(1994年9月至1997年7月为长沙电力学院经济管理专业函授大专班学员;1999年12月录用为正式国家干部);2003年5月,任耒阳市煤炭相关税费征收管理办公室副主任;2006年4月,任耒阳市经济开发区招商局局长;2009年11月,任耒阳市贸易促进会(商会)会长;2011年5月,任耒阳市新市镇镇长;2012年12月,任耒阳市政协副主席(兼)、新市镇镇长;2013年3月,任耒阳市政协副主席(兼)、商务局局长;2015年12月,任耒阳市政协副主席(兼)、商务和粮食局局长。

高爱民 湖南省祁东县人,1966年1月生,本科学历,中共党员。1985年1月在耒阳市人民法院工作(1985年1月招干录用);1985年7月在耒阳市人民法院夏塘人民法庭工作;1986年7月在耒阳市人民法院公平人民法庭工作(1986年7月至1989年8月为全国法院干部业余大学法律专业大专学员);1989年4月,任耒阳市人民法院小水法庭任副庭长;1993年8月,任耒阳市人民法院公平法庭任庭长、审判员;1994年8月,任耒阳市人民法院公平法庭任副科级审判员;1995年3月,任耒阳市人民法院民事一庭庭长(2000年8月至2002年12月为中共中央党校函授学院法律专业本科学员);2004年8月,任耒阳市人民法院民事庭正科级审判员;2010年5月,任耒阳市人民法院院长助理、正科级审判员(非中共党员);2012年7月,任耒阳市人民法院副院长、正科级审判员(非中共党员);2016年8月,任耒阳市人民法院副院长、正科级审判员,政协副主席(兼)候选人提名人选;2016年11月,任耒阳市政协副主席(兼),市人民法院副院长、正科级审判员;2016年11月,任耒阳市政协副主席(兼),市人民法院正科级审判员。

榜上有名

国家级(集体)

耒阳市被中华诗词学会授予“中华诗词之乡”称号

耒阳市入选100个“千年古县”名录

耒阳市一中被评为全国优秀科技创新学校

耒阳一中被评为“全国青少年校园足球特色学校”“中华优秀文化艺术传承校”称号

耒阳市供电公司调控中心被国家电网公司评为先进管理班组

大唐华银电力股份有限公司耒阳分公司获“全国厂务公开民主管理先进单位”称号

聂洲完小被评为“全国诗教先进单位”称号

灶市街零洲社区被评为全国综合减灾示范社区

五公仙石漠公园获批国家级石漠公园

大义、仁义、坛下、小水、新市、五里牌6个乡镇卫生院创建为全国“群众满意乡镇卫生院”

耒阳市疾控中心被评为全国结核病防治工作先进单位

耒阳法院被最高人民法院评为司法新闻宣传工作先进单位

国家级(个人)

耒阳市油茶产业协会会长李万元被中国农村专业技术协会评为科普先进个人

耒阳市煤炭局党组书记、局长曹文国荣获全国安全生产监管监察先进个人称号

耒阳市安全生产监督管理局陈景明荣获全国安全生产监管监察先进个人称号

耒阳市民政局贺丹被评为全国“敬老爱老助老模范人物”

匡兵、温琦华夫妇被评为全国道德模范

谭小龙、温琦华被评为“中国好人榜”好人

谢海龙获第六届中国书法兰亭奖

邓丽娟参加第十届全国青少年攀岩锦标赛夺得一金、一银、一铜

省级(集体)

蔡子池办事处被评为省示范街道

余庆街道的耒阳市绿然种植专业合作社被湖南省人社厅评为创新创业带动新就业先进企业

耒阳市残联在教就工作目标管理绩效考核中评为优秀单位

耒阳市森林公安局被湖南省森林公安局评为执法质量考评优秀单位

五里牌街道办事处金星社区被评为湖南省科普示范社区

耒阳市一中被评为湖南省优秀创新示范学校

耒阳市供电公司被国网湖南省电力有限公司评为安全工作品牌建设先进集体。

耒阳市国土资源局被评为2017年度湖南省国土资源系统信访工作先进集体

土地矿产交易中心被湖南省委法治湖南建设领导小组评为“2016—2018年全省依法办事示范窗口单位”

经济科技和信息化局获2017年度湖南省知识产权工作先进单位

移民开发局被评为省移民局信访维稳先进单位

耒阳市党政门户网荣获2017年度湖南省优秀政府网站

余庆水口村、仁义罗渡村、黄市大河滩村被列为第五批省级历史文化名村

烤烟办获得湖南省现代烟草农业建设先进单位称号

耒阳市计生工作荣获全省良好等次

耒阳市计生协荣获全省模范单位称号

耒阳市人力资源和社会保障局获“2017年度湖南省城乡居民养老保险管理服务先进单位”称号

耒阳市水文水资源局获“省人民政府抗洪救灾先进集体”“湖南省水利厅文明单位”“省水文系统三优测站”“省水文系统双文明测站”“省水文系统文明单位”“省水文系统工会职工之家”称号

耒阳二中学校女子篮球队在湖南省2017年中学生运动

会女子篮球赛上荣获第五名

耒阳一中学校荣获"湖南省青少年科技活动优秀示范学校"称号

耒阳一中学校在省示范性普通高中督导评估中被评为优秀等次

中国移动通信耒阳市分公司被湖南省移动公司评为2017度湖南移动先进党支部

耒阳市委政法委被评为"湖南省平安市"

耒阳市教育局被评为湖南省学生资助工作百佳单位、湖南省中小学教师教育宣传工作先进单位、全省"六五"普法依法治理先进单位、2017年度全省教育通联工作考评获评"一类通联站"、全省教育基金会先进集体

灶市街零洲社区被湖南省减灾委员会、湖南省民政厅评为全国减灾减灾示范社区

水东江街道新和社区被湖南省减灾委员会、湖南省民政厅评为湖南省综合减灾示范社区

耒阳市民政局被湖南省慈善总会评为慈善工作先进单位

耒阳市文化馆选送作品《甜日子》获第六届湖南艺术节作品类"三湘群星奖"音乐类金奖

耒阳市文化馆选送作品《蔡纸汉歌》获第六届湖南艺术节作品类"三湘群星奖"舞蹈类金奖

省级(个人)

殷晓春被湖南省森林公安局记个人三等功一次

文勇被湖南省国土资源厅、农业委员会评为永久基本农田划定工作表现突出个人

王志云获评2017年度湖南国土资源新闻宣传工作优秀个人

梁晓亚获评2017年全省法院先进个人

贺斌获评湖南省2017年抗洪救灾先进个人

邝江华获评2017年湖南省"芙蓉杯"水利建设管理先进个人

中国银行耒阳支行营业部梁瑞兰被评为省优秀大堂经理

中国银行耒阳支行肖伟被评为省优秀经营性支行行长

中国银行耒阳支行聂姣姣被评为最佳网点行长

衡阳市级(集体)

蔡子池办事处获评衡阳市综合治理工作先进单位

水东江街道办事处获评衡阳市综合治理工作、信访维稳工作、人口计生工作先进单位

遥田镇人民政府获评衡阳市"三无乡镇"

新市镇人民政府获评衡阳市综合治理工作先进单位

淝田镇获 评"2017年度衡阳市社会治安综合治理先进乡镇"

大市镇信访维稳工作被衡阳市委、市政府评为"三无乡镇"

龙塘镇综合治理、安全生产、环境卫生被衡阳市政府评为先进

南京镇获评2017年度衡阳市综治维稳先进单位、2017年度衡阳市平安乡镇

亮源乡人民政府获评衡阳市人口和计划生育工作良好单位、扶贫"三化"工作衡阳优秀单位

太平圩乡党委政府获评2017年度衡阳市社会治安综合治理先进乡镇

大和圩乡人民政府获评衡阳市脱贫攻坚工作先进单位、衡阳市抗洪救灾先进单位

导子镇人民政府获评衡阳市精神文明建设先进单位

大义镇获评2017年度衡阳市社会治安综合治理先进乡镇街道

公平圩镇人民政府获评衡阳市文明单位、衡阳市社会治安综合治理平安乡镇街道

东湖圩镇人民政府获评衡阳市禁毒工作先进单位

东湖圩镇文化站被衡阳市评为东湖圩"乡音乡韵"特色乡镇综合文化站

耒阳市残联获2017年衡阳市残疾人工作目标管理绩效考核先进单位

林业局被衡阳市林业局评为退耕还林还湿突出贡献奖、油茶产业建设突出贡献奖

森林公安局被衡阳市森林公安局评为执法质量考评第一名、综合考评第三名

统计局被衡阳市统计局评为2017年度统计工作优秀单位

国家统计局耒阳调查队被衡阳市文明办评为二星级文明单位

国土资源局被衡阳市政府评为2017年全市抗洪救灾先进集体

国土资源局被衡阳市国土资源局评为2017年度全市国土资源系统绩效考核工作先进单位

国土资源局被衡阳市国土资源局评为2017年度全市国土资源系统信访工作先进单位

移民开发局获评衡阳市局年度考核先进单位、政务信息报送先进单位

电子政务管理办公室获评2017年度衡阳市电子政务工作先进单位、2017年度互联网+政务服务工作先进单位、2017

年度数字城市及电子政务外网建设先进单位

全国农民住房财产权抵押贷款试点工作荣获衡阳市十佳改革创新项目

耒阳市城市和农村建设投资有限公司的项目建设管理和团委工作被衡阳市评为先进单位

耒阳市矿产品税费征收管理局荣获衡阳市廉政文化建设示范基地

耒阳市供销社荣获衡阳市综合业绩考核优秀单位;衡阳市监事会工作先进单位

耒阳市法制办荣获衡阳市法治工作优秀单位

烤烟办获得湖南省现代烟草农业建设先进单位

耒阳市食品药品工商质量监督管理局综合性业务工作被衡阳市工商局、衡阳市食药监局评为优秀;查处取缔无照经营工作被衡阳市工商局评为先进;商标品牌战略工作、人口和计划生育综合治理工作、消委工作、个私协会工作被衡阳市工商局评为先进;食品安全工作被衡阳市政府评为合格单位。

市委政研室信息工作被衡阳市评选为2017年先进单位

市委宣传部被衡阳市委宣传部评为2017年度全市宣传思想工作先进单位

计生协会卫生重点工作荣获衡阳市优秀等次

疾控中心获衡阳市疾病预防控制管理先进单位、衡阳市生物制品管理先进单位

广播电视台荣获衡阳市电影放映优秀集体

人力资源和社会保障局获“2017年度衡阳市机关事业单位养老保险业务经办优秀单位”“2017年度衡阳地区五险统征工作先进单位”

耒阳师范学校获2017年度衡阳市教育局直属单位学校及周边治安综合治理工作考评先进单位

民政局被衡阳市委、市政府评为“2017年抗洪救灾先进单位”,被衡阳市民政局评为“2017年度民政重点工作综合评估优秀单位”、十九大期间全市民政系统安保维稳先进单位

耒阳二中被衡阳市总工会授予衡阳市四星级职代会先进单位称号

耒阳二中被衡阳市教育局评为2017年中小学生建制班合唱县区决赛高中组一等奖

耒阳二中被衡阳市教育局评为2017年度基础教育校校结对帮扶工作先进单位。

耒阳一中获评“衡阳市‘十三五’教育科研先进单位”、“衡阳市2016—2017学年度普通高中高考教育质量进步单位”

安消防大队党委被衡阳市消防支队评为先进党委班子

农业综合开发办被评为衡阳市农开系统监理工作先进单位

市委政法委被评为“衡阳市社会治安综合治理先进单位”称号

人民防空办公室被评为衡阳市2017年度人民防空工作先进单位

教育局被评为衡阳市(县市区)教育行政部门工作评估考核教育科学研究工作先进单位、衡阳市预防宣传教育先进单位、衡阳市(县市区)普通高中教育质量先进单位、衡阳市“十三五”教育科研先进单位、2017年度教育阳光服务工作先进单位

教育局获衡阳市中小学田径运动会县市区(高中组)第四名、衡阳市教育系统教职工羽毛球团体赛(县组)第一名、衡阳市教职工羽毛球团体赛(甲组)冠军

水利局获衡阳市2017年防洪抗灾先进集体

水文水资源局获2017年度衡阳市水文水资源考核优秀单位

衡阳市级(个人)

刘春梅获衡阳市抗洪救灾先进个人

欧阳宏研获衡阳市十佳扶贫干部

刘星被衡阳市政府评为2017年全市抗洪救灾先进个人

王翎权被衡阳市国土资源局评为2017年度信访工作先进个人

贺杰被衡阳市国土资源局评为2017年度十佳国土资源执法卫士

蒋卫成被衡阳市国土资源局评为2017年度群众满意的基层国土员

李正辉被衡阳市国土资源局评为2017年度群众满意的基层国土员

梁波获衡阳市“做合格党员”主题征文活动二等奖

资兰获衡阳市“做合格党员”主题征文活动三等奖

王志云获衡阳市“做合格党员”主题征文活动优胜奖

总工程师姚洪武获2017年度衡阳市安全生产先进个人

刘友成获衡阳市供销合作工作优秀领导干部

法制办工会主席段平知获衡阳市法治政府建设工作优秀个人

邓小明被衡阳市查处取缔无照经营工作领导小组评为先进个人

李芳、陈媛、范寿山被衡阳市食安办评为食品药品安全工作先进个人

李京融获衡阳市政务信息十佳信息员

邓谭微评为衡阳市信息报送先进个人

匡康顺被评为衡阳市信访维稳工作先进个人

贺卫兵、邓志平、徐雷被评为衡阳市人民防空工作先进个人

袁义生获衡阳市抗洪救灾先进个人

刘灵辉获评衡阳市安保维稳先进个人

黄长松、刘俊良、谢小华、肖筑英、刘五乃、曾爱军获评衡阳市抗洪救灾先进个人

中共耒阳市委　耒阳市人民政府
关于印发《耒阳市贯彻落实〈“健康中国2030”规划纲要〉实施方案》的通知

耒发〔2017〕8号

各乡镇(街道)党(工)委、人民政府(办事处),市直机关各单位:

现将《耒阳市贯彻落实〈“健康中国2030”规划纲要〉实施方案》印发给你们,请结合实际认真贯彻执行。

中共耒阳市委

耒阳市人民政府

2017年12月27日

耒阳市贯彻落实《“健康中国2030”规划纲要》实施方案

为深入贯彻落实《中共中央国务院关于印发〈“健康中国2030”规划纲要〉的通知》(中发〔2016〕23号),不断提升全市人民健康水平,推进健康耒阳建设,根据中共湖南省委、湖南省人民政府关于印发《湖南省贯彻落实〈“健康中国2030”规划纲要〉实施方案》的通知(湘发〔2017〕6号)、《中共衡阳市委衡阳市人民政府关于印发〈衡阳市贯彻落实《健康中国2030”规划纲要》实施意见〉的通知》(衡发〔2017〕5号)精神,制定本实施方案。

一、指导思想

全面贯彻党的十九大会议精神,以习近平总书记新时代中国特色社会主义思想为行动指南,坚持以人民为中心的发展思想,牢固树立创新、协调、绿色、开放、共享的发展理念,坚持健康优先、改革创新、科学发展、公平公正、共建共享的原则,全面落实“以基层为重点,以改革创新为动力,预防为主,中西医并重,将健康融入所有政策,人民共建共享”的卫生与健康工作方针,全方位、全周期保障人民健康,大幅提高健康水平,显著改善健康公平,全面建成健康耒阳。

二、总体目标

到2020年,全市基本建立覆盖城乡居民的基本医疗卫生制度,健康素养水平明显提升,健康服务体系完善高效,健康保障体系更加健全,人人享有基本医疗卫生服务和基本体育健身服务,基本形成内涵丰富、结构合理的健康产业体系,主要健康指标优于全省平均水平。

到2030年,促进全民健康的制度体系更加完善,健康领域发展更加协调,全民健康素养大幅提高,主要健康危险因素得到有效控制,人人享有高质量的健康服务和高水平的健康保障,健康产业繁荣发展,基本实现健康公平,人民身体素质明显增强,主要健康指标达到全省先进水平。

到2030年,具体实现以下目标:

——健康水平稳步提升。人民身体素质明显增强,人均预期寿命达到79岁。

——健康责任明显增强。互促共建、人人共享的健康责任体系基本建立,健康成为社会发展的价值取向。

——健康危害有效控制。健康生活方式全面普及,健康生产生活环境基本形成,食品药品安全得到有效保障,严重威胁健康的重大疾病得到有效控制。

——健康服务优化便捷。优质高效的整合型医疗卫生服务体系和完善的全民健身公共服务体系全面建立,健康服务供给更加丰富与快捷。

——健康产业显著壮大。健康产业体系更加健全,形成一批具有竞争力的健康产业集群,将健康产业打造成为市域经济的重要支柱产业。

——健康制度更加完善。有利于健康的政策法律法规体系进一步健全,健康领域治理体系和治理能力基本实现现代化。

健康耒阳建设主要指标

领域	指标	2020 年	2030 年
健康水平	人均预期寿命(岁)	77	80
	婴儿死亡率(‰)	持续改善	持续改善
	5 岁以下儿童死亡率(‰)	持续改善	≤5. 8
	孕产妇死亡率(1/10 万)	持续改善	≤12
	城乡居民达到《国民体质测定标准》合格以上的人数比例(%)	≥90	≥92
健康生活	居民健康素养水平(%)	≥20	≥30
	人均体育场地面积(平方米)	1. 5	2. 3
	经常参加体育锻炼人口比例(%)	38	45
健康服务与保障	重大慢性病过早死亡率	比 2015 年降低 10%	比 2015 年降低 30%
	每千常住人口执业(助理)医师数(人)	≥2. 5	≥3. 1
	个人卫生支出占卫生总费用的比重(%)	<30	<25
健康环境	市级及以上城市空气质量优良天数比率(%)	> 80	持续改善
	重点流域水质达到或好于 III 类水体比例(%)	≥93. 3	持续改善
健康产业	健康服务业总规模(亿元)	10	20

三、主要任务

(一)强化健康教育与健康促进

1. 深入开展全民健康教育。推进全民健康生活方式行动,强化家庭和高危个体健康生活方式指导及干预,到 2030 年基本实现以市市区为单位全覆盖。建立健康知识和技能核心信息发布制度,健全覆盖全市的健康素养和生活方式监测体系。建立健全健康促进与教育体系,实施流动人口健康教育和促进行动计划。加强精神文明建设。加大健康科学知识宣传力度,建设和规范各类广播电视等健康栏目,利用新媒体拓展健康教育。(责任部门:市卫计局、市委宣传部、市文体广新局。排第一位的为牵头单位,其他为配合单位,下同)

2. 切实加大学校健康教育力度。将健康教育纳入国民教育体系,把健康教育作为所有教育阶段素质教育的重要内容,以中小学为重点,建立学校健康教育推进机制。将基本健康知识掌握程度纳入义务教育阶段学生素质评价内容。培养健康教育师资,将健康教育纳入体育教师职前教育和职后培训内容。在全市开展健康促进学校创建活动,到 2030 年,全市大多数中小学达到健康促进学校标准。健全健康教育工作网络,各级健康教育专业机构要配置相应的专业技术人员,履行业务指导职能。(责任部门:市教育局、市卫计局、团市委、市编办、市红十字会)。

3. 积极引导合理膳食。普及家庭烹调、健康膳食和膳食营养有关的知识和技能,引导居民形成科学的膳食习惯,推进健康饮食文化建设。建立健全居民营养监测制度。实施临床营养干预。加强对学校、幼儿园、养老机构等营养健康工作的指导。开展示范健康食堂和健康餐厅建设。到 2030 年,大众营养知识和合理膳食知识普及率达到 90%,营养缺乏疾病发生率显著下降,与 2015 年相比,5 岁以下儿童生长迟缓率和低体重率分别下降 50%和 60%,人均每日食盐摄入量降低 20%,超重、肥胖人口增长速度明显放缓。(责任部门:市卫计局、市委宣传部、市食药工质监管局)

4. 加快推进控烟限酒。全面推进控烟履约,运用价格、税收、法律等手段提高控烟成效,强化公共场所控烟监督执法,逐步实现室内公共场所全面禁烟。领导干部要带头在公共场所禁烟,把各级党政机关建成无烟机关。到 2030 年,15 岁以上人群吸烟率降低到 20%。加强限酒健康教育,减少饮酒过量和酗酒,开展有害使用酒精监测,对酒精使用造成相关疾病的个人及其家庭提供预防和治疗干预措施。(责任部门:市卫计局、市委宣传部、市经科信局、市发改局、市地税

局、市食药工质监管局、市文体广新局、市教育局、市政府法制办）

5. 全面促进心理健康。加强心理健康服务体系建设和规范化管理，提升全民心理健康素养。推进中小学心理健康教育，有效化解儿童和青少年心理健康问题。加强对抑郁症、焦虑症等常见精神障碍和心理行为问题的干预，加强严重精神障碍患者报告登记和救治救助管理，推进精神障碍社区康复服务，鼓励和引导社会力量提供心理健康服务和精神障碍社区康复服务。依托人口健康信息系统建立青少年健康档案。到2030年，常见精神障碍防治和心理行为问题识别干预水平显著提高。（责任部门：市卫计局、市综治办、市教育局、市委宣传部、市公安局、市司法局、市人社局、市民政局、市残联、市总工会、团市委、市妇联）

6. 尽力减少不安全性行为和毒品危害。以青少年、育龄妇女及流动人群为重点，开展性道德、性健康和性安全宣传教育和干预，减少意外妊娠和性病、艾滋病等疾病传播。大力普及有关毒品危害、应对措施和治疗途径等知识。加强戒毒医疗服务体系建设，加强戒毒药物维持治疗与社区戒毒、强制隔离戒毒、自愿戒毒和社区康复等措施的衔接。建立集生理脱毒、心理康复、就业扶持、回归社会于一体的戒毒康复模式，最大限度减少毒品社会危害。（责任部门：市卫计局、市公安局、市教育局、市委宣传部、市司法局、市文体广新局、市妇联、市食药工质监管局）

（二）营造绿色安全健康环境

1. 深入开展爱国卫生运动。持续推进城乡环境卫生整洁行动，加强环境卫生基础设施建设，做好城乡生产、生活、生态空间规划指导。加大农村人居环境治理力度。到2030年，把我市农村建设成为人居环境干净整洁、适合居民生活养老的美丽家园。实施农村饮水安全巩固提升工程，推动城镇供水设施向农村延伸，保障农村饮水安全。加快无害化卫生厕所建设，力争到2030年全市基本完成农村户厕无害化建设改造。实施以环境治理为主的病媒生物综合预防控制策略。深入推进国家卫生城镇创建，力争到2030年，国家卫生乡镇数量提高到全市乡镇总数的4%。将健康融入城乡规划、建设、治理的全过程，促进城市与人民健康协调发展。广泛开展健康社区、健康村镇、健康单位、健康家庭等建设活动。加强健康学校建设，落实学生健康危害因素监测与评价，完善学校食品安全管理、传染病防控等相关政策。到2030年，建成一批健康村镇和示范村镇。（责任部门：市爱卫会、市住建局、市卫计局、市农业局、市环保局、市水利局、市教育局、市国土局）

2. 大力开展大气、水体、土壤等污染防治。实行环境质量目标考核，实施最严格的环境保护制度。深入推动开展规划环评工作，全面优化我市生态环境空间布局。严格建设项目环评审批，实行差别化环境准入政策。深入区域大气污染联防联控。加强重点流域水质综合治理，基本消除城市建成区黑臭水体。推进饮用水水源地安全达标建设，强化地下水管理和保护。建立建设用地土壤环境质量调查评估制度，开展土壤污染治理与修复，实施农用地土壤环境分类管理，加强农业面源污染防控，加强噪声污染防控。（责任部门：市环保局、市水利局、市住建局、市农业局、市发改局、市国土局）

3. 全面开展环境与健康监测。实施工业污染源全面达标排放计划。全面实施工业污染源排污许可管理制度。推动企业自觉履行环境保护主体责任，开展自行监督和信息公开，建立排污台账，实现持证按证排污。加快淘汰高污染、高环境风险的工艺、设备与产品。开展工业集聚区污染专项治理。落实环境与健康监测、调查和风险评估制度。开展重点区域、流域、行业环境与健康调查，建立覆盖污染源监测、环境质量监测、人群暴露监测和健康效应监测的环境与健康综合监测网络及风险评估本系。实施环境与健康风险管理。全面推进环境信息公开，推进市级及以上城市空气质量监测和信息发布。（责任部门：市环保局、市卫计局、市经科信局、市发改局）

4. 强化安全生产和职业健康。加强安全生产，加快构建风险等级管控、隐患排查治理两条线，切实降低较大及以上生产安全事故发生频次和群发性职业病危害事故发生频次。强化矿山、危险化学品等重点行业领域安全生产监管。推进职业病危害源头治理，建立风险分级分类监管机制，落实重点行业领域职业病危害状况定期调查，建立职业病危害项目资金扶持制度，落实重点行业领域职业病危害专项治理，落实“管安全必须管职业卫生”，开展用人单位职业健康促进工作，加强放射诊疗辐射防护。用人单位新、改、扩建建设项目职业病防护设施“三同时”工作实现全覆盖；存在严重职业病危害因素的用人单位，职业病危害治理实现全覆盖；接触职业病危害的劳动者职业健康检查实现全覆盖。建立健全城乡公共消防设施建设和维护管理责任制，到2030年，城乡公共消防设施基本实现全覆盖。（责任部门：市安监局、市卫计局、市发改局、市经科信局、市财政局、市人社局、市环保局、市公安局、市食药工质监管局、市总工会）

5. 持续改善道路交通安全。加强道路交通安全设施设计、规划和建设，实施公路安全生命防护工程。严格道路运输安全管理，落实运输企业安全生产主体责任，提升企业安全自律意识。加强道路交通安全治理，提高车辆安全技术标准，强化机动车驾驶人和交通参与者综合素质，继续强化对超速、超载、酒后驾车等道路交通安全违法行为的查处。到2030年，力争实现道路交通事故万车死亡率持续下降。（责任部门：市公安局、市交旅局、市经科信局、市住建局、市卫计局、市食药工质监管局、）

6. 积极预防和减少伤害。落实重点伤害干预技术指南和标准,提高儿童玩具和用品安全。强化重点产品质量安全监管。加大监督抽查和风险监测与人体健康密切相关的消费品。构建消费品质量安全追溯体系,建立消费品质量安全事故强制报告制度,督促企业自觉履行产品质量安全主体责任,发生质量事故后24小时内要向所在地监管部门报告事故情况和处置措施。加强学校安全教育,指导开展儿童伤害干预活动。到2030年,18岁以下儿童伤害死亡率下降25%。(责任部门:市食药工质监管局、市教育局)

(三)提高全民身体素质

1. 建立健全全民健身公共服务体系。加大全民健身场地设施建设力度,合理布局布点,统筹建设一批社区多功能运动场、健身步道、体育公园等新型场地设施。推进体育生活化社区(行政村)建设,打造城市社区15分钟健身圈。到2030年,建成并逐步完善市乡村三级公共体育设施网络,人均体育场地面积不低于2.3平方米。扶持和引导基层体育社会组织发展。鼓励依托社区建立社区体育类社会组织,建设集体育健身、健康文化宣传、科学健身指导、体质监测等多功能于一体的基层运动健康促进服务中心。推行公共体育设施免费或低收费开放,确保公共体育场地设施和符合开放条件的企事业单位体育场地设施全部向社会开放。(责任部门:市文体广新局、市委宣传部、市财政局、市发改局、市教育局、市国土局、市民政局、市卫计局、市总工会)

2. 广泛开展全民健身运动。贯彻落实《湖南省全民健身条例》,开展具有耒阳文化特色的全民健身活动,扶持推广太极拳、健身气功等民族民俗民间传统运动项目。支持社会体育组织承办全民健身活动和赛事。到2030年,全市经常参加体育锻炼人口比例达到45%,实现每千人拥有社会体育指导员2.3名,城乡居民达到国民体质测定标准合格以上人数比例达到92%以上。实施青少年、妇女、老年人、职业群体及残疾人等特殊群体的体质健康干预计划。加强学校体育教育,确保学生校内每天体育活动时间不少于1小时,基本实现青少年熟练掌握1项以上体育运动技能。把学生体质健康水平纳入工作考核体系。到2030年,学校体育场地设施与器材配置达标率达到100%,青少年学生每周参与体育活动达到中等强度3次以上,学生体质健康标准达标优秀率25%以上。统筹规划建设公益性老年人体育健身设施。实行工间健身制度,支持新建工作场所建设适当的健身活动场地,鼓励引导缺乏体力活动的职业群体人员参加体育健身运动。继续实施全民健身助残工程,开发适合残疾人特点的特色运动项目,推动残疾人康复体育和健身体育广泛开展。开展职工、农民、妇女、幼儿体育活动,推动将外来务工人员公共体育服务纳入属地供给体系。增加社区矫正人员等特殊人群的全民健身服务供给。(责任部门:市文体广新局、市教育局、市委宣传部、市财政局、市司法局、市妇联、市老龄办、市残联、市总工会)

3. 积极推动体育健身与医疗融合发展。推广普及《中国人体育健身活动指南》,为群众提供科学合理的运动处方。推动形成体医结合的疾病管理与健康服务模式,发挥全民科学健身在健康促进和慢性病预防等方面的积极作用。鼓励社会资本开办康体、体质测定和运动康复等各类机构。完善体质健康监测体系,开发应用国民体质健康监测大数据,开展运动风险评估。每四年公布一次国民体质监测报告。加快推进“互联网+健身”科技服务平台和科学健身指导服务站点建设,提高科学健身指导服务水平。(责任部门:市文体广新局、市卫计局、市总工会)

(四)强化覆盖全民公共卫生服务

1. 加强重大疾病防控。落实慢性病防控规划和行动计划。落实慢性病筛查和早期发生,基本实现高血压、糖尿病患者管理干预全覆盖,逐步将符合条件的癌症、脑卒中等重大慢性病早诊早治适宜技术纳入诊疗常规。到2030年,实现全人群、全生命周期的慢性病健康管理,重大慢性病过早死亡率下降30%,总体癌症5年生存率提高15%。加强精神疾病防治,到2030年,登记在册的重性精神疾病患者的管理率达到90%以上。加强学生近视、肥胖等常见病防治。加强口腔卫生,12岁儿童患龋率控制在25%以内。落实传染病监测预警。实施国家免疫规划。加强艾滋病检测、抗病毒治疗和随访管理。建立结核病防治综合服务模式,到2030年,全市肺结核发病率下降到30/10万以下。加强突发急性传染病的防治和新发传染病的防控。全市基本控制食源性、土源性等重点寄生虫病流行。(责任部门:市卫计局、市委宣传部、市人社局、市教育局、市扶贫办、市水利局、市农业局)

2. 推进基本公共卫生服务均等化。组织实施国家基本公共卫生服务项目和重大公共卫生服务项目。适时调整基本公共卫生服务补助标准,拓展服务项目内容。健全基本公共卫生服务绩效考核和评价机制,调动医务人员积极性。建立健全各级各类专业公共卫生机构和中医医疗机构指导基层医疗卫生机构开展基本公共卫生服务的制度。全面做好流动人口基本公共卫生计生服务均等化工作。(责任部门:市卫计局、市财政局、市发改局)

3. 提高突发事件应急能力。建立陆空立体化的紧急医学救援体系。依托现有机构建设市突发事件紧急医疗救援中心、市公共卫生救治中心、市危重孕产妇和儿童救治中心。推进低空紧急医学救援体系建设。建立健全省民众心肺复苏推广普及工作机制,将急救培训小屋覆盖到机场、车站、码头、购物广场、社区等人口密集区域。开展城市急性脑卒中60分钟急救网络建设。到2030年,建立起覆盖全市、较为完善的紧急医学救援网络,突发事件卫生应急处置能力和紧急

医学救援能力达到全省先进水平。(责任部门:市卫计局、市人武部、市发改局、市红十字会)

4. 完善计生服务管理。完善有利于人口均衡发展的政策体系。改革计划生育服务管理方式,构建以生育支持、幼儿养育、青少年发展、老人赡养、病残照料为主题的家庭发展政策体系。引导社会力量举办非营利性妇女儿童医院、普惠性托儿所和幼儿园等服务机构,合理降低家庭生育和养育成本,统筹教育资源配置,合理降低教育费用。落实国家计生技术服务政策,实行奖励扶助金标准动态调整。坚持和完善计生目标管理责任制,健全出生人口监测工作机制。开展出生人口性别比综合治理,加大"两非"案件打击力度,到2030年,力争全市出生人口性别比实现自然平衡。(责任部门:市卫计局、市发改局、市民政局、市财政局、市人社局、市教育局、市公安局、市食药工质监管局、市妇联)

(五)完善食品药品供应保障体系

1. 实施食品安全战略。继续实施食品安全放心工程,加强食品安全示范城市、食品安全示范市市区建设,实现地方特色食品安全标准的基本覆盖。加强食品安全风险监测评估,到2030年,食品安全风险监测与食源性疾病报告网络实现全覆盖。建立农产品质量安全体系,全面禁止高毒高残留农药的使用,深入开展农兽药残留、重金属污染综合治理,开展兽药抗菌药治理行动.推进食品质量追溯体系建设。加强进口食品准入管理,实施出口食品安全监督抽检制度,依法惩处违法违规行为,推进食品安全信用体系建设,完善食品安全信息公开制度。健全企业主体、政府主导、部门协作的食品安全监管综合治理体系,健全从源头到消费全过程的监管格局。(责任部门:市食药工质监管局、市经科信局、市商粮局、市公安局、市发改局、市农业局、市卫计局、市质监局)

2. 强化药品安全监管。实施药品生产质量提升行动,全面加强药品监管,强化疫苗全程监管和非医疗机构(药店)药品监管。推进药品追溯体系建设,形成全品种、全过程完整追溯与监管链条。加强医疗器械和化妆品监管。(责任部门:市食药工质监管局、市卫计局、市经科信局、市质监局)

3. 完善药物政策。实施好以基本药物制度为基础的国家药物政策,推进老年人和残疾人等特殊人群基本用药保障,针对低收入人群等基本药物免费供给制度。落实现有和新型的免费治疗药品政策,完善艾滋病免费抗病毒治疗机制。保障儿童用药。实施罕见病用药保障政策。加强基层医疗卫生机构与上级医疗卫生机构用药衔接。建立以基本药物为重点的临床综合评价体系。落实医保药品支付标准政策。建立药品价格信息监测和公开制度。(责任部门:市卫计局、市食药工质监管局、市人社局、市发改局)

4. 优化药品和医疗器械耗材的流通机制。推进药品、医疗器械耗材流通企业向供应链上下游延伸开展服务,形成现代流通新体系。丰富药品流通渠道和发展模式。支持药品、医疗器械耗材零售企业开展多元化、差异化经营。健全中药材现代流通网络与追溯体系。完善药品价格形成机制,强化价格、医保、采购等政策的衔接,加强对市场竞争不充分药品和高值医用耗材的价格监管。落实医疗机构药品、耗材采购主体地位,鼓励联合采购,建立药品实际交易价格主要由市场竞争形成的机制。建立药品出厂价格信息可追溯机制。健全常态短缺药品储备制度和应急供应机制。建设遍及城乡的现代医药流通网络,提高基层和边远地区药品供应保障能力。(责任部门:市卫计局、市食药工质监管局、市商粮局、市经科信局、市人社局)

(六)提供优质高效便捷医疗服务

1. 打造整合型医疗卫生服务体系。贯彻实施《耒阳市区域卫生规划(2016—2020年)》,进一步优化医疗卫生资源配置,基本医疗卫生资源按常住人口和服务半径合理布局,加强农村三级卫生服务网络和城市社区卫生机构建设,重点建设贫困地区医疗卫生机构。优先建设发展市级医院及其分院,全面完成乡镇卫生院和社区卫生服务机构标准化建设,推进乡镇卫生院和村卫生室一体化管理。着力打造区域综合性和专科医疗中心,推进国家和省级临床重点专科建设。加强康复、老年病、长期护理、慢性病管理、临终关怀等接续性医疗机构建设。鼓励高校设立缓和医疗专业。到2030年,15分钟基本医疗卫生服务圈基本形成,每千常住人口执业(助理)医师数达到3.1人,注册护士数达到4.7人。(责任部门:市卫计局、市发改局、市财政局、市教育局、市编办、市扶贫办)

2. 创新医疗服务供给模式。建立信息共享、互联互通机制,推进慢性病防、治、管整体融合发展,实现医防结合。建立不同层级、不同类别医疗机构间目标明确、权责清晰的分工协作机制,不断完善服务网络、运行机制和激励机制。完善家庭医生签约服务,全面建立成熟完善的分级诊疗制度,形成基层首诊、双向转诊、上下联动、急慢分治的合理就医格局。引导群众常见病、多发病复诊和诊断明确、病情稳定的慢性病等在基层就诊。完善医疗联合体、医院集团等多种分工协作模式,提高服务体系整体绩效。到2020年,实现医疗机构医疗管理信息化系统联网互通;力争实现家庭医生签约服务制度全覆盖,每个家庭拥有1名家庭医生;实现每个居民拥有1份动态管理的电子健康档案和1张服务功能完善的健康卡。加快医疗卫生领域军民融合,积极发挥军队医疗卫生机构作用,更好为人民服务。(责任部门:市卫计局、市发改局、市人社局、市财政局、耒阳武装部)

3. 提升医疗服务水平和质量。建立医疗安全事件网络直报系统。加强医师执业管理,健全定期考核制度。实现全行业、全方位精准实时医疗质量管理与控制,提升医疗服务同质化程度,再住院率、抗菌药物使用率等主要医疗服务质量指标接近或达到国内先进水平。全面实施临床路径管理,规范诊疗行为,保障医疗安全。推进临床合理用药,加强临床药事管理。加强药物临床试验机构及麻醉药品、精神药品及其他特殊药品的管理。保障临床用血安全。基本实现医疗机构检查、检验结果互认。推进医疗纠纷人民调解,依法严厉打击涉医违法犯罪行为,保护医务人员安全。优化多元办医格局,优先支持社会力量举办非营利性医疗机构。简化医师多点执业办理流程,鼓励医师利用业务时间到基层或非公立医疗机构执业。推进和实现非营利性民营医疗机构与公立医疗机构同等待遇。将非公立医疗机构医疗技术、医疗服务纳入医疗质量管理体系,规范非公立医疗机构的诊疗行为。(责任部门:市卫计局、市食药工质监管局、市公安局、市司法局、市发改局)

(七)发挥中医药独特优势

1. 提高中医药服务能力。切实加强中医药服务体系建设,做优做强市市级中医医院,完善市乡村三级中医药服务网络。加强中医药特色专科建设。大力发展中医非药物疗法。发展中医特色康复服务。在乡镇卫生院和社区卫生服务中心建立中医馆、国医馆等中医综合服务区,推广适宜技术,所有基层医疗卫生机构都能够提供中医药服务。到2030年,中医药服务在治未病中的主导作用、在重大疾病治疗中的协同作用、在疾病康复中的核心作用得到充分发挥。(责任部门:市卫计局、市财政局、市发改局)

2. 发展中医治未病服务。支持社会力量举办规范的中医养生保健机构,加快养生保健服务发展。拓展中医医院服务领域。鼓励中医医疗机构、中医医师为中医养生保健机构提供保健咨询和调理等技术支持。积极开展中医中药行活动,深化中医药文化建设,打造耒阳中医药文化品牌。(责任部门:市卫计局、市文体广新局)

3. 推进中医药传承创新。推进中西医协同发展,加强高层次中西医结合人才培养。支持非中医类别医师学习中医药理论知识和技能,并在临床实践中应用。实施中医药"五名"(名医、名药、名方、名院、名校)工程。推进中医药传承创新,挖掘民间诊疗技术和方药,推进中医药文化传承与发展。鼓励名老中医坐诊教学,探索开展名老中医诊所会诊试点。建立中医药传统知识保护制度,传承非物质文化遗产。保护重要中药资源和生物多样性,开展中药资源普查及其动态监测。建立大宗、道地和濒危药材种苗繁育基地,提供中药材市场动态监测信息,促进中药材种植业绿色发展。(市卫计局、市经科信局、市食药工质监管局、市林业局、市教育局、市商粮局、市文体广新局)

(八)加强重点人群健康服务

1. 提高妇幼健康水平。实施母婴安全计划,全面推行住院分娩补助制度,向孕产妇免费提供生育全过程的基本医疗保健服务。加强孕产期全程服务和高危孕产妇专案管理,预防艾滋病、梅毒、乙肝母婴传播,保障母婴安全。进一步提高孕产妇、新生儿危急重症救治能力,有效降低孕产妇死亡率和婴儿死亡率。加强出生缺陷综合防治,将婚检、孕前优生健康检查、叶酸增补纳入基本公共卫生服务,落实出生缺陷三级预防措施,建立覆盖城乡,涵盖孕前、孕期、新生儿各阶段的出生缺陷防治服务制度,有效降低出生缺陷发生率。加强妇女常见病筛查和早诊早治,扩大农村适龄妇女宫颈癌、乳腺癌免费检测范围,提高"两癌"早诊早治率。实施健康儿童计划,提高3岁以下儿童系统管理率,加强儿童疾病防治和意外伤害预防,扩大贫困地区新生儿疾病筛查项目覆盖范围,降低5岁以下儿童低体重发生率。实施妇幼健康和计划生育服务保障工程,加强妇幼健康服务体系建设。(责任部门:市卫计局、市财政局、市残联、市妇联)

2. 促进健康老龄化。推进老年医疗卫生服务体系建设,推动医疗卫生服务延伸至社区、家庭。健全医疗卫生机构与养老机构合作机制,支持养老机构开展医疗服务。到2020年,全市护理型养老床位达到机构养老床位总数的30%。鼓励各类养老机构配备康复设备。到2030年,城市社区和有条件的农村要设立适合老年人的康复场所。医疗卫生机构应当为老年人就医提供便利和优先服务。以政府购买服务的形式安排基层医疗卫生机构为辖区内常住老年人每年至少提供一次免费身体检查和老年常见病、慢性病的健康指导及综合干预。逐步建立经济困难、高龄、失能老人补贴制度,探索建立多层次长期护理保障制度。进一步完善医保政策,使老年人在基层能够获得可负担的基本药物。(责任部门:市卫计局、市民政局、市人社局、市老龄办、市红十字会)

3. 维护残疾人健康。贯彻残疾预防和残疾人康复条例、国家残疾预防行动计划,开展全人群、全生命周期的残疾预防。加大符合条件的低收入残疾人医疗救助力度,将符合条件的残疾人医疗康复项目按规定纳入基本医疗保险支付范围。建立残疾儿童康复救助制度,有条件的地方对残疾人基本型辅助器具给予补贴。将残疾人康复纳入基本公共服务,实施精准康复。完善医疗机构无障碍设施,改善残疾人医疗服务。加强残疾人康复和托养设施建设,建立医疗机构与残疾人专业康复机构双向转诊机制,推动基层医疗卫生机构优先为残疾人提供基本医疗、公共卫生和健康管理等签约服务。深入开展防盲治盲和防聋治聋工作。(责任部门:市残联、市人社局、市民政局、市卫计局)

(九)健全医疗保障体系

1. 完善全民医保制度。健全以基本医疗保障为主体,大病保险、医疗救助、疾病应急救助、社会慈善救助制度和商业健康保险为补充的多层次医疗保障体系。建立"一站式"结算机制，提高医疗保障服务水平。整合城乡居民基本医保制度和经办管理，实现覆盖范围、筹资政策、保障待遇、医保目录、定点管理、基金管理“六统一”。健全基本医疗保险稳定可持续筹资和报销比例调整机制，实现基金中长期精算平衡。建立与筹资水平相适应的基本医保待遇调整机制。改进职工医保个人账户，开展门诊统筹。到2030年，全民医保体系成熟定型，个人卫生支出占卫生总费用的比重降低到25%左右。（责任部门：市人社局、市卫计局、市财政局、市民政局）

2. 健全医保管理服务机制。逐步引入社会力量参与医保经办，建立完善的购买服务和监管机制。建立基本医保制度间转移接续制度，实现跨省市异地就医直接结算。严格落实医疗保险基金预算管理。全面推进医保支付方式改革，建立健全医保经办机构与医疗卫生机构的协商谈判机制，建立多种形式的预付费制度，形成医疗保险基金总额预算管理下的复合式付费方式，到2030年全民医保管理服务体系完善高效，住院全面实现按疾病诊断相关分组付费（DRGs），门诊医疗服务实现按人头付费，引入按服务绩效付费，引导医疗机构主动保证质量、控制成本、节约费用、提高效率。建立药品、医疗器材、诊疗项目的基本医保准入和退出第三方评估机制。（责任部门：市人社局、市卫计局、市食药工质监管局）

3. 积极发展商业健康保险。落实税收等优惠政策，大力推进税收优惠型商业健康保险，鼓励企业、个人参加商业健康保险及多种形式的补充保险。探索建立政府、社会、个人多方筹资的老年护理保险制度。鼓励开发与健康管理服务相关的健康保险产品。促进商业保险公司与医疗、体检、护理等机构的合作。发挥商业健康保险费率调节机制对医疗费用和风险管控的正向激励作用，有效降低不合理医疗费用支出。加快发展医疗责任保险、医疗意外保险，探索发展多种形式的医疗执业保险，分担医疗执业风险。到2030年，现代商业健康保险服务业进一步发展，商业健康保险赔付支出占卫生总费用比重显著提高。（责任部门：市保险行业协会、市人社局、市地税局、市卫计局）

（十）深化健康领域体制机制改革

1. 将健康融入所有政策。落实健康影响评估指南，建立健康影响评估准入制度，系统评估各项经济社会发展规划和政策、重大工程项目对健康的影响，推进健康影响评价工作，健全监督和问责机制。将健康保护责任纳入领导干部经济责任审计范畴。畅通公众参与渠道，加强社会监督。（责任部门：市卫计局、市审计局、市发改局）

2. 加快转变政府职能。进一步推进健康相关领域简政放权、放管结合、优化服务。推进政事分开和管办分开，政府把主要精力放在管方向、管政策、管引导、管规划、管评价上来，减少对医院人事编制、科室设定、岗位聘任、收入分配等管理。继续深化药品、医疗机构等行政审批改革，规范医疗机构设置审批行为。推进健康相关部门依法行政，推进政务公开和信息公开，全面公布权力清单和责任清单。全面推行“双随机、一公开”（随机抽取检查对象，随机选派执法检查人员，抽查情况及查处结果及时向社会公开）监管。加强行业自律和社会信用体系建设，发挥行业协会等社会力量在监管中的作用。简化健康领域公共服务流程，优化政府服务，提高服务效率。（责任部门：市卫计局、市食药工质监管局、市编办、市政府办、市政府金融办、市政府法制办）

3. 深化医药卫生体制改革。维护公共医疗卫生的公益性，有效控制医药费用不合理增长，不断解决群众看病就医问题。完善公立医院补偿机制，逐步偿还和化解符合条件的公立医院长期债务。到2020年，逐步建立以成本和收入结构变化为基础的医疗服务价格动态调整机制。清晰划分各级政府医药卫生管理事权，实施属地化和全行业管理。建立完善分级诊疗制度、现代医院管理制度、全民医保制度、药品供应保障制度和综合监管制度。（责任部门：市卫计局、市食药工质监管局、市发改局、市人社局、市财政局、市编办）

（十一）加快健康产业发展

1. 支持发展多样化健康服务新业态。大力促进健康与养老、旅游、互联网、健身休闲、食品等融合，催生健康新产业、新业态、新模式。规范发展母婴照料服务。培育健康文化产业和体育医疗康复产业。大力发展森林康养。推进健康医疗旅游示范区建设。积极发展健身休闲运动产业。推动体育项目协会改革和体育场馆和运营模式创新，引导社会力量参与健身休闲设施规划、建设和运营。加大“江、湖、山、道”全民健身品牌活动和“一市一品”特色体育项目市市区创建工作力度，打造具有区域特色的健身示范基地和产业带。发展健康食品产业，推进产业延伸和升级。（责任部门：市发改局、市文体广新局、市农业局、市林业局、市经科信局、市卫计局、市民政局、市红十字会）

2. 加强医药技术创新。发展现代中药，推进优质中药大品种的技术提升与产能扩大。加强自主创新药物的研制与产业化。发展保健食品与生物健康材料（辅料）产业，培育医药健康产业新板块。加快诊疗产品、医疗器械、康复辅助器具等系列新产品开发与产业化。加快发展制药设备与药品食品检测仪器产业。健全质量标准体系，提升质量控制技术，实施绿色改造升级，落实药品、医疗器械质量标准。（责任部门：市经科信局、市发改局、市卫计局、市食药工质监管局、市质监局）

3. 大力发展第三方支持服务。引导发展专业的医学检验中心、医学影像诊断中心、血液透析中心和病理诊断中心。支持发展第三方医疗服务评价、健康管理服务评价，以及健康市场调查和咨询服务。鼓励社会力量提供食品药品检测服务。完善科技中介体系,大力发展专业化、市场化的医药科技成果转化服务。开展职业健康安全管理体系认证。(责任部门:市卫计局、市食药工质监管局、市发改局)

4. 推进健康产业集聚发展。加强重点园区(产业集聚区)建设,鼓励园区结合实际和特色优势,在土地规划、市政配套、机构准入、人才引进、执业环境等方面给予政策扶持和倾斜,发展大健康产业。树立耒阳健康产业品牌,创建耒阳“健康谷”。完善健康服务业统计制度。(责任部门:市发改局、市商粮局、市卫计局、市食药工质监管局、市经科信局、市国土局、市统计局)

5. 提升医药产业发展水平。积极推进医药健康产业转型升级,发展专业医药园区,组建产业联盟或联合体,构建分工协作、智能高效的先进制造体系,提高产品集中度和生产集约化水平。鼓励支持医药企业集团化、规模化发展。推进医药流通业转型升级,形成一批有竞争力的大型药品流通企业。到2030年,医药产业总量较“十二五”末翻两番,继续保持持续、快速、健康发展态势,将耒阳打造成医药制造强市。(责任部门:市经科信局、市发改局、市商粮局、市食药工质监管局)

(十二)完善健康保障机制

1. 完善人才培养体系。基本建成院校教育、毕业后教育、继续教育三阶段有机衔接的标准化、规范化临床医学人才培养体系。以全科医生为重点,加强基层医疗卫生队伍建设,加大对贫困地区的扶持力度。进一步加大中医药健康服务人才培养力度。加强全科、儿科、产科、精神科、病理、护理、助产、康复、药物依赖诊疗、心理健康等急需紧缺专业人才培养培训。加大公共卫生、临床药师、卫生信息化复合人才培养力度。加强高层次人才队伍建设,引进和培养一批行业领军人才。推进卫生管理人员专业化、职业化。引导学校加大养老护理、康复治疗、心理咨询等健康人才培养力度。(责任部门:市人社局、市教育局、市卫计局、市委组织部、市扶贫办)

2. 创新人才使用评价激励机制。落实医疗卫生机构用人自主权,全面推行聘用制,形成能进能出的灵活用人机制。落实基层医务人员工资政策,建立健全基层医务人员津贴发放机制,探索医师自由执业、医师个体与医疗机构签约服务或组建医生集团。建立完善符合医疗卫生行业特点的薪酬制度。合理确定医疗机构编外人员待遇,逐步实现同岗同薪同待遇。完善职称晋升体系和职称晋升办法,增加医疗卫生机构中、高级岗位比例并向基层倾斜。创新人才评价机制,不将论文、外语、科研等作为基层卫生人才职称评审的硬性要求,健全符合全科医生岗位特点的人才评价机制。(责任部门:市人社局、市卫计局、市编办)

3. 推动健康科技创新。建立市级医学重点学科群和重大疾病研究中心,加强医学领域市级重点实验室和市级科技创新中心、临床研究中心等科技创新平台建设,培育建设市级心脑血管、恶性肿瘤、糖尿病和老年病等临床医学和医学科研数据示范中心。建立健全医学领域科研基地、生物安全、技术评估、医学标准与规范、医学伦理和科研诚信、知识产权等保障机制。整合中医药科研资源,力争在病毒性肝炎、恶性肿瘤、心脑血管病等重大疾病的防治上取得突破。针对疾病防控、生殖健康、康复养老、药品质量安全、中医药现代化等任务,实施一批重点研发项目。建立完善临床医疗技术标准体系。(责任部门:市卫计局、市教育局、市经科信局、市发改局、市财政局)

4. 建设健康信息化服务体系。全面建成人口健康信息平台和覆盖市乡的卫生计生专网,强化基层卫生、妇幼健康、疾病控制等领域信息化基础设施建设,实现公共卫生、计划生育、医疗服务、医疗保障、药品管理、综合管理6大业务协同应用。落实健康医疗信息惠民行动计划,到2020年,全员人口信息、电子健康档案信息和电子病历三大数据库覆盖全市人口并实现信息动态更新。做好公民入伍前与退伍后个人电子健康档案军地之间接续共享。构建远程医疗和分级诊疗体系。推动健康医疗信息化新业态有序发展,发展智慧医疗,推进健康医疗大数据应用体系建设,加强健康医疗数据安全保障和患者隐私保护。(责任部门:市卫计局、市电子政务办、市发改局、市财政局、市经科信局、市人社局)

5. 落实健康法治建设。强化政府在医疗卫生、食品、药品、环境、体育等健康领域的监管职责,建立政府监管、行业自律和社会监督相结合的监督管理体制。完善卫生计生综合监督制度,加强健康领域监督执法体系和能力建设。(责任部门:市政府法制办、市卫计局)

四、组织实施

(一)加强组织领导。完善健康耒阳建设推进协调机制。各级各部门要将健康耒阳建设纳入重要议事日程,健全领导体制和工作机制,将健康耒阳建设列入经济社会发展规划,将主要健康指标纳入各级党委和政府考核指标,完善考核机制和问责制度,做好相关任务的实施落实工作。注重发挥工会、共青团、妇联、计生协会等群团组织以及其他社会组织的作用,充分发挥民主党派、工商联和无党派人士作用,最大限度凝聚全社会共识和力量。(责任部门:市委办、市政府办、市卫计局、市发改局、市财政局、市人社局、市总工会、团市委、市妇联、市委统战部)

(二)完善筹资机制。各级政府要健全健康投入机制,调整优化财政支出结构,加大健康投入力度,科学合理界定各级政府投入职责,履行政府保障基本健康服务需求的责任。建立结果导向健康投入机制,开展健康投入绩效监测和评价。鼓励和引导社会力量加大对卫生与健康事业投入,形成投资主体多元化、投资方式多样化的办医体制。进一步缓解个人就医经济负担,降低个人卫生支出占卫生总费用的比重。鼓励金融等机构创新产品和服务,完善扶持措施。大力发展慈善事业,鼓励社会和个人捐赠与互助。(责任部门:市财政局、市发改局、市人社局、市政府金融办、市民政局)

(三)营造社会氛围。大力宣传党和国家关于维护和增进人民健康的重大战略思想和方针政策,宣传推进健康中国建设的重大意义、总体战略、目标任务、重大举措。加强正面宣传和典型引导,增强社会对健康中国建设的普遍认知,形成全社会关心、支持健康中国及健康耒阳建设的良好社会氛围。(责任部门:市委宣传部、市文体广新局、市卫计局)

(四)做好实施监测。各级各有关部门和单位要制定实施五年专项规划等政策文件,对各项政策和措施进行丰富完善,明确各阶段要实施的重大工程、重大项目和重大政策。建立常态化、经常化的督查考核机制。建立健全监测评价机制,制定监测评估办法,对本意见实施进度和效果进行年度监测和评估,适时对目标任务进行必要调整。建立完善统计监测、绩效评估、动态调整和监督考核机制。(责任部门:市卫计局、市统计局)

中共耒阳市委　耒阳市人民政府
转发《市委宣传部、市司法局关于在全市公民中深入开展法治宣传教育的第七个五年规划(2016—2020年)》的通知

耒发〔2017〕9号

经济开发区,各乡镇(街道)党(工)委、人民政府(办事处),市直机关各单位:

《市委宣传部、市司法局关于在全市公民中深入开展法治宣传教育的第七个五年规划(2016—2020年)》已经市委、市人民政府研究同意,现转发给你们,请结合实际认真组织实施。

中共耒阳市委

耒阳市人民政府

2017年12月29日

市委宣传部、市司法局
关于在全市公民中深入开展法治宣传教育的
第七个五年规划(2016—2020年)

为深入开展法治宣传教育,增强全市公民法治观念,根据《中共中央国务院转发〈中央宣传部、司法部关于在公民中开展法治宣传教育的第七个五年规划(2016-2020年)〉的通知》(中发〔2016〕11号)、《中共湖南省委湖南省人民政府转发〈省委宣传部、省司法厅关于在全省公民中深入开展法治宣传教育的第七个五年规划(2016—2020)〉的通知》(湘发〔2016〕21号)及《中共衡阳市委衡阳市人民政府转发〈市委宣传部、市司法局关于在全市公民中开展法治宣传教育的第七个五年规划(2016—2020年)〉的通知》(衡发〔2016〕19号)要求,结合耒阳实际,特制定本规划。

一、指导思想、主要目标和基本原则

(一)指导思想。全面贯彻党的十八大和十九大精神,深入贯彻习近平新时代中国特色社会主义思想,坚持“四个全面”战略布局,坚持创新、协调、绿色、开放、共享的发展理念,按照全面依法治国的新要求,坚持法治宣传教育与法治实践相结合,进一步健全普法教育机制,深入开展法治宣传教育,扎实推进依法治理和法治创建,大力发展社会主义法治文化,推动全社会树立法治意识,为我市文明城市创建、实现全面小康、建设法治耒阳和平安耒阳、“十三五”时期经济社会发展营造良好法治环境,为建设经济繁荣、百姓富裕、生态优美、社会和谐、政治清明的新耒阳提供坚强法治保障。

(二)主要目标。法治宣传教育领导和工作机制进一步健全,法治宣传教育实效进一步提高,社会主义法治文化建设进一步繁荣,多层次多领域依法治理进一步深化,全民法治观念和全体党员党章党规意识进一步增强,全社会形成尊法学法守法用法的良好党风政风社风民风。

(三)基本原则。坚持党的领导,服务大局。围绕市委市政府的中心工作深入开展法治宣传教育,更好地服务“四个

全面”战略布局,服务经济社会发展,服务社会和谐稳定。

坚持需求导向,服务群众。根据不同时期、部门、行业及不同对象的实际和特点,分类实施法治宣传教育。以群众喜闻乐见、易于接受的方式开展法治宣传教育,满足人民群众日益增长的法治需求,维护公民合法权益。

坚持立足耒阳实际,解决具体问题。把发现问题、剖析问题、解决问题作为法治宣传教育的出发点和落脚点,加大以案释法力度,运用身边案例将法治教育融入执法、司法、法律服务全过程。

坚持开拓创新,突出特色。立足新形势,探索形成具有耒阳特色、符合实际的新思路新方法,推动法治宣传教育工作理念、机制、载体和方式方法创新。

二、主要任务

(一)突出法治理念和重点法律法规的宣传教育

1. 深入学习宣传习近平总书记关于全面依法治国的重要论述。(1)大力宣传习近平总书记关于全面依法治国的新思想、新观点、新论断、新要求,宣传中央“四个全面”战略布局和建设社会主义法治国家重大战略部署,宣传党的十八大以来我国民主法治建设取得的巨大成就,进一步增强干部群众中国特色社会主义道路自信、理论自信、制度自信、文化自信,强化全社会厉行法治的自觉性、坚定性,推动依法治国各项部署要求全面落实。深入宣传党的十八大和十九大关于法治宣传教育工作的新定位、新任务、新要求。(2)深入宣传严格执法、公正司法、全民守法和党内法规建设的生动法治实践,更好地发挥法治的引领和规范作用。(3)深入宣传法律面前人人平等、权由法定、权依法使、尊重和保障人权等社会主义法治观念和法律原则。

2. 突出学习宣传宪法。(1)在全社会普遍开展宪法教育,形成崇宪尊宪的良好氛围,使宪法在全社会得到普遍遵循。(2)深入宣传依宪治国、依宪执政理念,宣传党的领导是宪法实施最根本保证,宣传宪法确立的国家根本制度、根本任务和我国的国体、政体,宣传公民的基本权利和义务等宪法基本内容,宣传宪法的实施。(3)实行宪法宣誓制度,开展法律执业人员与行政执法人员就职前向宪法宣誓活动,认真组织好“12·4”国家宪法日集中宣传活动,推动宪法家喻户晓、深入人心。

3. 深入宣传中国特色社会主义法律体系。(1)坚持把宣传以宪法为核心的中国特色社会主义法律体系作为法治宣传教育的基本任务,大力宣传宪法相关法、民法、商法、行政法、经济法、社会法、刑法、诉讼与非诉讼程序法等多方面的法律法规。(2)大力宣传社会主义民主政治建设的法律法规,提高人民有序参与民主政治的意识和水平。(3)大力宣传保障公民基本权利的法律法规,推动全社会树立尊重和保障人权意识,促进公民权利保障法治化。(4)大力宣传依法行政领域的法律法规和《法治政府建设实施纲要》(中发〔2015〕36号)等文件精神,推动行政机关树立“法定职责必须为、法无授权不可为”的意识,促进法治政府建设。(5)大力宣传市场经济领域的法律法规,推动全社会树立保护产权、平等交换、公平竞争、诚实信用等意识,促进大众创业、万众创新,促进经济在新常态下平稳健康运行。(6)大力宣传有利于激发文化创造活力、保障人民基本文化权益的相关法律法规,促进社会主义精神文明建设。(7)大力宣传教育、就业、收入分配、社会保障、医疗卫生、食品安全、道路交通安全、消防安全、物业管理、扶贫、慈善、社会救助和妇女儿童、老年人、残疾人合法权益保护等方面法律法规,促进保障和改善民生。(8)大力宣传国家安全、国防安全和公共安全领域的法律法规,提高全民安全意识、风险意识和预防能力。(9)大力宣传党的民族、宗教政策和相关法律法规,促进民族关系、宗教关系和谐。(10)大力宣传环境保护、资源能源节约利用等方面的法律法规,推动生态优美新耒阳建设。(11)大力宣传互联网领域的法律法规,教育引导网民依法规范网络行为,促进形成网络空间良好秩序。(12)大力宣传诉讼、行政复议、仲裁、调解、信访等方面的法律法规,引导群众依法表达诉求、维护权利,促进社会和谐稳定。(13)大力宣传地方性法规,充分发挥地方性法规在我市经济社会发展中的作用。

4. 深入学习宣传党内法规。(1)适应全面从严治党、依规治党新形势新要求,结合“两学一做”与“衡阳破坏选举案‘再反思、再认识、再警示’和李亿龙严重违纪案‘深刻反思、全面整改’专题教育”深入开展党内法规学习宣传,切实加大宣传力度,促进全市党员牢固树立党章意识、纪律意识和规矩意识。(2)突出宣传党章,教育引导广大党员尊崇党章,以党章为根本遵循,坚决维护党章权威。(3)大力宣传《中国共产党廉洁自律准则》《中国共产党纪律处分条例》《中国共产党问责条例》《中国共产党党内监督条例》《关于新形势下党内政治生活的若干准则》等各项党内法规,坚持纪在法前、纪严于法,把纪律和规矩挺在前面,教育引导广大党员做党规党纪和国家法律的自觉尊崇者、模范遵守者、坚定捍卫者。

(二)大力加强社会主义法治文化建设

1. 推进法治教育与文明创建相结合。(1)推进法治教育与文明创建的内容结合,把法治教育纳入精神文明创建内容,以法治形式保障精神文明创建成果。(2)坚持弘扬社会主义法治精神与弘扬社会主义核心价值观相结合,积极推进社会主义法治文化建设,坚持强化规则意识,倡导契约精神,弘扬公序良俗,引导人们自觉履行法定义务、社会责任、家庭责任。健全公民和组织守法信用记录,完善守法诚信褒奖机制和违法失信行为惩戒机制。(3)坚持法治教育与精神文明创建活动相结合,把法治教育纳入文明创建测评体系和考评目标,以法治教育促文明创建。

2. 加强法治文化设施和阵地建设。(1)完善法治文化发展政策,把法治文化建设纳入现代公共文化服务体系,把法治元素纳入城乡建设规划设计,实现法治文化设施与公共文化服务设施功能互补。(2)按照城市规划区域合理择址,适时建好我市法治文化主题公园、法治文化广场、法治文化长廊和青少年法治文化教育中心等。(3)推动公共法律服务体系建设。在市公共法律服务中心、乡镇公共法律服务站点和村级公共法律服务室等实体平台建设固定的法治宣传教育专区,打造一小时公共法律服务圈。(4)在政府机关、社会服务机构的服务大厅、服务窗口增加法治宣传教育功能,积极运用公共活动场所电子显示屏、触摸屏和公交移动电视屏等推送法治宣传教育内容。(5)充分利用公园、广场、码头、站台等公共场所开展法治宣传教育,向公众提供广覆盖、全天候的法治宣传教育服务。(6)要依托展览馆、纪念馆等基础设施打造"一地一品"法治文化示范项目,在电视台、电台、党报党刊设立法治栏目。(7)各乡镇(街道)结合文化站、文化室和"农家书屋"等公共服务平台建立完善法治文化活动场所。(8)各单位要积极推进单位法治文化建设,充分利用现有的宣传阵地和宣传媒介推送法治知识,推动法治文化与机关文化、社区文化、乡村文化、企业文化、校园文化、民俗文化融合发展,形成覆盖城乡的法治文化服务体系。

3. 加强法治文化产品开发及传播。(1)按照政府主导、市场运行的模式,建立鼓励各类文化团体、组织和个人开展法治文艺作品创作及传播的工作机制。(2)积极推行以政府购买的方式开发法治文化产品,扶持、引导文化企事业单位开发推广法治影视、法治戏曲、法治动漫等法治文化产品,确保法治文化产品有效有序供给。(3)把法治文化作品纳入各单位文化作品创作、出版的奖励扶持内容,定期开展优秀法治文艺作品评选活动。打造一批融合耒阳本土特色的集思想性、艺术性和观赏性于一体的花鼓戏、皮影戏等传统文化法治文艺精品和法治文化示范项目。(4)持续开展"法治三微"(微小说、微电影、微剧本)作品创作征集活动,打造优秀品牌。(5)顺应信息化、数据化发展要求,充分利用互联网、客户端等新兴传播媒体和报刊杂志、广播电视、微博微信、APP、电子显示屏、公益广告牌等大众传播平台,推进法治文化传播。

4. 广泛开展群众性法治文化活动。(1)积极搭建群众性公益性法治文化活动的平台载体。以法律进机关、进乡村、进社区、进学校、进企业、进单位的"法律六进"为活动平台,把法治元素融入群众公共文化生活,满足人民群众的法治文化需求。(2)创新群众法治文化活动形式。采取举办法治文化节、法治文艺汇演、法律知识竞赛、法治书画展览等群众喜闻乐见的形式,广泛开展法治文艺展演展播、法治文艺演出下基层等活动。(3)抓好群众法治文化主题活动。将每年12月定为我市法治宣传月。充分利用学雷锋、"三八"国际妇女节、"3·15"消费者权益保护日、四月税法宣传月、五月农村法治宣传月、"6·26"国际禁毒日、青少年法治宣传周等各主题法治宣传日、宣传周、宣传月和各类重大纪念日、民族传统节日,开展法治主题活动。组织开展"深化法治宣传教育,服务扶贫攻坚"主题活动,结合扶贫攻坚工作和农村法治建设实际开展法治宣传。

(三)深入推进多层次多领域依法治理

1. 全面推进法治耒阳建设。(1)进一步健全党委领导法治耒阳建设的制度和工作机制,加强对全市法治建设组织领导和统筹协调。深入贯彻落实《关于建设法治衡阳的实施意见》和《中共衡阳市委贯彻落实〈中共中央关于全面推进依法治国若干重大问题的决定〉的实施意见》。(2)建立和完善政协和各民主党派参与监督法治建设的有效机制,集众言集众智集众力推动耒阳法治实践的具体工作。(3)组织开展全市党政机关"法律体检"。(4)大力宣传省委、衡阳市委和耒阳市委关于依法治省、依法治市(县)的决策部署,大力宣传各单位各部门在推进区域、行业和基层依法治理中的好经验、好做法及其所取得的成效,凝聚社会共识,不断掀起法治耒阳建设的舆论宣传高潮。

2. 深入推进乡(镇、街道)依法治理。进一步完善工作机制和考评体系,深入开展法治乡(镇、街道)创建活动,探索委托第三方评估,开展区域法治建设考核评价试点工作,推进乡(镇、街道)法治建设的科学化、规划化、指标化,全面提高乡(镇、街道)法治化水平。

3. 大力推进行业依法治理。(1)推动政府部门、司法机关和社会各行业普遍开展依法治理,实现依法治理的全面覆盖。各部门各行业要建立健全依法行政、公正司法、依法办事的长效机制。(2)全面实施党务公开、政务公开、司法公开和各领域办事公开,切实推进部门、行业的法治建设。(3)深入开展"依法办事示范窗口单位""依法治校示范校""诚信守法示范企业"等创建活动,探索开展"法治单位"创建活动,支持行业协会商会类社会组织发挥行业自律和专业服务功能,提高各项事业的法治化管理水平。

4. 扎实推进村(居)依法治理。深入开展"民主法治示范村(社区)"创建活动,大力推广"法治工作站""一村(社区)一法律顾问""法治副主任"等基层依法自治制度,教育引导基层群众自我约束、自我管理。发挥市民公约、乡规民约等社会规范在基层社会治理中的积极作用,提高村(居)法治化水平。

三、重点对象和要求

(一)加强领导干部、国家公职人员学法考法用法

1. 坚持和完善党组(党委)中心组集体学法、政府常务

会前学法,把宪法法律和党内法规列入党组(党委)中心组学习内容,建立领导干部法治培训、法治讲座、在线学习等学法制度。

2. 健全领导干部任前法律知识考试制度。

3. 落实领导干部年度述法制度,把领导干部依法执政、依法行政、依法办事的能力水平及遵守法律的情况作为年度述职和考核的重要内容,把法治建设成效作为衡量领导班子和领导干部工作实绩的重要内容,纳入政绩考核指标体系。

4. 健全完善重大决策合法性审查制度,全面推行政府法律顾问制度,制定《党政机关实施法律顾问制度的意见》。2017年底前,市级党政机关普遍设立法律顾问、公职律师,乡镇党委和政府根据需要设立法律顾问、公职律师,事业单位探索建立法律顾问制度。

5. 将法治课程列为党校、行政学院必修课,切实提高领导干部运用法治思维和法治方式深化改革、推动发展、化解矛盾、维护稳定的能力。

6. 改进国家工作人员学法考法方式,组织建立"宪法+基本法+部门法"的学法考法体系。建立国家工作人员学法考法中心,参照驾考科目一模式组织年度普法考试。

(二)加强青少年法治宣传教育

1. 把法治教育全面纳入国民教育体系,组织实施《青少年法治教育大纲》,将必要的法律常识落实到各学科课程的教育目标之中,纳入不同阶段学生学业评价范畴。义务教育阶段的学生要初步了解公民的基本权利义务、重要法治理念与原则,初步了解个人成长与社会生活必须的基本法律常识,高中生则要较为全面地了解中国特色社会主义法律体系的基本框架、基本制度以及基本常识,强化守法意识,增强法治观念,初步具备参与法治实践、正确维护自身权利的能力。

2. 适时、相应修订中小学德育课程标准,编写法治教材,合理安排法治课程。

3. 在小学毕业素质测试和中考中适当增加法治知识内容。

4. 推进校园法治文化建设,充分利用主题教育、校园文化、党团队活动、学生社团活动、社会实践活动等多种载体,全过程、全要素开展法治教育。探索建立青少年法治文化教育中心和青少年法治教育实践基地,积极组织学生参加法治社会实践活动。

5. 强化青少年法治宣传教育责任机制。广泛组织、动员国家机关和社会力量支持和参与青少年法治教育工作,建立学校、社会、家庭共同参与的立体教育网络。市人民政府教育督导机构要将学校法治教育实施情况纳入教育督导范围,将学校法治教育实施情况作为依法治校的重要方面纳入学校年度考核的内容,将预防青少年违法犯罪和"平安校园"创建工作内容纳入综合(平安建设)工作考评。

6. 要大力加强法治教育师资队伍建设,逐步建设高水平的法治教育教师队伍。加强中小学法治副校长队伍和法治辅导员队伍建设,中小学法治副校长或法治辅导员配备率达100%。

(三)加强市场经营主体、城乡居民的法治宣传教育

1. 突出宣传教育重点。大力加强工业、商业等国有、个体企业经营管理人员学法用法工作,引导从业人员依法运营、健康发展。尤其要加强企业职工的法治宣传教育,引导其遵纪守法、依法生产、依法维权。突出加强对农村"两委"干部和社区干部的法治培训和考核,提高他们运用法治方式管理基层事务、预防和化解社会矛盾的能力。在农民工主要活动场所开展有针对性的法治宣传教育,帮助、引导他们依法维权,自觉运用法律手段解决矛盾纠纷。加强城镇居民法治宣传教育,深入开展全市社区法治宣传日活动,提高社区自治和服务能力。

2. 深化宣传教育内容。把法治内容纳入企业经营管理人员培训重点内容,引导他们树立诚信守法、爱国敬业意识,提高依法经营、依法管理能力。把依法经营、依法管理情况纳入业绩考核内容。完善农村法治宣传教育组织协调机制,强化涉农部门和农村基层组织开展法治宣传教育的责任,促进农村法治宣传教育常态化。

3. 拓展教育方式。推动落实公司律师制度,进一步完善企业法律顾问制度,大力推进农村"法律明白人"培养工程,充分发挥他们在开展法治宣传、法律咨询和化解矛盾中的作用。以服务推进扶贫攻坚、维护农村社会和谐稳定、建设美丽法治乡村等为主题,深入开展"送法下乡"和农村法治宣传教育月活动。试行"市(村)民法治学校"教育,推动城乡基层法治宣传教育从"临时性、运动式"向"常规性、阵地式"的转变。

四、工作措施

(一)健全普法宣传教育机制

1. 健全普法统筹协调机制。(1)建立健全党委领导、人大政协监督、"一府两院"组织实施、全社会共同参与的法治宣传教育领导体制,形成统一领导、分工负责、协调一致、共同推进的法治宣传教育工作格局。(2)党委宣传部门、政府司法行政部门要认真履行指导、协调和检查考核本地区法治宣传教育工作职能,推动全市法治宣传教育工作创新发展。(3)国家机关、企事业单位要按照我市法治宣传教育规划、计划安排,明确责任和措施,结合实际开展经常性的法治宣传教育活动。(4)工会、共青团、妇联、残联、关工委等人民团体、社会组织要根据自身工作特点,加强对职工、青少年、妇女、残疾人等特殊群体的法治宣传教育。

2. 健全普法考核评估激励机制。(1)建立健全法治宣传教育工作考评指导标准和指标体系,完善考核办法和机

制，加强对考核评估结果的运用。(2)把法治宣传教育工作纳入精神文明创建、社会治安综合治理和绩效考核内容，加大考核测评权重。探索建立普法效果社会评估机制，推进普法工作制度化、规范化、标准化。(3)健全激励机制，认真开展"七五"普法中期检查和总结验收，做好"全省年度最具影响力法治人物暨法治事件"等评选活动的推荐工作。

3. 建立社会普法教育机制。(1)推动政府部分普法职能向社会组织转移，大力培育发展一批专业化、公益性的普法社会组织，依托社会组织、动员社会力量开展群众性法治宣传教育。(2)通过政府购买、财政补贴、招投标等市场行为，以项目管理、市场化运作方式推动普法工作开展，加快普法教育市场培育，推进普法工作项目化，逐步建立政府购买服务、社会投入、公益赞助和市场运作相结合的社会普法教育机制。

(二)健全普法责任制

1. 建立"谁执法谁普法、谁主管谁负责"普法责任制。(1)落实《中共衡阳市委办公室衡阳市人民政府办公室关于在全市各级国家机关中实行"谁执法谁普法"责任制的实施意见》(衡办发〔2016〕5号)文件精神，按照普法责任清单制定考评办法，加强督促检查，定期通报考核评估情况。(2)落实"谁主管谁负责"的普法责任。各行业、各部门要积极面向社会宣传本部门负责执行的法律法规。各级党组织要切实履行学习宣传党内法规的职责，把党内法规作为学习型党组织建设的重要内容，充分发挥正面典型倡导和反面案例警示作用，为党内法规的贯彻实施营造良好氛围。

2. 建立以案释法制度。(1)法院、检察院、行政执法机关、司法行政机关要结合工作实际，分别制定法官、检察官、行政执法人员、律师等以案释法制度，把以案释法作为法律工作者的应尽职责。(2)在司法执法实践中采取媒体庭审直播、流动法庭、群众旁听庭审、案件宣讲等有效形式，广泛开展以案释法和警示教育，使案件审判、行政执法、纠纷调解和法律服务的过程成为向群众开展法治宣传教育的过程。(3)推广"用身边人说身边事""用身边事教育身边人"的工作经验，用生动具体的案例向公众开展法治宣传教育，增强法治宣传教育的吸引力和感染力。开展经典案例年度征集活动，加强司法、行政执法典型案例整理编辑工作，推动相关部门建立司法、行政执法典型案例公开发布制度。

3. 建立媒体公益普法制度。(1)推动广播电视、报纸期刊、互联网和手机媒体等大众传媒自觉履行普法责任，在重要频道、重要版面、重要时段制作刊播普法公益广告，严格考核执行年度法治公益广告量应达到公益广告总量10%以上。(2)开展新媒体普法益民服务，更好地运用微信、微博、微电影、客户端开展普法活动。

(三)推进法治宣传教育工作创新

1. 创新普法理念。注重发挥国家机关、企事业单位、人民团体和社会组织在普法中的示范带动作用，更加注重新媒体新技术在普法教育中的运用，更加注重普法主体与受众之间的双向互动，更加注重法治氛围的营造，更加注重法治理念、法治信仰的培育和运用法治思维、法治方式能力的培养，把法治宣传教育全面拓展到立法、执法、司法、守法全过程，创造性地开展工作，不断扩展法治宣传教育的广度和深度，不断增强法治宣传教育的针对性和实效性。

2. 创新普法方法。以满足受众需求为导向，以群众参与互动为途径，以市场运作为主要方式，创新开展系列普法益民便民服务活动。探索建立公民学法奖励制。利用国家工作人员学法考法中心拓展城乡居民学法考法平台、社区矫正对象学法考法平台和法律职业资格模拟考试平台，推行学法奖励活动，提高法治宣传教育的吸引力。坚持法治宣传教育与群众日常生活相结合，针对不同对象设计制作系列法治文化产品，在潜移默化中增强全民法治观念。

3. 创新普法载体。充分运用互联网传播平台，加强新媒体新技术在普法中的运用，推进"互联网+法治宣传"行动。加强法治耒阳网络平台集群建设，组织制作团队，整合市本级司法行政部门的公众微信，委托网络科技公司和自媒体联盟开发建设、提供全方位服务。与新媒体融合，形成互动集群效应，建设法治宣传教育云平台，实现法治宣传教育公共数据资源开放和共享。各普法责任部门要在门户网站开设"案例释法"专栏。适应移动互联网时代碎片化娱乐化阅读观赏需求，组织开展法治微小说、微电影等征集活动，运用微信、微博、APP、二维码、H5等新技术向社会公众进行日常推送，扩大法治宣传教育覆盖面。

五、组织保障

(一)加强组织领导

1. 党委、政府要加强对法治宣传教育工作的领导，坚持把法治宣传教育纳入当地国民经济和社会发展规划，纳入政府公共服务体系，纳入综治考核、绩效考核、文明创建考核，定期听取法治宣传教育工作情况汇报，及时研究解决工作中的重大问题，推动法治宣传教育工作深入发展。

2. 人大、政协要加强对法治宣传教育工作的日常监督和专项检查。加强法治宣传教育工作领导和办事机构建设，进一步理顺管理体制，明确工作职责，完善工作措施，加强沟通协调，形成工作合力。

(二)加强工作指导

1. 市乡法治宣传教育领导小组每年要将法治宣传教育工作情况向党委(党组)报告，并报上级法治宣传教育工作领导小组，积极争取上级的工作指导。

2. 坚持问题导向，深入基层、深入群众调查研究，积极解决问题，努力推进工作。

3. 认真总结推广各行业各部门开展法治宣传教育的好经验、好做法,充分发挥先进典型的示范和带动作用,推进法治宣传教育不断深入。

4. 积极探索建立区域法治宣传教育协作机制,共同组织开展课题研究、经验交流、教育培训、项目合作等活动。

(三)加强队伍建设

1. 加强普法讲师团制度化建设。成立普法讲师团,市委法治办、市司法局选聘优秀法律和党内法规人才充实普法讲师团队伍,组织开展专题法治宣讲活动。

2. 加强法治宣传志愿者队伍建设。鼓励引导司法和行政执法人员、法律服务人员加入普法志愿者队伍,畅通志愿者服务渠道,健全完善管理制度,切实解决人员配备、基本待遇、工作条件等方面的实际问题。

3. 加强法治理论研究队伍建设。充分利用党校和社会团体的智库力量,加强对耒阳法治文化和普法路径、方式的理论研究,指导普法实践,提炼经验,打造品牌。

(四)加强经费保障

市乡两级要把法治宣传教育相关工作经费单列纳入本级财政预算,切实予以保障,并建立动态增长机制。各部门各单位要建立法治宣传经费项目,根据年度普法计划项目,安排法治宣传教育经费。加强对法治宣传教育经费使用的监督管理,做到专款专用,严禁挤占、挪用。把法治宣传教育列入政府购买指导性目录。积极利用社会资金开展法治宣传教育。

耒阳市人民政府关于印发《耒阳市妇女发展规划(2016—2020年)》和《耒阳市儿童发展规划(2016—2020年)》的通知

耒政发〔2017〕16号

各乡镇人民政府、街道办事处,市直机关各单位:

《耒阳市妇女发展规划(2016—2020年)》和《耒阳市儿童发展规划(2016—2020年)》已经研究同意,现印发给你们,请认真贯彻执行。

耒阳市人民政府

2017年5月2日

耒阳市妇女发展规划(2016—2020年)

实行男女平等是我国的基本国策,男女平等的实现程度是衡量社会文明的重要标志。妇女占我市人口的近半数,是全面建成小康社会的有力推动者,是和谐耒阳的重要建设者。保障妇女权益,促进妇女发展,推动性别平等,对促进我市经济社会发展有着重要意义。

2011年,耒阳市人民政府颁布实施了《耒阳市妇女发展规划(2011—2015年)》,将妇女发展纳入耒阳市国民经济和社会发展总体规划,不断完善维护妇女权益的法规政策体系,强化政府责任,加大经费投入,加强全社会的宣传动员,积极促进妇女与经济社会同步协调发展。五年来,全市各级政府及有关部门认真履职,《耒阳市妇女发展规划(2011—2015年)》确定的主要目标基本实现,我市在促进妇女发展和性别平等方面取得了重大进展。但是受多种因素制约和影响,我市妇女发展和性别平等仍然面临诸多问题和挑战。从现在起到2020年,是我国全面建成小康社会的关键时期,既为妇女发展提供难得的机遇,也提出了新的挑战。促进妇女全面发展,实现男女平等任重道远。

依照《中华人民共和国宪法》《湖南省实施〈中华人民共和国妇女权益保障法〉办法》基本原则,根据《中国妇女发展纲要(2011—2020年)》《湖南省妇女发展规划(2016—2020)》《衡阳市妇女发展规划(2016—2020年)》和《耒阳市国民经济和社会发展第十三个五年规划纲要》的总体目标和要求,结合我市妇女发展和男女平等的实际情况,制定本规划。

一、指导思想和基本原则

(一)指导思想

高举中国特色社会主义伟大旗帜,全面贯彻党的十八大和十八届三中、四中、五中、六中全会精神,以邓小平理论、"三个代表"重要思想、科学发展观为指导,深入贯彻习近平总书记系列重要讲话精神,坚持"四个全面"战略布局,贯彻创新、协调、绿色、开放、共享发展新理念,在促进经济社会发展进程中,落实男女平等基本国策,保障妇女合法权益,优化妇女发展环境,提高妇女社会地位,推动妇女平等依法行使民主权利,平等参与经济社会发展,平等享有改革发展成果。

（二）基本原则

1. 坚持以人为本,促进妇女全面发展。从妇女生存发展的基本需求出发,着力解决关系妇女切身利益的现实问题,努力实现妇女在政治、经济、文化和社会等方面的全面发展。

2. 坚持男女平等,营造和谐发展环境。完善和落实促进男女平等基本国策,更加注重社会公平,构建和谐、文明、先进的性别文化,营造良好的社会环境,缩小男女社会地位差距,促进两性平等、和谐发展。

3. 坚持统筹兼顾,推动妇女协调发展。加大对农村贫困地区妇女发展的支持力度,通过完善制度、增加投入、优化项目布局等措施,缩小城乡区域妇女在人均收入水平、生活质量、文化教育、医疗卫生服务、社会保障等方面的差距。

4. 坚持妇女参与,突出重点发展领域。依法保障妇女参与经济社会发展的权利,尊重妇女的主体地位,引导和支持妇女在推动社会主义经济建设、政治建设、文化建设、社会建设以及生态文明建设的实践中,实现自身的进步与发展。

二、总体目标

坚持男女平等基本国策,促进妇女全面发展,促进两性和谐发展,促进妇女与经济社会同步发展。保障妇女平等享有基本医疗卫生服务,生命质量和健康水平明显提高;平等享有受教育的权利和机会,受教育程度持续提高;平等获得经济资源和参与经济发展,经济地位明显提升;平等参与社会事务管理,参政水平不断提高;平等享有社会保障,社会福利水平显著提高;平等参与环境决策和管理,发展环境更为优化;保障妇女合法权益的法规政策体系更加完善,妇女的合法权益得到切实有效保护。

三、发展领域、主要目标和策略措施

（一）妇女与健康

1. 主要目标:

（1）妇女在整个生命周期享有良好的基本医疗卫生服务,妇女的人均预期寿命延长。

（2）孕产妇死亡率控制在18/10万以下。逐步缩小城乡区域差距,降低流动人口孕产妇死亡率。

（3）妇女常见病定期筛查覆盖率城市达到90%以上,农村达到85%以上。提高宫颈癌和乳腺癌的早诊早治率,降低死亡率。

（4）妇女艾滋病感染率和性病感染率得到控制。孕产妇艾滋病、梅毒和乙肝检测率分别达到90%,感染艾滋病、梅毒和乙肝的孕产妇及所生儿童采取预防母婴传播干预措施比例均达到90%。

（5）降低孕产妇中重度贫血患病率。

（6）提高妇女心理健康知识和精神疾病预防知识知晓率。

（7）保障妇女享有避孕节育知情选择权,减少非意愿妊娠,降低人工流产率。

（8）育龄妇女计划生育技术指导咨询服务覆盖率达到90%,计划生育手术并发症发生率控制在1‰以下。

（9）提高妇女经常参加体育锻炼的人数比例。

2. 策略措施:

（1）加大妇幼卫生工作力度。优化卫生资源配置,增加农村和边远地区妇幼卫生经费投入。加强各级妇幼保健机构建设,坚持妇幼保健机构的公益性质,健全妇幼卫生服务网络,完善基层妇幼卫生服务体系,为妇女提供均等化的保健服务。加快妇幼卫生人才培养,加强妇幼保健机构人员配备。加大执法监督力度,严肃查处危害妇女健康的非法行为。

（2）加强妇女健康相关科学技术研究。充分依靠科技进步,统筹和优化科技资源配置,组织跨部门、跨地域、跨学科协同攻关,强化生殖健康与妇科重大疾病防治科学研究,加强对妇女健康主要影响因素及干预措施等的研究;鼓励自主创新,促进成果转化,推广促进妇女健康的新技术和适宜技术。

（3）提高妇女生殖健康服务水平。深入研究实施全面两孩政策对妇幼保健等方面带来的新挑战,针对妇女生理特点,大力普及生殖健康知识,提高妇女自我保健意识和能力。提供规范的青春期、育龄期、孕产期、更年期和老年期妇女生殖保健服务,有针对性地解决妇女特殊生理时期的健康问题。

（4）保障孕产妇安全分娩。加强基层医疗保健机构产科建设和人员培训,提高产科服务质量和孕产妇卫生保健水平。孕产妇系统管理率达到90%以上,城市孕产妇住院分娩率达到99%以上,农村孕产妇住院分娩率达到98%以上。健全孕产妇医疗急救网络,推广适宜助产技术,加强孕产妇危重症救治。落实农村孕产妇住院分娩补助政策。为孕产妇提供必要的心理指导和健康教育,普及自然分娩知识,帮助其科学选择分娩方式,控制剖宫产率。

（5）加大妇女常见病防治力度。普及妇女常见病防治知识,知识普及覆盖率达到80%。建立妇女常见病定期筛查制度。大力实施全省农村适龄妇女“两癌”免费检查重点民生实事项目。加大检查与救助专项资金投入,扩大宫颈癌、乳腺癌检查覆盖范围。加强基层妇幼卫生人员和计划生育服务提供者的卫生保健专业知识及服务能力培训。提高医疗保健机构宫颈癌、乳腺癌诊治能力,对贫困、重症患者治疗按规定给予补助。

（6）预防和控制艾滋病、性病传播。完善艾滋病和性病防治工作机制。针对妇女重点人群加强宣传教育,推广有效干预措施。强化对娱乐场所的监管,严厉打击吸毒、嫖娼等违法行为。将艾滋病、梅毒、乙肝等母婴传播阻断纳入妇幼保健日常工作,强化预防艾滋病母婴传播综合服务,孕产妇艾滋病、梅毒和乙肝的孕期检测率均达到90%以上,感染艾滋病、梅毒和乙肝的孕产妇及所生儿童采取预防母婴传播干预措施比例均达到90%以上。

(7)提高妇女营养水平。大力开展健康和营养知识的宣传普及和教育,提倡科学、合理的膳食结构和习惯。为孕前、孕产期和哺乳期妇女等重点人群提供有针对性的营养指导和干预。预防和治疗孕产妇贫血。加强对食品生产和流通的监管。

(8)保障妇女享有计划生育优质服务。研究推广安全、有效、适宜的避孕节育新技术和新方法,推行避孕节育知情选择,提供避孕节育优质服务。加大避孕知识宣传力度,将青少年纳入重点宣传范围,提高妇女自我保护意识和选择科学合理避孕方式的能力,预防和控制非意愿妊娠和人工流产。强化男女共同承担避孕节育的责任意识,动员男性采取节育措施,提高男性避孕方法使用比重。

(9)提高妇女精神卫生服务水平。建立覆盖城乡、功能完善的精神卫生防治和康复服务网络。针对妇女生理和心理特点,开展咨询和服务。加强精神卫生专业机构和医疗保健机构人员精神卫生知识培训。开展妇女产后抑郁症预防、早期发现及干预。开展针对妇女暴力行为的医疗干预服务,多部门联合为妇女提供知识普及、医疗及法律援助服务,改善妇女身心状况。

(10)加强流动妇女卫生保健服务。完善流动妇女管理机制和保障制度,逐步实现流动妇女享有与流入地妇女同等的卫生保健服务。加大对流动妇女卫生保健知识的宣传力度。

(11)引导和鼓励妇女参加经常性体育锻炼。加强对妇女体育健身活动的科学指导,提高妇女健身意识。积极发展城乡社区体育,鼓励妇女参与全民健身运动。加强对老年妇女、残疾妇女体育活动的指导和服务。

(12)加强妇幼卫生服务体系建设,按照服务人口每2万人配备1名妇幼专干和妇幼保健人员,在妇女保健人员职称评定方向给予政策倾斜。

(二)妇女与教育

1. 主要目标:

(1)教育工作全面贯彻性别平等原则。

(2)学前三年毛入园率达到80%,女童平等接受学前教育。

(3)九年义务教育巩固率达到98%,女童平等接受九年义务教育,减少女童辍学现象。

(4)高中阶段教育毛入学率达到91%,女性平等接受高中阶段教育。

(5)高等教育毛入学率达到40%,女性平等接受高等教育,高等学校在校生中男女比例保持均衡。

(6)提高女性接受职业学校教育和职业培训的比例。

(7)主要劳动年龄人口中女性平均受教育年限达到9.4年。

(8)女性青壮年文盲率控制在2%以下。

(9)性别平等原则和理念在各级各类教育课程标准及教学过程中得到充分体现。

2. 策略措施:

(1)在教育政策和规划的制定、执行和评估中,增加性别视角,落实性别平等原则。

(2)切实保障女童平等接受学前教育。资助贫困家庭女童和残疾女童接受普惠性学前教育。提高农村学前教育普及程度,多形式增加农村学前教育资源,着力保证留守女童入园。

(3)确保适龄女童平等接受义务教育。加大对教育法、义务教育法等法律法规的宣传力度,提高家长保障女童接受义务教育的自觉性。落实贫困家庭女童平等接受义务教育的优惠政策,确保贫困家庭女童平等接受义务教育。

(4)保障女性平等接受高中阶段教育。加大对农村和贫困家庭高中阶段教育的扶持力度,满足农村和贫困家庭女生接受高中阶段教育的需求。对普通高中家庭经济困难女生和残疾女生给予资助,保障女生不因家庭经济困难和个人生活困难辍学。逐步分类推进中等职业教育免除学杂费,保障未升入高中的女童在就业前接受必要的职业教育。

(5)提高女性接受高等教育的水平。采取积极措施,保障女性平等接受高等教育,提高女性主要劳动年龄人口中受过高等教育的比例。多渠道、多形式为贫困和残疾女大学生提供资助。

(6)满足妇女接受职业教育的需求。坚持职业学校教育与职业培训并举,为妇女接受职业教育提供更多的机会和资源。扶持农村和贫困地区妇女和残疾妇女接受职业教育。为失学大龄女生提供补偿教育,增加职业培训机会。组织失业妇女接受多种形式的职业培训,提高失业妇女创业和再就业能力。根据残疾妇女身心特点,合理设置残疾妇女职业教育专业。

(7)提高妇女终身教育水平。构建灵活开放的终身教育体系,为妇女提供多样化的终身教育机会和资源。鼓励妇女接受多种形式的继续教育,支持用人单位为从业妇女提供继续教育的机会。提高妇女利用新型媒体接受现代远程教育的能力。

(8)促进妇女参与社区教育。整合、优化社区教育资源,大力发展多样化社区教育模式，丰富社区教育内容，满足妇女个性化的学习和发展需求。大力发展社区老年教育，为老年妇女提供方便、灵活的学习条件。

(9)继续扫除妇女文盲。通过组织补偿学习，深化扫盲和扫盲后的继续教育，加大扫除女性青壮年文盲工作力度。

(10)加大女性技术技能人才培养力度。完善科技人才政策，探索建立多层次、多渠道的女性科技人才培养体系。依托重点实验室、重大科研项目和重大工程建设项目，聚集、培养女性专业技术人才和技能人才。

(11)提高教育工作者的社会性别意识。加大对教育管理者社会性别理论的培训力度。在师资培训计划增加性别平等内容，强化教育管理者的社会性别意识。

(12)实施教育内容和教育过程性别评估。在课程和教材相关指导机构中增加社会性别专家。在教育内容和教育方式中充分体现社会性别理念，引导学生树立男女平等的性别观念。

(13)均衡中、高等教育学生的性别结构。鼓励全面发展，弱化性别因素对专业选择的影响。采取多种方式，鼓励更多女性参与高科技领域的学习研究。

(三)妇女与经济

1. 主要目标：

(1)保障妇女平等享有劳动权利，消除就业性别歧视。

(2)妇女占从业人员比例保持在40%以上，城镇单位女性从业人数逐步增长。

(3)男女非农就业率和男女收入差距缩小。

(4)技能劳动者中的女性比例提高。

(5)高级专业技术人员中的女性比例达到30%以上。

(6)保障女职工劳动安全，降低女职工职业病发病率。

(7)确保农村妇女平等获得和拥有土地承包经营权。

(8)妇女贫困程度明显降低。

2. 策略措施：

(1)加大妇女经济权利的保障力度。深入研究供给侧结构性改革和经济发展新常态背景下产业结构调整和产业升级对女性就业带来的挑战，制定和完善保障妇女平等参与经济发展、平等享有劳动权利的政策，确保妇女平等获得经济资源和有效服务。严格执行就业促进法、劳动合同法等法律法规。

(2)消除就业中的性别歧视。深入研究实施全面两孩政策对妇女就业等方面带来的新挑战，进一步完善相关政策、合理配置资源、增强服务能力，切实保障妇女合法权益。除法律规定不适合女性的工种和岗位外，任何单位在录用人员时不得以性别或变相以性别为由拒绝录用女性或提高女性录用标准，不得在劳动合同中规定或以其他方式变相限制女性结婚、生育。加大劳动保障监察执法力度，依法查处用人单位和职业中介机构的性别歧视行为。

(3)拓宽妇女就业渠道。大力推进第三产业发展，为妇女创造新的就业机会和就业岗位。不断提高中小企业和非公有制企业吸纳妇女就业的能力。采取有效措施，推动妇女在新兴产业和新兴行业就业。制定实施更加积极的就业政策，强化对就业困难妇女的就业援助。引导妇女积极参与实施大众创业、万众创新行动计划，通过“互联网+”等多种方式，积极培育创客空间、创新工场和家政服务电商平台等新型孵化模式。完善创业扶持政策，采取技能培训、税费减免、贷款贴息、跟踪指导等措施，支持和帮助妇女成功创业。

(4)促进女大学生充分就业。加强面向高校女大学生的就业指导、培训和服务，引导女大学生树立正确的择业就业观。深入推进大学生创业引领计划及离校未就业高校毕业生就业促进计划，不断完善女大学生自主创业扶持政策，开展女大学生自主创业培训及孵化服务，推动女大学生创业就业。

(5)为就业困难妇女创造有利的就业条件。按规定落实公益性岗位政策，扶持大龄、残疾等就业困难妇女就业。认真落实有关法律规定，支持生育妇女重返工作岗位。按规定落实社会保险补贴、培训补贴、小额担保贷款贴息等就业扶持政策，帮助失业妇女创业和再就业。

(6)改善妇女就业结构。加快城乡一体化进程，多渠道引导和扶持农村妇女向非农产业有序转移。完善人才培养、评价、激励等政策，加强对妇女的职业技能培训，提高初、中、高级技能劳动者中的女性比例。引导妇女积极参与科学研究和技术领域的发展，为她们成长创造条件。

(7)全面落实男女同工同酬。建立健全科学合理的工资收入分配制度，对从事相同工作、付出等量劳动、取得相同劳绩的劳动者，用人单位要支付同等劳动报酬。

(8)保障女职工职业卫生安全。广泛开展职业病防治宣传教育，提高女职工特别是灵活就业女职工的自我保护意识。加强职业病危害的管理与监督。将女职工特殊劳动保护作为劳动保障监察和劳动安全监督的重要内容。加强女职工劳动保护，禁止安排女职工从事禁忌劳动范围的劳动，减少女职工职业病的发生。

(9)保障女职工劳动权益。不断完善女职工劳动保护政策，加强法律法规和安全卫生知识的宣传教育及培训，提高女职工自我保护意识。规范企业用工行为，提高企业劳动合同签订率，推进已建工会的企业签订并履行女职工权益保护专项集体合同。依法处理侵犯女职工权益案件。

(10)保障农村妇女土地权益。落实和完善保障农村妇女土地权益的相关政策，纠正与法律法规相冲突的村规民约。建立健全农村集体资金、资产、资源管理等各项制度，推动出台农村集体经济组织内部征地补偿费分配使用办法，确保妇女享有与男子平等的土地承包经营权、宅基地使用权和集体收益分配权。

(11)提高农村妇女经济收入。大力推动农业生产互助合作组织发展,提升农业生产规模和经营收益。保障农村妇女享有国家规定的各项农业补贴。围绕农产品产地初加工、休闲农业和乡村旅游等农村第二、第三产业发展,积极创造适宜农村妇女就业的岗位。开展便于农村妇女参与的实用技术培训和职业技能培训,帮助农村留守妇女和返乡妇女多种形式创业就业。支持金融机构、企业等组织与妇女组织合作,面向农村妇女开展金融服务和相关培训。

(12)加大对贫困妇女的扶持力度。制订有利于贫困妇女的扶贫措施,保障贫困妇女的资源供给。帮助、支持农村贫困妇女实施扶贫项目。创业担保贷款等项目资金向城乡符合政策规定条件的贫困妇女倾斜。引导贫困妇女积极参与精准脱贫行动计划,到2020年实现脱贫。

(四)妇女参与决策和管理

1. 主要目标:

(1)提高妇女参与各级领导班子中的比例。换届时,乡镇领导班子要按规定配备女干部,交叉任职的不重复计算。

全市市直单位领导班子中女干部数量在现有基础上逐步增加。

企业董事会、监事会成员及管理层中的女性比例逐步提高。

(2)加大党政正职女干部的选拔力度。全市至少要有1-2名女干部担任乡镇(街道)党政正职;市直单位领导班子中担任正职的女干部占同级正职干部的比例逐步提高。

(3)加强对年轻优秀女干部的培养选拔。年轻科级女干部在现有基础上逐步增加。科级后备干部的女干部所占比例在现有基础上逐步增加。

(4)各级党代表中,女党代表所占比例一般不少于本地区女党员所占党员总数的比例。各级人大代表、政协委员以及人大、政协常委中的女性所占比例达到规定要求,并逐步提高。职工代表大会、教职工代表大会中女代表比例逐步提高。

(5)每年在全市各类基层组织培养发展100名以上女党员,全市女党员数占党员总数的比例逐步提高。

(6)村委会成员中女性比例达到30%以上。村委会主任中女性比例达到6%以上。

(7)居委会成员中女性比例保持在50%左右。

2. 策略措施:

(1)加大培养、选拔女干部力度。利用领导班子换届的机会,严格按照省、市关于各级领导班子配备女干部的目标要求配备到位。通过培养、交流等形式,推动一定比例的女干部到重要部门、关键岗位担任主要领导职务。注重从基层、生产一线培养选拔女干部,注重选拔非中共党员女干部和少数民族女干部。逐步提高后备干部队伍中女干部的比例。

(2)加强基层女干部队伍建设。重视企事业单位女性管理人才的培养,提高事业单位和企业董事会、监事会、经理等决策层、管理层中女性比例。有计划地从党政机关、特别是女性比较集中的行业、部门和企事业单位选派优秀年轻女性到基层单位任职,充实基层女干部队伍。注意发现和培养高层次的妇女专业人才,在进修深造、科研经费、晋职晋级等方面为她们提供条件,进一步改善女干部队伍的知识结构和专业结构。

(3)加强女干部教育培训和实践锻炼。保障女干部接受各类培训的机会,将女干部的培训纳入干部培训的总体计划,依托市委党校、行政学院重点抓好乡科级以上女干部的培训工作,继续坚持每年举办一期女干部培训班,加大对女干部的培训力度,不断提高女干部政治文化素质和决策管理能力。加强实践锻炼,采取交流轮岗、上派跟班学习、下派挂职锻炼、外派考察学习等措施,帮助她们丰富阅历,增强实际工作能力。

(4)完善干部人事制度和公务员管理制度。在选拔、聘用、晋升和录用公务员和事业单位工作人员中,贯彻“民主、公开、竞争、择优”原则,坚持男女平等,一视同仁,择优录用。加强对公务员和事业单位工作人员招录、培训、考核、奖励、交流、晋升等各环节的监管,保证妇女平等权利。

(5)切实保障妇女民主参与权利。制定和完善促进妇女参与决策和管理的相关政策规定,选举和推选各级人大代表、政协委员时,要根据规划所规定的女性比例要求,做好选举和推选工作,努力提高各级人大代表和政协委员中女性的比例。加强对人大女代表、政协女委员调研和决策能力的培训,使女代表和女委员领衔的议案、提案的数量与质量稳步提高。

(6)拓宽妇女参与决策和管理的渠道。在制定涉及公众利益和妇女权益的重大决策时,充分听取女人大代表、女政协委员和妇女群众的意见和建议。大力开展多种形式的参与议政活动,为妇女参与决策和管理提供机会。

(7)在发展党员计划上充分考虑女性,注重把优秀妇女发展培养成党员。

(8)推动妇女广泛参与基层民主管理,完善村委会、居委会等基层组织民主选举制度,为妇女参与基层民主管理创造条件。

(9)提高妇联组织参与决策和管理的影响力。充分发挥妇联组织代表妇女参与国家和社会事务的民主决策、民主管理和民主监督的作用。充分吸收妇联组织参与有关妇女政策和重大公共政策的制定,反映妇女群众的意见和诉求。重视妇联组织在培养、推荐女干部和优秀女性人才、以及推动妇女参政议政等方面的意见和建议。

（五）妇女与社会保障

1. 主要目标：

（1）城乡生育保障制度进一步完善，生育保险覆盖所有用人单位，妇女生育保障水平稳步提高。

（2）基本医疗保险制度覆盖城乡妇女，医疗保障水平稳步提高。

（3）妇女养老保障覆盖面逐步扩大。继续扩大城镇个体工商户和灵活就业妇女的养老保险覆盖面，大幅提高新型农村社会养老保险妇女参保率。

（4）妇女参加失业保险的人数增加，失业保险待遇水平逐步提高。

（5）有劳动关系的女性劳动者全部参加工伤保险。

（6）妇女养老服务水平提高，以城乡社区为单位的养老服务覆盖率达到90%以上。

2. 策略措施：

（1）加强妇女社会保障制度建设。贯彻落实社会保险法，制定配套政策，为妇女普遍享有生育保险、医疗保险、养老保险、失业保险和工伤保险提供政策保障。

（2）完善生育保障制度。推进生育保险用人单位全覆盖。逐步合并实施生育保险和城镇职工医疗保险，完善城乡生育保障制度，依法保障女性职工的生育权利。

（3）确保城乡妇女享有基本医疗保障。建立统一的城乡居民基本医疗保险制度，整合城镇居民医保、新农合制度管理和经办资源，逐步提高保障水平。

（4）完善覆盖城乡的养老保险制度。完善统账结合的城镇职工养老保险制度。促进商业保险与社会保险、补充保险相衔接，形成多层次的保障体系。按照国家统一部署，实现职工基础养老金全国统筹。建立基本养老金正常调整机制，逐步提高城乡居民基本养老保险基础养老金标准。

（5）进一步完善失业保险制度。提高失业保险覆盖率和统筹层次，切实保障女性失业者的失业保险合法权益。

（6）保障女性劳动者的工伤保险合法权益。扩大工伤保险覆盖范围，加大执法力度，确保各项工伤保险待遇的落实。

（7）完善城乡社会救助制度。建立与经济增长和物价水平相适应的救助标准调整机制，合理确定救助水平，对符合救助条件的妇女进行救助。

（8）倡导社会力量参与救助。大力支持和规范社会组织和公民的救助活动，鼓励社会组织开展公益活动，多方动员社会资源，为困难妇女提供救助。

（9）保障老年妇女享有基本养老服务。建立健全社会养老服务体系，加大老龄事业投入，发展公益性社区养老机构，加强养老服务队伍的专业化建设，提高社区的养老照护能力和服务水平。

（10）为残疾妇女提供社会保障。为重度和贫困残疾妇女参加社会保险提供保费补贴。多渠道保障残疾贫困妇女的基本生活。加强残疾人福利机构和康复服务机构建设，建立残疾人综合服务设施。推进残疾妇女社区康复。

（六）妇女与环境

1. 主要目标：

（1）男女平等基本国策进一步落实，形成两性平等、和谐的家庭和社会环境。

（2）性别平等原则在环境与发展、文化与传媒、社会管理与家庭等相关政策中得到充分体现。

（3）完善传媒领域的性别平等监管机制。

（4）开展基于社区的婚姻家庭教育和咨询，建立平等、文明、和谐、稳定的家庭关系。

（5）鼓励和引导妇女做和谐家庭建设的推动者。

（6）开展托幼、养老家庭服务，为妇女更好地平衡工作和家庭责任创造条件。

（7）到2020年，建立1所妇女活动中心。

（8）农村饮水安全巩固提升，降低水污染对妇女健康的危害。到2020年，集中供水率达到65%左右，自来水普及率达到70%。

（9）农村卫生厕所普及率达到80%以上。城镇公共厕所男女厕位比例与实际需求相适应。

（10）倡导妇女参与生态建设，践行低碳生活。引导农村妇女积极参与农村垃圾治理和美丽家园建设。

（11）提高妇女预防和应对灾害风险的能力，满足妇女在减灾中的特殊需求。

2. 策略措施：

（1）加大男女平等基本国策的理论研究和宣传力度。将男女平等基本国策理论研究与中国特色社会主义理论研究相结合，不断丰富男女平等基本国策的理论基础。推动将男女平等基本国策宣传培训纳入市委党校、行政学院教学计划和各类干部培训规划。多渠道、多形式宣传男女平等基本国策，使性别平等理念深入企业、社区、家庭，提高基本国策的社会影响力。

（2）制定和落实具有社会性别意识的文化和传媒政策。对文化和传媒政策进行社会性别分析、评估，反映对男女两性的不同影响和需求，制定促进两性和谐发展的文化和传媒政策，禁止性别歧视。

（3）大力宣传妇女在推动经济社会发展中的积极作用。在新闻出版、广播影视以及文学艺术等领域，充分展示妇女参与和推动经济发展及社会进步的成就、价值和贡献。大力宣传妇女中的先进模范人物，引导广大妇女发扬自尊、自信、自立、自强的精神。

(4)加强对传媒的正面引导和管理。加强新闻媒体对妇女工作的正面宣传和舆论引导,将社会性别意识纳入传媒培训规划,提高媒体决策和管理者及从业人员的社会性别意识。完善传媒监管机制,增加性别监测内容,吸纳社会性别专家参与传媒监测活动。

(5)提高妇女运用媒体获取知识和信息的能力。为妇女接触、学习和运用大众媒体提供条件和机会。支持和促进边远农村和贫困、流动、残疾等妇女使用媒体和通信传播技术。鼓励民间机构和企业等运用各类信息通信技术帮助边远地区妇女获得信息和服务。

(6)营造平等、和谐的家庭环境。通过开展多种形式的宣传教育活动,弘扬尊老爱幼、男女平等、夫妻和睦、勤俭持家、邻里团结的家庭美德,树立先进的性别文化,倡导文明、健康、科学的生活方式和男女共同承担家庭责任。

(7)深入开展家庭教育指导服务和宣传活动。充分发挥传统与现代传媒作用,普及家庭教育知识,帮助家长树立科学的教育理念,掌握正确方法。引导家长接受家庭教育指导服务和家庭教育实践活动。通过有效措施,吸纳妇女参与家庭教育研究,推广家庭教育成果。

(8)大力推进社区公共服务体系建设。发展面向家庭的公共服务,为夫妻双方兼顾工作和家庭提供支持。发展公共托幼服务,为婴幼儿家庭提供支持。强化城乡社区儿童服务功能,提高家务劳动社会化程度。

(9)减少环境污染对妇女的危害。完善环境监测和健康监测数据库,加强对环境污染的控制和治理,有效减少各种污染对环境的影响。提高生活垃圾减量化、资源化和无害化水平。加强清洁能源的开发利用,改善家庭能源结构。加大对从事有毒有害作业妇女健康的保护力度。

(10)组织动员妇女积极参与生态建设和环境保护。开展多层次、多形式的生态和环境保护宣传教育活动,增强妇女生态文明意识,提高妇女参与生态建设和环境保护的主动性。

(11)建立健全农村饮水安全保障体系。继续推进农村饮水安全巩固提升工程建设,大力发展农村自来水工程,加强农村饮水安全工程运行管理,落实管护主体,加强水源保护和水质监测,确保工程长期发挥效益。

(12)提高农村卫生厕所的普及程度。大力宣传改厕的重要意义,鼓励农民自觉改厕。加强对改厕工作的技术指导和服务。将改厕纳入新农村建设规划,改厕成效纳入政府年度工作考核范围。

(13)推动城镇公共厕所男女厕位比例与实际需求相适应。在场馆、商场等公共场所的建设规划中,从性别视角进行公共厕所的男女使用需求和效率的分析研究,充分考虑妇女生理特点,确定合理的男女厕位比例。

(14)在减灾工作中体现性别意识。根据妇女特殊需求,在减灾工作中对妇女提供必要的救助和服务。通过宣传培训,提高妇女预防和应对灾害的能力,吸收妇女参与相关工作。加强对灾区妇女的生产自救和就业指导。

(七)妇女与法律

1. 主要目标:

(1)促进男女平等的政策体系不断完善。

(2)加强对政策的性别平等评估。

(3)妇女依法维护自身权益的意识和能力不断增强。

(4)严厉打击强奸、拐卖妇女和组织、强迫、引诱、容留、介绍妇女卖淫等严重侵害妇女人身权利的犯罪行为。

(5)大力宣传《反家庭暴力法》,预防和制止针对妇女的家庭暴力。

(6)保障妇女在婚姻家庭关系中的财产权益。

(7)保障妇女依法获得法律援助和司法救助。

(8)保障农村妇女依法获得土地承包、安置补偿等平等权利。

2. 策略措施:

(1)不断完善保障妇女权益的地方法规、规章和政策体系。针对妇女权益保障中的突出问题,推动制定和完善相关法规,保障妇女在政治、文化教育、人身、财产、劳动、社会保障、婚姻家庭等方面的权利。

(2)建立健全地方法规政策性别平等评估机制,对本地区涉及性别平等和妇女权益保护的地方性法规、规章以及其他规范性文件开展咨询评估。对现行地方性法规、规章和政策中与性别平等原则不符的条款和内容进行清理。确保性别平等理念在政策法规中得到体现。

(3)保障妇女有序参与立法和公共政策制定。引导和鼓励广大妇女通过多种途径参与立法和公共政策制定,发表意见和建议。拓展妇联组织和其他妇女组织参与立法和公共政策制定的途径,广泛听取其意见和建议。

(4)支持和配合各级人大开展对维护妇女权益相关法律法规的执法检查,深入了解法律法规执行中的问题,提出解决问题的意见和建议。

(5)广泛深入宣传保障妇女权益的法律知识。加大普法力度,将保障妇女权益法律知识的宣传教育纳入全民普法规划,推动企业、城乡社区普法工作深入开展。面向广大妇女多渠道、多形式开展专项普法活动。

(6)加强社会性别理论培训。将社会性别理论纳入司法和执法部门常规培训课程,提高司法和执法人员的社会性别意识。

(7)提高妇女在司法和执法中的影响力。鼓励和推荐符合人民陪审员条件的妇女担任人民陪审员。鼓励和推荐有专业背景的妇女担任公安机关警风警纪监督员、人民检察院特约检察员、人民监督员。

(8)严厉打击组织、强迫、引诱、容留、介绍妇女卖淫犯罪活动。强化整治措施,加大监管力度,严厉查处涉黄娱乐服务场所,依法从严惩处犯罪分子。加大社会治安综合治理力度,鼓励群众对涉黄违法犯罪活动进行举报和监督。

(9)加大反对拐卖妇女的工作力度。坚持预防为主、防治结合,提高全社会的反拐意识和妇女的防范意识。加强综合治理,加大对拐卖妇女犯罪行为的打击力度。加强被解救妇女身心康复和回归社会的工作。

(10)预防和制止针对妇女的家庭暴力。加强《反家庭暴力法》的宣传教育和贯彻落实,增强全社会自觉抵制家庭暴力的意识和能力,提高受家庭暴力侵害妇女的自我保护能力。完善预防和制止家庭暴力多部门合作机制,以及预防、制止、救助一体化工作机制。市人民政府要依托救助管理机构设立临时庇护场所,为家庭暴力受害人提供临时生活帮助。

(11)有效预防和制止针对妇女的性骚扰。建立健全预防和制止性骚扰的政策体系和工作机制,加大对性骚扰行为的打击力度。用人单位采取有效措施,防止工作场所的性骚扰。

(12)维护婚姻家庭关系中的妇女财产权益。依照有关法律规定,在审理婚姻家庭和继承案件中,体现性别平等;在离婚案件审理中,考虑婚姻关系存续期间妇女在照顾家庭上投入的劳动、妇女离婚后的生存发展以及抚养未成年子女的需要,实现公平补偿,在离婚诉讼中对无过错的妇女依法给予倾斜保护。

(13)维护农村妇女在村民自治中的合法权益。贯彻落实村民委员会组织法,保障妇女依法行使民主选举、民主决策、民主管理、民主监督的权利。乡(镇)人民政府对报送其备案的村民自治章程、村规民约、征地补偿安置分配方案等重大事项的报告审查制度,发现有与宪法、法律、法规和国家的政策相抵触,含有歧视妇女或损害妇女合法权益内容的,应及时予以纠正。

(14)及时受理侵害妇女权益案件。依照有关法律规定,对涉及妇女个人隐私的案件,在诉讼过程中采取措施使受害妇女免受二次伤害。

(15)依法为妇女提供法律援助。提高法律援助的社会知晓率,鼓励符合条件的妇女申请法律援助并为其提供便利。进一步扩大法律援助覆盖面,开通家庭暴力案件法律援助绿色通道,健全完善法律援助工作网络。鼓励和支持法律服务机构、社会组织、事业单位等为妇女提供公益性法律服务和援助,对经济确有困难而在诉讼中没有委托代理律师的妇女,依法协助其向法律援助机构提出申请,指派律师为其提供法律援助。

(16)依法为妇女提供司法救助。依法为涉法涉诉妇女提供司法救助,实行诉讼费的缓交、减交或免交。建立完善刑事被害人救助制度,对因受犯罪侵害而陷入生活困境的妇女实行救助,保障受害妇女的基本生活。

四、组织实施

(一)加强组织领导。市人民政府负责实施本规划,市政府常务会议每年听取一次以上妇女事业发展情况专题汇报,帮助解决存在的实际问题。政府各部门、相关机构和社会团体结合各自职责,承担落实规划中相应目标任务。市政府妇女儿童工作委员会具体负责规划实施的组织、协调、指导和督促。

(二)制定实施方案。各部门、相关机构和社会团体结合各自职责,按照任务分工,制定实施方案,形成全市妇女发展规划体系。

(三)将规划纳入我市国民经济和社会发展总体规划及部门规划。在国民经济和社会发展总体规划中体现男女平等基本国策,将妇女发展的主要指标纳入经济和社会发展总体规划及专项规划,统一部署,统筹安排,同步实施,同步发展。

(四)保障妇女发展的经费投入。将实施规划所需经费纳入财政预算,并根据工作实际需要逐步增加。重点扶持贫困地区的妇女发展。动员社会力量,多渠道筹集资金,支持妇女发展。

(五)建立健全实施规划的工作机制。建立政府主导、多部门合作、全社会参与的工作机制,共同做好规划实施工作。建立目标管理责任制,将规划主要目标纳入相关部门、机构和社会团体的目标管理和考核体系,考核结果作为对领导班子和有关负责人综合考核评价的重要内容。健全报告制度,各有关部门每年向市政府妇儿工委和上级主管部门报告规划实施的情况。健全会议制度,定期召开市妇儿工委全委会、联络员会议,汇报、交流实施规划的进展情况。健全监测评估制度,明确监测评估责任,加强监测评估工作。

(六)坚持和创新实施规划的有效做法。及时开展对妇女发展和权益保护状况的调查研究,掌握新情况,分析新问题,为制定相关法规政策提供依据。加强妇女发展领域理论研究,总结探索妇女发展规律和妇女工作规律。不断创新工作方法,通过下基层、访妇情、办实事等方式解决重点难点问题;通过调查研究、分类指导、示范先行,总结推广经验,推进规划实施。

(七)加大实施规划宣传力度。多渠道、多形式面向各级领导干部、妇女工作者、广大妇女和全社会宣传规划内容及规划实施中的典型经验和成效,宣传促进妇女发展的法规政策,营造有利于妇女发展的良好社会氛围。

(八)加强实施规划能力建设。将实施规划所需知识纳入培训计划,举办多层次、多形式培训,增强政府及各有关部门、机构相关人员、相关专业工作者实施规划的责任意识和能力。

(九)鼓励妇女参与规划实施。妇女既是规划实施的受益者,也是规划实施的参与者。实施规划应听取妇女的意见和建议。鼓励妇女参与规划实施,提高参与意识和能力,实现自身发展。

五、监测评估

(一)通过监测与评估收集、整理、反馈和交流相关信息。动态把握规划实施进展,分析妇女发展状况,客观评价实施效果,预测发展趋势,为制定规划、科学决策提供依据。

(二)监测与评估工作机构。市政府妇儿工委设监测评估领导小组,负责组织领导监测评估工作,审批监测评估方案,审核监测评估报告等。监测评估领导小组下设监测组和评估组。

监测组由市统计局牵头,承担规划目标任务的相关部门共同组成。负责制定监测工作方案,规划分性别的统计监测指标体系,提出监测的重点指标;确定监测方法,收集监测数据,建立和完善分性别数据库;向市政府妇儿工委提交全市妇女状况统计监测报告;指导如何做好实施妇女发展规划的统计监测工作。

评估组由市政府妇儿工委办公室牵头,承担规划目标任务的相关部门以及相关领域的专家学者共同组成。负责制定检查评估方案;检查规划目标实施进展情况和政策措施落实效果;审评监测报告,并对重点、难点问题进行分析,提出意见和建议;开展阶段性评估,向市政府妇儿工委提交评估报告。

(三)加强监测评估工作。市政府妇儿工委成员单位和承担规划目标任务的相关部门,将规划监测指标纳入本部门的常规统计和统计调查,每年向市政府妇儿工委办公室和统计局报送目标实施进展情况、存在的问题及解决措施。实行分级分阶段评估。建立市级妇女状况监测评估体系。市级监测评估分为年度监测,2018 年的阶段性监测评估和 2020 年的终期监测评估。

(四)建立健全保障机制。市财政局为监测评估工作提供必要的经费支持,确保评估工作顺利开展。

(五)建立与完善分性别统计制度。将性别统计纳入统计制度,建立健全性别统计指标体系。统计局和承担规划目标任务的相关部门将性别统计纳入常规统计工作,在年报和调查中一同布置、收集、检查和发布,使性别统计更加规范科学。建立和完善覆盖全市各级的性别数据库,逐步实现全市性别数据系统的资源共享。

(六)实行定期报告制度。市政府妇儿工委成员单位、相关机构及有关部门要向市统计局报送年度监测数据,向市政府妇儿工委提交阶段性和终期评估报告。

耒阳市儿童发展规划(2016—2020 年)

儿童是人类的未来,民族的希望,是社会可持续发展的重要资源。儿童时期是人生发展的关键时期,为儿童提供必要的生存、发展、受保护和参与的机会和条件,最大限度地满足儿童的发展需要,促进儿童健康成长,发挥儿童潜能,对于全面提高中华民族素质具有不可替代的作用。

2011 年,耒阳市人民政府颁布实施了《耒阳市儿童发展规划(2011—2015 年)》,将儿童发展纳入耒阳市国民经济和社会发展总体规划。五年来,全市各级政府及有关部门认真履职,加快完善保护儿童权利的法规政策,强化政府管理儿童事务的责任,促进儿童事业与经济社会同步协调发展,我市儿童事业取得了新的历史性进步。儿童保护工作进一步加强,儿童社会保障水平进一步提高,儿童发展环境进一步优化,规划确定的主要目标基本实现。由于受社会经济、文化、观念等因素的影响,我市儿童发展仍然面临着诸多问题与困难。未来五年,是我市全面建成小康社会的关键时期,儿童发展面临前所未有的机遇,将为儿童健康成长创造更加有利的社会环境,也提出了新的要求和新的挑战,促进儿童发展和权利保护仍然是今后一个时期儿童工作的重大任务。

依照《中华人民共和国未成年人保护法》等相关法律法规,根据《中国儿童发展纲要(2011—2020 年)》《湖南省儿童发展规划(2016—2020 年)》和《衡阳市国民经济和社会发展第十三个五年规划纲要》的总体目标和要求,结合我市儿童发展实际,制定本规划。本规划所指儿童为出生至未满 18 周岁的人。

一、指导思想和基本原则

(一)指导思想

高举中国特色社会主义伟大旗帜,全面贯彻党的十八大和十八届三中、四中、五中、六中全会精神,以邓小平理论、“三个代表”重要思想、科学发展观为指导,深入贯彻习近平总书记系列重要讲话精神,坚持“四个全面”战略布局,贯彻创新、协调、绿色、开放、共享发展新理念,在促进经济社会发展进程中,贯彻落实儿童优先原则,保障儿童生存、发展、受保护和参与的权利，缩小城乡区域儿童发展差距，提升儿童福利水平，提高儿童整体素质，促进儿童健康、全面发展。

（二）基本原则

1. 儿童优先原则。在制定政策规划和配置公共资源等方面优先考虑儿童的利益和需求。

2. 儿童最大利益原则。从儿童身心发展特点和利益出发处理与儿童相关的具体事务，保障儿童利益最大化。

3. 依法保护原则。在儿童身心发展的全过程，依法保障儿童合法权利，促进儿童全面健康成长。

4. 儿童平等发展原则。创造公平社会环境，确保儿童不因户籍、地域、性别、民族、信仰、受教育状况、身体状况和家庭财产状况受到任何歧视，所有儿童享有平等的权利与机会。

5. 儿童参与原则。鼓励并支持儿童参与家庭、文化和社会生活，创造有利于儿童参与的社会环境，畅通儿童意见表达渠道，重视、吸收儿童意见。

二、总体目标

完善覆盖城乡儿童的基本医疗卫生制度，提高儿童身心健康水平；促进基本公共教育服务均等化，保障儿童享有更高质量的教育；扩大儿童福利范围，建立和完善适度普惠的儿童福利体系；提高儿童工作社会化服务水平，创建儿童友好型社会环境；完善保护儿童的政策体系和保护机制，依法保护儿童合法权益。

三、发展领域、主要目标和策略措施

（一）儿童与健康

1. 主要目标：

（1）婴儿和5岁以下儿童死亡率分别控制在7.2‰和9.5‰以下。降低流动人口中婴儿和5岁以下儿童死亡率。

（2）降低出生缺陷发生率，严重多发致残的出生缺陷发生率逐步下降，出生缺陷所致残疾逐步减少。

（3）提高新生儿疾病筛查率。全市新生儿疾病筛查率达86%以上，新生儿听力筛查率达75%以上。

（4）减少儿童意外伤害所致死亡和残疾。降低18岁以下儿童意外伤害所致死亡率、残疾率。

（5）控制儿童常见疾病和艾滋病、结核病、乙肝等传染性疾病。艾滋病感染孕产妇及所生婴儿抗艾滋病病毒药物应用率达到93%以上。

（6）扩大儿童积极实施扩大国家免疫规划范围，提高免疫接种率。纳入国家扩大免疫规划的11种疫苗接种率以乡（镇）为单位达到96%以上。

（7）新生儿破伤风发病率以县为单位降低到1‰以下。

（8）低出生体重发生率控制在3%以下。

（9）0-6个月婴儿纯母乳喂养率达到52%以上。

（10）5岁以下儿童贫血患病率控制在15%以下，生长迟缓率降低到9.6以下，低体重率降到3.65%以下。其中农村4.6以下，城市2.9以下。肥胖发生率控制在2.6以下。

（11）增强儿童身体素质，提高中小学生《学生体制健康标准》达标率。中小学生每年进行一次体检，建立学生健康档案。控制中小学生近视、超重/肥胖、营养不良发生率。

（12）提高适龄儿童性与生殖健康知识普及率。

（13）减少环境污染对儿童的伤害。

2. 策略措施：

（1）加大妇幼卫生经费投入。优化卫生资源配置，增加农村和贫困地区妇幼卫生经费投入，促进儿童基本医疗卫生服务的公平性和可及性。

（2）加强妇幼卫生服务体系建设。设置1所政府举办、标准化的妇幼保健机构。加强市、乡、村三级妇幼卫生服务网络建设，完善基层妇幼卫生服务体系。加强儿童医疗保健服务网络建设，二级以上综合医院和县级以上妇幼保健院设置儿科，增加儿童医院数量，规范新生儿病室建设。加强儿童医疗卫生人才队伍建设，提高儿童医疗卫生服务能力。加强儿科医生数量配备，在儿科、儿童保健人员职称评定方向给予政策倾斜。

（3）加强儿童保健服务和管理。深入研究实施全面两孩政策对儿童保健等方面带来的新挑战。促进儿童早期发展，建立培训示范基地。加强爱婴医院建设管理，推进儿童医疗保健科室标准化建设，开展新生儿保健、生长发育监测、营养与喂养指导、早期综合发展、心理行为发育评估、咨询、指导、干预等服务。逐步扩展国家基本公共卫生服务项目中的儿童保健服务内容。3岁以下儿童系统管理率和7岁以下儿童保健覆盖率均达到85%以上。将流动儿童纳入流入地社区儿童保健管理体系，提高流动人口中的儿童保健管理率。

（4）完善出生缺陷防治体系。落实出生缺陷防治办法，将其纳入各级政府目标管理考核内容。落实出生缺陷三级防治措施，加强婚前医学检查知识宣传，规范检查项目，改进服务模式，提高婚前医学检查率。加强孕产期合理营养与膳食指导。建立健全产前诊断网络，提高孕期出生缺陷发现率。加强新生儿疾病筛查、诊断、治疗和跟踪随访，扩大筛查病种。先天性甲状腺功能减低症、新生儿苯丙酮尿症等遗传代谢性疾病筛查率均达到90%以上，新生儿听力筛查率达到85%以上，提高确诊病例治疗率和康复率。加大出生缺陷防治知识宣传力度，提高目标人群出生缺陷防治知识知晓率。

（5）加强儿童疾病防治及相关科学技术研究。扩大国家免疫规划范围，加强疫苗冷链系统建设和维护，规范预防接种行为。以城乡社区为重点，普及儿童健康基本知识。加强儿童健康相关科学技术研究，促进成果转化，推广适宜技术，降低新生儿窒息、肺炎和先天性心脏病等的死亡率。规范儿科诊疗行为。鼓励儿童专用药品研发和生产，扩大国家基本药物目录中儿科用药品种和剂型范围,完善儿童用药目录。将预防艾滋病母婴传播、先天梅毒和乙肝综合服务纳入妇幼保健常规工作,孕产妇艾滋病、梅毒和乙肝检测率分别达到90%以上,感染艾滋病、梅毒、乙肝的孕产妇及所生儿童采取预防母婴传播干预措施比例均达到90%以上。

(6)预防和控制儿童意外伤害。制定实施多部门合作的儿童意外伤害综合干预行动计划,加大执法和监管力度,为儿童创造安全的学习、生活环境,预防和控制溺水、跌伤、交通伤害等主要伤害事故发生。将安全教育纳入学校教育教学计划,中小学校、幼儿园和社区普遍开展灾害避险以及游泳、娱乐、交通、消防安全和产品安全知识教育,提高儿童家长和儿童的自护自救、防灾避险的意识和能力。建立健全学校和幼儿园的安全、卫生管理制度和校园伤害事件应急管理机制。建立完善儿童伤害监测系统和报告制度。提高灾害和紧急事件中保护儿童的意识和能力,为受灾儿童提供及时有效的医疗、生活、教育、心理康复等方面的救助服务。

(7)改善儿童营养状况。完善和落实支持母乳喂养的相关政策,积极推行母乳喂养。开展科学喂养、合理膳食与营养素补充指导,提高婴幼儿家长科学喂养知识水平。加强医疗卫生人员技能培训,预防和治疗营养不良、贫血、肥胖、维生素D缺乏性佝偻病等儿童营养性疾病。实施贫困地区学龄前儿童营养与健康干预项目,继续推行中小学生营养改善计划。

(8)提高儿童身体素质。合理安排学生学习、休息和娱乐时间,保证学生睡眠时间和每天一小时校园体育活动。鼓励和支持学校体育场馆设施在课余和节假日向学生开放。完善并落实学生健康体检制度和体质监测制度,并建立学生体质健康档案。

(9)加强对儿童的健康指导和干预。开展家庭育儿技能培训,帮助家长或监护人掌握促进儿童生长发育和健康的技能。加强托幼机构和中小学校卫生保健管理,对儿童开展疾病预防、心理健康、生长发育与青春期保健等方面的教育和指导,提高儿童身心健康素养水平。帮助儿童养成健康行为和生活方式。加强儿童视力、听力和口腔保健工作。预防和制止儿童吸烟、酗酒和成瘾物质使用。严禁向儿童出售烟酒和违禁药品。

(10)构建儿童心理健康公共服务网络。儿童医院、精神专科医院、精神卫生中心和有条件的妇幼保健机构设儿童心理科(门诊),配备专科医师。学校设心理咨询室,配备专职心理健康教育教师。开展精神卫生专业人员培训。

(11)加强儿童生殖健康服务。将性与生殖健康教育纳入义务教育课程体系,增加性与生殖健康服务机构数量,加强能力建设,提供适合适龄儿童的服务,满足其咨询与治疗需求。

(12)保障儿童食品、用品安全。强化生产经营企业的质量意识,建立婴幼儿食品安全监测、检测和预警机制,加强农村地区食品市场监管,严厉打击制售假冒伪劣食品的违法犯罪行为。加强婴幼儿用品、玩具生产销售和游乐设施运营的监管。健全儿童玩具、儿童用品等的缺陷产品召回制度。

(13)加大环境保护、治理和监管力度。控制和治理大气、水、土地等环境污染以及工业、生活和农村面源污染,加强饮用水源保护。加强监管,确保主要持久性有机污染物和主要重金属(铅、镉等)暴露水平符合标准。

(二)儿童与教育

1. 主要目标

(1)促进0—3岁儿童早期综合发展。

(2)基本普及学前教育。学前三年毛入园率达到75%以上。

(3)九年义务教育巩固率达到98%。确保流动儿童平等接受义务教育,保障残疾儿童接受义务教育。

(4)普及高中阶段教育,毛入学率达到92%。

(5)扩大中等职业教育的规模,提高办学质量。

(6)保障所有儿童享有公平教育,均衡配置教育资源,缩小城乡差距、区域差距、校际差距。

(7)提高教育质量和效益,全面提升学生的综合素质和能力。

(8)提高学校标准化建设水平,薄弱学校数量减少。

2. 策略措施

(1)倡导"儿童优先"理念。在全社会树立尊重儿童、爱护儿童、教育儿童的良好风尚,保障儿童参与的权利。培养儿童做有理想、有道德、有文化、有纪律的"四有"新人。

(2)依法保障儿童受教育的权利。各级政府要组织和督促适龄儿童入学接受义务教育,帮助解决适龄儿童接受义务教育的困难,采取措施防止其辍学。父母或其他监护人要保障适龄儿童依法接受并完成义务教育。学校要耐心教育、帮助品行有缺点、学习有困难的学生,不得违反法律和国家规定开除或变相开除学生。

(3)推进义务教育均衡发展。探索建立市域内办学资源均衡配置机制。推进义务教育合格学校建设,到2017年完成小学以上义务教育学校达到合格学校要求。加强农村薄弱学校改造,完善功能设施。加强城镇学校规划与建设,明显缓解"大班额"现象。

(4)减少或避免儿童意外伤害的发生。加强儿童意外伤害相关知识的宣传和普及教育,建立和健全校园及周边环境安全保卫的长效管理机制和应急系统,完善相关交通完全标识,加强对学生专线或校车的监督与管理。

(5)大力发展职业教育。以服务为宗旨,以就业为导向,以提高质量为重点,深化职业教育改革,促进职业教育规模、专业设置与经济社会发展需求相适应。加快推进国家、省、市职业教育重点项目建设,增强职业教育吸引力和服务经济社会发展的能力。

(6)积极开展0—3岁儿童科学育儿指导。积极发展公益性普惠性的儿童综合发展指导机构,以幼儿园和社区为依托,为0—3岁儿童及其家庭提供早期保育和教育指导。加快培养0—3岁儿童早期教育专业化人才。

(7)确保受人口流动影响儿童平等接受义务教育。坚持以流入地政府管理为主、以全日制公办中小学为主解决流动儿童就学问题。制定实施流动儿童义务教育后在流入地参加升学考试的办法。

(8)关爱留守儿童。贯彻落实《国务院关于加强农村留守儿童关爱保护工作的意见》,全面建立家庭、政府、学校尽职尽责,社会力量积极参与的农村留守儿童关爱保护体系,有效运行强制报告、应急处置、评估帮扶、监护干预等农村留守儿童救助保护机制。加快农村寄宿制学校建设,优先满足留守儿童住宿需求。

(9)保障特殊困难儿童接受义务教育权利。落实孤儿、残疾儿童、贫困儿童就学资助政策。加快发展特殊教育,扩大残疾儿童随班就读、普通学校特教班和寄宿制残疾学生的规模,提高残疾儿童受教育水平。为流浪儿童、有严重不良行为和违法犯罪行为的儿童平等接受义务教育创造条件。提升特殊教育普及水平和教育质量。

(10)加强和改进学校思想道德教育。坚持育人为本、德育为先,把社会主义核心价值体系融入教育全过程。把德育渗透于教育教学各个环节,贯穿于学校教育、家庭教育和社会教育各个方面。创新德育形式,丰富德育内容,不断提高德育工作吸引力和感染力,增强德育工作的针对性和实效性。

(11)净化儿童上网环境。采取有效的防控和监管措施,防治网络中不良信息对儿童的伤害。加强对网络不良信息的打击和治理,推广绿色上网软件。加大打击黑网吧的力度,网吧严格实行消费者实名登记制,防止未成年人进入。家长和教师加强对儿童上网的引导,防止儿童沉迷网络。

(12)净化儿童上网环境。采取有效的防控和监管措施,防治网络中不良信息对儿童的伤害。加强对网络不良信息的打击和治理,推广绿色上网软件。加大打击黑网吧的力度,网吧严格实行消费者实名登记制,防止未成年人进入。家长和教师加强对儿童上网的引导,防止儿童沉迷网络。坚决取缔接收未成年人上网吧。一旦发现接受未成年人上网的网吧,必须马上关闭该网吧,并对网吧经营者实行终生禁止处罚

(13)加快推进教育教学改革。积极推进课程体系、教学内容、教学方法、考试招生制度改革,建立教育质量标准和监测评价制度体系,完善学生综合素质和学业评价体系。完善和全面实施义务教育就近免试入学制度,解决学生择校问题。建立学生课业负担监测制度,减少作业量和考试次数,减轻学生课业负担。推进教师资格、职称、定期注册制度改革。鼓励社会力量和民间资本提供多样化教育服务。

(14)加强教师队伍建设。建立师德建设长效机制,强化立德树人、为人师表意识。不断完善教师培养培训体系。扩大公费定向师范生培养规模,到2020年,使公费定向师范毕业生成为义务教育阶段乡村教师补充的主渠道。推进中小学幼儿园"名师工程"和职业院校"双师型"教师队伍建设工程。

(15)全面推进教育现代化和信息化。提高农村中小学校接入互联网的比例,扩大优质教育资源覆盖面,基本建成覆盖城乡各级各类学校的教育信息化体系。

(16)完善学校收费管理与监督机制。完善学校收费管理办法,规范学校收费行为和收费资金使用管理。

(三)儿童与福利

1. 主要目标:

(1)扩大儿童福利范围,推动儿童福利由补缺型向适度普惠型的转变。

(2)保障儿童享有基本医疗卫生服务,提高儿童基本医疗保障覆盖率和保障水平,为贫困和大病儿童提供医疗救助。

(3)基本满足流动和留守儿童基本公共服务需求。

(4)满足孤儿生活、教育、医疗、住房和公平就业等基本需求,通过家庭寄养和收养帮助孤儿回归家庭。

(5)提高0-6岁残疾儿童抢救性康复率。

(6)减少流浪儿童数量和反复性流浪。

(7)增加孤儿养护、流浪儿童保护和残疾儿童康复的专业服务机构数量。

(8)保障受艾滋病影响儿童和服刑人员未满18周岁子女的生活、教育、医疗、住房、公平就业等权利。

2. 策略措施:

(1)提高面向儿童的福利保障供给能力和水平。增加财政对儿童福利的投入预算,逐步建立儿童福利普惠和长惠机制,将儿童福利项目纳入政府民生工程。

(2)扩大儿童福利范围。尝试建立儿童发展账户,完善城市和农村最低生活保障制度,探索5岁以下贫困家庭儿童和残疾儿童生活津贴制度的运作机制,改善5岁以下儿童的营养状况。

(3)完善儿童医疗保障体系。逐步提高儿童参加城镇居民基本医疗保险和新型农村合作医疗的财政补助标准。逐步扩大儿童医疗保险的支付范围,提高支付比例和最高支付限额。完善城乡医疗救助制度,资助贫困家庭儿童参加城镇

居民基本医疗和新型农村合作医疗,并对其经医疗补偿后难以负担的医疗费予以补助。

(4)建立孤儿包括事实上无人抚养儿童的基本福利制度。建立覆盖城乡孤儿的最低养育标准制度,保障孤儿基本生活不低于当地平均生活水平。对孤儿参加城镇儿童和居民基本医疗保险及新型农村合作医疗个人缴纳部分予以政府补贴。

(5)加强流浪儿童救助保护工作。建立完善流浪儿童救助保护网络体系,探索流浪儿童的早期预防干预机制,健全流浪儿童生活、教育、管理、返乡和安置包装制度,对流浪儿童开展教育、心理辅导、行为矫正、医疗卫生和技能培训,鼓励并支持社会理疗保护和救助流浪儿童。

(6)建立完善残疾儿童康复服务体系。建立0—6岁残疾儿童专项登记制度,继续推进政府实施残疾儿童抢救性治疗和康复工程,对残疾儿童基本康复需求给予政府补贴。开展多层次的职业技能教育和实用技能培训,增强残疾儿童生活自理能力、社会适应能力和平等参与社会生活的能力。

(7)建立和完善流动儿童和留守儿童的服务机制。逐步将流动人口纳入当地经济社会发展规划和管理,纳入政府工作职能。整合社区资源,完善以社区为依托,面向流动人口家庭的管理和服务网络,健全农村留守儿童服务机制,加强对留守儿童心理、情感和行为的指导,提高留守儿童家长的监护意识和责任。

(8)加强流浪儿童救助保护工作。完善流浪儿童救助保护网络体系,健全流浪儿童生活、教育、管理、返乡保障制度,对流浪儿童开展教育、医疗服务、心理辅导、行为矫治和技能培训。提高流浪儿童救助保护工作专业化和社会化水平,鼓励并支持社会力量保护和救助流浪儿童。探索建立流浪儿童早期预防干预机制。

(四)儿童与社会环境

1. 主要目标:

(1)为儿童提供丰富健康向上的文化产品。

(2)儿童食品生产监督抽查合格率达到99%以上,列入强制性产品认证目录的儿童玩具、用品生产企业取证率达到100%。

(3)儿童大型游乐设施定期检验率达到100%,学校、儿童活动场所等进出口处交通标识设置率达到100%,减少儿童意外伤害所致死亡和残疾。

(4)保护儿童免受网络、手机、游戏、广告、图书和影视中不良信息的影响。

(5)培养儿童阅读习惯,激发儿童的阅读兴趣。91%以上的儿童每年至少阅读一本图书。

(6)增加市、乡二级儿童教育、科技、文化、体育、娱乐等课外活动设施和场所,每个街道和乡(镇)至少配备1名专职或兼职儿童社会工作者。市至少要有1所综合性、多功能儿童活动中心。

(7)80%以上的城乡社区建立一所为儿童及其家庭提供的游戏、娱乐、教育、卫生、社会心理支持和转介等服务的儿童之家。

(8)保障儿童享有闲暇和娱乐的权利。

(9)儿童食品、用品和玩具质量抽查不合格的企业整改复查合格率为100%,大型游乐设施定期检查率为100%。

(10)保障儿童交通安全,学校、儿童活动场所等进出口处交通标识设置率为100%。

2. 策略措施:

(1)加大对儿童事业的投入。不断完善面向儿童的公共服务项目,提高公共服务供给能力和水平,逐步实现儿童公共服务的均等化。鼓励社会资源投入和支持儿童事业,营造尊重儿童、爱护儿童的社会氛围。

(2)加强儿童思想道德建设。坚持以"做一个有道德的人"为主题,加强儿童思想道德建设,引导儿童做社会主义核心价值体系的信仰者和实践者。依托农村中小学校或闲置的校舍、教室,积极推进"乡村学校少年宫"建设,确保每天放学、节假日和寒暑假免费开放,丰富农村中小学生课外生活。

(3)创造有益于儿童身心健康的文化环境。引导各类媒体制作和传播有益于儿童健康成长的信息,增强文化产品的知识性、趣味性。制定优惠政策,鼓励和支持优秀儿童图书、影视、歌曲、童谣、舞蹈、戏剧、动漫、游戏等创作、生产和发行。办好儿童广播电视专题节目,严格控制不适合儿童的文化活动,大力培育儿童文化品牌。加强文化市场监管,加大查处传播淫秽、色情、行凶、暴力、封建迷信和伪科学的出版物及儿童玩具、饰品的力度。

(4)广泛开展中小学科普活动。组织好以儿童创新论文、创新发明、创新设计为主要内容的科技创新大赛、航空航天和航海车辆模型锦标赛等科技科普活动。建成一批有影响、示范性、高水平的科技活动品牌项目,充分发挥各级各类科普教育基地、科普教育特色学校在儿童科普教育中的示范引导作用,培育儿童树立科学意识和勇于探索、奋发向上的精神。

(5)为儿童阅读图书创造条件。推广面向儿童的图书分级制,为不同年龄儿童提供适合其年龄特点的图书,为儿童家长选择图书提供建议和指导。"农家书屋"配备一定数量的儿童图书。广泛开展图书阅读活动,鼓励和引导儿童主动读书。

(6)统筹整合儿童校外活动阵地。将儿童校外活动设施、场所建设纳入城乡建设规划,加大儿童校外活动场所建设,充分挖掘和利用社会资源,建立一批多功能校外教育实践活动基地,发挥图书馆、博物馆等场所对儿童的教育作用。

各类儿童校外活动场所实行资源共享综合利用,文化、科技、体育等公益性设施对儿童免费或优惠开放。加大对农村留守流动儿童活动场所的建设,依托留守流动儿童活动阵地建立一批留守流动儿童图书室。

(7)净化校园周边环境。落实维护校园周边治安秩序、确保校园安全的相关措施,在学校周边治安复杂地区设立治安岗进行巡逻,向学校、幼儿园派驻保安员。校园附近严格按规定设交通警示标志和安全设施,派民警或协管员维护地处交通复杂路段的学校、幼儿园周边道路的交通秩序。加强对校园周边商业网点和经营场所的监管,严格按要求落实对网吧、游戏厅、娱乐场所的行政审批,校园周边200米以内禁设网吧、游戏厅、娱乐场所。

(8)提高社区为儿童服务的能力。充分挖掘和合理利用社区资源,动员社区学校、幼儿园、医院等服务机构、社会团体和志愿者参与儿童保护,使儿童保护纳入社区管理和服务职能。增加街道和乡镇综合服务机构承担儿童福利服务的功能,促进儿童卫生、科技、教育、文化、体育、法律等服务进社区。

(9)加强儿童产品的监督与管理。完善儿童食品、用品、玩具和游乐设施等生产和销售的监督机制,严格生产企业的资质审核,完善检测标准和质量认证工作,强化生产企业的质量责任意识,减少不安全因素对儿童的威胁。定期对儿童主要食品、用品、玩具进行抽查,严禁不合格产品进入流通领域,深化校园"放心店"创建工作。

(10)重视安全教育与宣传。加强预防意外伤害知识的宣传教育,深入开展"手拉手"儿童平安行动,不断增强儿童生存自护的综合能力。组织开展安全教育和急救知识培训,使家庭成员和教师了解掌握常用的急救方法,提高处理意外事故发生的应变能力,减少儿童意外伤害事件的发生。完善相关交通安全标识,减少各类灾害对儿童的影响,为受灾儿童提供及时有效的医疗、生活、教育、娱乐、心理康复等方面的救助服务。

(11)关爱农村留守流动儿童。逐步建立和完善流动儿童和留守儿童的服务机制,建立16周岁以下流动儿童登记管理制度,为流动儿童享有教育、医疗保健等公共服务提供基础。整合社区资源,完善以社区为依托,面向流动人口家庭的管理和服务网络。继续开展留守儿童关爱行动,不断推进"代理家长"、少先队员"手拉手"结对、"五老护苗"等帮扶活动,不断完善留守流动儿童教育监护网络。

(五)儿童与法律保护

1. 主要目标:

(1)保护儿童的政策体系和工作机制更加完善。

(2)不断完善保护儿童的规范性体系和工作机制。

(3)贯彻落实保护儿童的法规政策、儿童优先和儿童最大利益原则。

(4)依法保障儿童获得出生登记和身份登记。

(5)出生人口性别比升趋近正常水平。

(6)中小学生普遍接受法制教育,法律意识、自我保护意识和能力明显增强。

(7)预防和打击侵害儿童人身权利的违法犯罪行为,禁止对儿童实施一切形式的暴力。

(8)依法保护儿童合法财产权益。

(9)禁止使用童工(未满16周岁儿童)和对儿童的经济剥削。

(10)保障儿童依法获得及时有效的法律援助和司法救助。

(11)防未成年人违法犯罪,降低未成年罪犯占刑事罪犯的比重。

(12)公安机关、检察院、法院建立免除轻罪儿童的前科报告义务的配套制度。实现公、检、法、司在儿童刑事案件中的跨部门合作,进一步满足儿童身心发展的特殊需要。

2. 策略措施:

(1)继续完善保护儿童的政策体系。清理、修改与儿童权利保护不相适应的规范性文件。增强保护儿童相关规范性文件的可操作性。

(2)加强法制宣传教育。定期开展社会宣传,加强学校法制教育,做到计划、教材、课时、师资"四落实",提高家庭、学校、社会各界和儿童本人保护儿童权利的法制观念、责任意识和能力。

(3)加强执法监督。明确执法主体,强化法律责任,定期开展专项执法检查。加强对执法人员儿童权益保护知识和技能培训,增强儿童权益保护观念,提高执法水平。

(4)落实儿童出生登记制度。提高社会各界对出生登记的认识,完善出生登记相关制度和政策。加强部门协调和信息共享,简化、规范登记程序。

(5)消除对女童的歧视。宣传性别平等观念,增强全社会性别平等意识。建立有利于女孩及其家庭的利益导向机制,提高农村生育女孩家庭的经济社会地位。加大对利用B超等进行非医学需要的胎儿性别鉴定和选择性别人工终止妊娠行为的打击力度。

(6)建立完善儿童监护监督制度。提高儿童父母和其他监护人的责任意识,完善并落实不履行监护职责或严重侵害被监护儿童权益的父母或其他监护人资格撤销的制度。逐步建立以家庭监护为主体,以社区、学校等有关单位和人员监督为保障,以国家监护为补充的监护制度。

(7)保护儿童人身权利。加强社会治安综合治理,严厉打击强奸、拐卖、绑架、虐待、遗弃等侵害儿童人身权利的违法犯罪行为和组织、胁迫、诱骗儿童犯罪的刑事犯罪。严厉打击利用儿童进行扒窃、乞讨、卖艺、卖淫等违法犯罪行为。保护儿童免遭一切形式的性侵犯。建立对遭受性侵犯儿童的特别保护机制,减少重复作证对儿童的二次伤害。采取有效措施消除性侵犯对儿童身心带来的伤害。建立受暴力伤害儿童问题的预防、强制报告、反应、紧急救助和治疗辅导工作机制。整合资源,探索建立儿童庇护中心。加强预防和打击拐卖儿童犯罪的法制宣传教育,提高儿童及其家长"防拐"意识和能力,为被解救儿童提供身心康复服务,妥善安置被解救儿童。禁止用人单位招用未满16周岁儿童,禁止介绍未满16周岁的儿童就业。建立健全监督惩罚机制,严厉打击使用童工的违法行为。严格执行国家对已满16周岁未满18周岁未成年工的保护规定,禁止安排未成年工从事过重、有毒、有害等劳动或危险作业。依法保护儿童的隐私权。

(8)加强儿童财产权益保护。依法保障儿童的财产收益权和获赠权、知识产权、继承权、一定权限内独立的财产支配权。

(9)完善儿童法律援助和司法救助机制。进一步扩大儿童接受法律援助的覆盖面,健全完善儿童法律援助工作网络,充实基层法律援助工作队伍,支持和鼓励基层法律服务机构、社会团体、事业单位等社会组织利用自身资源为儿童提供法律援助,确保儿童在司法程序中获得高效、快捷的法律服务和司法救助。

(10)推动建立和完善适合未成年人的专门司法机构。贯彻未成年人保护法,探索未成年人案件办理专业化。加快建设公安机关办理未成年人案件专门机构或落实专门人员。

(11)完善涉嫌违法犯罪的儿童处理制度。对涉嫌违法犯罪的儿童,贯彻教育、感化、挽救的方针,坚持教育为主、惩罚为辅的原则,依法从轻、减轻或者免除对违法犯罪儿童的处罚。依照有关法律规定,坚持未满16周岁儿童犯罪案件一律不公开审理、16周岁以上儿童犯罪案件一般不公开审理的原则,尊重和保护儿童合法权益。对羁押、服刑的未成年人,与成年人分别关押。对未成年人犯罪案件,尊重和保护儿童隐私权,禁止披露儿童的姓名、住所、照片、图像以及可能推断出该儿童的资料,逐步实现犯罪前科有限消灭,保障解除羁押、服刑期满的儿童在复学、升学、就业中不受歧视。

(12)加大对儿童食品、用品、玩具和大型游乐设施质量的检查和监管力度。

四、组织实施

(一)加强对规划实施工作的组织领导。市人民政府负责实施本规划,各部门、相关机构和社会团体结合各自职责,承担落实规划中相应的目标任务。市人民政府妇女儿童工作委员会具体负责规划实施的组织、协调、指导和督促。

(二)制定部门实施方案。政府各部门、相关机构和社会团体结合各自的职责,按照任务分解,制定实施方案。

(三)保障儿童事业发展的经费投入。将实施规划所需经费纳入财政预算,加大经费投入,并随着经济增长逐步增加。针对重点、难点问题设计实施相应项目、安排专项经费、保证目标如期实现。动员社会力量,多渠道筹集资金,支持儿童发展。

(四)建立健全实施规划的工作机制。建立由政府主导、多部门合作、全社会参与的工作机制,共同做好规划实施工作。建立目标管理责任制,将规划主要目标纳入相关部门、机构和社会团体的目标管理和考核体系,纳入主要负责人和主管负责人的政绩考核。健全报告制度,各有关部门每年向市人民政府妇儿工委和上级主管部门报告规划实施的情况,市人民政府妇儿工委每年向上级妇儿工委报告本地区规划实施的总体情况。健全会议制度,定期召开市妇儿工委全体会议、联络员会议,汇报、交流实施规划的进展情况。健全监测评估制度,明确监测评估责任,加强监测评估工作。

(五)加强妇儿工委办公室建设。要重视和加强妇儿工委办公室建设,配备必要的办公设备,工作经费纳入同级财政预算。

(六)坚持和创新实施规划的有效做法。及时开展对儿童发展和权益保护状况的调查研究,掌握新情况,分析新问题,为制定法规政策提供依据。加强对儿童发展领域的理论研究,总结探索儿童发展规律和儿童工作规律。在规划实施中不断创新工作方法,通过实施项目、为儿童办实事等方式解决重点、难点问题;通过分类指导、示范先行,总结推广经验,推进规划实施。

(七)加大实施规划宣传力度。多渠道、多形式面向各级领导干部、儿童工作者、广大儿童和全社会宣传规划内容及规划实施中的典型经验和成效,宣传促进儿童保护和发展的法律政策和国际公约,营造有利于儿童生存、保护、发展和参与的社会氛围。

(八)加强实施规划能力建设。将儿童优先原则的相关内容及相关法律法规和方针政策纳入市委党校课程。将实施规划所需知识纳入培训计划,举办多层次、多形式培训,增强政府及各有关部门、机构相关人员、相关专业工作者实施规划的责任意识和能力。

(九)鼓励儿童参与规划实施。儿童既是规划实施的受益者,也是规划实施的参与者。实施规划应听取儿童的意见和建议。提高儿童参与规划实施的意识和能力,实现自身发展。

五、监测评估

(一)对规划实施情况进行年度监测、中期评估和终期评估。通过监测与评估,及时收集、整理、反馈和交流规划实施相关信息,动态把握规划实施进展情况,客观评价实施效果,分析儿童发展状况，预测发展趋势，评估实施效果，为制定规划、科学决策提供依据。

（二）监测与评估工作机构。政府妇儿工委设监测评估领导小组，审批监测评估方案，组织领导监测评估过程，根据监测评估结果，提出相应对策。

监测评估领导小组下设监测组和评估组。监测组由统计部门牵头，承担规划目标任务的相关部门共同组成。负责制定监测工作方案，规划分性别的统计监测指标体系，提出监测的重点指标；确定监测方法，收集监测数据，建立和完善分性别数据库；向政府妇儿工委提交本地儿童状况统计监测报告；指导做好实施儿童发展规划的统计监测工作。

评估组由政府妇儿工委办公室牵头，承担规划目标任务的相关部门以及相关领域的专家学者共同组成。负责制定检查评估方案；检查规划目标实施进展情况和政策措施落实效果；审评监测报告，并对重点、难点问题进行分析，提出意见和建议；开展阶段性评估，向政府妇儿工委提交评估报告；指导开展实施儿童规划的评估工作。

（三）加强监测评估工作。政府妇儿工委成员单位和承担规划目标任务的相关部门，将规划监测指标纳入本部门的常规统计和统计调查，每年向政府妇儿工委办公室和统计部门报送目标实施进展情况、存在的问题及解决措施。

（四）建立健全保障机制。财政部门为监测评估工作提供必要的经费支持，确保评估工作顺利开展。

（五）建立与完善分性别统计制度。将性别统计纳入统计制度，建立健全性别统计指标体系。统计部门和承担规划目标任务的相关部门将性别统计纳入常规统计工作，在年报和调查中一同布置、收集、检查和发布，使性别统计更加规范科学。建立和完善覆盖全市的各级性别数据库，逐步实现全市性别数据系统的资源共享。

（六）实行定期报告制度。政府妇儿工委成员单位、相关机构及有关部门要向统计部门报送年度监测数据，向政府妇儿工委提交阶段性和终期评估报告。

耒阳市人民政府关于印发《耒阳市城市棚户区改造专项资金管理暂行办法》的通知

耒政发〔2017〕19 号

各乡镇人民政府、街道办事处，市直相关单位：

《耒阳市城市棚户区改造专项资金管理暂行办法》已经研究同意，现印发给你们，请认真遵照执行。

耒阳市人民政府

2017 年 5 月 3 日

耒阳市城市棚户区改造专项资金管理暂行办法

为加强和规范棚户区改造（以下简称棚改）项目管理，加快推进我市棚户区改造进度，提高资金使用效率，确保资金专款专用，保证项目按期建设及开工质量，根据《财政部关于切实落实相关财政政策积极推进城市和国有工矿棚户区改造工作的通知》（财综〔2010〕8 号）《湖南省城市棚户区改造专项资金管理实施办法》《湖南省政府购买棚改服务管理暂行办法》（湘政办发〔2015〕97 号）（湘财综〔2011〕21 号）和《耒阳市政府性投资重大项目建设管理办法》（耒政发〔2016〕8 号）以及有关部门对棚户区改造的工作要求，结合我市实际，制定本办法。

第一条 本办法所称棚改专项资金具体包括：（一）中央、省补助我市的城市棚改专项资金；（二）市财政从土地出让金收入、城市维护建设税、住房公积金增值收益等收入中按一定比例提取的资金（政府根据年度财力状况，实行动态调整）；（三）棚改融资贷款资金；（四）其他资金。

第二条 按照“专项管理、分账核算、专款专用、跟踪问效”的原则，棚改专项资金由市财政局按规定统一管理、结算，相关部门单位按照职责分工，密切配合。

第三条 棚改资金按照公开、公正、公平、透明的原则分配，专项用于政府主导的城市棚改项目，具体包括：

1. 居民棚改意愿调查；

2. 棚改项目的可行性论证及评审、环评；

3. 棚改项目的拆迁、征地补偿；

4. 棚改安置区域建设或货币安置、过渡安置；

5. 棚改片区的公益性配套基础设施建设，包括安置区内的道路、供排水、供气、通讯、照明、绿化、土地平整等；

6. 棚改贷款贴息开支;

7. 棚改所需的其他资金。

第四条 棚改专项资金使用坚持先立项后预算再使用原则,未按规定申报立项不纳入年度财政预算安排,无预算不安排支出。

坚持先规划后项目,城市棚改项目必须具备以下条件:(一)由政府主导;(二)在城镇规划区内;(三)已纳入市人民政府批准的年度棚改规划;(四)相关部门已做好前期调查和可行性论证、评审、环评等前期准备工作;(五)市财政会同棚改主管部门根据上级下达指标文件和实际情况做出资金安排。

第五条 棚改项目实施政府购买服务,棚改主管部门(购买主体)要根据《湖南省人民政府办公厅关于印发湖南省政府购买棚改服务管理暂行办法的通知》(湘政办发〔2015〕97号)、相关规定和要求,认真制定购买服务方案,明确购买项目、金额、方式等。经相关部门、单位评估确认后,报市政府批准,竞争性选择承接主体,合同(协议)报市财政局备案。

第六条 棚改专项资金拨付流程:承接主体按合同约定填制《棚改专项资金拨付申请表》,房产局等职能单位把关审核,市棚户区改造工作领导小组办公室核准备案后报市政府分管领导及市长批准再到财政办理资金拨付手续。

第七条 棚改承接主体申请拨付棚改专项资金需提供以下资料:(一)资金拨付申请表;(二)发改部门批准文号;(三)购买服务的有关招投标资料;(四)项目建设合同、税务发票复印件、安置或拆迁协议;(五)财政投资评审报告;(六)项目建设前、中、后图片;(七)工程量进度证明资料或工程竣工验收报告。

第八条 市财政对纳入年度棚改计划的棚改项目投入不足部分,经市政府、人大批准后,可由融资管理平台向银行申请贷款,但必须纳入财政债务预算管理,严格控制债务规模。融资管理平台、贷款银行根据棚改主管部门和财政审定后的《棚改专项资金拨付申请表》按规定办理支付。

第九条 棚改主管部门、融资管理平台和项目实施单位必须确保棚改资金按规定用途使用,如有下列行为,按照《财政违法行为处罚条例》(国务院令第427号)的规定严肃处理:(一)弄虚作假,违规虚报棚改资金申请数据,问题严重的;(二)违反规定,采取虚报、多报等方式骗取棚改专项资金的;(三)不按规定用途使用棚改专项资金的;(四)违反其他财政纪律的。

第十条 财政部门要加强对棚改资金使用情况的监督检查,防止挤占、挪用等违规违法行为的发生。

第十一条 项目实施完成后,审计部门要对棚改项目实施的全过程和棚改资金的全部使用情况进行审计。

第十二条 本办法由市财政局负责解释。

第十三条 本条例自发布之日起施行,有效期两年。

耒阳市关于加强食品安全工作的意见

耒政发〔2017〕21号

“民以食为天,食以安为本”。食品安全是重大的民生问题,关系人民群众身体健康和生命安全,关系经济发展和社会稳定。为进一步健全食品安全治理体系,全面提升食品安全治理能力和保障水平,根据省政府《关于进一步加强食品安全工作的意见》(湘政发〔2016〕30号)等文件精神,结合我市实际,现提出如下意见:

一、总体要求

(一)指导思想。全面贯彻落实党的十八大和十八届三中、四中、五中、六中全会精神,深入学习贯彻习近平总书记系列重要讲话精神,大力实施食品安全战略,加快完善统一权威的食品安全监管体制,构建预防为主、风险管理、全程控制、社会共治的食品安全治理体系,以最严谨的标准、最严格的监管、最严厉的处罚、最严肃的问责,切实保障人民群众“舌尖上的安全”。

(二)工作目标。初步建立与我市经济社会发展水平相适应的现代食品安全治理体系,食品安全法规标准和监管体制机制进一步完善,诚信体系基本建立,食品生产经营者主体责任意识进一步增强,食品产业规模化水平进一步提高,规模以上食品生产经营企业普遍推行良好生产经营规范,食品安全抽检监测、投诉举报和宣传教育培训体系更加完善,社会共治体系基本形成,不发生系统性区域性食品安全事故,群众食品安全满意率达到80%以上,食用农产品监测合格率达到97%以上,食品安全监督抽检合格率达到98%以上。

二、落实三位一体安全责任体系

(一)落实政府统筹责任。市政府负责统一领导、组织、协调全市食品安全监督管理工作,将食品安全纳入绩效考核,加强集中统一的食品监管体制改革,充实基层专业监管力量,层层落实责任制。市食品安全委员会办公室负责全市食品安全工作的协调指导、督查督办、考核奖惩、责任追究工作。各乡镇办事处要设立食品安全办公室,明确分管领导直接负责食品安全工作,落实专职工作人员;每个村(居委会)根据要求至少配备1名专职食品安全协管员。

(二)落实部门监管责任。各食品安全监管部门要认真贯彻执行食品安全法律法规,切实履行监管执法职责。加大对食品和食用农产品抽查检验力度,及时向社会公布抽查检验结果。加大食品稽查执法和案件查办公示力度,依法查处违法违规行为。

(三)落实食品生产经营者主体责任。强化食品生产经营者质量安全自律意识,督促企业自觉履行安全承诺。落实食品质量安全管理人员、从业人员岗位责任,实施企业质量安全责任追究和民事连带责任先行赔偿制度。通过加强教育培训、严惩违法行为,倒逼食品生产经营者强化质量管理。强化企业信用监督,完善企业信用档案、信用记录,公开信用信息,实施食品安全"红黑榜"管理制度,探索建立企业不良信用限制机制。

三、完善食品安全监管治理体系

(一)加强种植养殖环节管理。加强农药、兽药、化肥、饲料和饲料添加剂等农业投入品的生产经营和使用管理,开展禁限用农药、兽用抗菌药和"瘦肉精"专项整治行动和畜禽水产品违规使用抗生素综合治理,坚决取缔生产销售含有违禁药品的饲料生产企业资格,禁止将剧毒、高毒农药用于蔬菜、瓜果、茶叶和中草药材等国家规定的农作物,着力解决农药兽药残留超标问题。实施农药化肥使用零增长工程。加强畜禽疫病防控,规范畜禽屠宰管理,完善畜禽产品检验检疫制度和无害化处理补贴政策,严防病死病害畜禽进入屠宰和肉制品加工环节。

(二)加强食品生产加工环节监管。督促企业健全质量安全管理制度,推行良好生产规范。推动食品企业完善食品生产经营全过程质量安全记录制度,加快形成食品质量安全信息全过程追溯机制。建立食品生产企业风险隐患排查机制。加强乳制品、肉制品、食用植物油、桶装饮用水、豆制品、酒类、食品添加剂等重点品种的监管。

(三)加强食品加工小作坊的清理整顿。进一步摸清食品加工小作坊底数,掌握食品加工小作坊食品安全状况。将非发酵豆制品、粉丝、米白酒、散装糕点等食品小作坊纳入重点监管。完善食品加工小作坊产品目录和监管机制,引导帮扶一批具备条件的食品小作坊规范领证,集中查处取缔一批生产条件恶劣、制售假冒劣质食品的黑作坊、黑窝点,规范食品小作坊业主的生产经营行为,提升食品小作坊食品的质量安全水平。严厉打击无证无照生产、经营行为。

(四)进一步规范食品经营秩序。督促食品经营者建立并执行进货查验记录、食品召回、临近保质期食品消费提示制度,严格执行现场制售、散装食品经营管理规范,杜绝更换(改)包装和生产日期、保质期再行销售行为的发生。推进农贸市场标准化建设,清理市场周边食品摊贩,引导食品摊贩进入集中交易市场、店铺等固定场所经营。加强进口食品标签监管。

(五)强化餐饮业监管。对餐饮服务单位实行量化分级管理,量化分级管理率达95%以上。推行餐饮服务食品安全操作规范,强化加工制作的过程控制。推进餐饮服务单位食品原料定点采购配送,严格原料采购索证索票管理。推进农村集体聚餐管理,加强民间厨师上岗培训,实施农村100人以上集体聚餐报告指导制度,防控农村地区集体性食物中毒事件发生。加强对学校食堂、旅游景区、社会福利机构等就餐人员密集场所的食品安全和餐饮具消毒的监管,加大餐具消毒企业监管力度,餐饮具抽检合格率90%以上。

(六)推进餐厨废弃物规范化管理。加快建立餐厨废弃物分类投放、专业收集、运输和处置机制,实行餐厨废弃物收运处置特许经营。推行餐厨废弃物收集、运输和处置一体化运营,建立餐厨废弃物产生单位、收运处置企业监管档案。加强餐厨废弃物处置设施的建设和运行经费的保障。鼓励和支持规范化企业开展餐厨废弃物资源化利用和无害化处理。全面排查和打击非法收运、加工、处置餐厨废弃食物油脂和食物残余的行为,严厉打击废弃油脂食用化加工行为。继续"明厨亮灶"工程,引导企业增强自律意识。

(七)深入开展食品安全专项整治工作。开展养殖水产品、无合法来源进口食(冻)品、肉类、酒类等重点食品,餐饮服务和风险程度较高或有地域特色的食品相关产品专项检查。加强农村食品安全治理工作,规范农村集体聚餐管理,开展农村学校饮用水、校园周边食品、农村小超市食品及旅游景区食品的安全整治。规范食用农产品批发市场安全监管。加强对小摊贩、小作坊、小餐饮的食品安全监管。

(八)严厉打击食品安全违法犯罪行为。以违规使用高毒剧毒农药、滥用抗生素激素、超范围超限量使用食品添加剂和在食品中非法添加非食用物质等突出问题为重点,严厉打击群众反映强烈、危害严重的食品安全违法犯罪行为。加强部门间案件移送、督办查办、联合惩处、信息发布等沟通协作,健全行政执法与刑事司法衔接机制,建立行政执法机关、检察机关、审判机关信息共享、案情通报、案件移送制度,加强对违法线索、案件信息的系统分析,依法严厉打击行业"潜规则",加大重点案件公开曝光力度。

四、加强食品安全监管基础建设

(一)完善食品安全标准。抓紧制定完善食品安全法律法规相关配套规章制度,制定食品相关产品监管办法。完善食品安全行政执法程序,规范执法行为,全面落实行政执法责任制。科学规划食品安全地方标准和企业标准制定工作,规范食品安全企业标准备案管理,开展食品安全标准跟踪评价,建立食品安全标准数据库,强化标准制定与监管执法的衔接工作。

(二)提升食品检验检测能力。推进食品安全检验检测资源整合和农产品质量安全检验检测资源整合。强化食品监督检验中心检测水平,着力提升食品安全速测快档能力。探索建立食品检测购买服务机制,加强对第三方检测机构的统筹与管理。

(三)加快食品安全信息化建设。加快推进重点食品追溯体系建设,尽快实现食品安全信息数据互联共享。

五、全力打造群防共治体系

(一)建立健全食品安全联动机制。加大信息通报、联合执法、隐患排查、事故处置协调等环节的密切协作。完善食品安全举报投诉机制,落实举报投诉接待、部门首问负责和有奖举报制度。

(二)发挥行业协会和社会监督员的积极作用。引导各类食品行业协会积极服务企业,搭建企业与政府和监管部门的沟通桥梁,主动担当行业规范、行业创建、行业培训的组织指导重任。建立食品安全社会监督员队伍,参与食品的生产加工、流通和消费领域的监督,明察暗访为监管部门提供监管信息。

(三)加强食品安全法治教育。要加强对管理对象的食品安全意识宣传,督促管辖范围内的食品生产经营单位和个人自觉履行法律义务,承担法律责任,配合食品监管部门加强监督与执法。消费维权部门要加大对食品安全消费纠纷和维权的调解力度,切实维护消费者的合法权益。

(四)加强食品安全科普教育。深入开展"食品安全宣传周"活动,加大对食品安全诚信典型的宣传和违法犯罪行为的曝光,普及食品安全法律法规及科学知识,提高公众食品安全意识和科学素养,引导公众科学饮食、安全饮食。

六、强化食品安全监管保障

(一)建立稳定的保障机制。建立与经济社会发展水平相适应的食品安全监管经费保障机制,确保食品安全监管保障经费稳步增长。加强执法监测专用车、现场快速检测设备配备。实施人才队伍建设工程,执行监管人员三年轮训计划,提高监管队伍素质。

(二)强化考核问责。将食品安全工作全面纳入政府绩效考核。市食品安全委员会每年对各乡镇人民政府、街道办事处及相关职能部门食品安全工作进行评议考核并通报结果。考核结果作为综合评价乡镇、街道办事处领导班子和领导干部的重要依据。完善食品安全责任追究制,加大问责力度,确保责任追究到位。对在食品安全工作中做在突出贡献的单位和个人,按照国家和省有关规定给予表彰、奖励。

耒阳市人民政府
2017年5月22日

耒阳市人民政府办公室关于印发《耒阳市农村危房改造对象确定工作实施方案》的通知

耒政办发〔2017〕28号

各乡镇人民政府、街道办事处,市直相关单位:

现将《耒阳市农村危房改造对象确定工作实施方案》印发给你们,请认真贯彻落实。

耒阳市人民政府办公室
2017年5月25日

耒阳市农村危房改造对象确定工作实施方案

根据国务院《关于印发2016年推进简政放权放管结合优化服务改革工作要点的通知》(国发〔2016〕30号),住建部、国家发改委、财政部《关于做好2016年农村危房改造工作的通知》精神,结合我市实际,制定本方案。

一、基本原则

(一)突出重点、兼顾一般。2017起实施精准危改,重点对建档立卡贫困户、农村分散供养五保户、低保户、贫困残疾人家庭等4类对象危房实施改造,同时兼顾其他贫困户危房的改造。优先帮助住房最危险、经济最贫困的农户解决最基本的安全住房,其他符合条件的贫困户,可根据当地计划任务情况,分期分批逐步予以解决。

(二)公平公正、公开透明。农村危房改造对象确定工作要公平公正、坚持政策公开、对象公开、补助标准公开，通过民主评议、张榜公示等方式，全过程接受农民群众和社会监督。

（三）农户自愿、政府帮扶。要在农户自愿的前提下实施农村危房改造，充分调动农民群众的主动性、积极性，引导他们自力更生改善居住条件。对确实难以自主解决住房困难的4类重点对象及其他贫困户，政府按照危房改造政策予以帮扶，确保全市农村居民最基本的安全住房问题得到根本解决。

（四）科学引导、因地制宜。要认真分析农村危房改造对象危房等级状况和补助对象实际经济能力，科学确定建设方式，认真进行成本分析，在条件允许的情况下鼓励农户优先采用整治加固技术。

二、补助对象

（一）补助对象范围

1. 建档立卡贫困户。是指生活比较贫困，纳入扶贫办或住建部门贫困户统计在册的农户。

2. 分散供养五保户。是指未进敬老院安置、仍在农村分散居住的五保户。农村危房改造补助资金原则上只安排无房或居住在危房中的农村分散供养五保户。

3. 低保户。是指生活比较贫困，享受了国家低保政策，由民政部门颁发的低保证书的农户。

4. 贫困残疾人家庭。是指家庭生活比较贫困，并由残联部门颁发的残疾人证书的农户。

5. 其他贫困户。是指经济上比较拮据，收入在当地贫困线标准以下的困难农户。

以上5类对象，凡列为农村危房改造补助对象的，必须为按照住建部《农村危险房屋鉴定技术导则（试行）》鉴定为C级或D级危房住户或无房户。危房改造实施过程中，原则上对C级危房实施修缮改造，D级危房实施拆除重建，无房户择地新建；其中无房户必须认真核实是否确实没有自己的住房、长期租住集体房屋或私房。

（二）补助对象申请条件

1. 农村危房改造以户为单位，由农户提出申请，申请人必须同时具备以下条件：

（1）拥有当地农业户籍并在当地居住，且是房屋产权所有人；或拥有当地农业户籍并在当地租住集体房屋或私房3年以上。

（2）属于扶贫办、民政、残联或住建部门认定的建档立卡贫困户、分散供养五保户、低保户、贫困残疾人家庭及其他贫困户任意一种类型并已进入国家危房改造信息系统的。

（三）有下列情形之一的农户不能列为补助对象：

1. 在本村另有其他安全住房或在外地（县城、集镇）已有永久性居住住房的。

2. 住房拥挤、需要分户的。

3. 不属于农村建档立卡贫困户、分散供养五保户、低保户、贫困残疾人家庭、其他贫困户任意一种类型的。

4. 申请对象家中有国家公职人员、有车，或从事经商且在工商部门有注册登记等家庭条件较好的。

三、补助对象确定程序

（一）自愿申请。由符合农村危房改造条件的户主本人向户籍所在地的村民委员会提出申请。

（二）村民民主评议及公示。村民委员会收到申请后，对申请补助对象进行调查核实，并组织村民进行公开评议。调查核实结束后，村民委员会将调查结果在村务公开栏或村民主要活动场所进行公示，公示时间不少于7天。公示期间群众无异议的，及时将相关材料整理上报所属乡镇办事处。

（三）乡镇办事处审核及公示。乡镇街道办事处是农村危房改造申请补助对象资料审核、资格审查的主体，负责对村民委员会上报的材料进行入户调查、实地核实和资格确定。对通过审核的农村危房改造申请对象，在政务公开栏、村务公开栏、村民主要活动场所公示相关信息，公示时间不少于7天；公示期满且无异议的，与户主签订改造合同。对资料审核和资格审查过程中发现资料造假或不符合申请资格的，或公示期间群众有异议的，要严格进行复查、核实，不符合政策条件的，相关资料退回村民委员会，由村民委员会通知申请人，并书面说明理由。

乡镇办事处审核及公示结束后，应及时将公示无异议或异议不成立的评审结果和相关材料整理汇总上报市危房改造领导小组办公室。

（四）市危房改造领导小组审批及公示

1. 市住建部门汇总各乡镇办事处情况，将汇总情况登记造册，会同民政、残联和扶贫办等相关部门审查申请人情况，对相关材料进行审查，并对部分申请人组织复查复核和现场抽查，复查复核和现场抽查比例应不低于全市农村危房改造确定对象总数的20%。

复查复核和现场抽查过程中，发现申请对象居住的房屋不属于C、D级危房的，不予上报审批。

2. 市农村危房改造领导小组对申请人、改造方式、补助资金进行审批，并在电视台、政务公开网站和住建部门网站进行公示，公示时间不少于7天。公示无异议的，确定为补助对象，并由当地人民政府与农户签订农村危房改造协议书，按照协议拨付款项；有异议的，由领导小组办公室组织调查核实并听取当事人陈述，不予批准的，应书面通知申请人并说明理由。

3. 对经批准确定为补助对象，因指标有限未列入当年危房改造计划的，可转入下一年度优先予以安排。

四、补助对象建设限制

(一)时间限制

1. 6月底前,各乡镇办事处完成农村危房改造对象程序审核工作,并报市危改办备案,签订危房改造施工合同。签订施工合同后,各乡镇办事处要督促农村危房改造对象加快施工进度,确保开工率达到100%。

2. 11月底前,所有农村危房改造确定对象完成100%竣工验收,春节前基本入住新居,确保竣工率、入住率达到100%。

(二)改造方式和建房规模

1. 改造方式。现阶段农村危房改造主要以原址重建和农户自建为主,规范农民建房,统筹协调道路、排水、垃圾等设施建设。C级危房实施修缮改造,D级危房拆除新建。

2. 建房规模。拆除新建的住房建筑面积要达到人均13平方米以上,户均建筑面积控制在60平方米以内,可根据家庭人数适当调整:

(1)1人户不得超过30平方米;

(2)2人户不得超过40平方米;

(3)3人户不得超过60平方米;

(4)超过3人户的重点帮扶对象人均不得超过18平方米;

(5)超过3人户的一般帮扶对象人均不得超过20平方米。

五、违规处理和责任追究

(一)农村危房改造补助对象(包括夫妻、未分家立户子女)原则上只能享受一次农村危房改造补助资金,凡重复享受、多处享受国家危房改造补助资金的,要采取措施收回补助资金。

(二)农村危房改造工作坚持"一户一宅、建新除旧"的原则,对一户多宅、建新不拆除旧的,应取消农村危房改造对象资格,追回已领取的补助资金。

(三)在农村危房改造对象确定过程中,凡弄虚作假骗取农村危房改造资金的,除了追回已领取的补助资金外,要依法追究相关人员责任。

(四)农村危房改造在满足基本居住功能的前提下,要严格控制建房面积,防止超标准建房,建房面积严重超标的,应取消危房改造补助对象资格,追回已领取的补助资金。

(五)各乡镇办事处要强化农村危房改造工程的质量安全监管,督促确定对象填写质量安全监督表,并按照质量安全监督表中的要求进行施工,建立健全农村危房改造质量安全监管制度。农村危房改造应选用县级以上住房城乡建设部门推荐使用的通用图集、有资格的个人或有资质单位的设计方案,并由经培训合格的农村建筑工匠或有资质的施工队伍承担施工。

(六)各乡镇办事处要严格执行国家和省农村危房改造农户档案管理制度,加快农户档案录入进度,提高录入数据质量。补充完善农户信息。从2017年起,农户档案应增加补助资金支付到户凭单,并在信息系统中上传照片。